毛泽东年谱

第一卷

中共中央党史和文献研究院 编

主 编 逄先知

副主编 冯 蕙 姚 旭 赵福亭 吴正裕

中央文献出版社

参加本卷编写的有：

赵福亭　吴正裕　黄允升　蔡钊珍

田逢禄　张素华　李　捷　蒋建农

《毛泽东年谱》

出版说明

原中共中央文献研究室编写的《毛泽东年谱（1893—1949）》于1993年出版，2013年出版修订本。《毛泽东年谱（1949—1976）》于2013年出版以后，《毛泽东年谱》编写组也进行了修订。现将两部修订后的年谱合为一部出版，定名《毛泽东年谱》，共九卷。

中共中央党史和文献研究院

2023年10月

《毛泽东年谱（1893—1949）》
出 版 说 明

《毛泽东年谱（1893—1949）》是国内外首次详细记述毛泽东的思想和生平业绩的编年体著作，经过八年时间精心编撰而成。

这部年谱记述了一代伟人毛泽东1893年至1949年的生平、经历和实践活动，反映了他对中国革命的丰功伟绩，特别是多侧面多角度地体现了他的科学思想体系，包括他的理论观点、战略思想、政策和策略以及关于思想方法和工作方法的论述等，展示了他的思想发展轨迹，反映了他作为中国共产党第一代领导集体的核心把马克思主义的普遍原理同中国革命的具体实践相结合的具体过程，并尽可能地表现他的胸怀、情操、气度和风貌。这部年谱从一个极其重要的方面反映了中国共产党领导新民主主义革命走过的艰难曲折的道路和光辉历程，直到取得全国胜利。

这部年谱的编撰方针是：将资料性、学术性、传记性相统一；以翔实可靠的历史文献资料为依据，大量使月和发表档案材料；注意汲取近年来的最新研究成果，并且经过研究考证有所发现和创新，澄清了一些出版物中关于毛泽东生平业绩的失实记载；写作上采用客观陈述的方法，一般不作评论。

关于编撰体例作以下几点说明：

一、按年、月、日顺序纪事，少数条目根据叙事的需要采用纪事本末的写法。具体日子考订不清的写旬，旬考订不清的写月，月考订不清的写季。用旬、月、季表述的条目，一般放在该旬、月、季的末尾，有的则视情况酌定。只能判定时间为某年的条目，一律放在年末。

二、记述谱主的活动，一般省略主语。

三、某些重大的历史事件，或与谱主有关的大事，列专条按时间顺序写入谱内。

四、回忆毛泽东的材料（包括他本人的回忆），他人致毛泽东的函电，以及对史实的订正等，有一些通过注释发表或说明。对于正文中涉及的部分人物、地名和事件等，作了简略的注释。

五、凡引用编入《毛泽东选集》的著作，均据《毛泽东选集》第二版。

谨以此书纪念毛泽东100周年诞辰。

中共中央文献研究室

1993年8月

《毛泽东年谱（1949—1976）》
出 版 说 明

《毛泽东年谱（1949—1976）》是一部记述毛泽东从中华人民共和国成立到他逝世27年间的生平、业绩的编年体著作，比较全面而充分地记录了他的各种活动，特别是在一些重大问题上的决策过程，反映了他的思想理论和工作方法等。毛泽东为中华人民共和国的建立和发展，为中国社会主义制度的确立，作出了重大贡献，对中国社会主义建设道路进行了艰苦探索。这一探索经历了复杂而曲折的过程。年谱如实地反映这一探索过程，既记述了毛泽东正确的、具有重要价值的思想、理论、决策及所取得的成就，也记述了他的失误和严重错误及其所带来的损害和教训。从这部年谱中，还可以了解毛泽东在这27年间是怎样工作和生活的，具体到几乎是每一天的情况。

毛泽东是党和国家的主要领导人和决策者，因此这部年谱在很重要的方面反映了从中华人民共和国成立到他逝世的27年间党和国家的历史。

这部年谱的编写，体现了资料性、学术性、传记性相统一，采用客观记述方法，编写者不作评论。年谱以中央档案馆保存的档案材料为主要依据，发表了大量未编入毛泽东著作集中的讲话和谈话，内容十分丰富而翔实。

关于这部年谱的编写体例，作以下几点说明：

一、按年、月、日顺序纪事，少数条目根据叙事的需要采用纪事本末的写法。具体日子考订不清的写旬，旬考订不清的写月，月考订不清的写季。用旬、月、季表述的条目，一般放在该旬、月、季的末尾，有的则视情况酌定。只能判定时间为某年的条目，一律放在年末。

二、记述谱主的活动，一般省略主语。

三、某些重大的历史事件，或与谱主有关的大事，均列条目按时间顺序写入年谱。

四、对人名、地名、事件、组织等，一般都作注释。相同的，原则上每一卷只注一次，放在第一次出现的地方。其中，人名注释，主要介绍这一人物在所在卷的时间段内的职务。

谨以这部年谱纪念毛泽东 120 周年诞辰。

中共中央文献研究室
2013 年 12 月

目　　录

1893年　诞生

12月26日　出生于湖南省湘潭县韶山冲南岸上屋场。字咏芝，后改为润之。

祖父毛恩普，字寅宾，一生贫苦，勤劳厚道。父亲毛贻昌，字顺生，原为贫农，曾因负债被迫当兵多年。他治家谨严，善于经营，由贫农变为中农，后又成为富农。他性情暴躁，对子女要求严厉。母亲文素勤（文七妹），勤俭持家，敦厚慈祥，和善好施，乐于助人。胞弟毛泽民、毛泽覃，堂妹毛泽建（从小由毛泽东的父母抚养）。

毛泽东幼年大部分时间在湘乡唐家圫外祖父家度过。外祖父家是四世同堂的大家庭，务农为业，生活比较富裕。他同表兄弟们一起生活，六岁开始作些田间零星劳动。因受母亲影响，幼年曾信佛。

毛泽东在外祖父家期间，中国发生了甲午年的中日战争和庚子年的八国联军侵占北京，中国被迫订立了许多不平等条约，逐渐沦为半殖民地国家。

1902年　九岁

春　从唐家坨外祖父家回韶山，入南岸下屋场私塾读书，启蒙教师邹春培。先读《三字经》，接着读《幼学琼林》、《论语》、《孟子》、《中庸》、《大学》。毛泽东记忆力强，能够口诵心解，很快领悟。在学了一些字以后，父亲便要他习珠算，并给家里记账。

1904年　十一岁

秋　到韶山关公桥私塾读书，塾师毛咏薰。

1905年　十二岁

春　就读于韶山桥头湾、钟家湾私塾，塾师周少希。

8月20日　中国同盟会在日本东京成立，以“驱逐鞑虏，恢复中华，创立民国，平均地权”为宗旨。

1906年　十三岁

秋　到韶山井湾里私塾读书，塾师毛宇居。在这所私塾里，继续读四书五经，并开始练习书法。毛泽东不很喜欢读经书，喜欢读中国古代传奇小说，特别喜欢读反抗统治阶级压迫和斗争的故事，曾读过《精忠传》、《水浒传》、《三国演义》、《西游记》、《隋唐演义》等。

1907年、1908年
十四岁、十五岁

停学在家务农。白天同成年人一起在田间劳动，晚间替父亲记账。虽然辍学，仍继续读书，读当时能找到的一切书籍，常常读到深夜。有一天忽然想到，小说书里有一点很特别，主要人物都是武将、文官、书生，没有一个农民做主人公，对这一点困惑不解。后来逐渐发现小说中颂扬的都是人民的统治者，这些人是不必种田的，因为土地归他们所有和控制。

这期间，从表兄文运昌处借了一些书，有一本是早期改良主义者郑观应所著《盛世危言》，书中主张设议院，办商务，讲农学，兴学校，使上下同心，人尽其才，地尽其利，物畅其流。还说到中国之所以弱，是因为缺少西洋的铁路、电话、电报、汽船等，提出“主以中学，辅以西学”的学习西方的原则。还有一本为改良主义者冯桂芬所著《校邠庐抗议》，该书对外国侵略和清政府腐败表示不满，并提出一些富国强兵的主张。毛泽东读了这些书，开阔了视野，萌发了爱国思想，激起恢复学业的愿望。

由父母作主，娶罗氏为妻〔1〕。不久，罗氏因病去世。

---

〔1〕 1936年毛泽东同斯诺谈话时说：“我十四岁的时候，父母给我娶了一个二十岁的女子，可是我从来没有和她一起生活过——后来也没有。我并不认为她是我的妻子。”

1909年　十六岁

秋　复学，在韶山乌龟颈私塾就读，塾师毛简臣。

当时，韶山冲李家屋场由外地回来一位维新派教师李漱清。他常给韶山人讲述各地见闻和爱国维新故事，宣传废庙宇、办学校，反对信佛。人们对李漱清的言论有各种议论，毛泽东赞成他的主张，并同他建立了师生和朋友关系。

1910年　十七岁

春　到韶山东茅塘一位秀才毛麓钟家里读书。选读《纲鉴类纂》、《史记》、《汉书》等古籍，还读一些时论和新书。

4月　湖南粮荒，长沙饥民成群结队到湖南巡抚衙门示威要求平粜救灾，被巡抚的无理答复所激怒，冲进衙门，砍断旗杆，吓走巡抚。后饥民暴动惨遭镇压，许多人被捕杀。毛泽东和同学们对这件事议论多日，对“谋反者”所受冤屈深感不平。这件事给毛泽东留下很深的印象。

这个时期，毛泽东读了一本关于帝国主义瓜分中国的小册子，对国家前途感到担忧，开始意识到努力救国是每一个中国人的职责。

秋　考入湘乡县立东山高等小学堂读书。在离家时，抄写一首诗留给父亲，“孩儿立志出乡关，学不成名誓不还。埋骨何须桑梓地，人生无处不青山”[1]，以表达一心向学和志在四方的决心。东山小学除教经书外，还教授被称为“新学”的自然科学和其他新学科。有一位从日本留学回来的体育教员，经常向学生讲述日本明治维新和列强窥视中国的情形，并教授音乐和英语。毛

---

〔1〕这首诗1916年曾载于《青年》杂志第1卷第5号，原文是“男儿立志出乡关，学不成名死不还。埋骨何须桑梓地，人生无处不青山”，署名西乡隆盛。据考证，这首诗不是西乡隆盛的作品，而是日本和尚月性所作，原诗是：“男子立志出乡关，学若无成不复还。埋骨何期坟墓地，人间到处有青山。”

泽东在这所学校里很有长进，写得一手好文章，受到校长和教员们特别是国文教员的喜欢。[1] 国文教员贺岚岗见毛泽东对历史很有兴趣，买了一部《了凡纲鉴》送给他。这时，毛泽东的心思不在读经书上，而经常到学校藏书楼借阅中外历史、地理书籍。对中国古代尧、舜、秦始皇、汉武帝的业绩表示仰慕，读了许多关于他们的书。同时也学到一些外国历史和地理。从一本世界英杰传里，读到拿破仑、叶卡特琳娜女皇、彼得大帝、华盛顿、格莱斯顿、卢梭、孟德斯鸠和林肯的事迹后，对同学萧植蕃（萧三）说，中国也要有这样的人，我们应该讲求富国强兵之道，顾炎武说得好，天下兴亡，匹夫有责。

在东山学堂期间，读了表兄文运昌借给的关于康梁变法的书报，其中有梁启超主编的《新民丛报》。毛泽东对这些书报反复阅读，有的可以背诵出来。对《新民丛报》连载的梁启超《新民说》一文，看得非常用心，并写有批语。对该文“论国家思想”一节所写的一段批语，说到两种君主制国家：一为“立宪之国家，宪法为人民所制定，君主为人民所推戴”；一为“专制之国家，法令为君主所制定，君主非人民所心悦诚服者”。“前者如现今之英、日诸国，后者如中国数千年来盗窃得国之列朝也”。这时，毛泽东并不反对君主制度，只是反对君主专制，而赞成君主立宪制，希望由康有为、梁启超那样的维新派进行改革。他崇拜康有为和梁启超。

---

〔1〕 萧三在《毛泽东同志的青少年时代和初期革命活动》中说：“这个学校每个星期天的上午都要由教员出题目，由学生各自作一篇文章，作完后整天休息。毛泽东同志每次都认真为文，成绩很好，他写的‘言志’、‘救国图存论’、‘宋襄公论’，全校有名。”

1911年　十八岁

春　到长沙，考入湘乡驻省中学堂读书。在这里，首次看到同盟会办的《民立报》，知道孙中山这个人和同盟会的纲领，知道黄兴在广州领导反清武装起义和黄花岗七十二烈士英勇殉难的事迹，开始拥护孙中山等革命党人。在激奋之下，写一篇文章贴在学校墙壁上，第一次发表自己的政治意见，主张由孙中山、康有为、梁启超组织新的政府，反对专制独裁的清王朝。〔1〕

5月　国内掀起反对清政府向帝国主义出卖铁路权的运动。湖南绅、商、学界组成“湘路协赞会”，反对清朝断送主权借外债筑路。革命派焦达峰、陈作新等同谘议局的一些议员，策划领导反清政府的长沙起义。毛泽东和同学一起卷进这一斗争潮流。湘乡驻省中学学生以反对留辫子表示对清王朝的不满情绪。毛泽东和另一同学首先剪去自己的辫子，并强制十几个人也剪掉辫子。〔2〕

---

〔1〕 1936年毛泽东同斯诺谈话时说：“这是我第一次发表政见，思想还有些糊涂。我还没有放弃我对康有为、梁启超的钦佩。我并不清楚他们之间的差别。所以我在文章里提出，把孙中山从日本请回来当新政府的总统，康有为当国务总理，梁启超当外交部长！”

〔2〕 1936年毛泽东同斯诺谈话时说：“在剪辫子事件上，我和一个在法政学堂的朋友发生了争论，双方就这个问题提出了相反的理论。这位法政学生引经据典来论证自己的看法，说身体发肤受之父母，不可毁伤。但是，我自己和反对蓄辫子的人，站在反清的政治立场上，提出了一种相反的理论，驳得他哑口无言。”

10月10日 武昌新军起义，辛亥革命爆发。武昌起义后，长沙城内形势紧张，湖南巡抚宣布戒严。一天，一位革命党人到湘乡驻省中学发表激烈讲演，报告起义情况，号召建立民国。四五天后，毛泽东决心投笔从戎。二十二日，长沙发生起义，湖南宣告对清朝政府独立。月底，毛泽东参加驻长沙的起义新军二十五混成协五十标第一营左队，当一名列兵。在军队除认真接受军事训练，还非常重视研究时事和社会问题，每月饷银大都用于购买报纸，贪读不厌。从当时鼓吹革命的《湘汉新闻》上，第一次看到“社会主义”这一新名词。接着读了江亢虎〔1〕写的一些关于社会主义的小册子，对社会主义问题产生浓厚兴趣，并写信与同学进行讨论。

〔1〕 江亢虎，在1911年辛亥革命后，标榜社会主义，在上海组建中国社会党。

1912 年　十九岁

1 月 1 日　孙中山在南京就任临时大总统，宣告中华民国成立。

2 月 12 日　清帝宣布退位。三月十日，袁世凯在北京就任临时大总统，辛亥革命果实落到袁世凯手里。毛泽东认为革命已经结束，退出军队，决定继续求学。

这时，毛泽东在专业的选择上，举棋不定，变换再三，先后报考警察学堂、肥皂制造学校、法政学堂、商业学堂、公立高级商业学校。在公立高级商业学校学习一个月，感到不满意，最后以第一名成绩考入湖南全省高等中学校（后改名省立第一中学）。

6 月　写题为《商鞅徙木立信论》的作文。该文联系社会现实提出，要取信于民、开发民智，必须以法治国。说“法令者，代谋幸福之具也”，法令之善与不善关系到是否“利国福民”。作文高度评价商鞅变法，说：“其法惩奸宄以保人民之权利，务耕织以增进国民之富力，尚军功以树国威，孥贫怠以绝消耗。此诚我国从来未有之大政策”。并说商鞅是首屈一指的“伟大之政治家”。这篇作文受到国文教员的称赞：“实切社会立论，目光如炬，落墨大方”，“有法律知识，具哲理思想，借题发挥，纯以唱叹之笔出之”。“历观生作，练成一色文字，自是伟大之器，再加功候，吾不知其所至”。国文教员看到毛泽东爱好历史和文学，借给他《御批历代通鉴辑览》阅读。

秋　由于第一中学课程有限，读了通鉴辑览以后，认为在校学习不如自学，便退学寄居在湘乡会馆，订了一个自修计划，每日到湖南省立图书馆读书[1]。在自修的半年中，广泛涉猎十八、十九世纪欧洲资产阶级的社会科学和自然科学书籍。读了严复译的亚当·斯密《原富》，孟德斯鸠《法意》，卢梭《民约论》，约翰·穆勒《穆勒名学》，赫胥黎《天演论》和达尔文关于物种起源方面的书，还读一些俄、美、英、法等国的历史、地理书籍，以及古代希腊、罗马的文艺作品。在这个图书馆第一次看到一张世界大地图，引起很大的兴趣，反复细看，受到启发。

---

〔1〕 1936年毛泽东同斯诺谈话回顾这段经历时说："每天到湖南省立图书馆去看书。我非常认真地执行，持之以恒。我这样度过的半年时间，我认为对我极有价值。"

1913年　二十岁

春　开始认真思索自己的前程。认为自己最适合于教书，同时，因父亲不同意他自修，拒绝供给费用，生活十分困难，于是决定报考不收学费、膳宿费低廉的师范学校。他考入了湖南省立第四师范学校预科。

10月—12月　听课时记了万余言的《讲堂录》[1]，主要是国文课和修身课的笔记，内容涉及哲学、史地、古诗文、数理等。对古今名人治学、处世、治国和有关伦理道德的言行，记录较多。凡典故、词义、要旨和警句，都分条写出。有的条文突出理想情操，求实好学，不务虚名的内容。在这期间，以工整的楷书全文抄录了屈原的《离骚》和《九歌》，并将《离骚》的内容，分段提要，写成眉批。

国文教员袁仲谦嫌毛泽东的作文像新闻记者手笔，认为不应学梁启超的文风，而应研读唐宋八大家尤其是韩愈的文章。毛泽东买了一部《昌黎先生集》，精心钻研，学会了古文文体。

---

〔1〕根据萧三《毛泽东同志的青少年时代和初期革命活动》一书记载，毛泽东所记讲堂录、读书录的笔记本，有几大网篮。现在留存下来的讲堂录只有这一部分。这本笔记前面是《讲堂录》，后面是手抄的《离骚》、《九歌》全文。

1914年 二十一岁

2月 湖南省立第四师范学校合并于湖南省立第一师范学校。三月，毛泽东编入一师预科第三班，和四师转来的同学一样，重读半年预科。秋，被编入本科第八班。

湖南一师是当时一所比较民主开明的办得较好的学校。对毛泽东影响最深的教员是杨昌济和徐特立。杨昌济教授教育学、伦理学等课程，努力教育学生要做一个公正的、有道德的、有益于社会的人；徐特立教授教育学、各科教授法和修身等课程，治学严谨，对学生影响较大。教员袁仲谦、黎锦熙、王季范、方维夏等，对毛泽东的学业和思想也有相当的帮助和影响。

学校的课程很多，毛泽东专心于哲学、史地、文学等。他注重自学，精心安排自学计划，读书不倦，有时通宵不眠。对于所学，力求深入，融会贯通。

8月 第一次世界大战爆发。欧洲各帝国主义国家先后卷入战争。日本帝国主义乘机加紧侵略中国，同月二十七日出兵山东，十一月强占原被德国强占的青岛，并以武力控制胶济铁路，又于次年一月十八日向袁世凯政府提出旨在灭亡中国的“二十一条”草案。

1915年　二十二岁

2月24日　给表兄文运昌写一还书便条："书十一本，内《盛世危言》失布匣，《新民丛报》损去首叶，抱歉之至，尚希原谅。""又国文教科书二本，信一封。"这个便条是毛泽东由长沙回韶山过春节期间写的。

4月4日　到芋园[1]访黎锦熙。黎锦熙看了毛泽东的日记，告以读书方法。

4月5日　向杨昌济谈自己的家世和经历。杨昌济听后，对毛泽东给以鼓励，寄予期望。他在日记中写道："毛生泽东，言其所居之地为湘潭与湘乡连界之地，仅隔一山，而两地之语言各异。其地在高山之中，聚族而居，人多务农，易于致富，富则往湘乡买田。风俗纯朴，烟赌甚稀。渠之父先亦务农，现业转贩，其弟亦务农。其外家为湘乡人，亦农家也。而资质俊秀若此，殊为难得。余因以农家多出异才，引曾涤生、梁任公[2]之例以勉之。毛生曾务农二年，民国反正时又曾当兵半年，亦有趣味之履历也。"

4月11日　和萧子升、熊光楚到芋园黎锦熙处，继续听黎锦熙讲读书方法。

4月18日　和李少青、周执钦在黎锦熙处，谈《公言》杂志问题。

4月25日　在芋园听黎锦熙讲述"在校研究科学之术"。

---

〔1〕 芋园是杨昌济、黎锦熙等创办的《公言》杂志社址，在长沙浏阳门。

〔2〕 曾涤生，即曾国藩，字涤生。梁任公，即梁启超，号任公。

5月2日 在芋园同黎锦熙等谈论如何做学问。

5月7日 下午三时，日本政府向袁世凯政府发出最后通牒，限九日下午六时前答复以解决中日间“悬案”为名向中国提出的“二十一条”要求。九日，袁政府接受日本提出的条件。

为揭露袁世凯接受“二十一条”修正案，一师学生集资编印了有关日本帝国主义侵略中国的几篇文章和资料，题为《明耻篇》。毛泽东仔细阅读了这些文章和资料，并作批注，在封面上写道：“五月七日，民国奇耻。何以报仇？在我学子！”

5月9日 在芋园同黎锦熙谈读书问题。

5月23日 为悼念湖南一师同班同学易昌陶书写挽联：

胡虏多反复，千里度龙山，腥秽待湔，独令我来何济世；

生死安足论，百年会有役，奇花初茁，特因君去尚非时。

5月30日 同熊光楚、王季范在黎锦熙处讨论改造社会问题。此后，常在星期六或星期日到芋园向杨昌济、黎锦熙求教。同时，与同学蔡和森、陈昌、萧子升、熊光楚、萧三等组织哲学研究小组，请杨昌济指导，对哲学和伦理学问题进行定期讨论。

学期末 为反对由校长张干提议、省议会作出的要学生缴十元杂费的新规定，一师学生掀起驱逐张干的学潮。毛泽东在学校后山的君子亭改写一传单，广为散发，历数校长张干办学无方，贻误青年。张干要开除毛泽东等十七名学生，经杨昌济、王季范、袁仲谦等教员劝说作罢。七月，张干被迫辞职〔1〕。

---

〔1〕1950年10月，毛泽东对徐特立、谢觉哉、王季范、熊瑾玎、周世钊说：“张干这个人，很有能力，很会讲话，三十几岁就当第一师范校长，不简单。原来我不高兴他，我估计他一定要向上爬的。他要爬上去是容易的，结果他没有向上爬。解放前吃粉笔灰，解放后还吃粉笔灰，难能可贵。”1951年9月，毛泽东邀张干赴京，在中南海设宴款待，并请就首席。

6月25日 致信湘生，谈治学问题，对自己过去强调自修、不重视课堂学习有新的认识。信中说："从前拿错主意，为学无头序，而于学堂科学，尤厌其繁碎。今闻于师友，且齿已长，而识稍进。于是决定为学之道，先博而后约，先中而后西，先普通而后专门。""昔吾好独立蹊径，今乃知其非。学校分数奖励之虚荣，尤所鄙弃，今乃知其不是。"谈到自修问题，信中举康有为、梁启超为例：康有为"四十岁以前，学遍中国学问；四十年以后，又吸收西国学问之精华"；梁启超"先业词章，后治各科"。信中说："盖文学为百学之原，吾前言诗赋无用，实失言也。"信中还谈到人才和交友问题，说："来日之中国，艰难百倍于昔，非有奇杰不足言救济"，"屠沽贾衒之中，必有非常之人"。"人非圣贤，不能孑然有所成就，亲师而外，取友为急"。随信抄录了为哀悼亡友一师同班同学易昌陶而写的一首挽诗：

去去思君深，思君君不来。愁杀芳年友，悲叹有馀哀。
衡阳雁声彻，湘滨春溜回。感物念所欢，踯躅南城隈。
城隈草萋萋，涔泪侵双题。采采馀孤景，日落衡云西。
方期沆瀣游，零落匪所思。永诀从今始，午夜惊鸣鸡。
鸣鸡一声唱，汗漫东皋上。冉冉望君来，握手珠眶涨。
关山蹇骥足，飞飙拂灵帐。我怀郁如焚，放歌倚列嶂。
列嶂青且茜，愿言试长剑。东海有岛夷，北山尽仇怨。
荡涤谁氏子，安得辞浮贱！子期竟早亡，牙琴从此绝。
琴绝最伤情，朱华春不荣。后来有千日，谁与共平生？
望灵荐杯酒，惨淡看铭旌。惆怅中何寄，江天水一泓。

7月 暑假期间，同陈昌住在浏阳门芋园内，探讨学问，互阅日记。十一日至二十一日，同陈昌多次聆听黎锦熙讲读史方法、研究方法、读书自习方法，并向黎请教文字学问题。黎介绍读段玉裁《说文解字注》和《群学肄言》的"缮性篇"。三十一日，黎锦熙看了毛泽东的日记，认为“甚切实，文理优于章甫（陈昌），笃行两人略同，皆大可造”。

同月 致信萧子升。以“用之而弥盛”的道理，说明切磋学问、交流思想的重要。说“锻工不藐其腕而硕其腕，簸夫不纤其胫而肥其胫”；并说自己近年来的进步，“于书本得者少，于质疑问难得者多。苟舍谭论而专求之书，其陋莫甚”。

8月8日 在芋园同黎锦熙谈治学和政事。十一日，又在芋园同黎锦熙长谈读书方法，黎锦熙告以“读书须与校课相联贯”。十三日，由芋园返回学校。

8月29日 和萧子升、张平子[1]到黎锦熙处，长时间谈论治学问题。

8月 致信萧子升，谈人生问题，说“其为事无域，而人生有程”。信中抄录了近来写的一篇日记，题为《自讼》，以匏瓜、牡丹相对照，说明做人不要华而不实。“牡丹先盛而后衰，匏瓜先衰而后盛，一者无终，一者有卒，有卒是取，其匏瓜乎？”有的人像牡丹，“一伎粗伸，即欲献于人也；一善未达，即欲号于众也，招朋引类，耸袂轩眉，无静澹之容，有浮嚣之气，姝姝自悦，曾不知耻，虽强其外，实干其中，名利不毁，耆欲日深，道听涂说，搅神丧日，而自以为欣。日学牡丹之所为，将无实之可望”。

9月6日 写长信给萧子升，介绍近期同黎锦熙交谈治学问题的情况，并按黎锦熙嘱托告以研究学问的方法。信中说，黎锦熙不主张专攻古籍然后“涉新”，认为“通为专之基，新为旧之基，若政家、事功家之学，尤贵肆应曲当”。黎锦熙曾推荐读《群学肄言》“缮性篇”，随“取其书遍观之”，认为该书名为群学肄言，其实不限于群学，可以看作是百科之肄言。信中说，国学“其义甚深，四部

〔1〕 张平子，当时任长沙《大公报》总编之一。

之篇，上下半万载之纪述，穷年竭智，莫殚几何，不向若而叹也”，“吾人所最急者，国学常识也”。还介绍自己的读书方法，即读一篇而及于全书，并加以详细研究，使“国学常识罗于胸中”。信中推崇曾国藩的读书方法：一为演绎法，察其曲以知其全，执其微以会其通；一为中心统辖法，守其中而得大，施于内而遍于外。

9月15日 陈独秀主编的《青年杂志》（一年后改名《新青年》）创刊。经杨昌济介绍，毛泽东、蔡和森等人成为《新青年》的热心读者，深受其影响。

9月 为征求志同道合的朋友，以“二十八画生”之名，向长沙各校发出征友启事。启事说“愿嘤鸣以求友，敢步将伯之呼”。提出要结交能刻苦耐劳、意志坚定、随时准备为国捐躯的青年。长沙第一联合中学学生罗章龙看到启事，当即回信约见。毛泽东很高兴，复信说“空谷足音，跫然色喜”，并约定在定王台湖南省立图书馆相见。两人谈了三小时，谈治学、处世、人生、宇宙观和社会改造问题。分手时对罗章龙说：“我们谈得很好，‘愿结管鲍之谊’，以后要常见面。”

9月27日 复信萧子升，再谈求友的迫切心情，说“近以友不博则见不广，少年学问寡成，壮岁事功难立，乃发内宣，所以效嘤鸣而求友声，至今数日，应者尚寡。兹附上一纸，贵校有贤者，可为介绍”。

11月9日 致信黎锦熙，劝他不要在袁世凯政府里做官〔1〕，“方今恶声日高，正义蒙塞，士人丁此大厄〔2〕，正当龙

---

〔1〕 1915年9月黎锦熙应聘到北京教育部的教科书编纂处，任教科书特约编纂员。

〔2〕 据黎锦熙1952年解释：“信中‘大厄’是指北京袁世凯正在准备做皇帝。这年筹安会成立，鼓吹帝制，附和者不少，所谓‘恶声’。”

潜不见，以待有为，有可急图进取”。说黎锦熙致力于教育，“乃至崇之业”。“然彼方以术愚人，今反进以智人之术，其可合邪?”切望黎锦熙“急归无恋”。信中述说了自己对学校不满意、郁郁不得志的心情：“性不好束缚。终见此非读书之地，意志不自由，程度太低，俦侣太恶，有用之身，宝贵之时日，逐渐催落，以衰以逝，心中实大悲伤”，很想离去，“就良图，立远志”。

11月 被选为湖南省立第一师范学校学友会〔1〕文牍，负责起草报告，造具表册和会议速记。这一职务毛泽东连任四届，直到一九一七年十月。毛泽东在学友会作了大量会务工作，是他走上有组织的社会活动的开始。

12月12日 袁世凯正式宣布实行帝制，改中华民国为“中华帝国”。

12月 致信萧子升，请帮助找《君宪救国论》〔2〕一阅。又说，近日校中将印发汤化龙、康有为、梁启超三人书文，请萧题写书名《汤康梁三先生之时局痛言》〔3〕。

本年 湖南和全国一样，反对袁世凯称帝的斗争激烈，长沙小吴门附近的“船山学社”，成为公开进行反袁演讲的场所。毛泽东和一师同学，经常在星期天去听讲演。

---

〔1〕《湖南省立第一师范学校志》记载，1913年秋该校创设技能会，1914年改名自进会，1915年又改名为学友会。学友会的宗旨是：“砥砺道德，研究教育，增进学识，养成职业，锻炼身体，联络感情”。

〔2〕《君宪救国论》是杨度1915年4月写的一篇主张君主立宪、反对共和的文章，得到袁世凯的赞赏。

〔3〕这本小册子收集了汤、康、梁当时反对袁世凯称帝的言论，印出后，以长沙第一师范学校学友会的名义广为散发。

1916年 二十三岁

1月28日 致信萧子升，请帮助借《甲寅》杂志第十一、十二两期[1]。二月十九日，再次去信借这两期杂志。

2月29日 致信萧子升，列出七十七种书目。说“据现在眼光观之，以为中国应读之书止乎此。苟有志于学问，此实为必读而不可缺。然读之非十年莫完，购之非二百金莫办。”“此种根本问题，不可以不研究。故书之以质左右，冀教其所未明，而削其所不当”。至于萧愿意赠书和赠钱问题，则予以婉言谢绝。

3月22日 袁世凯被迫宣布取消帝制。

5月29日 湖南将军汤芗铭，在各方面的压力和影响下，被迫宣布湖南独立，并任都督。

6月24日 致信萧子升，诉说因汤芗铭军队骚扰不能回家探母的心情，“病母在庐，倚望为劳，游子何心，能不伤感!”

6月26日 离长沙回韶山，路过银田寺，宿一友人家中。当晚，写信给萧子升，告以途中所见陆荣廷的桂军和讨袁的护国军扰乱群众的情形：“招摇道途，侧目而横睨，与诸无赖集博通衢大街，逻卒熟视不敢问”，“联手成群，猬居饭店，吃饭不偿值，无不怨之”。信中还描述了沿途的秀丽景色：“弥望青碧，池

---

〔1〕《甲寅》杂志，1914年5月创刊于日本东京，“以条陈时弊朴实说理为宗旨”。该刊由章士钊主编，陈独秀协助编辑，共出10期，1915年10月停刊，第11、第12期并未出版，毛泽东当时尚不知道这一情况。

水清涟，田苗秀蔚，日隐烟斜之际，清露下洒，暖气上蒸，岚采舒发，云霞掩映，极目遐迩，有如画图。”

7月4日 湖南都督汤芗铭被驱逐，从长沙逃走。

7月9日 由韶山动身返长沙。十二日在湘潭、十八日在长沙一师，连续致信在乡间的萧子升，谈对湖南时局的看法。在十八日的信中，对各派军阀乘反对袁世凯帝制的机会争权夺利，互相倾轧，为害湖南，甚为愤慨。但又说：湖南都督汤芗铭被驱逐“颇为冤之”，是“湘之大不幸”。“汤在此三年，以严刑峻法为治，一洗从前鸥张暴戾之气，而镇静辑睦之，秩序整肃，几复承平之旧”。自己对于“湘局实愤愤不能平于心”。

7月25日 再次致信萧子升，谈湖南问题及国际局势。关于湖南问题，仍持前信看法，说汤芗铭去后，暴徒横行捕人杀人，“杀机一起，报复未已，法兰西之祸，最为可惧，不谓此次竟演此恶剧”。信中谈到日俄签订侵犯中国主权的密约，提出要认真对付日本的侵略，注意“东事”。日本“无论何人执政，其对我政策不易。思之思之，日人诚我国劲敌！感以纵横万里而屈于三岛，民数号四万万而对此三千万者为之奴，满蒙去而北边动，胡马骎骎入中原，况山东已失，开济之路已为攫去，则入河南矣。二十年内，非一战不足以图存，而国人犹沉酣未觉，注意东事少。愚意吾侪无他事可做，欲完自身以保子孙，止有磨砺以待日本。”

暑假 步行到长沙县东乡板仓杨昌济家访问，同杨昌济讨论学术问题和社会问题。以很大的兴趣浏览杨昌济的藏书，特别是新书和报刊。从杨昌济谈话中得知，离板仓四十多里的高桥塘冲，有一位留学日本的体育运动的爱好者和倡导者柳午亭（柳直荀的父亲），随后便专程访问。称赞柳午亭在体育的研究和实践上，有较高的造诣，许多地方值得效法。

开学后 国文课讲授文字源流。毛泽东对《文字源流》一书，读得十分精心，写批注，作注音，还改正一些错字。

秋 一师奉令实施“军国民教育”，组织学生课外志愿军，“以激发爱国思想，提倡尚武精神，研究军事学术”。全校编为一个营。毛泽东任第一连直属连部上士，除接受军训外，还负责传递上级命令，担任本连一切文牍事务。

12月9日 致信黎锦熙。说接到来信后，知去年十一月九日信中劝黎锦熙不要在袁世凯政府做官的意见不当，黎的任职不过是编书，仍是“书生事业”，并不是做官。信中说，对黎锦熙主张把小学国文（文言文）改为国语（白话文）的意见，不尽以为然。信中强调体育的重要性。说古称智、仁、勇为三达德，现今的教育学者进而提出德、智、体三言。“诚以德智所寄，不外于身”，“一旦身不存，德智则随之而隳矣”。现在认识到体魄和精神不能两全的说法是不正确的，“心身可以并完”。说自己身体不强，近因运动之故，受益颇多，“至弱之人可以进于至强”。毛泽东在湖南一师期间，十分重视锻炼身体，依季节的变化，进行冷水浴、日光浴、风浴、雨浴、游泳、登山、露宿、长途步行和体操、拳术等各种体育活动。认为这些方法，既锻炼身体，也锻炼意志。他曾在日记本上写道：“与天奋斗，其乐无穷！与地奋斗，其乐无穷！与人奋斗，其乐无穷！”

1917年　二十四岁

3月　和萧植蕃（萧三）联名写信给来长沙参加黄兴葬礼的白浪滔天[1]，说："先生之于黄公，生以精神助之，死以涕泪吊之，今将葬矣，波涛万里，又复临穴送棺。高谊贯于日月，精诚动乎鬼神"。"植蕃、泽东，湘之学生，尝读诗书，颇立志气。今者愿一望见丰采，聆取宏教。"

4月1日　以"二十八画生"笔名，在《新青年》第三卷第二号发表《体育之研究》。文章详述体育运动的意义、作用和方法。关于体育同增强民族体质、保卫国家的关系，说："国力茶弱，武风不振，民族之体质日趋轻细，此甚可忧之现象也。""夫命中致远，外部之事，结果之事也；体力充实，内部之事，原因之事也。体不坚实，则见兵而畏之，何有于命中，何有于致远？坚实在于锻炼，锻炼在于自觉"。关于体育同德育、智育的关系，文章说体育对于我们，"实占第一之位置，体强壮而后学问道德之进修勇而收效远"，身体是"载知识之车而寓道德之舍"，小学应当专门注重身体的发育，中学和中学以上应当德、智、体三育并重。文章批评当时学校课程繁多而又不重视体育，说"吾国学制，课程密如牛毛，虽成年之人，顽强之身，犹莫能举，况未成年者乎？况弱者乎？"文章推崇清初颜元、李塨的"文而兼武"的思想，赞同"文明其精神，野蛮其体魄"的主张。文章论述身体强弱的转化，说"人之身盖日日变

---

〔1〕 白浪滔天，即宫崎寅藏，日本人，曾经帮助和支持过辛亥革命。

易者：新陈代谢之作用不绝行于各部组织之间，目不明可以明，耳不聪可以聪，虽六七十之人犹有改易官骸之效”。生而强者，如果“滥用其强，不戒于种种嗜欲，以渐戕贼其身”，终会强而转为弱。而弱者，如果“深戒嗜欲”，“勤自锻炼”，久而久之也会变为强者。“总之，勤体育则强筋骨，强筋骨则体质可变，弱可转强，身心可以并完”。文章认为体育之大效尤在“足以强意志”。“夫体育之主旨，武勇也。武勇之目，若猛烈，若不畏，若敢为，若耐久，皆意志之事。”“意志也者，固人生事业之先驱也。”文章还介绍自编的一套“六段运动”体操。

4月23日 到芋园看望十六日从北京回湘的黎锦熙，互相介绍北京、湖南政局及社会情况，并谈学，甚为投机。

6月 一师开展考察学生德、智、体优秀的“人物互选”活动。全校十一个班四百多人参加选举，选出三十四名。毛泽东得票最多，按考察内容独得六项[1]优秀，其中，言语、敦品两项得票数第一，胆识项得票为他所独有。

夏 为萧子升的读书札记《一切入一》作序。序言说，治学要打好基础，日积月累，“今日记一事，明日悟一理，积久而成学”。做学问如像筑台，“庀千山之材而为一台，汇百家之说而成一学”，“台积而高，学积而博”。但是，学问不但要博，尤其要精，在博的基础上进行分析，加以条理，“有台而不坚，有学而不精，无以异乎无台与学也”。序言批评中国旧学的弊病“在于混杂而无章，分类则以经、史、子、集，政教合一，玄著不分，

---

〔1〕 这6项是：敦品（如敦廉耻，尚气节，慎交游，屏外诱）、自治（如守秩序，重礼节，慎言笑）、胆识（如冒险进取，警备非常）、文学（如长于国文词章）、才具（如应变有方，办事精细）、言语（如长于演讲、论辩应对）。

此所以累数千年而无进也”。认为萧子升的札记积累很多材料，“则宜有以条理之，挈其瑰宝，而绝其淄磷焉。又持之以久远，不中途而辍。诚若是，则固百丈之台之基矣”。

7月中旬—8月16日 和萧子升步行漫游长沙、宁乡、安化、益阳、沅江五县，历时一个月，行程九百余里。这次长途旅行，未带一文钱，用游学的方法或写些对联送人以解决食宿，所到之处，受到农民友善的欢迎和款待。沿途接触城乡社会各阶层的人，了解一些风土民情，获得许多新鲜知识。

8月中旬 将自己抄录的《西洋伦理学史》（杨昌济译）七本，借给同班同学罗学瓒阅读〔1〕。

8月23日 致黎锦熙长信，探讨救国救民的“大本大源”问题。信中说，天下纷纷，时人虽有一些变革主张，但对救国之道，未找到一根本解决办法。即说维新派康有为，也是“徒为华言炫听，并无一干竖立、枝叶扶疏之妙”，“今日变法，俱从枝节入手，如议会、宪法、总统、内阁、军事、实业、教育，一切皆枝节也”。而所谓本源，就是“宇宙之真理”。“天下之生民，各为宇宙之一体，即宇宙之真理，各具于人人之心中”。信中强调，“以大本大源为号召”，通过改造和普及哲学、伦理学来变换全国的思想，这就是救国救民的根本道路。“今吾以大本大源为号召，天下之心其有不动者乎？天下之心皆动，天下之事有不能为者乎？天下之事可为，国家有不富强幸福者乎？”“当今之世，宜有大气量人，从哲学、伦理学入手，改造哲学，改造伦理学，根本

---

〔1〕 罗学瓒读《西洋伦理学史》后，在1917年9月26日日记中写道：“余借毛君泽东手录《西洋伦理学史》七本，自旧历六月底阅起于今日阅毕。西洋伦理学思想虽各人异趣，然有系统可寻，且进化之迹昭昭可数，不若我国之东鳞西爪陈陈相因也。”

上变换全国之思想。此如大纛一张，万夫走集；雷电一震，阴曀皆开，则沛乎不可御矣！”他认为，一旦哲学得到改造和普及，人人“共跻于圣域”，“彼时天下皆为圣贤，而无凡愚，可尽毁一切世法，呼太和之气而吸清海之波”。这样，就达到“太平世”的大同境界。信中主张“思想道德必真必实”，东方思想虽然有许多不切于实际生活，但“西方思想亦未必尽是，几多之部分，亦应与东方思想同时改造”。毛泽东在信中还说，“毕业之后，自思读书为上，教书、办事为下”，很久以来就想办私塾，取古代讲学与现今学校二者的长处，“暂只以三年为期，课程则以略通国学大要为准。过此即须出洋求学，乃求西学大要，归仍返于私塾生活”，继续深造。

秋 开学后，听杨昌济讲授修身课，教材为《伦理学原理》〔1〕，学至次年第一学期。毛泽东精心研读此书，写下一万二千余字批注，对书中一些伦理学和哲学观点提出自己的见解〔2〕，强调“道德哲学在开放之时代尤要”。批注突出强调个人价值，主张“唯我论”，提倡个性解放。毛泽东在批注中写道，自己在伦理学上有两个主张：一为个人主义，一切生活动作，一切道德，都是为了成全个人。一为现实主义，“吾只对于吾主观客观

---

〔1〕 德国新康德主义哲学家泡尔生（今译保尔森）著，蔡元培译。

〔2〕 毛泽东批阅的《伦理学原理》一书，曾为湖南省立第一师范学校同学杨韶华所收藏，后来还给了毛泽东。关于这件事，周世钊在他1962年出版的《毛主席青年时期的几个故事》一书中曾有记载：“当我把这本书交到毛主席手中时，他高兴地翻看了自己写在书中的评语。微笑着对我说：‘这本书的道理也不那么正确，它不是纯粹的唯物论，而是心物二元论。只因那时，我们学的都是唯心论一派的学说，一旦接触一点唯物论的东西，就觉得很新颖，很有道理，越读越觉得有趣味。它使我对于批判读过的书，分析所接触的问题，得到了新的启发和帮助。’”

之现实者负责”。他说：个人有无上之价值，个人的价值大于宇宙的价值，“故凡有压抑个人、违背个性者，罪莫大焉。故吾国之三纲在所必去，而教会、资本家、君主、国家四者，同为天下之恶魔也”。“吾从前固主无我论，以为只有宇宙而无我。知其不然。盖我即宇宙也。各除去我，即无宇宙。各我集合，即成宇宙，而各我又以我而存，苟无我何有各我哉。是故，宇宙间可尊者惟我也，可畏者惟我也，可服从者惟我也。”他认为，“人类之目的，在实现自我而已”，成人之美、舍身拯人、为他人谋幸福等，都是为了实现自我，满足个人精神的需要，达到自利之目的，即所谓“精神之个人主义”。批语反映了某些辩证法和唯物主义思想，其中说：“人世一切事，皆由差别比较而现”，“进化者，差别陈迭之状况也”。对于泡尔生关于“世界一切之事业及文明，固无不起于抵抗决胜”的观点，极表赞同；而不同意泡尔生关于“人类势力之增，与外界抵抗之减，其效本同”的观点。批注写道：“河出潼关，因有太华抵抗，而水力益增其奔猛。风回三峡，因有巫山为隔，而风力益增其怒号。”这种思想，还反映在批注中对社会历史的看法：“治乱迭乘，平和与战伐相寻者，自然之例也。”“吾人恒厌乱而望治，殊不知乱亦历史生活之一过程，自亦有实际生活之价值。吾人览史时，恒赞叹战国之时，刘项相争之时，汉武与匈奴竞争之时，三国竞争之时，事态百变，人才辈出，令人喜读”。

批注表明，毛泽东对过去推崇“大同”境界和人人皆为圣人的观点，有了改变。说：“吾知一入大同之境，亦必生出许多竞争抵抗之波澜来，而不能安处于大同之境矣。”“吾尝梦想人智平等，人类皆为圣人，则一切法治均可弃去，今亦知其决无此境矣。”此外，批注中也有不少“精神不灭，物质不灭”的观点。

在阅读《伦理学原理》期间，写了一篇题为《心之力》的作文，受到杨昌济的赞扬，得一百分。

9月16日 和同学张昆弟等到湘潭昭山游览，夜宿昭山寺。交谈中，毛泽东认为人生不能单以解决衣食住为满足，还应追求更高的理想，说“西人物质文明极盛，遂为衣食住三者所拘，徒供肉欲之发达已耳。若人生仅此衣食住三者而已足，是人生太无价值”。“吾辈必想一最容易之方法，以解经济问题，而后求遂吾人理想之世界主义”。又说，“人之心力与体力合行一事，事未有难成者”。张昆弟对毛泽东的“心力说”甚为赞成。

9月 为湖南第一师范附属小学国文科二年级写《国文教授案》，并进行教学实习。二十二日，一师同学李端纶对毛泽东这次教学实习写有如下评语：“毛君态度、教法、言语均臻完善，惜其立地未能适当耳”。

9月22日 下午，和张昆弟到湘江游泳。当晚同宿蔡和森家，夜谈很久。毛泽东说：“现在国民性惰，虚伪相崇，奴隶性成，思想狭隘，安得国人有大哲学革命家，大伦理革命家，如俄之托尔斯泰其人，以洗涤国民之旧思想，开发其新思想”。他主张实行“家族革命，师生革命”。并认为“革命非兵戎相见之谓，乃除旧布新之谓”。二十三日，清晨同蔡和森、张昆弟游岳麓山，沿山脊而行，至岳麓书院下山。时值“凉风大发，空气清爽”，“胸襟洞澈，旷然有远俗之慨”。

9月25日 发起组织第一师范湘潭校友会，得到湘潭同学的赞同。组织校友会目的有四：一、谋发展湘潭教育；二、联络感情，质疑问难，以文会友；三、有团体不致特立独行，为世所遗；四、当小学教师后，应兴应革互策进行，不致孤陋寡闻。十二月十四日，湘潭校友会在一师开成立大会，毛泽东报告该会的筹备经过及宗旨等。

9月30日 和同学罗学瓒、李端纶、张超、邹蕴真、彭道良等十六人，租两条小船，环游长沙水陆洲一周。至夜，清风明月，醉酒歌诗。

10月8日 当选为一师学友会总务（负总责）兼教育研究部部长，任期至次年五月。十三日，召开学友会大会，到会六十二人，讨论各项会务。十四日，召开各部部长会议。会后，毛泽东积极组织各种课余的学术和体育活动。

10月30日 用白话文写的夜学招生广告，由学友会教育研究部印发。广告说："列位大家来听我说句白话。列位最不便益的是甚么，大家晓得吗？就是俗语说的，讲了写不得，写了认不得，有数算不得。""所以大家要求点知识，写得几个字，认得几个字，算得几笔数，方才是便益的。"现今"我们第一师范办了一个夜学"，"这个夜学专为列位工人设的"。"教的是写信、算账，都是列位自己时刻要用的。讲义归我们发给，并不要钱。夜间上课又于列位工作并无妨碍。""列位大家想想，我们为甚么要如此做？无非是念列位工人的苦楚，想列位个个写得、算得。列位何不早来报个名，大家来听听讲？"

11月初—14日 每天写学友会夜学日志，记载夜学创办的意义、招生办法、课程安排和教学方法等。关于创设夜学的意义，日志列举四条：一、我国现社会的中坚，实为大多数失学的国民，为要达到"造成新国民及有开拓能力之人才"的目的，不能不对这些人进行教育。二、国人虽天赋、境遇不同，但人人应有受教育的机会。三、可作师范三四年级学生实习的场所。四、可通过夜学打破学校与社会的隔离，使"社会与学校团结一气，社会之人视学生如耳目，依其指导而得繁荣发展之益；学生视社会之人如手足，凭其辅佐而得实施所志之益。久之，社会之人皆学校毕业之人，学校之局部为一时之小学校，社会之全体实为永久之大学校"。

11月7日 俄国十月革命爆发，产生第一个社会主义国家。十日，上海《民国日报》报道了这一消息。十七日，长沙《大公报》也作了报道。

11月9日 夜学正式开学，学友会代理会长方维夏致词，毛泽东对上课说明书逐条作了解释。

11月14日 给夜学甲班上历史常识课，讲历朝大势和上古事迹。二十一日，继续讲秦、汉、魏、晋、隋、唐六朝事略。

11月15日 北洋军阀段祺瑞辞国务总理职。湘督傅良佐同省长周肇祥自长沙出逃。十七日，湘粤桂联军与北军王汝贤、范国章部在湘潭交战。在南北军阀混战，北军败走，南军未到长沙之际，北军溃军王汝贤部在第一师范附近徘徊。这时，毛泽东以学友会总务的名义，把学生志愿军组织起来，布防学校周围山头。当溃军向北移动时，联络警察分所，利用他们的真枪射击，志愿军放鞭炮助威，高喊"缴枪没事!"溃军不知虚实，惊慌失措，纷纷缴械，由商会出钱遣散。全校师生议论说，"毛泽东浑身都是胆"。随后，毛泽东以一师学友会的名义，组织妇孺救济会，援救因战事遭受困难的市民。

冬 步行到浏阳县文家市铁炉冲陈赞周同学家探望，晚上同附近农民谈心，宣传种果树，说前人栽树后人乘凉，前人栽树后人食果，并动手在铁炉冲栽了几棵板栗树。

1918年 二十五岁

2月19日 出席湖南第一师范学友会职员会议，提出本学期学友会继续办工人夜校等活动事项，会议讨论通过。

3月2日 起草第一师范学友会《夜学招学广告》。广告说，愿入夜学者，不论年纪大小、认字多少均可报名，听课不收学费且发给讲义。

3月23日 段祺瑞重组内阁，决定对川、湘、粤各省用兵计划。第二次南北战争开始。二十六日，北军占领长沙。二十七日，张敬尧被委任湖南督军。

春 和蔡和森沿洞庭湖南岸和东岸，经湘阴、岳阳、平江、浏阳几县，游历半个多月，了解社会情况，读“无字书”。路上还详细商谈组织新民学会问题。

4月14日 出席在长沙岳麓山刘家台子蔡和森家召开的新

民学会成立大会[1]。萧子升、萧三、何叔衡、陈赞周、毛泽东、邹鼎丞、张芝圃（张昆弟）、蔡林彬（蔡和森）、邹蕴真、陈书农、周明谛、叶兆桢、罗章龙等到会。大会通过由毛泽东、邹鼎丞起草的新民学会会章。会章规定：学会宗旨是“革新学术，砥砺品行，改良人心风俗”。会员守则为“一、不虚伪；二、不懒惰；三、不浪费；四、不赌博；五、不狎妓。”会议推选萧子升为总干事，毛泽东、陈书农为干事。不久，萧子升去法国，会务由毛泽东主持。

4月28日 南军马济部攻占湖南醴陵。南北军在醴陵一带

---

〔1〕关于新民学会的发起经过，毛泽东在1920年冬写的《新民学会会务报告》（第1号）中说:“新民学会的发起，在民国六年之冬。发起的地点在长沙，发起人都是在长沙学校毕业或肄业的学生。这时候这些人大概有一种共同的感想，就是‘个人及全人类的生活向上’,‘如何使个人及全人类的生活向上’，乃成为一个迫待讨论的问题。这时候尤其感到的是‘个人生活向上’的问题，尤其感到的是‘自己生活向上’的问题。相与讨论这类问题的人，大概有十五人内外。有遇必讨论，有讨论必及这类问题。讨论的情形至款密，讨论的次数大概在百次以上。至溯其源，这类问题的讨论，远在民国四五两年，至民国六年之冬，乃得到一种结论，就是‘集合同志，创造新环境，为共同的活动’。于是乃有组织学会的提议，一提议就得到大家的赞同了。这时候发起诸人的意思至简单，只觉得自己品性要改造，学问要进步，因此求友互助之心热切到十分。——这实在是学会发起的第一个根本原因。又这时候国内的新思想和新文学已经发起了，旧思想、旧伦理和旧文学，在诸人眼中，已一扫而空，顿觉静的生活与孤独的生活之非，一个翻转而为动的生活与团体的生活之追求。——这也是学会发起的一个原因。还有一个原因，则诸人大都系杨怀中先生的学生，与闻杨怀中先生的绪论，作成一种奋斗的和向上的人生观，新民学会乃从此产生了。”

关于新民学会成立的时间，毛泽东在《新民学会会务报告》中说是1918年4月17日。这里根据萧三日记，定为4月14日。

进行拉锯战。毛泽东组织以学生志愿军为基础的警备队，并任队长，带领同学们护卫学校。

4月 新民学会会员在长沙北门外平浪宫聚餐，为罗章龙去日本留学〔1〕饯行。毛泽东用“二十八画生”笔名写诗一首相赠，题为《送纵宇一郎东行》：

云开衡岳积阴止，天马凤凰春树里。年少峥嵘屈贾才，
山川奇气曾钟此。君行吾为发浩歌，鲲鹏击浪从兹始。
洞庭湘水涨连天，艨艟巨舰直东指。无端散出一天愁，
幸被东风吹万里。丈夫何事足萦怀，要将宇宙看稊米。
沧海横流安足虑，世事纷纭从君理。管却自家身与心，
胸中日月常新美。名世于今五百年，诸公碌碌皆馀子。
平浪宫前友谊多，崇明对马衣带水。东瀛濯剑有书还，
我返自崖君去矣。

5月10日 出席第一师范学友会留校成员会议，讨论向下届学友会移交问题。毛泽东等提出，要筹备“独立会所”，以联络毕业同学，谋全省教育的研究和发展；还要成立交际部，“谋内外之连络，通新故之情素，图理论与经验之结合”。

6月 在湖南第一师范毕业〔2〕。

6月下旬 同何叔衡、萧子升、萧三、陈赞周、周惇元（周世钊）、蔡和森、邹鼎丞、张昆弟、陈书农、李和笙（李维汉）等在湖南一师附属小学参加新民学会会议，讨论会友“向外发展”问题。会议认为留法勤工俭学有必要，应尽力进行，推举蔡

---

〔1〕 罗章龙后因东京发生日警迫害中国侨民风潮，中止赴日。

〔2〕 1936年毛泽东同斯诺谈话时说：“我在这里——湖南省立第一师范度过的生活中发生了很多事情，我的政治思想在这个时期开始形成。我也是在这里获得社会行动的初步经验的。”

和森、萧子升“专负进行之责”。二十五日，蔡和森到北京，经杨昌济介绍与李石曾、蔡元培接洽后，认为留法勤工俭学“颇有可为”，即函告萧子升、毛泽东、陈赞周、邹鼎丞等从事邀集志愿留法的同志。

6月30日 蔡和森致信毛泽东。信中说：“兄事已与杨[1]师详切言之，师颇希望兄入北京大学”。北京大学校长蔡元培“正谋网罗海内人才”。“吾三人有进大学之必要，进后有兼事之必要，可大可久之基，或者在此”。希望毛泽东与萧子升讨论研究，决定行止。

7月 蔡和森致信毛泽东促其尽快赴京，说：“吾辈须有一二人驻此，自以兄在此间为最好。”“兄对于会务，本有经纶天下之大经、立天下之大本的意趣，弟实极其同情”。“自由研究以兄为之，必有多少成处，万不至无结果。”润兄七月二十六日信“所论才、财、学三事，极合鄙意。究竟我们现所最急者，是一财字；而才次之；而学则无处不有，无时不可以自致。然非学无以广才，非才无以生财”。

8月11日 致信在湘潭的罗学瓒，认为罗学瓒从事教育工作比较适宜。信中说：深感同人中没有几个从事小学教育的，“后路空虚，非计之得”。往保定留法预备班，不如从事教育之有大益。“性质长此，一也；可便研究与性相近之学，如文科等，二也；育才作会务之后盾，三也。”

8月中旬 致信七舅父和八舅父，说从湘乡唐家圫舅父家到长沙已数日，决定十三日动身去北京。感谢他们照料患病的母亲。说乡中良医少，特请人开来一药方为母治病；如不能愈，到秋收之后，拟接到省城治疗。

---

〔1〕 杨，指杨昌济。

8月15日 和萧子升、罗学瓒、罗章龙、陈赞周等二十多名准备赴法勤工俭学的青年离长沙去北京。途中因铁路被水冲断，在河南郾城停留一天。十八日，和罗章龙、陈赞周到许昌〔1〕。

8月19日 和罗学瓒等一行到达北京。后与蔡和森等八人住在距北京大学不远的三眼井吉安东夹道七号三间狭小的房子里，“隆然高炕，大被同眠”，生活清苦。经杨昌济协助联系，蔡元培、李石曾同意为湖南青年先办三处留法预备班，分设在北京大学与河北保定、蠡县。以后又在长辛店机车车辆厂开办半工半读的留法预备班。八月间，毛泽东作出湖南学生留法勤工俭学计划，同萧子升等驻京主持湖南青年留法勤工俭学工作。

9月8日 在北京湘乡会馆同黎锦熙等会面，谈治学问题。

10月6日 和蔡和森、萧子升到保定，迎接由陈赞周、邹鼎丞带领的第二批准备赴法勤工俭学的三十多位湖南青年。七日下午，在莲花池公园，同已在育德中学附设留法高等工艺预备班学习的张昆弟、李维汉、李富春、贺果等聚会，并同湘籍全体同学合影留念。

10月10日 送蔡和森等三十多位留法预备班学员去蠡县布里村。随后同萧子升返回北京，统筹勤工俭学事宜。

10月 经杨昌济介绍，认识北京大学图书馆主任李大钊。

〔1〕 罗章龙在《回忆新民学会》一文中说：“我们在漯河车站宿了一夜。第二天，毛润之、我、陈绍休（按：即陈赞周）坐临时车子到了许昌，在那里停留一二天。润之对许昌很感兴趣，许昌是三国的魏都，但旧城已荒凉。他建议去看看，我们就向当地一些农民了解了魏都的情况，知道旧址在郊外，乃步行前往凭吊魏都旧墟，并作诗纪行。”

征得蔡元培同意，被安排在图书馆当助理员〔1〕，负责新到报刊和阅览人姓名的登记工作，月薪八块银元。由于工作关系，时常到李大钊处请教，读到一些传播马克思主义的书刊，并参加李大钊组织的学生研讨各种新思潮的活动。这期间，曾与在京的新民学会会员，邀请蔡元培、陶孟和、胡适分别在北大文科大楼谈话，主要谈论学术和人生问题。还同北大学生朱谦之讨论无政府主义和它在中国的前景。

此时，毛泽东同杨昌济的女儿杨开慧成为挚友。

11月11日 协约国与德国签订休战条约，第一次世界大战结束。二十八日至三十日，北京各界在中央公园举行庆祝活动。

11月15日 李大钊在《新青年》第五卷第五号发表《庶民的胜利》和《布尔什维主义的胜利》两篇文章。热烈赞扬十月革命，指出社会主义革命是世界历史的潮流，“试看将来的环球，必是赤旗的世界!”

12月29日 到黎锦熙家，谈办报〔2〕和世界问题。

冬 和萧三、罗章龙到天津大沽口观海，看要塞炮台。

同季 到北京长辛店铁路机车车辆工厂调查。

---

〔1〕 有学者考证，毛泽东在北京大学图书馆的职务是图书馆书记。这一职务一般由新聘者担任。

〔2〕 根据黎锦熙1967年的回忆，这里所说的办报，指后来创办《湘江评论》。

1919年　二十六岁

1月18日　巴黎和会开幕。二十八日，中国代表在会上要求取消“二十一条”，归还德国在山东的特权，取消帝国主义在华特权等。

1月25日　北京大学哲学研究会成立。毛泽东参加了哲学研究会。

2月1日　在黎锦熙家同度春节。黎锦熙将他的《国语研究调查之进行计划书》改订本交毛泽东提意见。

2月19日　参加北京大学新闻学研究会改组大会。蔡元培发表演说并被选为新闻学研究会会长。毛泽东在研究会听《京报》社长邵飘萍讲授《新闻工作的理论与实践》课程，曾多次拜访邵飘萍，并得到邵在经济上的接济。

3月12日　因母亲病重，从北京动身回湖南。为欢送赴法勤工俭学的湖南青年，归途中绕道上海。十四日，到达上海。

3月15日　在上海参加环球中国学生会召开的赴法留学学生欢送会。十七日，送别湖南青年赴法。二十九日，参加又一批赴法留学学生欢送会，三十一日送别。

4月6日　由上海回到长沙。对母亲亲侍汤药。二十八日，致信七、八两舅父舅母，说“家母久寓尊府，备蒙照拂，至深感激”。

4月　回湖南后，主持新民学会会务。为解决生活问题和便于工作，住到长沙修业小学，教历史课，并广泛接触长沙教育界、新闻界和青年学生，进行各种联络活动。

4月30日 巴黎和会无视中国提出的废除不平等的“二十一条”等要求，决定将德国在山东的特权全部转让给日本。

5月4日 五四爱国运动在北京爆发。消息传到湖南，全省震动。毛泽东同新民学会会员、各校学生骨干分子、新闻界教育界的代表人物进行联系，交换看法，提出在湖南开展爱国运动的具体意见。

5月7日 长沙各校学生举行“五七”国耻纪念游行，游行队伍被张敬尧派军警强行解散。

5月中旬 北京学生联合会派邓中夏到湖南联络，向毛泽东、何叔衡等介绍北京学生运动情况，并商讨恢复和改组原湖南学生联合会问题。

5月23日 毛泽东约蒋竹如、陈书农、张国基等到第一师范后山操坪，商谈响应北京学生反帝爱国运动，与北京学生采取一致行动问题。议定：每一学校推举一个或两三个代表，于二十五日上午到楚怡小学开会。连日来，毛泽东到一师、商业专门学校、明德中学等校进行活动，向学生骨干提出：一、反帝爱国方向要明确，力争山东主权完整，反对北京政府卖国政策；二、要有统一组织，使力量集中；三、要准备对付张敬尧所施加的压迫。

5月25日 和蒋竹如、陈书农等同各校学生代表易礼容、彭璜、柳敏等二十余人在楚怡小学开会。由毛泽东介绍邓中夏与各校代表见面。邓中夏报告北京学生运动发生经过，希望湖南学生实行总罢课，声援北京学生。会议决定：成立新的湖南学生联合会；发动学生总罢课，以推动反帝爱国运动。

5月28日 新的湖南学生联合会成立。不日，学联改选，新民学会会员彭璜任会长。毛泽东经常到学联同负责人研究问题，指导工作。

6月2日 湖南学生联合会召开全体大会，议决全省各校学生从三日起，一律罢课。

6月3日 五四运动发展到一个新的阶段，中国无产阶级以巨大的声势参加了这一运动。本日，湖南长沙的第一师范、湘雅医学校、商业专门学校等二十个学校学生举行总罢课。四日，长沙《大公报》发表学联的罢课宣言。宣言说：“外交失败，内政分歧，国家将亡，急宜挽救”，湖南学生“力行救国之职责，誓为外交之后盾”。宣言还向政府提出拒绝巴黎和约、废除中日不平等条约等项要求。随之罢课风潮席卷全省。

6月 同学联干部利用暑期放假，组织青年学生到城乡、车站、码头，作爱国反日宣传。

7月初 和何叔衡、熊楚雄等人，在长沙送别徐特立等十八人经武汉、上海赴法。

7月9日 在毛泽东指导下，由湖南学联发起的湖南各界联合会成立。联合会以“救国十人团”为基层组织。七月间，“救国十人团”已发展到四百多个。十月下旬，湖南救国十人团联合会正式成立。

7月14日 湖南省学联刊物《湘江评论》创刊，毛泽东为主编和主要撰稿人。《湘江评论》“以宣传最新思潮为宗旨”。毛泽东为创刊号撰写创刊宣言及长短文二十余篇，对帝国主义和封建势力进行揭露和抨击。他在创刊宣言中说：“世界什么问题最大？吃饭问题最大。什么力量最强？民众联合的力量最强。什么不要怕？天不要怕，鬼不要怕，死人不要怕，官僚不要怕，军阀不要怕，资本家不要怕。”他反对各种强权，主张平民主义，用群众联合的方法，向强权者做持续的“忠告运动”，实行“呼声革命”、“无血革命”。在《陈独秀之被捕[1]及营救》一文中，他指出：当前的中国危险在于“思想界空虚腐败到十二分”，人们“迷信神鬼，迷信物象，迷信运命，迷信强权。全然不认有个人，不认有自己，不认有真理”，这是科学思想不发达和政治不民主的结果。文章对陈独秀十分推崇，称之为“思想界的明星”。

7月21日 《湘江评论》第二号出版，刊载毛泽东《民众的大联合》一文，此文在该刊第三号、第四号继续连载。文章宣传反封建的民主革命思想。指出民众大联合是改造国家、改造社会的根本方法。认为“辛亥革命，似乎是一种民众的联合，其实不然。辛亥革命，乃留学生的发踪指示，哥老会的摇旗唤呐，新军和巡防营一些丘八的张弩拔剑所造成的，与我们民众的大多数，毫没关系”。文章热情称颂俄国十月革命的胜利，说“俄罗斯打倒贵族，驱逐富人，劳农两界合立了委办政府，红旗军东驰西突，扫荡了多少敌人，协约国为之改容，全世界为之震动”，而在中国则“异军特起，更有中华长城渤海之间，发生了五四运动”。文章指出：当今中国种种方面都要解放，“思想的解放，政治的解放，经济的解放”等，强调中华民族有伟大的能力进行改革，“压迫愈深，反动愈大，蓄之既久，其发必速”。文章要求工人、农民、学生、教师、警察、车夫各色人等联合起来，仿效别国的方法进行革命。文内也反映了一些他对马克思主义和无政府主义的看法，认为：联合以后的行动，有两派，一派是很激烈的，主张“以其人之道还治其人之身”，其首领是一个生在德国的叫马克斯；一派是较为温和的，这派人的思想“更广，更深远”，其首领，为一个生于俄国的叫克鲁泡特金。《民众的大联

[1] 1919年6月11日，陈独秀在北京新世界游艺场散发《北京市民宣言》时，被警察厅逮捕。

合》在当时的进步思想界有相当影响。北京《每周评论》说，此文“眼光很远大，议论也很痛快，确是现今的重要文字”。北京、上海、成都等地一些报刊转载了这篇文章。

同日 在《湘江评论》临时增刊第一号发表《健学会[1]之成立及进行》。文章赞扬戊戌维新时期湖南思想活跃，同时指出那时思想界存在的自大、空虚、“中学为体，西学为用”、以孔子为中心等弊端，批评那时的思想“多是空空洞洞，很少踏着人生社会的实际说话”，“不容易引入实际去研究实事和真理”。文章提倡“研究”、“批评”的精神和学术的自由讨论，认为没有批评的精神，就会做他人的奴隶。对于孔子，单就其统治中国思想界不能自由、使人们做了两千年偶像的奴隶这一点来说，也是不能不反对的。

7月25日 俄罗斯苏维埃联邦社会主义共和国发表对中国人民和中国南北政府的宣言（即第一次对华宣言）。声明苏俄政府将沙皇政府与中国订立的一切不平等条约概行废除，并将沙皇政府与俄国资产阶级强行掠夺、占有之中国领土及一切权益，全部归还中国人民。同时建议双方派出代表进行正式谈判，以建立友好关系。这个宣言于一九二〇年四月间在中国报刊上公开发表。

8月4日 《湘江评论》第四号出版。

8月中旬 由于湖南学生联合会领导长沙群众举行焚烧日货，张敬尧的军警包围湖南学生联合会，胁迫彭璜停止反日爱国

---

〔1〕 健学会是由湖南省教育会会长陈润霖邀集湖南省城各学校职教员徐特立（孤儿院院长）、朱剑帆（周南女校校长）等发起，成立于1919年6月15日。健学会“以输入世界新思潮，共同研究，择要传播为宗旨”，1920年驱张运动胜利后，成员逐渐分化。

运动，张贴布告，解散学联，查封《湘江评论》，并闯入湘鄂印刷公司，将刚印出的《湘江评论》第五号没收。由于事先得知张有此举，毛泽东布置学联职员离开，重要文稿和学联印信移走，未受损失。当晚，毛泽东同留守的学联骨干在何叔衡处开会，决定六条：各校学生暂不用学联名义；学联活动要秘密进行；将查封《湘江评论》情况通告报界；要回乡学生宣传张敬尧的暴行；函达全国学联和各界联合会争取支援；积极准备驱张。此后，毛泽东和学联其他负责人到岳麓山继续进行革命活动。在毛泽东影响和帮助下办起来的湘雅医学专门学校的《新湖南》、周南女校的《女界钟》和修业小学的《小学生》等刊物，仍继续出版。

9月5日 致信黎锦熙，说《新湖南》从第七号以后由他主持编辑〔1〕。信中称赞《民铎》第六号刊载的《国语学之研究》（黎著）和《俄罗斯文学思潮之一瞥》，是“近数年来不多见的大文章”，读后收益不少。还说：自己颇想研究国语，非将国语教科书编成，教育是没有办法的；至于留法一事，算是湖南教育界的一个“新生命”。

9月中旬 在商业专门学校召集原学联骨干酝酿驱逐张敬尧问题，指出北洋军阀内讧是驱张的大好时机，湖南学生要做驱张运动的主力。当即布置：一、尽可能策动教员和新闻界人士支援学生驱张；二、指派彭璜和商专代表李凤池等去上海，联络省外

---

〔1〕 毛泽东主持编辑的《新湖南》第7号刷新宣言，在1919年12月出版的《新青年》第7卷第1号的《长沙社会面面观》一文中，曾加以引录，内容如下：“本报第七号以后的宗旨是：一、批评社会。二、改造思想。三、介绍学术。四、讨论问题。……第七号以后的本报，同人尽其力之所能，本着这四个宗旨去做；‘成败利钝’自然非我们所顾。就是一切势力Authority也更非我们所顾。因为我们的信条是‘什么都可以牺牲，惟宗旨绝对不能牺牲！’”

驱张力量；三、积极恢复学联。

9月21日、26日 先后在长沙《大公报》发表《表同情于师范学生》和《原来是他》两篇短文，对摧残教育、毒打车夫等社会现象表示愤慨。

10月5日 母亲文素勤去世。毛泽东闻讯立即从长沙赶回韶山。

10月8日 在母亲灵位前写成《祭母文》。祭文追述慈母勤俭持家、爱抚子女、和睦邻里等优良品德。“吾母高风，首推博爱。远近亲疏，一皆覆载。恺恻慈祥，感动庶汇。爱力所及，原本真诚。不作诳言，不存欺心。整饬成性，一丝不诡。手泽所经，皆有条理。头脑精密，劈理分情。事无遗算，物无遁形。洁净之风，传遍戚里。不染一尘，身心表里。”并作泣母灵联两副：“疾革尚呼儿，无限关怀，万端遗恨皆须补；长生新学佛，不能住世，一掬慈容何处寻？”“春风南岸留晖远；秋雨韶山洒泪多。”

10月16日 北京大学新闻学研究会举行第一批学员研究期满仪式，会长蔡元培颁发证书。毛泽东获得该研究会听讲半年的证书。

10月22日 同湖南教育界一千二百七十二人联署发出公启，揭露张敬尧派其私党操纵改选并控制省教育会的内幕，反对张敬尧摧残教育事业。公启于次年二月二十日在《湖南》月刊发表。

10月23日 为问题研究会〔1〕起草的《问题研究会章程》

〔1〕 周世钊1966年4月20日回忆：问题研究会“是拟划中的东西，它没有会员、组织，也没有开过什么会”。其会章“是毛泽东草拟的”，所列问题“全由毛泽东提出”。

在《北京大学日刊》刊出[1]。章程说，“凡事或理之为现代人生所必需，或不必需，而均尚未得适当之解决，致影响于现代人生之进步者，成为问题”，解决这些问题，应“先从研究入手”。章程列出要研究的大小问题一百四十四个，涉及政治、经济、文化、教育、社会、国际等各方面的实际问题。章程强调问题之研究，“须以学理为根据”，“在各种问题研究之先，须为各种主义之研究”；而且要“注重有关系于现代人生者”。但规定，研究会只限于“以学理解决问题”，不涉及“以实行解决问题”。章程引起北京学界的重视。

11月8日—10日 长沙《大公报》连续三天刊登特别启事称：“本报添约毛润之先生为馆外撰述员。”此后的三年中，毛泽东同《大公报》建立了良好的合作关系，为该报撰写了不少文章。

11月中旬 出席新民学会在长沙周南女校召开的修改会章和进行改选大会。根据新会章，会议选举何叔衡、李思安任正副执行委员长；陶毅、周世钊、毛泽东、周敦祥、魏璧、陈书农、唐耀章、蒋竹如为评议员。会后，即进行驱逐张敬尧运动。会友多数外出，会务停顿一年。

11月16日 领导被张敬尧解散的湖南学生联合会的骨干分子，重建学联，于本日召开成立大会。大会发表再组宣言，指斥张敬尧一类军阀“植党营私，交相为病，如昏如醉，倒行逆施，刮削民膏，牺牲民意，草菅民命，蹂躏民权”。

---

〔1〕 邓中夏在同期《北京大学日刊》上，发表《邓康启事》说：“我的朋友毛君泽东，从长沙寄来问题研究会章程十余张。在北京的朋友看了都说很好，有研究的必要，各向我要了一份去。现在我只剩下一份，要的人还不少，我就借本校日刊登出，以答关心现代问题解决的诸君的雅意”。

同日 就轰动长沙城的新娘赵五贞因反对包办婚姻在花轿内自杀事件，在长沙《大公报》发表《对于赵女士自杀的批评》一文。文章分析赵五贞自杀，是由于“三面铁网（社会、母家、夫家）坚重围着，求生不能”。“这事件背后，是婚姻制度的腐败，社会制度的黑暗，意想的不能独立，恋爱不能自由”。希望热心的人要为一个殉自由、殉恋爱的女青年呼一声“冤枉”。此后，长沙教育界、新闻界和青年学生，纷纷著文，对赵五贞事件进行讨论，形成对封建婚姻制度的一次进攻。

11月18日—28日 在长沙《大公报》和《女界钟》发表《赵女士的人格问题》、《婚姻问题敬告男女青年》、《改革婚制问题》、《女子自立问题》、《“社会万恶”与赵女士》、《非自杀》、《恋爱问题——少年人与老年人》、《打破媒人制度》、《婚姻上的迷信问题》等九篇论文和杂感。这些文章集中抨击封建礼教和中国的万恶社会。其中说：“社会里面既含有可使赵女士死的‘故’，这社会便是一种极危险的东西。他可以使赵女士死，他又可以使钱女士、孙女士、李女士死；他可以使‘女’死，他又可以使‘男’死。”因此，“就不能不高呼‘社会万恶’”。在分析造成悲剧的社会经济原因时指出：在剥削制度统治下，“男女之间，恋爱只算附属，中心关系，还在经济，就是为资本主义所支配”，“这便是女子被压制不能翻身的总原因”。

12月1日 在《湖南教育月刊》第一卷第二号发表《学生之工作》一文。毛泽东数年来追求新社会生活，去春曾想邀几个朋友在岳麓山设工读同志会，从事半耕半读，未实现。今春又计议在岳麓山建设以新家庭、新学校、新社会结合一体为根本理想的新村，而先从办一实行社会说本位教育说的学校入手。《学生之工作》是其新村设想中关于学校问题计划书的一章。他主张：学校减少教授时间，“使学生多自动研究及工作”，从事种园、种田、畜牧等事项，实行“工读主义”。工作必须是为生产的、合于实际生活的。要使学生养成乐于农村生活的习惯，纠正学生毕业之后“多骛都市而不乐田园”的时弊。并说，创造新学校、新教育，必须与创造新家庭、新社会相联系。要使家庭、社会进步，不可徒言“改良其旧”，必须矢志“创造其新”，才能达到。

12月2日 长沙举行第二次焚烧日货（第一次在七月）游行示威。十一月十六日福州发生日本暴徒持械殴打学生的“福州惨案”，湖南学联散发传单声援，并要求将长沙小吴门火车站查出的日货立即焚烧。本日，长沙工人、学生、教职员、店员约万人，高举“民众联合”、“抵制日货”、“打倒奸商”的旗帜，于教育会坪举行焚烧日货大会，遭到张敬尧镇压。

12月3日 和新民学会会员同湖南学联骨干、积极分子在长沙白沙井开会，研究形势，讨论对策。四日，在楚怡小学出席长沙各校教职员代表和学生代表联席会议，会议决定开展驱张运动，继续发动全省学校总罢课、游行演说。之后，在楚怡小学召开紧急会议，决定组织驱张代表团，分赴北京、天津、上海、汉口、常德、衡阳、广州等地扩大驱张宣传。

12月6日 长沙各校学生罢课。湖南学联代表长沙一万三千名学生向全国发出“张敬尧一日不去湘，学生一日不回校”的誓言。

同日 率驱张请愿团离长沙赴北京。代表团在汉口停留十天左右，分头动员旅鄂湖南学生一道驱张，联络湖北学生支持驱张运动。在赴京期间，毛泽东等发表“快邮代电”，向全国揭露张敬尧在湖南的罪行。

12月中旬 从武汉绕道上海为赴法勤工俭学的蔡和森、向警予、蔡畅、蔡母（葛健豪）等送行，由于蔡和森等启程时间推迟，不能久待，即离上海去北京。

12月18日 湖南驱张请愿团到达北京，邓中夏等十余人到车站迎接。毛泽东到京后，主持驱张运动。北京成为当时湖南驱张运动的大本营。

12月22日 为揭露张敬尧的罪恶和宣传驱张运动，同张百龄、罗宗翰等组织平民通信社，毛泽东任社长。每日发稿分送京、津、沪、汉各报，将张敬尧祸湘的罪恶及各地驱张运动的消息，加以传布。

12月27日 平民通信社印发由毛泽东起草、以湖南旅京公民署名的呈文《湘人力争矿厂抵押呈总统府、国务院及外、财、农商三部文》，揭发湖南政务厅长串通水口山的德籍矿师，同美商以合资办理湖南白铅炼厂名义，行抵押借款之实的罪行。要求政府迅电张敬尧，取消草约，交款退出，并撤惩矿务局长，“以儆官邪而维矿政”。

12月28日 出席湖南旅京各界公民大会，讨论驱张办法，参加者千余人。大会要求与会的湘籍议员签字担保驱张。大会议决通电全国宣布张敬尧罪状并由国民公判等五项决议。

12月31日 和彭璜、张百龄等以湖南旅京公民名义，就张敬尧违禁运烟种事上书国务院。揭露张敬尧到湘后，大开烟禁，并劝民种烟。要求国务院“速即呈明大总统，将湖南督军张敬尧明令罢职，提交法庭依律处办，以全国法而救湘民”。

12月 杨昌济病重，在北京德国医院治疗。毛泽东到医院探望。杨昌济在病中给滞留上海的章士钊写信，向他推荐毛泽东、蔡和森〔1〕。

---

〔1〕 据1963年章士钊《杨怀中别传》载：杨怀中函称：“吾郑重语君，二子海内人才，前程远大，君不言救国则已，救国必先重二子。”

1920年　二十七岁

1月4日　在北京北长街九十九号平民通信社接待前来看望的黎锦熙[1]。

1月17日　杨昌济在北京病逝。毛泽东曾与杨开慧、杨开智一起守灵。二十二日，和蔡元培、范源濂、章士钊、杨度、黎锦熙、朱剑帆等联名，在《北京大学日刊》发出《启事》称：杨先生操行纯洁，笃志嗜学，无意于富贵利达，依薪资维持生计。为抚恤遗孤，请诸知交慨加赙助。

1月18日　和罗宗翰、彭璜等为反对张敬尧侵吞湘省米盐公款，向熊希龄等社会名流及上海湖南善后协会等团体发出快邮代电。要求将米盐公款“在张贼未去、湘乱未宁以前，只可暂归湘绅保管，不得变动。俟湘事平定后，再由全省民意公决用途”。

同日　和邓中夏同罗章龙等“辅社”[2]成员在北京陶然亭聚会，讨论驱张问题。

---

〔1〕 黎锦熙1968年回忆说：“我此次去看他时，主席坐在大殿正中香案后。很长的香案，左边是平民通信社的油印机和通讯稿件，可见有些稿子可能是主席自编自刻自印的。右边是一大堆关于社会主义的新书刊，我在这里第一次读到《共产党宣言》的全文。”

〔2〕 “辅社”即“辅仁学社”，成立于1913年，是湖南长沙长郡中学的一个学术团体，罗章龙为学社负责人之一。1918年下半年，学社活动中心移到北京大学，五四运动后因大部分成员出国留学而停止活动。

1月19日 湖南各界公民代表陈赞周、彭璜、毛泽东等给北京政府总统、国务总理的呈文在上海《民国日报》发表。呈文历数张敬尧十大罪状，要求北京政府速将其撤任回京，依法惩办。呈文指出："张督祸湘，罪大恶极，湘民痛苦，火热水深。张督一日不去湘，湘民一日无所托命。"

同日 和湖南省城各校教职员代表罗教铎、杨树达、朱剑帆、罗宗翰等联名呈文总统，控诉张敬尧摧残教育的罪行，指出"我国今日要务，莫急于图强，而图强根本，莫要于教育"。要求撤惩张敬尧。

1月23日 父亲毛贻昌在家乡去世，与母亲文素勤合葬于韶山土地冲。毛泽东在北京忙于驱张活动，未能回湘奔丧。

1月28日 湖南公民、教职员、学生三代表团，为要求撤惩张敬尧，向北京政府作最后一次请愿，毛泽东以湖南公民代表团团长身份参加。请愿团数十人，从中午十二时开始，分三路向国务院驻地进发，后又转赴国务总理靳云鹏私宅。毛泽东等六人被推举为交涉代表。靳托词不见，由其副官长接见。六代表痛陈张敬尧祸湘罪恶，要求靳云鹏当众宣布解决办法。靳承诺"明日国务会议将湖南问题提出"，下星期四学生代表到靳宅候信。请愿团到晚七时离去。

1月 经李大钊、王光祈等介绍，参加少年中国学会〔1〕。

2月5日 毛泽东等湖南代表依约到棉花胡同靳云鹏住宅请愿候信。但这一带早有兵警设防，阻止各代表通过，这次请愿没有结果。

---

〔1〕 少年中国学会，由王光祈、李大钊等于1918年6月30日发起，1919年7月1日正式成立。它的宗旨是："本科学的精神，为社会的活动，以创造'少年中国'"。该会于1925年底停止活动。

2月15日 旅京湖南学会成立，毛泽东被选为编纂干事。学会每星期日上午开学术研究会，下午请中外名人讲演。九月以后，学会停止活动。

2月19日 农历除夕，访黎锦熙，讨论文化运动方法等问题。

2月 致信在长沙周南女校任教的新民学会会员陶毅，提出："我们要结合一个高尚、纯粹、勇猛、精进的同志团体"。对于改造社会，要有共同的讨论，讨论共同的目的和共同的方法，再讨论方法怎样实践。这样，将来才有共同的研究，共同的准备，共同的破坏和共同的建设。要避免那种个人冥想和"人自为战"的弊病。信中还提到，想和同志成立一个"自由研究社"（或径名自修大学），用一二年的时间，将古今中外学术大纲弄个清楚，作为出洋考察的工具。然后组织一个留俄队，赴俄勤工俭学。"这桩事（留俄），我正和李大钊君等商量。""我为这件事，脑子里装满了愉快和希望。"信中还说，今日到工读互助团〔1〕女子组看望，"觉得很有趣味"，但"也许终究失败"，因为男子组可说已经失败了。

3月5日 和陈独秀、王光祈等联名的《上海工读互助团募捐启》在上海《申报》发表。启事说：为求得"教育与职业合一、学问与生计合一"，"使上海一般有新思想的青年男女，可以解除旧社会旧家庭种种经济上意志上的束缚"，而另外产生一种新生活、新组织，实行半工半读，互助协助，这是发起工读的唯一宗旨。该团简章规定，团员每天工作六小时，工作所得归团体

〔1〕 工读互助团是少年中国学会个别负责人在北京发起组织的。他们集合北京大学等学校几十个男女学生，成立3个组，实行半工半读。其中男子组办了三四个月，因开支太大等原因，终于瓦解。女子组共8人，其中6人为湘籍女学生。

公有，衣食住及教育费、医药费、书籍费均由团体供给。

3月10日 在黎锦熙处进行长时间谈话，讨论社会解放与改造问题〔1〕。

3月上旬 接到彭璜等为在上海组织的湖南改造促成会所拟的《湖南建设问题条件商榷》，即分发在京有关人士征求意见。《商榷》的主要内容是：废除督军，裁减军队，增加教育经费，实行自治，保障人民各种自由权利等。

3月12日 致信黎锦熙，并附《湖南建设问题条件商榷》。信中说："弟于吾湘将来究竟应该怎样改革，本不明白。并且湖南是中国里面的一省，除非将来改变局势，地位变成美之'州'或德之'邦'，是不容易有独立创设的。又从中国现下全般局势而论，稍有觉悟的人，应该就从如先生所说的'根本解决'下手"。信中认为，《商榷》所列各条，虽然是"支支节节的向老虎口里讨碎肉"，是"次货"，但就中国目前状况来说，实在是"上货"。如果连这一着都不做，"便觉太不好意思了"。信中认为《商榷》中有许多地方"尚应大加斟酌"。《商榷》于六月十四日在上海《申报》发表。

3月14日 写长信给周世钊，谈国内研究和出国研究的先后等问题。信中说："我觉得求学实在没有'必要在什么地方'的理，'出洋'两字，在好些人只是一种'迷'。中国出过洋的总不下几万乃至几十万，好的实在很少。""因此我想暂不出国去，暂时在国内研究各种学问的纲要。我觉得暂时在国内研究，有下

---

〔1〕关于这次谈话，黎锦熙1968年回忆说："那天应是下午四时散班后，主席来我家就谈起，一直谈到夜里。内容应是约定谈时三个全面而切身的问题：一、究竟选定哪一种社会主义？二、怎样创造自己的哲学？三、我们如何分工进行？"

列几种好处：1. 看译本较原本快迅得多，可于较短的时间求到较多的知识。2. 世界文明分东西两流，东方文明在世界文明内，要占个半壁的地位。然东方文明可以说就是中国文明。吾人似应先研究过吾国古今学说制度的大要，再到西洋留学才有可资比较的东西。3. 吾人如果要在现今的世界稍为尽一点力，当然脱不开‘中国’这个地盘。关于这地盘内的情形，似不可不加以实地的调查，及研究。这层工夫，如果留在出洋回来的时候做，因人事及生活的关系，恐怕有些困难。不如在现在做了，一来无方才所说的困难；二来又可携带些经验到西洋去，考察时可以借资比较。”“老实说，现在我于种种主义，种种学说，都还没有得到一个比较明了的概念，想从译本及时贤所作的报章杂志，将中外古今的学说刺取精华，使他们各构成一个明了的概念。”信中说：“我不是绝对反对留学的人，而且是一个主张大留学政策的人。我觉得我们一些人都要过一回‘出洋’的瘾才对。”“俄国是世界第一个文明国。我想两三年后，我们要组织一个游俄队。”信中又提到，要在长沙办自修大学，在这个大学里“实行共产的生活”。

3月17日　晚间，到黎锦熙处，讨论湘事善后问题和近代哲学派别问题〔1〕。

---

〔1〕这里所说的湘事善后问题，指湖南驱张后关于实行湘省自治问题。黎锦熙1952年写的《毛主席一九一五到一九二〇年的来信抄存附按语》中说：“一九二〇年三月间讨论这建设问题条件（按：指《湖南建设问题条件商榷》）时，湖南的局面还没有变，但大家已预觉张敬尧是不久可被赶走的”。“六月以后，果然，湖南局面大变了，但这个当作‘次货’的自治方案，重点还是不能‘办到’。”这里所说的近代哲学派别问题，据黎锦熙1952年写的按语和1967年的回忆，是指法国的柏格森、英国的罗素、美国的杜威3位哲学家。

3月25日 湖南公民代表、教职员代表、学生代表共四十五人，由毛泽东领衔，向全国发出快邮代电，声讨被张敬尧收买的政客组织“保张团”——旅京湘事维持会，重申湖南人民“以驱张除奸为职志”。快邮代电四月一日在上海《民国日报》发表。

3月26日 印发同彭璜起草的《湖南改造促成会发起宣言》修订稿〔1〕。宣言指出，驱张胜利后不能乐观，因为“一张敬尧去，百张敬尧方环伺欲来”，不能“虎头蛇尾，换汤不换药”，要“以‘去张’为第一步，以‘张去如何建设’为第二步”。“欲建设一理想的湖南，唯有从‘根本改造’下手”。宣言于六月十四日在上海《申报》、《时事新报》同时发表。

4月1日、4日 两次致信留法的萧子升，并寄送平民通信社稿件和《湖南改造促成会发起宣言》。信中说，“人才要讲经济，学问、游历要讲究多方面”，新民学会会务的“进行注意潜在，不出风头，不浮游大码头”。

4月上旬 邀集湖南代表在景山东街中老胡同商讨结束在京驱张活动问题。这时，直皖两系军阀利害冲突日趋剧烈，吴佩孚通电全国控告张敬尧搜刮政策。张敬尧处在四面楚歌之中，湘军湘人有联合驱张之势。会议决定，在北京的驱张代表，除留罗宗翰等少数人在京外，其他代表分别到武汉、上海、广东及回湘继续进行驱张活动。

毛泽东在北京组织驱张活动期间，同李大钊、邓中夏、罗章龙等有密切联系，用心阅读他们介绍的马克思主义的书刊，热心

---

〔1〕 易礼容1920年6月30日给毛泽东、彭璜的信中提到，《湖南改造促成会发起宣言》是毛泽东和彭璜1919年就开始起草的。该信说：早几天读你们所发表的改造促成会宣言，后面添了一段，是去年稿子上所没有的。

地搜寻那时能够找到的为数不多的中文本的共产主义书籍。这时，毛泽东较多地受到马克思主义理论和俄国革命历史的影响，对社会历史的发展有比较正确的理解。〔1〕

4月11日　离北京去上海。途中，在天津、济南、泰山、曲阜、南京等处参观游览，看了孔子的故居和墓地，登了泰山，还看了孟子的出生地。

5月5日　到达上海，住哈同路民厚南里二十九号。

5月8日　和新民学会会员彭璜、李思安等，为欢送即将赴法的陈赞周等六位会员，在上海半淞园开送别会。送别会讨论了新民学会会务问题，确定“潜在切实，不务虚荣，不出风头”为学会态度。“介绍新会员入会，此后务宜谨慎”，议决吸收新会员的条件为：一纯洁，二诚恳，三奋斗，四服从真理。送别讨论会延至天晚，继之以灯。其间“在雨中拍照，近览淞江半水，绿草

---

〔1〕1936年毛泽东在同斯诺的谈话中说：“一九二〇年冬天，我第一次在政治上把工人们组织起来了，在这项工作中我开始受到马克思主义理论和俄国革命历史的影响的指引。我第二次到北京期间，读了许多关于俄国情况的书。我热心地搜寻那时候能找到的为数不多的用中文写的共产主义书籍。有三本书特别深地铭刻在我的心中，建立起我对马克思主义的信仰。我一旦接受了马克思主义是对历史的正确解释以后，我对马克思主义的信仰就没有动摇过。这三本书是：《共产党宣言》，陈望道译，这是用中文出版的第一本马克思主义的书；《阶级斗争》，考茨基著；《社会主义史》，柯卡普著。到了一九二〇年夏天，在理论上，而且在某种程度的行动上，我已成为一个马克思主义者了，而且从此我也认为自己是一个马克思主义者了。”

罗章龙在1990年3月回忆说：“毛泽东第二次来北京的时候，我们有一个庞大的翻译组，大量翻译外文书籍，《共产党宣言》就是其中一本。《共产党宣言》不长，全文翻译了，按照德文版翻译的，我们还自己誊写，油印，没有铅印稿，只是油印稿。我们酝酿翻译时间很长，毛主席第二次来北京后看到了。”

碧波，望之不尽”。

5月11日 和在沪会友送陈赞周等六人赴法，同他们握手挥巾，道别于黄浦江岸。

5月 应彭璜之邀，与一师同学张文亮等一起试验工读生活，在上海民厚南里租几间房子，“共同做工，共同读书，有饭同吃，有衣同穿”，过着一种简朴的生活。一个月后，彭璜写信给湖南的岳僧说，经过“考查北京已成各团的现状，调查社会生活的现实，才觉得这种工读的生活，却也不容易办到”，上海工读互助团“现在竟不能说不失败”！

6月7日 致信黎锦熙，说“工读团殊无把握，决将发起者停止，另立自修学社，从事半工半读”。信中强调自学和博学，写道：“我一生恨极了学校，所以我决定不再进学校。自由研究，只要有规律，有方法，未必全不可能。外国语真是一张门户，不可不将它打通，现在每天读一点英语，要是能够有恒，总可稍有所得。我对于学问，尚无专究某一种的意思，想用辐射线的办法，门门涉猎一下。颇觉常识不具，难语专攻，集拢常识，加以条贯，便容易达到深湛。斯宾塞尔〔1〕最恨国拘，我觉学拘也是大弊。”对于“文字学、言语学、和佛学，我都很想研究”。“我近来功课，英文，哲学，报，只这三科。哲学从‘现代三大哲学家’起，渐次进于各家；英文最浅近读本每天念一短课；报则逐日细看，剪下好的材料。”信中还说，旅京湖南学会，是一种混合的团体，很不容易共事，“不如另找具体的鲜明的热烈的东西，易于见效，兴味较大。我觉得具体、鲜明、热烈，在人类社会中无论是一种运动，或是一宗学说，都要有这三个条件，无之便是附庸，不是大国，便是因袭，不是创造，便是改良派，不是革命

〔1〕 斯宾塞尔，今译斯宾塞。

派”。在谈到自己的性格时，信中说：“我太富感情，中了慨慷的弊病，脑子不能入静，工夫难得持久”。“我因易被感情驱使，总难厉行规则的生活”。

6月9日 在上海《时事新报》发表《湘人为人格而战》，说张敬尧祸湘，“欺人太甚，有些难忍”。“湘人驱张，完全因为在人格上湘人与他不能两立”。

6月11日 直皖战争即将爆发，皖系无力挽回张敬尧失败。当晚，张敬尧出走。十二日，湘军前锋部队进入长沙。十四日，湘军总指挥赵恒惕到长沙。十七日，湘军总司令、湖南督军兼省长谭延闿到长沙。

同日 在上海《时事新报》发表《湖南人再进一步》。文章指出，湖南驱张运动将要完结，“湖南人应该更进一步，努力为‘废督运动’。怎样废去督军，建设民治，乃真湖南人今后应该积极注意的大问题”。“湖南人有驱汤芗铭、驱傅良佐、驱张敬尧的勇气，何不拿点勇气把督军废去”。文章提出中国民治的总建设，要先由一省一省的人民各自解决，合起来便可得到全国的总解决。“我愿湖南人望一望世界的大势，兼想一想八九年来自己经过的痛苦，发狠地去干这一着。”

6月18日 在上海《时事新报》发表《湖南人民的自决》，指出：“社会的腐朽，民族的颓败，非有绝大努力，给他个连根拔起，不足以言摧陷廓清。这样的责任，乃全国人民的责任，不是少数官僚政客武人的责任”。“湖南的事，应由全体湖南人民自决之。赞助此自决者，湖南人之友。障碍此自决者，湖南人之仇”。

6月23日 起草湖南改造促成会复湘籍老同盟会员、上海报人曾毅信，提出改造湖南的主张。阐明湖南改造的要义在于“废督裁兵”、“建设民治”。说中国二十年内没有实现“民治之总建设”的希望，在此期间，湖南应实行“自决自治”，“自办教育，自兴产业，自筑铁路、汽车路，充分发挥湖南人之精神，造一种湖南文明于湖南领域以内”。信中向打着“湘事湘人自治”旗号的谭延闿、赵恒惕政府，提出两点要求：“第一，能遵守自决主义，不引虎入室，已入室将入室之虎又能正式拒而去之。第二，能遵守民治主义，自认为平民之一，干净洗脱其丘八气、官僚气、绅士气，往后举措，一以三千万平民之公意为从违。最重要者，废督裁兵，钱不浪用，教育力图普及，三千万人都有言论、出版、集会、结社之自由”。此信六月二十八日在上海《申报》以《湖南改造促成会复曾毅书》为题全文发表。

6月30日 致信罗章龙，告以在上海的见闻。信中谈到要将湖南的事情办好，搞自决自治。罗章龙赞成毛泽东的主张，并复信说：“你们这一年的劳苦，代价不小，有志竟成，足矜愚懦”。

6月 在上海期间，同陈独秀讨论过组织湖南改造促成会的计划和自己读过的马克思主义书籍〔1〕。这时，陈独秀正在上海筹备组建共产党。毛泽东为组织革命活动以及一部分同志去欧洲勤工俭学，急需一笔数额较大的款项，在上海找章士钊帮助。章士钊当即热情相助，发动社会各界名流捐款，共筹集两万银元全部交给毛泽东。〔2〕

〔1〕 1936年毛泽东同斯诺的谈话中说：“我第二次到上海去的时候，曾经和陈独秀讨论我读过的马克思主义书籍。陈独秀谈他自己的信仰的那些话，在我一生中可能是关键性的这个时期，对我产生了深刻的印象。”

〔2〕 关于此事，章含之在《我与父亲章士钊》一文中有一段回忆，她说：1963年毛主席突然提出“行老有没有告诉过你，我还欠了他一笔债没有还呢”。从1963年起，每年春节初二这天，主席用自己的稿费必定派秘书送2000元，一直到1972年送满累计2万元。主席还说：这个钱是给你们那位老人家的补助，从1973年开始还“利息”，这个钱一直送到行老不在为止。

7月初 离沪返湘。经过武汉，与利群书社创建人恽代英会见，商谈在长沙开办“文化书社”问题。

7月4日 湖南省教职员联合会召开欢迎驱张代表大会。受欢迎的驱张代表名单中有朱剑帆、何叔衡、毛泽东（当时还未抵湘）、彭璜等二十七人。六日和七日，长沙《大公报》以《湖南改造促成会对于“湖南改造”之主张》为题，连续发表毛泽东起草的湖南改造促成会复曾毅书。

7月7日 到达长沙，住在储英源楚怡小学校。

7月9日 致信胡适，询问在上海写给他的信收到没有，告以“湘自张去，气象一新，教育界颇有蓬勃之象”。

7月20日 湖南学生联合会在长沙《大公报》发表《全体学生终止罢学宣言》。宣言说，“现在湘局，虽侥幸解决，但来日方长，种种均待整理”。“虽然，我们此次的牺牲太大，所得的代价，殊不满足。并且此次驱张，纯系军事上的色彩，转足以重民众的苦痛。自今以往，我们更应有彻底的觉悟，对于这种无价值的牺牲，绝对不干。要救湖南，事事须靠着自己，没再做无谓的周旋，向老虎嘴里去请愿。”

7月22日 谭延闿为防止直、皖、桂、粤各系军阀势力入据湖南，同时也为缓和湘军内部之争，利用湖南民意，发表被称为各省自治运动“嚆矢”的祃[1]电。该电称：督军制固宜废止，但废其名而存其实，或更扩大其权力如巡阅使、军区长，则流弊必更滋多。湘人此次驱张，本湘人救湘、湘人治湘之精神，拟即采行民选省长制，以维湘局。

7月25日 和在长沙的湘潭教育界人士，在长沙大公报馆开会，商讨湘潭教育改进问题。会议决定成立湘潭教育促进会，

---

〔1〕 祃，即22日。

毛泽东被公推为四筹备员之一，共同负责起草简章。二十七日，湘潭教育促进会成立，毛泽东当选促进会文牍干事。三十日，湘潭教育促进会第一次干事会议决定起草促进会宣言书，由毛泽东主稿。

7月31日 毛泽东拟出促进会宣言书。指出："教育为促使社会进化之工具，教育者为运用此种工具之人。故教育学理及教育方法必日有进化，乃能促社会使之进化；教育者之思想必日有进化，乃能吸收运用此种进化之学理及方法而促社会使之进化。"宣言书对湘潭教育的腐败情形，加以针砭。宣言书认为杜威教育学说"颇有研究之价值"。

同日 长沙《大公报》发表毛泽东起草的《发起文化书社》。文章说，现在全中国全世界都还没有新文化，只有"一枝新文化小花，发现在北冰洋岸的俄罗斯"。指出："没有新文化由于没有新思想，没有新思想由于没有新研究，没有新研究由于没有新材料。湖南人现在脑子饥荒实在过于肚子饥荒，青年人尤其嗷嗷待哺。文化书社愿以最迅速、最简便的方法，介绍中外各种最新书报杂志，以充青年及全体湖南人新研究的材料。也许因此而有新思想、新文化的产生，那真是我们馨香祷祝、希望不尽的！"同年八月二十四日长沙《大公报》再次全文刊载此文时，将标题改为《文化书社缘起》。

8月1日 和王季范、方维夏、彭璜、易礼容等十余人，在楚怡小学为新民学会会员李思安等赴南洋开欢送会。

8月2日 和文化书社其他发起人在楚怡小学开成立会。通过毛泽东起草的《文化书社组织大纲》。大纲规定，"本社以运销中外各种有价值之书报杂志为主旨"，"使各种有价值之新出版物，广布全省，人人有阅读之机会"。毛泽东与易礼容、彭璜被推定为筹备员。二十日，租用潮宗街五十六号湘雅医学专门学校的三间房子为文化书社社址。九月九日开始营业，易礼容为临时经理。

8月8日 出席在长沙大公报馆召开的湘潭教育促进会第一次全体会员会。会议通过毛泽东提出的“资送学生至长沙师范案”。次年一月，湘潭县决定送五十名学生入长沙师范。

8月22日 姜济寰[1]、易培基、方维夏、何叔衡等十余人在长沙县知事公署开会，发起组织俄罗斯研究会。会议指定何叔衡、毛泽东、彭璜、包道平[2]为发起俄罗斯研究会筹备员，进行筹备工作。

8月下旬 在湘潭韶山休息。九月一日，回到长沙。

8月 上海“中国共产党”正式成立。该组织拟定一个具有党纲党章内容的文件，并推陈独秀担任书记，函约各地社会主义分子组织支部。

9月3日 在长沙《大公报》新开辟的“湖南建设问题”专栏，发表《湖南建设问题的根本问题——湖南共和国》一文，坚持先分省自治后解决全国总建设的观点，提出分省建立共和国的主张。文章说：“九年假共和大战乱的经验，迫人不得不醒觉，知道全国的总建设在一个期内完全无望。最好办法，是索性不谋总建设，索性分裂，去谋各省的分建设，实行‘各省人民自决主义’。”“湖南人没有别的法子，唯一的法子是湖南人自决自治，是湖南人在湖南地域建设一个‘湖南共和国’。我曾着实想过，救湖南，救中国，图与全世界解放的民族携手，均非这样不行。”

9月5日 应湖南通俗报馆馆长何叔衡邀请，参加《通俗

---

〔1〕 姜济寰，当时任长沙县知事。

〔2〕 包道平，新闻界人士。

报》第一次编辑会议。在会上发言说：《通俗报》是向一般群众进行教育的武器，文字必须浅显、生动，短小精悍，要根据事实说话，不可专谈空洞的大道理。此后，毛泽东还常在通俗报馆约集新民学会会员谈论建立共产党的问题。

同日 在长沙《大公报》发表《打破没有基础的大中国建设许多的中国从湖南做起》一文。文章说，四千年的大中国，只是形式的中国，没有实际的中国，因为没有基础。大国家是以小地方为基础，不先建设小地方，决不能建设大国家。又说，中国与俄国不同。俄国革命所以能成功，在于“列宁之以百万党员，建平民革命的空前大业，扫荡反革命党，洗刷上中阶级，有主义（布尔失委克斯姆[1]），有时机（俄国战败），有预备，有真正可靠的党众，一呼而起，下令于流水之原，不崇朝而占全国人数十分之八九的劳农阶级，如响斯应。俄国革命的成功，全在这些处所。”认为中国目前条件尚不具备。“中国如有彻底的总革命，我也赞成，但是不行”。因此，“现在唯一的办法，是‘打破没有基础的大中国，建设许多的小中国’”。

9月6日 在长沙《大公报》发表《绝对赞成“湖南们罗主义”》一文。文章认为湖南的农、工、商、学等最大多数人民是赞成“湖南们罗主义”的，但如果实行公民总投票，票箱掌握在少数反对者手里，“湖南们罗主义”还是不能实现。所以要把票箱拿在最大多数人的手里来。

9月6日、7日 在长沙《大公报》连续发表《湖南受中国之累以历史及现状证明之》一文。文章认为，几千年来，湖南由于受中国之“累”，不能遂其自然发展。“全中国无政府，全中国大乱而特乱。我料定这种现象至少尚要延长七八年。以后中国当

---

〔1〕 这是对英语布尔什维克主义的汉语记音。

大分裂，大糜烂，武人更横行，政治更腐败。”在这当中必定要发生一种新现象，“由武人、官僚的割据垄断，变为各省人民的各省自治”。“这是必至之势。如此者十年乃至二十年后，再有异军苍头特起，乃是彻底的总革命”。

9月10日　晚上，在第一师范同一师附小文书张文亮谈话。次日，张文亮给陈独秀发一信，请介绍俄国情况，并寄些书报来。

9月13日　谭延闿以地方自治为名，企图包办“制宪”，召集官绅名流和省议员开“自治会议”，提出“湖南自治法”，省议会即以“民意机关”自居，并组织“自治研究会”。二十三日，谭延闿决定由省议会制订一宪法会议组织法，根据这个组织法召集制宪会议。后因舆论反对和湘军内讧，制宪会议没有召开。

9月15日　参加在文化书社召开的俄罗斯研究会成立会。与会者一致认为，“研究俄国学术精神及其事情，有十分必要，一班脑筋陈腐的人，盲目反对，是不中用的”。会议公推姜济寰为总务干事，毛泽东为书记干事，彭璜为会计干事并驻会接洽一切。会议决定派张丕宗赴京转赴俄国，郭开第在船山学社办俄文班；还讨论发行俄罗斯丛刊问题。

9月25日　邀张文亮、陶毅、杨开慧等到文化书社会见。下午同游岳麓山。

9月26日　在长沙《大公报》发表《“湖南自治运动”应该发起了》一文。文章说：湖南自治运动，固然要从理论上加以鼓吹，但不继之以实际的运动，终究不能实现出来。文章针对谭延闿的官办“自治”，提出“湖南自治运动是应该由‘民’来发起的。假如这一回湖南自治真个办成了，而成的原因不在于‘民’，乃在于‘民’以外，我敢断言这种自治是不能长久的。虽则具了外形，其内容是打开看不得，打开看时，一定是腐败的，虚伪的，空的，或者是干的”。

9月27日 在长沙《大公报》发表《释疑》一文。这篇文章是为了消除一种以为不懂得政治法律，对湖南自治问题就不敢出来说话的疑虑而写的。认为这种疑虑，“还是认政治是一个特殊阶级的事，还是认政治是脑子里装了政治学法律学身上穿了长褂子一类人的专门职业，这大错而特错了”。“俄国的政治全是俄国的工人农人在那里办理。俄国的工人农人果都是学过政治法律的吗？大战而后，政治易位，法律改观。从前的政治法律，现在一点都不中用。以后的政治法律，不装在穿长衣的先生们的脑子里，而装在工人们农人们的脑子里。他们对于政治，要怎么办就怎么办。他们对于法律，要怎么定就怎么定。”“湖南自治，又是一件至粗极浅的事，毫没有什么精微奥妙，毫不要根据哪一部法典，或哪一家学说，只是打断从前一切被中央各省干涉束缚的葛藤，湖南境内事，统归湖南人自办。”并说，“‘法律学’是从‘法律’推究出来的，‘法律’又是从‘事实’发生的，我们但造我们湖南自治的事实，不要自治法，也未尝不可以”。

9月28日 在长沙《大公报》发表《再说“促进的运动”》一文，着重说明湖南自治，不是少数做官的或“做绅”的发了心要办便可以实现的；没有许多人做促进的运动，是办不成的。

9月30日 在长沙《大公报》发表《“湘人治湘”与“湘人自治”》时评，批评谭延闿提出的“湘人治湘”的论调。指出：“湘人治湘”仍是一种官治，不是民治。它“把少数特殊人做治者，把一般平民做被治者，把治者做主人，把被治者做奴隶”。我们主张的是“湘人自治”，乡、县、省完全自治，乡长、县长、省长实行民选。

9月 应湖南省教育会会长兼第一师范校长易培基聘请，任一师附属小学主事（至一九二一年夏），被一师校友会推举为会长（连任两年半）。毛泽东在附小教学方面实行一些改革，设园艺、畜牧、印刷等实习课，要学生注意社会实际问题。他题写的一幅对联“世界是我们的，做事要大家来”，挂在附小礼堂，以勉励学生。为提高工人文化水平，把一九一八年四月停办的工人夜校恢复起来，还在初小部开办平民夜校和失学青年补习班，并主持教学工作。

秋 和十几位新民学会会员发起组织星期同乐会。每至星期日，到长沙近郊名胜古迹，如天心阁、水陆洲、碧浪湖等处聚会游览，作诗文，交谈个人的思想、工作和学习。有时也邀请信仰无政府主义的人参加，用自己掌握的思想影响他们。

10月5日 和长沙《大公报》主编龙兼公等，应邀参加各界合署发起的自治运动联席会议。龙兼公、毛泽东相继发言，说湖南处此稍纵即逝的局势下，应将自治宪法于最短期内实现，“由湖南革命政府[1]召集宪法会议，既于理论上说得通，又于事实上做得到”。

10月5日、6日 长沙《大公报》发表由毛泽东、彭璜、龙兼公三人提出、三百七十七人签名（几天后增至四百三十六人）的《由“湖南革命政府”召集“湖南人民宪法会议”制定“湖南宪法”以建设“新湖南”之建议》。建议书认为，谭延闿出兵驱张，召集湖南自治会议，均属“革命行动”，他组织的政府“确是一个革命政府”。在这千载难逢的机会，由谭政府召开人民宪法会议，以免乱生枝节，比较现实。人民宪法会议代表，必须实行直接的平等的普通的选举。由人民宪法会议制定宪法，根据宪法产生正式的湖南议会、湖南政府，以及县、区、乡自治机关，

〔1〕 指谭延闿政府。

至此“新的湖南乃告建成”。

10月6日 湖南省学联发出致各团体信，请选派代表于七日开联席会议。同时，发出致各学校信，通知订于十月十日举行市民游街大会。两信中说：湖南自驱张成功以后，政府所筹划，人民所仰望，报纸所鼓吹，咸集中于地方自治一点。诚以不能达到完全地方自治，则政治腐败如故，人民痛苦无减，新湖南即无由建设。顾欲达到完全自治目的，此际实是唯一又最好之时机。后一信中还指出：“双十节举行市民游街大会一次，一以警告政府，一以唤醒同胞，庶几人民宪法会议早日实现。”

10月7日 出席湖南省学联召开的省城各团体各报馆代表联席会议。会议决定双十节举行自治运动游行请愿。推举龙兼公、毛泽东起草以湖南省城全体市民名义呈省长请愿书。

同日 在长沙《大公报》发表《为湖南自治敬告长沙三十万市民》一文，说湖南自治运动能否成功，首先决定于长沙三十万市民，“西洋各国的政治改革和社会改革，无一不起于市民运动”。

10月8日 出席在省教育会举行的关于召集湖南人民宪法会议的各界建议人四百余人大会，被公推为大会主席。会议同意“湖南人民宪法会议的选举法和组织法要点”，推举方维夏、陶毅等十五人为代表，将“要点”和请愿书送交谭政府。九日，谭延闿接见十五名代表，称“诸君所说，兄弟很表赞成，会同起草，兄弟意思就本诸君请愿书，即日函知各团体”。

10月10日 参加长沙各界约两万人的市民游街大会。游行队伍到湘军总司令部要求谭延闿接见，谭向代表满口允诺：“我已允许即行召集人民宪法会议，诸君的要求，我一定可以照办”。游行队伍经省议会时，由于群众对包办“制宪”不满，有人将议会的旗子扯下。

同日 在上海《时事新报》副刊《学灯》的双十节增刊，发表《反对统一》一文，坚持“大中国”没有基础必须促成各省自治的论点，反对南北军阀的和议与统一。

10月11日 和龙兼公起草的湖南省城全体市民致谭延闿的请愿书，在长沙《大公报》发表。请愿书对召集人民宪法会议的组织法和选举法提出六点要求，认为人民宪法会议“应采革命精神，打断从前一切葛藤，以湖南一省完全自决自主，不仰赖中央，不依傍各省，铲除旧习，创建新邦。至此后制治精神，宜采取民治主义及社会主义，以解决政治上及经济上之特别难点，而免日后再有流血革命之惨。”

10月21日 代表制宪请愿团参加由自治期成会等召开的各公团联席会议。自治期成会等六团体提出仍由省议会起草宪法，要求表决。毛泽东、龙兼公等代表制宪请愿团和报界联合会，声明不加入表决。至此，湖南自治运动宣告失败而终止。

10月22日 出席文化书社第一次议事会，向会议提出《文化书社第一次营业报告》[1]。报告说，正式约定与本社进行出版物交易者，有上海的泰东图书局、亚东图书馆、中华书局、群益书社、时事新报馆、新青年社，北京的北京大学出版部、晨报社，武昌的利群书社等十一处。经由李石岑、左舜生、陈独秀、李大钊、恽代英等信用介绍，各店免去押金。经多方筹办，时经一月之久，即正式营业。营业范围为书、杂志、日报三类。据该营业报告统计，在已经销售的二百一十二种书报杂志中，《新青年》、《新潮》、《劳动界》、《新生活》等销量最多。

10月26日 受长沙《大公报》聘请，为蔡元培、吴稚晖等

---

〔1〕 这个报告，是以文化书社筹备员易礼容、彭璜、毛泽东3人名义提出的，由毛泽东起草。

人来湘讲演作记录[1]。随后将整理的七篇记录稿在长沙《大公报》陆续发表。

11月7日—9日 在长沙《大公报》连日刊登《文化书社通告好学诸君》，说本社“目的专经售新出版物”。并通告文化书社经售的罗素《政治理想》、《马格斯〈资本论〉入门》、达尔文《物种原始》、《社会主义史》及《新青年》等出版物二百一十二种。

11月中旬 致信张文亮，随信寄上社会主义青年团章程十份。章程的宗旨在研究并实行社会改造。信中托张文亮为发展团员“代觅同志”。这时毛泽东正在筹备社会主义青年团的工作，在第一师范、商业专门学校、第一中学等校的先进学生中，寻觅团员的对象。

11月19日 在长沙《大公报》发表《女子教育经费与男子教育经费》短文，指出女子同男子应有同等的受教育权，为女子教育经费严重不足而呼吁。

11月21日 在湖南通俗报馆与张文亮会见，告以不日将赴醴陵考察教育；社会主义青年团的发展，此时“宜注重找真同志，只宜从缓，不可急进”。

11月23日 因湘军内讧，谭延闿被迫辞职。二十五日，赵恒惕任湘军总司令。二十九日，林支宇任湖南省长。

11月下旬 因工作过于劳累，作短时间休息，到醴陵、萍乡考察游览。在萍乡期间，分别复信向警予等新民学会会员。

---

〔1〕长沙《大公报》1920年10月26日至11月2日连日刊登《编辑部特别启事》，内称：“此次国内外名人来湘讲演，于学术攻进，文化宣传，所关甚钜。本报为谋各界快睹起见，特请北京大学哲学士李君济民、北京大学文学士杨君文冕专纪杜威、罗素两先生演辞；唐君汉三、金君缄三、毛君泽东分纪蔡（元培）、章（太炎）、张（溥泉）、吴（稚晖）诸先生演辞。”

11月25日　复信旅居法国的向警予。说一年来，对于湖南问题曾为力不少，但效果不大。曾主张“湖南自立为国，务与不进化之北方各省及情势不同之南方各省离异，打破空洞无组织的大中国，直接与世界有觉悟之民族携手，而知者绝少”。自治问题发生时，空气至为黯淡。自从由“湖南革命政府”召集宪法会议制定湖南宪法之建议提出以后，“声势稍振”，但“多数人莫名其妙，甚或大惊小怪，诧为奇离”。信中说：“几个月来，已看透了。政治界暮气已深，腐败已甚，政治改良一途，可谓绝无希望。吾人惟有不理一切，另辟道路，另造环境一法。”

同日　复信在法国的欧阳泽，谈新民学会问题。认为“凡事不可不注重基础”，会员在上海半淞园讨论会务，一致主张新民学会的进行应采取“潜在的态度”。“可大可久的事业，其基础即筑在这种‘潜在的态度’之上”。

同日　复信罗章龙，强调湖南问题的解决，新民学会的结合，都要有明确的主义。说：对于湖南问题，“我虽然不反对零碎解决，但我不赞成没有主义头痛医头脚痛医脚的解决”。主张湖南自立为国，“这实是进于总解决的一个紧要手段，而非和有些人所谓零碎解决实则是不痛不痒的解决相同”。“中国坏空气太深太厚，吾们诚哉要造成一种有势力的新空气，才可以将他斢换过来。我想这种空气，固然要有一班刻苦励志的‘人’，尤其要有一种为大家共同信守的‘主义’，没有主义，是造不成空气的。我想我们学会，不可徒然做人的聚集，感情的结合，要变为主义的结合才好。主义譬如一面旗子，旗子立起了，大家才有所指望，才知所趋赴”。信中谈到自修问题说：“我回湘时，原想无论如何每天要有一点钟看报，两点钟看书，竟不能实践。我想忙过今冬，从明年起，一定要实践这个条件才好。”

同日　致信旅居新加坡的张国基，答复五月二十三日和九月十九日两封来信。信中说：弟对于湘人往南洋有一意见，即湘人往南洋应“取世界主义，而不采殖民政策。世界主义，愿自己好，也愿别人好，质言之，即愿大家好的主义。殖民政策，只愿自己好，不愿别人好，质言之，即损人利己的政策”。

同日 复信李思安。李思安来信要毛泽东趁湖南的“伟人们”尚未站稳脚跟之际，写几篇文章，发表改造湖南的意见。毛泽东在信中写道：“湖南须有一些志士从事实际的改造，你莫以为是几篇文章所能弄得好的。大伟人虽没有十分巩固，小伟人（政客）却很巩固了。我想对付他们的法子，最好是不理他们，由我们另想办法，另造环境，长期的预备，精密的计划。实力养成了，效果自然会见，倒不必和他们争一日的长短。”

11月26日 给在法国的罗学瓒连复两信。信中写道：“感情的生活，在人生原是很要紧，但不可拿感情来论事。以部分概全体，是空间的误认。以一时概永久，是时间的误认。以主观概客观，是感情和空间的合同误认。四者通是犯了论理的错误。我近来常和朋友发生激烈的争辩，均不出四者范围。我自信我于后三者的错误尚少，惟感情一项，颇不能免。惟我的感情不是你所指的那些例，乃是对人的问题，我常觉得有站在言论界上的人我不佩服他，或发见他人格上有缺点，他发出来的议论，我便有些不大信用。以人废言，我自知这是我一个短处，日后务要矫正。”信中在谈到自己的工作和生活的情况时说：“我的生活实在太劳了，怀中先生在时，曾屡劝我要节劳，要多休息，但我总不能信他的话。”自己工作学习起来，“常常接连三四点钟不休息，甚或夜以继日，并非乐此不疲，实是疲而不舍”。中国的读书人要改变自己体弱的弊病，“须养成工读并行的习惯”。信中还反对“以资本主义作基础的婚姻制度”，倡导自由恋爱，主张组织一个“拒婚同盟”，实践“废婚姻”。

11月 在编辑《新民学会会员通信集》第二集时，为易礼容六月三十日给毛泽东、彭璜的信写按语。按语认为，驱张运动和自治运动“都只是应付目前环境的一种权宜之计，决不是我们的根本主张，我们的主张远在这些运动之外”。但对于陈赞周所谓“我们既相信世界主义和根本改造，就不要顾及目前的小问题小事实，就不要‘驱张’”的看法，按语也不同意。说“‘驱张’运动和自治运动等，也是达到根本改造的一种手段，是对付‘目前环境’最经济最有效的一种手段。”当然，进行这种运动，只宜立于“促进”的地位，“决不跳上政治舞台去做当局”。按语在谈到根本改造的计划时，提到并肯定蔡和森主张组织共产党的问题。

同月　应陈独秀函约〔1〕，创建长沙的共产党早期组织。参加发起者，还有何叔衡、彭璜、贺民范等。

同月　致信萧三，说：“我意你在法宜研究一门学问，择你性之所宜者至少一门，这一门便要将他研究透彻。我近觉得仅仅常识是靠不住的，深慨自己学问无专精，两年来为事所扰，学问未能用功，实深抱恨，望你有以教我。”

11月30日　《新民学会会员通信集》第一集和第二集同时编定付印。毛泽东在为出版通信集而写的启事和《发刊的意思及条例》中，说明发刊的目的是，“联聚同人精神，商榷修学，立身，与改造世界诸方法”。“集内凡关讨论问题的信，每集出后，总望各会友对之再有批评及讨论，使通信集成为一个会友的论坛，一集比一集丰富，深刻，进步”。

12月1日　写长信给蔡和森、萧子升和其他在法会友，回答蔡

〔1〕张国焘在《我的回忆》中说：“陈先生与在湖南长沙主办《湘江评论》的毛泽东等早有通信联络，他很赏识毛泽东的才干，准备去信说明原委，请他发动湖南的中共小组。”

和森、萧子升等提出的关于新民学会的方针、方法的意见[1]，表明自己接受马克思主义，走俄国十月革命的道路。回信赞同以"改造中国与世界"为学会的方针，并说这"正与我平日的主张相合"，认为这个方针是世界主义的。"这种世界主义，就是四海同胞主义，就是愿意自己好也愿意别人好的主义，也就是所谓社会主义。"关于改造中国与世界的方法，不同意萧子升等所主张的实行"温和的革命"，以教育为工具的方法；而对于蔡和森提出的用俄国式的方法，组织共产党，实行无产阶级专政的主张，"表示深切的赞同"。信中说："我觉得教育的方法是不行的。我看俄国式的革命，是无可如何的山穷水尽诸路皆走不通了的一个变计，并不是有更好的方法弃而不采，单要采这个恐怖的方法。"从历史经验来看，"凡是专制主义者，或帝国主义者，或军国主义者，非等到人家来推倒，决没有自己肯收场的"。因此，"用和平方法去达共产目的"是不行的。信中对于过去接受过的无政府主义和西方民主主义的观点有所改变，说："我对于绝对的自由主义，无政府的主义，以及德谟克拉西主义，依我现在的看法，都只认为于理论上说得好听，事实上是做不到的。"

12月2日 到张文亮处，商讨建立社会主义青年团问题。提出建团应分两步进行，第一研究，第二实行。要"多找真同志"。青年团成立会，等陈独秀来湖南时再开。

12月3日 以第一师范附小主事的名义致函省警厅，对过去有人诬控他双十节游行在省议会扯旗，这次又有人诬控他图谋捣毁省议会两事，进行辩诬。说"无论何人，不得于我之身体及

---

〔1〕 1920年7月，新民学会旅法会员在法国蒙达尔尼举行会议，提出以"改造中国与世界"为学会方针，但是对用什么方法达到"改造中国与世界"的目的，意见分歧。接受马克思列宁主义的有蔡和森等会员，主张组织共产党，走俄国式的革命道路；另一部分会员主张"温和的革命"，用教育作工具。

名誉有丝毫侵犯”。

12月中旬 复信张文亮，说：师范素无校风，你应努力团结一些同志做中坚分子，造成一种很好的校风；青年团的问题，你可努力在校发展团员，在本学期开一次会。十六日，再到张文亮处，商讨召开青年团成立会问题〔1〕。

12月19日 在湖南省教育会参加湘潭教育促进会第二次大会。在会上发言说，现在影响办师范的，不仅是办法问题，还有不明白办师范重要的问题。“湘潭要教育普及，照现在造就师资办法，再过千年，还无希望。宜以此种情形先事鼓吹，造成舆论。”

12月22日 出席省城教职员联合会为解决教育经费而召开的会议。毛泽东发言主张教育自决，说罢课还是消极，要准备积极的办法，政府已经靠不住了，教育界应联合起来，组织一个强有力的机关，实行自决自救，军费、政费都可以借款，教育是百年大计，也可以借款自救。

12月27日 给张文亮送去《共产党》月刊九本。

12月29日 同姜济寰、王季范、熊瑾玎、易礼容等在长沙县署出席文化书社议事会临时会，讨论文化书社“另觅社址”和“添筹股本”两问题。

冬 同杨开慧结婚〔2〕。

---

〔1〕 这时，长沙青年团已有二十多人。原准备陈独秀来湘再开成立会，因陈独秀赴广州，不能来长沙，遂于次年1月13日召开成立会。

〔2〕 1929年6月20日杨开慧写的回忆中，谈到她同毛泽东恋爱的一些情节。她说，我们“过了差不多两年的恋爱生活”。“他有许多的信给我，表示他的爱意”。“知道他的情形的朋友，把他的情形告诉我，我也完全了解他对我的真意。”“不料我也有这样的幸运，得到了一个爱人，我十分爱他。自从听到他许多事，看了他许多文章、日记，我就爱了他。”“我看见了他的心，他也完全看见了我的心”。

1921年　二十八岁

1月1日　大雪满城，寒光绚烂，景象簇新。同何叔衡、彭璜、周世钊、熊瑾玎、陶毅、陈书农、易礼容等十余人在长沙潮宗街文化书社出席新民学会会员新年大会，主席何叔衡。会议主要讨论三个问题：（一）新民学会应以什么作共同目的？（二）达到目的需采用什么方法？（三）方法进行即刻如何着手？毛泽东首先向会议介绍巴黎会友对这三个问题讨论的结果：对第一个问题，主张以“改造中国与世界”为共同目的；对第二个问题，一部分人主张用急进方法，一部分人主张用缓进方法；对第三个问题，一部分人主张组织共产党，一部分人主张实行工学主义及教育改造。毛泽东对会议上的不同意见，提出自己的主张。他说：“改良是补缀办法，应主张大规模改造。至用‘改造东亚’，不如用‘改造中国与世界’，提出‘世界’，所以明吾侪的主张是国际的；提出‘中国’，所以明吾侪的下手处；‘东亚’无所取义。中国问题本来是世界的问题；然从事中国改造不着眼及于世界改造，则所改造必为狭义，必妨碍世界。至于方法，启民〔1〕主用俄式，我极赞成。因俄式系诸路皆走不通了新发明的一条路，只此方法较之别的改造方法所含可能的性质为多。”会议还讨论了学会本身及会友个人应采取什么态度，会友如何研究学术等问题。关于学术研究，发言者意见不一，有的不赞成专研究主义。

〔1〕　即陈书农。

毛泽东则主张“规定研究的对象，宜提出几种主义（如共产主义，无政府主义，实验主义等）定期逐一加以研究，较之随便泛泛看书，有益得多”。毛泽东为新民学会起草的“紧要启事”，在大会上通过。启事说：“本会会员结合，以互助互勉为鹄；自七年夏初成立，至今将及三年，虽形式未周，而精神一贯。惟会员对于会的精神，间或未能了解：有牵于他种事势不能分其注意之力于本会者；有在他种团体感情甚洽因而对于本会无感情者；有缺乏团体生活的兴味者；有毫无向上之要求者；有行为不为多数会友满意者：本会对于有上述情形之人，认为虽曾列名为会友，实无互助互勉之可能。为保全会的精神起见，惟有不再认其为会员。并希望以后介绍新会员入会，务求无上列情形者，本会前途幸甚!”

同日 和周世钊、何叔衡介绍湖南《通俗报》编辑谢觉哉加入新民学会。

1月2日 出席新民学会新年大会第二日会议。到会十余人，继续讨论昨日的三个问题。关于学会的共同目的，讨论结果，主张用“改造中国及世界”的有毛泽东等十人；主张用“改造世界”的五人；主张用“促社会进化”的二人；不作表决的二人。在讨论采用什么方法时，毛泽东首先列举世界解决社会问题的五种方法：一、社会政策；二、社会民主主义；三、激烈方法的共产主义（列宁的主义）；四、温和方法的共产主义（罗素的主义）；五、无政府主义。他说：“社会政策，是补苴罅漏的政策，不成办法。社会民主主义，借议会为改造工具，但事实上议会的立法总是保护有产阶级的。无政府主义否认权力，这种主义，恐怕永世都做不到。温和方法的共产主义，如罗素所主张极端的自由，放任资本家，亦是永世做不到的。急烈方法的共产主义，即所谓劳农主义，用阶级专政的方法，是可以预计效果的，故最宜采用”。经长时间的讨论，赞成采用布尔什维克主义的有毛泽东等十二人，赞成德莫克拉西的二人，赞成温和方法的共产主义的一人，未定者三人。

1月3日 出席新民学会新年大会第三日会议。会议继续讨论“方法进行即刻如何着手”问题。十多人发言，提出各种着手进行的方法，诸如研究、组织、宣传、联络、筹措经费、办事业。毛泽东对上述方法均表赞成，提出在研究一项中须增加“修养”，联络应是“联络同志”而不是非同志。同时又提出须要做几种基本事业：学校、菜园、通俗报、讲演团、印刷局、编译社，并认为文化书社最经济有效，望大家设法推广。会议一致通过研究及修养的内容，组织社会主义青年团，宣传方法，联络同志，组织储蓄会，办理几项基本事业等。会议还讨论了会友的室家问题。毛泽东说：“这是一个极大的问题，现在青年有室家痛苦的极多，会友中亦大多数有此痛苦，此时不求解决，将来更无办法。”会议决定先组织“妇女成美会”，推举陶毅等为筹备员。会议讨论了会友健康及娱乐问题。增进健康一项，包括早起、运动、沐浴、节劳、戒烟酒等。增进娱乐，包括游江会、游山会、踏青会、聚餐会、踏雪会、球会等。会议还议定四月十七日为学会成立纪念日。下午二时，新年大会结束。

1月6日 致信彭璜，批评他对待易礼容的态度有失忠厚之道。信中说：“兄一月来对礼容态度，我颇不满意，大违兄平日恢恢之度，礼容即万不当，亦不宜以此非人世所堪之意态对之，面誉人与面毁人同非人世所堪。”信中告知彭璜，青年团拟于一月十三日开成立会，望参加。

1月16日 出席新民学会在文化书社举行的常会。到会二十一人，继续讨论新年大会未决问题：（一）会友个人的进行计划；（二）会友个人的生活方法；（三）个性之介绍及批评。毛泽东在谈到自己的计划时说："觉得普通知识要紧，现在号称有专门学问的人，他的学问，还止算得普通或还不及。自身决定三十以内只求普通知识，因缺乏数学，物理，化学等自然的基础科学的知识，想设法补足。文学虽不能创作，但也有兴会，喜研究哲学。应用方面，研究教育学，及教育方法等。做事一层，觉得'各做各事'的办法，毫无效力，极不经济，愿于大家决定进行的事业中担负其一部分，使于若干年后与别人担负的部分合拢，即成功了一件事。"还谈到去年在上海时，曾计划在长沙顿住两年，然后赴俄。"在长沙做的事，除教育外，拟注力于文化书社之充实与推广。两年中求学方面，拟从译本及报志了解世界学术思想的大概。惟做事则不能兼读书，去年下半年，竟完全牺牲了，这是最痛苦的牺牲。以后想办到每天看一点钟书，一点钟报。"在谈到自己的生活方法时说："我可愿做的工作：一教书，一新闻记者，将来多半要赖这两项工作的月薪来生活。现觉专用脑力的工作很苦，想学一宗用体力的工作，如打袜子，制面包之类，这种工作学好了，向世界任何地方跑，均可得食。至于消费，赞成简单，反对奢泰。"他不赞成熊瑾玎的消费主张，"生活奢了，不特无益，而且有害。主张依科学的指导，以适合于体内应须的养料，身上应留的温度，和相当的房屋为主，这便是'备'，多的即出于'备'之外，害就因此侵来。"

1月21日　复信在法国的蔡和森。表示完全赞成去年九月十六日写来的长信。复信说："你这一封信见地极当，我没有一个字不赞成。""唯物史观是吾党哲学的根据，这是事实，不像唯理观之不能证实而容易被人摇动。我固无研究，但我现在不承认无政府的原理是可以证实的原理，有很强固的理由。""况乎尚有非得政权则不能发动革命，不能保护革命，不能完成革命，在手段上又有十分必要的理由呢？"复信告知蔡和森，关于组党一事陈独秀等正在进行，并称赞共产党上海发起组出版的刊物《共产党》“颇不愧‘旗帜鲜明’四字”。

1月28日 复信彭璜，说日前论及待人态度，意犹未尽。“弟为不愿与恶人共事之人，谅兄所深知，但疾恶如仇，弟亦不为。”“弟两年半以来，几尽将修养工夫破坏：论理执极端，论人喜苛评，而深刻的自省工夫几乎全废。今欲悔而返乎两年半以前，有此志，病未能也。”复信称赞彭璜“高志有勇，体力坚强”，同时又指出他的十条缺点；并说这些缺点，自己大都也有。“弟有一最大缺点而不好意思向人公开者，即意弱是也。”“我平日态度不对，向人总是龂龂，讨人嫌恶，兄或谓为意强，实则正是我弱的表现。天下惟至柔者至刚，久知此理，而自己没有这等本领，故明知故犯，不惜反其道而行之，思之悚栗！略可自慰者，立志真实（有此志而已），自己说的话自己负责，自己做的事自己负责，不愿牺牲真我，不愿自己以自己做傀儡。待朋友：做事以事论，私交以私交论，做事论理论法，私交论情。”“我觉得吾人惟有主义之争，而无私人之争，主义之争，出于不得不争，所争者主义，非私人也。私人之争，世亦多有，则大概是可以相让的。”

1月31日 主持编辑的《新民学会会员通信集》第三集出版。出版说明指出：“这一集以讨论‘共产主义’和‘会务’为两个重要点。信的封数不多，而颇有精义。”

1月 撰写《新民学会会务报告》（第一号），详细记述新民学会的发起、三年来发展及会员在各地的活动情形，总结学会的经验及优缺点。谈到学会的优点时说：“我们学会无形中有几种信条：像‘不标榜’‘不张扬’‘不求急效’和‘不依赖旧势力’皆是。”“多数会友彼此间从少面誉，‘言必及义’，自歉和勉励的话，总较多于高兴和得意的话。”会友无论求学做事，“只觉现在是‘打基础’，结果都在将来，要将来结果好和结果大，就应该将基础打得好，打得大”。学会是创造的不是因袭的，从来没有和旧势力发生过关系，也没有邀过旧势力的人入会。学会会友还有几种好处：第一，头脑清新，多数会友没有陈腐气，能容纳新的思想。第二，富奋斗精神。第三，有互助及牺牲精神。关于学会的缺点，报告列举四条：第一，学术根浅柢薄。第二，思想及行为幼稚。第三，一部分会友做事多于求学。第四，一部分会友间尚无亲切之联络与了解。

2月上旬 和毛泽覃从长沙回到韶山过春节。一天晚上，同毛泽民、毛泽覃、堂妹毛泽建（从小由毛泽东的父母抚养）、弟媳王淑兰等，谈论家庭及国难当头民生多艰等情形。劝毛泽民把家里的事安排好，走向社会，参加革命，要舍家为国，舍己为民。说：房子可以让给人家住，田地可以给人家种，我们欠人家的钱一次还清，人家欠我们的一笔勾销。〔1〕几天后，毛泽民随毛泽东离开韶山，到了长沙，被安排在一师附小任校务，同时在该校工人补习学校学习。毛泽覃、毛泽建于一九一八年、一九二一年先后到长沙读书。

3月14日 和何叔衡、贺民范等二十八人发起组织长沙中韩互助社，支持朝鲜人民反对日本帝国主义侵略，争取民族独立的斗争。毛泽东任中韩互助社通信部中方主任，何叔衡任宣传部中方主任，贺民范任经济部中方主任。社址设在船山学社。中午，设宴欢迎朝鲜友人李熙春、李若松等三人。傍晚，李熙春等在学社发表演说。

3月19日 夜，接待一位被日本浪人抢劫钱财追逐到青年会的朝鲜友人，安排在第一师范住宿。

---

〔1〕 毛泽东家的田地，后托付给文氏外婆家和毛震公祠代办。经亲属和族人研究，由毛震公祠专人代管。

3月 在长沙船山学社同从巴黎回国的萧子升会面。此后，两人多次讨论社会主义革命问题，发生根本分歧。

4月21日 湖南省长赵恒惕公布《湖南省宪法草案》。

4月25日—27日 在长沙《大公报》连续发表《省宪法草案的最大缺点》。文章指出：省宪法草案的第一个最大缺点，是对人民的权利规定得不够。应增加三项极重要的条文：一、人民不分男女，均有承受其亲属遗产之权。二、人民有自由主张其婚姻之权。三、人民有依其自由意志求得正当职业之权。文章强调女子要有财产权和婚姻自决权。财产是一个根本，教育、职业、婚姻种种都是枝叶。文章说，尤其紧要的是要规定人民有求得正当职业的自由权，这就是将人民的"生存权"规定于宪法，求得宪法的保障。省宪法草案的第二个最大缺点是，规定无正当职业之人也有被选举权，关于劳动的事项完全没有规定。文章指出："议员而不有职业的限制，则事实上仍然有钱的人当选，无钱的人落空"，"结果仍然是一种不利于平民的政治"。关于劳动问题，文章认为宪法应规定劳动者的工时、工值、红利、教育等项。

春 撰写《新民学会会务报告》（第二号），详细记述新民学会长沙会员一月一日至三日新年大会和一月十六日常会的情形。

4月 写出《文化书社社务报告》（第二期），详细记述自去年九月开业以来至今年三月底的社务情形。报告一反"中国人营业总是秘密主义"的做法，将社务情况彻底公开。报告说，"现实的急务，莫要于传播文化；而传播文化有效，则莫要于办'文化书社式'的书社"。报告谈到该社书报畅销的原因，"是社会对于新出版物的需要骤然迫切起来，受了新思潮的正面激刺和旧思想的反面激刺"，实在是一种可喜的现象。报告列举销售量较大的重要书籍，有《杜威五大讲演》、《马格斯〈资本论〉入门》、《社会主义史》、《克鲁泡特金的思想》、《晨报小说》第一集、《试验论理学》、《白话书信》等。销售最多的杂志是《新青年》、《劳动界》、《新生活》等。

春夏间 和易礼容、陈书农到沿洞庭湖的岳阳、华容、南县、常德、湘阴等地，考察学校教育，进行社会调查。沿途曾写通讯投寄湖南《通俗报》〔1〕。

5月1日 湖南工人、学生首次纪念五一国际劳动节。黄爱、庞人铨领导的湖南劳工会〔2〕的工人和一部分学生，在湖南一师举行劳动节游艺会，戒严司令部派兵监视。大会进行讲演、游艺等活动，在纪念面包上印有“劳工神圣”、“不作工者不得食”等字样。

6月3日 共产国际代表马林到达上海。随后会见李达等，在了解到上海等地成立共产主义组织的一些情况，建议及早召开全国代表大会，宣告中国共产党成立。李达同在广州的陈独秀、在北京的李大钊联系后，致函各地共产主义小组，各派代表二人于七月到上海开会。

6月7日 湖南省署传出《通俗报》馆长何叔衡撤职的消息。八日，毛泽东、萧子升提议另办一报，以继续《通俗报》的精神。十一日，何叔衡接到赵恒惕政府的免职命令。十五日，

---

〔1〕 当时任《通俗报》主编的谢觉哉1952年写的回忆文章说：同毛泽东第一次见面之后，“不见毛泽东同志再来报馆，却接到他自滨湖各县寄来的通信。好优美的文章！为我从来所未见过的。我总是把它刊在报上的显著地位”。1968年谢觉哉又说：毛泽东到岳阳写过一篇文章，写得特别调皮，说那个县的女学校教员都是有胡子的人，文章写了一句讽刺的话：“胡子之作用大矣哉！”

〔2〕 黄爱、庞人铨组织的湖南劳工会成立于1920年11月21日。该会曾受无政府主义影响，它的第一个主要活动是领导湖南第一纱厂收归公有运动。黄爱、庞人铨后来在毛泽东帮助下，摆脱无政府主义影响，接受了马克思主义，并参加社会主义青年团。

《通俗报》被迫停刊。

6月23日 和何叔衡、萧子升、熊瑾玎、谢觉哉在船山学社商议重新办报问题。后因毛泽东、何叔衡离开长沙，谢觉哉去一师附小任教，办报问题被搁置。

6月 一天，邀周世钊到文化书社，将陈独秀关于要大大发展社会主义青年团的来信给他看，并要他做这方面的工作。周世钊说明已约定几位朋友去南京读书，毛泽东没有勉强他。

6月29日 和何叔衡作为湖南共产主义组织的代表，离长沙同赴上海参加中国共产党第一次全国代表大会。七月初，到达上海，住白尔路博文女校。

7月23日—8月初 出席中国共产党第一次全国代表大会。参加会议的代表十二人〔1〕，代表全国五十多名党员。共产国际代表马林和共产国际远东书记处代表尼克尔斯基出席了会议。会议由张国焘主持，毛泽东和周佛海任记录。会址在上海法租界贝勒路树德里三号（今兴业路七十六号）。七月三十日晚，突遭暗探侦查，后转移到浙江嘉兴南湖，在游船上开了最后一次的会议。大会通过中国共产党党纲，确定党的名称为中国共产党。规定党的奋斗目标是：以无产阶级革命军队推翻资产阶级，由劳动阶级重建国家，直到社会的阶级区分消除为止；承认无产阶级专政，直到消灭社会的阶级区分；消灭资本家私有制，没收机器、土地、厂房和半成品等生产资料，归社会公有。大会通过的关于当前实际工作的决议，确定党成立后的中心任务是组织工会，领导工人运动。大会选举陈独秀、张国焘、李达组成中央局，陈独

---

〔1〕 这12名代表是：毛泽东、何叔衡、董必武、陈潭秋、王尽美、邓恩铭（水族）、李达、李汉俊、张国焘、刘仁静、陈公博、周佛海。参加大会的还有陈独秀指派的代表包惠僧。

秀为中央局书记。

8月上旬 到杭州、南京一带游历。在南京，看望周世钊以及在东南大学暑假补习班学习的陶毅、吴钊等六人。

8月11日 中国劳动组合书记部在上海成立。不久，在北京、武汉、长沙、广州、济南设立分部。毛泽东任湖南分部主任。

8月中旬 回到长沙，住船山学社。在文化书社和清水塘同何叔衡、易礼容多次商量在湖南成立共产党支部的问题。

同旬 和何叔衡创办湖南自修大学。自修大学是在船山学社董事会总理仇鳌和社长贺民范支持下，利用船山学社社址和经费创办的。贺民范为首任校长，毛泽东任指导主任，负实际领导责任。

8月16日—20日 为湖南自修大学起草的组织大纲在长沙《大公报》连载。大纲规定自修大学的宗旨是："本大学鉴于现在教育制度之缺失，采取古代书院与现代学校二者之长，取自动的方法，研究各种学术，以期发明真理造就人才，使文化普及于平民，术学周流于社会"。自修大学在国内外各重要大学和学术昌明地方以及湖南省内中等以上学校、学术团体，设通信员以进行联络和交流学术。自修大学研究范围，为科学、哲学、文学三类。大纲把"劳动"列为一章。"本大学学友为破除文弱之习惯，图脑力与体力之平均发展，并求知识与劳力两阶级之接近，应注意劳动。"

8月 起草《湖南自修大学创立宣言》〔1〕，宣言论列旧式书院和现代学校的利弊。说书院研究的内容为"八股"等等干禄之具，但在形式上，没有教授管理，可以自由研究，"课程简而研

〔1〕 易礼容1988年回忆说：《湖南自修大学创立宣言》和《湖南自修大学组织大纲》，都是毛泽东执笔的。《组织大纲》当时就发表了，《创立宣言》没有同时发表。因为后者有些文句写得要求比较高，当时我们正要打入社会，恐怕社会接受不了，所以没有发表。

讨周”。学校则是用一种划一的机械的教授法和管理法去戕贼人性，课程过繁，学生终日埋头上课，几不知上课之外还有天地，全不能用他们的心思自动自发地进行研究。但现代学校的优点在于用科学的方法进行研究。自修大学之所以成为一种新制，“就是取古代书院的形式，纳入现代学校的内容，而为适合人性便利研究的一种特别组织”。宣言说，自修大学为一种平民主义的大学。校外学生凡有志向学均可入学，打破学术秘密。自修大学的学生可以到学校里研究，也可以在自己家里研究，也可以在各种店铺里、团体里和公事的机关里研究。自修大学的学习内容和方法，主要是：“自己看书，自己思索”，“共同讨论，共同研究”，辅之以教师指导；学生“不但修学，还要有向上的意思，养成健全的人格，湔涤不良的习惯，为革新社会的准备”。

夏秋间 被聘任湖南第一师范第二十二班国文教员。推荐何叔衡接任一师附小主事职务。主张一师的教育方针是民主和切合实际，方法要注重启发。在一次校务会议上提出，学生自治会的代表可参加校务会议，学校经济要公开，不开除学生等意见，获得校务会议通过。

9月28日 致信在北京的萧子升，谈从上海回湖南后的生活情况。“我回湘即寓船山，专以疗病为主，病即大有起色。现在心里非常快活，因病既日好，又没有事务责任上重大负担；每天因操劳炊爨，口腹既饱，身体更快；还可随意看所要看的书，故大有‘此间乐’的气概。现在读书虽甚少，然把英文作为主课，每天多少必读几句，诚已晓得非读不可了。”信中谈到为新民学会旅法会友陈赞周〔1〕筹款治病问题，说此款在国内同人中似只能以你我及叔衡三人担任为度。“此款事势急迫，非筹不可，

〔1〕 陈赞周1920年5月赴法勤工俭学，1921年在巴黎去世。

只有不管偿还如何困难，姑且借来付去。”信中对许文煊、杨开慧、周毓明三女士进岳云中学一事，为之称赞：“男女共学，亦一新生面也。”

9月29日 致信少年中国学会执行部主任杨钟健，送上补填的入会志愿书。还送上应杨钟健要求填写的“少年中国学会会员终身志业调查表”〔1〕。在调查表备考栏内填写道：“所志愿之事业现时还只着手预备，预备三年或四年。后个人须赴国外求学，至少五年，地点在俄。后再回国，从事所欲办之事业。”

10月10日 在长沙建立中国共产党湖南支部，任支部书记，成员有何叔衡、易礼容等。在小吴门外清水塘租赁一所房子，作为中共湖南支部的秘密机关，并与杨开慧搬到这里居住。湖南支部建立后，慎重地吸收学生和工人中的先进分子入党。先在湖南自修大学、湖南第一师范学校、岳云中学、甲种工业学校等发展一批党员。在长沙第一纱厂、电灯公司、长沙的粤汉铁路工人中以及泥木、缝纫、印刷等行业工人中也发展了党员。

10月中旬 由夏明翰陪同溯湘江而上，到衡阳，住湘南学联。在湖南第三师范学校研究发展党员、成立党的组织问题。随后吸收心社〔2〕负责人蒋先云、黄静源和教员蒋啸青等加入中国共产党。

---

〔1〕 少年中国学会会员终身志业调查表是杨钟健为主任的少年中国学会第三届执行部编制。调查表分6个栏目：一、姓名；二、终身欲研究之学术；三、终身欲从事之事业；四、事业着手之时日及地点；五、将来终身维持生活之方法；六、备考。毛泽东在第二、三、四、五各栏内，分别填写：“教育学”；“教育事业”；“已从八年七月起　湖南”；“‘教育事业之月薪酬报’及‘文字稿费’”。

〔2〕 心社是1921年3月由贺恕、蒋先云组织的进步团体。后来心社成员陆续加入社会主义青年团和中国共产党。

10月下旬 中共湖南支部根据中共中央关于派代表参加共产国际在莫斯科召开的远东各国共产党及民族革命团体第一次代表大会〔1〕的决定，选派共产党员夏曦、湖南劳工会代表王光辉等前往参加。

10月22日 和何叔衡、陈昌等出席湖南第一师范同学会常年大会并欢送夏曦赴俄。会议气氛热烈，庄谐并出，满座展然。毛泽东在会上发表演说，强调学校要有“主义”，“从前学校是没主义的，所标的主义又不正确，结果是盲撞瞎说，闹不出什么名堂。我们总要为有主义的进行。”

10月 在湖南第一师范出席马克思主义学术研究会，作关于剩余价值的讲演。

同月 粤汉铁路武汉至长沙段工人，在武汉中共党组织领导下为增加工资改善生活举行罢工。毛泽东亲自了解粤汉铁路工人的生活情况。不久，派党的干部到长沙新河总站办工人夜校。

11月7日 在长沙领导各人民团体举行纪念十月革命四周年大会。会场上升起一面红旗。会后举行游行，散发传单，要求实现省宪法中所许诺的集会、结社、言论、出版等自由权利。游行队伍遭到警察攻击，经过激烈斗争后散去。

11月21日 在《劳工周刊》〔2〕湖南劳工会周年纪念特刊号上发表《所希望于劳工会的》一文，表达了对湖南劳工会寄予的深切同情，并向劳工会提出三点希望：第一，劳动组合的目的，不仅在于团结劳动者以罢工的手段取得优益的工资和缩短工

---

〔1〕 美、英、法、日等9个国家将于1921年11月开始举行华盛顿会议的消息宣布后，共产国际为了抵制这个帝国主义国家争夺远东霸权和宰割中国的会议，决定于1922年1月召开此次代表大会。

〔2〕《劳工周刊》，湖南劳工会的刊物，1921年10月20日创刊，免费寄送工人阅读。

作时间，尤其在于养成阶级的自觉，以全阶级的团结，谋全阶级的根本利益。第二，工会组织要由民主产生精干的全权办事机构。第三，工会应有自己的基金，工人应该自己养活工会，交纳最低限度的会费。文章最后以“不劳动的不得食”、“劳工神圣”、“各尽所能，各取所值”、“全世界劳动者团结起来”等口号，鼓励劳工会会员进行新的斗争。

11月下旬 湖南劳工会接受毛泽东的建议，进行改组。把各工团的合议制改变为书记制，将原有的八个部，集中为书记、宣传、组织三个部；并请毛泽东助理会务。

11月 中共中央局发出关于建立与发展党、团、工会组织及宣传工作决议的通告。通告要求上海、北京、广州、武汉、长沙五区，在本年内至迟于明年七月前，都能发展党员至三十人，成立区执行委员会。在劳动运动方面，须以全力组织全国铁道工会，上海、北京、武汉、长沙、广州等地的同志，都要尽力执行这一计划。毛泽东按通告要求，发展党的组织，准备成立中共湘区执行委员会和开展工人运动。

12月中旬 和易礼容、黄爱、庞人铨等会见由上海前往桂林同孙中山会谈途经长沙的共产国际代表马林。马林向工人和青年介绍了俄国革命的情况。

12月25日 中共湖南支部根据中共中央关于太平洋会议（即华盛顿会议）宣传文件的精神，通过湖南劳工会和湖南省学生联合会，发动长沙工人及各界群众近万人，举行游行大会，反对美、英、法、日等帝国主义召开损害中国主权的太平洋会议。大会主席为黄爱，总指挥为庞人铨。大会通过致参加太平洋会议的北京政府代表和各省各报馆转各工人各工会同人电。当游行队伍行至日本及美国领事馆时，工人高呼“反对太平洋会议”、“打破国际的资本主义”、“揭破资本阶级的假面具”等口号。

12月 到安源煤矿考察。月中，安源路矿一部分有觉悟的工人致信中国劳动组合书记部，请求派人到安源帮助并指导一切。书记部当即派毛泽东、李隆郅（李立三）、宋友生、张理全四人到安源。毛泽东以交朋友的方式与工人谈心，深入矿井、工棚了解工人的痛苦和受压迫的情形，随后，派李立三在安源创办工人补习学校，建立社会主义青年团的支部。

12月底 请易礼容转告黄爱、庞人铨，邀他们到清水塘谈话。过后，毛泽东对易礼容说："谈得很好！他们的见解看法同我们是一样的，愿意同我们一起干。"

本年 作《虞美人·枕上》词思念杨开慧："堆来枕上愁何状，江海翻波浪。夜长天色总难明，寂寞披衣起坐数寒星。 晓来百念都灰尽，剩有离人〔1〕影。一钩残月向西流，对此不抛眼泪也无由。"

〔1〕 离人，指杨开慧。1920年冬，毛泽东同杨开慧在湖南长沙结婚。

1922年　二十九岁

1月1日　赵恒惕政府公布《湖南省宪法》。

1月17日　黄爱、庞人铨因领导湖南第一纱厂工人罢工，被赵恒惕杀害。湖南劳工会和《劳工周刊》随即被查封。毛泽东得知黄爱、庞人铨被害，立即从板仓杨开慧家中返回长沙城。在一师校长易培基家召开会议，决定开展一个悼念黄爱、庞人铨，控诉和反抗赵恒惕的运动。随后，在船山学社先后两次主持黄爱、庞人铨追悼会，并印发纪念特刊。同时，派正在安源的李立三到常德动员黄爱父亲同去上海，向社会各界控诉赵恒惕的暴行。

1月　派蒋先云去安源协助李立三工作，组织与发动工人运动。

2月　中共安源支部成立，李立三任书记。这是湘区最早建立的产业工人党支部。随后，中共湖南第一师范学校支部、湖南自修大学支部、衡阳湖南省立第三师范学校支部等相继成立，统归中共湖南支部领导。

同月　为黄爱、庞人铨被害事，赴上海组织反对赵恒惕的运动。途经武昌时，住黄土坡二十六号中共武汉区委机关，停留一周多。同包惠僧、陈潭秋谈及黄庞事件，提出劳动运动要采取产业组合的方式，京汉铁路工人与粤汉铁路工人必须密切联合。

3月　到达上海。出席追悼黄爱、庞人铨大会。这时，全国各地掀起追悼黄、庞，反抗赵恒惕的运动。上海、天津、北京、广州等地召开追悼会，中国劳动组合书记部、中国社会主义青年团分别为黄、庞被害发表宣言，李大钊在北京为《黄庞流血记》一书写序。

4月中旬 回到长沙。

同旬 中共湖南支部派易礼容、陈子博、张理全去广州参加第一次全国劳动大会〔1〕；并派易礼容、陈子博参加五月五日在广州召开的中国社会主义青年团第一次代表大会。

4月底 和夏曦、彭平之〔2〕由长沙到常宁水口山，了解铅锌矿工人情况。随后，毛泽东又到衡阳三师了解建党建团情况，并在三师作关于社会主义的学术讲演，指出要改造社会必须有一种正确的远大的理想，并且为实现这种理想而奋斗，这个理想就是社会主义〔3〕。毛泽东还在三师召开的骨干和党团员会上作报告，要求湘南学联担负起对水口山的宣传工作，不要放松深入各界的宣传。

---

〔1〕 第一次全国劳动大会于1922年5月1日至6日在广州召开。大会通过10项决议案，其中一项是由湖南劳工会代表张理全和中华海员工会联合总会代表苏兆征共同提出的关于“湖南劳工会黄、庞二君被杀及香港罢工沙田海员被杀案”，决定每年1月17日为黄庞纪念日。

〔2〕 彭平之，当时负责湖南全省工运工作。

〔3〕 当年在湖南省立第三师范学校读书的张际春，在1964年写的《伟大的启蒙和教诲》一文中说：1922年的一个晴朗的日子，请毛先生向我们作学术演讲。他曾先执起一支粉笔在黑板上书写了“社会主义”字样的题目。说许多青年同志们希望在改造社会方面做些事情，但是要改造社会必须要有一种正确的远大的理想，有了这种理想然后才能够坚定地为实现这种理想奋斗，才能够达到改造社会的目的，这就是社会主义的理想。毛泽东演讲历时约两小时。这一次的演讲对于三师同学来说，不是一般的演讲，而是一次中国大革命实践前夕的伟大启蒙和教诲。

5月1日 在衡阳湘南学联参加五一国际劳动节纪念会，并作讲演。随后，中国社会主义青年团衡阳地方执行委员会成立。

同日 安源路矿工人俱乐部成立，李立三任主任，朱少连任副主任。粤汉铁路新河工人俱乐部也相继成立，并开办了工人补习学校。

同日 长沙工人、学生约六十个团体举行游行大会。游行队伍到达黄爱、庞人铨灵柩前，高呼劳工万岁。

同日 为纪念五一国际劳动节撰写的《更宜注意的问题》在长沙《大公报》发表。文章揭露赵恒惕公布的省宪法所谓“全民政治”的欺骗性，“美其名曰全民政治，实际抛弃了至少百分之九十九的劳工”。文章强调要注意劳工的三件事，即生存权、劳动权和劳动全收权，指出：“那些不能生存的人失业的人，问题则在如何使之生存与得业，在现时的湖南我愿大家特别注重在这里。省宪法虽则冠冕堂皇，可惜全没有涉及这几点!”“工人做的东西应该完全归工人自己，这就是劳动全收权”。劳动全收权自然是共产主义实行以后的事，但也不要太忽略了，因为这实是世界上已经有了的一个大潮流。劳工的三权问题无论怎样不注意，有一日自然会引起大家的注意。“‘殷鉴不远’，俄罗斯的资本阶级，贵族阶级就是个榜样，他们现在是已经悔之不及了!”

5月3日 从衡阳回到长沙。

5月5日 根据中共中央关于纪念马克思诞生一百零四周年的部署，中共湖南支部通过长沙马克思学说研究社在第一师范举办纪念会。到会二千余人。大会由熊瑾玎主持。毛泽东在会上作关于“共产主义”和“共产主义与中国”的讲演。其他人的讲演内容有“马克思的历史”、“唯物史观与阶级争斗”、“剩余掠夺”、“无产阶级专政”、“改造社会应取何种方法”、“共产主义与俄国”等。

5月 和李立三、杨开慧到安源检查工作，发展组织。途经醴陵时，参观醴陵师范讲习所，并向讲习所全体师生发表关于阶级斗争史的演讲，约三小时。在安源看到贴有打倒帝国主义、打倒军阀、打倒资产者的标语，向工人们提出：你们打倒军阀，打倒资本家，打是要打倒，不过要有步骤，要一步一步地来，把基础搞好。毛泽东还参加安源工人俱乐部干部会，同夜校工人谈话，访问工人家庭，强调工人要加强团结，壮大组织。告诫党员要注意防止暴露党的组织。在安源小住即返回长沙。

同月 在清水塘会见衡阳三师的教师屈子健。屈拟带领一部分教员和实习生去江浙一带考察教育情况，并聘请一位英语教师。毛泽东为屈子健写一介绍信去上海会见陈独秀，请陈给以帮助。

5月底 中共湘区执行委员会成立。毛泽东任书记，何叔衡、易礼容、李立三等为委员。区委机关设在长沙清水塘二十二号。这时湘区党员发展到三十多人。

夏初 同长沙新河站铁路工人程地广去岳州〔1〕，了解岳州铁路工人情况。岳州工人受新河站工人影响，有组织工会的要求。八月，派共产党员郭亮到岳州，组织发动工人。八月十五日，粤汉铁路岳州工人俱乐部成立，郭亮任俱乐部秘书。俱乐部成立后，即创办工人补习学校。

6月7日 致信在团中央工作的张秋人。信中说：长沙社会主义青年团改组事，两周内可办妥；衡阳社会主义青年团现有五十余人，都是好的；社会主义青年团第一次全国代表大会议决的纲领、章程及其他要案除已在《先驱》登载者外，宜速印成小册子，寄长沙千份以便应用。十三日，又致信张秋人，催要团代会

---

〔1〕 岳州，今湖南岳阳市。

文件。十五日，再次致信张秋人，告知常德社会主义青年团已经成立。

6月17日 主持召开中国社会主义青年团长沙执行委员会改组大会。大会通过由毛泽东修改定稿的《长沙S.Y.执行委员会细则》。细则规定执行委员会设三个部：书记部、经济部、宣传部。还组织学生、劳工、社会教育、妇女、农民、政治、非宗教等各种特别委员会，各委员会设委员长一人。改组大会选出长沙执行委员会委员三人：毛泽东为书记，李立三为经济部主任，罗君强为宣传部主任。大会还同意委派王梁为学生运动委员会委员长，李立三为劳工运动委员会委员长（兼），易礼容为社会教育运动委员会委员长，周毓明为妇女运动委员会委员长，王萼为农民运动委员会委员长，李六如为政治宣传委员会委员长，陈子博为非宗教运动委员会委员长。

6月20日 以长沙社会主义青年团执行委员会书记名义，写信给方国昌〔1〕并转社会主义青年团中央。报告长沙社会主义青年团执委会改组结果，呈请团中央同意；并报告衡阳、常德青年团已建立，萍乡、醴陵两地方团和各县小分团正在组织，拟九月内召开各地方团代表会议。

7月5日 致信八舅父、七舅母、八舅母和各位表兄嫂。说："甥今年住家读书，没有在外边做事，幸喜身体还好，每天也还快活，泽民、泽覃，淑兰，先桂〔2〕，泽建，开慧都好，不劳挂念。"

7月16日—23日 中国共产党第二次全国代表大会在上海

---

〔1〕 方国昌，即施存统，后改名施复亮。当时任中国社会主义青年团中央书记。

〔2〕 淑兰，即王淑兰，毛泽民的妻子。先桂，即赵先桂，毛泽覃的未婚妻。

举行[1]。大会通过第二次代表大会宣言和《中国共产党章程》，通过《关于民主的联合战线的决议案》、《中国共产党加入第三国际决议案》等八个决议案。大会制定了中国共产党的最低纲领和最高纲领。党的最低纲领，即民主主义革命阶段的纲领是：消除内乱，打倒军阀，建设国内和平；推翻国际帝国主义的压迫，达到中华民族完全独立；统一中国为真正民主共和国。党的最高纲领是“建立劳农专政的政治，铲除私有财产制度，渐次达到一个共产主义的社会。”大会选出中央执行委员会，陈独秀被推选为委员长。

8月7日 致信在长沙任教的原省立第三师范学生欧阳振垣：“有事奉商，望于本星期二七号[2]下午四时惠临清水塘一叙”[3]。

8月17日 湖南省学联发起的湖南工学商各公团联合会[4]召开成立大会。联合会宗旨是：“拥护人民权利，发扬平民政治，完全实施宪法”。会议选举易礼容、李立三、刘少奇等为联合会干事。为促进省长民选，各公团联合会于二十日组织游行大会，

〔1〕 毛泽东没有出席中国共产党第二次全国代表大会。他在1936年同斯诺的谈话中说：“第二次代表大会在上海召开，我本想参加，可是忘记了开会的地点，又找不到任何同志，结果没有能出席。”

〔2〕 据查，1922年8月8日才是星期二。

〔3〕 中共中央执委会委员长陈独秀应中共湘区执行委员会书记毛泽东要求，派共产党员张秋人来湘工作。毛泽东决定派张秋人到湖南省立第三师范学校，加强那里的领导工作。毛泽东写此信，就是要同欧阳振垣商量由他护送张秋人赴衡阳的问题。

〔4〕 湖南各公团联合会，成立第二天更名为“湖南民治促进大同盟”，实际上是湖南中共组织团结湖南各阶级人民，利用赵恒惕“省宪法”中言论、结社自由的条文，向赵恒惕政府进行合法斗争的一个统一战线组织。

公推李立三、易礼容、刘少奇等为代表向省议会进行交涉，递交请愿书，声明省长选举，要尊重民意，反对武人、军阀为第一任省长。

8月23日 在中共湘区委组织领导下，长沙一千五百余织造工人，为要求照一九一九年工价折合洋银发放工资遭到资方拒绝，举行罢工。罢工得到长沙土木等各业工人支持，历时月余，最后取得胜利。

8月29日、30日 中国共产党中央执行委员会在杭州西湖举行全体会议。会议根据共产国际指示，决定同孙中山领导的国民党合作。共产党员以个人名义加入国民党。

9月初 到安源。当时路矿当局勾结地方政府，下令封闭工人俱乐部，激起工人义愤，工人又要求增加工资，改善待遇，提出罢工问题。毛泽东同安源中共支部的蒋先云、朱少连等研究当前情况，认为罢工时机已经成熟。毛泽东要求做好各种具体准备，迅速将大多数工人发动组织起来，争取各方面的同情与支持，准备进行义无反顾的斗争。并写信给正在醴陵的李立三，要他立即赶回安源。

9月5日 长沙土木工会召开成立大会。大会通过毛泽东起草的《长沙土木工会章程》。章程规定土木工会“以改进工人生活，拥护工人权利为宗旨”。工会的基本组织为十人团，当时已有会员一千零八十人。大会选举任树德、袁福清等四十人组成土木工会委员会，易礼容为秘书。

9月6日—8日 中国劳动组合书记部总部主任邓中夏，武汉、上海、湖南、广东、山东各分部主任林湘浦（林育南）、阮大时（阮达时）、毛泽东、谭平山、王尽美联名递送北京参众两院的劳动立法[1]请愿书在长沙《大公报》连载的《劳动立法运动之进行》一文中发表。请愿书提出："最近如苏维埃俄罗斯，更完全由劳动者建设劳农政府，掌握政权，国内宪法，悉由劳动者手定。""工人在社会完全为生产者，在国内各阶级中，用力最多，境遇最苦，而对于国家社会功绩又最巨"。请愿书提出劳动法案大纲十九条，要求两院采纳通过并在国家宪法中规定工人有集会、结社、同盟罢工、团体缔结契约、国际联合、八小时工作、增加工资、改良待遇、参加工厂管理、受教育等各项权利。

9月6日 中国劳动组合书记部湖南分部、新河粤汉铁路工人俱乐部、岳州粤汉铁路工人俱乐部和安源路矿工人俱乐部联合致电参众两院，表示完全赞同中国劳动组合书记部总部提出之劳动法案大纲十九条，同时提出务使劳动者"获得政治自由"、"改良经济生活"、"参与产业管理"、"得受补习教育"四项基本权利。十七日，劳动组合书记部湖南分部、泥木工会、新河粤汉铁路工人俱乐部、工友励进社、理发工会、安源路矿工人俱乐部等各工人团体代表二十余人集议，成立湖南劳动立法同盟，统一领导湖南工人劳动立法运动。

9月9日 李立三到安源。此时毛泽东已由安源回到长沙。根据中国劳动组合书记部的命令，经中共湘区委研究确定，再派刘少奇去安源参加领导安源路矿的工人运动。十一日，刘少奇到达安源。

同日 和岳州工人俱乐部秘书郭亮、徐家棚站工人俱乐部林

---

[1] 中国共产党第二次全国代表大会《关于工会运动与共产党决议案》提出，必须开展劳动立法运动。8月北京政府声言要重开国会，制定宪法。利用这个时机，中国劳动组合书记部提出劳动法案大纲，要求国会纳入宪法。

育南领导粤汉铁路武汉、长沙段三千多工人罢工，要求当局撤换虐待工人的工头和提高工资。毛泽东直接领导长沙、新河两车站的罢工斗争。十日，岳州段全体工人在郭亮带领下，手执书有“驱逐工贼”、“要求正当权利”等口号的旗子横卧铁轨，阻止车辆通行。鄂督萧耀南派兵镇压，伤亡七十余人。十三日，毛泽东发动长沙工人支援，在新河俱乐部召集全体大会，议决：（一）速电交通部，历数粤汉路局长王世茂罪状，请速撤惩；（二）电徐家棚联合会，务必坚持到底；（三）派代表赴徐家棚助理一切；（四）无论如何非达目的不止。罢工坚持近二十天，在京汉路工人和其他各地工人团体支援下，二十五日胜利结束。吴佩孚、萧耀南被迫接受工人提出的七项条件。

9月11日 中共湘区委创办的湖南自修大学附设补习学校开学。办学宗旨是：“为年长失学之人、私塾改图之人，及乡校课程不够升学之人，及时补习英文、数学、国文、历史、地理五科而设，男女兼收”。这期招收学生一百二十多人。主事何叔衡，指导主任毛泽东，教导主任夏明翰，事务主任易礼容。

9月14日 凌晨，安源路矿工人一万七千人举行罢工，发表罢工宣言。罢工前夕，毛泽东从长沙写信给李立三等，指出：罢工胜利的条件首先要靠工人群众有坚固的团结和坚强的斗志，同时必须取得社会舆论的同情和支持。因此，必要用“哀兵必胜”的道理，提出哀而动人的口号。中共安源党组织召开紧急会议，根据毛泽东的意见，提出“从前是牛马，现在要做人”的口号，并对罢工斗争作了部署。会议决定成立罢工指挥部，李立三为罢工总指挥，刘少奇为工人俱乐部全权代表。罢工宣言提出改良待遇、增加工资、组织工会等十七项条件，要求同路矿两局谈判。罢工期间，中国劳动组合书记部湖南分部致电萍乡安源路矿工友表示竭力援助。十八日，工人俱乐部代表、路矿两局代表会同地方商会和绅士调停人，对工人提出的条件进行磋商，同意工人提出的条件，三方签订协议。当天，路矿工人游行，庆祝罢工胜利。之后，安源工人俱乐部会员由七百人迅速发展到一万七千多人。俱乐部实行改组，选举李立三为总主任，朱少连为路局主任，刘少奇为窿外主任。

9月21日 长沙铅印活版工会召开成立大会。毛泽东兼任铅印活版工会秘书。

9月29日 中共湘区委领导长沙缝纫工人六百余人，为增加工资、改善工作条件举行罢工。十月四日，在长沙泥木工会等工团支援下，罢工取得胜利。缝纫工会复工宣言说：这次罢工，“均有觉悟的思想，自动的能力，所以才得到今天的效果，却是来日方长，我们应该干的运动无穷，所负的责任真大。以后还是要大家团结起来，本诸奋斗的精神，向光明的途径努力进行。尤其望工友们以阶级争斗的奋勇，创造劳动者的世界”。

10月初 在清水塘住处同泥木工会主任任树德等研究泥木工人罢工问题。认为罢工时机已完全成熟，可以提出罢工口号。五日，泥木工会委员会连夜召集会议，一致赞同毛泽东的意见。

10月6日 长沙泥木工人全体罢工。长沙《大公报》全文发表毛泽东起草的〔1〕泥木工人罢工宣言。宣言说，“我们苦力工人，一天的工作，硬是把一天的阳寿和精力来换几个钱去养家赡眷，并非坐食冤枉。”“试看他们商家，不上几天又把价码一涨，为什么又没有人反对呢？独于我们工人凭整天‘汗’‘力’得来的几个工钱，还要惨受这样摧残！”“我们别的权利虽是享不着，而我们营业和工作的自由是应当享有的”。“现在我们采取的唯一方法，就是冒得三角四分（甲工）和二角六分（乙工）钱一天的

〔1〕一说是经毛泽东看过后发出的。

工价，我们全体同盟，决定不做”。

同日 赵恒惕政府通令查禁共产党的印刷品。

10月8日 在湖南省教育会坪主持长沙人力车工会成立大会，并发表演说。到会八九百人，手持“劳工神圣”、“打破资本主义”等标语小旗。会后举行示威游行。工会成立之前，毛泽东曾到人力车工人夜校讲课，并派罗学瓒去做工作。

同日 中共湘区委领导长沙五六百理发工人为争取营业自由、增加工资等举行罢工游行。罢工中店主与政府勾结封店、殴打工人。九日和十九日，理发工人两次向省议会发出请愿书，要求惩办压迫、殴打工人的店主和罢免逮捕工人滥施重刑的长沙县知事、省警察厅长。理发工人感于无团体不能保护自身利益，于二十八日成立理发工会，继续罢工。这次罢工坚持两个多月，至十二月二十八日工人所提的要求才为店主接受。

10月10日 湖南学生联合会组织长沙市“双十节”游行请愿大会，有四十多个学校和团体共二万五千多人参加，向省议会和省政府要求实现言论、出版、集会、结社四大自由。

10月21日 泥木工人在教育会坪开会，到会二千余人，讨论继续罢工问题，坚持增加工资的要求，决定二十三日举行请愿大会。二十二日，长沙县署贴出布告，禁止请愿。这时，有人担心再次发生黄爱、庞人铨被害事件。毛泽东连夜找任树德等工人代表谈话，说明现在形势与黄庞事件时大不相同：工人有了组织，有长沙和全国工人阶级、社会各界的支持；长沙和全国各地都在发生罢工运动，而长沙县公署很孤立；这次罢工与赵恒惕的直接关系不太大，赵恒惕有可能不会那样顽固。毛泽东鼓励大家坚持斗争到底。

10月23日 长沙二千多泥木工人在任树德、易礼容带领下，举行游行示威请愿大会。毛泽东参加并指挥请愿游行[1]。

10月24日 率领任树德等泥木工会代表同湖南省政务厅厅长吴景鸿进行说理斗争。工人代表同吴景鸿谈判三小时，吴答应由泥、木两行具一呈文，说明要求增加工资、营业自由，经政府批准。毛泽东当场将工人代表与吴景鸿谈话记录下来，写成呈文交省长赵恒惕。

同日 长子毛岸英在长沙清水塘出生。

10月25日 以任树德、仇寿松、杜仲堃、黄少梅、李海珊、毛泽东等湖南六千四百余泥木工人名义起草的《呈省长文》，在长沙《大公报》发表。呈文指出，营业自由，载在宪法，工价之争，官府不必过问。泥木工人以三角四分工价请求开工，"独长沙县知事坚持不决，实属违反省宪，阻抑工情。既蒙省长维持，复承政务厅吴厅长于今日工等代表晋见之时，代表省长表示允照工等主张办理"。现工等全体集合省教育会坪前，请省长明白批示，以安人心。

同日 率任树德等十二名代表至政务厅催批呈文，获准。在代表的要求下，吴景鸿向等候在教育会坪的泥木及各工团工人一万五千余人宣布："营业自由，省宪已经规定，官厅当然不应限制（大鼓掌）。希望此后社会日有进步，你们的工价，能随时增加，那就很好（大鼓掌）"。泥木工人经过二十天罢工斗争，在长沙各工团工人及中国劳动组合书记部的支援下，获得完全胜利。

11月1日 在长沙新河车站主持召开粤汉铁路总工会成立大会。参加成立大会的有长沙泥木工会、中国劳动组合书记部湖

---

〔1〕 当时是长沙泥木工会委员的袁福清1951年回忆说：毛泽东穿一件对襟衣，走在工人队伍中间，领着工人喊口号。手上带着一个口哨，他吹一声口哨，工人喊一句口号，连吹连喊，工人的情绪越发高涨。

南分部、湖南铅印活版工会、湖南学联等三十多个团体，八十多名代表，其中有郭亮、朱少连、任树德、张汉藩等，与会代表一致赞成组织湖南全省工团联合会。当即召开联合会第一次代表会议，毛泽东被推为主席，并代表中国劳动组合书记部湖南分部发表演说。

11月5日 湖南全省各工团召开第二次代表会议，正式成立全省工团联合会。参加会议的有粤汉铁路总工会、粤汉铁路岳州工会、粤汉铁路新河工会、株萍铁路工会、安源路矿工人俱乐部、长沙泥木工会、理发工会等九个工会的代表，代表会员三万余人。毛泽东作为粤汉铁路总工会的代表参加并主持会议。会议通过会章。选举毛泽东任全省工团联合会总干事，郭亮任副总干事，任树德、罗学瓒、朱少连等任各部正副主任。工团联合会下辖十五个工会。

11月7日 中共湘区委组织工、学两界在省教育会坪召开俄国十月革命纪念大会。大会筹备处发出的通启说：十一月七日为唯一解放人类的苏维埃俄罗斯革命纪念日，敬爱的工人们，农人们，学生们，凡属被压迫阶级的同胞们，要纪念劳动者得到的权利，纪念人类得到解放的日子。大会会场悬挂大小旗子，书写着“全世界无产阶级联合起来”、“打倒国际资本帝国主义”、“社会主义万岁”、“不劳动者不得食”等口号。大会被军警强行禁止。群众被迫上街散发纪念传单。

11月11日 分别写信给舅父母和表兄文运昌，告以自己在长沙的境况，说“身体尚好，惟学问无进”，“生活奇窘，不足为戚友道也”。

11月14日 长沙笔业工人罢工。笔业工会提出增加工资、改发银洋、改善伙食、不准私自开除工人等六项条件，并发表宣言。毛泽东邀集粤汉铁路及各行业十二个工会代表在船山学社开会，发动大家支援笔业工人。粤汉铁路总工会、长沙工会和泥木、理发、人力车等工会纷纷致函，质问笔业店主。十二月二十三日，店主答应工人的要求，罢工取得胜利。

11月21日 出席湖南劳工会成立二周年纪念大会。长沙十余个工会的会员三百多人和中国劳动组合书记部及各界来宾二百多人参加大会。毛泽东在会上讲话，说“经济问题不解决，则社会上一切问题俱不能解决。”

11月25日 长沙印刷工人在毛泽东的指导下，宣布罢工。罢工的前几天，铅印活版工会曾向各印刷公司经理提出增加工资、改良待遇等十三项要求，要求三日内答复。赵恒惕政府只答应每月增资一元，工人非常不满。毛泽东同工会骨干研究，一致认为罢工时机已成熟，宣布罢工。印刷工人罢工之后，全城十余家印刷局同时休业，报刊十余家同时停刊（长沙《大公报》停刊十八天）。长沙看不到当地出版的报纸，社会上震动很大。

11月27日 以中国劳动组合书记部湖南分部书记身份，请长沙《大公报》总编之一张平子对印刷工人罢工问题从中调停。各公司和报界仍不承认工人的要求，调停中止。

11月 在安源路矿工人罢工胜利的影响下，水口山铅锌矿工人推代表刘东轩到安源工人俱乐部见李立三、刘少奇，要求派人到水口山领导成立工人俱乐部。经毛泽东同意，安源党组织决定派蒋先云、谢怀德等四人去帮助工作。二十二日，蒋先云等到水口山。二十七日，水口山三千多工人召开俱乐部成立大会。三十日，工人俱乐部向矿局提出增加工资等要求。十二月五日，工人俱乐部发出罢工宣言，水口山三千多工人全体罢工。随即，中国劳动组合书记部湖南分部通电全国，请各工会团体予以支援。二十七日，矿局答应工人俱乐部提出的增加工资、实行八小时工作制、承认工人俱乐部的地位等项要求。坚持了二十三天的罢工，胜利结束。罢工胜利以后，工人俱乐部创办学校，毛泽东从长沙派来校长和教员。

12月7日 中共湘区委为加强对湖南学生联合会的领导，通过学联评议部第二次会议，对学联会务活动提出新的方针和计划。新的工作方针是："团结学生，领导民众，谋学生本身的利益，并反抗国际资本帝国主义与本国军阀政治的压迫，造成真正民主主义的政治，进而建设真正平等的社会，创造真正的光明世界。"评议部提出一九二二年十二月至一九二三年三月会务进行计划十四条，规定了巩固和发展学生运动的具体任务。经过改选，夏曦为学联主任，毛泽民为庶务，夏明翰为《湖南学生联合会周刊》主编。学联会址设在湖南自修大学内，经常得到毛泽东的指导。

12月9日 再次发起调停铅印工人罢工问题，邀请报界张慎庵、陶孝忠（陶菊隐）、张平子，铁路界娄士英〔1〕，机械界王麓生，石印界朱菊和等，印刷同业会代表十三人，铅印活版工会代表十三人，在省教育会坪进行公开会谈。经过调停，各公司和报界接受工人提出的大部分条件，基本满足工人的要求。坚持十七天的罢工胜利结束。十三日，长沙各报复刊。当天长沙《大公报》发表铅印活版印刷工人《上工宣言》。宣言回答了社会上一部分人对罢工的责难；对调停人毛泽东、张慎庵、张平子、陶菊隐及各工团给予的援助，表示感谢〔2〕。

12月11日—13日 由于近来劳资纠纷加多，政府压迫、破坏罢工事件不断发生，工人愤慨和恐慌情绪日甚一日，毛泽东认

〔1〕 长沙《大公报》所载《粤汉路罢工之解决详情》一文中为卢世英。

〔2〕 1922年12月23日北京《晨报》报道说：毛泽东在工人中威信很高，"工人都以毛之意见为从违，毛之所可，工人亦从而可之"。

为"实有与各级行政官厅直接交涉之必要"。为此，以湖南全省工团联合会总干事身份，率领粤汉铁路、泥木、理发、铅印活版等十一个工会的代表郭亮、任树德、罗学瓒等二十余人，于十一日会见长沙县知事周瀛干、省警察厅厅长石成金，十二日会见省政务厅厅长吴景鸿，十三日会见省长赵恒惕，同他们就十个问题进行交涉。第一，请政府说明对工界的态度。在谈到黄、庞被害一事，毛泽东说，"杀一两个人封闭一两个工会，固然是损失，但并不因此停止他们必须的活动，而政府方面受通国的责难"。第二，集会结社问题。毛泽东和代表提出，政府不许集会结社是不符合省宪的。第三，表明工人的态度问题。毛泽东说："工人所希望的是社会主义，因为社会主义确于工人有利，但中国目前尚难做到。目前政治，自然以民治主义为原则。至官厅文告常有工人盛倡无政府主义之语，全违事实。工人并不信仰无政府主义"。第四，工人与政府接头问题。第五，设劳资裁判所问题。第六，人力车工会会牌被警方取下问题。第七，理发工会提出的营业自由问题。第八，笔业罢工拖延不决问题。第九，机械工会改选、更名问题。第十，缝纫工会旧总管不交财产文卷问题。以上十个问题，经过毛泽东等工会代表的斗争，基本上得到解决。

12月14日 以铅印活版工会名义写的《铅印活版工会致大公报记者盾书》在长沙《大公报》发表。《大公报》总编之一李抱一，在该报复刊的第一天以"盾"的笔名发表《印刷工人罢工后的几句话》一文，说印刷工人罢工没有必要，蔑视工人没有学问，"欠缺常识"，"不守秩序"和"不知卫生真谛"，要工人"不受人驱策，不为人作试验主义的牺牲"，等等。《致盾书》对于这些论调一一驳斥。文章一开头就说："先生穿起长衣告诫我们工人，我们当然很感谢先生的盛意；但先生如果脱去长衣，站在我工人地位向我们尽忠告，我们不更加感谢先生么?"文章接着申明四点。(一)“但愿教训我们的人，能站在我们的地位来教训我们；能够不为我们的师长，而降格以为我们的朋友”。(二)“但愿教训我们的人，能将事实调查清楚，不要含沙射影，更不要蔑视人家的人格”。(三)“但愿教训我们的人，能够下得身段，真真实实地教训我们”。“我们很愿先生能真个脱去长衣，辞去大编辑职务，帮助我们，干劳动运动”，“我们只承认能牺牲自己的地位，忍饥吃苦，而为我们大多数工人谋利益的人，是我们的好朋友!”(四)“但愿教训我们的人，能替我们仔细想想，我们当用何种方法而后能读书和运动的机会?”“我们非减少工作时间，不能取得读书的机会；我们非自己团结起来，自己创办补习学校，不能取得读书的场所”。

12月21日 应毛泽东之邀任自修大学学长的李达，到达长沙。二十二日，自修大学为李达开欢迎会。

冬 在中共湘区委领导下，湖南工人运动和学生运动蓬勃发展。〔1〕

〔1〕1936年毛泽东同斯诺谈话时说：“到1922年5月，湖南党——我那时是书记——已经在矿工、铁路工人、市政职员、印刷工人和政府造币厂工人中组织了20多个工会。那年冬天，展开了蓬蓬勃勃的劳工运动。那时共产党的工作主要集中在学生和工人身上，在农民中间工作做得非常少。大部分大矿的工人都组织起来了，学生几乎全数组织了起来。在学生战线和工人战线上，进行了多次的斗争。”

1923年 三十岁

1月17日 为纪念黄爱、庞人铨被害一周年，长沙工人七百余人举行“中国劳动纪念节工人游街大会”，并到黄、庞二烈士灵柩前致敬，散发纪念特刊和传单。同日，中国社会主义青年团长沙执行委员会发表《黄庞纪念日告青年无产阶级》书。

1月24日 在衡阳三师工作的张秋人收到毛泽东的信。信中说：“甫先生在京大考在即，有好消息望告。”〔1〕

1月25日 张秋人获悉赵恒惕要派镇守使去衡阳三师“检查”，前往长沙同毛泽东商量如何利用赵恒惕政府的自治招牌开展运动。〔2〕

1月 中共中央决定派李维汉去湖南担任中共湘区执行委员会书记，接替即将调中央工作的毛泽东。

2月1日 京汉铁路总工会在郑州召开成立大会，被军警强行解散。四日，京汉全路工人举行总同盟罢工。七日，吴佩孚调

---

〔1〕“甫先生”，即陈独秀。“大考”为中国共产党全国代表大会的代称。此时陈独秀着手筹备中国共产党第三次全国代表大会。

〔2〕1923年1月25日张秋人致中国社会主义青年团中央书记施存统的信中说：“近日空气很恶，此间教职员说：镇守使要来检查此校，因为省长有公事给他，说三师范某——指我——系上海来之……”“水口山罢工事，确有大影响，此间又组后援会，益使社会上注目，恶之。元旦日把C.Y.的名义公开了——发传单，有些人亦大惊小怪了！湖南已挂着自治招牌，关于运动方面，理应自由些，我此去当与子任兄一商。”

集军警对汉口江岸、郑州、长辛店等罢工工人进行血腥镇压，造成震惊中外的“二七”惨案。

2月8日 在湖南全省工团联合会领导下，粤汉铁路全体工人举行罢工，要求承认京汉铁路工人提出的条件外，还提出本路工人的七项条件。同日，全省工团联合会在长沙召开死难工友追悼会，举行工人、学生二万余人的游行示威，并组织湖南全省工团联合会援助京汉路委员会，发动全省工人、学生募捐援助，通电全国，声讨吴佩孚、萧耀南。

“二七”惨案后，毛泽东对安源工人运动的指导意见是，要以“弯弓待发”的姿势等待，看形势发展再决定是否罢工。当时，安源只举行了游行示威，在斗争条件方面也只提出不高的经济要求，很快被矿局所接受。安源的工人运动在全国工运低潮时没有受到损失，反而有所发展。

2月上半月 在湖南自修大学接待回湘接替工作的李维汉。要他先回乡省亲，春节后再交接工作。

2月中旬 在长沙会见中共湖北区委宣传委员李伯刚，向他了解“二七”惨案详情。派郭亮陪同李伯刚到长沙几个工会作“二七”惨案的报告。

同旬 同杨开慧携毛岸英到板仓过春节。

3月7日 致信社会主义青年团中央书记施存统。信中说，关于在湖南召开社会主义青年团第二次全国代表大会问题，青年团长沙地方执行委员会议决照办，唯开会日期改在中国共产党第三次全国代表大会之后为宜〔1〕。

3月 派毛泽覃、贺恕、朱舜华（张琼）等到水口山工作。毛泽覃等到水口山后，成立中共水口山临时支部，并在工人夜校

〔1〕 中国社会主义青年团第二次全国代表大会原定在长沙召开，后因长沙发生“六一”惨案，局势恶化，于1923年8月改在南京召开。

中举办特别班。

3月29日 中共湘区委领导省工团联合会、省学生联合会等团体，发起收回旅大运动[1]，六十多所中小学校、二十多个工团，及当地各界群众约五六万人举行反日游行大会。游行群众高呼“打倒日本帝国主义”、“否认二十一条”、“收回旅大”等口号，并向日本领事递交致日本政府警告书。

4月5日 由湖南全省工团联合会、学生联合会发起，有四十一个团体参加的联席会议，决定组织湖南外交后援会，以领导反日斗争。五月十四日，湖南外交后援会发布对日经济绝交公约施行细则二十四条，号召全省人民即行对日经济绝交。

4月10日 同李达等创办的湖南自修大学校刊《新时代》创刊号出版。发刊词说，本刊和普通校刊不同，有一定的主张，有一定的宗旨。“同人自信都有独立自强的精神，都有坚苦不屈的志气，只因痛感着社会制度的不良和教育机关的不备，才集合起来，组织这个学问上的亡命之邦，努力研究致用的学术，实行社会改造的准备。”“将来，国家如何改造，政治如何澄清，帝国主义如何打倒，武人政治如何推翻，教育制度如何改革，文学艺术及其他学问如何革命、如何建设等等问题，本刊必有一种根本的研究和具体的主张贡献出来”。

同日 在《新时代》创刊号发表《外力、军阀与革命》一文。文章指出国内存在三派势力：革命的民主派，非革命的民主派，反动派。革命的民主派主体是国民党，新兴的共产派是和国民党合作的。非革命的民主派，包括研究系、新兴的知识阶级派和新兴的商人派。反动派的范围最广，包括直奉皖三派。文章认为，今后中国政治的形势将成为以下情况：“一方最急进的共产

〔1〕 日本租借中国旅大，1923年3月27日期满。1923年初，中国人民为收回旅顺、大连和废除“二十一条”不平等条约，掀起反日运动高潮。

派和缓进的研究系知识派商人派都为了推倒共同敌人和国民党合作，成功一个大的民主派；一方就是反动的军阀派。中国政治的结局是民主派战胜军阀派，但目前及最近之将来一个期内，中国必仍然是军阀的天下”。其所以是这样，一是由于国际资本帝国主义对中国的侵略，而反动政治完全霸占中国对帝国主义最为有利；二是由于中国的社会经济最有利于军阀的统治。文章说：“这个期内是外力和军阀勾结为恶，是必然成功一种极反动极混乱的政治的。但政治愈反动愈混乱的结果，是必然要激起全国国民的革命观念，国民的组织能力也会要一天进步一天。”文章最后说：“我们只知道现在是混乱时代，断不是和平统一时代，政治是只有更反动更混乱的；但这是和平统一的来源，是革命的生母，是民主独立的圣药，大家不可不知道。”

4月 派水口山工人、共产党员刘东轩、谢怀德回家乡衡山岳北白果乡开展农民运动。他们按毛泽东的意见，经过几个月的调查，发动农民，于九月中旬成立湖南第一个农会——湖南衡山岳北农工会，不久会员达万余人。农民在农工会的领导下，开展了平粜和阻禁地主谷米棉花出口的斗争，并酝酿减租减息。农工会于十一月中旬被赵恒惕（衡山白果乡人）派兵镇压。

同月 和蒋先云到安源。在工人俱乐部开干部会议，朱少连、任弼时、陆沉、袁达时、刘少奇、李立三等人参加。在会上讲了苏联情况和国内军阀的情况。还到工人夜校第三校讲演。随后返回长沙。

同月 中共中央调李立三到武汉工作，中共湘区委决定由刘少奇接任李立三的工作。

同月 离长沙去上海，到中共中央工作。行前向继任中共湘区委书记的李维汉移交工作，把领导工人运动、农民运动和社会主义青年团的具体工作，分别交给郭亮、夏曦等。在清水塘湘区委召开的两次会议上，向李维汉介绍全区工作情况和组织情况。

在介绍工作经验时强调两点：一、利用赵恒惕政府省宪法中的民主条文，进行斗争；二、用接近群众的方法，如在工人中办夜校、读书班，在学生中办刊物或组织社团，从中发现和培养积极分子，并逐步扩大成为建立工会、学生会的核心。还同李维汉单独谈话两次，介绍湘区委和各方面负责干部的情况，并陪同李维汉到从事上层统战工作的李六如家里，一起交谈湖南上层人物的情况。

6月上旬 离上海到广州。参加中共三大预备会议。会议由陈独秀主持，李大钊、张国焘、谭平山、蔡和森、陈潭秋、罗章龙和共产国际代表马林等出席。马林传达共产国际关于国共合作问题的意见，报告国际形势。会议讨论中央委员人选和起草三大的各个决议案问题。

6月12日—20日 和朱少连作为湘区党组织的代表，出席在广州东山恤孤院后街三十一号召开的中共第三次全国代表大会。陈独秀主持会议，并代表上届中央委员会作工作总结报告。会议主要讨论国共合作问题。毛泽东在大会上发言，介绍湖南农民和工人运动的情况，强调农民问题的重要意义〔1〕。

---

〔1〕 张国焘在《我的回忆》中说："毛泽东的发言是强调农民革命的重要性，进而指出中共不应只看见局处广州一隅的国民党，而应重视全国广大的农民。"会议讨论的问题，"在会前多已经再三提到过的，只有农民运动，是一个新提出来的问题。在中共的历次讨论中，直到第三次代表大会，代表才注重这个问题，尤以毛泽东为然。"毛泽东"向大会指出，湖南工人数量很少，国民党员和共产党员更少，可是满山遍野都是农民，因而他得出结论，任何革命，农民问题都是最重要的。他还证以中国历代的造反和革命，每次都是以农民暴动为主力。中国国民党在广东有基础，无非是有些农民组成的军队，如果中共也注重农民运动，把农民发动起来，也不难形成像广东这类的局面。这种看法，是毛泽东这个农家子对于中共极大的贡献"。

在讨论中，多数代表着重批评了张国焘等不愿积极同国民党合作的错误意见；也不同意马林、陈独秀主张的一切工作归国民党的观点。大会通过《关于国民运动及国民党问题的议决案》，决定共产党员以个人名义加入国民党，但仍旧保存并努力扩大共产党的组织。会议还通过了中国共产党党纲和党章，通过了劳动、农民、青年、妇女运动等项议案。大会选出由九名委员、五名候补委员组成的中央执行委员会。中央执行委员会选出陈独秀、毛泽东、罗章龙、蔡和森、谭平山五人组成中央局。陈独秀为中央局委员长，毛泽东为中央局秘书〔1〕，协助委员长处理中央日常工作。

会议期间，常利用休息时间到培正路简园同谭延闿谈国共合作问题，做争取谭延闿合作的工作。

会后，和陈独秀、李大钊、蔡和森、向警予等留在广州。曾与陈独秀、李大钊到廖仲恺家谈国共合作问题。国民党本部派覃振从广东去湖南，毛泽东托覃带信给李维汉，要中共湘区委员会协助覃在湖南筹建国民党组织。

6月25日 和陈独秀、李大钊、蔡和森、谭平山以国民党员身份致信孙中山，建议国民党“在上海或广州建立强有力的执行委员会，以期合力促进党员的活动和广泛开展宣传”。信中说：“我们不能沿袭封建军阀用武力夺取政权攻占地盘的同样的方针。这会给人们造成我们与军阀是一脉相承的印象。用旧方法旧军队去建立新中国不仅不合逻辑，而且在实践中也绝对行不通。旧军队有十倍于我们的兵力，我们只能用新手段，采取新方针，建立

〔1〕 大会通过的《中国共产党中央执行委员会组织法》规定：“秘书负本党内外文书及通信及开会记录之责任，并管理本党文件。本党一切函件须由委员长及秘书签字。”

新的力量。对于国民，我们应联合商民、学生、农民、工人并引导他们到党的旗帜下。从人民中建立的新军队将用新的方法和新的友好精神捍卫民国。”信中希望孙中山不要轻信南方诸省军阀，南方军阀的“罪恶并不比北方军阀稍逊”。“我们要求先生离开广州前往舆论的中心地上海，到那里去召开国民会议（如先生在“三权宪法”中所阐述，而不只限于群众游行）。这样，一支解决全国问题的集中的军队便能建立起来，一支国民革命的集中的军队便能建立起来。如果我们这样做，我们就不会丧失我们在国民革命运动中的领导地位。”

7月1日 在广州中共中央理论刊物《前锋》月刊创刊号发表《省宪下之湖南》一文。文章认为，只有湖南有省宪，这是因为湖南介于南北之中，若无省宪为护符，则容易遭兵，人民不愿，军阀更不愿。所以省宪成为盘踞湖南这一不利地区上的一个弱小军阀（赵恒惕）利用民意保全自己的工具。但省宪终究是束缚军阀的绳索，“省宪之寿命决无久理”。文章详细分析了湖南政界及教育界各派势力的斗争和消长变化情况，在介绍湖南劳工运动时说：“工人的活动，大引起社会之注目”。有组织的新式工人团体二十三个，约三万人。罢工十次，胜利及半胜利九次。罢工时间均在去年八月到十二月。

7月2日 中共中央局委员长陈独秀、秘书毛泽东致信共产国际，报告中共“三大”及其以后的活动情况，说：“目前党内存在的一些困难已经在这次会议上获得解决。”“此次会议后，我们决定把中央执行委员会的机关搬到上海工作，这不仅因为上海是工业最发展的中心区，而且也便于对全国工作进行指导和传达。”

7月11日 在中共中央机关报《向导》周报第三十一、三十二期合刊上发表《北京政变[1]与商人》一文。文章指出，北京政变惊动了“老不注意政治”的商人，使他们抬起头来注意政治，并出来干预政治，这是一个何等可喜的消息。全国国民在外力与军阀互相勾结的双重压迫下同受很深的痛苦，但“很敏锐很迫切地感觉这种痛苦的还要以商人为最”。厘金和关税是商人的两个生死关；而裁减厘金有损军阀的利益，增加关税有损帝国主义的利益，所以“外力军阀和商人是势不两立的”。文章说：“须知外力军阀是全体商人以至全国国民的共同敌人，而革命成功后所取得的又是共同的利益，为推翻共同的敌人取得共同的利益而团结而奋斗，是最必要的。”“商人的团结越广，声势越壮，领袖全国国民的力量就越大，革命的成功也就越快!”“惟有号召全国商人、工人、农人、学生、教职员，乃至各种各色凡属同受压迫的国民，建立严密的联合战线，这个革命才可以成功”。

7月下旬 离开广州去上海。

8月5日 代表中共中央出席中共上海地委兼区委第六次会议[2]，进行指导。参加会议的有徐梅坤、王振一、沈雁冰、邓中夏。会议根据毛泽东的提议密令金佛庄（当时在浙江省警务处处长夏超的警备团任营长）相机作反战宣传，毛泽东还代表中央提出三点建议：“（一）劳委会与劳书部负责人应一致；（二）国委会委员长应改人；（三）对邵力子、沈玄庐、陈望道态度须缓和，并编入小组。”

---

〔1〕 这里指1923年6月直系军阀首领曹锟，为当总统扫清道路，指使其党羽用各种手段，对总统黎元洪进行的“逼宫夺印”。

〔2〕 中共上海地方兼区执行委员会于1923年7月8日成立。该执行委员会兼管江苏、浙江两省党的工作。这次会议，除报告外，讨论下列问题：（一）救援在狱同志问题。（二）江浙军事问题。（三）劳动运动委员会问题。（四）工人青年励志会请教员问题。

8月15日 在《向导》周报第三十六期发表《省宪经与赵恒惕》一文，历数湖南省省长赵恒惕两年以来“戴省宪假面具与人民为敌”的种种罪行，戳穿其“护宪”骗局。

8月29日 在《向导》周报第三十八期发表《英国人与梁如浩》一文，揭露北京政府督办梁如浩丧权辱国同英国人签订“续租”、“永租”威海卫草约行径。指出：“迷信华盛顿会议相信英国比日本好的同胞们：请问华盛顿会议给我们的在哪里？英国比日本好的地方在哪里？国人应速起反对露骨侵略中国的海盗英国人！国人应速起反对汉奸梁如浩！”在《向导》周报同一期上，还就北京政府屈从英、美两国压力电令取消浙江等省的纸烟税一事，发表短文《纸烟税》。文章说：“洋大人打一个屁都是好的‘香气’，洋大人要拿棉花去，阁议就把禁棉出口令取消；洋大人要送纸烟来，阁议就‘电令各该省停止征收纸烟税’。再请四万万同胞想一想，中国政府是洋大人的账房这句话到底对不对？”

9月6日 为中共中央起草复青年团中央执行委员会的信，告知党中央决定，出席青年团中央执委会会议的代表为中共中央局委员长或秘书，并告《向导》、《前锋》、《新青年》等刊物每期赠送一二份给团中央执委会。

9月上旬 中共中央机关由广州迁到上海，中央局机关设在闸北区三曾里。毛泽东同蔡和森、向警予、罗章龙等住中央局机关。

9月10日 中共中央发出通告：“中局组（织）自迁沪后略有更动，即派平山同志驻粤，而加入荷波同志入中局。又润之同志因事赴湘，秘书职务由会计章龙同志兼代。”

9月16日 遵照中共中央的决定并受国民党本部总务部副部长林伯渠的委托，回到长沙，在湖南筹建国民党组织。

9月28日 在长沙致信国民党本部总务部副部长林伯渠、

部长彭素民，谈湖南政局和在湘筹建国民党组织的问题。信中说："关于本党在湘发展，虽在军事时代仍应努力进行"。并讲了同夏曦商议的具体进行步骤：第一步组织长沙支部；第二步组织常德、衡阳及其他可能的分支部；第三步再组织湖南总支部。长沙支部决定即日成立秘密的筹备机关，多邀信仰三民主义又有活动能力的人入党，然后开成立会推出候补支部长呈国民党中央委任。信中敦促将委任毛泽东为筹备员、夏曦为筹备主任的委任书，早日寄来。信后加一附语："此信托人带汉寄上，因检查极厉害，来信请写交毛石山，莫写毛泽东。"十月初，国民党长沙支部成立。毛泽东在长沙、宁乡、安源等地建立了国民党分支部和湖南总支部。后来，湖南成为国民党组织最发达的省份之一。

11月13日　次子毛岸青在长沙东乡板仓出生。

11月20日　湘江中学成立，二十四日正式开课。毛泽东、何叔衡、李维汉、罗宗翰、易礼容、姜梦周、陈昌、夏曦、夏明翰、谢觉哉、王季范、李六如等为校董。湘江中学前身为湖南自修大学。赵恒惕以"自修大学所倡学说不正，有关治安"为由，下令封闭自修大学及附设补习学校、初中部。中共湘区委遂筹备这所公开、正规的湘江中学。湘江中学继承自修大学的优良传统，办学宗旨为"启迪学生，使为健全的战士，为国民除障碍，为民族争自由"，"特别注意培养学生的民族独立思想与革命精神。"该校于一九二七年三月停办。

11月24日、25日　中国共产党在上海召开三届一中全会。中央局向全会作第三次全国代表大会以来的工作报告。报告谈到湖南正在进行组建国民党的工作，新起的农民运动在衡山有万余人参加。会议通过国民运动、劳动运动和教育宣传等项决议案，决定进一步促进国民党改组。强调在国民党内的共产党员，"一切政治的言论行动，须受本党之指挥"，"我们须努力站在国民党中心地位”。

11月下旬 在水口山铅锌矿准备庆祝工人俱乐部成立一周年前夕，从长沙致信夏曦和水口山党支部，指出：不要只管庆祝，要摸清敌人，敌人如今已开枪了，你们一定要慎重，要掌握情况，要防止敌人万一袭击。

12月底 奉中央通知〔1〕离开长沙去上海，准备赴广州参加国民党第一次全国代表大会。作《贺新郎·别友》词赠杨开慧："挥手从兹去。更那堪凄然相向，苦情重诉。眼角眉梢都似恨，热泪欲零还住。知误会前番书语。过眼滔滔云共雾，算人间知己吾和汝。人有病，天知否？ 今朝霜重东门路，照横塘半天残月，凄清如许。汽笛一声肠已断，从此天涯孤旅。凭割断愁丝恨缕。要似昆仑崩绝壁，又恰像台风扫寰宇。重比翼，和云翥。"

---

〔1〕 1923年12月25日《中国共产党中央委员会第十三号通告》通知：国民党"明年正月在广州召集全国大会，赴此大会之代表，每省六人，由当地推选三人，由总理指派三人，其曾有组织之处，业已准备推选赴会之代表"。"吾党在此次国民党全国大会代表中，希望每省至少当选一人，望各区会与地方会预商当选之同志，此同志必须政治头脑明晰且有口才者，方能在大会中纠正国民党旧的错误观念。旧国民党员中，我们也应该出力帮助其比较的急进分子当选"。"俟各省代表过沪时，我们的同志再集合议决一致的主张。"

1924年　三十一岁

1月中旬　和国民党部分代表乘轮船离上海到广州，参加中国国民党第一次全国代表大会。

1月20日—30日　作为湖南国民党地方组织的代表，出席在广州召开的中国国民党第一次全国代表大会。中共党员李大钊等二十余人参加。大会由孙中山主持。通过了有共产党人参加起草的、以反帝反封建为主要内容的宣言以及新的中国国民党党纲、党章等，确定了孙中山的联俄、联共、扶助农工的三大政策。大会选举中央执行委员会，共产党人李大钊、谭平山、于树德为委员，沈玄庐、林祖涵（林伯渠）、毛泽东、于方舟、瞿秋白、韩麟符、张国焘为候补委员。会议期间，毛泽东被指定为章程审查委员之一，并在会上多次发言。

1月28日　中国国民党第一次全国代表大会讨论《中国国民党章程》时，国民党右派方瑞麟等反对共产党员跨党，主张章程中增加一条："本党党员不得加入他党"。李大钊当即予以反驳，指出："我等之加入本党，是为有所贡献于本党，以贡献于国民革命的事业而来的，断乎不是为取巧讨便宜、借国民党的名义作共产党的运动而来的"，"我们来参加本党而兼跨固有的党籍，是光明正大的行为"。他的发言得到廖仲恺等多数代表的支持。毛泽东适时提议停止讨论，请付表决。方瑞麟的提案被大会否决。

1月29日　中国国民党第一次全国代表大会在讨论"比例

选举制为大会政纲之一”的议案时，毛泽东发言说：“现时比例选举制系少数党所运动出来的结果。本党为革命党，凡利于革命的可采用，有害于革命的即应摈弃。比例制有害于革命党，因少数人当选即有力量可以破坏革命事业，是予少数派以机会也。本席根本反对本案，以为不能讨论，不能表决。”又说：“比例选举制虽为社会党所赞成，但当其未成功时固是如此，若成功后即不尽然。此制很有害于革命之本身，盖以自由给与反对党，革命事业便十分危险。”比例选举制的议案，未被通过。

1月30日 中国国民党第一次全国代表大会闭幕。孙中山致闭会词，他说：这次会议“是重新来研究国家的现状，重新来解释三民主义，重新来改组国民党的全体”。

1月31日 出席国民党第一届中央执行委员、监察委员第一次全体会议。会议由孙中山主持。推举廖仲恺、戴季陶、谭平山为中央执行委员会常务委员，处理日常事务。决议设立中央机构，组成国民党中央党部〔1〕。会议还决定派遣中央执行委员分赴上海、北京、汉口等特别区，组织执行部，指导和监督当地党务。毛泽东被派到上海执行部。二月六日会议闭幕。

2月9日 孙中山主持召开国民党中央党部第四次会议，讨论十项提案。其中有毛泽东提出的四项议案：（一）重要市县党部及区党部宜有经费补助。理由：“经费断不宜只用于中央与省之两个高级党部（空洞的党部）。市县党部区党部之二级（实在的党部）非补助经费必无办法必难发展”。“而市县党部及区党部

---

〔1〕 国民党中央党部的主要组成情况是：谭平山任组织部部长，杨匏安为秘书；廖仲恺任工人部部长，冯菊坡为秘书；林伯渠任农民部部长，彭湃为秘书；戴季陶任宣传部部长；邹鲁任青年部部长；曾醒任妇女部部长；许崇智任军事部部长。

为本党指挥党员行动最扼要的机关，若这两级党部没有力量，必至全党失了力量。”（二）本年内各省省党部宜兼理所在地之市党部，中央及各地执行部宜兼理所在地之特别区党部。（三）中央执行委员会及各地执行部实际组织时，应注意事实上之需要。理由：“宜以全力发展下级党部，不宜将党里人才尽聚在最高党部”。“中央及各执行部到实际组织时宜看事实上的需要”。（四）本年内地方组织宜分别轻重缓急，定一计划。上述四案，除第二项未通过，其余三项分别交预算委员会审查或交中央执委会参考。

2月中旬 从广州到上海。同蔡和森、向警予、罗章龙住在闸北区三曾里。中共中央决定毛泽东、罗章龙、王荷波、恽代英（代表青年团中央）四人，参加国民党上海执行部工作。遇有特别重大问题，则由国民党总理孙中山与中共中央局委员长陈独秀协商决定。派沈泽民、邵力子、瞿秋白、施存统、邓中夏、向警予、张秋人等共产党人参加执行部各部门的实际工作。

2月25日 出席国民党上海执行部第一次执行委员会会议，并作记录。会议宣布正式成立国民党上海执行部，管辖江苏、浙江、安徽、江西和上海。会议通过胡汉民、叶楚伧、汪精卫为执行部常务委员；邵元冲任文书科主任，邵未到任前，由毛泽东代理；胡汉民任组织部部长，毛泽东任秘书；汪精卫任宣传部部长，恽代英任秘书；于右任任工人农民部部长，邵力子任秘书；叶楚伧任青年妇女部部长，何世桢任秘书；茅祖权任调查部部长，孙镜任秘书。罗章龙、施存统、沈泽民、邓中夏、向警予等共产党人都在执行部任职。

3月6日 出席国民党上海执行部第二次执行委员会会议，并作记录。会议决定，以平民教育运动为本党目前着手的一般工作，组织平民教育运动委员会并主持这项工作。

3月9日 在上海小西门少年宣讲团，出席上海各公团追悼列宁大会。到会的有国民党上海执行部、共产党上海区委、社会主义青年团等三十余团体的代表三百余人。

3月11日 出席中共上海地委兼区委会议（因到会人数不多，改为谈话会），作国民党上海执行部自三月一日开始办公以来的工作报告，报告中提到，国民党上海执行部组织部曾发出第一、二号通告，要求旧党员重新登记〔1〕。

3月13日 出席国民党上海执行部第三次执行委员会会议。会议决定黄埔陆军军官学校招生事项；并决定印传单、出特刊悼念列宁。

3月14日 在环龙路四十四号国民党上海执行部，接待由中共北京区委派遣来沪参加黄埔军校第一期招生考试的中共党员张隐韬、杨其纲等。

3月16日 为长沙文化书社邮购图书事，致信上海民智书局，请将配好的书经汉口转交长沙文化书社易礼容。

3月20日 出席国民党上海执行部第四次执行委员会会议，并作记录。会议讨论在上海大学设立“现代政治班”问题，召集区党部、区分部执行委员解释国民党宣言及章程问题。会议就祥经丝厂女工被烧死事件，决定通告闸北区党部，以该区党部

---

〔1〕 罗章龙在《椿园载记》中说：“当时，组织部有一个决策，凡是国民党老党员都要重新登记谈话，每人必须填一张表，经审查同意后，方是改组后的国民党员，发给党证。一天，一个人冲到楼上，胡汉民、汪精卫都起来打招呼，他们三人交谈，我和润之不认识此人。那人说，我从同盟会开始，革命几十年还要填表？可不可以免填？这个人就是谢持。”“他到我们这里说了一遍，大家都不以为然地说，党员人人都要填”。“此人一怒而去，润之说，派人送张表去，要秘书好好解释一下，可以放宽点。后来谢持还是填了表。”

名义，联合各团体，援助工人，积极进行争取工人应得权利的斗争。

3月 负责黄埔军校上海地区考生复试工作[1]，接待了郭一予、陈作为等长江流域及其以北各省的考生[2]。考生在三月底进行数、理、化各科复试，录取者发给旅费和证明书，赴广州参加全国总复试。

4月19日 中共中央局委员长陈独秀、秘书毛泽东联名发出中共中央第十三号通告，要求各地党和团的组织开展“五一”、“五四”、“五五”、“五七”纪念和宣传活动。通告指出：“五一”纪念，在可能的范围内，召集工人演讲会，向工人讲演“五一”的历史及中国国民革命与集会结社之自由的关系。“五四”纪念，以学生为中心，必须发挥五四运动两个重要的意义：（一）恢复国权运动；（二）新文化运动。“此时国外列强之压迫，国内旧思想之反攻，都日甚一日，因此，五四运动之精神仍有发挥之必要。”“五五”纪念，应集合党、团员同志，由在理论上素有研究者讲演。“五七”纪念，务努力联合工商学生做大规模的示威运动，口号是：否认“二十一条”，取消租界，废弃不平等条约等。

---

〔1〕 1954年10月18日毛泽东在国防委员会第一次会议上的讲话中说到：我还曾经在上海为黄埔招过一期学生，地址是上海环龙路44号。

〔2〕 据黄埔军校第1期学生郭一予写的回忆《毛泽东负责上海地区考生复试》中说：“我们到了上海后，由陈作为、赵自选两同志和我等将湖南党考取的军校一期学生公函和名单一起交给了毛委员，并请他照顾。毛委员当即告诉我们：这次复试考生人数很多，很认真，凭考试成绩取录，你们赶快准备功课复试”。“我们于三月底参加长江流域和以北各省考生的复试，也是秘密进行的。”

春 和罗章龙并邀在上海松江中学教书的侯绍裘[1]一道，由黄浦江边码头乘小艇到松江县，指导当地国民党组织的工作。

5月5日 在上海莫利哀路二十九号孙中山寓所（今中山路故居），出席为纪念孙中山就任非常大总统三周年举行的庆祝集会。到会的国民党各区党部代表三百多人，上海执行部成员邓中夏、张继、胡汉民、汪精卫、向警予、毛泽东、沈泽民、邵力子、戴季陶等在草坪合影留念。

5月10日—15日 出席在上海召开的扩大的中共中央执行委员会会议。会议作出《共产党在国民党内的工作问题议决案》、《工会运动问题议决案》、《党内组织和宣传教育问题议决案》等。会议总结了国共合作五个月以来的经验，提出国民党有两派力量，左派和右派。指出，“国民党的左派是孙中山及其一派和我们的同志——我们同志其实是这派的基本队”。“假使现在我们因为巩固扩大国民党起见而取调和左右派的政策，那就是一种错误”。“我们应当用种种方法于思想上和组织上巩固左翼。”同时，会议特别强调今后在国民党中的工作以宣传工作为主，使国民党不断地有规划地宣传“一大”宣言关于反对帝国主义及军阀、要求民权的原则。会议提出党的组织工作和教育工作的重要性，指出在产业工人中发展党的组织的重要性，说明产业工人是我们党的基础，建立和发展工会组织是“党的最重要的职任”。会议决定设立中央机关报编辑委员会，在工农部内设立工会运动委员会。毛泽东兼任中央组织部部长，罗章龙兼任中央宣传部部长，王荷波任中央工农部部长，向警予任中央妇女部部长。

5月19日 中共中央局委员长陈独秀、秘书毛泽东发出中共中央第十四号通告，指示各地党组织对军阀吴佩孚、萧耀南逮

---

〔1〕 侯绍裘，当时任国民党上海第4区党部负责人。

捕汉口国民党执行部许白昊、刘芬[1]等七人事件迅速表示抗议，一致戮力申讨卖国殃民的直系军阀吴佩孚、萧耀南。

6月初 杨开慧同母亲携毛岸英、毛岸青从长沙到上海，住在英租界慕尔鸣路甲秀里（今威海路五八三弄）。杨开慧除担负家务外，还帮助毛泽东整理材料、誊写文稿等，并经常到小沙渡路工人夜校去讲课。

6月18日 国民党中央监察委员邓泽如、张继、谢持具呈孙中山和国民党中央执行委员会，弹劾共产党，声称共产党员及社会主义青年团员之加入国民党，“确于本党之生存发展有重大妨害”，主张国民党内“绝对不宜党中有党”。

7月21日 中共中央局委员长陈独秀、秘书毛泽东联名发出中共中央第十五号通告。通告分析了国民党右派反共排共的严重形势，说：“自吾党扩大执行会后，国民党大部分党员对我们或明或暗的攻击排挤日甚一日，意在排除我们急进分子，以和缓列强及军阀对于国民党的压迫。此时国民党只极少数领袖如孙中山廖仲恺等尚未有和我们分离之决心，然亦决不愿开罪于右派分子”。通告指出，“我们为图革命的势力联合计，决不愿分离的言论与事实出于我方，须尽我们的力量忍耐与之合作。”但是，对于非革命的右倾政策，不可隐忍不加以纠正。为此，通告提出反对国民党右派的五项具体措施。通告特别提出：“须努力获得或维持‘指挥工人农民学生市民各团体的实权’在我们手里，以巩固我们在国民党左翼之力量，尽力排除右派势力侵入这些团体。”

7月 由于同国民党上海执行部负责人经常发生分歧，辞去组织部秘书职务，只领导文书科工作，另推荐中共党员张廷灏继

---

〔1〕 许白昊，1922年加入中国共产党。当时任国民党汉口执行部组织部秘书。刘芬，即刘伯垂，当时任国民党汉口执行部工人农民部部长。

任组织部秘书。

8月31日 签发中共中央给各区委、各地委、各独立组组长的通知。通知说，为准备召开第四次全国大会，要求各地同志对于本党一年来的各种政策、各种实际工作，提出意见，报告中央局。个人有特别意见的，可以写成书面意见，由委员会或组长汇寄中央局。中央拟将各地讨论的意见，在党报上发表，以为第四次大会各项决议讨论的材料。

9月10日 为揭露江浙军阀战争的反动性质、开展宣传运动，中共中央局委员长陈独秀、秘书毛泽东发出中共中央第十七号通告。通告指出："此次江浙战争〔1〕，显然是军阀争夺地盘与国际帝国主义操纵中国政治之一种表现"，只有增加人民的痛苦及被奴役的地位。"人民对任何军阀战争不能存丝毫希望，可希望解救中国的惟有是国民革命。我们要借此次战争为现实的材料，更努力的来宣传国民革命，号召民众组织国民革命的实力！为此，中局已决定发布对时局宣言〔2〕，表示本党对于此次战争的态度！"通告号召："本党各级组织在接到此通告之后，应立即下令所有党员开始活动，万勿因循放弃此次宣传绝好机会！"

9月15日 签发中共中央关于召开第四次全国代表大会的

---

〔1〕 指1924年9月3日占据江苏的直系军阀齐燮元与浙江皖系军阀卢永祥为争夺对上海的控制权而爆发的军阀战争。后因直系军阀孙传芳出兵助齐，卢兵败下野。

〔2〕 即1924年9月10日发表的中国共产党第三次对于时局的宣言。宣言说："我们早已看透了中国的病根是由于帝国主义的列强之剥削操纵及国内军阀之扰乱"。"目前解救中国的唯一道路只有人民组织起来，在国民革命的旗帜之下，推翻直系，解除一切军阀的武装，尤其要在根本上推翻外国帝国主义在中国一切既得的权利与势力。只有这样才能免除定期的惨杀与战争，只有这样才能得到永久真正的和平。"

通知，要求各地同志对通知中所列议案和前次扩大委员会所作各议案，详加讨论，尽量发表意见，将讨论情况和意见于十一月一日以前汇交中央局，在党报上发表。

9月25日 为加强党内教育和党外宣传工作，签发中共中央关于各地分配及推销中央机关报办法的通知。通知说：凡属本党党员，不但有购阅本党中央机关报的义务，并有努力向党外推销的义务。

9月27日 为中共中央起草复社会主义青年团中央局信，对团中央局提出的三点意见，作如下答复："第一点，系因和森〔1〕同志患病，在病愈以前现推德隆〔2〕同志出席。第二点，C.P.〔3〕中央自有自由调遣其党员之权；至张伯简〔4〕同志应否改在C.P.中央长期作事，俟稍后决定了自当通知S.Y.〔5〕中局变更前议，但现时并未正式决定。第三点，赵世炎〔6〕同志到京接办《政治生活》，仁静〔7〕即可返沪，并未变更前议。"

11月1日 中共中央局委员长陈独秀、秘书毛泽东发出中共中央第二十一号通告，要求各地党组织加强党内组织工作。指

---

〔1〕和森，即蔡和森，当时任中共中央委员、中共中央机关报《向导》周报主编。

〔2〕德隆，即项德隆，又名项英，当时任中共中央委员、中央工会委员会负责人之一。

〔3〕C.P. 是英文Communist Party的缩写，即共产党。

〔4〕张伯简，当时在中共中央宣传部负责《向导》周报出版发行工作。1925年1月任中国共产主义青年团候补中央执委。

〔5〕S.Y. 是英文Socialist Youth league的缩写，即社会主义青年团。

〔6〕赵世炎，刚从苏联回国。当时任中共北京区执行委员会兼北京地方执行委员会委员长，接办中共北方区委机关报《政治生活》。

〔7〕仁静，即刘仁静，当时任中国社会主义青年团中央局委员、中央执行委员会委员。

出："近来党的工作一天一天繁重，但是内部组织却未有显著的进步，有的地方许久没有报告，有的虽寄报告，不是漫无系统，便是失之简略，不能看出工作的进步。这样散漫的精神如果继续下去，影响是很坏的。"通告要求纠正以上缺点，并提出具体措施。六日，在第二十一号通告上，附加一段话："这个通告发出后，中局政策略有变更，现在我们对于孙中山参加于北方和会并不根本反对，然我们当警告中山在和会中本着国民党的党纲政纲及北伐宣言说话揭破帝国主义者和军阀在和会中勾结宰制中国的阴谋。"

11月13日 孙中山应冯玉祥、段祺瑞、张作霖共商国是之邀，偕夫人宋庆龄离开广州北上和谈。途经上海时，毛泽东以国民党上海执行部秘书处文书科主任名义领衔同组织部秘书张廷灏、干事罗章龙、宣传部秘书恽代英等十四人，联名致信孙中山，反映上海执行部的经费自八月起即未能照发，近来内部更无负责之人，一切事务几乎停滞，要求派员解决。

12月 因工作过于劳累患病。经中共中央同意，回湘疗养。年底，偕杨开慧等回到湖南。

1925年 三十二岁

1月11日—22日 中国共产党第四次全国代表大会在上海举行。出席代表二十人。大会主要讨论并决定加强党对革命运动的领导，党同国民党合作以及工人、农民运动等方面的方针。大会文件指出，“中国的民族革命运动，必须最革命的无产阶级有力的参加，并且取得领导的地位，才能够得到胜利”。在共产党同国民党的关系上，要保持自己的独立性，扩大左派，反对右派，争取中派。大会修改了党章，选举出新的中央执行委员会，选举陈独秀、张国焘、彭述之、蔡和森、瞿秋白组成中央局，陈独秀为总书记。

1月中旬 和杨开慧携毛岸英、毛岸青到长沙板仓岳母家过春节。

2月6日 和杨开慧携毛岸英、毛岸青到韶山，并带回一百多斤重的书籍。

回韶山后，一边养病一边作些社会调查。到朋友、同学、亲戚和左邻右舍农家走访，或邀请亲友到韶山南岸家中，谈家常、讲时事。这期间，来往较多的有从安源煤矿回来的共产党员毛福轩，贫苦知识分子毛新枚，汤家湾的小学同学钟志申，李氏族校和庞氏族校的小学教员李耿侯、庞叔侃，湘乡唐家坨外祖父家的人。此外，还访问了韶山一带的知名人士，如老学者毛简臣、李漱清，开明士绅庞坦直等。经过同各种人的接触和调查，了解到韶山附近农民的生产、生活情况，农村的阶级状况和各种社会情况。同时，也向他们讲述国家的政治形势，农民穷苦的原因和摆脱贫困的办法等，启发他们的觉悟。

3月12日 孙中山在北京逝世。

3月 以毛福轩、毛新枚、钟志申、庞叔侃、李耿侯等为骨干组织秘密农协，并通过他们发展会员。不久，韶山一带出现一些秘密农民协会组织。毛泽东经常召集农协骨干开会，讲述土豪劣绅如何压迫、剥削农民，农民应当怎样向土豪劣绅开展斗争等。

4月 通过杨开慧、李耿侯等发动进步教师，利用原来的公立学校、族校、祠堂等，在韶山一带创办农民夜校。夜校除教农民识字、学珠算，还讲三民主义、国内外大事等。毛泽东常去夜校察看，提出夜校讲课要通俗易懂，如讲打倒帝国主义，就说打倒洋财东，这样农民才容易明白。夜校学员大都成为秘密农协的骨干分子，夜校场所一般即是秘密农协会址。到七月间，夜校发展到二十多所。

5月 到安化县。同安化县青年团特支书记姚炳南、安化县立第一高小教员共产党员陈昌，以及共产党员、青年团员卢天放、刘肇经、张文毅等会晤、座谈，了解安化县社会和革命斗争情况。在安化停留八至十天，参加了刘肇经、卢天放筹组的安化县国民党临时县党部成立会，先后出席在孔庙、永兴庵召开的有共产党员、贫苦农民参加的会议，鼓励他们积极进行建团建党活动，发动农民，组织秘密农协，开展维护农民利益的斗争。

5月30日 五卅惨案发生。随后，形成全国规模的反帝爱国运动。

6月2日 长沙两万多工人、学生集会，反对帝国主义在青岛、上海屠杀中国民众，并成立“青沪惨案湖南雪耻会”。随后，湘潭、衡阳、衡山等四十余县和矿区纷纷成立雪耻会。毛泽东同毛福轩、钟志申等以“打倒列强，洗雪国耻”为口号，以秘密农协为核心，在韶山一带成立二十多个乡雪耻会，作为公开的群众性的革命组织，开展反帝爱国斗争。

6月中旬 中共韶山特别支部成立。经过几个月的培养和了解，毛泽东同毛福轩介绍毛新枚、李耿侯、钟志申、庞叔侃等加入中国共产党。一天，在毛泽东家中阁楼上秘密举行新党员入党仪式，并成立中共韶山支部。委派毛福轩为党支部书记。为适应秘密工作的要求，以“庞德甫”作为党支部的代号。还在银田镇开办一书店，为韶山特别党支部的秘密联络机关。至年底，韶山、银田一带发展党员近百人。毛泽东还在韶山秘密发展共产主义青年团团员，建立团的组织。

7月初 在韶山成立国民党第七区党部，并任常务委员。郭运泉、周啸泉、李耿侯、钟志申分别担任组织和宣传工作。

7月5日 在李氏祠堂主持召开国民党区党部会议，参加会议的有毛福轩、李耿侯、庞叔侃、钟志申、蒋梯空、郭运泉等，还有湘区青年团委派来韶山工作的贺尔康。会议讨论三项问题：（一）党务；（二）反对帝国主义；（三）乡村教育。关于反帝国主义问题，决定在乡雪耻会的基础上组织湘潭西二区上七都雪耻会，由庞叔侃、钟志申、贺尔康、李耿侯等五人负责筹备工作。

7月10日 参加在郭氏祠堂召开的湘潭西二区上七都雪耻

会成立大会。到会代表六七十人，自动前来观看的三四百人。毛泽东在会上讲话，讲述帝国主义侵略中国的历史，五卅惨案和长沙、湘潭等地的反帝爱国运动情况，号召大家团结起来，反对英、日帝国主义。讲话后，同许多围拢来的农民、教师进行交谈。从此，韶山党支部和秘密农协即利用雪耻会反帝爱国的旗帜，组织进步教师、有觉悟的农民和学生，成立宣传队、讲演队，散发传单，揭露帝国主义侵略中国的罪行。还派出纠察队设卡检查，禁售洋货。

7月12日 和贺尔康、钟志申在汤氏祠召开国民党第四区分部成立会。会议从晚九时开到次日晨一时十五分〔1〕。十三日，在汤家湾又谈国民党事，上午十一时和贺尔康等再到萧氏祠学校继续商讨发展国民党组织的问题。

7月21日 下午，在南岸家中召开中共党员、青年团员和秘密农协、雪耻会负责人会议。

7月30日 参加在郭氏祠堂召开的西二区公私学校教育会会员大会，改组教委会（掌管行政）、学委会（掌管经济），到会四十人。会前，毛泽东曾多次召集共产党员、部分国民党员、农协和雪耻会骨干秘密开会，研讨夺取区教育权问题。会员大会根据会前掌握的材料，揭露上七都团防局长成胥生的亲信唐默斋、郭伯生等阻挠教师进行爱国宣传、不准办夜校及贪污学款、克扣教师薪水的行为，利用赵恒惕的教育法，宣布唐、郭等把持的教

---

〔1〕 关于会后毛泽东的情况，贺尔康日记有这样一段记载：“一点又十五分钟时，会才完毕。此时润之忽要动身回家去歇。他说因他的神经衰弱，今日又说话太多了，到此定会睡不着，月亮也出了丈多高，三人就动身走。走了两三里路时，在半途中就都越走越走不动，疲倦的了，后就到汤家湾歇了。”

育会、学务会未经选举，不合教育法令，必须改组。唐、郭等措手不及，退出会场。会议改组了两会。庞叔侃、李耿侯等被选为两会执行委员，十多个公立和私立学校校长也都由进步教师担任。

8月1日 在杨林吉新堂主持召开国民党区分部成立会〔1〕。

8月4日 原定在韶山南岸毛泽东家中举行的共产主义青年团例会，因多数人缺席未开成。晚上，同贺尔康到黄田坳毛震公祠，召集国民党员开会至深夜。

8月 组织农民开展“平粜阻禁”谷米斗争。本年韶山一带遭受大旱，田地龟裂，禾苗枯黄。正值青黄不接民食奇缺时节，地主乘机囤积居奇，高抬谷价。毛泽东召集党支部和农协骨干开会，决定发动农民，迫使地主开仓平粜，派钟志申、庞叔侃同土豪、上七都团防局长成胥生交涉。成不肯，且把谷子偷运到银田镇，准备运往湘潭等地高价出售。毛泽东要毛福轩、毛新枚等率领农民数百人，携带锄头、扁担、箩筐，夜奔银田，阻其出境。成胥生见人多势众，被迫将谷子平价卖给农民。这期间，韶山永义亭、瓦子坪、鳌石桥、如意亭等地也都出现“平粜”斗争，均获胜利。

8月28日 湖南省长赵恒惕得到成胥生关于毛泽东组织农民进行“平粜阻禁”斗争的密报后，电令湘潭县团防局派快兵逮捕毛泽东。本日，毛泽东在湘潭、韶山党组织和群众的帮助下，

〔1〕 根据贺尔康的日记，该会原定7月29日召开，是日“挨黑时，因天忽大风大雨，而同志只到一位，其他都未到，该会未能开”。

离开韶山，去长沙[1]。

8月底 在长沙向中共湘区委员会报告韶山农民运动情况。就农民问题同湘区委员会的同志交换意见，建议湘区委多派同志前往广州学习，多派优秀同志到各县农村秘密组织农民协会和发展国民党组织。在长沙期间，还先后到省工团联合会、文化书社会见共产党员郭亮等。

秋 作《沁园春·长沙》[2]："独立寒秋，湘江北去，橘子

---

〔1〕关于毛泽东韶山脱险情况，有一些当事人在20世纪60年代作过回忆，现选录其中的两件。一件是当年雪耻会会员郭运泉的回忆。他说：郭麓宾"在县长办公桌上看到了赵恒惕的密电，上写着'立即逮捕毛泽东，就地正法'。他看后退出县长办公室，写信交给侄郭士奎（在此县当炊事员），叫他连夜送给毛主席。主席拆开信看，我也在旁边看到，信上写着'泽东兄，事急，省里密电拿你，务希在今晚离开韶山'。"另一件是毛泽民的妻子王淑兰的回忆。她说："那天下午，泽东同志在谭家冲开会，县里郭麓宾派人送信到家里，派来的人是竹山湾张满姑的崽，姓郭。送来信后，家里就派人去谭家冲喊了他。他接到信，又用开水泡点饭吃，轿子是我给他请的。泽东同志先给他们讲好，抬的谁？抬的郎中。送轿子的人，只一天一夜就回来了。团防局隔了几天才来捉泽东同志，因泽东同志没在家，只开了些钱就了事。"1936年毛泽东同斯诺谈话，在回忆1925年他在湖南期间的情况时说："以前我没有充分认识到农民中间的阶级斗争的程度，但是，在一九二五年五卅惨案以后，以及在继之而起的政治活动的巨浪中，湖南农民变得非常富有战斗性。我离开了我在休养的家，发动了一个把农村组织起来的运动。在几个月之内，我们就组织了二十多个农会，这引起了地主的仇恨，他们要求把我抓起来。赵恒惕派军队追捕我，于是我逃到广州。"

〔2〕毛泽东对这首词1958年曾在文物出版社刊印的《毛主席诗词十九首》书眉上作批注："击水：游泳。那时初学，盛夏水涨，几死者数。一群人终于坚持，直到隆冬，犹在江中。当时有一篇诗，都忘记了，只记得两句：自信人生二百年，会当水击三千里。"

洲头。看万山红遍，层林尽染；漫江碧透，百舸争流。鹰击长空，鱼翔浅底，万类霜天竞自由。怅寥廓，问苍茫大地，谁主沉浮？　携来百侣曾游。忆往昔峥嵘岁月稠。恰同学少年，风华正茂；书生意气，挥斥方遒。指点江山，激扬文字，粪土当年万户侯。曾记否，到中流击水，浪遏飞舟？”

9月上旬　和准备到农民运动讲习所（第五期）学习的庞叔侃、周振岳由长沙动身赴广州。路经衡阳、资兴、耒阳、郴州、宜章等地。在宜章会见中共宜章地方执行委员会书记、一师同学高静山，谈对湖南农村阶级状况的看法，并征询高的意见。然后到广东韶关，再转乘火车抵广州〔1〕。

9月中旬　到广州后，因身体极度虚弱，住东山医院，进行短期疗养。

9月29日　国民党第二次全国代表大会重要议案委员会召

---

〔1〕关于毛泽东从长沙到广州一路行程情况，当年与毛泽东同行的第五届农民运动讲习所学员周振岳在1974年有一段回忆，记述于下：1925年我在湖南第一纺纱厂工作，夏天时（8月间），湖南工团联合会派我和庞叔侃等同志到广州农民运动讲习所学习。郭亮同志对我说，你和毛先生一路走。毛主席、庞叔侃和我从长沙坐火车到株洲，从株洲坐民船到衡阳，在衡阳蒸湘中学住了一夜。第二天，我们雇了一个挑夫给毛主席挑行李，就是一个背包和一个小皮箱，没带竹箱，从衡阳开始我们就走路了。毛主席很喜欢写东西，路上一休息就打开小铜墨盒子，用毛笔写起来。走到宜章又住了一个晚上。高静山告诉毛主席，这几天路上不太好走，赵恒惕的兵在到处搜索，前几天就抓走了3个学生杀害了。毛主席听到这个情况以后，就把他在路上写的东西烧掉了。从宜章我们走到了坪石，然后又到了韶关。在韶关我们见到屈子健。我们到了车站遇到一个老乡要到广州，正好没有路费，毛主席就答应给他钱，让老乡到广州。在韶关，毛主席一个人到了湘军整理处。屈子健送我们上火车后，他就留在韶关。

开第一次会议。会议决定，宣传问题议案由汪精卫、陈孚木[1]、毛泽东负责起草。这时，毛泽东开始参与国民党“二大”的筹备工作。

10月5日 国民政府主席汪精卫以政府事繁，不能兼任宣传部部长职务，向国民党中央党部常务会议推荐毛泽东代理宣传部部长。常务会议通过，并请毛泽东即日到部任事。

10月7日 到国民党中央宣传部就职，召开宣传部第一次部务会议。会议讨论宣传计划和编纂事宜。决定先组织专人对国内外已经出版的各种中外文报刊和工农商学各界“知识之发达次第程序”不同的情况，进行调查，然后作出宣传、编纂计划。会议还决定请中央执委会通告各地，以后凡散发各种传单和出版各种报刊有关党义者，均要先交宣传部审查。

10月13日 出席国民党中央执行委员会第一百一十三次会议。会议决定对戴季陶七月擅自出版《国民革命与中国国民党》一书[2]，通告各党员，指出该书只是“个人意思，并未经中央鉴定”，今后“凡关于党之主义与政策之根本原则之言论，非先经党部决议，不能发表”。会议通过毛泽东关于调戴季陶来广州工作的提议。

10月14日 主持召开中央宣传部第二次部务会议。会议决定，党的各种宣传品，先发各高级党部，再转发下级党部及党

〔1〕 汪精卫，当时任国民党中央常委兼宣传部部长、国民政府主席兼军事委员会主席。陈孚木，当时是广州《民国日报》的负责人。

〔2〕 戴季陶，当时任国民党中央常委，广州国民政府委员。他在1925年六七月间先后出版的《孙文主义之哲学的基础》和《国民革命与中国国民党》两书的基本精神是：宣扬阶级调和，反对马克思主义的阶级斗争学说，要求已加入国民党的共产党员退出国民党，或者“脱离一切党派，作单纯的国民党党员”。

员，以资普遍。同时决定，调查海外、国内、省内、市内党员人数及各该地学校、工团、军队、图书馆、阅报社及其他公私团体，以便分发宣传品。

10月16日 出席国民党中央执行委员、监察委员、各部部长第一百一十四次联席会议。会议决定组织国民党党史编纂委员会，指定毛泽东、甘乃光、詹菊似[1]三人起草编纂党史章程，提请中执委审定。

10月20日 由国民党中央执委会直接筹备召开的国民党广东省党部第一次代表大会，在中央党部大礼堂开幕。毛泽东参加会议。会议决定由毛泽东、黎樾廷、李谷珍[2]三人组成大会宣言起草委员会，负责宣言的起草工作。

同日 为《广东省党部代表大会日刊》撰写的《发刊词》发表。发刊词写道："我们从去年一月全国大会中得到了正确的革命策略。""孙中山先生应乎中国被外力军阀买办地主阶级重重压迫的客观环境，为我们定下了革命的三民主义。我们的伟大领袖虽死，革命的三民主义不死。""革命的民族主义叫我们反抗帝国主义，使中国民族得到解放。革命的民权主义叫我们反抗军阀，使中国人民自立于统治地位。革命的民生主义叫我们反抗大商买办阶级，尤其是那封建宗法性一切反动势力根本源泉之地主阶级，使中国大多数穷苦人民得享有经济幸福。"发刊词特别提到，发展占广东全人口百分之八十的农民的群众组织，对于保障和扩大革命的胜利，使三民主义完全在广东实现的意义。

---

〔1〕 甘乃光，当时任广州国民政府监察院委员。詹菊似，当时任国民党中央海外部代理部长。

〔2〕 黎樾廷，国民党广东省第一次代表大会东莞县代表。李谷珍，国民党广东省第一次代表大会海丰县代表。

10月26日 国民党广东省党部第一次代表大会通过由毛泽东等起草的大会宣言。宣言指出：半殖民地中国的革命，不能离开世界的革命。现在全世界的势力显然分成两种，即革命势力与反革命势力。“在东方被压迫民族的民族革命运动，已日益扩大，而西方被压迫阶级的社会革命运动，亦蓬蓬勃勃而起，此可为全世界革命势力已有集合的一种表现。而在欧美日本一切帝国主义国家，于严重剥削压迫其本国工农阶级之外，又勾结殖民地半殖民地的军阀、政客、买办阶级及地主阶级，严重剥削压迫其中层及下层民众，此亦全世界反革命势力已有集合的一种表现。”在中国，五卅运动之后，革命与反革命两大势力对垒激斗的情形，实为历史所仅见。宣言号召广东的人民、全国的人民起来，站在国民党领导下的革命战线，团结革命战线上的一切势力，向反革命战线进攻。

10月27日 出席国民党广东省党部第一次代表大会闭幕会，以国民党候补中央执行委员和代理宣传部部长身份发表演说。他指出，关于中间派问题非常重要，在国民党第二次全国代表大会快要召开的时候，更有指出讨论的必要。他说：一部分国民党员以“地主阶级也是中国的同胞，不可提倡自己打自己”为借口，反对为农民解除痛苦，反对佃农减租，“似乎要在党内造一个中间派的样子”。这种“想造成中间派的同志以为右也不好，左也不好，只有不左不右所谓中庸之道才是好的”。但是，“依我的观察，这中间派是不能存在的”。在世界上，欧战以后“分成两个大本营，一个是大资产阶级领袖的反革命大本营，一个是无产阶级领袖的革命大本营，两派短兵相接起来，中派的基础就动摇了”。在中国，辛亥革命以来的历史证明，一向自命为中间派的人，都成了帝国主义、军阀的走狗，完全成了反革命派。在广东，在分为革命和反革命两大派的情形下，是没有敢站在中间的。根据以上事实，“证明中间派在中间是不能立足的”，“只有革命的理论策略，才是我们党的理论策略”。演说全文先后在十月二十八日广州《民国日报》和十一月十六日北京《京报》发表。

11月12日 国民党中央执行委员会第一百一十九次会议，决定成立国民党第二次全国代表大会代表资格审查委员会，推定谭平山、邓泽如、林伯渠、林森、毛泽东五人为委员。

11月21日 填写《少年中国学会改组委员会调查表》。写道：“本人信仰共产主义，主张无产阶级的社会革命。惟目前的内外压迫，非一阶级之力所能推翻，主张用无产阶级小资产阶级及中产阶级左翼合作的国民革命，实行中国国民党之三民主义，以打倒帝国主义，打倒军阀，打倒买办地主阶级（即与帝国主义军阀有密切关系之中国大资产阶级及中产阶级右翼[1]），实现无产阶级小资产阶级及中产阶级左翼的联合统治，即革命民众的统治。”在调查表上还写明本人学业，“研究社会科学，现在注重研究中国农民问题”。事业，“教过一年书，做过两年工人运动，半年农民运动，一年国民党的组织工作”。对本会抱何种态度一栏则填写：“会员所抱主义显然有互相冲突之点，且许多会员精神不属于学会，少年中国学会在此时实无存在之必要，主张宣布解散。”

11月23日 国民党中央执行委员林森、覃振、石瑛、居正、邹鲁、石青阳、叶楚伧，候补执委邵元冲、沈玄庐、茅祖权、傅汝霖，中央监察委员张继、谢持在北京西山非法召开第四

---

〔1〕 1925年少年中国学会改组委员会发出的调查表，有正副两张。在毛泽东填写的另一张中，括号内的文字为：“即附属于帝国主义军阀之中国大资产阶级及中产阶级右翼。”

次中央执行委员会全体会议（通称西山会议）。次年一月四日闭会。会议议决：取消共产党员在国民党之党籍；解除共产党员谭平山、李大钊、林伯渠、毛泽东等中央执行委员和候补中央执行委员职务；解除俄人鲍罗廷顾问职务；取消政治委员会；中央执行委员会移上海；停止广州中央执行委员会职权等。

11月27日 国民党中央执行委员汪精卫、谭延闿、谭平山、林伯渠、李大钊、于右任、于树德、王法勤、丁惟汾、恩克巴图，候补执委毛泽东、瞿秋白、韩麟符、于方舟、张国焘通电全国各级党部，指出林森等在北京西山召开所谓国民党一届四中全会为非法。通电说：根据三中全会决议，全国代表大会及中央执行委员会全体会议，“须在广州开会，无论何人不得违反决议”。中央执行委员会已经决定：十二月十一日在广州开第四次中央全会〔1〕，次年元旦开第二次全国代表大会。已电嘱林森等人，尊重决议，迅速来广州开会，“勿持异端，致生纠纷”。

同日 出席国民党中央执行委员、监察委员、各部部长第一百二十三次联席会议。会议推定毛泽东起草中央通告，将国民党一届三中全会关于在广州召集四中全会的决议以及此项决议延缓执行的经过详情，告海内外各级党部。会议通过毛泽东以代理宣传部部长名义提出的《中国国民党之反奉战争宣传大纲》〔2〕。大纲指出，反奉战争性质为“反英日帝国主义的民族革命运动之一

〔1〕 国民党一届四中全会后来没有召开。

〔2〕 反奉战争，指1925年10月直系军阀孙传芳、吴佩孚发动的反对奉系军阀张作霖的一场战争。奉系军阀当时依靠英日帝国主义的支持，操纵北京政府，在五卅运动中镇压上海等地的反英日爱国运动而激起极大民愤。同月20日，中共中央、共青团中央联合发出《对反奉战争宣言》；11月，中共中央又发出通告，要求各地加紧反奉宣传，号召人民群众进行反对奉系军阀的斗争。

幕”，而“奉直两派军阀，无论哪一派胜，均于中国不利，因两派背后均有恶凶的帝国主义”。大纲提出，在宣传中要揭露帝国主义、军阀及其政治派别的阴谋，以人民为主体，团结各方人物进行反奉战争。大纲认为，人民对于敌友之分辨，“全看其与帝国主义有无关系。无论何人何时一与帝国主义发生关系，人民即不认之为友”。“真正人民的领袖，乃中国国民党。真正人民的政府，乃广州国民政府。真正人民的军队，乃广东的国民革命军。”“被压迫的中国全体民众，乃一切中国问题的主宰。”大纲要求各级党部宣传国民党对时局宣言的四项主张〔1〕，尽快准备真正是人民代表参加的国民会议。十二月三日，毛泽东以代理宣传部部长名义向各地宣传部发出关于反奉战争宣传的通告，要求对大纲进行猛力的宣传。

11月 以宣传部名义向国民党中央建议在上海设立交通局〔2〕，作为沟通中央与全国各地的机关。国民党中央同意，并决定将上海交通局的工作交宣传部负责管理。

同月 写信给中共韶山特别支部，并送农民协会简章，建议在原有农民协会的基础上，成立区农民协会。中共韶山特别支部根据毛泽东的建议，十一月三十日秘密成立湘潭县西二区农民协会；还提出希望送一批青年去广州中央农民运动讲习所学习。之

---

〔1〕 1925年10月24日国民党对时局宣言的4项主张是：“1. 建设统一全国之国民政府；2. 此国民政府必于最短期间召集国民会议预备会议；3. 此国民政府必于最短期间召集国际会议对不平等条约为根本之解决；4. 此国民政府必保障人民言论、结社、集会之自由。”

〔2〕 关于上海交通局成立的缘由及其作用，1926年5月19日毛泽东在国民党二届二中全会上所作的《宣传报告》中作过说明：国民党一大以来，中央与北方中部各地党部甚形隔阂，宣传品差不多完全只发散在广东方面，自交通局设立，始有大批宣传品送达北方长江各省。

后，陆续派出庞叔侃、贺尔康、毛爱堂等二十余人去讲习所学习。次年春公开，会员达一万一千七百余人。北伐军经过湘潭时，韶山农民做了很多支援军队的工作。

12月1日 在国民革命军第二军司令部编印的《革命》第四期发表《中国社会各阶级的分析》一文。文章一开头指出："谁是我们的敌人？谁是我们的朋友？这个问题是革命的首要问题。"文章说：革命党是群众的向导，我们的革命要有不领错路和一定成功的把握，不可不注意团结我们的真正的朋友，以攻击我们的真正的敌人。我们要分辨真正的敌友，不可不将中国社会各阶级的经济地位及其对于革命的态度，作一个大概的分析。文章将中国社会各阶级分为五大类。第一类，地主阶级和买办阶级。"他们和中国革命的目的完全不相容。特别是大地主阶级和大买办阶级，他们始终站在帝国主义一边，是极端的反革命派。"第二类，中产阶级。主要是指民族资产阶级。他们对于中国革命具有矛盾的态度。"其政治主张为实现民族资产阶级一阶级统治的国家。""他们反对以阶级斗争学说解释国民党的民生主义，他们反对国民党联俄和容纳共产党及左派分子。"第三类，小资产阶级。包括自耕农、小商人、手工业主、小知识阶层，分左、中、右三部分。他们在革命潮流高涨、可以看得见胜利的曙光时，不但左派参加革命，中派亦可参加革命，即右派分子也只得附和着革命。第四类，半无产阶级。包括绝大部分半自耕农、贫农、小手工业者、店员、小贩。"绝大部分半自耕农和贫农是农村中一个数量极大的群众。所谓农民问题，主要就是他们的问题。"半无产阶级各部分其经济地位不相上下，其需要一个变更现状的革命也相同。第五类，无产阶级。包括工业无产阶级、都市苦力工人以及农村无产阶级。"工业无产阶级人数虽不多，却是中国新的生产力的代表者，是近代中国最进步的阶级，做了革命运动的领导力量”，“他们特别能战斗”。文章结论说：“可知一切勾结帝国主义的军阀、官僚、买办阶级、大地主阶级以及附属于他们的一部分反动知识界，是我们的敌人。工业无产阶级是我们革命的领导力量。一切半无产阶级、小资产阶级，是我们最接近的朋友。那动摇不定的中产阶级，其右翼可能是我们的敌人，其左翼可能是我们的朋友——但我们要时常提防他们，不要让他们扰乱了我们的阵线。”这篇文章，在一九二六年二月一日出版的《中国农民》和三月十三日出版的《中国青年》先后转载，还在广东汕头出版了单行本；后来编入《毛泽东选集》。

12月4日　出席国民党中央执行委员、监察委员、各部部长第一百二十五次联席会议。会议通过毛泽东起草的《中国国民党对全国及海外全体党员解释革命策略之通告》。通告以历史和现状说明国民党一届四中全会只能在革命根据地广州开会，邹鲁等西山会议派反对联俄容共、分裂国民党、离间各阶级联合战线是叛党行为。指出：“若吾党之革命策略不出于联合苏俄，不以占大多数之农工阶级为基础，不容纳主张农工利益的共产派分子，则革命势力陷于孤立，革命将不能成功。本党辛亥革命所以未能成功，即因当时反革命派势力已有国际的联合，而吾党革命势力尚无国际联合，在国内亦未唤起大多数民众为之基础，完全陷于孤立地位，故不得不妥协迁就以至于失败。”通告在五日出版的《政治周报》和广州《民国日报》同时发表。

12月5日　毛泽东主编的《政治周报》〔1〕在广州创刊。为

〔1〕关于主编《政治周报》，1936年毛泽东同斯诺谈话时回忆说：“我在广州担任《政治周报》的主编，这是国民党宣传部出版的一个刊物。后来它在抨击和揭露以戴季陶为首的国民党右派时，起了非常积极的作用。”

该刊撰写的《〈政治周报〉发刊理由》指出："为什么出版《政治周报》？为了革命。为什么要革命？为了使中华民族得到解放，为了实现人民的统治，为了使人民得到经济的幸福。"发刊词说，我们为了革命，得罪了一切敌人。帝国主义、军阀、政客、买办阶级、土豪劣绅以及京津沪汉各地反革命宣传机关惶然起哄，肆其恶嘴毒舌，咒诅诬蔑中伤我们无所不用其极，以迷惑全国广大民众。"我们要开始向他们反攻。'向反革命派宣传反攻，以打破反革命宣传'，便是《政治周报》的责任。""《政治周报》的体裁，十分之九是实际事实之叙述，只有十分之一是对于反革命派宣传的辩论。"在本期周报，还以"润"为笔名发表七篇杂文，揭露和抨击广东军阀、政客和国民党右派的反革命宣传。

12月9日 中共中央发出第六十七号通告，希望各地共产党员主持的国民党党部对西山会议派一致发电痛驳，并将驳斥右派的文电寄中共中央局和在上海的沈雁冰[1]各一份，由沈转交中国国民党周刊发表。

12月11日 出席国民党中央执行委员、监察委员、各部部长第一百二十六次联席会议。会议就国民党西山会议派冒用中央执委会名义开除中央执行委员、候补执委中的共产党员党籍一事，作出决议："此种会议，违法无效"。会议对上海《民国日报》擅自发表拥护西山会议的言论问题，决定交中央宣传部部长审查，并拟具处置办法。

12月13日 在《政治周报》第二期发表北京、广东、上海等地国民党组织发出的二十份反对西山会议的文电，并加写按语。按语说，"中国国民党第四次全体中央会议地点之争，实乃

〔1〕沈雁冰，中国共产党早期党员。当时任国民党上海特别市党部执行委员、宣传部部长。

继续革命与放弃革命之争”。“现在的中国，除了革命，决无路走，凡属革命性强固的党员，决不愿附和右派抛弃光荣的革命地位，以助帝国主义军阀张目”。在本期周报以“润”为笔名发表的《向左还是向右》、《赤化原来如此》两篇杂文，重申在中国中间派不能存在的观点。此外，还发表了《中国国民党选派学生赴莫斯科孙文大学》一文，说明中苏两国的联合是为了反对帝国主义。苏联创设孙文大学，是尊重孙中山的革命精神，为中国培养国民革命的领导人才。

12月15日 出席国民党中央执行委员会第一百二十七次会议。会议就湖南政治研究会呈请开办短期政治讲习班[1]并指定理事问题，作出决定：指派谭延闿、程潜、陈嘉祐、鲁涤平、李富春、林伯渠、毛泽东为该讲习班理事。

12月20日 在《政治周报》第三期发表《上海〈民国日报〉反动的原因及国民党中央对该报的处置》一文，揭露国民党右派叶楚伧等主持的上海《民国日报》的反动面貌及其反动的原因。文章说：“在中国现在时候一切中立派的人中立派的报都一定迅速变化其态度，或者向左跑入革命派，或者向右跑入反革命派”。“明白了这点，我们便可以明白上海《民国日报》何以要反动”。此外还发表了《北京右派会议与帝国主义》等三篇杂文，揭露国民党右派“替帝国主义做了适合其需要的种种工作”，“事实上是做了帝国主义的工具”。二十六日，起草给国民党中央执行委员会的《关于上海〈民国日报〉审查结果报告》。报告说：

---

〔1〕 湖南政治研究会是由当时在广州的国民党湘籍高级领导人员所组成，以研究有关湖南革命运动为宗旨的一个团体。政治讲习班，后由国民党中央党部直接主办，改名为“中国国民党政治讲习班”，1926年2月28日开学。

"上海《民国日报》自去年第一次全国大会议决收归党办两年以来，自始既不能完全代表本党，编辑委员长叶楚伧始终不能认识本党政策，以致常有荒谬言论。""处置之法，该报现以租界为护符，本党势力之所不及，无从加以纠正或惩罚，惟有在上海另办新报，以为本党言论机关之一法。"

12月31日 出席国民党中央执行委员会第一百三十一次会议。会议讨论并决定国民党二大主席团名单、大会议程，以及各项政务报告人名单，推定毛泽东作宣传工作报告。

冬 杨开慧和母亲携毛岸英、毛岸青由湖南来到广州，同毛泽东住在东山庙前西街三十八号。杨开慧协助毛泽东从事革命活动和编辑《政治周报》。

本年 在广州期间，曾到中共广东区委同陈延年〔1〕等商量工作，研究农运、工运以及中共与国民党的关系等问题。在国民党第五届中央农民运动讲习所讲过中国社会各阶级的分析和农民运动等。在国立广东大学附设中学兼任教员，每周授课两小时，讲授农工政策。还兼任国民革命军第二军军官学校教官。

〔1〕陈延年，当时任中共广东区执行委员会书记。

1926年 三十三岁

1月1日 在《中国农民》第一期发表《中国农民中各阶级的分析及其对于革命的态度》一文。文章指出，分析社会各阶级的一个基本观点是："其经济地位各不同，其生活状况各不同，因而影响于其心理即其对于革命的观念也各不同。"文章将中国农村分为八个阶级和阶层：大地主、小地主、自耕农、半自耕农、半益农、贫农、雇农及乡村手工业者、游民。大地主"是中国农民的死敌，是乡村中真正统治者，是帝国主义军阀的真实基础，是封建宗法社会的唯一坚垒，是一切反革命势力发生的最后原因。"小地主为中国的中产阶级，对于现代的革命取了矛盾的态度。自耕农属于小资产阶级，其中又分三种：有余钱剩米的，在他们没有明了真相之前，对革命取怀疑态度，"是小资产阶级的右翼"；恰足自给的，在革命中"取了中立的态度，但绝不反对革命"；每年要亏本的，"这种人在革命运动中颇要紧，颇有推进革命的力量"，"乃小资产阶级的左翼"。这三种自耕农，一到战时，"是全部可以倾向革命的"。半自耕农、半益农、贫农是农村中一个极大的群众，"所谓农民问题，一大半就是他们的问题。这三种农民虽同属半无产阶级，然经济状况大有分别"。"半自耕农之革命性优于自耕农而不及半益农"，半益农的"革命性则优于半自耕农而不及贫农"，贫农"乃农民中之极艰苦者，极易接受革命的宣传"。雇农是农业无产阶级，"此种人乃乡村中甚感痛苦者，做农民运动极要注意"。游民无产阶级，"很能勇敢奋斗，引导得法可以变成一种革命力量”。文章最后说：“我们组织农民，乃系组织自耕农，半自耕农，半益农，贫农，雇农及手工业工人五种农民于一个组织之下。对于地主阶级在原则上用争斗的方法，请他们在经济上政治上让步，在特别情形上，即是遇了如海丰广宁等处最反动最凶恶极端鱼肉人民的土豪劣绅时，则须完全打倒他。”

1月1日—19日 出席在广州召开的中国国民党第二次全国代表大会。到会代表二百五十六人，共产党员占三分之一，国民党左派占三分之一。大会通过了党务、政治、财政、军事、宣传、外交、工人、农民、妇女、青年、商人等决议案，选出新的中央执行委员、监察委员。大会决定继续贯彻执行第一次全国代表大会确定的联俄、联共、扶助农工的政策，给参加西山会议的右派分子以党纪制裁。

1月8日 向国民党二大作宣传报告。报告总结两年来在办报、图画及口头宣传、重要事件宣传等方面取得很大成绩。为“打破北方及长江的反革命宣传”，中央宣传部创办了《政治周报》，每期发行达四万份之多。报告指出群众对改组后的国民党的宣言和政纲有了新的认识，“反对帝国主义”、“开国民会议”、“废除不平等条约”等口号已深入人心。两年来在革命宣传和反革命宣传相对抗之中，革命宣传取攻势，反革命宣传取守势，“这种对抗攻守的现象，乃中国革命势力日益团结进取，而反革命势力日益动摇崩溃的结果”。

1月9日 和邵力子、陈其瑗、朱季恂、范鸿劼被国民党二大主席团推选组成宣传报告审查委员会，对宣传报告进行审查并提出决议草案。

1月10日 在《政治周报》第四期发表《国民党右派分离的原因及其对于革命前途的影响》。文章认为，国民党右派的分离，是由于革命性质的变化、时局的变化，基于他们的阶级性，而发生的一种必然现象。文章说：现阶段的国民革命，既不同于英、法、德、美、日各国的资产阶级革命，也不同于中国的辛亥革命。“现代殖民地半殖民地的革命，乃小资产阶级半无产阶级无产阶级这三个阶级合作的革命”，“其结果是要达到建设各革命民众统治的国家；其终极是要消灭全世界的帝国主义，建设一个真正平等自由的世界联盟（即孙先生所主张的人类平等世界大同)”。现在的局面与辛亥革命时完全两样：革命的对象已转换到国际资本帝国主义；由于工农阶级分子加入，国民党的组织逐渐严密完备起来；已经有了共产党；在国际又突现了一个无产阶级国家的苏俄和第三国际，作了中国革命的有力后援。“以此之故，在辛亥年参加革命的人，现在只剩下了少数革命意志强固的还主张革命，大多数都因为畏惧现在的革命把革命事业放弃了，或者跑向反革命队伍里同着现在的国民党作对。因此，老右派新右派依着革命的发展和国民党的进步，如笋脱壳，纷纷分裂。”文章说，中国现在已到了短兵相接的时候，一面是帝国主义为领袖，统率买办阶级、大地主、官僚、军阀等大资产阶级，组织反革命的联合战线，站在一边；一面是革命的国民党为领袖，统率小资产阶级、半无产阶级、无产阶级组织的革命联合战线，站在一边。中国的中产阶级要实现其一个阶级独裁的国家是不可能的。文章断言，代表中产阶级的国民党右派的分裂，并不足以阻挠中国的国民革命，而革命派将因此成功一个更大的团结。

在本期周报上，以《十二月二十日广州的反段[1]大示威》为题报道了广州十万民众集会并游行示威反对段祺瑞政府的情

〔1〕 段，指段祺瑞，北洋皖系军阀首领。当时任北京临时政府执政。

形。报道指出：从这次反奉战争可以看出，民众没有武装的积极行动，其结果使人民仍然不能夺取政权，恢复其国家主人地位。又说，中华全国总工会等各大人民团体，联合吁请国民党中央执行委员会督促国民政府准备出兵北伐。

本期周报上，毛泽东继续摘发一组从中央到地方以及军队中的国民党组织和个人反对国民党西山会议派的文电，共二十九件。所加的按语指出："全国农工商学民众团体，则全在左派领导之下。以此一月之间，反右空气，弥漫域内。现在第二次全国大会业已开会，对于右派，当有严厉之处置。"

1月16日 和汪精卫、陈孚木起草的《关于宣传决议案》在国民党二大通过。决议案说："一个政党，只宣传有利于群众的理论和主义，断不能使群众与政党在行动上采取一致的态度。所以抽象的宣传，不能造成一个群众的党。唯有从事实上表示某党对民众的工作，才能造成一个群众的党。""要使民众相信本党确能为他们在实际上谋利益。"宣传部应当明白指出，"凡是赞同中国农民的解放运动的，就是忠实的革命党员，不然就是反革命派。"决议案提出，"宣传部应当是本党最活泼、最敏捷的机关"，"是汇集本党精神劳力，运用本党精神劳力，指导精神劳力，来实现本党政策的总机关"。

同日 下午，国民党二大进行选举，选举结果，在三十六名中央执行委员中，有共产党员谭平山、林伯渠、李大钊、于树德、吴玉章、杨匏安、恽代英七名；二十四名候补中央执行委员中，有共产党员毛泽东、许甦魂、夏曦、韩麟符、董必武、邓颖超六名；十二名中央监察委员中，有共产党员高语罕一名。国民党新右派戴季陶等被选为中央执行委员〔1〕。

1月18日　在国民党二大上，同丁君羊、侯绍裘等五位代表，受大会主席团指定，修改农民运动决议案〔2〕。经过修改的《关于农民运动决议案》，简短明了，更加强调农民在革命中的作用，十九日被大会通过。决议案指出："中国之国民革命，质言之即为农民革命。为要巩固国民革命之基础，亦唯有首在解放农民"。

同日　代表宣传报告审查委员会向国民党二大作审查报告。大会通过《宣传报告决议案》。决议案同意毛泽东一月八日所作《宣传报告》。同时指出，"两年来尚未能将本党革命目标及方法，

---

〔1〕关于国民党二大的选举问题，1926年中共中央《关于中国共产党对待国民党的策略的报告》中说："中国共产党中央主席团和共产国际的代表了解到国民党和共产党之间的关系中存在危险。为了排除这种危险，他们准备向新右派（戴季陶）作出让步。""这就是在最近国民党中央举行改选时，只应有两名共产党员进入国民党中央。同时与右派领袖进行了谈判"，"今后在国民党的所有职位中，共产党人只占三分之一"。但是"我们在广东的同志和国民党左派，特别是后者，不同意按照同右派领袖们的谈判把国民党中央中的共产党员数目减少"。广东的同志认为"中央局的这个策略过于退让，并且没有完全加以执行"。结果"在新选出的三十六名国民党中央委员中有七名共产党员，右派中只有戴季陶、孙科和伍朝枢当选"。

1943年11月17日，毛泽东在中共中央政治局会议的一次插话中，在讲到国民党二大时说："第一个失败的关键是二次代表大会，我主张反击。因我们有三分之一，左派三分之一，其他三分之一，左派很赞成，结果我们自动退却，只要六（系"七"字之误——编者注）票。"

〔2〕此决议案为农民部部长陈公博、湖南等省代表易礼容、黄学曾、路友于、丁君羊起草。大会讨论时，有代表提出，此案文字太长，且偏重广东一省，要求增加审查委员，重新拟定，大会主席团接受了这个意见，由毛泽东等进行修改。

深入占全国人口最大多数之工农小商群众中”，是宣传工作中的缺点。“欲使本党之主义政策深入民众，惟有在关系民众本身利害之地方的或全国的大小事变之中，努力进行其宣传，始有实现之可能”。要向民众宣传：“欲求革命之成功，则国内国外之革命的联合战线，必须扩大而巩固之”。大会在讨论党章草案时，毛泽东提出两项动议〔1〕，被大会接受，并写进党章。

同日 在国民党二大讨论中国国民党党务报告关于容纳共产党员加入国民党的问题时，针对黄埔军校代表袁同畴提出的限制共产党活动的意见〔2〕发言说：共产党员决不怕声明自己是共产主义者。但是共产党在未取得法律地位的条件下，是不能不秘密的。如果公开，就马上要被人解散消灭，这于国民革命前途是不利的。关于国民党党员加入共产党要得到该地党部之许可问题，毛泽东说：无论何党，党员出党入党应有绝对自由，实不必有若何的限制。经过共产党人张国焘、毛泽东、高语罕、范鸿劼等的坚决斗争，袁同畴收回自己的意见。大会通过“承认先总理容纳共产党员加入本党共同努力”的条文。

1月19日 在国民党二大讨论关于覃振、石瑛、茅祖权的处分问题时发言说，应将原案要求覃振等三人于一个月内声明脱离同志俱乐部的期限改为两个月。因为“（一）则交通不便，一

〔1〕 一项动议是：对每星期举行总理纪念周一次的规定，加但书一笔：“如有特别情形时得由该省党部许可，每两星期举行一次”。另一项动议是：“中央执行委员、监察委员，可以兼其他省党部执行委员、监察委员”。

〔2〕 袁同畴发言说，“本席考虑，以为几件事是要望共产党党员同志做到的：（一）共产党员加入中国国民党时，声明自己是共产党。（二）共产党员，要将在国民党内的活动公开。（三）中国国民党党员加入共产党时，要得该地党部之许可。”

个月消息来往实不够。（二）则又使他们知道决议案慎重的真意。（三）则我们还且希望他们再走回革命之路的”。大会通过毛泽东的这一修正案。

1月22日—25日 出席国民党第二届中央执行委员会第一次全体会议。会议选举中央执行委员会常务委员、监察委员会常务委员，核定政治委员会政治委员、中央各部部长名单。会议决定，在广州的中央执行委员及候补中央执行委员得出席国民党中央常务委员会议，但无表决权。会议还决定，派驻各地的执委和候补执委，有出席该地各级党部会议、指导和执行党务之权，必要时有召集该地最高党部执行委员联席会议及直接决定临时紧急事宜之权。何香凝、戴季陶、毛泽东、邓演达、邓颖超等二十三人被派为驻广东的中央执委和候补执委。

2月1日 列席国民党中央常务委员会（以下简称“中常会”）第一次会议。会议讨论浙江、上海、新疆、山西、广西、四川、湖南等地党务问题，任命周恩来、李富春、朱克靖分别为国民革命军第一军、第二军、第三军的副党代表，并决定其他任免事项。

2月5日 国民党中常会第二次会议根据汪精卫提议，批准毛泽东为中央宣传部代理部长。会议决定继续开办农民运动讲习所〔1〕；设立农民运动委员会，以“研究农民运动之理论与实施计划之指导”。

---

〔1〕 指第6届广州农民运动讲习所。在此之前，国民党中央农民部已开办了5届农民运动讲习所，共培养学生四百五十余人。前4届基本在广东省内招生。第5届主要在湖南、广东两省招生，另山东、湖北、江西、安徽、福建、广西等省有少量学员来所学习。第六届将招生范围扩大，面向全国。

同日 国民党中央农民部发出第一号通告，宣布农民运动委员会正式成立。委员为：林伯渠（主席）、陈公博、毛泽东、甘乃光、宋子文、谭植棠、萧楚女、阮啸仙、罗绮园。

2月6日 国民党中央农民部向全国各省党部通告：为发展农民运动，特扩充广州农民运动讲习所，从各省选派学生来学习。选派学生的条件是："1. 决心做农民运动，并无他项异想；2. 中学程度，文理通顺；3. 年龄十八以上二十八以下，身体强健无疾病；4. 富勇敢奋斗精神。"

2月8日 列席国民党中常会第三次会议。以中央宣传部名义提出，宣传部以沈雁冰为秘书，顾谷宜为指导干事，吴求哲、陈署风为编辑干事，萧楚女、朱则、赖特才、朱雅零为检阅干事，为会议通过。

2月中旬 到国民党中央宣传部对宣传工作作三项指示：（一）起草一个以中央名义发的宣传大纲，向全国宣传国民党"二大"的精神。（二）将原来的检阅干事组成检阅会议。检阅会议对于党内外出版物中谬误的言论，应拟出纠正或驳斥之大纲。（三）设立宣传材料储藏机关，订阅海内外报刊、外文杂志及图书。

2月16日 国民党中常会第五次会议通报：宣传部代理部长毛泽东因病请假两星期〔1〕，部务由沈雁冰代理。

2月21日—24日 中共中央在北京召开特别会议，讨论目前政局及党的任务。会议提出：党在现时政治上主要的职任是从各方面准备广东政府的北伐，而北伐的政纲必须是以解决农民问

〔1〕 据沈雁冰回忆："此次毛泽东的请假虽说'因病'，实际上他是秘密往韶关（在湘、粤边界）去视察那里的农民运动。"

题作主干；必须在北伐必经之湖南、湖北、河南、直隶[1]等省预备民众奋起的接应，特别是农民的组织。这次会议陈独秀因病没有出席。

2月28日　在国民党政治讲习班[2]开学典礼上发表演说，指出：开办政治讲习班的重大意义，在于表明革命分子团结起来反对帝国主义、军阀和反革命派，“在炮火中制造革命人才”。参加讲习班的学生，“必也是感受不自由而来此作革命工作，绝对不是抱升官发财的希望而来的”。“望诸位忍苦耐劳，大家联合起来，努力国民革命，努力世界革命!”

2月　在国民革命军第二军军官学校讲授农民问题。

3月7日　《政治周报》第五期出版。从这一期起，主编由沈雁冰接任。在此之前，由于毛泽东忙于参加国民党二大和会后的其他工作，《政治周报》有一个多月没有出版。

3月9日　列席国民党中常会第十一次会议。关于宣传部提出的国民党二大宣传大纲草案[3]，经过中常会第九次、第十次会议讨论原则通过后，又增写了“军队与人民合作”、“二大”各项决议案之重要意义等内容。增写后的宣传大纲于本次会议最后

---

〔1〕直隶，河北省旧称。

〔2〕这个讲习班是为培养政治工作人才，由国民党中央决定开办的。讲习班由理事会领导。理事为谭延闿（主席）、程潜、林伯渠、陈嘉祐、鲁涤平、毛泽东、李富春。担任本班教授的有汪精卫、萧楚女、沈雁冰、朱剑帆、邓中夏、陈公博、高语罕、熊君锐、毛泽东。毛泽东负责讲授农民问题。

〔3〕关于国民党二大宣传大纲的起草情况，沈雁冰回忆说：我和萧楚女把“宣传大纲起草完毕，请毛泽东同志审核。毛泽东仔细看过，作了一些文字修改，又在草稿上加了‘军队与人民合作’一段话，然后对我说，还是送给汪精卫看一下”。

通过。

3月16日 上午，列席国民党中常会第十二次会议。宣传部提出的议案中有：（一）北京孙文主义学会完全为少数西山会议派的反动分子所组织，建议中央通告各级党部，声明该会为反动派的团体。（二）广州孙文主义学会的章程应作修改，明确规定该会“受国民党中央执行委员会之指导与监督”。该会若为行动的团体，“易于落入单独及私人行动与组织之危险，若为研究的团体则应受宣传部指导”。（三）上海《革命导报》为伪中央机关报，应请中央通告各级党部“禁止流行”。以上议案，均为会议通过。毛泽东还提出，对统一两广有功的李宗仁、黄绍竑、白崇禧〔1〕应“由中央嘉勉”，亦被会议通过。

同日 下午，出席农民运动委员会第一次会议。会议决定，第六届农民运动讲习所所长由毛泽东担任。

3月18日 在广州国民党政治讲习班纪念巴黎公社五十五周年集会上发表讲演，题为《纪念巴黎公社应注意的几点》。讲演指出：俄国十月革命和巴黎公社，都是工人阶级以自己的力量，来求人类真正的平等自由，它们的意义是相同的。“巴黎公社是开的光明的花，俄国革命是结的幸福的果。”讲演针对国内有些人怀疑或反对阶级斗争的观念，指出：“人类由原始社会进化为家长社会，封建社会以至于今日之国家，无不是统治阶级与被统治阶级之阶级斗争的演进。”“其实四千多年的中国史，何尝不是一部阶级斗争史呢？”近代的太平天国革命，“不是满汉的战

〔1〕 1926年3月李宗仁等表示同意两广统一，完全接受广州国民政府领导。3月15日，国民党中央政治会议通过两广统一案，规定：（一）广西政府受国民政府命令，处理全省政务；（二）广西军队全部改编为国民革命军；（三）两广财政受国民政府指挥监督。

争，实是农民和地主的阶级斗争”。讲演要求吸取巴黎公社失败的教训，指出巴黎公社失败的主要原因：一是没有一个统一的集中的有纪律的党作指挥，以致内部意见分歧，势力分散，而予敌人以可乘之机；二是“对敌人太妥协太仁慈——我们对敌人仁慈，便是对同志残忍”，“我们不给敌人以致命的打击，敌人便给我们以致命的打击”。强调“要从此学得革命的方法”。讲演记录在一九二六年三月三十一日《中国国民党政治讲习班旬刊》发表。

3月19日 出席国民党中常会第十三次会议（有中央监察委员和各部部长参加的联席会议）。会议讨论农民运动讲习所问题，批准毛泽东任第六届农民运动讲习所所长。

3月20日 蒋介石〔1〕在广州制造中山舰事件（又称三二〇事件）。事件发生后，在广州的共产党人大都主张对蒋介石进行反击。毛泽东、周恩来曾在李富春住处商讨对策〔2〕。他们认为，在广东的国民革命军六个军中，有五个军的军长同蒋介石存在矛盾，而在蒋介石直接指挥的第一军中政治骨干大部分是共产党员。基于这种形势，他们提出以叶挺独立团为主，联合国民党左

---

〔1〕 蒋介石，当时任国民党中央常委、国民革命军总监、中央军事政治学校校长、广州市卫戍司令。

〔2〕 1943年11月27日，周恩来在中共中央政治局会议的发言中，谈到这个问题时说：“三月二十号事变是国共关系一个关键。这以前是广东省委主张进攻，上海中央主张退守。事变打击主要对象是俄顾问、黄埔共产党、省港纠察队。我在富春家遇毛，毛问各军力量，主张反击。（毛插话：蒋当时只有一个同盟军即朱培德，此外均反蒋。）”“我听了毛的话找季山嘉，他说不能破裂。而当时的军事力量是可以反蒋的，黄埔有五百余党员”，“只要我们强硬，国民党左派是拥护我们反蒋的”。

派和一切能联合的力量给蒋介石以回击。但是，在中国访问的苏联共产党代表团团长布勃诺夫[1]采取妥协态度。上海的中共中央得到三二〇事件消息后，三月二十九日也发出指令，主张向蒋介石退让。指令说："从党和军队纪律的观点来看，蒋介石的行动是极其错误的，但是，事情不能用简单的惩罚蒋的办法来解决，不能让蒋介石和汪精卫之间的关系破裂，更不能让第二军、第三军和蒋介石军队之间发生冲突"。对蒋介石，"我们现在应该全力拯救他，将他从陷入的深渊中拔出来"。

3月23日 中央宣传部向国民党中常会第十四次会议提出黄花岗七十二烈士纪念日宣传大纲草案，被会议通过。中常会针对段祺瑞三月十八日在北京镇压爱国民众制造惨案，决定由宣传部起草反段宣言及宣传大纲。

3月30日 上午，列席国民党中常会第十六次会议。会议决定四月二日召集各团体举行示威，抗议段祺瑞惨杀北京爱国民众。

同日 下午，出席国民党中央农民运动委员会第二次会议。提议：请任高语罕为中央农民运动讲习所政治训练主任；目前各省农民运动应以全力注意将来革命军北伐经过之区域，如赣、鄂、直、鲁、豫诸省。以上提议均由会议通过或作出相应决定。

4月2日 出席国民党中常会第十七次会议（有中央监察委员和各部部长参加的联席会议）。宣传部提出"畸昤书社假冒先总理名义，发行《社会主义论》小册应否禁止案"，建议今后

---

〔1〕布勃诺夫是联共（布）中央委员、苏联红军政治部主任依文诺夫斯基在中国的化名。当时正率团员十余人在中国访问。三二〇事件时恰在广州，在处理中山舰事件中，处于重要决策地位。

"一切刊物凡有涉及总理生平、言行者，必须先经中央宣传部之审核，然后许可发行，所以昭慎重严纪律也"。

4月5日—7月4日　应聘任国民党广东省党部青年部训育员养成所[1]讲师，讲授农民问题。

4月6日　列席国民党中常会第十八次会议。会议根据蒋介石提议，决定五月十五日至二十五日召开第二届中央执行委员会第二次全体会议。

4月10日　国民党中央农民部指派毛泽东、林伯渠、高语罕、罗绮园、阮啸仙、谭植棠组成的第六届农民运动讲习所考试委员会，对二十个省区选送的学生进行复试。在口试时，毛泽东还向学生询问各地农村情况及农民生活状况等。

4月13日　列席国民党中常会第二十次会议。提出在上海开办党报的议案，拟请任张静江为经理，张廷灏为副经理，柳亚子为编辑部主笔，沈雁冰为副主笔，侯绍裘、杨贤江、顾谷宜为编辑委员，获得会议通过[2]。

4月14日　出席广东省党部青年部训育员养成所举行的欢迎大会，欢迎来广州参加青年代表大会的全体代表，并应邀发表演说。

4月16日　列席国民党中常会第二十一次会议（有各部部长和中央监察委员参加的联席会议）。会议听取邓泽如关于南京

〔1〕训育员养成所为国民党广东省党部青年部主办。宗旨为"造就一般指导青年运动的干部人才"，毕业后派往全省各学校担任党务及训育工作从事青年运动。应聘到所讲课的有恽代英、萧楚女、沈雁冰、张太雷、郭沫若等。

〔2〕自上海《民国日报》变为拥护西山会议派的报纸后，上海即无由广州国民党中央宣传部直接领导的党报。毛泽东曾委托沈雁冰到上海筹办《国民日报》，后因蒋介石、张静江阻挠，未能办成。

举行孙中山陵墓奠基典礼时反动分子捣乱情形的报告后，决定由邓泽如、陈其瑗、毛泽东等进行审查，议定办法，提交下次会议讨论。

4月23日 列席国民党中常会第二十二次会议（有各部部长和中央监察委员参加的联席会议）。同邓泽如、陈其瑗、杨匏安提出关于处理南京陵墓事件中反动分子的审查报告，建议中常会作出训令："全体党员不得认反动分子为党员，并不准加入各地未经本会批准擅自设立之孙文主义学会"。会议批准赖特才为宣传部代理秘书。

4月27日 列席国民党中常会第二十三次会议。宣传部提出四项议案，其中有：扩大国民党和国民政府的宣传于全国各地；编印关于革命理论、策略、史事的丛书小册子；在宣传部之下设宣传委员会，以讨论、计划全国宣传事项；并请指派汪精卫、陈公博、甘乃光、彭泽民、陈其瑗、林伯渠、毛泽东七人为宣传委员会委员。会议决定：除第一项交政治委员会办理，其他各项均照准。

4月30日 出席国民党中常会第二十四次会议（有各部部长和中央监察委员参加的联席会议）。宣传部提出三项提案：一、"五一"节用中央名义发表告工人、农民通电，在广州发传单。二、"五四"、"五七"纪念日中央发表通电。三、请中央发起纪念"五卅"全国反帝国主义示威运动。会议决定：一、二两项通电由宣传部起草，第三项照办。

5月3日 第六届广州农民运动讲习所举行开学典礼，由国民党中央农民部部长林伯渠主持，所长毛泽东报告农讲所筹备经过和招生情形。参加开学典礼的有国民党中央政治委员会主席谭延闿，青年部部长甘乃光，妇女部部长何香凝，广东大学校长褚民谊、文科学长郭沫若，国民大学校长陈其瑗，广东全省农民代表大会代表彭湃，共产党代表彭述之等。

这一届农讲所有学生三百余人，来自二十个省区，萧楚女为教务主任，高语罕为政治训练主任。五月十五日正式开课。这届农讲所注重：（一）进行系统理论教育，增强革命的理论和方法，尤其是农民运动的理论和方法。（二）加强课外理论研究。（三）进行实际的农民问题研究。毛泽东曾主持拟定租率、田赋、地主来源、主佃关系、抗租减租、农村组织状况、农民观念、民歌〔1〕等三十六个项目引导学生作调查，并要学生把家乡的情况，按调查项目填写。（四）组织学生到农民运动开展得好的地区如海丰等地实习。（五）进行严格的军事训练，军训时间占全课程的三分之一。毛泽东在农讲所建立了中共和共青团组织，积极发展党、团员。

5月4日 出席国民党中常会第二十五次会议（有各部部长和中央监察委员参加的联席会议）。会议根据宣传部提议，通过编辑国民运动丛书办法；任沈雁冰为驻沪编纂国民运动丛书干事；增补胡汉民、顾孟余、邵力子为宣传委员。

5月7日 上午，出席国民党中常会第二十六次会议（有各部部长和中央监察委员参加的联席会议）。会议决定，派缪斌、褚民谊、陈其瑗、毛泽东代表中央常委会参加本日“五七”纪念大会。中午十二时，在广东大学操场参加广东各界纪念“五七”国耻大会。到会两万余人。毛泽东被选为大会主席团成员。大会进行中，发生右派分子捣乱事件，事件平息后大会照常进行。大

〔1〕 1961年3月23日，毛泽东在中共中央工作会议上讲到调查研究时说：有几个典型调查材料丢失了，我比较伤心。在广东农民讲习所收集民歌几千首。民歌使人得到很多东西，丢了很可惜。

会要求中央党部及国民政府惩戒捣乱分子。

5月11日 列席国民党中常会第二十七次会议。由毛泽东等组成的纪念“五七”大会主席团，向会议报告右派分子捣乱纪念会事实经过。会议决定，由中央训令各党员：嗣后须一律服从党的决议，否则从严处置。

5月13日 主持召开国民党中央宣传部所属宣传委员会第一次会议。陈公博、陈其瑗、邵力子、彭泽民等出席。会议通过宣传部所拟国民运动丛书书目（分五辑，共六十种），决定再增加中国农民问题、中国职工运动、国际联盟等四种。

5月15日—22日 出席在广州举行的国民党第二届中央执行委员会第二次全体会议。会上，蒋介石向全会提出限制共产党、由新右派独揽国民党党权的《整理党务案》。主要内容是：加入国民党的共产党员名单全部交国民党中央保存；共产党员在国民党中央、省、特别市党部执行委员的人数，不得超过各该党部全体执行委员的三分之一；共产党员不得担任国民党中央的部长；中国共产党及共产国际发给国民党内的共产党员的一切训令应先交联席会议通过。这个限制共产党活动的提案，事先取得了苏联顾问鲍罗廷的同意。中共中央派张国焘、彭述之指导出席这次全会的中共党团。中共党团在讨论是否接受此案时，发生争论。广东的大部分共产党人不同意这个议案。彭述之主张，中共党员退出国民党，只保持党外合作。鲍罗廷以暂时退让准备新的进攻为由，同张国焘决定要大家签字接受。《整理党务案》被通过。随后，担任国民党中央部长的共产党员全部被迫辞职。

5月20日 以宣传部代理部长名义向国民党二届二中全会报告三个多月来宣传部的工作。

5月25日 国民党中常会召开第二十八次会议。谭平山提出辞组织部部长和中常会秘书两职，毛泽东辞宣传部代理部长职务，林伯渠辞农民部部长、中常会秘书及中央财政委员三职。会议决议，以上三案留待下次会议讨论。

5月28日 国民党中常会第二十九次会议（有各部部长和中央监察委员参加的联席会议）通过关于谭平山、毛泽东、林伯渠辞职问题案。任命蒋介石为组织部部长〔1〕，顾孟余为代理宣传部部长，甘乃光为农民部部长。六月二十二日，国民党中央宣传委员会改组，毛泽东及其他共产党人被免去委员职务。

5月30日 上午九时，在第六届农讲所召开纪念“五卅”大会。十一时半，率农讲所学生到东较场参加广州各界纪念“五卅”大会并游行示威，参加群众达十万以上。游行时大雨滂沱，群众精神振奋，高呼口号，唱革命歌曲。回所后，毛泽东又冒雨演说十分钟。

6月初 开始为第六届农讲所学生讲授中国农民问题，共授课二十三小时。讲稿总结中国农民斗争的历史，特别是辛亥革命以来的历史经验，指出在此之前，中国革命党人都没有注意研究农民问题，辛亥革命、五卅运动之所以失败，在于“完全未得三万万二千万之农民来帮助和拥护”。讲稿从人口、生产、革命力量、战争关系、革命目的五个方面阐明农民问题在国民革命中的地位，指出：“国民革命的目标，是要解决工农商学兵的各阶级问题；设不能解决农民问题，则各阶级问题也无由解决。”“可以

---

〔1〕 这之后，蒋介石又当上了国民党中央常委会主席、国民革命军总司令。按总司令部组织大纲规定，出征动员令下达后，凡国民政府所属军、政、民、财各机关均须受总司令指挥。这样，蒋介石便垄断了党、政、军、财大权。

说中国国民革命是农民革命”，解决农民的土地问题是革命党的一个中心问题。讲稿在谈到国家问题时说：列宁著有《国家与革命》一书，把国家说得很清楚，历来的国家机关都掌握在少数人的统治阶级手里。“国家于革命后，一切制度都要改变的。巴黎公社所组织的政府，其失败原因之一，即不改旧制度。”“国家是一个阶级拿了压迫另一个阶级的工具。我们的革命民众若将政权夺在手中时，对反革命者要用专制的手段，不客气地压迫反革命者，使他革命化；若不能革命化了，或赐以惨暴的手段，正所以巩固革命政府也。”

6月3日、8日、25日 为第六届农讲所学生讲授农村教育问题。讲稿提出：农村教育是现社会很大的问题。现在农村中盛行的是封建教育，就是忠孝主义，它“钳制人民自由数千年之久，使个性发展丝毫无有”。现在的学校教育是资本主义的教育，即“新学”，反映新经济，讲新思想、民族思想等。这种教育，受地主阶级的反对，也受农民的反对，因为它不适合农民的切身利益。今后农村教育要适合于农民的需要，“适合于农民经济之发展，并使农民得到解放”。毛泽东在农讲所还讲授地理课。讲述学习地理与革命工作的关系。要求学生除对全国性的地理概况有所了解，主要对本省的山川形势、人情风俗习惯，以及地理上给予政治的影响等，都要了解。

6月23日 同第六届农讲所全体学生一起参加广州沙基惨案〔1〕一周年纪念大会。全市各界群众游行时，忽狂风大作，

〔1〕 1925年6月23日由香港回到广州的罢工工人和广州工人、四郊农民、青年士兵、学生约十万人举行游行大示威，声援上海工人的斗争。队伍经过沙面租界对岸的沙基村时，遭到英、法等国的武装镇压，死五十余人，重伤一百七十余人。史称沙基惨案。

暴雨骤降，毛泽东率领全体学生走在最前列，高呼口号，冒雨行进。

7月4日—6日 出席国民党第二届中央执行委员会临时全体会议。会议讨论国民革命军出师北伐事宜，通过《关于国民革命军出师对全体党员之训令》，决定发布《国民革命军出师宣言》并举行出师典礼大会。九日，国民革命军在广州东较场誓师北伐。国民革命军总司令蒋介石发表就职宣言。

7月初 国民革命军叶挺独立团攻占湖南泗汾、醴陵。第四军和第七军主力同第八军向湖南进攻，十一日占领长沙。北伐军受到湖南工农民众的热情支持。

7月12日—18日 中国共产党在上海召开中央执行委员会扩大会议，讨论北伐战争中党的组织路线、国共合作的策略和民众运动的政策等问题。会议明确把蒋介石划为新右派的代表，提出无产阶级要同资产阶级争夺领导权，要反对“左”、右两种倾向。强调“我们在国民党内的政策，应当是扩大左派与左派密切的联合，和他们共同地应付中派，而公开地反攻右派。”但是，会议对资产阶级的作用估计过高，强调联合，害怕斗争会吓跑资产阶级；对农民运动则限制较多，说农民协会“尚不能带有阶级色彩”，农民的武装“不要超出自卫的范围”，“不可有常备的组织”等。

7月 带领第六届农讲所五十名学生到韶关地区实习一个星期，参观并考察农民运动的情况。八月中旬，又组织农讲所全体学生到海丰实习两星期。

8月14日 以第六届农讲所所长身份应邀参加在广州中山大学礼堂举行的中华农学会第九届年会开幕大会并致词。毛泽东说：诸位在广东开会，顶要紧的不要忘记百分之八十以上的农民。“农民是农业的根本，也就是中国的根本！诸位今天参观，最好就下乡去，到民间去，直接去指导农民，唤醒他们守旧的劣根性，根本救治农业。”“现在农村经济非常枯涩，农民生活非常困难，因此广东农民问题，当是诸位开会的一个问题”。

8月17日 应邀参加国民党广东省农民协会执行委员会扩大会议开幕典礼，并发表演说。

8月20日—9月中旬 应聘为国民党广东省农委举办的调查员训练班[1]讲课，讲授共产国际、苏俄、土地问题。

8月27日—30日 国民革命军第四军、第七军相继攻克汀泗桥、贺胜桥，击溃吴佩孚主力部队，直指武汉。

9月1日 为《农民问题丛刊》写序言，题为《国民革命与农民运动》。文章指出：“农民问题乃国民革命的中心问题，农民不起来参加并拥护国民革命，国民革命不会成功”。“经济落后之半殖民地革命最大的对象是乡村宗法封建阶级（地主阶级）”。“农村封建阶级，乃其国内统治阶级国外帝国主义之惟一坚实的基础，不动摇这个基础，便万万不能动摇这个基础的上层建筑”。文章说：“都市的工人学生中小商人应该起来猛击买办阶级，并直接对付帝国主义，进步的工人阶级尤其是一切革命阶级的领导，然若无农民从乡村中奋起打倒宗法封建的地

〔1〕 调查员训练班是广东农委为加强调查工作，训练做调查工作的人才，以改变缺乏调查工作、不了解农民详情的状况而举办的。提出调查项目165个，计划先从重点县调查，每县调查两个乡或4个乡，主要调查农村的土地数量及占有情况，农村中各阶级、社会各团体的经济政治情况及其相互关系，收集重要会议记录、传单、契约、风俗等各种材料。

主阶级之特权，则军阀与帝国主义势力总不会根本倒塌。”文章批评一些同志只重视城市工人、学生和中小商人的工作，忽视农民运动的倾向，指出：“农民运动乃政治争斗经济争斗这两者汇合在一起的一种阶级争斗的运动。内中表现的最特别的尤在政治争斗这一点，这一点与都市工人运动的性质颇有点不同。都市工人阶级目前所争，政治上只是求得集会结社之完全自由，尚不欲即时破坏资产阶级之政治地位。”而农民运动则是推翻地主政权，“这是现时中国农民运动的一个最大的特色”。文章希望，有大批同志下决心去做组织农民的浩大工作，“跑到你那熟悉的或不熟悉的乡村中间去，夏天晒着酷热的太阳，冬天冒着严寒的风雪，搀着农民的手，问他们痛苦些甚么，问他们要些甚么。从他们的痛苦与需要中，引导他们组织起来；引导他们向土豪劣绅争斗；引导他们与城市的工人学生中小商人合作，建立起联合战线；引导他们参与反帝国主义反军阀的国民革命运动”。文章深感研究农民问题的材料之缺乏，希望在不久的时期内“从各地的实际工作实际考察中引出一个详细的具体的全国的调查来”。文章发表后，引起一些革命同志注意。二十一日出版的《农民运动》第八期全文转载。在中共中央工作的瞿秋白要中央宣传部的羊牧之依据毛泽东此文的意见增添宣传内容。

9月3日 到黄埔军校讲演。

9月11日 在第六届农民运动讲习所毕业典礼上作总结报告。

9月 《农民问题丛刊》开始陆续出版。毛泽东主持编印的这套丛刊，是在主办农讲所期间，在条件十分困难的情况下进行的。原计划出五十二种，为条件所限只出版了二十六种。丛刊主要介绍中国农村政治、经济和各阶级的情况，各地特别是广东农民运动的经验，中国国民党的农民政策，以及苏俄和其他国家的农民运动。其中各省农村状况调查，为第六届农讲所学生所做。

10月10日 国民革命军攻占武昌，吴佩孚的主力被消灭。

10月15日—28日 出席中国国民党中央执行委员和各省区市党部、海外党部代表联席会议。这次会议是在北伐取得相当胜利的情况下，为应对当前局势而召开的一次联席会议。会议主要讨论国民政府的发展、迁都〔1〕、召开国民会议、国民党的最近政策等问题，通过了《联席会议决议案效力问题决议案》，《中国国民党的最近政纲》等。会议向全国发出宣言，重申继续执行第一次、第二次全国代表大会的决议〔2〕。

10月23日 国民党联席会议讨论国民党的最近政纲草案。毛泽东提议：应“重订适合一般商人利益之商会法”。随后，陈其瑗、简琴石、毛泽东等七人联名提出《商民运动提案》。提案说：“我们应打倒者是买办阶级及帝国主义之走狗的资本家。中小商人同是被压迫阶级，应受本党保护。”“此后做工人运动者应向工人详细解释，以免妨碍商民运动。”

---

〔1〕 会前蒋介石曾电广州国民党中央常委会代理主席张静江、国民政府代理主席谭延闿等，要求中央和政府机关迁往武汉。会议经过讨论作出决定：仍设广州，暂不迁移。

〔2〕 关于这次国民党联席会议情况，1926年12月中共《中央政治通讯》第12期曾作专门介绍，写道：联席会议的出席人数，共产党员占四分之一，左派比此数稍多，再加半左派，“所以会场完全为左倾空气包办；右派中派（以丁惟汾为有力领袖，戴季陶亦出席数次，未发言）共约占四分之一，但不敢多说话”。“张静江说：‘这会议纵多数通过，亦不能算本党的意思’。”“孙科说：有些问题‘即要找于树德、毛泽东、恽代英、侯绍裘一疏通，会场中便没有问题了’。”

10月25日 国民党联席会议继续讨论国民党的最近政纲草案。在讨论农民问题时，会议否决了湖南等代表提出的“解散摧残农会之民团或团防局”一案。毛泽东支持湖南代表，要求将其作一议案另行提出讨论。二十八日，联席会议讨论由甘乃光、毛泽东等三十余人提出的《关于民团问题决议草案》。草案提出：“旧有之民团、团防局或保卫局等组织，在事实上多属土豪劣绅及不法地主之武力，此等武力常为帝国主义军阀及反动派所利用，破坏农民运动，摇动本党及国民政府之基础，于党及政府之前途危险实甚。”“凡摧残农民之民团、团防局或保卫团，政府须解散并惩治之。”该草案被会议通过。

10月26日 国民党联席会议决定由主席团指定徐谦、陈其瑗、毛泽东等七人会同主席团起草全国联合会政纲。二十七日，大会通过《全国联合会之政纲》。政纲提出一些符合人民利益的基本要求，如“减轻佃农田租百分之二十五”，“遇饥荒时得免付田租”，“农民有设立农民协会之自由”等。

10月27日 国民党联席会议继续讨论国民党的最近政纲草案。关于“不得预征钱粮”一项，宋子文、孙科以国民党政治会议已决定在广东预征一年为由，提出继续实行。毛泽东发言说：“本党最重要之政策为农民政策，预征钱粮足使农民对本党发生怀疑，不如用公债一法取之于少数有钱人较为可行。”由于意见分歧，大会主席团指定陈其瑗、甘乃光、孙科、毛泽东等与财政部部长宋子文会下商议解决办法。会商中，宋子文仍坚持预征钱粮。二十八日，毛泽东在联席会议上再次发言：“昨据宋部长说，预征钱粮不过仅收得二三百万元，何苦以此区区之数使数千万农民或大多数人民怀疑我们的决议案是不能实行呢。本席仍旧主张发行三百万殷实公债，向殷实商人募集。”会议僵持不下，主席宣布交政治会议办理。

10月28日 国民党联席会议举行最后一天会议。会上，关于联席会议的地位和权能、联席会议决议是否有效的问题发生争论。丁惟汾[1]提出联席会议“没有变更或推翻中央执行委员会决议之权能，如有此等错误，即是违背总章，违背总章必定是无效的”。许多代表对丁惟汾企图否定联席会议决议的发言纷纷质辩。毛泽东说：“联席会议的性质，于开会时谭主席已说得很清楚[2]。今天丁同志忽然提出疑问，真是怪事。”“说联席会议没有地位，何以中央召集这个会议。今天来修正第一次第二次全国代表大会的决议案，实际上的权能已经超过全国代表大会之上。所有联席会议的决议我看是完全有效，而且是不能再有人来加以修正的。”大会执行主席吴玉章提出：以“联席会议决议即须切实实行，只有第三次全国代表大会方有修正之权”等文字用决议的方式来保障本会议的决议案。会议通过。会议还对西山会议派及各省区孙文主义学会主持人物的处分问题作出决议。

11月5日 国民革命军攻克九江。八日，进占南昌。孙传芳的主力部队被消灭。

11月8日 国民党中央政治会议改变联席会议的决定，决议将中央党部及国民政府迁往武汉[3]。

---

〔1〕 丁惟汾，当时任国民党中央候补常委兼青年部部长。

〔2〕 谭延闿在开会词中说：因为北伐已得到相当的胜利，“我们应该有新的应付方法，所以由中央常务会议及政治会议讨论，以为应该召集一个全国代表大会，来决定方针，但一时又不易召集，如果召集中央全体会议，人数又不很多，所以请各省派人加入，大家来开会讨论一下”。“这次开会凡到会的都有议决权”。

〔3〕 1926年12月5日，国民政府正式发出迁都通电：“政府迁移在即，现已停止办公。”

11月上旬 离开广州到上海。这时，杨开慧和母亲携毛岸英、毛岸青由广州回到湖南。

同旬 中共中央决定：由毛泽东、彭湃、阮啸仙、易礼容、陆沉、萧人鹄和青年团一人共七人组成中央农民运动委员会。毛泽东为书记，以委员一人常驻中央，另在汉口设办事处，就便指导湘、鄂、豫、赣、川农运工作。在毛泽东主持下，中央农委拟定《目前农运计划》，提出："在目前状况之下，农运发展应取集中的原则。全国除粤省外，应集中在湘、鄂、赣、豫四省发展，次则陕西、四川、广西、福建、安徽、江苏、浙江七省亦应以相当的力量去做。""各地农运须切实与国民党左派合作，并促成国民党中央农民部在武汉设立办事处"，在武昌开办农民运动讲习所。这一计划，十一月十五日中共中央局通过。

11月25日 在《向导》周报发表《江浙农民的痛苦及其反抗运动》。文章指出，江浙两省是工商业发达地区，工人、商人的地位容易被人重视，而对农民"便少有人重视其地位"。文章批评了"以为两省乃太平富庶之区，农民并无多大痛苦"的说法，列举近几年来江浙农民自发地反对残酷的封建压榨的一系列事件。

11月下旬 离上海经南昌赴武汉。二十六日晚，在南昌会晤国民革命军第六军党代表林伯渠，商谈在武昌开办湘、鄂、赣三省农民运动讲习所问题。二十七日，由林伯渠陪同访问第二军代理军长鲁涤平，争取他的支持。由于林伯渠和第二军副党代表李富春多方面做工作，二十九日江西临时政治委员会作出决议：江西选派一百五十名学员送武昌农讲所，并负担经费一万二千元。

11月底（或12月初） 到达武汉。在汉口建立中共中央农委办事处。同国民党湖北省党部筹商举办湘、鄂、赣三省农民运动讲习所事宜。

12月3日 湖南全省第一次农民代表大会电请毛泽东到湖南对大会进行指导。电文称："敝会已于东日[1]开幕，现正讨论各案。先生对于农运富有经验，盼即回湘，指导一切，无任感祷！"

12月13日 到达武汉的国民党中央执行委员和国民政府委员组成有共产党人参加的临时中央党政联席会议[2]，执行最高职权。这时，蒋介石从主张迁都武汉转而反对迁都武汉，企图在南昌另立中央，并开始同帝国主义、封建买办势力的代表密商，准备公开反共。联席会议坚持迁都武汉。

12月中旬 出席中共中央在汉口召开的特别会议。陈独秀主持会议并作政治报告。会议的中心议题是根据北伐战争形势的发展，制定党的主要斗争策略。会上，广东区委的同志重申依靠工农群众反对蒋介石的主张，湖南区委的同志提出，根据湖南农民运动的发展趋势，应当解决农民的土地问题。毛泽东赞成湖南区委的主张。他还提醒中央注意国民党左派没有掌握武力的问题："在粤同志有人说，右派有兵，左派没有兵，即右派有一排兵也比左派有力量。"陈独秀反对广东区委、湖南区委的主张，说他们犯了"左稚病"。陈独秀认为：解决土地问题，在目前还只是宣传，不能马上实行；对以蒋介石为首的国民党集团应当尽

---

〔1〕 东日，即1日。

〔2〕 1926年12月13日至1927年2月21日，在国民党中央党部和国民政府停止办公从广东搬迁武汉期间，联席会议执行最高职权。联席会议由在武汉的国民党中央执行委员、国民政府委员、湖北省政务委员会主席、汉口特别市和湖北省党部代表各1人组成（其中有共产党员吴玉章、于树德、董必武和苏联顾问鲍罗廷）。蒋介石一直反对共产党人和国民党左派占优势的联席会议。

力加以联合；以汪精卫为首的国民党集团是左派，应尽力帮助其发展。会议接受了陈独秀的意见，根据陈独秀的政治报告通过关于政治报告议决案，以及关于国民党左派问题、关于湘鄂赣三省农民运动等议决案。

12月17日 由汉口到长沙，参加湖南全省第一次农民代表大会，并准备考察湖南农民运动情况。大会期间，曾同湖南的同志商讨起草各种决议案〔1〕。

12月20日 出席湖南全省第一次工人代表大会和第一次农民代表大会联合举行的欢迎大会〔2〕。在欢迎会上作《工农商学联合的问题》演说，指出："国民革命是各阶级联合革命，但有一个中心问题。国民革命的中心问题，就是农民问题，一切都要靠农民问题的解决。"又说："我们现在还不是打倒地主的时候，我们要让他一步。在国民革命中是打倒帝国主义军阀土豪劣绅，减少租额，减少利息，增加雇农工资的时候。"

12月27日 以国民党中央候补执行委员身份出席湖南全省工、农代表大会联合举行的闭幕会。在会上作关于革命联合战线

---

〔1〕 湖南省第一次农民代表大会，共通过铲除贪官污吏和土豪劣绅，减租减息，建立农民自卫武装和农民政权等40个决议案。

〔2〕 1926年12月22日出版的《湖南全省第一次工农代表大会日刊》对出席会议的毛泽东作了如下报道："毛先生泽东奔走革命，卓著勋绩。对于农民运动，尤为注重。去岁回湘养疴，曾于湘潭韶山一带，从事农民运动，湘省之有农运，除岳北农会外，实以此为最早。后为赵恒惕所知，谋置先生于死地，先生闻讯，间道入粤。在粤历任中国国民党中央党部要职，此次革命军势力北展，先生为发展全国农运，奠定革命基础起见，遂于前月离粤赴长江一带视察农运情形。农民代表大会开幕时，曾电请先生回湘，指导一切，现已抵湘。"

问题的演说[1]。

12月28日 以国民党中央候补执行委员身份出席国民党长沙市党部第二次代表大会闭幕式并讲话。

同日 长沙《大公报》报道：中央党部执行委员毛泽东，拟于日内分赴湖南宁乡、新化、衡山、衡阳、湘潭、醴陵、宝庆、攸县、武冈、新宁等十余县巡视党务状况。湖南省党部决定派戴述人偕往，并请毛泽东将湖南方面所要调查的六项内容[2]会同考察。

12月底 经与中共湖南区委商定，为参加湖南农民代表大会的代表开办一短期训练班，一九二七年一月初结束。毛泽东作了三次关于农民问题及调查方法的报告。

---

[1] 毛泽东关于革命联合战线问题的演说，《湖南民报》1926年12月29日作了报道。后来这份报纸遗失。据在中华人民共和国成立初期读过这份报纸的同志记载，演说的大意是：反革命方面已经有国际、全国和全省的联合战线，革命方面也应该有同样的联合战线来抵抗他们。他斥责"惰农运动"、"帝国主义没有打倒以前，我们内部不要闹事"等宣传，说：那种只准地主向农民压榨，不准农民向地主争斗的人，就是站在帝国主义、反革命方面，就是破坏革命的人。他还提醒大家注意，现时湖南虽然由国民政府所统治，但实际上赵恒惕的余孽、贪官污吏、土豪劣绅的势力还很大。

[2] 6项内容是："（一）考察各种纠纷之原因，指导解决方法。（二）宣传农工运动之重要。（三）解释开米禁问题。（四）指示民食问题具体方法。（五）注重全国的革命问题，现尚是军政时期。（六）宣传中央联席会议的议决案。"

1927年　三十四岁

1月4日　从长沙启程到湖南农村考察农民运动。四日至十日，先后在湘潭县的县城，银田，韶山一带考察。

在县城召开座谈会，有县农协、工会、妇联、商协、青年组织的负责人参加，了解到湘潭各地农民已经组织起来，在农民及各界群众强烈要求下镇压土豪劣绅晏容秋等情况。

在银田寺的白庙召开第一区农协干部和会员大会，并讲话。会后，又召开农协干部会议，听取汇报。

在韶山，了解到此时的韶山同一九二五年离开时大不一样，祠堂庙宇做了农民协会会址，农民协会还组织农民修塘、修坝、禁烟赌、办农民夜校，韶山成了农民的天下。他看到有很多妇女到会，说：过去妇女受压迫，封建思想作怪，妇女进不得祠堂，现在打倒了族权，能进祠堂了，今天要请她们坐头席。讲话时还赞扬了农民的革命精神，要他们进一步组织起来，建立自己的政权。他说：我搞革命是为了无产阶级事业，我所爱、所交的朋友是穿草鞋的没有钱的穷人。我们的革命还才开始，要彻底消灭封建地主劣绅，打倒军阀，赶走帝国主义，还得三四十年。革命不成功，我毛润之也不回韶山来了。在韶山期间，毛泽东多次召集农协干部和群众座谈。他同毛福轩、王淑兰等农协干部谈话说：我从银田到韶山来，看到农民都起来了，已经掀起了一个农村大革命。过去雨神庙有很多“流民”，现在没有了，他们有的参加了农会，有的在劳动，这是一个很大的进步。

1月10日—14日 到湘乡县考察。先在唐家圫外祖家同两位舅父、几位表兄弟和一些老农二十余人座谈。询问了唐家圫一带农民运动情况后说：外国人说我们中国人是一盘散沙，不团结。别国群而不散，我国散而不群；别国强，我国弱；别国富，我国贫；别国工业发达，有飞机大炮，我国仍是大刀长矛多。要想国家强盛，人民不受压迫和剥削，就要起来干革命，团结起来，打倒列强，驱除军阀。

从唐家圫到湘乡县城。在湘乡饭店住地召集县农协主要负责人开调查会。在调查中边问边记：农会组织得怎样，有多少区、乡农民协会，多少会员，农民武装情况怎样，乡里人对农民协会有什么看法，有没有反对农民协会的，等等。在湘乡饭店还先后邀集县工会、商协、学联、妇联、青年组织的负责人座谈，了解农运情况。邀集一些区农协委员长等，听取他们关于农民运动的意见。还找来县农协执委、负责武装工作的邹祖培，了解湘乡农民诸禁和农民武装等情况。邹祖培说，湘乡历来牌赌盛行，鸦片流毒很广，农会一成立首先禁止赌钱打牌，禁止抽鸦片烟。毛泽东称赞好得很。谈到武装问题时，毛泽东说，农民要组织自己的武装，把团防局接收过来，在全县组织农民自卫队。湘乡可以成立一个审判土豪劣绅的特别法庭。在湘乡期间，曾出席中共湘乡地方执行委员会召开的扩大会议，听取与会者汇报湘乡农运情况。毛泽东对湘乡县在监狱里关押许多乡农协干部提出批评。湘乡县很快将他们释放。

毛泽东离开湘乡县城到横铺萧家冲，听取第二十三区农协委员长方绪良汇报，又召集区农协负责人进行座谈，详细调查该区农运情况。

1月15日—23日 到衡山县考察。在白果召开区农协干部座谈会。赞扬岳北农民群众敢于在军阀赵恒惕的胞衣盘里闹革命，鼓励他们要以南岳衡山革命烽火去引燃其他几个“岳”，让革命风暴席卷全中国。接着，到岳北农工会所在地调查农民自卫军组织情况，工会情况，煤矿工人和工人纠察队组织情况，并看望了岳北农工会几位死难者的家属。随后，到二区农民纠察大队部所在地询问纠察大队人数和枪支等。

在福田铺出席农民协会召开的群众大会，并讲话。在农协所在地圣帝庙开调查会，了解福田铺农运情况。还走访了几家商店，详细调查他们的营业额、捐税、工资、伙食开支、货路来源、供销行情变化等。

在宋家桥（世上冲）戴聘公祠召开党员及农协骨干座谈会，参加乡农民协会召开的群众大会，并走访农户，找开明绅士座谈，了解他们对农运的看法和意见。

在衡山县城邀集中共衡山地方执行委员会书记向钧和县农协、工会等负责人座谈农运情况，对农民武装情况问得很详细。在出席中共衡山地方执行委员会召开的欢迎会和新党员宣誓会时，提出当前的任务是大搞宣传，发动群众，用革命的联合反对反革命的联合。要加强对农民自卫军的领导。要多吸收煤矿工人和农村贫农入党。

在衡山县城期间，还两次视察县农民运动讲习所，同学员座谈；视察县总工会、女界联合会和城郊农村，了解衡山工、农、青、妇、商等各方面情况。他把考察到的情况和各种数据进行分类、统计、分析，当他从统计表中看出贫农在农会中占百分之九十时，很高兴。

在衡山考察将结束时，出席了国民党衡山县党部和县农协及各界团体举行的欢送会，作长篇讲话，称赞衡山农民运动和妇女的革命行动，并指出：农民要团结起来，要提防反动派破坏，要夺取地主豪绅的武器，发展农民武装。要搞联合，搞团结，团结才有力量，大团结就是大力量。

1月24日 回到长沙。将湘潭、湘乡、衡山三县的调查情况向中共湖南区委负责人作详细报告。随后在党校、团校各作一次报告。还在长沙郊区做了一些考察。

1月27日—2月3日 到醴陵县考察。在县城邀集中共醴陵地方执行委员会书记罗学瓒、县农会委员长孙筱山和县工、青、妇等部门负责人座谈。听取他们关于醴陵县农运情况的汇报，并进行交谈。随后，连续三个晚上召开中共醴陵县各地支部书记和区农协委员长座谈会，到会四十多人，每晚开到深夜。座谈会主要汇报全县各地入冬以来开展农运的情况，研究如何加强领导，扩大农协组织，发展农民武装，建立和巩固农民政权等问题。毛泽东在会上对认为农运过火的李味农提出批评〔1〕。还提出要召开一个全县各区有代表性的农民和绅士座谈会，每区来一个真正的农民和一个顶著名的绅士，年龄在五十到六十之间；农民要稍有文化、能讲得一下子的，绅士要能熟悉神祖情况的。在农民、绅士座谈会上，询问当地农民的土地占有情况，有什么神祖祀会，有什么出产品等。在县城期间，还给醴陵民众训练班七百多师生作报告，并到城郊考察。

在离县城二十五华里的东富寺考察的三天中，参加三个会：一是有共产党员、农会骨干、自卫队长、妇女和青年工作负责人参加的座谈会。二是三区区委扩大会。在这两个会上主要听取他

---

〔1〕 李味农，共产党员，当时任国民党醴陵县党部宣传部部长。他在1963年回忆说：1927年春，农民积极开展打倒土豪劣绅的运动，设特别法庭拘办罪大恶极、民愤极大的豪劣恶霸，我同情陈独秀的右倾思想，认为农运过火，与同志们颇不合。毛主席视察醴陵，曾提出委婉的批评："味农同志，你是好好先生，却不懂革命理论，被压迫阶级受层层压迫已久，若不将压迫阶级无情压制，被压迫阶级不能得到彻底翻身。"

们的工作汇报和了解各方面的反映。三是出席有各方面负责人及东富寺附近农民一千多人参加的大会，并讲话。

2月4日 回到长沙。在长沙县郊区邀请农协负责人进行座谈，了解长沙农运情况。

2月5日 历时三十二天的湖南五县考察结束。原计划考察宁乡、新化、宝庆、攸县、武冈、新宁等县，因时间关系未能成行。回到长沙后，在中共湖南区委又作了几次报告〔1〕。

2月12日 由长沙回到武昌。下旬，杨开慧带毛岸英、毛岸青和保姆陈玉英到达武昌，住在武昌都府堤四十一号。

2月16日 就考察湖南农民运动的情况写报告给中共中央。报告指出："在各县乡下所见所闻与在汉口在长沙所见所闻几乎全不同，始发见从前我们对农运政策上处置上几个颇大的错误点。"党对农运的政策，应注意以"农运好得很"的事实，纠正政府、国民党、社会各界一致的"农运糟得很"的议论；以"贫农乃革命先锋"的事实，纠正各界一致的"痞子运动"的议论；以从来并没有什么联合战线存在的事实，纠正农协破坏了联合战线的议论。报告说，农民运动"第二时期（农村革命暴动时期）

---

〔1〕 当时担任中共湖南区执行委员会书记的李维汉在他的《回忆与研究》一书中说，我们听取毛泽东调查归来的报告后，改变了对待农民运动的错误观念。1927年2月，中共湖南区委给中央写了《湘区一月份农民运动报告》，作了自我批评："我们在此社会群向农运进攻之包围中，我们亦自认现在农运的确是太左稚（这是当时对"左"倾幼稚的简称），于是通告禁止农协罚款、捕人等事，而且限制区乡农协执行委员，皆须现在耕种之农民担任，对于罚款、逮捕之人，皆须扫除，几乎不自觉的站到富农、地主方面而限制贫农。自润之同志自乡间视察归来，我们才感贫农猛烈之打击土豪劣绅实有必要，非如此不足以推翻现在乡村之封建政治"，"故可说此时改变从前站到富农、中小地主方面限制贫农之错误观念矣"。

内，农民一切向封建地主阶级的行动都是对的，过分一点也是对的，因为不过分不用大力决不能推翻封建阶级几千年积累的权力，决不能迅速完成民主革命；矫枉必须过正，不过正不能矫枉。”报告认为：“农民问题只是一个贫农问题，而贫农的问题有二个，即资本问题与土地问题。这两个都已经不是宣传的问题而是要立即实行的问题了。”“贫农的革命情绪依然非常之高，依现在形势，他们简直很迫切的要进到别一个革命了。”这是无论如何也不能长久抑制得下的。“现在是群众向左，我们党在许多地方都是表示不与群众的革命情绪相称”，这是一件非常可注意的事。报告提出，在农村中要发展共产党和国民党的组织，还说“洪会是一种势力，必须拉拢这种势力而不可采打击的方法”，“妇女尤是一个伟大的力量，不可不加注意”。

2月18日 出席国民革命军总政治部召开的农民问题讨论会。会议主席总政治部主任邓演达说：农民问题是本党本军一个很重要的问题，“所以本部邀请各位共同讨论此问题，使农民问题能得到良好结果”。会议决定下次开会请毛泽东报告中国农民运动状况。

2月下旬 江西省农协秘书长方志敏致电中共中央农委书记毛泽东，称：江西召开全省第一次农民代表大会，江西AB团〔1〕首领段锡朋要圈定省农协的委员，企图把农协夺到他们手里，如何对付？毛泽东复电说：须坚决反对，宁可使农协大会开不成功，不可屈服于圈定办法。经过方志敏等共产党人和国民党左派的积极斗争，AB团没有得逞。大会选举方志敏等十三人为省农协执行委员。

〔1〕 AB团是1926年底在江西南昌成立的以反共为目的的国民党右派组织，存在时间不长。

2月23日 出席国民革命军总政治部召开的农民问题讨论会第二次常会，作《中国各地农民运动状况》的报告。

3月初 国民党中央农民运动委员会召开第一次会议。批准中央农民运动讲习所筹备处[1]提出的农讲所章程。推定邓演达、毛泽东、陈克文为中央农民运动讲习所常务委员，负责管理全所工作[2]。

3月2日 出席国民革命军总政治部召开的农民问题讨论会第三次常会，被推定为关于红枪会调查训练委员会主席委员。十六日，出席农民问题讨论会第五次常会。连瑞奇报告说：红枪会调查训练委员会已开始工作，查得现有红枪会几十人，已集中开会，不久就要接受训练。

3月5日—4月3日 《湖南农民运动考察报告》全文在中共湖南区委机关刊物《战士》周报第三十五、三十六期合刊，第三十八期，第三十九期连续刊载。报告明确指出革命党人要极端重视农民斗争，要支持农民的革命举动，特别提出贫农大群众是革命的先锋、中坚和元勋，肯定湖南农民所做的十四件大事都是

---

〔1〕 关于中央农民运动讲习所和筹备处的情况，1927年《中国国民党中央农民运动讲习所开学纪念特刊》有如下记载：创办农所，“当时首倡此议的，乃为毛泽东同志。毛泽东同志亲赴江西、湖北、湖南，向三省党部建议，在武昌合办农所，三省党部自然都表赞同”，“并由湖南省党部提议，组织湘、鄂、赣农民运动讲习所筹备处，筹划进行”。筹备处于1927年1月16日在武昌成立，筹备委员为毛泽东、周以栗、陈克文。2月下旬，国民党中央常务委员会第76次会议决定，将筹备中的湘、鄂、赣3省农民运动讲习所扩大为国民党中央农民运动讲习所。

〔2〕 中央农民运动讲习所学员陈雷1967年回忆说：农讲所“当时三个常务委员，邓演达、陈克文、毛泽东，实际是毛泽东领导”。佟兰昌也说：“农讲所的常委共三人，除毛泽东同志外，还有邓演达、陈克文，毛泽东同志是学校的主要负责人，这一点很准确。”

革命的行动和完成民主革命的措施。报告说："农民的主要攻击目标是土豪劣绅，不法地主，旁及各种宗法的思想和制度，城里的贪官污吏，乡村的恶劣习惯。这个攻击的形势，简直是急风暴雨，顺之者存，违之者灭。其结果，把几千年封建地主的特权，打得个落花流水。""孙中山先生致力国民革命凡四十年，所要做而没有做到的事，农民在几个月内做到了。这是四十年乃至几千年未曾成就过的奇勋。这是好得很。""国民革命需要一个大的农村变动。辛亥革命没有这个变动，所以失败了。现在有了这个变动，乃是革命完成的重要因素。"报告说："革命是暴动，是一个阶级推翻一个阶级的暴烈的行动。"在革命时期农民的一些所谓"过分"举动，正是革命的需要。"政权、族权、神权、夫权，代表了全部封建宗法的思想和制度，是束缚中国人民特别是农民的四条极大的绳索"。"地主政权，是一切权力的基干。地主政权既被打翻，族权、神权、夫权便一概跟着动摇起来。"报告指出要"推翻地主武装，建立农民武装"，同时对农村革命后的建设也提出一些积极的主张。

《湖南农民运动考察报告》于三月间在中共中央机关刊物《向导》周报、汉口《民国日报》的《中央副刊》先后发表其中的前两章；三月二十八日，《湖南民报》开始连载；四月，汉口长江书店以《湖南农民革命（一）》为书名，瞿秋白作序〔1〕出版单行本；五月和六月《共产国际》的俄文版和英文版先后转载了

〔1〕 瞿秋白在序言中说："中国革命家都要代表三万万九千万农民说话做事，到战线去奋斗，毛泽东不过开始罢了。中国的革命者个个都应当读一读毛泽东这本书，和读彭湃的《海丰农民运动》一样。"

《向导》刊印的《报告》[1]。这篇报告全文编入《毛泽东选集》。

3月5日 湖北省第一次农民代表大会在武昌举行预备会议，徐谦、孙科、顾孟余、毛泽东、林伯渠、邓演达、唐生智、李汉俊被聘为大会名誉主席。

3月7日 出席国民党在汉口召开的二届三中全会预备会议。蒋介石不按时从南昌来汉口并企图阻挠全会的召开。毛泽东、吴玉章、恽代英、董必武、徐谦等坚持如期开会，谭延闿等主张待蒋介石、朱培德由赣来鄂后再开。会议讨论确定，八、九两日开提案审查会，十日正式开全体会议，届时无论蒋介石等是否到会[2]，会议均按时举行。会议还通过毛泽东关于在大会期间，政治委员会会议停止开会，如有重大事故发生由主席团[3]全权办理的提议。

同日 鉴于江西、湖北、江苏、河南、河北及东北三省到中央农民运动讲习所报到的学员已有四百余人，农讲所常务委员会决定先期开班上课，以应各省之急需。聘请周以栗为教务主任，陈克文为训育主任，季刚为事务主任，郭增昌为总队长。本期讲习所根据当时农民运动发展的需要，共设二十八门课，毛泽东负责讲授“农民问题”、“农村教育”。本届农讲所主要增加农民自

---

〔1〕 1927年5月27日和6月12日，共产国际执委会机关刊物《共产国际》的俄文版和英文版先后以《湖南的农民运动（报告）》为题，转载《向导》周报刊载的报告。英文版的编者按说：“在迄今为止的介绍中国农村状况的英文版刊物中，这篇报道最为清晰。”当时的共产国际执委会主席布哈林在执委会第八次扩大全会上谈到这篇报告时说，“我想有些同志大概已经读过我们的一位鼓动员记述在湖南省内旅行的报告了”，这篇报告“文字精炼，耐人寻味”。

〔2〕 后来蒋介石没有到会。

〔3〕 国民党二届三中全会预备会议选举徐谦、谭延闿、孙科、宋庆龄、顾孟余为主席团委员。

卫、乡村自治等课程。课外理论研究，侧重讨论土地问题、武装问题、农村自治问题、农村教育问题。每日进行军事训练四小时。

3月9日 出席国民党二届三中全会提案审查会议，讨论改选常务委员会、政治委员会、军事委员会等问题，以提交三中全会讨论决定。会议认为，军事委员会必须在中央执行委员会统一领导之下，反对“党国大政，无不总揽于一人”〔1〕。

3月10日 出席国民党二届三中全会开幕会。会议确认在国民党中央党部和国民政府由广东迁武汉期间，联席会议各项决议继续有效。通过《统一党的领导机关决议案》，规定：“中央执行委员会常务会议，对于党务、政治、军事行使最终议决权。”会议递补毛泽东、周启刚、夏曦、许甦魂、邓演达、董必武六名中央候补执委有表决权〔2〕。

3月11日 出席国民党二届三中全会第二日会议。会议改选常务委员会、政治委员会、军事委员会委员和军事委员会主席团，改选国民政府委员、国民政府常务委员和中央党部各部长。会议决定常务委员会不设主席，实行委员制。会议通过毛泽东关于“国民政府委员名额与选举，由中央执行委员会执行”的提议，改变过去国民政府委员由政治委员会或常务委员会推选的情况。

3月13日 出席国民党二届三中全会第三日会议。会议宣

〔1〕 据1927年3月30日汉口《民国日报》刊登的二届三中全会会议录称：自去年5月15日开会以后，“党权旁落，只见个人意志，不见党的意志，只有个人的自由，毫无党的自由”。“自设总司令以来，党国大政，无不总揽于一人”。

〔2〕 国民党二届三中全会共开会7次，因到会中央执行委员不足法定人数，毛泽东四次被递补有表决权。

布蒋介石辞去国民党中央常务委员会主席和政治委员会主席。讨论并通过《统一革命势力的决议案》，提出中国国民党与中国共产党联席会议须立时召开，以讨论统一民众运动、共同负担政治责任、派代表出席第三国际会议等问题。

3月14日 关于湖南集美堂翻印《农民丛刊》给湖南省农民协会的信，在《湖南民报》发表。信中提出，《农民丛刊》为非卖品，如需翻印，必须具备下列三个条件："一、由贵会审查，将已失时效之本，如《湖南农运目前之策略》等，抽出不印。二、价钱不能过高，只能取得印刷费及纸费。三、须经贵会审查，不许错误。"

3月15日 出席国民党二届三中全会第五日会议。会议讨论邓演达、陈克文、毛泽东提出的农民问题案和对农民宣言。毛泽东多次发言，提出在乡村应组织乡村自治机关，并采取委员制；祠产要收归公有，"祠产如不收归公有则对宗法社会不能与以大打击"。主张由大会批准实施湖北省党部提出的惩治土豪劣绅条例，说："土豪劣绅，必须以革命手段处置之，必须有适应革命环境之法庭。最好由农民直接行动。和平办法是不能推倒土豪劣绅的。故亟应颁布此条例，以便推行各省。"这一主张，得到会议批准。毛泽东、邓演达、吴玉章被大会主席团指定组成查处阳新惨案〔1〕委员会。会议还作出裁撤军人部、任命邓演达为总政治部主任等项决议。

3月16日 出席国民党二届三中全会第六日会议。会议通过《对农民宣言》和《农民问题决议案》。宣言指出：中国国民

〔1〕 阳新惨案，指1927年2月27日湖北阳新县的土豪劣绅带领匪徒几百人进城捉拿并以酷刑杀害农协干部、工会干部及同情农工运动的县警备队长共9人的惨案。

革命最大部分目标是解放农民，以完成民主革命。地主阶级是一切反革命派的真实基础。革命需要一个农村的大变动，“使农村政权从土豪劣绅不法地主及一切反革命派手中，移转到农民的手中，在乡村中建设农民领导的民主的乡村自治机关”。要推翻封建势力使这个斗争的胜利得到保障，“则农民得到武装实为重要条件之一。农民应有自卫的武装组织”。封建地主阶级的武装均须解除，交与农民。宣言说：农民在政治斗争胜利之后，经济斗争便随着开始。“革命的进展，农民的要求已是很迅速的由初步进到了第二步，即在许多地方已发生严重的土地问题。”我们要“拥护农民获得土地之争斗，至于使土地问题完全解决而后止”。宣言强调指出：“中国的农民问题，其内容即是一个贫农问题。”这个广大的贫农阶级之存在，即为革命动力的要素。贫农问题不解决，革命将终久没有完成的一日。“贫农问题的中心问题，就是一个土地问题。”会议通过的《农民问题决议案》规定了十项具体措施〔1〕。

3月17日 出席国民党二届三中全会闭幕会。在讨论军事政治学校议案时，毛泽东提出：“黄埔学生皆党员，似不必有同志会之设立。凡同学会、同志会皆封建思想之递嬗，已不适宜于今日，故应规定军事政治学校及各分校，不应有同学会、同志会

〔1〕 这10项具体措施是：一、政府应立即着手建立区乡自治机关；二、区自治机关内应设立土地委员会；三、所有乡间不属于政府军队之武装团体，必须隶属于区或乡之自治机关；四、减租百分之二十五；五、区乡公地及庙产，政府应下令饬其交给区乡自治机关管理；六、政府应严重处罚贪官污吏、土豪劣绅及一切反革命者，并应依法没收其土地财产；七、改革旧有田税法；八、政府应明令禁止高利盘剥；九、政府应准区乡自治机关有管理粮食出口及保存一部分粮食之权；十、政府应加紧实现民主司法制度和解决贫农土地问题之具体办法。

设立之一条文。”会议就此作出决定：“凡党立各学校不得有同志、同学、同乡会之设立。”

3月18日 应邀出席在武昌举行的河南武装农民代表大会第三日会议，并向会议作湖南农民运动状况报告。会后往汉阳兵工厂参观。

同日 国民党中央农民运动委员会、中央农民运动讲习所联合召开欢迎鄂豫两省农民代表的大会，出席会议一千余人。毛泽东向大会致词：“农民利益与地主利益冲突。在湖北一派国民党同志主张农民利益，近几日中央全体会议最重要的议案是通过了惩治土豪劣绅的条例。我们要打倒土豪劣绅，就要援助这派主张农民利益的。”

3月26日 中央农民运动讲习所全体员工，对蒋介石及其仆从蹂躏党权、摧残农工，制造阳新、赣州惨案〔1〕异常愤激。本日上午，全体学生八百人齐赴国民党中央党部请愿，要求保护农工民众，依法惩办蒋介石，肃清一切反动分子。下午，农讲所召开追悼阳新、赣州死难烈士大会。毛泽东发表演说：“在这革命势力的范围内，竟不断地演出惨杀农工的事实，由此可证明封建的残余势力，正准备着秣马厉兵，向我们作最后的挣扎啊！从今日起，我们要下一决心，向那些反动分子势力进攻，务期达到真正目的。这是在今日追悼大会中，我们应该接受的责任。”

3月28日 以国民党中央农民运动委员会委员身份出席中央农民部召集的有各省农运负责人参加的全国农民协会筹备会议。会议认为：全国农民运动发展极快，需要有中心领导机关，

---

〔1〕 赣州惨案，指1927年3月6日国民党新编第1师党代表倪弼枪杀赣州总工会委员长共产党员陈赞贤、搜查总工会、通缉总工会委员中的其他共产党员事件。

以收进行划一及势力团结之效。会议决定：组织中华全国农民协会临时执行委员会，临时执行委员会有执行全国农民协会之职权并负责筹备全国农民代表大会。

3月30日 根据全国农协筹备会议决定，湘、鄂、赣、粤四省农协执行委员会召开联席会议，组成全国农协临时执行委员会。执行委员会共十三人，邓演达、谭延闿、陆沉、毛泽东、谭平山为常务委员。

3月 和邓演达、陈荫林、周以栗等受聘为湖北农民运动委员会委员。

同月 将一九二六年向佃农张连初调查的情况，整理成文，以《中国佃农生活举例》〔1〕为题，作为中央农民运动讲习所丛书发表。该文从假定一户典型佃农的情况出发，计算其一年的各项支出和收入，田租按通例交十分之七，得出关于中国佃农生活情况的一般结论："这种小部分靠正业大部分靠副业，计算起来每年亏折一长项之佃农生活，在中国现时重租制度之下，是极其普遍的。""这就是中国佃农比世界上无论何国之佃农为苦，而许多佃农被挤离开土地变为兵匪游民之真正原因。"

4月2日 下午四时，列席国民党中常会第五次扩大会议，欢迎国际工人代表团。到会的代表团成员有法国的多理越、美国的白劳德。

同日 下午七时，继续列席国民党中常会第五次扩大会议。苏联顾问鲍罗廷列席会议。会议听取孙科、邓演达等关于蒋介石等人问题的报告。会议认为，蒋介石无视中央，自由行动，在上海勾结帝国主义和反动派，把持上海的外交、财政、交通各机关，

〔1〕《中国佃农生活举例》，编入1982年人民出版社出版的《毛泽东农村调查文集》。

破坏中央各项计划，形成一个反动中心。为此，会议决定由中央执行委员会发一训令，令蒋介石离开上海到南京。会议根据邓演达的提议，决定由邓演达、徐谦、顾孟余、谭平山、毛泽东五人组成土地问题委员会，“由此会确定一个实行分给土地与农民的步骤”，“做成乡村间普遍的革命现象，然后可以推翻社会的封建制度”。

4月4日　出席在武汉的中共中央执行委员、中共湖北区委和共产国际代表团的联席会议，讨论召开中共中央全会、中国共产党第五次全国代表大会以及准备召开国民会议等问题。会议宣布中共中央执行委员会汉口临时委员会解散，选举瞿秋白、谭平山、张国焘组成联席会议常务委员会。

同日　下午一时半，出席国民党中央农民运动讲习所开学典礼。参加开学典礼的有中央党部、国民政府及各团体代表百余人，还有国际工人代表团。会议由邓演达主持，周以栗报告农讲所成立经过，谭平山代表国民党中央党部、国民政府演说，法国代表多理越、英国代表汤姆、美国代表白劳德也相继演说。大会发表的《中央农民运动讲习所开学宣言》指出：“中央农民运动讲习所的使命，是要训练一般能领导农村革命的人才出来，对于农民问题有深切的认识，详细的研究，正确解决的方法，更锻炼着有农运的决心。”

同日　三子毛岸龙在武汉出生。一九三一年初夏，在上海病亡〔1〕。

---

〔1〕关于毛岸龙的病亡，1979年中共中央组织部曾派人作过调查，1982年李静峰在《党史研究》第4期上载文披露了调查到的情况。文中说：“一九三一年的五月底或六月初的一天夜里，毛岸龙突然生病，腹泻、高烧，由保育员陈凤仙（又名秦怡君，李求实同志的爱人）抱到附近的广慈医院就诊。医院诊断为噤口痢，经救治无效当夜病亡。次日，由幼稚园负责行政事务工作的姚亚夫买棺入殓处理了丧事。”

4月7日 出席在武汉的中共中央执行委员、中共湖北区委和共产国际代表团的联席会议。为在四月二十五日准时召开第五次全国代表大会，联席会议决定，通知陈独秀和在上海的中央执行委员以及各地代表速来汉口。会议还决定成立中共中央土地委员会，由瞿秋白和毛泽东负责为第五次全国代表大会准备农民土地问题的资料。

4月8日 列席国民党中常会第六次扩大会议。共产国际派来中国的代表罗易以及鲍罗廷等列席会议。罗易、鲍罗廷分别就共产国际援助中国革命等问题发表讲话，随后退席。会议听取全国总工会常委兼总工会武汉办事处秘书长刘少奇关于“四三惨案”〔1〕后工运情况的报告。听取孙科和上海市政委员丁晓先的报告，对蒋介石勾结帝国主义在上海镇压工人和市民运动的反革命行为，决予以处置。会议同意政治委员会的决定，将中央党部和国民政府迁移南京。

4月9日 中华全国农协临时执行委员发出就职通电。通电说，粤、湘、鄂、赣等省农民协会代表联席会议推举邓演达、毛泽东、谭延闿、谭平山、徐谦等十三人为临时执行委员，并推定邓演达为宣传部长、毛泽东为组织部长、彭湃为秘书长。通电指出：“吾国农民之痛苦，皆为国际帝国主义之侵略，与国内封建阶级之压迫。农民之解放，即国民革命之成功，故国民革命势力之进展农民亦随之组织起来，同人深信此为不易之道。”

4月10日 出席在武汉的中共中央执行委员、中共湖北区

〔1〕1927年4月3日，日本水兵在武汉乘车不付钱，还行凶打死打伤车夫。继而，日军舰水兵大批上岸，3次用机枪扫射民众，死伤数十人，称为“四三惨案”。

委和共产国际代表团的联席会议，讨论如何应付蒋介石在上海已经反动的问题。会议决定派一个能干的委员会（陈延年为临时书记）到上海执行联席会议所决定的政策。

4月12日 出席国民党中央土地委员会第二次会议，并担任记录。会议主要讨论土地的没收和分配方法问题。毛泽东发言说："所谓土地没收，就是不纳租，并无须别的办法。现在湘、鄂农民运动已经到了一个高潮，他们已经自动地不纳租了，自动地夺取政权了。中国土地问题的解决，应先有事实，然后再用法律去承认他就得了。"

同日 蒋介石在上海发动反革命政变，大肆逮捕和杀害共产党人和革命人民。十八日，蒋介石在南京另组国民政府，宣布武汉国民政府、国民党中央一切决议为非法，公开通缉鲍罗廷、陈独秀、谭平山、林伯渠、徐谦、于树德、吴玉章、杨匏安、恽代英、彭泽民、毛泽东等共产党人和国民党左派一百九十三人。

4月18日 和邓演达、谭延闿、谭平山、陆沉以中华全国农民协会临时执行委员会常务委员名义，向各省农民协会、农民协会筹备处发出通告，决定七月一日在武汉召开全国农民代表大会〔1〕。

4月中旬 中共中央农委连续召开三天会议，讨论如何解决土地问题。会议提出"要没收全部出租的土地"，"进而彻底消灭土地私有制"。

4月19日 出席国民党中央土地委员会第一次扩大会议。土地委员会在召开了两次会议之后，自今日起改为扩大会议。本次扩大会议有湖南的夏曦、易礼容，广东的彭湃和北方的江

〔1〕这次大会后来没有开成。

浩、王法勤等参加。会议听取了各省关于农民运动状况和农民对土地要求的报告。毛泽东就巩固农民政权、没收和分配土地等问题多次发言。他提出解决土地问题应有一个纲领，内容包括：（一）解决土地问题的意义；（二）土地没收的标准和分配的方法，这是解决土地问题的中心问题；（三）农民以什么政权机关来没收和分配土地；（四）禁止买卖土地和土地国有问题；（五）征收地税问题。关于解决土地问题的意义，毛泽东提出六条：（一）解放农民，废除地主及一切压迫阶级的剥削和压迫，此为本题的主要意义；（二）增加生产，解决农民的生活痛苦和改良土地；（三）保护革命，解决土地问题后即能够解决财政问题及士兵问题，"因农民要保护他们的土地，必勇敢作战"；（四）废除封建制；（五）发展中国工业；（六）提高文化。会议决定由毛泽东、谭平山、顾孟余起草解决土地问题的意义的文件。关于农民政权问题，毛泽东赞同邓演达提出的国民政府农政部应设乡村自治委员会专门管理乡村自治机关的意见，并提出农民政权有两个阶段：一是革命时期，农民政权集中在农民协会；二是革命过后，农民政权在国民政府系统之下，颁布区乡自治条例。还说"现在我们须要承认农民的政权，并且促进农民的政权"。鉴于土地问题极迫切，会议决定自次日起，每天召开扩大会议。

同日 武汉国民政府誓师继续北伐，向河南的奉军进攻。二十六日，毛泽东向国民党中央农民运动委员会提议，督促直、鲁、豫三省早日成立农民协会，协助北伐。

4月20日 出席国民党中央土地委员会第二次扩大会议。会议在听取苏联顾问岳尔克关于"俄国分配土地之经过及效果"报告后，继续讨论农民土地问题。毛泽东发言说，没收土地为解决土地问题的中心问题。解放农民不仅包括现在耕种受痛苦的农民，也包括士兵在内。会议采纳毛泽东所提意见，决定由邓演达、毛泽东、岳尔克和湖南、湖北两省农协代表各一人组成专门委员会，于次日上午十时在国民党中央党部讨论和起草解决土地问题的方案。

同日 中国共产党发表《为蒋介石屠杀革命民众宣言》，完全赞成国民党中央执行委员会“罢免蒋介石国民革命军总司令，开除党籍和拿办的决定”，号召人民起来打倒蒋介石。

4月22日 出席国民党中央土地委员会第三次扩大会议。国民党中央党部、国民政府的主要负责人汪精卫、谭延闿等出席会议。邓演达代表毛泽东、易礼容、陆沉和岳尔克五人专门委员会作关于《解决土地问题决议草案》的报告。报告说：解决土地问题“原则上是平均地权，耕者有其田，以至土地国有”。为适应农民迫切要求使联合战线不受危害，在步骤上分为两步，第一步实行“政治的没收”，第二步实行“经济的没收”。毛泽东对草案作补充说明。他说：土地问题必须解决，解决土地问题是于全般革命有利益的。现在所决定的政治没收，是没收土豪劣绅军阀等等的土地，此为第一步。进一步再没收一切自己不耕种而出租于他人的土地，此为经济没收。经济没收在湖南已不成问题，农民已经自己分配。专就湖南的状况说，用政治没收的形式是不够的，但就一般而论，只能用政治没收。所以，国民政府应明定一般的法规，同时又须颁行单行的法规，如湖南。他说：湖北不能与湖南比，河南又不能与湖北比，其解决土地问题的办法当然不同，全国都实行经济的没收，则是空想。毛泽东还说，自耕农、中农的土地不没收，富农是要没收的。会上，汪精卫等对草案提出不同意见。汪精卫说，这个草案是以政治没收为名，行经济没收之实，因为一切大、中、小地主都可加以反革命头衔而没收其土地。会议指定汪精卫、毛泽东、易礼容、陆沉、岳尔克、邓演达、谭延闿、孙科、唐生智、何键、李品仙等十五人组织专门委员会审查修正《解决土地问题决议草案》。

同日 武汉国民党中央执行委员、候补委员、监察委员，国民政府委员，军事委员会委员联名通电讨蒋。斥责蒋介石反抗中央进而自立中央，抵沪以后与帝国主义妥协，以反共产为名，不惜屠杀民众为其贽见之礼物。号召革命民众“依照中央命令，去此总理之叛徒，本党之败类，民众之蟊贼”。

4月23日 出席《解决土地问题决议草案》审查委员会会议。会议就土地没收的范围和标准问题展开讨论，谭延闿、汪精卫对决议草案持否定态度，徐谦、夏曦等对决议草案提出不同意见。毛泽东没有发言。会上意见分歧，讨论无结果，决定下次会议继续讨论。

4月24日 出席国民党中央土地委员会第四次扩大会议。会议讨论并通过谭平山等起草的《革命军人土地保障条例》。会议继续讨论土地没收和分配问题。毛泽东多次发言，同意全部（包括湖南）用政治没收的办法解决土地问题。同时指出，须再加以限制，说明界限，没收土豪劣绅军阀反革命派的土地是无人反对的。在谈到土地制度和佃农问题时，毛泽东说：现在只可用“土地公有”的口号，不能用“国有”的口号。要尽快定出保障佃农的办法，如免减租税，田主不得虐待等。会议决定下次开会请陈独秀、瞿秋白、张国焘参加，指定谭平山、徐谦、顾孟余起草保护佃农的法规。

4月26日 出席国民党中央土地委员会第五次扩大会议，讨论《佃农保护法草案》，继续审查《解决土地问题决议草案》。陈独秀、鲍罗廷应邀参加。陈独秀、鲍罗廷在原则上赞成“没收小地主及革命军人以外之出租的土地分给农民”，但又说，原则还不能马上实行。他们强调，解决土地问题需先有农民政权；需先由国民政府农政部规定具体办法，由各省依据当地情况实施。会议决定草拟三个文件：由邓演达重新起草《解决土地问题决议草案》；由毛泽东起草《解决土地问题的意义》；由徐谦起草《处分反革命逆产条例》。

4月 以毛泽东为书记的中共中央农委作出三项决议案。在政权问题的决议案中提出，农民运动现在已经到了为确定农民政权而斗争的时期。农民政权应当由贫农与中农掌握，但贫农是这个政权的领导者。农民不但要取得乡村政权，而且要参加县政治、省政治、全国政治。农民协会是创造农民政权的机关。关于武装问题决议案，要求各省一致努力建设农民武装，组织农民自卫军。解散一切地主阶级武装团体，将其武装交与农民自卫军。中央及各省的军委应充分注意农民自卫军问题。关于协作社的决议草案，指出："假使中国的革命结果胜利，并且能成为一个真正民权方式的，那末中国农民的合作社在经济方面须与革命的政府与城市发生密切的关系，在政治方面须在无产阶级领导之下。如此方法，才能帮助农民消灭在农业中所发生的资本主义的倾向，同时，可以使农民于乡村阶级分化时减少压迫。"

4月27日—5月9日 出席在武昌召开的中国共产党第五次全国代表大会。大会的中心议题是确定党在紧急时期的任务。会议接受共产国际第七次大会关于中国问题的决议，批评陈独秀的右倾错误。大会通过《政治形势与党的任务议决案》等项决议。这些决议强调争取领导权，但没有具体措施，对汪精卫、唐生智控制的武汉国民党和武汉国民政府抱有幻想。当时毛泽东对于党的政策，特别是关于农民运动的政策，很不满意。他向大会提出一个农民运动决议案，主张解决农民急需解决的土地问题，建议广泛地重新分配土地。大会没有采纳，甚至未予讨论[1]。大会通过的《土地问题议决案》同国民党召开的土地委员会扩大会议的精神相一致，即在土地委员会扩大会议规定的范围内解决土地问题。大会选出三十一名中央委员和十四名候补中央委员。毛泽东当选为候补中央委员。五届一中全会选举陈独秀、张国焘、蔡和森为政治局常委，陈独秀为总书记。

春 作《菩萨蛮·黄鹤楼》[2]：“茫茫九派流中国，沉沉一线穿南北。烟雨莽苍苍，龟蛇锁大江。 黄鹤知何去？剩有游人处。把酒酹滔滔，心潮逐浪高！”

5月6日 国民党中央土地委员会举行第六次（最后一次）扩大会议，讨论通过各项议案。邓演达主持会议，汪精卫、谭延闿、孙科等参加。毛泽东未出席。谭平山对各项议决案作出说明，称“本案须经中央批准，始能决定可否发表，现在暂不发表”。汪精卫说：“解决土地问题，必定在全国统一之后，全国未统一，只能试办。”“土地问题决议草案，暂不发表，是很对的。”

---

〔1〕 1936年毛泽东同斯诺谈到这段历史时说：“在湖南我视察了长沙、醴陵、湘潭、衡山、湘乡五个县的农民组织和政治情况，并向中央委员会作了报告，主张在农民运动中采取新的路线。第二年初春，我到达武汉的时候，各省农民联席会议正在举行。我出席会议并讨论了我的文章中提出的建议——广泛地重新分配土地。出席会议的还有彭湃、方志敏等人和约克、沃伦两个俄国共产党员，会议通过了决议，采纳我的主张并提交共产党第五次代表大会考虑。但是，中央委员会把它否决了。”“第五次代表大会，没有能通过一个适当的土地政纲。我要求迅速加强农民斗争的主张，甚至没有加以讨论。因为中央委员会也在陈独秀支配之下，拒绝把我的意见提交大会考虑。”

〔2〕 毛泽东对这首词在1958年作批注：“一九二七年，大革命失败的前夕，心情苍凉，一时不知如何是好。这是那年的春季。夏季，八月七号，党的紧急会议，决定武装反抗，从此找到了出路。”

会议最后决定：将一切决议呈报国民党中央核准，或公布或实行。扩大会议后，土地委员会仍继续存在。

5月9日 土地委员会委员邓演达、谭平山、毛泽东、徐谦、顾孟余联名向国民党中央执行委员会写报告，附上七个决议案，请求核夺。报告说：土地问题，从目前政治形势和农民本身的力量，均不许可全数收归国有，只能做到政治没收（部分没收），小地主及革命军人的土地均应加以保障，地主及佃农制度还不能完全消灭。至于解决土地问题的办法，中央只能规定一种原则，详细办法由各省根据自己的实际情况自行解决。

5月14日 湖北麻城的土豪劣绅勾结河南光山会匪不断捣毁农会，屠杀农协会员并围攻县城。中共湖北区委向毛泽东请求救援。毛泽东即派中央农民运动讲习所学生武装二百余人同湖北省政府警卫二团一营赴麻城剿匪，并将农讲所学生改编为中央独立师第二团第三营。农讲所学生同警卫团一营一起，很快将麻城土匪完全肃清。

同日 中共中央政治局常委会改组中央农委，改组后的中央农委由谭平山、毛泽东、陆沉、周以栗、蔡以忱、瞿秋白、任旭、陈独秀、罗绮园、阮啸仙十人组成。

5月17日 武汉国民革命军独立十四师师长夏斗寅在宜昌叛变，进攻武汉。毛泽东组织农讲所部分学生，在武昌城内同武汉军分校学生一起实行戒严。十九日，武汉卫戍司令叶挺率部将叛军击退。

5月21日 汉口《民国日报》刊载武汉国民党中央连续发布的限制革命群众的两个“训令”。一为《各级党部及政府切实执行中央决议案》，称：“凡民众已获得之正当利益，必加以保障，而越轨之行动，亦必加以制裁。”一为《中央关于保护公正绅耆训令》，称：“本党党员应切实指导民众，不得滥施攻击，侵犯他人身体、财产、职业、信仰之自由，其有借端扰乱破坏公共秩序以快意者，即有损于革命之利益，即无异反革命。”

同日 驻长沙的国民革命军第三十五军独立第三十三团团长许克祥，在军长何键策划下，发动反革命政变（通称马日事变），袭击湖南省农民协会、省总工会、国民党省党部及一切革命组织，释放在押的土豪劣绅，杀害共产党员、国民党左派和革命群众。接着在长沙及其附近各县大肆逮捕和屠杀共产党员和革命人士。共产党的组织被迫转入地下。

5月26日 中共中央政治局常委举行会议，讨论湖南问题，决定致电武汉国民政府、湖南省政府和唐生智，要求“停止军事行动及恢复工农团体”，责问解散湖南省总工会、省农会事。还决定工农商各团体要表示接受国民政府政策，国民政府对湖南事要约束，军队要服从行政，交还纠察队枪械。

5月30日 和谭延闿、谭平山、邓演达、陆沉以中华全国农民协会临时执行委员会常务委员名义，向湘、鄂、赣三省农民协会发出训令。训令指出，在革命与反革命斗争愈加激烈的形势下，必须采用新政策，首要的是继续发展农协组织，及创设区乡县的自治机关。必须严厉反对一切反革命派及其挑拨离间政策；力求与小地主及革命军官家属合作；解除土豪劣绅之武装，武装农民；改良贫农生计，没收土豪劣绅及大地主之土地，尽可能使谷米流通，以活动乡村金融，购必需的物品；实施佃农保护法。

5月31日 在汉口主持召开全国农协和湖北省农协欢迎太平洋劳动会议代表的大会。毛泽东致词：“中国革命是世界革命一部分，在过去只能有空洞之口号，然而今天欢迎会上已充实了此口号的内在性。”“中国农民运动，是革命进程中主要之力量，尤须与全世界工人阶级携手前进，深赖工人运动之影响与指导，这证明是工人天然成为农民之领导者。今天中国农民能得国际无产阶级领袖之指导，其有益于革命前途，实在无可限量。”

5月 鉴于中共湖南党组织遭严重破坏，向中央请求到湖南工作。

6月3日 在汉口列席国民党中常会第十四次扩大会议。会议对湖南问题作出决议：湖南省政府暂时维持现状；湖南省党部及省农民协会、省总工会均应改组；长沙、岳阳一切部队归副军长周斓[1]指挥；军队及农民武装团体均应即行停止军事行动，各部队之进止须听周斓指挥，各农工武装团体应回原地，两方均绝对不得有寻机报复举动。

同日 全国农民协会发出通电，要求武汉国民党中央党部、国民政府对许克祥立予免职查办。

6月7日 中共中央政治局常委会决定：批准毛泽东、周以栗去湘潭，由毛泽东、李维汉、易礼容、夏曦、郭亮、周以栗、彭干臣、王则鸣、柳直荀组织临时省委，毛泽东任书记。这个决定没有实行。

同日 和谭延闿、谭平山、邓演达、陆沉以中华全国农民协会临时执行委员会常务委员名义，向各省农协发出训令，提出为新政策的顺利实施所必须执行的五项规定：（一）注意强固组织，严肃纪律。各乡农协，要“审查过去工作，监督会员行动。如有不良分子发现，必须立即执行革命纪律，予以严厉制裁”。（二）注意革命同盟者的利益。与农村中的小商人应建立“亲切的革命联盟”。要使有余的谷米尽量流通，使小地主及富农不致感受不便，使中小商人之贸易得以无障碍地发展。（三）注意改良乡村旧习惯之步骤。改良恶习须经长时间的宣传，倘操切从事，则不

---

〔1〕 国民革命军第36军副军长周斓，由唐生智委派处理湖南马日事变问题，也是国民党中央的特派员。

但得不到良好效果，反使反动分子利用落后思想，造谣煽惑，向进步的农民运动进攻。（四）开始乡村建设事业。务于最短期间，使乡村自治机关完全建立起来。（五）加紧宣传工作。切实将贫苦农民受土豪劣绅压迫摧残之事实，充分宣传，以解除土豪劣绅进攻农民最大之武器。

6月10日 武汉国民政府汪精卫、谭延闿、唐生智等赴郑州，同冯玉祥〔1〕举行会谈，企图联冯反蒋反共。六月二十日至二十一日，冯玉祥同蒋介石等南京国民党首领在徐州举行会议，决定反共、反苏、实行宁汉合作。

6月13日 上午，出席国民党中央军事委员会会议，报告湖南马日事变的情形〔2〕。

同日 和谭延闿、谭平山、邓演达、陆沉以中华全国农民协会临时执行委员会常务委员名义发出训令。揭露湘、鄂、赣三省土豪劣绅、反动军官残杀共产党员、农民、工人，离间军民感情，分裂联合战线，破坏三大政策种种事实。要各级农民协会一致请求国民政府：（一）明令保护工农组织及工人纠察队、农民

---

〔1〕 冯玉祥，当时任国民革命军第2集团军总司令。他率部由陕西出发，和北伐军会同进攻河南省。

〔2〕 关于毛泽东报告的情况，据汪精卫在当日下午召开的第28次国民党中央政治委员会会议上说："刚才在军事委员会同程潜、唐生智、谭延闿、毛泽东诸同志的讨论来综合报告一下。这次的事变，毛泽东同志说得很详细，农民协会确有扰害军人家属的举动，但五月二十一那天晚上，则是军队向农民协会进攻，农民协会为自卫而抵抗，并不是农民协会去抢军队的枪械。"今天在军事委员会讨论甚久，"讨论的结果，是对于湖南的事件不用武力解决，免得引起纠纷。唐生智同志并愿意亲自到长沙去走一趟，以和平的方法，实行改组农民协会及农政部所提出之乡村自治条例等计划。毛泽东同志也承认不用武力的办法是对的"。

自卫军，惩办一切屠杀工农、扰乱后方之反动派；（二）肃清湖北各县勾结逆军土匪屠杀农民工人之土豪劣绅以巩固武汉；（三）明令惩办许克祥，解散其救党委员会、清党委员会等反动机关，从速镇压湖南的反革命派，接受湖南请愿代表团之请愿；（四）明令制止江西驱逐共产党及工农领袖之行动，并严惩屠杀民众之反动派。训令还号召各级农协，要团结农民，严密组织，武装自卫。

6月17日 中共中央政治局常委会召开第二十四次会议，讨论湖南问题。邓中夏报告去长沙、湘潭和衡山的情况，对湖南的工作提出批评。蔡和森提议改组湖南省委，书记由毛泽东担任〔1〕。这个意见在会上没有讨论。周恩来提出湖南暴动计划，后因共产国际反对，未能实行。

6月18日 中共中央政治局常委会召开第二十五次会议。会议决定，由毛泽东根据中央的政治决定起草湖南问题的决议〔2〕。

6月中旬 和李立三、郭亮召集湖南来武汉向国民政府请愿惩办许克祥的共产党员和骨干积极分子近二百人开会。毛泽东要大家回到原来的工作岗位，长沙站不住，城市站不住，就到农村去，下乡组织农民。要发动群众，恢复工作，山区的人上山，滨湖的人上船，拿起枪杆子进行斗争，武装保卫革命。在此期间，每日接待并听取从湖南逃亡来的同志及农民谈湖南

---

〔1〕 蔡和森在《党的机会主义史》一文中说："和森与毛泽东同志之关系，绝对不是甚么企图组织左派，只因泽东一向反对中央农民政策。一九二六年冬季以来，完全代表湖南土地革命的倾向，为一切敌人之所痛恨，而为一切农民之所欢迎，所以马日事变后，和森主张他回湘工作，八七会议时又主张他在中央。"

〔2〕 这个决议未保存下来。

有关情况。

6月24日 中共中央政治局常委会召开第三十一次会议。会议决定：组织新的湖南省委，由毛泽东等十七人组成，毛泽东、何资深、夏明翰、李植、林蔚为常务委员，毛泽东任书记。毛泽东随即赴湖南长沙，从事恢复党的组织关系，打通长沙附近各县及衡阳、常德等地与省委的联系，并计划成立湘南、湘西及宝庆指挥委员会，分别指挥所属各县的政治、军事、党务工作，恢复党的组织。在湖南期间，曾偕柳直荀等到衡山召集衡山主要党员干部和附近几县农会、工会、青年团、妇运会的负责人开会，谈马日事变后的形势，了解党的组织、工人纠察队、农民自卫军情况，以及国民党县党部、县知事的动态等。毛泽东在谈话中指出，马日事变是上海事件〔1〕的继续，随着而来的将有无数个马日事变在全国发生，对不能合作已经反动的国民党分子要严加处置。强调各县工农武装一律迅速集中，不要分散，要用武力来对付反动军队，以枪杆子对付枪杆子，不要再徘徊观望。

7月初 由长沙返回武汉〔2〕。

7月3日 中共中央举行扩大会议，通过国共两党关系决议案。这个决议案共十一条，重申国民党的领导地位，继续向国民党妥协退让。决议案说："工农群众组织必须受国民党的领导"，"工农纠察队必须置于国民政府的监督之下"。现在参加政府工作的共产党员部长，为减少冲突，可以暂时离开政府。

7月4日 中共中央政治局常委会召开第三十四次会议。在

〔1〕 指蒋介石发动的四一二反革命政变。

〔2〕 1936年毛泽东同斯诺谈到这段情况时说："五月二十一日，湖南发生了许克祥的叛乱，许多农民和工人被反动派杀害。""我说服陈独秀改派我到湖南去担任省委书记，十天以后，他又命令我立刻回去，指责我组织暴动反对当时在武汉当权的唐生智。"

讨论湖南问题时，毛泽东发言说：长沙事件为何键夺唐生智政权。唐生智本欲拉我们反何，但见我们没有力量，遂拉拢何键部下打何，故唐不能打许克祥。在讨论联合唐生智反对蒋介石问题时，毛泽东说：在国民革命军中有几个师和军反蒋，应促成唐生智和何键分化，拉唐反蒋。关于省农协策略问题，毛泽东说，有两策略：（一）改成安抚军合法存在，此条实难办到。（二）此外尚有两条路，（1）上山，（2）投入军队中去。“上山可造成军事势力的基础”。“不保存武力则将来一到事变我们即无办法”。

7月上旬 在武昌家中，和蔡和森谈及湖南形势和唐生智的问题，一致认为武汉形势已十分危急，不能坐此静待人家来处置。遂由蔡和森致信中共中央政治局常委：“我们提议中央机关移设武昌，同时中央及军部应即检查自己的势力，做一军事计划，以备万一。”

7月12日 根据共产国际执行委员会的指示，中共中央改组，由张国焘、李维汉、周恩来、李立三、张太雷五人组成临时中央常务委员会，陈独秀停职。十三日，临时中央常务委员会改变对汪精卫的退让政策，发表《中国共产党中央委员会对政局宣言》，公开谴责武汉国民党中央和国民政府限制工农运动，默认、掩护和帮助一切摧残工农运动的反革命进攻；宣布撤回参加国民政府的共产党员；申明中国共产党将同坚持三大政策的国民党内的革命分子继续合作。

7月15日 汪精卫等控制的武汉国民党中央召开会议，作出关于“分共”的决定。随后，大规模屠杀共产党员和革命群众，宁汉合流。一九二五年至一九二七年的大革命失败。

7月中旬 中共中央紧急疏散、撤离和隐蔽党在武汉的各级组织和党员，派毛泽东前往四川，毛泽东请求仍回湖南工作。

同旬 中共中央确定实行土地革命和组织民众武装起义的新

政策，着手制定湘、鄂、粤、赣四省秋收起义的计划。

7月20日 中共中央、中央农民部发出《目前农民运动总策略》，指出：中国革命已进到一个新阶段——土地革命阶段。每省农民运动要人力财力集中在政治军事或交通重要的区域，以树立领导全省运动的中心基础。实行土地革命，必须夺取政权，建立农民的革命政权，并以革命的武装保障其胜利。农民武装可以三种形式存在：（一）以合法的名义存在，如挨户团、保卫团、联庄会之类；（二）平时分散，秘密训练，一遇战事则随时集中；（三）两种形式都不可能时，则可以上山。

7月23日 中共湖南省委致信毛泽东并中共中央，说：润兄所需详细军事报告，此时尚做不出，请缓数日送上；书记毛泽东走后，由易礼容代，省委各部工作无不吃紧，盼望毛泽东回湘。随后，中共中央复信湖南省委，指出湖南省委负责人已经常委会议重新审查，决定以易礼容为书记，省委地点不宜在长沙，以湘阴为宜。这期间，毛泽东一直留在武汉，指导湖南省委工作，并受中央委托研究湖南军事形势，筹划湖南秋收起义等。

7月24日（或25日） 中共临时中央常委会议决定在南昌举行武装起义，并确定暴动后立即南下，占领广东。

8月1日 根据中共中央决定，以周恩来为书记的中共中央前敌委员会，在南昌领导国民革命军贺龙、叶挺部两万多人举行武装起义，打响武装反抗国民党反动派的第一枪。起义胜利后，起义军按中央原定计划南下去广东，占领海口，取得外援，夺取广东，再行北伐。

同日 国民党中央委员宋庆龄、邓演达、毛泽东、董必武等二十二人联名发表《中央委员宣言》，揭露蒋介石、汪精卫背叛国民革命，号召国民党全国同志，特别是忠实将士，拥护孙中山的三民主义与联俄、联共、扶助农工三大政策，继续为反对帝国主义与解决土地问题而奋斗。

8月初 为中共中央起草《湘南运动大纲》，强调武装夺取政权、实行土地革命。大纲提出：在湘南以汝城为中心进而占领桂东、宜章、郴州等四五县，形成一政治形势，组织一政府模样的革命指挥机关，实行土地革命，与长沙的唐生智政府对抗，与湘西的反唐部队取得联络；军事方面请中央命令彭湃不要将现在汝城的广东农军他调，浏阳、平江农军千人立即由郭亮率领赴汝城，从江西革命军中调一团兵力赴汝城，这三部分组成一师的武装，以革命军一个团作中坚，至少有占领五县以上的把握；"党的湘南特别委员会，受湖南省委的指挥，在交通阻隔时候得独立行使职权"。中共临时中央常委会通过了《湘南运动大纲》，并决定毛泽东为书记组织湘南特委。

8月3日 中共中央发出《关于湘鄂粤赣四省农民秋收暴动大纲》，指出："党过去对农民革命有一错误政策，就是抑制农民、保护小地主利益的政策"。"现在国际第八次扩大会对中国革命的前途是工农德谟克拉西独裁联合小资产阶级，这一个新的指示证明过去湖南农民实行农会专政反对乡村自治是对的，对小地主不可免的打击所谓'幼稚''过火'的现象不足害怕而应当积极的去领导的"。秋收暴动的战略，是要"夺取一切政权于农民协会，歼灭土豪劣绅及一切反革命派，并没收其财产"。大纲对湖南省提出的具体要求是：准备在不久的时期内，在湘南计划一湘南政府，建设革命政权。现在即须组织湘南特别委员会，受省委指挥。湘南特委以夏曦、郭亮、毛泽东、任卓宣为委员，毛泽东为书记。

同日 中共临时中央常委会决定毛泽东不去湖南，仍留武汉担负原任工作。

8月5日 中共中央致信湖南省委，要他们向城乡宣传南昌起义的意义，鼓动农民开始秋收暴动；征调一切反唐生智的力量，牵制唐军[1]对南昌的压迫；定出一个秋收暴动的军事计划。

8月7日 出席中共中央在汉口召开的紧急会议（通称八七会议）。共产国际代表罗米那兹也出席会议。会议纠正陈独秀右倾投降主义，确定实行土地革命和武装反抗国民党反动派屠杀政策的总方针，决定在湘、鄂、粤、赣四省发动秋收暴动。毛泽东破除了“素以为领袖同志的意见是对的”观念，在发言中从国共合作、农民问题、军事问题和党的组织四个方面批评陈独秀的右倾错误，着重指出：秋收暴动非有军事不可，党要非常注意军事问题，“须知政权是由枪杆子中取得的”。关于农民土地问题，在讨论《最近农民斗争的议决案》[2]时，毛泽东发言说：“(1)大中地主标准一定要定，不定则不知何为大地主中地主，我意以为可以五十亩为限，五十亩以上不管肥田瘦田通通没收。(2)小地主问题是土地问题的中心问题，困难的是在不没收小地主土地，如此，则有许多没有大地主的地方，农协则要停止工作，所以要根本取消地主制，对小地主应有一定的办法，现在应解决小地主问题，如此方可以安民。(3)自耕农问题，富农、中农的地权不同，农民要向富农进攻了，所以要确定方向。”共产国际代表罗米那兹不采纳毛泽东关于农民问题的意见[3]。毛泽东在发言中还对党过去不做军事运动专做民众运动提出批评意见。会议选出以瞿秋白为首的中央临时政治局，毛泽东当选为政治局候补委员。

---

〔1〕唐军，指由唐生智任总司令的国民党第4集团军兼第1方面军。

〔2〕《最近农民斗争的议决案》中规定：“没收大地主及中地主的土地”，“对于小田主则减租”。

〔3〕罗米那兹说：“关于此问题用不着再讨论了，土地的根本问题是土地国有。”

八七会议后，中央临时政治局分工之前，瞿秋白征求毛泽东去上海中央机关工作的意见。毛泽东表示，不愿去大城市住高楼大厦，愿到农村去，上山结交绿林朋友。

8月9日 出席中共中央临时政治局第一次会议。在讨论湖南秋收暴动时发言指出，湖南省委要组织一个师的武装去广东是很错误的。大家不应只看到一个广东，湖南也是很重要的。湖南民众组织比广东还要广大，所缺的是武装，当前处在暴动时期更需要武装。“前不久我起草经常委通过的一个计划，要在湘南形成一师的武装，占据五六县，形成一政治基础，发展全省的土地革命，纵然失败也不用去广东而应上山。”会议上，罗米那兹提出，应改组湖南省委，派一得力同志去，提议毛泽东去湖南贯彻八七会议的精神。会议最后决定，由毛泽东、彭公达回湖南传达八七会议精神，并全权负责改组湖南省委，指定彭公达为新省委的书记。

8月12日 以中共中央特派员身份从武汉到长沙，住在“板仓杨寓”〔1〕。见到湖南省委书记易礼容，同他进行了简要的交谈。

8月13日 到长沙县清泰乡板仓农村调查农民土地问题，同时看望先期回板仓的杨开慧及孩子们。找来五位农民、一位篾匠和一位教师，在杨开慧家开了两天调查会。通过这次调查，了解到农民要求全般解决土地问题。

8月16日 彭公达主持中共湖南省委改组，成立新省委，毛泽东为省委委员。

同日（或17日） 由杨开慧陪同，从板仓到长沙城里，仍住“板仓杨寓”。通过多方深入了解，认为国民党湖南省党部已

---

〔1〕 板仓杨寓，指已故杨昌济在长沙的住所。

与民众对立，镇压工农运动，而人民群众对国民党已另眼相看。

8月18日 出席在长沙市郊沈家大屋召开的中共湖南省委会议，讨论如何贯彻八七会议确定的新策略。苏联驻长沙领事、共产国际代表马也尔参加了会议。在讨论土地革命时，毛泽东提出：中国大地主少，小地主多，若只没收大地主土地，不能满足农民对土地的要求，因此必须没收整个地主阶级的土地分配给农民。关于没收土地的办法，要制定一个土地政纲，对被没收土地的地主，必须有妥善方法加以安置。在讨论秋收暴动时，毛泽东提出：秋收暴动的发展是要夺取政权、解决农民的土地问题。要发动暴动和夺取政权，没有军事武装单靠农民力量是不行的。“我们党从前的错误，就是忽略了军事，现在应以百分之六十的精力注意军事运动，实行在枪杆上夺取政权，建设政权”。在讨论暴动区域问题时，多数委员想发动全省农民暴动，夺取长沙，改变中央先夺取湘南然后发展为全省的计划；马也尔说中央亦有取长沙之计划；毛泽东则从领导力量和物质条件出发，主张缩小暴动范围，但也同意以多数人意见上报中央。与会者认为，国民党已变成军阀争权夺利的工具，变成压迫民众、屠杀民众的工具，民众对国民党普遍存在唾弃心理，国民党这块招牌已经无用，湖南此次暴动主张用共产党的名义来号召。会议选出湖南省委常委。

8月19日 中共湖南省委就湖南秋收暴动办法写报告给中共中央，改变中央原定的湘南暴动计划，决定以长沙暴动为起点，湘南湘西等亦同时暴动，坚决地夺取整个的湖南，实行土地革命，建立工农兵苏维埃的政权。长沙暴动以工农为主力，决定调陈烈、李隆光两团〔1〕做暴动的“发火药”。夺取长沙时即建立

〔1〕 陈烈、李隆光两团，属国民党军第6军，内有秘密共产党员。

革命委员会，执行工农兵政权的一切革命行动。因湘南与长沙已经隔绝，省委另组织了湘南指导委员会指挥湘南暴动，目的在夺取湘南。

同日 向从湘潭韶山来长沙的五位农民征询对土地革命问题的意见，经与他们商谈，拟出"土地纲领"草案数条，并于当天经省委讨论。草案主要内容是："没收一切土地，包括小地主自耕农在内，归之公有，由农协按照'工作能力'与'消费量'（即依每家人口长幼多寡定每家实际消费量之多寡）两个标准公平分配于愿得地之一切乡村人民。""土地分配以区为单位不以乡为单位，人口多于土地之乡，可以移于人口少于土地之乡。""土地没收之后，对于地主（无论大地主）家属之安置必须有一办法，方能安定人心"。

8月20日 以中共湖南省委名义给中共中央写信，同意共产国际关于在中国立即实行工农兵苏维埃的意见。信中说："某同志[1]来湘，道及国际新训令，主张在中国立即实行工农兵苏维埃，闻之距跃三百。""工农兵苏维埃完全与客观环境适合，我们此刻应有决心立即在粤、湘、鄂、赣四省建立工农兵政权。此政权既建设，必且迅速的取得全国的胜利。"信中提出："因国际这个新训令，影响到我对国民党的意见，即在工农兵苏维埃时候，我们不应再打国民党的旗子了。我们应高高打出共产党的旗子，以与蒋、唐、冯、阎[2]等军阀所打的国民党旗子相对。国民党旗子已成军阀的旗子，只有共产党旗子才是人民的旗子。这一点我在鄂时还不大觉得，到湖南来这几天，看见唐生智的省党部是那样，而人民对之则是这样，便可以断定国民党的旗子真不

〔1〕 某同志，指共产国际代表马也尔。

〔2〕 蒋、唐、冯、阎，指蒋介石、唐生智、冯玉祥、阎锡山。

能打了，再打则必会再失败。”我们应该“立刻坚决的树起红旗”，小资产阶级也必定在红旗领导之下。信里并将“土地纲领”草案录上，提供中央讨论。

8月22日 中共中央临时政治局召开常委会，就湖南省委十九日报告和二十日来信，讨论湖南秋收暴动问题。会议听取了湖南省委代表何资深的汇报。湖南省委秋收暴动计划未被批准。有的常委指出，毛泽东提出“枪杆子中夺得政权”，与中央意见有点不同，中央意见是纯粹依靠群众力量，以军事力量为帮助；并说毛泽东抛弃湘南暴动计划是不对的，现在仍应开始各地的农民暴动。

8月23日 中共中央复信湖南省委。信中说：你们决以长沙为暴动起点的计划，在原则上是对的，但计划中有两个错误：一、靠外面军事力量夺取长沙，这样偏重于军力，其结果只是一种军事冒险；二、专注意长沙工作，忽略了各地的秋收暴动工作（如放弃湘南计划，并没有积极地有组织地去准备长沙、湘潭、浏阳、醴陵、湘乡、宁乡等处暴动）。中央认为：湖南暴动，可以湘南为一发动点，长沙为一发动点，在宝庆〔1〕一带如有可能亦可做一暴动点；“湘中发动，集中军力，扑城取长沙”；湘南、湘中的暴动尽可能地同时发动，免陷一地于孤立。复信指责湖南省委关于应当抛去国民党的旗帜、实现苏维埃政权的主张，说“此时我们仍然要以国民党名义来赞助农工的民主政权”。关于土地问题，复信指出，现时主要口号是“没收大地主土地”，在策略上不提出没收小地主和自耕农的土地，但革命发展的结果“仍是没收一切土地”。

8月下旬 出席中共湖南省委会议，主要讨论中共中央对湖

〔1〕 宝庆，今湖南邵阳。

南秋收暴动计划和土地纲领草案的批评意见。关于农民土地问题，经过讨论，一致认为“现在的土地革命到了根本取消地租制度，推翻地主政权的时期，此时党对农民的政策，应当是贫农领导中农，拿住富农，整个推翻地主制度的土地革命”。关于暴动范围问题，毛泽东力主缩小暴动区域，不赞成中央以长沙、衡阳、宝庆三处为中心的全省暴动计划。会议经过反复讨论，绝大多数同志同意毛泽东的主张，决定发动以长沙为中心，包括湘潭、宁乡、醴陵、浏阳、平江、安源、岳州等县的湘中暴动，改变中央关于三个中心同时发动的全省暴动计划。

同旬 国民革命军第四集团军第二方面军总指挥部警卫团〔1〕、平江浏阳农军的负责人在修水山口镇举行会议，决定将队伍合编为一个师，以余洒度为师长、余贲民为副师长〔2〕，下辖驻修水的第一团，驻铜鼓的第三团。这支队伍后来成为毛泽东领导湘赣边界秋收起义的主要力量。

8月30日 中共湖南省委接到安源市委关于湘赣边界工农武装力量情况的报告，立即召开省委常委会议，讨论湖南秋收暴动的最后计划。会议确定，首先集中力量在条件较好的地区平江、浏阳、醴陵等县和安源发起暴动，决定成立暴动领导机关：由各军事负责人组成中共湖南省委前敌委员会，以毛泽东为书记；由各暴动地区党的负责人组成行动委员会，以易礼容为书

〔1〕 南昌起义前夕，原国民革命军第4集团军第2方面军总指挥部警卫团，奉中共中央指示，由汉口赶赴南昌参加起义，途中得知南昌起义部队已南下广东，遂转至修水休整。警卫团团长卢德铭因未赶上南昌起义，即去武汉向中共中央请示工作。

〔2〕 余洒度，原任警卫团第1营营长，在团长卢德铭去武汉接受任务后，任代理团长。余贲民，原任平江县工农义勇队队长。

记。会议指定彭公达去汉口向中央报告湖南暴动计划，毛泽东去湘赣边界统率工农武装，组织前敌委员会，领导秋收暴动。湖南省委的暴动计划没有得到中央批准。

同日 中共湖南省委就暴动范围等问题致信中央，答复中央八月二十三日来信所提出的指责。信中说："我们计划夺取长沙的主要战斗者是工农，要调某某两团进攻长沙意义是辅助工农力量之不足，不是主力"。中央"谓此间是军事冒险，令将长沙暴动计划取消，实在是不明了此间情形，是不要注意军事又要民众武装暴动的一个矛盾政策"。中央"谓此间专注意长沙工作，而忽略各地，这并不是事实"。"我们是以向长沙暴动为起点，并不是放弃湘南；没有把衡阳做第二个发动点，是因为我们的力量只能做到湘中起来；各县暴动，力量分散了，恐连湘中暴动的计划也不能实现"。

8月31日 晨，乘火车去安源部署武装起义。途经株洲时，会见中共株洲镇委宣传委员朱少连、湘潭县东一区区委书记陈永清等。听取他们的汇报后指出：现在要搞秋收起义，搞武装暴动。敌人打我们，我们要还击。株洲是个重要地方，要把这个地方的工作抓紧恢复起来。首先要解决团防局，同时破坏白石港的铁路桥。并答应他们派一个搞军事的人来。四五天后，毛泽东从安源派搞武装斗争的涂正楚到达株洲。

8月 国民党湖南省政府和军阀部队积极准备镇压工农暴动，从中旬开始对湘东"严密布防"，调兵遣将，"严防共党中秋节大暴动"。长沙卫戍司令张国威宣布：从九月"八号（即农历八月十三日）起特别戒严五日"，"以防暴动"。

9月初 从株洲到安源，以中共中央特派员和湖南省委秋收起义前敌委员会书记身份，在张家湾召开湘赣边界秋收起义的军事会议。到会的有浏阳县委书记潘心源，安源市委书记蔡以忱、委员宁迪卿和杨俊，赣西农民自卫军总指挥兼安福县农军负责人王兴亚等。毛泽东传达中央八七会议精神，报告湖南省委改组及新省委制定的秋收暴动计划，通报了各地秋收暴动的准备情况。会议听取潘心源、王兴亚关于湘赣边界军队情况的详细报告，决定正式组建工农革命军第一军第一师，师长余洒度，副师长余贲民，参谋长钟文璋，下辖三个团〔1〕。初步拟定起义部队分三路向长沙攻击前进的方案：第一路（第二团）进攻萍乡与醴陵，向长沙取包围形势，但无论如何不能放弃萍乡、安源，以防敌人断绝自己的退路，同时要株洲区委发动株洲工农扰乱敌人后方，配合醴陵农民暴动；第二路（第一团）从修水向平江进攻，并发动平江农民在全县暴动，夺取平江后再向长沙推进；第三路（第三团）由铜鼓向浏阳进攻，并发动浏阳农民在四乡暴动，逼进长沙。会上，正式组成以各路军主要负责人为委员、毛泽东为书记的中共湖南省委前敌委员会，统一领导湘赣边界秋收起义。

9月5日　在安源写的信送达中共湖南省委。此信提出长沙暴动要与前方军事行动相配合，否则会失败；相约十一日安源发动，十八日进攻长沙。湖南省委常委讨论后决定：九日开始破坏铁路，十一日各县暴动，十五日长沙暴动。此议决定之后，随即

---

〔1〕第1团驻在修水，以卢德铭警卫团为骨干、由平江工农义勇军和崇阳、通城农民自卫军组成，团长钟文璋（兼）；第2团驻在安源，由安源工人纠察队、安源矿警队和安福、永新、莲花、萍乡、醴陵等县部分农民自卫军组成，团长王兴亚；第3团驻在铜鼓，以浏阳工农义勇队和警卫团1个营组成，团长苏先俊。卢德铭从汉口回部队后任工农革命军第1军第1师总指挥。

通知各地执行。

同日 中共中央致信湖南省委，拒绝湖南省委八月三十日信中对中央所提意见，指出湖南省委“应立即坚决的遵照中央计划实行，把暴动的主力建筑在农民身上，毫不许犹疑”。认为湖南省委集中湘中暴动、放弃湘南计划“实是一大错误”。对于毛泽东八月二十日以湖南省委名义给中央信中提出的建议，再次加以否定和指责，说：“关于政权、国民党和没收土地诸问题，中央认为你们怀疑中央的政策是错误的，在此紧急斗争的当中，中央训令湖南省委绝对执行中央的决议，丝毫不许犹豫”。

9月6日 得知中共湖南省委常委会关于秋收暴动日期的决定后，立即以中共湖南省委前敌委员会名义向工农革命军第一师三个团下达秋收起义计划与部署，要他们积极作好暴动准备。在安源将工作安排就绪后，同潘心源等赴铜鼓第三团领导秋收起义。

9月7日 驻在江西铜鼓的工农革命军第一师第三团，接到中共湖南省委前敌委员会关于秋收起义军事部署的通告，即开会讨论，决定立即执行，一面布置武装暴动的各项准备，一面将前委的军事部署派人送工农革命军第一师师部及第一团。

9月8日 驻在江西修水的由余洒度带领的师部及第一团，接到第三团转去的前敌委员会的通告，决定立即夺取平江，直攻长沙。师部连夜赶制有镰刀、铁锤标志的红旗一百面。

同日 中共湖南省委发布夺取长沙的命令。令各地赶紧动员，限于本月十六日会师长沙，夺取省城。鄂南决于九日发动，安源决于十一日发动，岳阳至长沙、长沙至株洲的铁道九日起破坏；各县农运亦特别加紧工作，限于十一日一起发动。

同日 和潘心源途经浏阳张家坊时，被团防局的清乡队抓住，在被押送去团防局处死的路上，毛泽东机智脱险，死里逃生[1]。

9月9日 湘赣边界秋收起义爆发。铁路工人破坏了长沙至岳阳和长沙至株洲的铁路。工农革命军第一军第一师第一团和师部在驻地江西修水县城宣布起义。第一团立即从修水出发，向湖南平江长寿街进军，先师部一天到达渣津。

9月10日 到达江西铜鼓萧家祠第三团团部。在全团排以上干部参加的中秋聚餐会上，传达中共中央八七会议精神、湖南省委秋收暴动计划及安源张家湾会议确定的军事部署；正式宣布驻铜鼓部队改编为工农革命军第一军第一师第三团；要求全体指战员响应湖南省委号召，立即武装起义。

同日 工农革命军第一军第一师师部进到渣津。原警卫团团长卢德铭从武汉回到起义军师部，担任起义部队总指挥。

---

〔1〕 关于这段脱险情节，毛泽东在1936年同斯诺谈话时曾详细讲述过："当我正在组织军队，奔走于汉冶萍矿工和农民武装之间的时候，我被一些国民党勾结的民团抓到了。那时候，国民党的恐怖达到顶点，数以百计的共产党嫌疑分子被枪毙。那些民团奉命把我押到民团总部去处死。""打算贿赂押送的人释放我"，"可是负责的队长却不允许"。"因此我决定设法逃跑。但是，直到离民团总部大约不到二百米的地方，我才找到机会。我一下子挣脱出来，往田野里跑"。"我跑到一个高地，下面是一水塘，周围长了很高的草，我在那里躲到日落。士兵们在追踪我，还强迫一些农民帮助他们搜寻。有好多次他们走得很近，有一两次我几乎可以用手接触到他们。尽管有五六次我已放弃任何希望，认为自己一定会再次被抓住，可是不知怎么的我没有被他们发现。最后，天近黄昏了，他们放弃了搜寻。我马上翻山越岭，彻夜赶路。我没有穿鞋，脚底擦伤很厉害。路上我遇到一个友善的农民，他给我住处，后来又带领我到了邻县。我身边有七块钱，用这钱买了一双鞋、一把伞和一些食物。当我最后安全到达农民武装那里的时候，我的口袋里只剩下两个铜板了。"

9月11日 工农革命军第一师第一团和师部越过修水、平江边界占领龙门厂。在攻打金坪时，起义前夕余洒度收编的国民党军一个团（团长邱国轩）突然叛变，使部队腹背受敌，损失较大。卢德铭同余洒度率部向第二、第三团靠拢，并派人速报前委书记毛泽东。

同日 零时，工农革命军第一师第二团下令攻打萍乡，未克；改攻老关，取胜。起义部队乘火车进发醴陵，在当地起义农民配合下攻克醴陵县城。因敌军反扑，主动撤出醴陵，向浏阳方向前进。十六日，攻克浏阳县城后陷入优势敌人重围。十七日，仓促突围，溃不成军。突围出来的余部向文家市方向撤退。

同日 晨，和第三团团长苏先俊率领全团从江西铜鼓出发，向湖南浏阳进发，攻占浏阳县白沙。次日，攻占东门市，连战皆捷。毛泽东要求警惕西面达浒、官渡之敌，但苏先俊放松警戒，使敌占先机。十四日，第三团与反扑的优势敌人激战，受挫，遂与苏先俊率部向东北方向退却。

9月11日—15日 在湘赣边界工农革命军第一军第一师各团分别进攻平江、浏阳的同时，长沙县及醴陵、平江、株洲、浏阳等地均有不同规模的农民起义，配合行动，但没有形成预期的声势。

9月14日 率第三团退至浏阳上坪，获悉第一团已在金坪失利。当晚，召开第三团干部会议，主张放弃原定攻打长沙的计划，暂时向江西萍乡方向转移，要第一团尽快与第三团会合。并致信中共湖南省委，建议停止执行长沙暴动计划。十五日，湖南省委决定停止原定十六日晨在长沙举行暴动的计划，暴动延期举行。

9月17日 和苏先俊率领第三团辗转到达浏阳孙家塅与卢德铭、余洒度率领的第一团会合。在孙家塅主持召开中共湖南省委前敌委员会会议，讨论军事行动问题。余洒度主张继续进攻长沙，毛泽东等多数人主张向南撤退。会议决定退往湘南。会后，第一、第三团分两路向文家市前进。

9月19日　秋收起义部队第一、第三团及第二团余部会师浏阳文家市，尚有一千五百余人。晚上，毛泽东在里仁学校主持召开前敌委员会会议，讨论工农革命军的行动方向问题。会议经过激烈争论，否定了师长余洒度等坚持的“取浏阳直攻长沙”的意见，在总指挥卢德铭等支持下通过了毛泽东关于放弃进攻长沙的主张，决定转向敌人统治力量薄弱的农村、山区，寻求落脚点，以保存实力，再图发展。这是从进攻大城市转到向农村进军的新起点。

同日　中共中央作出再攻长沙的决定，指令湖南省委“应一面命令萍（乡）、浏（阳）、（平）江一带工农军进攻长沙，一面立即爆发长沙的暴动”。这个决定没有实行。

同日　中共中央临时政治局会议通过《关于“左派国民党”及苏维埃口号问题决议案》。指出：各派军阀已经把国民党变成政治的尸首，彻底的民权革命“已经不用国民党做自己的旗帜”，“八月决议案〔1〕中关于左派国民党运动与在其旗帜下执行暴动的一条必须取消”；“现在的任务不仅宣传苏维埃的思想，并且在革命斗争新的高潮中应成立苏维埃”，但只能先在中心地方如广州、长沙等城市实行，在小县城里面要坚决地拒绝组织苏维埃，而在农村中最近时期仍然是“一切政权属于农民协会”。

9月20日　早晨，在里仁学校操坪向工农革命军第一师全体人员讲话，宣布中共前敌委员会关于不打长沙转兵向南的决

---

〔1〕　指1927年8月21日中共中央临时政治局常委会议通过的《中国共产党的政治任务与策略的议决案》。

定。毛泽东说：中国革命没有枪杆子不行。这次秋收起义，虽然受了挫折，但算不了什么！胜败乃兵家常事。我们的武装斗争刚刚开始，万事开头难，干革命就不要怕困难。我们有千千万万的工人和农民群众的支持，只要我们团结一致，继续勇敢战斗，胜利是一定属于我们的。我们现在力量很小，好比是一块小石头，蒋介石好比是一口大水缸，总有一天，我们这块小石头，要打破蒋介石那口大水缸。大城市现在不是我们要去的地方，我们要到敌人统治比较薄弱的农村去，发动农民群众，实行土地革命。

9月21日 和卢德铭、余洒度率领工农革命军，由文家市出发，沿罗霄山脉南下，向江西萍乡、莲花前进，开始向敌人力量薄弱的农村山区进军。

9月22日 率领工农革命军进到萍乡县上栗市，得知萍乡县内驻有敌军，遂与师部决定，部队转东向南，绕道芦溪进入莲花。

9月24日 工农革命军到达芦溪。师部命令在芦溪镇上宿营，毛泽东认为在街上宿营不妥，传令移住芦溪西南大山下宿营，途中不准点灯火。

9月25日 工农革命军拂晓从芦溪出发，向莲花前进。由于军事侦察不力，敌情不明，部队出发途中，后卫第三团遭到敌军袭击，损失人枪各二三百。部队向莲花方向突围，总指挥卢德铭为掩护主力撤退而英勇牺牲。第一、第三团直奔莲花县境，中午陆续到高滩村集中。毛泽东向部队讲话，要求指战员不要怕行军困难，不要怕暂时受挫，要看到光明。晚上，工农革命军到莲花县甘家村，毛泽东听取当地党组织负责人汇报，得知莲花县农民自卫队九月十八日攻城失败，牺牲十二人，被捕九十余人等情况，决定攻打莲花县城，营救被捕同志。随即召开有地方党组织负责人参加的军事会议，作出具体部署。

9月26日　工农革命军清晨从甘家村出发，向莲花县城前进。在当地党组织和革命群众配合下，攻克莲花城，俘虏县保安队队长；从监狱中救出被关押的共产党员和革命群众七十余名，打开县府粮仓，将粮食分给贫苦群众。下午，毛泽东在县城召开莲花县党组织负责人会议。听取朱亦岳等汇报莲花县党组织、农民武装以及永新、宁冈农民武装斗争等情况，证实井冈山确有两支地方武装。晚上，去参加余洒度召集的会议，当得知县保安队长已被放走，严厉批评余洒度。余洒度拒不接受批评，会议未开成。

9月27日　工农革命军从莲花县城出发，向永新县方向前进。毛泽东脚痛行动不便，坚持不坐担架，与大家一起行走。

9月28日　中共中央临时政治局常委会讨论长江局人选问题。经过反复讨论，通过瞿秋白提出的由罗亦农、陈乔年、任旭、王一飞、毛泽东五人组成长江局的建议。瞿秋白说："泽东能来，必须加入，我党有独立意见的要算泽东。"

同日　工农革命军向永新三湾方向前进。部队从文家市转兵以来，一路战斗频繁，伤员增加；连续行军，长途跋涉，怕苦怕累的都有，有一些人掉队，少数士兵自行离队；疟疾流行，病员加多，有的伤病员因缺医缺药死在路旁。一些长官存在打骂士兵的旧军队习气，有的长官怕艰苦离队自寻出路。部队约有一千人，军纪松弛。有的团、营出现官多兵少、枪多人少的情况。

9月29日　和余洒度率领工农革命军进驻永新县三湾村。当地群众由于不了解工农革命军，大都躲进山里。毛泽东要求各单位立即分头上山喊话，向群众做宣传，群众陆续回村。当晚，主持召开中共前敌委员会扩大会议。会议决定对部队进行改编。主要是：一、整顿组织，将一个师缩编为一个团，称工农革命军第一军第一师第一团，陈浩为团长，下辖一营、三营、特务连和军官队、卫生队。改编时，提出去留自愿，愿留则留，不愿留发给路费，希望他们继续革命。二、建立党的各级组织和党代表制度，支部建在连上，班排设党小组，连以上设党代表，营、团建立党委，部队由毛泽东为书记的中共前敌委员会统一领导。三、部队内部实行民主制度，官长不准打骂士兵，士兵有开会说话的自由，连、营、团三级建立士兵委员会。这次改编，称作“三湾改编”，奠定了建设新型人民军队的基础。会后，毛泽东从建立落脚点出发，给袁文才及中共宁冈县委负责人龙超清写信联系，派三湾村一农民送到井冈山北麓宁冈茅坪。

9月30日 在三湾枫树坪向全体指战员宣布中共前敌委员会关于部队改编的决定，并作动员讲话。他说：贺龙两把菜刀起家，现在带了一军人。我们有两营人，还怕干不起来吗？你们都是起义出来的，一个可以当敌人十个，十个可以当他一百。并强调指出：没有挫折和失败，就不会有成功。

秋 作《西江月·秋收起义》：“军叫工农革命，旗号镰刀斧头。匡庐一带不停留，要向潇湘直进。 地主重重压迫，农民个个同仇。秋收时节暮云愁，霹雳一声暴动。”

10月初 在三湾接待前来接头的龙超清及袁文才的代表陈慕平（在广州农民运动讲习所听过毛泽东讲课），说明工农革命军的政治主张和来意，希望同袁文才部合作，一道开展革命斗争。龙超清表示欢迎工农革命军进驻宁冈，可以先到离此地三十里的古城。

10月3日 工农革命军第一军第一师第一团离开三湾向宁冈古城前进。出发前，毛泽东在枫树坪向战士和干部讲话，并宣布行军纪律：说话要和气，买卖要公平，不拿群众一个红薯。工农革命军当天进驻宁冈县的古城。当晚，毛泽东在古城文昌宫主持召开有宁冈县党的负责人参加的前委扩大会议（即“古城会议”），历时两天。会上，传达了八七会议精神，初步总结了湘赣边界秋收起义以来的经验教训，着重讨论了“安家”和开展游击活动的问题。会议进一步了解了井冈山地区情况，确定对袁文才、王佐两支地方武装采取团结、改造方针；尽快在茅坪设立后方留守处和部队医院。部队随即在井冈山周围地区开展游击战争。

10月6日　带少数随员到大仓村会见袁文才。鼓励袁文才扩大和巩固部队，坚持革命斗争，做好王佐的工作，并决定送他一百支枪。经与毛泽东面谈，袁文才消除了疑虑，当即拿出几百块银元赠送工农革命军，并表示要积极帮助筹备军粮和安置伤病员，并答应上山做王佐的工作。

10月7日　率工农革命军进驻井冈山脚下茅坪一带。在袁文才部帮助下，设立留守处和后方医院。部队的辎重和多余枪支有了安放的地方，伤病员得到妥善安排。

10月8日—10日　毛泽东和团部决定，留下伤病员和留守机关，部队沿湘赣边界开展游击活动，扩大政治影响，调查井冈山周围情况。工农革命军第一团主力先到湖南省酃县进行革命活动，打击反动势力，发动群众，联络农军，解决经济给养问题。

10月上旬　工农革命军经过“三湾改编”，精神面貌焕然一新。一位连长给妻子的信中说到：“我天天行军打仗，钱也没有用，衣也没有穿，但是精神非常的愉快，较之从前过优美生活的时代好多了，因为是自由的，绝不受任何人的压迫；同志之间亦同心同德，团结一致。”

10月12日　率工农革命军第一团到酃县十都，派何长工去长沙、衡阳等地向中共湖南省委和湘南特委汇报秋收起义部队情况，打听南昌起义部队的下落。

10月13日　随工农革命军第一团团部到酃县水口（在井冈

山西麓)。在水口的朱家祠、桥头分别听取当地党组织代表的情况报告，要他们回去发动农民尤其是贫苦农民，恢复农会，准备武装暴动，开展反土豪、分田地的斗争。师长余洒度、原三团团长苏先俊以向中共湖南省委汇报为名，脱离工农革命军。

10月15日　在酃县水口叶家祠主持新党员欧阳健、赖毅、李恒、鄢辉等六人入党宣誓仪式，各连党代表参加。带领新党员宣读入党誓词："牺牲个人，阶级斗争，服从组织，严守秘密，永不叛党……"要求各连党代表回去后就组织连队党支部，抓紧发展新党员的工作。

10月16日　应袁文才要求，在水口工农革命军团部派游雪程、徐彦刚、陈伯钧等党员干部，到茅坪袁文才部，在步云山帮助练兵，进行政治训练和军事训练。袁文才分别委任他们为连长、副连长、排长等职。

10月中旬　在水口开展社会调查，了解罗霄山脉中段周围各县的敌情、阶级状况、土地占有情况、地理环境、物产资源等。同时，关心部队的军事训练，到练兵场询问战士训练情况，鼓励战士练好本事。从报纸上看到南昌起义部队在广东潮汕地区失败的消息，放弃了准备退往湘南的想法，坚定了在罗霄山脉中段建立革命根据地的主张。工农革命军广泛开展群众工作，宣传革命军的政治主张和宗旨。

同旬　获悉湘军分两路从茶陵开来进攻工农革命军，当即决定：派第一营二、三两连，由营党代表宛希先率领，从水口出发，经安仁到茶陵游击，扰乱敌人后方，打破敌人进攻计划，筹得款子后到井冈山会合；自己率团部、第三营、第一营一连、特务连沿湘赣边界游击，扩大政治影响，解决经济给养问题，并与湘南、赣西农军和党组织取得联系。

10月22日　率团部、第三营、第一营一连、特务连从水口出发，经下村入遂川县境，经戴家埔到大汾镇宿营。途中休息时同副连长张宗逊交谈说，中国革命离不开农民，武装斗争一定要与农民运动相结合，把农民武装起来。

10月23日 清晨，工农革命军在大汾镇突遭遂川地主武装"靖卫团"三四百人的袭击，队伍被打散。第三营与团部失去联系，向南进到上犹与桂东交界地区；毛泽东率团部与特务连撤退，一直跑到井冈山南麓黄坳，收集失散人员共四十多人〔1〕。毛泽东率领这一部分队伍向井冈山转移。他的脚被草鞋带子磨烂，行动很困难，坚决不坐担架，坚持拄着棍子步行。随后一营一连赶了上来。队伍行至井冈山西南荆竹山下，王佐派人接应上山。

10月24日 在荆竹山向部队作动员讲话，指出上井冈山要建立根据地，要求大家一定要和山上的群众及王佐部队搞好关系，做好群众工作。为此，宣布工农革命军三项纪律：一、行动听指挥；二、不拿群众一个红薯；三、打土豪要归公。当晚，率部队上山到达大井，受到王佐及其部队的欢迎。

10月27日 率工农革命军到达井冈山茨坪。随后，宛希先率领的一营两个连从茶陵来到茨坪。毛泽东等送王佐部队七十支枪。王佐资助工农革命军五百担稻谷和一些银元。

11月初 率一部分部队回到宁冈茅坪，开始创建以宁冈为

〔1〕 据当时任连指导员的罗荣桓1958年写的《秋收起义与我军初创时期》一文中回忆：大家又饥又饿，无精打采，稀稀落落地散坐在地上。几个战士带着钱从老百姓家里找来一点剩饭和泡菜辣椒，没有碗筷，毛泽东和大家一起用手抓饭吃。饭后，毛泽东站起来，朝中间空地迈几步，双脚并拢，身体笔直，对大家说："现在来站队！我站第一名，请连长喊口令！"这种坚强、镇定、大无畏的精神，深深地感染了指战员，他们一个个提着枪站起来，列队向排头看齐。

大本营的井冈山根据地。

11月上旬 在茅坪象山庵主持召开宁冈、永新、莲花三县党组织负责人会议。听取各县的情况汇报，然后对武装斗争、土地革命问题提出意见，要求与会者迅速行动起来，重建和发展党的组织，发动群众打土豪，分财物，筹款子，尤其要巩固和发展地方农民自卫军。

11月9日、10日 在共产国际代表罗米那兹指导下，瞿秋白在上海主持召开中共中央临时政治局扩大会议，通过《中国现状与共产党的任务决议案》等。会议强调，中国革命形势是“不断高涨”，中国革命性质是“不断革命”。在中央领导机关形成了“左”倾盲动主义。十四日印发的《政治纪律决议案》，批评湖南省委在秋收起义指导上“完全违背中央策略”，“湖南暴动应以农民群众为其主力”，湖南省委却把它“变成了单纯的军事投机的失败”；并说湖南省委的错误，毛泽东应负严亶的责任，决定撤销其政治局候补委员和湖南省委委员职务。这个决定在一九二八年三月才传到井冈山。

11月中旬 乘国民党新军阀李宗仁对唐生智发动战争、江西敌军大部卷入和茶陵敌军调离之机，决定攻打茶陵。自己需要继续做袁文才、王佐的工作，就委托团长陈浩、一营党代表宛希先率领一营攻打茶陵。部队出发前，作动员讲话，要求部队沿途发动群众，打土豪，筹款子；攻克茶陵后帮助群众建立革命政权。十八日，工农革命军攻克茶陵县城。

11月下旬 从宛希先的报告中获悉，团长陈浩等不发动群众，不筹款，仍按旧县府一套办法进行工作，群众不满。毛泽东在宁冈立即给茶陵去信，批评陈浩等人的错误，主张打碎旧的县政权机构，充分发动群众，建立真正代表人民群众利益的工农兵政权。进驻茶陵的工农革命军按照毛泽东的意见，成立了湘赣边界第一个红色政权——茶陵县工农兵政府，工人出身的谭震林当选为政府主席。同时，还建立了县赤卫大队、县工会、县农会等组织。

11月　为适应湘赣边界斗争发展的需要，在宁冈砻市龙江书院创办军官教导队，培训军队下级军官和地方武装干部，以提高他们的政治、军事素质。第一期学员约一百名，派吕赤任教导队队长。毛泽东给学员讲政治课，组织学员作社会调查和参加群众斗争。这一期学员学习一个半月。

同月　对宁冈县作详细调查，写下宁冈调查。

同月　朱德、陈毅在赣南上犹地区派毛泽覃（化名覃泽）到井冈山与湘赣边界秋收起义部队联系。毛泽覃在宁冈茅坪见到毛泽东，介绍了南昌起义军余部的情况以及朱、陈派他来联系的意向。毛泽东同意毛泽覃留井冈山工作，决定派专人到朱、陈部联系，欢迎两支起义军联合起来。与此同时，在桂东鹅形游击的工农革命军第三营同在茶陵的工农革命军第一营取得联系。不久两营在茶陵会合。

12月11日　张太雷、叶挺、叶剑英等在广州领导工人和部分国民革命军举行武装起义，建立广州苏维埃政府。十三日，广州起义失败。

12月18日　致信中共湖南省委，提议改组前敌委员会，表示朱、毛两部建立联合领导的意向。信中说：部队行动，由朱德、陈毅、张子清、宛希先、余贲民、袁文才、毛泽东七人组成前委，请批准。如系驻军，则应组织湘赣特别委员会，指挥军事及交界八县党务、农村暴动等，人员除上述七人外加江西的刘真，请呈报中央批准。又朱云卿应加入前委和特委。

12月21日　中共中央致信朱德，提出："桂东的北边茶陵、酃县以至江西莲花均有毛泽东同志所带领的农军驻扎，不知你们已和他联络否?”“他们如果驻在这些地方，你们应确实联络，共同计划一个发动群众、以这些武力造成割据的暴动局面，建立工农兵代表会议——苏维埃政权。”

12月下旬 在脚背溃伤略有好转，后方工作已有一定安排的情况下，决定下山到茶陵，同工农革命军主力一道发展革命形势。由陈伯钧带一个班护送，同去的还有毛泽覃等。经过两天行走，到达茶陵县城郊，因城里枪声紧、情况不明而未进城。

同旬 粤桂军阀战争告一段落，湘敌第八军军长吴尚派他的独立团会同湘东地主武装“挨户团”共十几个连兵力进攻茶陵。在茶陵的工农革命军第一营和从桂东前来会合的第三营，共七个连，敌我力量悬殊。宛希先、张子清主张撤出战斗，折回井冈山。团长陈浩等不顾宛希先、张子清反对，令部队向湘南撤退，企图投靠国民党第十三军军长方鼎英。毛泽东等闻讯从茶陵城郊出发，于二十七日赶到茶陵湖口追上部队，命令停止向湘南转移。当晚，召开营以上干部紧急会议，揭发陈浩等人叛变投敌行为。毛泽东当即决定把部队带回宁冈砻市。谭震林率茶陵二百多名赤卫队员随工农革命军到砻市，被编为工农革命军第一团第二营。

同旬 在砻市主持召开前敌委员会会议，揭露和批判陈浩等投敌叛变行为，决定撤销他们的一切职务；任命张子清为团长，朱云卿为参谋长。会后，召集工农革命军全体指战员大会，总结攻打茶陵的经验教训，规定和宣布工农革命军三项任务：第一，打仗消灭敌人；第二，打土豪筹款子；第三，做群众工作。毛泽东代表前敌委员会宣布工农革命军第一团新的任命名单。

同旬 深入连队安定部队情绪，同指战员一起总结经验教训。在讲到怎样打仗的问题时说：现在敌强我弱，不能用过去的那套战法，更不能硬拼。从前井冈山有个“山大王”朱聋子，同官方的兵打了几十年交道，总结出一条经验，叫做“不要会打仗，只要会打圈儿”。打圈是个好经验，不过他打圈只为保存自己，不是为了消灭敌人，扩大根据地。我们改他一句：既要会打圈，又要会打仗。打圈是为了避实击虚，强敌来了，先领他转几个圈子，等他晕头转向暴露出弱点以后，就抓准狠打，打得干净利落，打得要有收获，既消灭敌人，又缴获武器。最后毛泽东概括起来说：赚钱就来，蚀本不干，这就是我们的战术。

12月31日　中共中央致信湖南省委，又一次指责毛泽东，指出：“关于毛泽东同志所部工农军的工作，中央认为未能实现党的新的策略，在政治上确犯了极严重的错误。中央特命令湖南省委按照实际需要决定该部工作计划，连同中央扩大会议的决议及最近种种策略上的决定和材料，派一负责同志前去召集军中同志大会讨论，并由大会改造党的组织，在必要时，派一勇敢明白的工人同志任党代表”。后因湖南省委被破坏，由湘南特委执行中央的上述命令。

12月　受中共前敌委员会委派的何长工，向湖南省委报告工作后，经过辗转周折，在广东韶关犁铺头找到南昌起义军余部，同朱德、陈毅取得联系。

1928年　三十五岁

1月初　为策应万安农军暴动和开辟遂川县工作，在宁冈砻市向工农革命军发布攻打遂川的命令，要求指战员一体执行打仗消灭敌人、打土豪筹款子和做群众工作三项任务。并说：井冈山地处江西，西面是湖南，俗话说“没江西人不成买卖，没湖南人不成军队”。湖南兵多，土生土长，力量较强。江西多是客军，与当地反动武装有矛盾，战斗力也弱一些。我们来一个雷公打豆腐——专拣软的欺，到江西遂川去活动。

1月4日　和张子清指挥工农革命军第一团第一营和第三营第九连，在遂川县大坑镇击溃地主武装肖家璧靖卫团三四百人。

1月5日　率领工农革命军乘胜进占遂川县城，立即组织以班排为单位的分散活动，向广大群众宣传党的主张，发动群众起来革命，打土豪筹款子。随后，检查大革命失败后遂川的武装情况，表彰保存六支枪的王次椿等，鼓励他们重新组织赤卫队，开展武装斗争。

1月8日　在遂川县城天主堂主持召开遂川县中共党员会议，重建中共遂川县委，以陈正人为书记，要求中共遂川县委抓紧恢复和发展党组织的工作。

1月上旬　和张子清在遂川县城听取何长工汇报与朱德、陈毅领导的南昌起义军余部联络的情况，一起研究对王佐地方武装的团结和改造问题。决定派何长工到王佐部队担任党代表，并要何长工一边工作，一边学习，把这支部队争取过来改造好，为今后改造旧军队摸索出一些经验。何长工到王佐部后，通过各种途径取得王佐的信任[1]，从政治、军事、组织三方面对王佐部进行改造工作。

同旬　占领遂川县城后，写信给中共万安县委。为了使万安的革命斗争能够继续向前发展，同井冈山斗争相结合，请万安县委负责同志到遂川县城开前委和万安、遂川两县委联席会议。

1月10日　在遂川县城的工作局面打开后，将工农革命军的团部和特务连留在城里做群众工作，其余部队组成宣传队分三路下农村，一路到城东于田，一路到城西草林，一路到城西北大坑，向群众进行宣传，作社会调查[2]，并发动和组织群众，打土豪筹款子。

1月14日　带领一支武装到遂川县城西面的草林圩，以班排为小队开展宣传，发动群众。亲自深入圩上中小商人之中，一面作调查研究，一面进行宣传教育。提出保护中小商人的政策，明确规定要保护他们的财产和买卖，不能随意侵犯他们的利益。对于压迫农民群众和中小商人的豪绅，发动群众没收他们的浮财。

1月16日　利用草林圩逢圩（集市，三天一次）的机会，召开群众大会，宣讲保护中小商人政策的具体内容，说连商人的一颗红枣都不能动，鼓励中小商人放心做生意。号召广大人民群众，包括中小商人，团结一致，打土豪，分田地。会后，指导工农革命军将打土豪得来的衣服、铜板、猪肉等物品分发给劳苦群众。

1月中旬　在遂川县城五华书院主持召开中共前敌委员会和万安、遂川两县委联席会议。听取两县委工作情况的汇报后，分析了斗争形势，强调重新建立和发展党组织的重要性，要求大家

---

〔1〕何长工帮助王佐除掉他的多年宿敌反动民团总指挥尹道一，取得了王佐对共产党的信任。

〔2〕毛泽东当时亲自拟定了调查提纲，内容包括政治、经济、军事、文化及群众生活等状况，要指战员着重调查工农受压迫、被剥削的情况及其要求。

立即带领群众开展武装斗争，打土豪，建政权。建议万安县委将斗争方向转到赣江以西来，同井冈山联系，依托更有利的地形，再向前发展。总结井冈山工农革命军和万安农军开展游击战争的经验，提出“敌来我去，敌驻我扰，敌退我追”十二字诀[1]，以对付敌人的进攻。

1月21日 率部队返回遂川县城，同中共遂川县委商议筹建县工农兵政府的各项事宜。建议县委在调查研究的基础上草拟一个工农兵政府“临时政纲”，并讲了“政纲”的主要内容。随后，对县委起草的遂川县工农兵政府“临时政纲”（初稿）进行修改，并把条文改得更通俗易懂。

1月23日 农历正月初一，邀请一批工农代表在遂川县城同工农革命军联欢，欢度新春佳节。

1月24日 出席遂川县工农兵政府成立大会，在讲话中号召人民群众团结起来，打倒国民党反动派，打倒土豪劣绅，开展土地革命，要自己拿起枪来，和工农革命军一道跟敌人作斗争，巩固和扩大红色政权。亲手将裹着红绸的大印授给县工农兵政府主席、贫农出身的共产党员王次淳。大会还宣告成立县农民协会、县总工会和县赤卫大队。

同日 遂川县工农兵政府成立大会通过由毛泽东主持、陈正人起草的《遂川工农兵政府临时政纲》。政纲共三十条，包括政治、经济、军事、文化等方面。其中规定：“工人、农民、士兵和其他贫民，都有参与政治的权利”；“凡工农兵平民有集会、结社、言论、出版、居住、罢工的绝对自由”；“全县工会、农民协

〔1〕 1928年7月12日张世熙关于万安暴动情况向共产国际的报告中，也提到万安农民起义军所采取的游击战术：“与敌人搏战的策略是‘坚壁清野，敌来我退，敌走我追，敌驻我扰，敌少我攻’。”

会、工农革命军的组织到了全县以上的时候，应立即召集全县工农兵代表大会，并选举正式人民委员会，为全县执掌政权的机关”；“凡地主、祠庙、公共机关的田地、山林和一切附属”，分给“贫苦人民和退伍兵士耕种使用”；“工农平民从前的欠债、欠租、欠税、欠捐，一律停止偿还和缴纳”。这是茶陵、遂川建设工农兵政权经验的初步总结。

1月25日　布置部队再次从遂川县城分兵下乡，并向部队进行纪律教育。根据部队第一次下乡的经验与教训，宣布工农革命军最早的“六项注意”：还门板，捆铺草，说话和气，买卖公平，不拉伕、请来伕子要给钱，不打人不骂人。要求部队每到一地，都要检查“六项注意”的执行情况。

1月　朱德、陈毅等率领南昌起义军余部，同湘南特委一道发动湘南暴动，扩大了革命武装。

2月4日　获悉赣军调集部队由万安向遂川进犯，决定敌进我退，把分散在农村的工农革命军迅速集中起来，转移到井冈山南麓的黄坳，待机行动〔1〕。

2月上旬　中共前敌委员会决定，在宁冈大陇将袁文才、王佐两支地方武装改编为工农革命军第一军第一师第二团，任命袁文才为团长兼一营营长，王佐为副团长兼二营营长，何长工为党代表。随后，又派二十余名干部到第二团分别担任团参谋长和营、连党代表等。

2月中旬　获悉赣军第二十七师第七十九团从永新派出一个

〔1〕 据陈正人1969年回忆，当工农革命军撤离遂川县城时，有人提出把团部驻地天主堂烧掉。毛泽东不同意这种脱离群众的做法。他说，烧了天主堂，并不能打破群众中的迷信，要破除群众中的迷信，是要经过革命斗争和对群众反复教育的。

营占据宁冈县新城，对井冈山革命根据地发动第一次“进剿”，决定集中兵力消灭该敌，一面率工农革命军第一团回到茅坪与新编第二团会合，待机歼敌；一面指示宁冈、永新的暴动队、赤卫队日夜扰敌。

2月17日 中共江西省委代表向中共中央报告：遂川是毛泽东军队驻扎，有千多人，军队质量也有改变，有五百多同志，每连有党支部，兵士情绪很好，战斗力很强；要求中央将朱德的军队调到江西去。瞿秋白向江西省委代表提出：“从赣西南发展到湖南是很重要的”，“赣西南是否以毛泽东为书记?”

同日 在茅坪攀龙书院主持召开军事会议，部署攻打新城的战斗。根据赣军在新城兵力不大、态势孤立以及地形等情况，制定三面攻击，一面埋伏，在运动中消灭敌人的作战方针。会后，又召开军民大会，对参战部队和配合作战的群众作战斗动员。深夜，率领工农革命军第一团、第二团一个营和群众到新城周围隐蔽埋伏，要求各营于十八日拂晓前进入指定阵地。

2月18日 指挥工农革命军，趁国民党军队清晨出来架枪做徒手体操，发起猛攻，激战半天，攻克新城，全歼守军一个正规营和一个靖卫团共五百多人，击毙守军营长、活捉宁冈县长，粉碎了赣军对井冈山革命根据地的第一次“进剿”。

同日 战斗结束后，数百名俘虏被押送到茅坪，有的战士和农民出于对敌军愤恨而打骂俘虏。毛泽东在茅坪攀龙书院门口召开的军民大会上，宣布工农革命军宽待俘虏的政策：不打骂俘虏，受伤者给予治疗，愿留的收编入伍，要走的发给路费。经过教育，大部分俘虏自愿留下加入工农革命军；资遣回去的，也做了工农革命军政策的义务宣传员。赣军第九师师长杨池生的《九师旬刊》对于工农革命军的这种做法有“毒矣哉”的惊叹。

2月21日 在宁冈砻市召开全县万人群众大会，宣告宁冈县工农兵政府的成立。经毛泽东介绍、提议，群众一致选举雇农出身的文根宗为县工农兵政府主席。毛泽东在会上说，人民群众用枪杆子推翻了旧政府，建立工农兵自己的政府，这是一件了不起的大事。大会还宣布成立以龙超清为书记的中共宁冈县委，以石敬庭为大队长的县赤卫大队。

2月下旬 派毛泽覃到宁冈大陇进行土地革命试点。后来，在毛泽东的指导下，宁冈成为井冈山革命根据地最早进行土地革命的县。

同旬 率领工农革命军一部到永新县秋溪乡，开展群众工作，打土豪筹款子；亲自培养和发展一批工农分子入党，建立了秋溪乡党支部；对永新进行社会调查，随后写下《永新调查》。

2月 从一九二七年十月迄今，毛泽东领导工农革命军在罗霄山脉中段开展游击战争，革命形势发展很快。宁冈、永新、茶陵、遂川都有了中共县委，酃县有了特别区委，莲花也有了党组织。宁冈、遂川、茶陵建立了县工农兵政府。宁冈、茶陵、遂川、永新等县都有了地方武装。土地革命已经开始（还没有深入）。中国第一个农村革命根据地——井冈山革命根据地已初具规模，湘赣边界的工农武装割据局面已经形成。

同月 一次路过茨坪，同王佐谈话，做思想工作，提高他的阶级觉悟和群众观念。事后王佐对团党代表何长工说："毛委员是最有学问的人，跟他谈上一次，真是胜读十年书啊！"

3月10日 中共中央在致湘、鄂、赣三省委的信中指出："湘东特委与赣西南特委必须经常发生密切关系"，"至毛泽东的军队之分配，应看两特委之需要由两特委共同调遣，不必专于死板地决定其驻在某地"。

3月上旬 中共湘南特委派代表周鲁[1]到井冈山，传达贯彻中央上年十一月临时政治局扩大会议决议和十二月三十一日给湖南省委的指示，指责以毛泽东为书记的前委“工作太右”，“烧杀太少”，没有执行“使小资产变成无产，然后强迫他们革命”的政策；他将中央政治局扩大会议决定给毛泽东以“开除中央临时政治局候补委员”和“撤消现任省委委员”的处分，错误地传达为“开除党籍”；取消中共前敌委员会，成立单管军中党的机关、不能过问地方党的师委，以何挺颖为书记，毛泽东改任师长；命令工农革命军离开井冈山根据地，去支援湘南暴动。由于“左”倾盲动主义的严重干扰，使湘赣边界被敌军占领一个多月，刚刚建立的井冈山根据地陷入白色恐怖之中。

3月中旬 工农革命军第一师师长毛泽东，指挥部队分三路离开井冈山，向湖南酃县中村集中待命，没有直去湘南。到酃县后，看到湘东群众运动很发展，想到茶陵活动，使湘东与湘南联系起来。这个主张征得了中共湘南特委代表周鲁的同意。毛泽东一面派毛泽覃率领特务连往湘南与朱德部联络；一面领导部队就地整训，发动群众，开展革命斗争。工农革命军帮助建立起酃县赤卫大队；帮助中村建立起区工农兵政府和一些乡的工农政权等。

同旬 和何挺颖在中村听取中共酃县特别区委书记刘寅生的工作汇报后，决定将特别区委改组为县委，以刘寅生为书记；把酃县暴动队改为赤卫团。

3月19日 在中村召开有三千余人参加的军民诉苦大会，并讲话，号召贫苦工农团结起来，开展打土豪、建政权、分田地运动。随后，分兵各乡，发动和帮助群众打土豪，平分土地。

---

〔1〕周鲁，当时任中共湘南特委军事部部长、湘南特委代表。

3月20日 在中村给工农革命军上政治课，讲述当时的政治形势和中国革命的任务，阐明坚持井冈山斗争的重要性，指出无产阶级不是无产游民，批评危害革命的“左”倾盲动主义。在这里对部队连续进行了一周左右的思想政治教育。

3月下旬 得知朱德、陈毅率领的湘南起义部队，遭到广东、湖南国民党“协剿”军的南北夹击，在湘南难以立足，决定兵分两路赶往湘南，接应和掩护这支部队撤退。立即率领工农革命军第一团离开中村，向桂东、汝城方向前进；同时命令袁文才、何长工率第二团向彭公庙和资兴方向前进。沿途一面行军打仗，一面做群众工作。

3月30日 率工农革命军第一团到达桂东县沙田圩。在沙田万寿宫召开军队干部会，决定分兵深入附近乡村，广泛发动群众，打土豪，搞分田试点，建立工农兵政府。

4月初 领导桂东沙田地区二十多个村子开展打土豪分田地运动，并帮助成立中共桂东县委和县工农兵政府，陈奇任县委书记兼县工农兵政府主席。

4月3日 针对部队受“左”倾盲动主义影响发生违犯纪律的情况，在沙田集合部队进行纪律教育，宣布和解释工农革命军的“三大纪律，六项注意”。“三大纪律”是：第一，行动听指挥；第二，不拿工人农民一点东西；第三，打土豪要归公。“六项注意”是：一、上门板；二、捆铺草；三、说话和气；四、买卖公平；五、借东西要还；六、损坏东西要赔。

4月5日 在沙田召开桂东县各地农民武装负责人会议，决定成立县赤卫大队，并当场拨给十几支枪和一批弹药。

4月上旬 得知敌军胡凤璋部由汝城北进资兴，企图侧击撤退中的湘南农军，命令工农革命军第二团立即赴滁口，迎击胡凤璋部；亲率工农革命军第一团离开沙田，向汝城进发，以牵制胡凤璋部。六日，率第一团途经桂东、汝城两县交界的寒岭界，指挥部队打垮反动地主武装何其朗部。八日，指挥第一团袭占汝城县城，迫使胡凤璋部不得不放弃侧击湘南农军的企图，仓促回援汝城。

4月中旬 率工农革命军第一团由汝城一带退到资兴，在龙溪洞地区接到由萧克带领的宜章农军独立营五百多人。随后，率领两部向酃县前进。当部队到达酃县水口时，又与胡少海率领的湘南农军第三师会合。途中毛泽东率第一团赶到酃县县城，阻击湘军一部对朱德部队的追击。

4月17日 中共中央常委会议讨论湖南醴陵问题，决定组织湘东特委，毛泽东为湘东特委委员和常委。

4月20日 湘敌第八军一个团尾追湘南起义主力部队，从茶陵方向逼近酃县县城。毛泽东同团长张子清指挥工农革命军第一团，在城西利用有利地形击退追敌，完成阻击任务。此役张子清中弹负重伤。

同日 朱德率领湘南起义的主力部队进驻酃县沔渡。

4月20日前后 毛泽东在酃县同朱德初次晤面。

4月21日 袁文才、何长工率领的工农革命军第二团，陈毅率领的湘南农军，在酃县沔渡同朱德率领的湘南起义主力部队会合。次日，工农革命军第二团按毛泽东指示，先期回宁冈砻市，筹备两军会师事宜。

4月24日前后 朱德、陈毅率领湘南起义一部分直属部队从沔渡到达宁冈砻市，毛泽东率领担任后卫的工农革命军第一团，在掩护湘南起义部队转移后也回到砻市。这样，分别由毛泽东和朱德等领导的两支革命军队胜利会师〔1〕，壮大了井冈山革命根据地的军事力量。会师的当日，毛泽东带着身边的干部到龙江书院会见朱德、陈毅等人，共同商议成立工农革命军第四军等问题。根据毛泽东的意见，确定了以罗霄山脉中段为根据地，发动群众斗争，实行土地革命，向北发展，向南游击的方针。

4月25日 中共江西省委致信中央："据吉安来人报告，毛泽东部确与朱德部汇合〔2〕，现已乘虚重复占领宁冈，并向永新方向发展。""至于现时西南党的组织，因为没有人的关系，暂时将湘赣边特委建立，以毛泽东为书记，万安、永新、宁冈、遂川等地的工作由他指挥。"

4月下旬 出席会师后两支部队的连以上干部会议。根据中共湘南特委决定，两支部队编为工农革命军第四军〔3〕，朱德任军长，毛泽东任党代表。下辖两个师一个教导大队：朱德兼第十师师长，宛希先任党代表；毛泽东兼代第十一师师长（本任张子清，因负伤未到任），何挺颖任党代表；陈毅任教导大队大队长。会议讨论决定：趁"五四"纪念日召开军民联欢大会，庆祝两军

〔1〕关于朱、毛会师的时间，有不同的说法。根据一些可靠的材料，可以定为1928年4月24日前后。国民党第13军第2师周参谋长梗（23日）酉电称："职协同第八军一部于漾日（二十三日）收复酃城，朱毛残部数千窜赣西。"1928年5月2日敌方电文又称，第8军第1师熊震全部"养日（二十二日）克复酃县"。另据萧克1988年回忆说：国民党的资料说他们是4月二十二三日收复酃县，那末可以判定毛师长率领的第1团占领酃县在20日左右，退出是二十二三日，到砻市会师大概是二十三四日。

〔2〕据分析，这里指4月中旬，毛泽东部由何长工等率领的工农革命军第2团同朱德部在酃县沔渡的会合。

〔3〕第4军是沿用在北伐战争中因军内共产党员多、战绩辉煌、纪律严明、备受群众称颂的国民革命军第4军的番号。

胜利会师，正式成立工农革命军第四军。接着，出席工农革命军第四军党的第一次代表大会，当选为中共工农革命军第四军军委书记。

同旬 赣军第二十七师第七十九团、第八十一团，分别由永新、遂川向井冈山根据地发动第二次“进剿”。毛泽东获悉赣军要进犯井冈山根据地，立即召开中共工农革命军第四军军委会议。同朱德、陈毅等根据敌情，采取避敌主力，攻击侧翼，声东击西，集中兵力歼敌一路的作战方针，部署第十师第三十一团到宁冈与永新交界的七溪岭阻击赣军第七十九团，部署第十一师第二十八团、第二十九团佯攻遂川，迂回侧击赣军第八十一团。

4月底 率领第三十一团强占七溪岭有利地形，阻击敌第七十九团的进攻。由朱德、陈毅指挥，第二十九团在黄坳歼敌一个营；第二十八团改变进攻方向，直下遂川五斗江，打垮赣军第八十一团，乘胜追击，在永新城附近击溃敌军第七十九团三营和守永新县城的第八十团，随即占领永新县城。毛泽东率第三十一团也进驻永新城。这次战斗的胜利，迫使败敌逃往吉安，打退了赣军的第二次“进剿”。

5月2日 在永新县城以中共工农革命军第四军军委书记名义给中共中央写报告。报告朱德、毛泽东两部会合后建立工农革命军第四军的组织状况，以及打破赣军第二次“进剿”取得胜利的情形。报告说明不直下吉安而采取以永新为中心深入开展工作的策略：对内建立军队的党组织和筹款子、做衣服；对外帮助地方发起工农暴动，建立工农政权，分配土地。报告提出应建立湘赣边界特委，创建以宁冈为中心的罗霄山脉中段政权，用强有力的军事力量去造就湘赣两省的革命根据地之一，并指出“此理毛同志等业已累次呈明在案，由湘南特委转湖南省委转中央”。

5月初 在从永新撤回宁冈砻市的路上，同陈毅边走边谈。

从中国资产阶级民主革命讲到共产党领导中国革命要联系中国实际，从陈独秀、李大钊的历史作用讲到陈独秀的错误；详细谈了他对党内思想尚不统一的诸多问题的看法，表明坚持在中国搞武装斗争和群众运动的决心；此外，还谈了建立罗霄山脉中段政权的构想，指出陈毅他们在湘南站不住脚的原因是地处交通要道，敌人过于强大。这次谈话使陈毅感到新奇，非常钦佩。

5月4日　出席在宁冈砻市举行的庆祝两军会师并宣布工农革命军第四军成立大会。在会上讲话，指出这次两军会师具有历史意义，分析了工农革命的光明前途，并代表第四军军委宣布“三大任务”和“三大纪律、六项注意”。大会宣布工农革命军第四军正式成立，朱德任军长，毛泽东任党代表。全军万余人，枪两千余支。后编为六个团（即第二十八团、第二十九团、第三十团、第三十一团、第三十二团、第三十三团），取消师的编制，由军部直接指挥。

5月上旬　和朱德部署第二十八团在永新城就地休整，第二十九团、第三十一团在永新县境分兵城乡发动群众，开展革命斗争。亲自率领第三十一团一部，到永新西乡塘边一带进行土地革命的试点。

5月中旬　赣军第二十七师师长杨如轩带领该师全部和第七、第九两师各一部共约五个团，从十三日开始对井冈山革命根据地发动第三次“进剿”。毛泽东和朱德采取敌进我退、声东击西的战术，指挥工农革命军第四军主力第二十八团和第三十一团一个营，在其他部队配合下，先在永新城西北的草市坳歼灭敌军第七十九团，击毙敌团长；接着趁敌不备，再次攻占永新县城，歼灭第二十七师师部和第二十七团一个营，击伤敌师长杨如轩。其他各团“进剿”敌军闻讯后向吉安撤退。这次胜利，缴获迫击炮七门，山炮二门，银元二十余担。

5月20日—22日 根据中共江西省委关于组织湘赣边界特委的指示，在宁冈茅坪主持召开中共湘赣边界第一次代表大会。出席大会的有宁冈、永新、莲花、遂川、酃县等五个县委和茶陵特别区委及军队的代表六十余人。毛泽东在会上作报告，总结工农革命军建立井冈山根据地的经验，提出深入土地革命，加强根据地政权建设、军队建设和党组织建设的任务，阐明中国革命战争发展和胜利的必然性与可能性，初步回答了“红旗到底打得多久”的问题，批评右倾悲观思想，反对逃跑主义，重申创造罗霄山脉中段政权的方针。大会审查了各县工作，针对存在的错误通过了“组织纪律决议案”。大会选举中共湘赣边界第一届特委委员二十三人，毛泽东为书记。特委统一领导工农革命军第四军军委和边界各县党的组织。随后，改选工农革命军第四军军委，陈毅为书记。

同时，在宁冈茅坪指导成立湘赣边界工农兵苏维埃政府，袁文才任主席，设土地、军事、财政、司法四个部和工农运动、青年、妇女等三个委员会，统一领导边界各县工农兵政府。要求各县、区政府均设土地委员会，具体负责领导土地革命运动。在秋收起义时制订的《土地纲领》（草案）的基础上，提出一个没收一切土地平均分给农民的实施办法。

5月25日 中共中央颁布《军事工作大纲》，指示“在割据区域所建立之军队，可正式定名为红军，取消以前工农革命军的名义”。工农革命军第四军于六月上半月改称红军第四军（简称红四军）。

5月下旬 工农革命军第四军因给养困难，军委常委会决定，同意由湘南农军组编的第三十团、第三十三团返回湘南。

5月29日 在宁冈茅坪接待中共湖南省委巡视员杜修经，收到湖南省委来信。对信中所谈大多数问题的意见表示赞同，同时提出建议。次日杜修经到工农革命军第四军军部传达。

5月30日　在宁冈砻市出席中共工农革命军第四军军委扩大会议，听取湖南省委巡视员杜修经报告政治情形和宣读省委来信。来信中说："根据中央决议，现在湘、赣、鄂三省暴动的发展形势是沿着湘粤大道与赣边发展，一直到鄂南成为一个区域，并与广东北江相合。……湖南是三省暴动的中心"。"兄处所属各部队现在既已占领宁冈、万安、遂川一带，应向安仁、攸县、茶陵一带发展，向衡州〔1〕趋围，与醴陵相联系"，"目前兄处应以宁冈做军事大本营，与赣西湘东茶陵一带均互联络"。信中特别指出："焚烧整个城市的政策完全错误，在湘南即是实例。"会议经过讨论，表示完全接受来信指示。

5月　和朱德等根据敌强我弱、以弱胜强只能采用游击战术的原则，总结南昌起义、秋收起义以来革命军多次作战的经验，提出"敌进我退，敌驻我扰，敌疲我打，敌退我追"十六字诀的游击战术，为后来红军整个作战原则的形成奠定了基础。

6月初　和朱德、陈毅陪杜修经到红四军各团驻地向干部传达中共湖南省委指示，并带他上井冈山看红军医院和各个哨口。

6月4日　中共中央收到毛泽东五月二日信后，于本日复信朱德、毛泽东并转前委诸同志。信中提出：中国革命现在仍然是资产阶级民主革命的性质。"你们的任务就是在湘赣或赣粤边界，以你们的军事实力发动广大的工农群众，实行土地革命，造成割据的局面向四周发展而推进湘、鄂、赣、粤四省暴动局面的发展"。中央认为有前敌委员会组织之必要，以毛泽东为书记。这封信在十一月初才转到井冈山。

6月上半月　在毛泽东的具体指导下，井冈山根据地的土地

---

〔1〕 衡州，今湖南衡阳。

革命发展很快。杜修经当时给中共湖南省委的报告说："现在宁冈的土地已快分清楚，永新也分了一部分。分配的方法，多以乡苏维埃为单位，由区苏维埃派人协同乡苏维埃将全乡每家土地、人口调查清楚（如少报土地的，查出后即取消分田的权利），再由乡苏维埃将人口、土地统计，看每家分多少，乃根据他原有的田数定其应出进多少。分定后出一榜，又依榜到各田去插一牌子，即归其正式营业"。"照他们这种方法，每人可分谷八担，大小人口一样的多"。

6月16日 在宁冈茅坪起草中共湘赣边界特委给中央的报告（由湘、赣两省委转）。报告中除汇报取得粉碎敌军对井冈山根据地第三次"进剿"的军事胜利等情况外，申述坚持以宁冈为大本营的湘赣边界武装割据的三条理由："A. 此间系罗霄山脉中段，地势极好，易守难攻。B. 党在此间是由无组织进为有组织，民众比较有基础（赤卫队、赤色游击队组织了），弃之可惜。C. 湘南、赣南只能影响一省并只及于上游[1]，此间可影响两省并能及于下游。"报告提出，在军事布置上，对比较强的湘敌取守势，对比较弱的赣敌取攻势。报告还说明贯彻执行湖南省委来信指示和成立湘赣边界特委的情况。

6月18日—7月11日 中国共产党第六次全国代表大会在莫斯科举行。大会指出：大革命失败后中国社会仍然是半殖民地半封建社会，中国革命依然是资产阶级民主革命，革命形势是处在两个高潮之间，党的总任务不是进攻而是争取群众，准备武装起义。会议在批判右倾机会主义的同时，特别指出当时党内最主要的危险倾向是脱离群众的盲动主义、军事冒险主义和命令主

---

〔1〕 分别指湘江、赣江的上游。湘江自南向北流入洞庭湖，赣江自南向北流入鄱阳湖。

义。毛泽东未出席大会，被大会选为中央委员。这次大会的决议案直到一九二九年一月初才传到井冈山革命根据地。

6月19日 中共湖南省委听取从井冈山返回的巡视员杜修经的报告之后，作出对湘赣边界特委及红四军军委的工作决议案，完全同意湘赣边界特委和四军军委以罗霄山脉中段为根据地的计划，同时提出须积极向湘南发展，并向萍乡推进，以与湘东联系〔1〕。

6月中旬 赣军调集第九师、第二十七师共五个团，以第九师师长杨池生为总指挥，以第二十七师师长杨如轩为前线总指挥，对井冈山革命根据地发动第四次“进剿”。在国民党南京政府的严令下，湘军吴尚第八军一个师向攸县、茶陵逼进，威胁井冈山根据地的西侧。毛泽东和朱德、陈毅面对湘、赣两省敌军的“会剿”，认为湖南国民党军数量多而且战斗力较强，尚未进攻红军；江西国民党军兵力较小，经过红军数次打击，有畏惧心理。研究决定，对战斗力较强的湘敌取守势，对战斗力较弱的赣敌取攻势，在湘赣两省敌军“会剿”时，则以小部钳制湘敌，集中力量打击由永新地区来犯之赣敌；同时发动永新、宁冈一带民众积极配合红军主力作战。

6月20日 和朱德、陈毅在宁冈古城召开红四军连以上干部会议，讨论决定，第二十八团、第二十九团和第三十一团第一营担任主力，由朱德、陈毅、王尔琢率领，利用新、老七溪岭的有利地形，集中力量歼灭来犯之赣敌；袁文才、王佐带领第三十

〔1〕 对杜修经的报告及中共湖南省委据此所作决定，毛泽东1928年11月25日代表红军第4军军委给中央的报告中曾指出：6月巡视员杜修经对省委的报告，如赤卫队加二百枪足以保卫边界割据，红军当时是保守主义等，观点完全错误。省委即依据此等报告决定行动，所以失败。

二团在宁冈、酃县边境活动，钳制湘敌第八军；广泛动员宁冈、永新群众支前参战，协助红军歼敌。次日，毛泽东率第三十一团第三营往永新西乡的龙田、潞江一带，发动群众骚扰赣敌，并牵制湘敌。

6月22日 在永新西乡写信给驻宁冈新城的中共红四军军委，通报赣敌由永新出动向宁冈猛进，并提出破敌的策略。红四军军委接信后，陈毅紧急召集有营以上干部参加的军委扩大会，讨论并确定具体的作战方案。此时，进驻酃县、茶陵、攸县地区的湘敌第八军无行动迹象。这样湘、赣两省敌军的“会剿”又成了赣敌单方面的“进剿”。

6月23日 红四军主力在永新与宁冈边界的新、老七溪岭、龙源口一带，在赤卫队、暴动队配合下，经过激烈的战斗，歼灭赣敌一个团，击溃两个团，乘胜第三次占领永新县城，粉碎了赣敌第四次“进剿”。

龙源口大捷后，湘赣边界工农武装割据区域发展为包括宁冈、永新、莲花三个全县，吉安、安福各一小部，遂川北部和酃县东南部，面积七千余平方公里，人口六十五万。井冈山革命根据地进入全盛时期。当时土地大部已分配，区乡政权普遍建立，组织了赤卫队和工农暴动队。

6月26日 在永新县城禾川中学主持召开红四军连以上干部、地方党和地方武装负责人会议，总结龙源口战斗的经验，研究红军短期分兵发动群众的问题。会后，红四军分兵开往安福、莲花、吉安等地，进行筹款，深入开展土地革命，建立工农兵政权，肃清封建残余，帮助地方党的发展和地方武装的发展，以扩大割据区域。毛泽东率领从红四军中抽调的大批同志和宁冈、遂川、茶陵、酃县等县的负责同志，集中到永新工作，“用大力经营永新”〔1〕。

同日 中共湖南省委写信给湘赣边界特委和红四军军委，对敌我力量作了不切实际的估量，决定红四军“立即向湘南发展”，留袁文才部队一个营守山；要求毛泽东“须随军出发”，派杨开明担任湘赣边特委书记；取消红四军军委，另成立以毛泽东为书记的前敌委员会；派杜修经“为省委巡视员，帮助前委工作”。

6月下旬 率红三十一团一营到永新县塘边一带发动群众打土豪，进行土地革命，深入群众作调查研究，就土地革命中的一些政策问题征求农民的意见，同先期在塘边工作的贺子珍等会合。毛泽东与贺子珍在塘边一起工作的日子里，结为革命伴侣。

6月30日 在永新县城主持召开中共湘赣边界特委、红四军军委和永新县委联席会议，讨论巩固和发展井冈山革命根据地的各项工作，提出建立以永新为中心的巩固根据地的计划。湖南省委巡视员杜修经出席会议，宣读了湖南省委给湘赣边界特委和红四军军委的指示信。指示信强调指出：“你们必须很有计划地善于利用四军的军力，努力向外发展”，“以及四军须集中力量向湘南发展”，“实现中央所指示的割据赣边及湘粤大道计划”；“先解决永新之敌军，然后再杀出一条血路，向湘南资兴、耒阳、永兴、郴州发展”；要“毫不犹疑地立即执行”省委指示。与会者就湖南省委指示信进行讨论。毛泽东分析了湘赣两省形势，坚持对赣敌取攻势、对湘敌取守势的策略，说明巩固和发展井冈山革命根据地的必要，指出红四军主力离开井冈山、远距离分兵去湘

---

〔1〕 关于毛泽东“用大力经营永新”的主张，杨开明1929年2月给中共中央的报告有所陈述，说：“我刚刚由湖南省委派去边界工作，泽东同志对我说：‘我们看永新一县，要比一国还重要，所以现在集中人力在这一县内经营，想在最短的期间内建设一个党与民众的坚实基础，以应付敌人下次会剿’。”

南是危险的。大多数与会者同意毛泽东的主张。会议决定，红四军当前不宜去湘南，继续在湘赣边界做群众工作，建设巩固的根据地；请求湖南省委根据目前井冈山斗争的实际作出新的决定。

6月底 湘赣两省国民党军商定于七月七日同时对井冈山革命根据地发动“会剿”。

7月4日 综合永新联席会议的意见和决定，起草中共湘赣边界特委和红四军军委给湖南省委的报告（经杜修经、朱德、陈毅等传阅），申述红四军当前不宜去湘南的具体理由。提出：（一）近一月来多方洗刷“冒险的遗毒”，“懂得中央及省委上次主张建立宁冈大本营的政策是对的。如现在又马上改变，使四军重新走入转徙游动的道路，四军之改造必更困难”。（二）“湘省敌人非常强硬，实厚力强，不似赣敌易攻”，“故为避免硬战计，此时不宜向湘省冲击，反转更深入了敌人的重围，恐招全军覆灭之祸”。（三）“宁冈能成为军事大本营者，即在山势既大且险，路通两省，胜固可以守，败亦可以跑，且敌人绝对无法把我围着，若加上各县党与群众的基础，实在可以与敌人作长期的斗争，若此刻轻易脱离宁冈，‘虎落平阳被犬欺’，四军非常危险。”（四）“此种主张绝非保守观念，过去全国暴动，各地曾蓬勃一时，一旦敌人反攻，则如水洗河，一败涂地。此皆不求基础巩固，只求声势浩大之故。我们此刻力矫此病，一面为军事建立一大本营，一面为湘、赣两省暴动前途建立一巩固基础，现我们全力在永新、宁冈工作，日有进步，并向莲花、安福及吉安西南端推进，深入土地革命，创造地方武装”。（五）从经济上说，“湘南各县焚杀之余，经济破产，土豪打尽”，“此刻到湘南去解决经济困难，乃是绝对的不能”。（六）“伤兵增至五百，欲冲往湘南去，则军心瓦解”。报告最后说：“根据以上六种实际理由，在新军阀战争未爆发以前，尚不能离开宁（冈）、永（新）、莲（花）

往湘南”，“请省委重新讨论，根据目前情形，予以新的决定”。湖南省委八月中旬向中央报告说：毛泽东等来信，反对向湘南移动，是保守观念，要守在永新、宁冈一带。

同日 湘军第八军乘红四军分兵在莲花、安福、吉安边界发动群众之机，以第一、第二两个师提前出动，从茶陵、酃县侵入宁冈，集结于砻市。九日，该敌移至新城。毛泽东、朱德、陈毅在永新接到宁冈告急书后，当即召开特委、军委联席会议，决定在赣军尚未发起进攻时，集中红军第二十八团、第二十九团、第三十一团于龙源口东南绥远山一带，侧击由宁冈进犯永新之湘军。

7月11日 和朱德、陈毅率红四军主力到达侧击预定地区，但湘军已先期通过这个地区，侧击计未能实现。同朱德、陈毅立即改变部署，决定由毛泽东率第三十一团对付即将进入永新的赣军；由朱德、陈毅率军部和第二十八团、第二十九团（杜修经一同前往）直取湖南的酃县，威逼茶陵，迫使湘军回援其后方，达到目的后立即回师永新，同第三十一团一起对付赣军，以彻底粉碎湘、赣两省敌军对井冈山根据地的第一次“会剿”。

7月13日 红四军第二十八、二十九团攻克酃县县城。湘军第八军两个师被迫于十四日退出“会剿”，返回茶陵。朱德、陈毅见预期目的已经达到，决定主动撤出酃县，按预定计划返回永新和第三十一团共同对赣军作战。

7月中旬 朱德、陈毅率红军大队离开酃县城返回宁冈。但随军行动的中共湖南省委代表杜修经坚持省委要红四军去湘南的决定。当部队拉回到沔渡时，第二十九团官兵闹着要回湘南家乡，该团党代表龚楚怂恿支持，军部未能有力地加以制止，又担心第二十九团孤军奋斗为敌所算，乃决定二十八团同去湘南。陈毅写信给毛泽东，报告第二十九团官兵要回湘南的情况，说闹得没有办法，“润之若在，必能阻止部队南行，无论胜败，都会回来的”。毛泽东在永新立即给杜修经和朱德、陈毅回信，派茶陵县委书记江华送去。此信要求军部及第二十八、二十九两团按永新联席会议决议行事，断然停止去湘南的行动，以避免不应有的损失，并重申不能开赴湘南的理由。朱德、陈毅等收到信后，决定次日停止行动，召开连以上干部会就毛泽东来信进行讨论。主持会议的杜修经提出，以二十八、二十九两团到湘南去，三十一、三十二两团到边界，这样一面可以分散敌人围剿的目标，一面湘南工作也可进行。于是军委召集扩大会议，决定照省委指示将军委改为前委，因毛泽东在永新，由陈毅任代书记，毛泽东以军党代表名义指挥边界的第三十一、三十二团，前委指挥第二十八、二十九团往湘南。由于杜修经乘力持异议的毛泽东、宛希先等远在永新之际，不察当时的环境，不顾特委、军委、永新县委联席会议的决定，只知形式地执行湖南省委向湘南去的命令，附和第二十九团欲回家乡的情绪，因而导致红军大队脱离根据地，向湘南冒进。

7月15日—8月上旬 赣军十一个团从吉安、安福进攻永新。鉴于敌情，毛泽东在永新县境内一面动员群众组织起来，武装起来，实行坚壁清野；一面把第三十一团分为东、北、中三路，每路成立行动委员会负责指挥。仅以一个团的兵力，充分依靠地方赤卫队、暴动队和广大群众，利用地势熟悉、敌情较明等条件，采取以逸待劳、四方游击等方式，将赣军十一个团兵力困在县城附近三十里内达二十五天之久。后来赣军发觉红军主力已去湘南，发起猛攻，第三十一团和地方武装从永新城郊及周围地区撤出，随后又失去莲花、宁冈。

7月24日 开往湘南的红军大队与国民党军范石生部战于郴州，先胜后败。红二十九团溃不成军，随即自由行动，一部跑到广东乐昌被土匪胡凤璋部消灭，一部散落在郴州、宜章等地，不知所终。归队的仅百人编入红二十八团，此役损失近一个团的兵力。同时，由于红四军主力远离井冈山根据地，敌人乘虚而入，占领井冈山地区的县城和平原地带，群众惨遭烧杀和摧残。红四军第二十九团在湘南溃散，井冈山根据地遭受严重损失，史称“八月失败”。

8月中旬　在永新西乡接到中共湖南省委代表袁德生送来的湖南省委要红四军向湘东发展的《给湘赣边特委的补充指示》，立即召开连以上干部参加的特委扩大会议，进行讨论。补充指示提出：“红军向湘东发展的战略在目前形势下是绝对的正确，红四军应很迅速地毫不犹豫地取得萍（乡）、安（源），武装安源工人，建立赣边、湘东平江各区暴动的联系，与湘南暴动相呼应。”毛泽东在发言中列举事实和五条理由〔1〕反对红四军向湘东发展。开会时，从郴州回来的农民那里知道，红军主力在湘南已失败。于是，会议经过讨论，拒绝湖南省委要红四军去湘东的主张，决定由毛泽东率第三十一团第三营往湘南迎回红军大队，留下第三十一团第一营、特务连会同第三十二团坚守井冈山。

同旬　率领第三十一团第三营南下，边打边走，边做思想工作。因担心红二十八团不回井冈山，对所有官兵作了交待：我们去迎回红二十八团，不要讲他们的缺点，要严格遵守这一点，对他们采取团结和欢迎的态度。

---

〔1〕 5条理由是：“（A）有经营了一年多的群众基础。（B）党有相当的基础。（C）有颇富斗争经验的地方武装，经过一年来的创造才有现在规模，这是十分难得的；加以红军第四军的补助，是任凭什么敌人也不能消灭的。（D）有很好的军事根据地井冈山，其他地方武装的根据地各县都有。（E）影响两省，且能影响两省的下游，比较湘南赣南各处影响一省，且在一省的上游与僻地者，政治意义大不相同。”

8月20日 率第三十一团第三营到湖南桂东边境，发信同退至桂东县境的朱德、陈毅部联系，告以二十一二日可到桂东县城，望届时来县城会合。

8月23日 在湖南桂东县城，率领第三十一团第三营同朱德、陈毅率领的第二十八团会合。毛泽东一见杜修经急切地问："朱军长怎么样？朱军长还好吧！"见到陈毅说：这次来是同三十一团做了工作的，不要讲二十八团的缺点，你可放心；打仗就如下棋，下错一着棋马上就得输，取得教训就行了。随后同朱德、陈毅等商定，在县城召开营以上干部参加的中共前委扩大会议，总结打郴州失败的经验教训。会议决定红四军主力重回井冈山，取消前委，组织行动委员会指挥军队行动，以毛泽东为书记。留杜修经、龚楚在湘南重新组织湘南特委，指定杜修经为书记。

8月25日 和朱德、陈毅率红四军主力分两路从桂东寨前出发，回师井冈山。当部队行至江西崇义县思顺圩时，发现担任前卫的红二十八团二营营长袁崇全策动一步兵连和一迫击炮连叛逃投敌。毛泽东、朱德、陈毅即派军参谋长兼二十八团团长王尔琢率二营追回这两个连，王尔琢不幸遇难。

8月下旬 在回师井冈山途中，当得知红军战士因为饥饿，把农民一块地里的苞米吃光了，就通知部队休息，对指战员进行群众纪律教育，并亲自在一块竹牌子上写道：因为我军肚子饿了，为了充饥，把你的苞米吃光了，违犯了纪律。现在把两元钱（光洋）埋在土里，请收下。

同旬 湘赣两省敌军乘红军主力远在湘南欲归未归之际，以四个团的兵力，分两路向井冈山发动第二次"会剿"。当时敌军已占领了井冈山革命根据地的所有县城和平原地区。留守井冈山的第三十一团党代表何挺颖，立即召开留守机关、红军医院负责人及伤病员代表会议，传达毛泽东在永新西乡会议上提出的坚守井冈山的意见。会议讨论了应付敌人的对策。

8月29日 湘军第八军第一师三个团抢在赣军之先，从酃县赶至黄洋界下乔村一带。三十日，向黄洋界哨口发起猛攻。守卫黄洋界的军民利用悬崖峭壁的地形顽强抵抗，打退敌军多次进攻，取得黄洋界保卫战的胜利，保住了井冈山革命根据地。九月，毛泽东为这一胜利作《西江月·井冈山》："山下旌旗在望，山头鼓角相闻。敌军围困万千重，我自岿然不动。 早已森严壁垒，更加众志成城。黄洋界上炮声隆，报道敌军宵遁。"

8月 在湘南失败和湘赣边界丢失大片根据地时，致信中共中央，讨论割据问题及湖南省委的政策。此信前委完全同意，由湖南省委转中央，后来原信丢失。

9月8日 和朱德率红四军主力到井冈山南麓黄坳。这时赣军刘士毅〔1〕部五个营尾追到遂川。毛泽东和朱德在黄坳召开红四军干部会议，部署攻打遂川，决定朱德率第二十八团和遂川赤卫队第一中队为前卫，毛泽东率第三十一团第三营和遂川赤卫队第二中队为后卫，于十二日进入遂川城郊阵地。

9月13日 和朱德指挥红四军四个营与遂川赤卫队，在遂川县城至城东北于田一线打垮刘士毅部五个营，俘虏敌营长以下二百余人，缴枪二百五十支，击毙杀害王尔琢的袁崇全，红军乘胜占领遂川城。

9月14日 以毛泽东为书记的红军大队行动委员会与中共遂川县委商量决定：留少数兵力与遂川县赤卫大队驻守县城，其余部队立即兵分四路，向四乡开展游击活动，发动群众，分配土地，重建红色政权，发展党的组织，并筹措给养。

---

〔1〕 刘士毅，当时任国民党军第1集团军第5师副师长兼第15旅旅长。

9月24日 赣军第七师第二十一旅和第五师第十五旅一部，分别从泰和、赣州进攻遂川县城。红四军主力因分兵尚未集中，毛泽东指挥两个营阻击后，向黄坳方向转移。

9月26日 和朱德率红四军主力回到井冈山。

9月下旬 获悉侵入宁冈新城的赣军第五师第十四旅第二十七团和靖卫团百余人偷袭茅坪，同朱德立即作出迎战部署，由朱德率六个营到离茅坪两华里的坳头垅设伏。十月十日，当敌军全部进入伏击圈时，红军居高临下发起猛攻，一举歼灭敌军一个营。红军乘胜追击，收复宁冈全县。

9月底 鉴于“八月失败”湘赣边界党的组织遭到敌人的严重破坏，决定整顿边界地方党的组织。在宁冈茅坪召开中共永新、宁冈两县县委负责人会议，部署整党事宜，要求永新、宁冈两县的党组织全部解散，重新登记。

10月4日—6日 在茅坪步云山主持召开中共湘赣边界第二次代表大会，出席会议的有边界各县党的负责人和红军中党的负责人。毛泽东代表第一届边界特委作政治报告。会议讨论了毛泽东的报告，并作出决议案。大会选举毛泽东、朱德、陈毅、谭震林等十九人为中共湘赣边界第二届特委委员，杨开明任书记。十一月因杨开明生病，谭震林任书记。

10月5日 中共湘赣边界第二次代表大会通过毛泽东起草的《中国共产党湘赣边界第二次代表大会决议案》。决议案指明了中国革命的性质、任务以及中国革命政权的实质，总结了井冈山根据地及其他地区建立小块红色政权的经验和教训，首次提出“工农武装割据”的重要思想。此文着重分析了中国红色政权能够发生、存在的原因和条件，回答了“红旗到底打得多久”的问题。指出：第一，中国是帝国主义间接统治的经济落后的半殖民地国家，半封建的地方的农业经济（不是统一的资本主义经济）

和帝国主义对中国实行划分势力范围的分裂剥削政策，使白色政权之间继续不断地发生分裂和战争，造成小块区域的红色政权能够发生和存在的条件；第二，红色政权首先发生和能够长期地存在的地方，是经过第一次大革命影响的地方，例如湖南、广东、湖北、江西等省；第三，全国革命形势是向前发展的，则小块红色政权的长期存在是没有疑义的；第四，相当力量的正式红军的存在，是红色政权存在的必要条件；第五，共产党组织的有力量和它的政策的不错误，是一个要紧的条件。决议案还进一步指出："现在中国革命形势是跟着国内买办豪绅阶级和国际资产阶级的继续的分裂和战争，而继续地向前发展的。所以，不但小块红色区域的长期存在没有疑义，而且这些红色区域将继续发展，日渐接近于全国政权的取得。"这个决议案的第一部分《政治问题和边界党的任务》编入《毛泽东选集》时，题为《中国的红色政权为什么能够存在?》。

10月上旬 获悉赣军第七师李文彬旅从遂川绕道泰和、永新进犯宁冈，在遂川只留兵力薄弱的赣军第十五旅，加之红军给养缺乏，遂同朱德决定，留红军第二十八团第一营和第三十二团守卫宁冈与井冈山；第三十一团和第二十八团第二、三营组成红军大队攻打遂川。十三日，朱德率部占领遂川，赣军第十五旅不战而逃。

10月中下旬 针对湘赣边界党组织受严重破坏的情况，着重指导边界各县党组织的整顿工作，除了在思想上对党员进行再教育外，还从组织上进行整顿：厉行洗党，对于党员成分加以严格的限制，把赌钱、打牌、贪污腐化、流氓成性的党员清洗出党组织；解散问题比较严重的党组织，用重新登记的方法进行整顿；发展和吸收思想进步、忠实、勇敢的工农优秀分子入党，并在党的各级领导机关中增加工人和贫农的成分。从边界党的工作实际出发，党的组织由原来的公开转为秘密，一方面反动派来时仍能领导群众坚持斗争，一方面便于党组织多方伸入白区和敌人营垒中去活动。至十一月下旬，永新党员登记已完，宁冈即将就绪，党员数量虽然大为减少，战斗力反而增强。

10月26日 毕占云率湖南国民党军第八军中的一百二十六人在桂东起义。毛泽东、朱德派陈毅到遂川汤湖把他们迎接上井冈山，并将他们编为红四军特务营，任命毕占云为营长。毛泽东常到特务营了解情况，关心干部和战士，进行政治教育，给他们以很大鼓舞。

10月底 张威带领江西国民党军第二十一军一连多官兵在袁州（宜春）起义，不久编入莲花红色独立团，随即开到井冈山整训。中共红四军前委决定将该部编为红四军独立营，任命张威为营长。

11月2日 收到中共中央六月四日的指示信。来信提出中国革命现在仍然是资产阶级民主革命的性质，批准毛泽东五月二日给中央报告中关于建立罗霄山脉中段政权的计划。来信特别指出："除正式的红军之外，必须宣传群众组织赤卫队……利用一切的民间武器武装群众"。

11月6日 在茨坪主持召开中共湘赣边界特委扩大会议，讨论中央六月四日来信。会议认为，中央来信除要求游击区域过宽与废除党代表制度等具体事项外，全部原则及政策都切合实际，应依照执行。会上，根据中央来信指示，成立中共中央红四军前敌委员会，由毛泽东、朱德、谭震林（地方党部书记）、宋乔生（工人）和毛科文（农民）五人组成，毛泽东任书记。前委统辖边界特委和红四军军委。中央来信还指出：前委之下组织军事委员会（同时即是最高苏维埃的军事委员会），朱德任书记。

11月上旬 获悉赣军周浑元旅[1]一个团侵入宁冈县新城，企图攻占井冈山，和朱德决定集中优势兵力乘敌不备，主动出击。九日，和朱德指挥红四军主力在新城歼敌一个营，在龙源口地区打垮敌军一个营。十日，红四军主力乘胜追击，第四次占领永新县城。因赣军三十五旅从吉安、永新交界处赶来增援，又撤回宁冈。此后，敌军被迫转入守势，湘赣两省敌军对井冈山根据地的第二次"会剿"被打破。

11月14日、15日 出席在宁冈新城召开的中共红四军第六次代表大会。大会对于中国革命的性质问题进行较长时间的辩论，对政治、党务、军事、经济、纪律等项都作出决议案。毛泽东主持各决议案的起草和修改工作。《政治问题决议案》指出："怎样建立布尔什维克的党，领导群众扩大民权革命运动，深入红军所到区域的土地革命，向四周发展以促统治阶级的分崩离析，这是党在红四军中的任务。"《军事问题的决议案》指出："红军战术，遇小敌则以主力迅速消灭之，大敌则用群众力量四面包抄，使其疲于奔命，然后用主力消灭之，红军竭力避免硬战。"大会选出二十三名委员组成红四军军委，朱德任军委书记。

11月中旬 中共红四军前委决定红四军在宁冈新城、砻市、茅坪、柏路等地，开始冬季整训，为期一个月。在这前后，井冈山军民根据毛泽东巩固根据地的三项办法，在小井建起一所可容纳几百名伤病员的"红光医院"；在黄洋界、八面山、双马石、朱砂冲、桐木岭等五大哨口，修筑坚固工事；发起从宁冈挑粮上

---

〔1〕 周浑元旅，指周浑元任旅长的国民党军第1集团军第5师第14旅。

山的运动。毛泽东经常脚穿草鞋，身背粮袋，同战士一起运粮，并做思想政治工作。当时群众在运粮时编唱了一首山歌："毛委员搬粮上坳，粮食绝对可靠，大家齐心协力，粉碎敌人'围剿'。"

11月25日 代表中共红四军前委给中央写报告，全面地总结井冈山工农武装割据的经验，汇报贯彻中央六月四日来信精神的情况。报告进一步阐明"工农武装割据"的思想，得出中国红色政权能够继续存在和发展的结论；根据中国特殊情况提出新的战略，即在统治阶级内部发生破裂时期，"我们的战略可以比较地冒进"，在统治阶级政权比较稳定的时期，"我们的战略必须是逐渐地推进的"；阐述如何把党的领导、武装斗争、土地革命和革命根据地建设紧密联合为一体，指明党的领导正确是进行武装斗争、土地革命和革命根据地建设的保障，没有革命的武装斗争就不能进行有效的土地革命和发展革命根据地，没有土地革命红军战争就得不到群众的支持、革命根据地也就不能巩固和发展，不建设革命根据地武装斗争就没有后方的依托、土地革命成果就无法保持。报告提出："我们感觉无产阶级思想领导的问题，是一个非常重要的问题。边界各县的党，几乎完全是农民成分的党，若不给以无产阶级的思想领导，其趋向是会要错误的。"报告指出："坚决地和敌人作斗争，造成罗霄山脉中段政权，反对逃跑主义；深入割据地区的土地革命；军队的党帮助地方党的发展，军队的武装帮助地方武装的发展；对统治势力比较强大的湖南取守势，对统治势力比较弱的江西取攻势；用大力经营永新，创造群众的割据，布置长期斗争；集中红军相机迎击当前之敌，反对分兵，避免被敌人各个击破；割据地区的扩大采取波浪式的推进政策，反对冒进政策。"报告对在农村建立革命根据地的各个基本问题，如土地革命中如何争取中间阶级的问题，政权建设中如何推行民主制度的问题，建党问题上如何纠正非无产阶级思想的问题，也作了明确的解释和解决。这个报告编入《毛泽东选集》时，题为《井冈山的斗争》。

11月底 获悉彭德怀、滕代远率领平江起义后建立的红五军主力即将来井冈山，同朱德决定派何长工率军部特务营和独立营前往莲花县迎接。

12月10日 彭德怀、滕代远率红五军第四、第五纵队和军部直属队七八百人到达宁冈砻市、新城与红四军会合。毛泽东在新城主持召开中共红四军前委、边界特委、红四军和红五军军委联席会议，讨论粉碎敌人即将对井冈山革命根据地进行的第三次“会剿”的问题。会议决定：红四军出发打游击，在外线作战，红五军防守井冈山，借以休息和训练。为了统一指挥，红五军编为红四军第三十团，彭德怀任红四军副军长兼第三十团团长，滕代远任红四军副党代表兼第三十团党代表。

12月11日 在新城举行庆祝红四军、红五军会师大会，毛泽东和朱德、彭德怀、滕代远出席，并先后讲话。会后，红五军即上井冈山进行休整和训练。

同日 中共湖南省委巡视员杜修经到上海向中央报告红四军发展和主力出击湖南失败的情况，其中讲到，红四军的负责同志中“坚决的有计划把握奋斗精神的要算是润之同志，不知怎的，那种精神也是对革命前途更深刻的认识的结果吧”。

12月 在总结井冈山革命根据地一年来土地斗争的经验的基础上，制定井冈山《土地法》。这个土地法规定，“没收一切土地归苏维埃政府所有”，以乡为单位、以人口为标准平均分配土地作为主要办法。“一切土地，经苏维埃政府没收并分配后，禁

止买卖。”〔1〕

12月中旬 在茨坪会见彭德怀，向他详细地谈了对中国革命道路和前途的看法，以及为什么必须建立革命根据地，红色政权在中国得以存在的独特原因，中国目前进行民主革命和将来进行社会主义革命的关系，等等。据后来彭德怀回忆，这一席话使他留下终身难忘的印象。

〔1〕 毛泽东在1941年延安出版的《农村调查》中，为井冈山《土地法》所写按语指出：“此土地法是一九二八年冬天在井冈山（湘赣边界）制定的。这是一九二七年冬天至一九二八年冬天一整年内土地斗争经验的总结，在这以前，是没有任何经验的。这个土地法有几个错误：（一）没收一切土地而不是只没收地主土地；（二）土地所有权属政府而不是属农民，农民只有使用权；（三）禁止土地买卖。这些都是原则错误，后来都改正了。”

1929年　三十六岁

1月1日　湘、赣两省“会剿”军总指挥部在江西萍乡正式组成。由湖南国民党“清乡”督办鲁涤平任总指挥，第十九师师长何键任代总指挥，江西国民党军第十二师师长金汉鼎任副总指挥，纠集湘、赣两省六个旅约三万人的兵力，策划分五路对井冈山革命根据地进行第三次“会剿”。

1月4日—7日　在宁冈县柏路村主持召开中共红四军前委、湘赣边界特委和共青团特委、红四军和红五军军委以及边界各县县委联席会议，传达和讨论刚收到的中共六大的决议案（政治、军事、土地、政权、农民、大会总结等六件），并针对井冈山根据地面临的军事威胁和经济困难情况，着重研究了粉碎湘、赣两省国民党军第三次“会剿”的策略和部署。会议既否定了主张据险死守而不能解决经济困难的消极防御观点，又反对了主张全部转移而不要根据地的逃跑主义，赞同毛泽东提出的内线作战与外线作战相结合的策略。会议认为红军应当采取“攻势的防御”方针，将反“会剿”和反经济封锁结合起来。会议决定：由彭德怀任团长、滕代远任党代表的第三十团，和袁文才、王佐的第三十二团留守井冈山，由红四军副军长彭德怀、副党代表滕代远统一指挥。毛泽东、朱德率红四军主力第二十八团、第三十一团及军直属队出击赣南，以打破敌人的经济封锁；在湘、赣两省国民党军“会剿”井冈山根据地时，袭击赣州或吉安，采用“围魏救赵”的策略，迫使两省国民党军分兵回援，以解井冈山之围。

1月10日前后 和朱德、彭德怀等先后在茨坪、下庄召开会议，研究红四军第三十团、第三十二团坚守井冈山等问题，部署留守部队加紧备战，全力修筑工事。为加强守山的领导力量，决定留下张子清、何长工、陈毅安、陈伯钧等，并调何长工任中共宁冈县委书记兼红三十二团党代表。十日，由红四军主力组成的出击部队开始在茨坪、小行洲集结，毛泽东、朱德对他们进行政治动员，组织军事训练，并准备了宣传中共六大决议精神的《共产党宣言》〔1〕等。同时，抽调湘赣边界一批地方党的干部随军行动，准备到赣南后用以发动当地群众。

1月14日 和朱德率领红四军主力第二十八团、第三十一团和军部特务营、独立营共三千六百余人，从井冈山茨坪、小行洲出发，经遂川县的大汾、左安向赣南进军。途中，军长朱德、党代表毛泽东联名发布由毛泽东起草的《红军第四军司令部布告》。布告指出红军的宗旨是：民权革命，打倒列强，打倒军阀，统一中华。布告宣传中国共产党在民主革命时期的各种政策，主要有："地主田地，农民收种，债不要还，租不要送。""增加工钱，老板担任，八时工作，恰好相称。""城市商人，积铢累寸，只要服从，馀皆不论。""敌方官兵，准其投顺，以前行为，可以不问。"布告还号召全国人民为推翻国民党反动政府和夺取全国革命胜利而奋斗。

1月16日 湘、赣"会剿"军代总指挥何键发觉红四军主力离开井冈山南下，急电蒋介石，报告对红四军主力两路"追

〔1〕 以中共红军第4军委员会署名的《共产党宣言》，根据中共六大精神宣布了民主革命十大政纲，如推翻帝国主义在中国的统治；没收外国资本；统一中国；推翻军阀国民党政府；工人实行八小时工作制，增加工资；没收一切地主阶级的田地，分给无田及少田的农民等。

剿”和对井冈山三路“进剿”的部署。

1月中旬 和朱德指挥红四军采取“盘旋式”打圈子的游击战术，避强击弱，摆脱国民党军第七师第二十一旅（旅长李文彬）、第五师第十五旅（旅长刘士毅）等部的跟踪尾追，击溃沿途各地进行堵截的地主武装，进驻赣南地区，经上犹抵达崇义。二十二日，红四军进占大余县城，在县城附近开展群众工作。

1月24日 和朱德指挥红四军依据大余城东北高地，迎击“追剿”军李文彬旅三个团的进攻，展开了激烈的战斗。因当地没有群众组织，红军事先没有得到“追剿”军进攻的情报，兵力未能全数集中，仓促应战，遭到失利。红军乘着夜色主动撤出战斗，向梅岭关东北转移，经粤边南雄和赣边信丰向“三南”（龙南、全南、定南）前进。红四军为了摆脱敌军三路衔尾跟追，在“三南”地区艰苦奋战，战胜了天寒地冻、山路崎岖、衣单粮缺等困难。毛泽东和朱德、陈毅等在体力难支的情况下，一边行军作战，一边领导指战员沿途做群众工作，进行广泛宣传，帮助各地建立中共党组织和秘密的工会、农会。

1月26日 湘、赣国民党军近十个团兵力分三路合围井冈山。红四军第三十团和第三十二团奋起反击，激战四昼夜。三十日晨，彭德怀、滕代远按中共湘赣特委联席会议决定〔1〕，率红三十团五百余人冲出重围，向赣南寻找主力。红三十二团转入深山，以保存力量。

1月下旬 和朱德率红四军抵达安远县的鹤子圩，与中共安远县委取得了联系。获悉“追剿”军分左中右三路企图合击红军，情况危急，率部离开安远，向寻乌的吉潭、项山一带前进。

---

〔1〕 中共湘赣特委联席会议决定，万一井冈山被敌冲破，红军第5军突围与红军第4军取得联络。

月底，红四军主力在项山的圳下村宿营，拂晓时遭到尾追的刘士毅旅一部的偷袭。毛泽东、朱德等处在敌人的包围中，情况十分危急。红军英勇奋战，突出敌人的包围时，毛泽东同朱德失掉联系。

2月初 和朱德率红四军进驻闽、粤、赣三省交界的寻乌县的罗福嶂山区，在这里停留一天。主持召开中共红四军前委会议，研究当前形势和总结进军赣南以来的经验；决定红四军开往江西红军独立第二、第四团的根据地——东固地区。会议还决定军委暂时停止办公，由前委直接领导军内各级党委；红四军分两部分行动，朱德随第二十八团、特务营活动，毛泽东随第三十一团活动。会议刚开完，中共寻乌党组织负责人古柏前来通报，"追剿"军第十五旅正在包围罗福嶂。毛泽东同朱德率部撤离险境，沿着闽、赣边境经福建武平折向江西会昌、瑞金境内行动。

2月2日 中共中央政治局召开会议，听取中央军事部长杨殷关于朱毛红军为粉碎湘、赣两省国民党军"会剿"而撤出井冈山遭到强敌尾追的报告，讨论了红四军的行动方针问题。会议对革命形势作了悲观的估计。有的提出，根据武装与群众的关系，红四军还是在湘、赣为好，能到湘南更好；多数同志主张军队分开，朱德、毛泽东等应当出来，以减少敌人的目标；有的同志主张革命高潮时期红军要集中，统治阶级稳定时期则应分散，而现在朱毛还是要集中。会议决定，起草一封信给红四军。

2月6日 中共中央政治局常委会继续讨论朱毛红军问题，同意中央军事部派人去找红四军。十六日，中央致信广东省委，说目前朱德、毛泽东领导的红四军很难形成一个大的割据局面，要派人找到朱毛红军，设法使朱、毛立即离开部队和"危险地"。

2月9日 和朱德率红四军抵达瑞金北部距县城约六十里的大柏地山区。

2月10日 农历正月初一。清晨，朱德下令部队继续前进，担任前卫的红三十一团第三营指战员要求打一仗，打垮尾追敌军。三营党代表罗荣桓向朱德、毛泽东报告这一情况。毛泽东、朱德采纳三营指战员的意见，立即召开中共前委扩大会议。会议认为“追剿”军仅有刘士毅旅两个团，战斗力不强，可以利用大柏地南北走向的十余里长的狭谷打伏击战。决定布成长形口袋阵，以主要兵力埋伏在瑞金通往宁都的道路两侧的山林中，以一部分兵力诱敌进入伏击圈，消灭这股敌人。他们立即作出具体的战斗部署。下午战斗打响后，红军发起勇猛攻击，尽管兵力少、弹药缺，仍与敌军浴血奋战，毛泽东也提枪亲自带着警卫排向敌军冲锋。鏖战至十一日下午，才全歼被围之敌。这次战斗，俘敌正副团长以下八百余人，缴获步枪八百余支，重机关枪六挺，刘士毅残部溃退赣州。这是红军下井冈山以来的第一次大胜仗。

2月13日 和朱德指挥红四军乘胜进占宁都县城，国民党守军一个团不战而逃。会见中共宁都县委和赤卫队的负责人，对发展地方党组织、开展武装斗争等问题作了指示，并要他们做好协助红军筹集款项、军需品以及侦察敌情等工作。随后，从黄陂经永丰向东固前进。

同日 军长朱德、党代表毛泽东致信宁都商界，指出“红军是为工农谋利益的军队，对于商人极力保护，纪律森严，毫无侵犯”，要求他们代筹军饷和军需品。

2月17日 和朱德率领红四军抵达吉安县东固地区，与江西红军独立第二团、第四团会合。安排红四军在这里休整一周以上时间。在此期间，进行调查研究，总结江西红军独立第二、第四团在东固地区从事革命活动的经验，认为东固游击区这种工农兵苏维埃政权的秘密割据形式比公开割据形式好，敌军来了便于掩护，敌军走了马上可以开展工作，并且，由赤卫队发展起来的红军，游击战术比较灵活，游击区域不限于固定割据区域，可以发展得很宽；在坳上云汉堂主持召开部队和地方党员干部会议，传达中共六大决议案的主要精神，会议结合本地情况讨论了形势、任务和斗争策略，统一了认识；听取东固地方中共党组织和军队负责人的汇报，对根据地分配土地的方针政策和苏维埃政权的组织形式等问题，提出许多指导性的意见；鉴于赣军李文彬部正向东固渐渐逼近，金汉鼎部也对东固取进击之势，召开中共红四军前委会议研究决定，把原定的固定区域的公开割据政策，改为变动不居的打圈子的游击政策，以对付敌人的跟踪追击。

2月中旬 江西国民党军在大柏地遭到打击后，急令在井冈山地区参加“会剿”的第十二师第三十五旅赶赴赣南，配合位于于都的第七师第二十一旅，“追剿”红四军主力。

2月22日 在红四军同江西红军独立第二团、第四团会师联欢大会上讲话，说目前军阀混战将起，是我们发展的大好时期，称赞东固人民和红二、四团在革命斗争中所取得的成就。会后，派毛泽覃等到红二、四团工作，向地方红军交流红四军的政治工作经验，提高他们的军政素质，还拨给一部分枪支，以加强红二、四团的武器装备。得知井冈山根据地失守，红三十团主力已突围向赣南转移，加之“追剿”军第二十一旅向东固地区进逼，红四军前委决定立即离开东固，沿闽、赣边界向南转移，继续以盘旋式打圈子战术拖住“追剿”军。

2月25日 和朱德率红四军撤离东固。经吉水、永丰、乐安、宁都向广昌前进。当时红二十八团主张分开走，毛泽东未同意，认为分散行动容易被敌人各个击破，主张集中行动。

3月4日 和朱德率部攻克广昌城。五日，得知有两名干部不执行红四军司令部布告规定的工商业政策，没收了地主兼商人的一个店铺，立即召集营以上干部开会，进行严肃批评，指出：

现在是资产阶级民主革命，对地主兼商人，只没收封建剥削部分，商业经营部分不能动；如果有些特别坏的土豪、恶霸的商店，必须没收的也要出布告，宣布店主的罪状，以提高群众觉悟。为了严肃军纪，当即给予他们停职反省处分，待他们改正了错误后才复职。

3月9日 和朱德率领红四军经石城、宁都到瑞金壬田。十日，又率部转到闽西，以摆脱“追剿”军的穷追。

3月上旬 国民党军阀蒋桂两派矛盾激化处于临战状态。“追剿”红四军主力的江西国民党军第二十一旅、第三十五旅奉命撤回，准备参加对桂系作战，放弃尾追。驻守在长汀的国民党福建省防军第二混成旅，以一个团在长汀城南长岭寨山区设防，以另一个团准备进犯四都，企图将红四军主力逐出闽西。

3月12日 和朱德率部进入闽西长汀县四都镇。毛泽东乘逢墟在墟场召开群众大会，号召工农群众团结起来，打土豪，分田地，建立革命政权。次日，福建省防军第二混成旅旅长郭凤鸣派一个团到四都进攻红军，被击溃后退到长岭寨凭险据守。毛泽东在听取中共长汀党组织负责人汇报时说，这里群众条件好，国民党地方部队只有两个团，是开辟根据地的大好条件。同朱德立刻召开团以上干部的军事会议，认为郭凤鸣的部队大多是当地股匪，军纪败坏，战斗力极弱，决定进攻长岭寨，夺取长汀城，消灭郭凤鸣部。

3月14日 和朱德指挥红四军分三路向长岭寨发起总攻，第二十八团、第三十一团分别主攻长岭寨主峰；特务营迂回敌后，占领长岭寨以北的乌石岭，切断敌人的退路。在中共地方党组织的配合下经过半天激烈的战斗，歼敌两千余人，击毙郭凤鸣，乘胜占领长汀城，缴枪五百余支，并夺取了一个拥有新式缝纫机的军服厂和两个兵工厂。这是红四军入闽的第一次大胜仗，揭开了创建闽西革命根据地的序幕。

3月15日 在长汀城举行的群众大会上讲话，号召大家团结起来，推翻国民党反动统治，打倒帝国主义和封建地主阶级，建立工农兵革命政权，实行土地革命。会议期间，将没收郭凤鸣等反动官吏的粮食、布匹等财物分给到会群众。

3月中旬 在当地中共党组织的帮助下，邀请长汀城里的钱粮师爷、老衙役、老裁缝、老教书先生、老佃农、流氓头等各阶层的人，到辛耕别墅召开各种座谈会和调查会，了解长汀的政治、经济情况和风俗民情。根据调查情况，广泛发动群众，开展打击豪绅地主活动，同时制定了各项城市政策。在《告商人及知识分子》书中，着重讲了对商人和知识分子的政策，指出："共产党对城市的政策是：取消苛捐杂税，保护商人贸易。在革命时候对大商人酌量筹款供给军需，但不准派到小商人身上。城市反动分子的财物要没收，乡村收租放息为富不仁的土豪搬到城市住家的，他们的财物也要没收。至于普通商人及一般小资产阶级的财物，一概不没收。""知识分子的出路，也只有参加工农革命。知识分子若肯参加革命，工农阶级均可收容他们，依照他们才干的大小，分派他们相当的工作。"

同旬 和朱德在长汀对红四军进行改编，把原来团的建制改为纵队。全军编为三个纵队，第二十八团为第一纵队，林彪任纵队长〔1〕，陈毅任党代表（后由熊寿祺继任）；第二十八团一部和特务营合编为第二纵队，胡少海任纵队长，谭震林任党代表；第三十一团为第三纵队，伍中豪任纵队长，蔡协民任党代表。每个纵队一千二百余人，五百余支枪。每个纵队下设两个支队。根据中共六大"组织问题决议案"在红军中建立政治部的要求，将下

〔1〕 时隔不久，纵队长改称纵队司令。

井冈山前组织的工农运动委员会改为军政治部，毛泽东兼任政治部主任，谭震林兼任政治部副主任。每个纵队设立政治部，由党代表兼主任，支队大队两级不设政治部，只设党代表。

3月20日 在长汀辛耕别墅主持召开中共红四军前委扩大会议，讨论时局和红军的行动方针。会议研究了南方各省的政治经济状况和革命的主客观形势，针对蒋桂战争〔1〕即将爆发的有利时机，提出了红四军、红五军以及江西红军第二、第四团的行动方针。当天，以红四军前委的名义，将这次前委会议的精神，向福建省委和中央作了报告。报告提出了红军的战略计划和行动方针，勾画了创建赣南、闽西革命根据地的一幅蓝图："前敌委员会决定四军、五军及江西红军第二、第四团之行动，在国民党混战的初期，以赣南、闽西二十余县为范围，用游击战术，从发动群众以至于公开苏维埃政权割据，由此割据区域以与湘赣边界之割据区域相连接。"并强调"这一计划决须确立，无论如何不能放弃，因为这是前进的基础"。报告还就党在全国的一般计划和工作的重心提出建议："在全国范围内要猛力地夺取群众"；"红军小区域苏维埃使个数加多，这不仅在湘、赣、粤、闽等地，江苏、皖北、鄂北、豫南、直隶都应有红军及小区域苏维埃之创立"。

3月27日 和朱德向国民党暂编第一师发布《敬告士兵群众》书，其中指出："本军是共产党的军队，是贫苦工农的化身，我们誓为工农利益奋斗，以求得到彻底的解放!""你们与工农同是被压迫的贫苦群众，国民党、军阀、豪绅地主是你们共同的敌人，为解放工农，为解放你们自己，我们特地号召你们起来：实

〔1〕 蒋桂战争，指蒋介石派与李宗仁派之间于1929年三四月间发生的军阀战争。

行兵变！回枪打张贞[1]！回枪杀压迫你们的长官！参加土地革命、分取土地！”

3月下旬 和朱德依据江西东固游击区秘密割据的经验，帮助长汀党组织秘密发展党员，比以前扩大了两倍；组成二十个秘密农协，五个秘密工会，成立了总工会。随即召集各界代表会议选举革命委员会，建立了闽西第一个红色政权。

同旬 蒋桂战争即将爆发，蒋介石集中在江西的部队于九江一带向桂军逼近，赣南国民党军空虚。

3月底 和朱德率领红四军回师赣南，发展赣南革命形势。

4月1日 和朱德率领红四军进驻江西瑞金，与井冈山突围后转战赣南的彭德怀率领的红三十团（即红五军主力）会合。主持召开中共红四军前委会议，听取彭德怀汇报守卫井冈山战斗和突围的情况。会议决定，红四军第三十团、第三十二团改编为红四军第五纵队，湘赣边界赤卫队为红四军第六纵队，彭德怀以红四军副军长名义指挥这两个纵队。

4月3日 收到中共中央二月七日给毛泽东、朱德并转湘赣边特委的指示信。中央来信仍强调城市工作的重要，同时对在农村的红军前途作了悲观的分析。提出将红四军分成小部队的组织，“散入湘、赣边境各乡村中进行和深入土地革命”，以“避免敌人目标的集中和便于给养与持久”，并说分编“部队的大小可依照条件的许可定为数十人至数百人”。来信指出，中央从客观方面考察和主观的需要，“深信朱、毛两同志目前有离开部队的必要”，一方面“不仅不会有更大的损失且更便利于部队分编计划的进行”，一方面“到中央后更可将一年来万余武装群众斗争的宝贵经验供献到全国以至整个的革命”。“两同志得到中央决定

〔1〕 张贞，当时任国民党军暂编第1师师长。

后”，“应毅然地脱离部队速来中央”。

4月5日 主持召开中共红四军前委会议，讨论中央二月来信。会后，根据会议讨论精神，以红四军前委名义给中央写复信。复信认为中央二月来信对客观形势及主观力量的估计“都太悲观了”。强调说：“农村斗争的发展，小区域红色政权的建立，红军的创造和扩大，尤其是帮助城市斗争、促进革命潮流高涨的主要条件。”“抛弃城市斗争，是错误的；但是畏惧农民势力的发展，以为将超过工人的势力而不利于革命，如果党员中有这种意见，我们以为也是错误的。因为半殖民地中国的革命，只有农民斗争得不到工人的领导而失败，没有农民斗争的发展超过工人的势力而不利于革命本身的。”复信指出：“中央要求我们将队伍分得很小，散向农村中，朱、毛离开队伍，隐匿大的目标，目的在于保存红军和发动群众，这是一种不切实际的想法。以连或营为单位，单独行动，分散在农村中，用游击的战术发动群众，避免目标，我们从一九二七年冬天就计划起，而且多次实行过，但都是失败了。”复信总结了红军的游击战术，这就是：“分兵以发动群众，集中以应付敌人。”“敌进我退，敌驻我扰，敌疲我打，敌退我追。”“固定区域的割据，用波浪式的推进政策。”“强敌跟追，用盘旋式的打圈子政策。”“很短的时间，很好的方法，发动广大的群众。”复信强调指出：“中央若因别项需要朱毛二人改换工作，望即派遣得力人来。”“我们建议中央，在国民党军阀长期战争期间，我们要和蒋桂两派争取江西，同时兼及闽西、浙西。在三省扩大红军的数量，造成群众的割据，以一年为期完成此计划。”这封信最后还报告：“三年以来中央的刊物我们一本没有收到”。“到赣南闽西以来，邮路极便，天天可以看到南京、上海、福州、厦门、漳州、南昌、赣州的报纸，到瑞金且可看到何键的机关报长沙《民国日报》，真是拨云雾见青天，快乐真不可名状。”“以后望中央每月有一信给我们”，“中央的刊物并希设法寄来”。

4月7日 中共中央发出给毛泽东、朱德转中共红四军前委全体同志的指示信。此信认为蒋桂战争“是促进革命高潮的条件之一”，要求红军扩大战争范围，深入土地革命；指出红四军有赣南、闽西、东江等三条发展出路，由朱德、毛泽东抉择，但强调在闽、粤、赣交界处发展更好，并说“孤守井冈山不利”，“也不宜固守某一个地方”；提出原则上朱德、毛泽东要离开队伍，但若一时不能到中央，希望前委派一得力同志到中央报告工作与参加讨论。

4月8日 和朱德、彭德怀率部到于都县城。驻于都期间，在县城召集工农代表开座谈会；参加在昌林中学召开的于都县党团员活动分子会议并讲话；指导县委积极筹备成立于都县革命委员会和县赤卫队；出席庆祝于都县革命委员会和县赤卫大队的成立大会，讲话号召劳苦工农团结起来，在县革命委员会领导下扩大红色区域，建立自己的武装，打倒土豪劣绅，打倒反动派，打倒帝国主义。

4月上旬 蒋桂战争爆发，江西国民党军奉蒋介石之命处于战备状态。

4月11日 在于都主持召开中共红四军前委扩大会议，参加会议的有前委委员，红四军和赣南特委负责人，中央军事部派来的代表罗寿男。会议对蒋桂战争的形势进行了分析，讨论了红军的行动计划，同意彭德怀提出的率红四军第五纵队打回井冈山、恢复湘赣边政权的意见；决定红四军主力在赣南进行短距离分兵，开辟、扩大革命根据地。会后，红四军根据前委确定的行动方针和工作部署，从四月中旬至五月中旬在赣南实行短距离分兵。红四军以纵队为单位前往各地，每到一地各支队、大队再分散到各乡活动。这次分兵活动，范围包括于都、赣县、兴国、宁都、瑞金等地区，任务主要是开展政治宣传，发动群众打土豪、分田地，帮助各地发展地方武装、建立红色政权。

4月13日 在于都起草中共红四军前委给湘赣边界特委的信，指出："在接近总暴动之前边界群众政权的形式有由公开割据改变为秘密割据的必要"，"各县赤卫队有组织红军采用游击战术的必要"；"守势的根据地的观念，以后应该抛弃，大小五井、九陇等地，再不必固守了，强敌来了就用盘旋式的打圈子政策对付他"。

4月14日 彭德怀离开于都，毛泽东、朱德为他送行。彭德怀率部经信丰、南康、遂川等地，返回井冈山。

4月中旬 率红四军第三纵队抵达兴国县城，住在潋江书院的文昌宫。部署第三纵队分兵发动群众，调查兴国的政治、经济情况，翻阅县志并向群众了解兴国的历史及现状。出席由中共兴国县委召集的党团员干部和活动分子会议，传达中共六大决议精神，要求大家带领群众开展反帝反封建运动。根据于都、兴国调查的实际情况和六大决议案，制定兴国县《土地法》。这个土地法规定："没收一切公共土地及地主阶级的土地归兴国工农兵代表会议政府所有，分给无田地及少田地的农民耕种使用。"〔1〕

4月下旬 为贯彻执行兴国县《土地法》、开展土地革命运动，在潋江书院的崇圣祠按照广州、武昌农民运动讲习所的办法主办了一期土地革命干部训练班。参加训练班的有陈奇涵、萧华

---

〔1〕 1941年出版的毛泽东《农村调查》一书中，作者为《兴国土地法》写了一个按语，指出："这是前一个《土地法》制定后第四个月，红军从井冈山到赣南之兴国发布的，内容有一点重要的变更，就是把'没收一切土地'改为'没收公共土地及地主阶级土地'，这是一个原则的改正。但其余各点均未改变，这些是到了一九三〇年才改变的。"

等四十余人。毛泽东担任主要课程的讲授。

同旬 指导中共兴国县委建立兴国县革命委员会，并起草兴国县革命委员会政纲。政纲明确提出：（一）推翻国民党反动派的腐朽黑暗统治，成立各级工农兵代表会议（即苏维埃）。（二）没收地主豪绅的土地、山林，分给无地少地的农民，烧毁田契借约。（三）建立革命武装。（四）取消国民党政府的一切苛捐杂税，实行统一的累进税。（五）开展广泛的游击战争，肃清反动势力，保卫新生的革命政权。

4月30日 率红四军第三纵队与第一、第二纵队会合。同朱德指挥红四军主力攻克宁都县城，歼敌五百余人，缴枪一百多支。

5月上旬 在宁都县城召开的宁都县党员大会上，具体阐释了中共六大决议中提出的“十大政纲”，指出宁都党组织的紧迫任务是收缴反动武装，扩大赤卫队，开展土地革命，建立红色政权。到红四军举办的党员训练班讲话，提议红四军军部拨出一些枪支给宁都县赤卫大队，以扩大地方武装。指导宁都县党组织成立宁都县革命委员会，出席成立大会并作了讲演。

同旬 由中共中央派遣的刚从苏联回国的刘安恭来到宁都，参加红四军工作。不久，他被中共红四军前委委任为军政治部主任、临时军委书记等职。他向前委和党员大会作报告，贯彻中央二月来信精神，并说脱离生产的红军不能存在，散布对红军的取消主义。刘安恭从苏联带来“一种形式主义理论”，思想路线完全是脱离中国实际的照搬主义。他主持临时军委会议作出决定，前委只讨论行动问题，不管其他事，以限制前委的领导权。他在红四军干部、战士中的非组织活动，制造了极大的混乱，甚至引起产生不正常的派别现象。

5月中旬 获知蒋桂战争结束后，赣南方面国民党驻军回防，兵力集中；闽西方面军阀陈国辉[1]部主力追随闽南军阀张贞部赴广东参加粤桂军阀战争，国民党军力空虚。毛泽东同朱德决定红四军由各分兵地区开到瑞金集结待命。十五日，同朱德率部抵达瑞金。

5月18日 晚上，在瑞金召开中共红四军前委扩大会议，讨论时局和红军的行动方针。会上，一纵队司令林彪等人对时局和革命前途发表悲观言论，不相信革命高潮有迅速到来的可能，在行动上只赞成在粤赣边界区域的流动游击，不赞成在游击区域实行毛泽东的建立巩固根据地的主张。毛泽东对这种错误观点进行了批评。会议根据中共闽西特委报告的闽西敌情，决定乘驻龙岩闽军陈国辉部主力入粤参战的有利时机，红四军再次开往闽西，配合闽西地区的党组织和地方武装，创造公开的工农武装割据。

5月19日 和朱德率红四军从瑞金县武阳越过武夷山，再次入闽。当晚，在长汀县濯田写信两封，派前委委员宋裕和先行出发送信。一封送中共闽西特委书记邓子恢，告知红四军正向闽西纵深区域进发，特委须作好策应准备，并告邓子恢于二十二日赶到上杭蛟洋，商讨击退尾追入闽的赣军李文彬部之计。另一封送闽西地方武装负责人曾省吾等，要他们在五月二十一日到连城庙前，商量行动计划。二十一日晚上，在庙前孔清祠会见曾省吾等，听取有关敌情的汇报，查明了驻守龙岩城及近郊的为闽军第一混成旅的两个营与旅直属队机枪连和特务连。中共红四军前委决定，乘该旅主力远在广东潮汕地区之机，出敌不意地攻占龙岩城。

5月22日 和朱德率红四军按计划向龙岩疾进，晚上，在

---

〔1〕 陈国辉，当时任国民党军福建省防军暂编第1混成旅旅长。

龙岩城西约三十里的小池召开军事会议，听取闽西特委代表的汇报后，经过研究敌情和周密筹划，部署了攻打龙岩城的作战方案：红四军第一、第三纵队从正面进攻；第二纵队从左侧迂回，攻占北山，断敌退路。次日，红四军按部署发起猛烈攻击，守敌陈国辉部约一个营全部就歼，俘敌三百余人，缴枪二百余支，龙岩城遂告解放。红军进入龙岩城后大力开展宣传活动，毛泽东在龙岩省立第九中学向学生演讲，阐明中国共产党和红军的政策主张，号召青年参加革命队伍，担负起解放劳苦大众的重任。毛泽东和朱德为了诱敌归巢，消灭闽西国民党势力，扩大红色区域，当天傍晚率部撤离龙岩城，前往永定，同张鼎丞等领导的永定地方武装会合。

5月25日 和朱德率红四军在地方武装配合下，一举解放永定县城，守敌原郭凤鸣部一个团不战而退上杭。当天在赖家祠主持召开中共红四军前委和永定县委联席会议，会议决定召开群众大会庆祝永定解放，成立永定县革命委员会，发动群众拆毁永定城墙。二十七日，在永定城关南门坝召开的万人祝捷大会上讲话，号召大家团结起来，打倒土豪劣绅，实行土地革命，建立人民的政权；并向大会宣布闽西第二个红色政权永定县革命委员会正式成立，张鼎丞任主席。

5月底 在永定湖雷主持召开中共红四军前委会议。会上，对个人领导和党的领导、前委和军委分权等问题发生了争论。一种意见要求成立军委，认为“既名四军，就要有军委”，建立军委是完成党的组织系统；指责前委“管的太多”，“权力太集中”、“代替了群众组织”，是“书记专政”，有“家长制”的倾向。一种意见认为，领导工作的重心还在军队，“军队指挥需要集中而敏捷”，由前委直接领导和指挥更有利于作战，不必设重叠的机构，并批评硬要成立军委实际上是“分权主义”。争论结果，未能统一，前委的民主集中制领导原则无法贯彻实行，书记难以继续工作。

6月1日 在永定县湖雷给中共中央写报告，汇报红四军在赣南、闽西的斗争状况，以及红四军、红五军、江西红军独立第二、第四团的实力和党组织的概况，并提出："报纸所载我们怎样杀人放火的消息，全与事实不符"，"军队单纯的烧杀，现在可以说没有了"；"党内现发生些毛病正在改进中"；"现在红军中第一急需的是工作人员，因长期的斗争，损失太多，各级军官各级政治人员都十分缺乏，唯一的希望是中央派人来"；"朱、毛同志可以随时离开队伍，只要请中央派人来代替"；"红军第四军派遣留俄学生二十二人，候中央派来代替人员到时即动身"。

6月3日 为了诱使陈国辉部主力回援，聚而歼之，同朱德指挥红四军第三纵队会合闽西地方武装，发动第二次攻打龙岩的战斗。部队分南北两路，先攻占周围山头，再向西门进攻。城内守敌兵力单薄，一触即溃，红四军再占龙岩。当即成立了闽西第三个红色政权龙岩县革命委员会，邓子恢任主席。六日，获知陈国辉部主力由粤返闽，逼近龙岩时，同朱德率红四军第三纵队主动撤出龙岩城，抵龙岩县大池与第二纵队会合，随后转战上杭地区，为诱歼陈国辉部主力创造条件。

6月7日 和朱德指挥红四军和闽西红五十九团，分三路向上杭县白砂镇守敌卢新铭〔1〕部一个团发动进攻。他和朱德亲临前线，率领第二、第三两个纵队居中向白砂正面突击；第一纵队为左翼，从大洋坝直扑白砂，包围敌主力部队；红五十九团为右翼，经苏家坡迂回南进。经一个多小时战斗，攻克白砂，消灭该团大部，俘敌一百余人，缴枪一百余支。

---

〔1〕 卢新铭，当时任国民党福建省防军暂编第2混成旅旅长。

6月8日 在白砂召开的中共红四军前委扩大会议上提出书面意见，认为前委、军委分权，“前委不好放手工作，但责任又要担负，陷于不生不死的状态”；指出“对于决议案没有服从的诚意，讨论时不切实争论，决议后又要反对且归咎于个人，因此，前委在组织上的指导原则根本发生问题”；表示“我不能担负这种不生不死的责任，请求马上调换书记，让我离开前委”。会议以压倒多数票通过了取消临时军委的决定。

6月9日 在上杭旧县召开中共红四军前委会议，决定将闽西长汀、永定、龙岩、上杭四县的地方武装升编为红四军第四纵队。

6月10日 和朱德率领红四军进驻通往赣南的要隘连城县新泉镇，目的在进一步迷惑敌人，造成红军向江西退却的假象。在新泉，一面安排红军休整一星期，为伺机三战龙岩作准备；一面领导红军发动和配合连城南部十三个乡农民暴动，帮助建立连南区革命委员会。

6月12日 中共中央政治局举行会议，讨论中共红四军前委四月五日对中央二月指示信的复信。会议认为：中央二月致毛泽东、朱德的信对分散红军等说法“是有些毛病的”，共产国际代表布哈林在中共六大提出分散红军的主张，是不知道中国的条件。现在是长期混战的局面，红军应采取集中游击的策略，集中更容易发动群众，分散甚至会被地主武装消灭，中央应坚决改变分散红军的原则。会议同意中央常委召开一次军事会议，并提出朱德、毛泽东处应有一得力人员参加。

6月14日 在新泉就红四军党内存在的争论问题，给第一纵队司令林彪写复信，指出“现在的争论问题，不是个人的和一时的问题，是整个四军党的和一年以来长期斗争的问题”；“党内有争论问题发生是党的进步，不是退步”。复信从历史和环境两方面考察红四军党内存在的问题和争论的原因，列举“个人领导与党的领导”、“军事观点与政治观点”、“流寇思想与反流寇思想”、“形式主义与需要主义”、“分权主义与集权”等十四个问题。认为“个人领导与党的领导，这是四军党的主要问题”。指出红四军不能绝对建立党的领导的原因是：第一，红四军的大部分是从旧式军队脱胎出来的，便带来了一切旧思想、旧习惯、旧制度；第二，这支部队是从失败环境中拖出来结集的，原来党的组织很薄弱，因此造成了个人庞大的领导权；第三，一种形式主义的理论从远方〔1〕到来。复信逐一批驳了所谓“党代替了群众的组织”、“四军党内有家长制”等说法，认为这些说法都与事实不相符合，是一种不从实际需要出发的形式主义；并指出：“形式主义之来源是由于唯心主义，唯心主义之来源是由于游民、农民与小资产阶级成分中产生出来的个人主义，这与小团体主义、流寇思想、单纯军事观点等等是在一条路线基础上的，只是一个东西。这种思想发展的另一方面必定是分权主义——也是代表游民、农民、小资产阶级的一种思想，而与无产阶级的斗争组织（无论是阶级的组织——工会，与阶级先锋队的组织——共产党，或它的武装组织——红军）不相容的。”复信批评了不要建立巩固的根据地的流寇思想，指出：流寇思想历来在红军中是很厉害的，影响到政治方面最明显的表现，就是对罗霄山脉中段政权问题的不同见解，一部分同志时时刻刻要脱离边界的斗争。流寇思想产生于四军中的游民成分，党与这种思想曾经作过许多的斗争，但它的尾巴至今还存在，这种思想同时影响到城市政策与红军军纪。复信说：红四军中向来有一些同志偏于军事观点，同站在政治观点即群众观点上的人的意见不合。他们在军事失败的时候，什么都可以取消，只要枪杆子保存就够了；他们在游击工作

〔1〕 远方，指苏联和共产国际。

中单纯地发展军事影响而不去发展政治影响。复信还分析和批评了红四军党内存在的小团体主义、分权主义、个人主义等错误思想，指出："四军党内显然有一种建立于农民、游民、小资产阶级之上的不正确的思想，这种思想是不利于党的团结和革命的前途的，是有离开无产阶级革命的危险"，必须"克服这种思想，以求红军彻底改造"。"凡有障碍腐旧思想之铲除和红军之改造的，必须毫不犹豫地反对之，这是同志们今后奋斗的目标"。毛泽东在信中最后表示，他请求离开前委："在没有得到中央允许以前，由前委派我到地方做些事，使我能因改环境而得到相当的进步。"

6月中旬 获知陈国辉部主力返回龙岩城后对红军毫无戒备，便召开中共红四军前委会议，决定奔袭龙岩城，彻底消灭陈国辉部。十七日，同朱德率红四军离开新泉，秘密地挥师东进。十九日拂晓，红四军突然发动进攻，首先抢占了龙岩城周围的高地，第一纵队主攻南门，第二纵队沿龙门大道直取西门，第三纵队攻击北门并以一部分主力埋伏在东门外断敌退路。在红军和赤卫队的凌厉攻势下，不到半天，城内敌军大部被歼，部分残敌逃出东门被红军埋伏部队歼灭，陈国辉化装成士兵混在逃兵中逃脱。龙岩城第三次获得解放。

6月20日（或21日） 就中共红四军七大如何开法问题向前委提出建议：通过总结过去斗争经验的办法达到统一认识，解决红军建设中存在的主要问题，以进一步提高红军的政治素质和战斗力，担负起发展农村革命根据地的斗争任务。前委没有采纳毛泽东的意见。

6月22日 出席在龙岩城公民小学召开的由陈毅主持的中共红四军第七次代表大会，在会上作了发言。这次会议，前委的同志号召"大家努力来争论"，代表们围绕井冈山斗争以来的各方面的问题进行争论。会议否定了毛泽东提出的必须反对不要根据地建设的流寇思想和必须坚持党的集权制（当时对民主集中制的称谓）领导原则的正确意见。决议说："流寇思想与反流寇思想的斗争，也不是事实"。决议还把"集权制领导原则"视为"形成家长制度的倾向"。由于几个主要问题未能分清是非，大家的思想未能统一。大会改选红四军前委，毛泽东、朱德、陈毅、林彪、刘安恭、伍中豪、傅柏翠和红四军直属队、各纵队的士兵代表共十三人为前委委员。在选举前委书记时，原由中共中央指定的前委书记毛泽东没有当选，陈毅被选为前委书记。会后，毛泽东离开红四军主要领导岗位，到闽西休养并指导地方工作。

6月 红军第四军军长朱德、党代表毛泽东、政治部主任陈毅发布《红军第四军司令部政治部布告》。其中写道："我们红军受共产党的指导，执行民权革命三大任务，打倒帝国主义，打倒地主阶级，打倒国民党政府，以帮助工人、农民及一切被压迫阶级得到解放为宗旨。"布告向广大群众宣布了中国共产党的土地革命政策，包括"收租二百担以上的大地主，家里的谷子及大公会（义仓外）的谷子，一概没收分与贫民，不取价钱；收租二百担以下的小地主，家里的谷子须减价出粜，规定每担谷价照原价减半（但谷米商人从外境转运来的不在此例）"；"工人农民该欠田东债务，一律废止，不要归还（但商人及工人农民相互间的债务不在此例）"；"从今年起，田地归耕种的农民所有，不再交租与田东"；"废除一切苛捐杂税厘金钱粮"。

同月 蒋介石命令闽、粤、赣三省国民党军对红四军和闽西苏区发动"会剿"。这次"会剿"以江西国民党军第十二师师长金汉鼎为总指挥，部署是：江西国民党军第十二师、第七师共四个团由长汀向新泉、古田进攻，福建国民党军暂编第一师由漳州向龙岩进攻，广东国民党军第七旅一部由大埔、松口向永定推进。

7月8日 和蔡协民、谭震林、江华、曾志等人，受中共红四军前委的委派，由龙岩动身前往上杭蛟洋，代表前委出席并指导中共闽西第一次代表大会。九日，毛泽东抵达蛟洋后，发现大会准备工作不够充分，特别是代表们对本地区的政治、经济等方面的实际情况了解不足，提议将原定七月十一日开幕的大会推迟一星期召开，组织代表们回原地区进行调查研究。

7月中旬 指导出席中共闽西一大的代表们，分别对闽西的政治、党务、土地、物价、洋货侵入、工农业破产等各种问题，进行详细的调查，为代表大会制定切合实际情况的方针政策作准备。毛泽东和代表们一起进行了实际调查。

7月20日—29日 出席并指导在上杭蛟洋文昌阁召开的中共闽西第一次代表大会。在会上作政治报告，赞扬闽西革命斗争的成就，分析了中国革命的形势，阐明了革命根据地的重要性，指出闽西共产党各级组织今后的任务是巩固和发展革命根据地，同赣南红色区域连成一片，建立中心工作区域。同时，还论述了巩固和发展闽西革命根据地的六个有利条件、三个基本方针。三个基本方针是：（一）深入进行土地革命；（二）彻底消灭民团土匪，发展工农武装，有阵地波浪式地向外发展；（三）发展党，建立政权，肃清反革命。毛泽东参加了对各项决议案的讨论，并进行具体指导，但中途病倒了。大会通过的由邓子恢起草、毛泽东修改的《闽西第一次代表大会政治决议案》，规定了闽西党在目前的总路线是“坚决地领导群众，为实现闽西工农政权的割据而奋斗”，提出了为实现总路线所要完成的主要任务。这次会议的突出贡献，是在毛泽东的指导和帮助下，制定并通过了《土地问题决议案》，在总结闽西土地斗争经验基础上规定的土地政策，同井冈山《土地法》和兴国《土地法》相比较有新的发展，主要表现在：（一）区别对待地主和富农，只没收富农多余的土地，不过分“打击富农”，“集中攻击目标于地主”；（二）分配土地实行“抽多补少”的原则；（三）对在乡地主家属“酌量分与田地”，给以生活出路。

7月29日 出席在蛟洋召开的中共红四军前委紧急会议，同从连城新泉赶来的朱德、陈毅等商讨应敌计划。会议分析了闽、粤、赣三省国民党军对闽西革命根据地进行第一次“会剿”的形势。毛泽东在会上发言指出：敌人内部有矛盾，他们各自为政，所谓“会剿”，实际是“会”而不“剿”，“剿”而不“会”。对于敌人的“会剿”，我们不能硬拼，应该采取比较灵活机动的战术，敌人打过来，我们就缩小目标，转移敌人视线，分散敌人的力量。敌人一走，我们再打过去。根据赣军李文彬部进占长汀县河田、闽军张贞部开抵龙岩县适中的紧急情况，会议在讨论如何粉碎敌人“会剿”计划时，有人主张集中兵力在闽西奋斗，有人主张打出去，总部以为在闽西没有多大办法，决定打出去，出击闽中。会议确定：二、三两纵队同军部是夜到龙岩、白砂集中，一纵队在回龙一带因赶不上，并决定在闽西同四纵队共守闽西，相机打出去。会议根据中央四月来信提出的“中央希望前委能派一得力同志暂时离开那里，来中央报告与讨论一切问题之后，再回到你们那里工作”的意见，决定陈毅赴上海向中央汇报工作，前委书记由朱德代理。毛泽东表示赞同陈毅向中央汇报红四军情况。会后，陈毅到厦门向福建省委汇报工作，接着转赴上海代表红四军前委向中央汇报工作并参加中央召开的军事会议；朱德率第二、第三纵队向闽中出击；毛泽东因疟疾病重，先后到上杭县苏家坡、大洋坝和永定县牛牯扑、合溪等地农村养病，同时指导闽西军民的反“会剿”斗争和指导当地开展土地革命。

8月上旬 由上杭县的苏家坡抵达大洋坝，参加当地人民为纪念八一南昌起义两周年举行的军民示威大会，并会见红军领导干部和当地党政负责人，听取关于土地革命进展情况的汇报。对红四军第一纵队部分干部说：农民分了土地，你们部队要保护群众收到谷子，这样我们就站稳脚跟了。随后，前往永定县农村养病。

8月13日 中共中央政治局召开会议，讨论红四军七大文件及毛泽东六月十四日给林彪的复信等。周恩来介绍红四军前委所送文件说：他们的问题是有政治意义的。他们的大会对每个问题都有简单的回答，有些是正确的，有些是不正确的。刘安恭有一信将他们分成两派，许多是不合事实的，在故意造成派别。会议认为，现在红四军情况不完全清楚，待陈毅到后再作全面答复。会议决定：先给红四军一信，要他们努力同敌人斗争，军委可暂不设立，军事指挥由军长、党代表管理，调刘安恭回中央。

8月18日 中共红四军前委写信向闽西特委通报，第二、第三纵队计划渡乌龙江向赣、浙、皖边界游击。闽西特委见信后，根据毛泽东的意见，致信红四军前委说："过了乌龙江则敌消息灵通，运输便利，更有受大军包围危险"，"建议前委再调四军回闽西"。这时红四军第二、第三纵队在闽中遇到很大困难，见到闽西特委信后，乃决定返回闽西。

8月21日 中共中央给红四军前委发出指示信，对中共红四军七大提出批评。指示信认为红四军七大侧重于解决内部纠纷是不正确的，"前委同志号召'大家努力来争论'"和"刘安恭同志企图引起红军党内的派别斗争"是错误的。指示信肯定地方武装与红军同时扩大和暂不设红四军军委是正确的；强调"红军不仅是战斗的组织，而且更具有宣传和政治的作用"，"红军的游击，更充分负有发动群众实行土地革命建设苏维埃政权的使命"；指出红军中的党，"必须采取比较集权制"，党的书记多负责任"绝对不是家长制"，事事"要拿到支部中去讨论去解决——这是极端民主化的主张”；提出“红军中政治工作及宣传队组织（或如你们所称‘宣传兵’）是红军政治生命”。还指出，刘安恭应“调来中央”〔1〕。

8月27日　中共中央政治局召开会议，李立三在谈他听取陈毅关于红四军党内问题汇报的情况时，说：毛泽东“在政治上强”、“在政治上比较正确”，对于争论“能从政治上来说明一切问题”。

8月29日　陈毅在中共中央政治局会议上作关于红四军党内问题的详细报告。会议决定，李立三、周恩来、陈毅三人组成委员会，提出决议〔2〕，由政治局讨论通过。三人委员会由周恩来召集。

8、9月间　达到闽西著名的永定金丰大山，住在只有十来户人家的牛牯扑一个小竹寮里。在这间不到十平方米的小屋里，除了服药治病，大量时间是读书看报，批阅战场上送来的情报、查看军事地图、拟制作战方案等。这个竹寮，既像是战地指挥所，又像是文房书室，毛泽东亲笔在一块木板上题写“饶丰书房”，把它挂在门口。这期间，红四军第一、第四纵队，在毛泽东和闽西特委指导下，在上杭、永定、龙岩三县分兵游击，发动群众，打土豪、分田地，建立苏维埃政权，并以有限的兵力，与苏区群众密切配合，有力地牵制和打击了“会剿”之敌。粤军陈维远〔3〕部三个团占据永定湖雷一个多月里，在第一纵队和地方武装的袭扰下，不敢搜山，还死伤了很多人。第四纵队从上杭北

〔1〕 刘安恭于1929年10月红军第4军主力出击广东东江的途中，在大埔县虎市牺牲。

〔2〕 指三人委员会提出的由陈毅执笔的中共中央九月来信稿。

〔3〕 陈维远，当时任国民党军粤军第3师第7旅旅长。

区发展到连城南之新泉、汀州南之涂坊，对敌不断地骚扰，使赣军金汉鼎部始终收缩在汀州、连城，不敢向前推进。

9月上旬 朱德率红四军第二、第三纵队抵达上杭白砂，同第一、第四纵队会合。由于红四军分兵从内外线牵制和打击敌人，时局发生变化以及敌人内部矛盾重重，进犯闽西的粤、赣国民党军纷纷撤回本省，对闽西革命根据地的第一次“会剿”遂告破产。

9月下旬 红四军攻克上杭县城后，由朱德主持在上杭太忠庙召开中共红四军第八次代表大会。会前毛泽东收到开会通知，他回信说：我不能够随便回来。后来大会采纳很多代表的意见，致信希望他务必到会并回红四军主持前委工作。当时毛泽东正发作疟疾，坐担架赴会，但赶到时会已开完。大家见他身体虚弱，浑身浮肿，让他继续养病。

9月28日 中共中央给红四军前委发出指示信（即“九月来信”）。这封信是陈毅根据中共中央会议精神和李立三、周恩来的多次谈话，代中央起草并经周恩来审定的。信中肯定红四军建立以来的成绩和经验，对红四军工作任务作了一系列明确的指示。指出：从你们过去的艰苦经验中就可以证明，“先有农村红军，后有城市政权，这是中国革命的特征，这是中国经济基础的产物”。指明“党的一切权力集中于前委指导机关，这是正确的，绝不能动摇。不能机械地引用‘家长制’这个名词来削弱指导机关的权力，来作极端民主化的掩护”。提出“前委对日常行政事务不要去管理，应交由行政机关去办”。强调对于红军中的种种错误观念，“前委应坚决以斗争的态度来肃清之”。指示信对红四军党的七大及前委扩大会处置的缺点提出批评：“红军是生长在与敌人肉搏中的，他的精神主要的应是对付敌人。前委对于朱、毛两同志问题，没有引导群众注意对外斗争，自己不先提办法，而交下级自由讨论，客观上有放任内部斗争关门闹纠纷的精神，前委自己铸成这个错误，这是第一点。第二，没有从政治上指出正确路线，使同志们得到一个政治领导来判别谁是谁非，只是在组织来回答一些个人问题，这是第二个缺点。第三，这次扩大会及代表大会的办法是削弱了前委的权力，客观上助长极端民主化的发展。第四，对朱、毛问题没有顾及他们在政治上的责任之重要，公开提到群众中没有指导的任意批评，使朱、毛两同志在群众中的信仰发生影响。再则一般同志对朱、毛的批评大半是一些唯心的推测，没有从政治上去检查他们的错误，这样不但不能解决纠纷而且只有使纠纷加重。”指示信明确指出：“前委应立即负责挽回上面的一些错误：第一，应该团结全体同志努力向敌人斗争，实现红军所负的任务；第二，前委要加强指导机关的威信与一切非无产阶级意识作坚决的斗争；第三，前委应纠正朱、毛两同志的错误，要恢复朱、毛两同志在群众中的信仰；第四，朱、毛两同志仍留前委工作。经过前委会议，朱、毛两同志诚恳接受中央指示后，毛同志应仍为前委书记，并须使红军全体同志了解而接受。”

10月上旬 到永定县合溪养病。指导中共合溪区委和永定县委的工作，对于区委同上级来往的文件、报告，以及发到各乡的指示决定，进行审阅，提出意见或加以修改。每天向合溪邮局借阅当日的各种报刊，从中了解敌人的动态，作为分析形势和制定方针的依据。从八月中旬到十月上旬，毛泽东在永定县农村养病期间，常带病作调查研究，同基层干部和群众座谈，了解革命斗争深入发展过程中出现的问题，指导永定县委开展土地革命。

10月10日前后 从永定合溪由地方武装用担架护送到上杭县城，同朱德等红四军领导人会合。由于永定农村缺医少药，疟疾一直未治愈，住在临江楼继续休养。当时找到上杭一名西医治疗，经过十多天，病就好转了。这期间，抱病会见了中共上杭县委书记谭震林和地方武装的负责同志，对上杭县革命运动的深入开展，作了明确的指示。

秋 在红四军攻占上杭之后，有感于闽西工农武装割据的一片大好形势，填词《清平乐·蒋桂战争》一首："风云突变，军阀重开战。洒向人间都是怨，一枕黄粱再现。 红旗跃过汀江，直下龙岩上杭。收拾金瓯一片，分田分地真忙。"

10月11日 农历重阳节，当时临江楼庭院中黄菊盛开，汀江两岸霜花一片，触景生情，填词《采桑子·重阳》一首："人生易老天难老，岁岁重阳。今又重阳，战地黄花分外香。 一年一度秋风劲，不似春光。胜似春光，寥廓江天万里霜。"

10月18日 中共红四军前委接受中央关于利用两广军阀混战的有利时机，进军粤东东江地区，开拓新局面的指示，给福建省委并中央写报告表示，红四军立即调三个纵队向东江出击，并说："毛同志久病，现虽起床，尚不能行走，此次去东江，尚不能出发"。次日，红四军主力分三路开始向东江地区进军。

10月21日 中共闽西特委获知赣军金汉鼎部一个团正在逼近上杭城，决定特委以及各机关和伤病员，于当天晚上至次日凌晨全部离城转移。毛泽东随邓子恢率领的特委机关撤出，前往特委驻地上杭县苏家坡继续休养。在苏家坡的一个多月里，毛泽东虽身体尚弱，但已渐渐能行走，常到溪边幽径散步。随着体质增强，贪婪地阅读当时所能找到的书籍，有一本《模范英语读本》，天天朗读一段课文。在这里，继续指导闽西特委的工作。为了帮助特委制定各项方针政策，不辞辛劳，深入群众，作了大量调查工作。对特委举办的闽西干部训练班十分关心，经常询问训练班的学习情况，并专门给学员结合实际讲授马列主义基本原理，以提高地方党政干部解决实际问题的能力。当了解到苏家坡全村无人读过书的情况，建议特委创办了一所“平民小学”，在开学那天给孩子们讲了一课，启发大家为翻身求解放而努力学好文化。

10月22日　陈毅携中共中央九月来信，由上海回到正在东江松源的红四军前委机关，立即向前委传达了中央的指示精神。随后，陈毅派专人把中央九月来信送往上杭苏家坡给毛泽东，并附信转达中央指示，请他回红四军前委主持工作。

10月31日　红四军进攻梅县失利。随后，中共红四军前委根据两广军阀战争结束，敌人正向东江地区增兵包围红军的形势，决定撤出东江，返回闽西。

11月上旬　在调查研究的基础上，指导中共闽西特委先后发出了第十三、十四、十五号通告，总结中共闽西一大召开三个多月以来所取得的成绩和存在的问题，正确分析了当时的政治、军事形势，提出了扩大红色区域、统一群众武装斗争、建立代表会制度、解决苏区经济问题、培养训练干部等正确的决策，为闽西革命根据地的建设，指出了明确的方向。其中《中共闽西特委通告第十三号》提出：“加强创造干部人才，从斗争中，从支部生活中，提拔积极分子加紧训练，经常开办训练班，由下而上地一批一批地造成党和群众工作的干部人才出来，这样才能应付日益发展的斗争局面”。

11月18日　红四军抵达上杭县官庄。前委召开会议决定，扩大闽西赤色区域，建立闽西红色政权。朱德、陈毅致信在上杭苏家坡休养的毛泽东，请他立即回红四军主持前委工作。

11月23日　红四军攻占长汀城。中共红四军前委决定，促请毛泽东速回主持工作，并派部队接他回红四军。

11月26日 偕中共福建省委巡视员、组织部长谢汉秋从上杭蛟洋抵达长汀，同朱德、陈毅会合，表示遵照中央指示回前委工作。随后，重新担任中共红四军前委书记。一病数月，这时身体正在恢复，约略可以随军行动。

11月28日 主持召开中共红四军前委扩大会议。谢汉秋和东江特委代表也先后到会。会议除同意前委官庄会议决议外，深入地分析了红四军的一般情况，认为红四军此时不加以整顿和训练，必定难以执行党的政策，遂决定红四军进行整训。会议还规定十二月份的工作主要是：召开中共红四军第九次代表大会，建立红四军的政治领导，纠正红四军党内各种错误倾向。

同日 致信中共中央，报告自己回红四军的情况和目前的工作计划："我病已好"，"遵照中央指示，在前委工作"。"四军党内的团结，在中央正确指导之下，完全不成问题。陈毅同志已到，中央的意思已完全达到。惟党员理论常识太低，须赶急进行教育。除请中央将党内出版物（布报，《红旗》，《列宁主义概论》，《俄国革命运动史》等，我们一点都未得到）寄来外，另请购书一批（价约百元，书名另寄来）"。"我们望得书报如饥如渴，务请勿以事小弃置"。

同日 致信中共中央政治局常委李立三，说："多久不和你通讯了，陈毅同志来才知道你的情形。我大病三个月，现虽好了，但精神未全复元。开慧和岸英等我时常念及他们，想和他们通讯，不知通信处。闻说泽民在上海，请兄替我通知泽民，要他把开慧的通信处告诉我，并要他写信给我"。"我知识饥荒到十分，请你时常寄书报给我，能抽暇写信指导尤幸"。"独秀近来行动真岂有此理，中央的驳议文件已经到此[1]，我们当普遍地宣传”。

11月底 和朱德、陈毅在长汀城召开工人座谈会，征求他们对红军的意见，并对来自各行业的工人代表发表讲话说，现在红军里面的工人太少了，希望大家回去动员工人参加红军。

12月3日 当闽、粤、赣三省国民党军对闽西革命根据地发动第二次“会剿”、赣军金汉鼎部由赣入闽向长汀袭来时，同朱德、陈毅率第一、第二、第三纵队撤离长汀开往连城新泉，与第四纵队会合。在这里，同朱德、陈毅领导红四军进行了十天左右的政治和军事整训。这期间，召开由支队、大队的干部和士兵代表参加的各种调查会，对红四军存在的各种错误思想及其表现进行调查。调查会采取讨论的形式，启发大家就会上提出的问题进行研究，并参加大家的讨论，引导大家统一到正确的思想上来。通过这些调查，为中共红四军九大的召开作了初步准备。

12月中旬 和朱德、陈毅率红四军开赴上杭县古田村，继续为召开中共红四军九大作准备。在红四军前委召开的各级党代表联席会议上，毛泽东列举大量事实说明红四军党内存在着单纯军事观点、极端民主化等错误倾向和错误思想，鼓励大家充分发

---

〔1〕 陈独秀1929年8月5日致信中共中央，称中共中央“始终不认识革命失败与资产阶级之胜利，始终不认识现在是列宁所谓‘革命二个波间过渡期’”，对“革命高潮过分的估量与宣传”，“在政治上工作上组织上一贯的错误路线”，等等，并将此信私下传播。10月5日，中央政治局会议通过《中央关于反对党内机会主义与托洛茨基主义反对派的决议》，指出党内以陈独秀为代表的机会主义与托洛茨基反对派对于中国革命的根本问题陷入取消主义的观点，完全背离了六大与中央关于目前革命的根本策略，同时违背党的组织原则，进行分裂党的小组织活动，是党所不能宽恕的破坏党的行为。

表意见，揭发和批评各种非无产阶级思想。他指导各提案小组经过十多天讨论，研究各种错误倾向和错误思想的根源、危害以及纠正的方法，写出各个提案的草案。同时，他根据中央九月来信的精神，特别是对红四军实际情况的深入调查研究，起草了长达三万字的红四军第九次党代会八个决议案，为大会完成了准备工作。

12月28日、29日 中共红四军第九次代表大会在上杭古田召开。会上，毛泽东作政治报告，朱德作军事报告，陈毅传达中央九月来信以及中央关于开除取消派陈独秀等党籍的决议案。会议讨论了中央的指示，总结了红四军前委工作的经验教训，一致通过了毛泽东起草的八个决议案（总称《中国共产党红军第四军第九次代表大会决议案》，又称《古田会议决议》）。决议的主要内容包括：（一）规定红军的性质和任务。决议指出，“红军是一个执行革命的政治任务的武装集团”，“除了打仗消灭敌人军事力量之外，还要负担宣传群众、组织群众、武装群众、帮助群众建立革命政权以至于建立共产党的组织等项重大的任务”。决议批判了不重视根据地建设的流寇思想和不愿做群众工作的错误倾向。（二）肯定党对红军的领导原则。决议强调必须从思想上、政治上进行党的建设，还必须加强党的组织建设，指出要在红军中健全党的各级组织，“厉行集中指导下的民主生活”。决议批判了极端民主化思想和非组织观点等错误倾向。（三）明确军事和政治的关系。决议指出，“军事只是完成政治任务的工具之一”。决议批判了“军事好，政治自然会好”和“司令部对外”以及把政治机关隶属于军事机关的单纯军事观点。（四）强调进行马克思主义和党的正确路线教育。决议指出，红军党内“存在着各种非无产阶级的思想”，最迫切的问题是教育的问题，要从教育上提高党内的政治水平，使党员的思想和党内的生活都政治化、科学化。决议对各种错误思想的表现、根源作了分析，指明了纠正的方法。（五）确立红军处理军内关系、军民关系和瓦解敌军的原则。决议指出，红军官兵平等，官长应爱护士兵，保障士兵的民主权利，纠正打骂士兵等旧军队的管教方法，士兵要尊重官长，自觉接受管理，遵守纪律。决议重申红军必须遵守三大纪律和六项注意的规定，坚持军民团结。决议规定，优待俘虏兵，不准没收他们个人的财物，有伤给予医治，不愿当红军的发给路费释放。（六）规定红军宣传工作的任务。决议指出："红军宣传工作的任务，就是扩大政治影响争取广大群众。由这个宣传任务之实现，才可以实现组织群众、武装群众、建立政权、消灭反动势力、促进革命高潮等红军的总任务。"（七）论述红军政治工作的作风和方法。决议指出，要"用马克思列宁主义的方法去作政治形势的分析和阶级势力的估量，以代替主观主义的分析和估量"，要注意对实际情况的调查研究，"党内批评要防止主观武断和把批评庸俗化"。这个决议解决了以农民为主要成分的革命军队如何建成无产阶级性质的新型人民军队的问题，是红军（后来的八路军、新四军、人民解放军）建设的纲领性文件。同时，这个决议为整个党的建设确立了一条马克思列宁主义的路线，也是党的建设的纲领性文件。古田会议决议的第一部分《关于纠正党内的错误思想》，编入《毛泽东选集》。

大会选举毛泽东、朱德、陈毅、罗荣桓、林彪、伍中豪、谭震林等十一人为中共红四军前委委员，毛泽东重新当选前委书记。

1930年　三十七岁

1月初　鉴于红四军给养已发生困难，中共红四军前委决定：朱德率第一、第三、第四纵队到连城筹款，毛泽东率第二纵队暂留古田策应和处理善后工作。与此同时，毛泽东从古田到蛟洋红军医院探望伤病员，请地方党组织负责人在红四军离开当地后妥善安置这批伤病员。

1月5日　朱德率红四军第一、第三、第四纵队从古田抵达连城，筹款以解决粮饷问题。毛泽东指挥第二纵队开往龙岩县小池，打击前来“会剿”的闽敌刘和鼎之第五十六师先头部队，以掩护红四军主力转移。第二纵队完成阻击任务后，返回古田。

同日　在古田给第一纵队司令林彪写回信，以党内通信形式印发给部队干部，对广大指战员进行形势与任务的教育。毛泽东在这封信中对国际国内的基本矛盾作了科学的分析，说明了中国革命高潮快要到来、星星之火可以燎原的道理；批评了林彪以及党内一些同志对时局估量的一种悲观思想，指出那种不从中国实际出发、对革命形势估计不足、没有在游击区域建立红色政权的深刻观念的错误，论述想在全国范围内“先争取群众后建立政权的理论，是于中国革命的实情不适合的”；从中国是一个许多帝国主义国家互相争夺的半殖民地这个事实出发，提出“红军、游击队和红色区域的建立和发展，是半殖民地中国在无产阶级领导之下的农民斗争的最高形式，和半殖民地农民斗争发展的必然结果”，“无疑义地是促进全国革命高潮的最重要因素”；指明“单纯的流动游击政策，不能完成促进全国革命高潮的任务，而朱德毛泽东式、方志敏式之有根据地的，有计划地建设政权的，深入土地革命的，扩大人民武装的路线是经由乡赤卫队、区赤卫大队、县赤卫总队、地方红军直至正规红军这样一套办法的，政权发展是波浪式地向前扩大的，等等的政策，无疑义地是正确的”；并强调必须这样，才能树立全国革命群众的信仰，才能给反动统治阶级以甚大的困难，动摇其基础而促进其内部的分解，才能真正地创造红军，成为将来大革命的主要工具，才能促进革命的高潮。毛泽东这封信总结两年多的革命实践经验，发展了“工农武装割据”的思想，基本上形成了农村包围城市、武装夺取政权的理论。这封信编入《毛泽东选集》时，题为《星星之火，可以燎原》。

1月6日 中共红四军前委给中央寄出报告，汇报一九二九年十二月的工作：(1) 召开红四军党的第九次代表大会，接受中央指示，作出反对机会主义及托洛茨基主义反对派的决议；(2) 用各种方法，建立红四军的政治领导；(3) 纠正红四军党内各种错误倾向，扫除红军内部的封建残余制度（如废止肉刑，禁止枪毙逃兵等）。报告还总结了红四军出击广东东江损失兵力三分之一的经验教训。

1月7日 率第二纵队从古田出发，经龙岩县的上车、梅林进入连城。然后，经永安、归化（今明溪）、清流等县境，于一月中旬到达闽赣交界的武夷山下。

同日 朱德获悉长汀和上杭的敌军进入连城县境，隔断第一、第三、第四纵队同第二纵队的联系，决定率部离开闽西进入江西，引诱“会剿”军金汉鼎[1]部离闽回赣，使敌人的“三省会剿”宣告破产。

1月上旬 接到中共闽西特委来信，要求红四军留下一个纵队在闽西游击，帮助地方消灭敌人，巩固刚建立的红色政权。毛泽东对送信人说，敌军是跟着我们走的，不会停留在闽西跟你们走。他当即写了八个字：“离开闽西，巩固闽西。”毛泽东的意见增强了闽西特委负责人保卫闽西红色区域的信心。

1月10日前后 在行军途中接到黄公略报告赣西南红军发展情况的信，立即召开前委会议研究决定，成立红军第六军，调陈毅、宋裕和前去协助黄公略做筹备工作。

1月20日 率领第二纵队到江西广昌县赤水，击溃反动武装靖卫团，活捉伪县长。当时获悉第一、第三、第四纵队正在江西宁都县的东韶。

1月24日 率第二纵队经宁都的洛口到东韶，同先到数天的朱德所率红四军主力会合。

1月下旬 在东韶主持召开中共红四军前委会议，根据蒋介石、阎锡山、冯玉祥军阀战争即将爆发、广东广西军阀混战仍然相持和革命时局展开的情况，讨论红四军的行动部署问题，要求进一步贯彻执行古田会议决议。会后，同朱德部署红四军十五天的短距离分兵：第一纵队直取乐安；第三纵队由藤田占领永丰；第四纵队同宁都赤卫队及二十五纵队在宁都布置南路工作，帮助宁都县委召开苏维埃代表大会，解决宁都土地改革问题，同时对付赣敌金汉鼎部；第二纵队进驻藤田，沿途分兵打土豪。毛泽东随红四军司令部一同抵达藤田。

---

〔1〕 金汉鼎，当时任国民党军赣军第12师师长、闽粤赣3省“会剿”军副总指挥。

1月 和朱德一起指挥红四军打破闽、粤、赣三省敌军对闽西革命根据地的第二次“会剿”，并连克江西的宁都、乐安、永丰等县。三十日（农历正月初一），将由闽西进入赣南的一路情景吟成一首词《如梦令·元旦[1]》：“宁化、清流、归化，路隘林深苔滑。今日向何方，直指武夷山下。山下山下，风展红旗如画。”

2月1日 中共中央就红四军行动问题复信广东省委。信中说：红四军攻梅县的失败，在政治上的损失确比军事上的损失大，原因自当归咎于四军内部党和政治工作的破产。“润之来信很积极，发展方向他们亦接受中央指示，只是声明目前环境所限恐须先在闽西深入”。信中还说：“润之现已复职，中心的政治领导亦已确立，此稍可使中央放心”。

2月初 在永丰县藤田，从赣西特委来人的报告得知，赣西特委受到右倾思想的干扰，致使“分配土地、建立政权各项中心工作都因此停顿”。依据中共中央第六十号通告关于反对军阀战争和要求红军进攻主要城市的精神，红四军前委就当前革命形势与任务问题致信赣西、赣南特委和红五军、红六军[2]军委，提出召开联席会议。毛泽东等三人组成红四军前委代表团到赣西特委驻地吉安陂头，同赣西特委商定联席会议于二月七日在陂头召开。毛泽东同曾山、刘士奇等开始进行会议的筹备工作。

2月6日—9日 在吉安陂头主持召开中共红四军前委、赣

---

〔1〕 农历正月初一，过去曾称元旦。

〔2〕 中国工农红军第6军，由江西红军第2团、第3团、第4团、第5团于1930年1月下旬合编而成。

西特委（赣南特委代表团因会议提前举行，未能赶上参加）和红军第五军、第六军军委联席会议（称陂头会议，也称“二七”会议）。会上，毛泽东作关于政治形势和今后任务的报告。会议分析了以江西为中心的闽、粤、浙、赣、湘五省武装斗争形势，讨论了扩大苏维埃区域、深入土地革命、发展工农武装等问题。会议认为，江西反动派内部矛盾加剧，赣西南革命形势发展很快，江西有“首先胜利夺取全省政权之可能”。会议确定赣西南党的主要任务是：扩大苏维埃区域、深入土地革命和扩大工农武装。会议批评了赣西南地区迟迟不分配土地和按劳动力、耕作能力分配土地的不利于贫农而利于富农的右倾错误，肯定了按人口平均分配土地的办法，通过的《土地法》规定“分田以抽多补少为原则”，“男女老幼平均分配”。会议决定：集中红军第四、五、六军，夺取江西全省政权，第一步先打吉安；打吉安的第一步是占领与吉安为犄角的吉水、安福、泰和等县；由红四军担任攻取吉水。为了统一领导红军和地方党组织，将红四军前委扩大其任务，成为领导红四军、红五军、红六军和赣西南、闽西、粤东江革命根据地的中共共同前敌委员会；红四军另成立军委，调潘心源任军委书记（未到任，由熊寿祺代理）。共同前委由十七人组成，毛泽东、朱德、曾山、刘士奇、潘心源为常委，彭德怀、黄公略为候补常委，毛泽东任书记。会议将赣西特委（在这以前湘赣边特委已并入赣西特委）、赣南特委合并为赣西南特委，刘士奇任书记；还决定成立红军第六分校，朱德任校长，毛泽东任政治委员。

2月14日　“二七”会议主席团毛泽东、曾山、刘士奇署名发布《关于占领吉安建立江西苏维埃政府》的通告。通告对红军第四、五、六军作出行动部署。

2月15日 为贯彻“二七”会议精神，在赣县召开赣南工作会议。在会上作革命形势与党的任务的报告。会议讨论了赣南工作，批评土地革命没有开展起来等右倾错误，明确当前的主要任务是：建立工农政权，分配土地，扩大武装。

2月中旬 国民党军调集七个旅十二个团，以江西省主席鲁涤平为总指挥，开始对赣西南革命根据地和红军进行“会剿”。当时，金汉鼎部占领宁都，朱耀华旅进到乐安，戴岳旅进到南丰、乐安之间，成光耀旅驻守吉安；从湖北调来的唐云山旅〔1〕侵占永丰、乐安后，即向吉安的东固地区搜索前进。

同旬 和朱德指挥红四军开到水南，进到中鹄区施家边，准备攻取吉水。因“会剿”敌军前锋已到永丰，从战略上考虑，红四军不宜在白区挺进，遂决定不打吉水，采取“诱敌深入到赤色区域同他作战”的原则，利用苏区的有利条件，求歼孤军向苏区冒进的唐云山旅。随即指挥红四军折回富田休息和训练，准备歼灭来犯之敌。

2月24日—26日 同朱德指挥红四军和红六军一个纵队在吉水县水南、吉安县值夏一带，给贸然单独进犯苏区而兵力分散的唐云山旅以歼灭性打击，击伤旅长唐云山，抓住一个团长、两个副团长，取得俘敌一千六百余人、缴枪两千余支的胜利。

2月26日 中共中央向全党发出第七十号通告，把准备武装起义、建立全国政权定为全党的总路线和总任务；决定红军“在战略与战术上必须向着交通要道中心城市发展”；指责“朱毛与鄂西的红军中还保存有过去躲避和分散的观念”；强调“苏维

---

〔1〕 唐云山旅，指唐云山任旅长的国民党军独立第15旅。

埃区域的扩大亦必须以组织地方暴动建立城市领导来打破过去苏维埃政权躲避乡村或将苏维埃秘密起来之种种取消和保守倾向”；提出“扩大红军的总策略是要建立在集中农民武装，扩大红军向着中心城市发展，以与工人斗争汇合”。

2月27日 出席在吉安县值夏举行的有红军、地方武装和革命群众参加的祝捷大会。在会上讲话，号召赣西南人民发展游击战争，巩固与扩大革命根据地，建立与巩固苏维埃政权。

2月 因红军第四、第五、第六军均缺干部，共同前委决定创办随军的红军学校，招收学员六百人，由毛泽东任校长。

同月 行军途中，在“马背上哼成”了《减字木兰花·广昌路上》词一首：“漫天皆白，雪里行军情更迫。头上高山，风卷红旗过大关。 此行何去？赣江风雪迷漫处。命令昨颁，十万工农下吉安。”

3月上旬 和朱德部署红四军和红六军第二纵队在吉水县水南一带做群众工作。在水南主持召开中共共同前委和赣西南特委联席会议。与会者经过讨论认为，红军向北、向西发展都受敌军阻拦，只能向东或向南发展，应当改变进攻吉安、夺取江西全省的计划。会议决定，红军向东发展，由江西广昌进驻福建建宁。

3月10日 和朱德率红四军和红六军第二纵队到达东固。获悉兴国无敌军驻扎，随后，又率部南下兴国。

同日 中共中央政治局开会决定，要朱德、毛泽东领导的红军“向江西发展”，并批评“他们的兜圈子主义”。

3月11日—14日 在兴国召集中共县委负责人会议，对支援前线、扩大红军和土地革命等问题作指示。指导召开兴国县第一次工农兵代表大会，成立了兴国苏维埃政府，颁布了《兴国苏维埃政府土地法》。获悉驻赣州敌军金汉鼎部开赴福建打卢兴邦〔1〕，同朱德决定，乘虚袭击赣州。

3月15日　中共赣西南特委在富田召开赣西南第一次党的代表大会，会后成立赣西南苏维埃政府。十八日，中共闽西特委在龙岩召开闽西六县第一次工农兵代表大会，成立闽西苏维埃政府。这标志着当时红军最大的战略区赣南、闽西两块革命根据地正式形成。

3月16日　当红四军一部急行军三天到达赣州城郊时，方知金汉鼎部第七十团由万安返回赣州城，闭门扼守。红军当日从东、南、西三面发起猛攻，因地形不利和缺乏攻城武器而未能攻克。这时，毛泽东从兴国赶到赣州红军前沿阵地，观察研究敌我态势，认为难以攻下。中共共同前委研究决定，放弃进攻赣州计划，随即撤出战斗。

3月18日　在赣州城郊楼梯岭主持召开红军干部和地方干部会议，讨论当前形势和今后的行动计划，认为：吉安、吉水、永丰一线有敌军三个旅以上兵力，红军暂时不宜北进；赣南、闽西地区敌军兵力空虚，红军正好发展苏区，打通闽、粤、赣三省边界的联系。会议决定：分兵发动群众，扩大与巩固苏区。红四军以三个月为期，分路游击于赣南八县、粤东北七县、闽西五县。与此同时，红六军也以三个月为期，分兵于赣西南地区，扩大与巩固苏区；红五军第一步配合红六军在赣江上游工作，第二步返回湘鄂赣边，扩大湘东、鄂南、赣北的红色区域，使赣北与

---

〔1〕　卢兴邦，当时任国民党军暂编第2师师长。

赣西的道路打通起来。

同日 中共共同前委发布关于分兵争取群众及工作路线的通告，总结了赣南、闽西“武装割据”的新经验，提出了“伴着发展”的工作路线〔1〕和“同时扩大同时深入”的工作方针。通告指出，“分兵游击的意义，是为了更能争取群众，更能分配土地和建设政权，更能扩大红军和地方武装”；并强调“我们要反对绝对集中主义，同时也要反对绝对分兵主义”。所谓“伴着发展”，就是伴着原有红色区域发展，“波浪式地向前扩大”；所谓“同时扩大同时深入”，就是在一定时间，在指定区域内“集中精力扩大这地区”，同时在该区域做深入的工作。

3月19日 和朱德发布《第一次攻赣州的经验教训的训令》，指出这次未能攻克赣州的教训是：一、对敌情判断不确；二、没有预先观察地形；三、事先无充分准备；四、上下决心不一致；五、战场报告不确实；六、不按时发动总攻；七、一部分指挥官指挥不当。训令要求各部自行召集军官会议讨论总结，批评缺点错误，并将情况报告军部。

3月20日 和朱德率红四军第一、二、四纵队到达南康县唐江镇，并派第三纵队护送伤兵到于都。二十一日，和朱德发布红四军军部关于整顿军风纪的训令，提出“务望各官兵一体遵照

---

〔1〕“伴着发展”的工作路线的具体做法是：第一，分土豪的谷物给农民，以发动群众；第二，进行文字宣传、口头宣传、群众大会、化装讲演，以宣传群众；第三，建立工会、农会及革命委员会，以组织群众；第四，组织赤卫队，以武装群众；第五，建立党的支部或区委，以领导群众；第六，办群众领袖训练班、党的干部训练班，以训练群众，有一周或10天工作时间，便要建立苏维埃政权，分配土地。

三条纪律六大注意[1]，使红军精神及主旨深入于一般群众”，申明“凡违反军风军纪者，无论大小必于查究”。

3月23日 和朱德率领红四军主力攻克南康县城。二十五日，攻克大余县城。四月三日，中共中央给红四军前委的指示信，对红四军的行动提出指责：“报载你们渐向大余、信丰进展”，“与全国革命形势和党的总任务是相背驰的”。

3月27日 在大余县城，先后召开南康、信丰、南雄等县共产党组织负责人会议，以及南康、信丰、大余、崇义、上犹、南雄等县共产党活动分子会议，就武装斗争、土地革命和根据地建设等问题作具体指示。三月底，指导召开河西第一次党的代表会，帮助成立河西行动委员会，同时从红四军中拨枪支组织第二十六纵队，建立起一个红色区域。

3月29日 和朱德发布红四军司令部命令，申令各部队官兵要爱惜公物，私购被服公家概不认账。

同日 和朱德发布红四军司令部训令，规定对官兵要有考绩调查，指出这是为了使官佐调用适宜，能将士兵中勇敢进步比较有能力的提升任用，使全体官兵的教育训练都能够在比较有计划的推动之下得到良好的效果。当天，还和朱德发布红四军司令部

---

〔1〕 据《红军第四军状况（一九二九年七月至一九三〇年四月）》记载，三条纪律是：一、不拿工人、农民、小商人一点东西（着重点在一点上，如一根草也是一点）；二、打土豪要归公；三、一切行动听指挥。六大注意是：一、上门板（指宿营时睡老板的门板走时要上好才走）；二、捆禾草（指宿营时借老板的禾草走时要捆好才走）；三、讲话和气（指对工农讲话不要出恶样子、要和和气气）；四、买卖公平（指买东西不许压买压卖）；五、借东西要还（指借老板的任何东西都要送还才走）；六、损坏东西要赔（指损坏了老板的任何不值钱的东西要赔偿他才走）。

关于征募新兵教育问题的训令、关于加强体力与提高射击技术的训令。

4月1日 趁军阀混战、广东空虚之机，同朱德率领红四军主力向广东南雄进发，打通粤、赣边境。跨越梅岭关，指挥红军打败广东军阀的两个营，俘虏数百人，缴获大批枪支弹药，乘胜攻克南雄县城。接着，红四军各部队深入贯彻古田会议关于废止肉刑问题的决议，公布不枪毙逃兵制度以及可以准假回家的办法，深受广大战士的拥护。

4月2日 李立三在中共中央机关刊物《布尔塞维克》上发表《怎样准备夺取一省与几省政权的胜利的条件》一文，提出"加紧准备夺取一省与几省政权，建立全国革命政权，已成为党的目前的总战略"；指责"想'以乡村来包围城市'、'单凭红军来夺取中心城市'都只是一种幻想，一种绝对错误的观念"。

4月3日 中共中央致信红四军前委，指出：全国革命形势走向高潮，"猛烈地扩大红军与坚决地向中心城市发展，是红军当前最主要的任务"；"目前先胜利的前途，最显著的区域是湘、鄂、赣省，而以武汉为中心"，红四军"应该成为争取湘、鄂、赣先胜利的主要力量"。信中要求红四军同红三军〔1〕联系，坚决向赣江下游发展，取得九江以保障武汉的胜利。

4月上旬 在广东南雄领导红四军第一、二、四纵队发动群众，筹措给养。在城内筹款实行保护中小商人的新政策，对有二千元以下资本的商人不筹款，对有二千元以上的按累进比例征收。对于土豪不是筹款，而是罚款。筹款之后，张贴布告，宣布红军筹款方法和保护中小商人的政策。这样做为一般的中小商人所接受。

〔1〕 中国工农红军第3军，即原红军第6军。

4月10日 和朱德指挥红四军主力和地方武装，攻占信丰县城，歼敌一千七百余人。

4月11日 出席庆祝信丰解放的群众大会并讲话。稍后，同朱德召开第一、二、四纵队司令和纵队党代表会议，决定向安远、寻乌推进。

4月15日 中共中央军委发布军事工作计划大纲，指出：当前我们关于红军的策略是坚决地进攻，要冲破“保守观念”，纠正“右倾危险”，“积极地向中心城市交通区域发展”。大纲要求朱德、毛泽东领导的红四军“转变路线，猛烈地扩大，急进地向外发展”，并“领导第三军，协同动作向着赣江下游夺取吉安、南昌、九江”，以争取武汉及邻近数省的首先胜利。

4月17日—20日 和朱德率领红四军主力从信丰县新田圩出发，经安远县境进驻会昌县城。会见于都县盘古山矿工和靖石农民三百余人，听取他们的汇报，指示他们成立以盘古山矿工为主力的红二十二纵队，并给他们派军事干部，拨发枪支弹药。

4月24日 中共中央致信红四军前委并转红三、四、五军总前委，提出：革命形势“突飞猛进”，只有总前委的集中指导是不够的，应当立即成立红三、四、五军总指挥部，以朱德为总指挥，以统一军事行动计划；第六军应按中央统一规定改为第三军。来信指定毛泽东必须出席即将召开的全国苏维埃区域代表大会。

4月下旬 和朱德率红四军主力到达会昌县筠门岭。同意红四军政治部发布贯彻古田会议精神的《宣传员工作纲要》。这个纲要特别规定，“每一宣传员出发工作时，要注意当地的社会调查”，“每一宣传员要随时注意调查土豪及一切反动分子的情况，迅速报告保卫科设法处置”。在会昌筠门岭召集染布、木工、缝衣、刨烟、理发等手工业工人代表开座谈会，调查了解手工业工人生产和生活情况；并号召他们成立赤卫队，保卫自己的胜利果实。

同旬 和朱德部署红四军一部和寻乌地方革命武装红五十团，歼灭寻乌县澄江的地主反动武装，俘敌千余人。

5月2日 红四军攻克寻乌。四日，毛泽东以中共红四军前委名义致信安远、于都、会昌、赣县四县边界特委，提出对流氓的方针和策略：既要积极争取他们，把他们的力量用于对统治阶级的斗争，又要防止他们的消极因素，在红军赤卫队及苏维埃中不能占多数、居于领导地位。

5月6日 听取中共寻乌县委负责人汇报，指示召开寻乌县第一次工农兵代表大会，成立寻乌县苏维埃政府。

5月上旬 同朱德部署红四军第一、二、四纵队在安远、寻乌及广东平远发动群众、筹措给养、扩大工农武装。并在东门坝会见红四军宣传队员，要他们每到一地，到群众中作调查，向群众作宣传，帮助群众组织起来。

5月中旬 中共中央在上海召开全国红军代表会议，讨论红军的战略战术、党的工作、政治工作、政治委员制度、士兵委员会等，并决定各地红军分别集中合编为军团。毛泽东因不能离开红四军，前委派四军军委代理书记熊寿祺出席会议。熊寿祺在会上作了《红军第四军状况》的报告。这次会议对红军的建设、战略转变起了一定的促进作用，但有错误的提法，如“红军革命的战争只有进攻，无所谓退守”；“过去在游击战争中获得的所谓‘敌进我退’，‘敌退我追’的经验一般不适用”；“要纠正上山主义，边境割据的残余”。

5月20日—23日 中共中央和中华全国总工会中央执行委员会在上海召开第一次全国苏维埃区域代表会议，毛泽东、朱德等缺席被选为大会名誉主席。会议讨论了红军的组织和苏区建设问题，通过《政治决议案》、《土地暂行法》等文件。会议提出无条件地扩大红军，继续宣传土地国有等主张，认为目前苏区的“主要危险是右倾保守观念和富农路线”。

5月 利用红军分兵发动群众的机会，在寻乌县委书记古柏协助下进行寻乌社会调查，接连开了十多天调查会，作了他当时最大规模的一次调查。后来整理成《寻乌调查》，共五章三十九节，八万多字。这个调查，对寻乌县的地理交通、经济、政治、各阶级的历史和现状，进行了全面系统而详细的考察分析。不仅调查了农村，还调查了城镇，尤其调查了城镇的商业和手工业状况及其历史发展过程和特点。通过寻乌调查，毛泽东懂得了城市商业情况，掌握了分配土地的各种情况，为制定正确对待城市贫民和商业资产阶级的政策，为确立土地分配中限制富农的“抽肥补瘦”原则，提供了实际依据。关于这次调查，毛泽东后来（一九三一年二月二日在宁都县的小布）说：寻乌调查，是陂头会议之后，汀州会议之前，“关于中国的富农问题我还没有全般了解的时候，同时我对于商业状况是完全的门外汉，因此下大力来做这个调查”。又说：“这个调查有个大缺点，就是没有分析中农、雇农与流氓。还有在‘旧有土地分配’上面，没有把富农、中农、贫农的土地分开来讲。”

同月 写《调查工作》一文。这是毛泽东多年调查研究活动的理论总结。这篇文章提出“没有调查，没有发言权”的著名口号，倡导到社会群众中去召开调查会，指明“一切结论产生于调查情况的末尾，而不是在它的先头”，“调查就是解决问题”；阐述社会经济调查的主要方法是解剖各种社会阶级，“是为了得到正确的阶级估量，接着定出正确的斗争策略”；批评党内和红军中存在的从“本本”出发的教条主义思想，提出“从斗争中创造新局面的思想路线”，强调“必须努力作实际调查，才能洗刷唯心精神”，“离开实际调查就要产生唯心的阶级估量和唯心的工作指导”；提倡马克思主义理论必须同中国的实际情况相结合，指出“我们的斗争需要马克思主义”，“我们需要‘本本’，但是一定要纠正脱离实际情况的本本主义”，强调必须把上级所作的决议、指示同本地区本单位的实际情况紧密结合起来，批评理论脱离实际的作风，提出“中国革命斗争的胜利要靠中国同志了解中国情况”的科学论断。这篇文章初步形成了毛泽东思想活的灵魂的三个基本点，即实事求是、群众路线、独立自主的思想。一九六一年三月十一日，毛泽东将这篇文章印发给他在广州召集的一次会议，并写了以下说明：“这是一篇老文章，是为了反对当时红军中的教条主义思想而写的。那时没有用‘教条主义’这个名称，我们叫它做‘本本主义’。”这篇文章编入《毛泽东著作选读》甲种本和乙种本时，题为《反对本本主义》，后来又编入《毛泽东选集》第二版。

同月 和朱德在寻乌马蹄冈召开红四军第一、二、四纵队大队以上干部会议，总结贯彻古田会议决议的经验，提出革命军队管理教育的七条原则：（1）干部要处处以身作则，做战士的表率；（2）干部要深入群众，要群众化；（3）干部要时刻关心战士，体贴战士；（4）干部要学会发动战士自己教育自己、管理自己；（5）说服教育重于惩罚；（6）宣传鼓动重于指派命令；（7）赏罚要分明。

同月 国民党军阀蒋介石同冯玉祥、阎锡山的中原大战爆发，双方投入的总兵力共一百余万，战期近半年，给革命势力的发展造成有利条件。

6月上旬 和朱德率领红四军从寻乌出发，经闽西武平到上杭，在官庄击溃赣敌金汉鼎部一个旅。部署红四军在闽西分兵发动群众，随后到才溪作社会调查。召开区乡工作人员和耕田队长会议，号召群众组织起来搞生产，要求把耕田队改为互助组；教育区、乡工作人员依据群众自愿入股原则，创办出售油、盐、布匹和收购土特产的合作社，以促进物资交流，解决农民生活的必需品。

6月9日 中共中央政治局常委兼宣传部长李立三，在中央政治局会议上作关于目前政治任务决议案草案内容的报告，强调在中心城市暴动，认为爆发革命高潮有最大可能的地方是上海或武汉，同时指责毛泽东是妨碍“猛烈扩大红军”的代表人物。李立三说：“在全国军事会议中发现了妨害红军发展的两个障碍，一是苏维埃区域的保守观念，一是红军狭隘的游击战略，最明显的是四军毛泽东同志，他有整个的路线，他的路线完全与中央不同。”“他对红军的发展，仍是保持游击战争的观念。”“游击战术是不适合于现代的需要”，“现在则是需要夺取中心城市，向敌人主力进攻，向交通中心发展，所以红军应当扩大充实”。

同日 中共中央军委南方办事处就红四军行动致信红四军前委，信中指出：“中央坚决地要四军向长江流域的路线发展，将四军的政治影响扩大，而且更帮助了长江各区域党的工作。四军接到这一指示信后，必须详细讨论，很快地执行这一策略。”

6月11日 李立三主持召开中共中央政治局会议，会议通过由他起草的《新的革命高潮与一省或几省首先胜利》的决议。这个决议对中国革命的形势、性质和任务等问题，提出了一系列冒险主义的错误主张。决议认为，“准备一省与几省的首先胜利建立全国革命政权，成为目前战略的总方针”。决议强调指出：“争取一省与几省首先胜利，无产阶级的伟大斗争，是决定胜负的力量，没有工人阶级的罢工高潮，没有中心城市的武装暴动，决不能有一省与几省的胜利。不特别注意城市工作，想‘以乡村包围城市’，‘单凭红军来夺取城市’，是一种极错误的观念。”随后，李立三制定了以武汉为中心的全国总暴动和集中红军进攻中心城市的计划，还将党、团、工会的各级领导机关合并为各级行动委员会，并成立中央总行委。计划规定各地红军的任务为：赣西南、赣东北和闽西地区的红军“以主力侧击南浔路”，“取南昌，攻九江，夺取整个江西，以切断长江”；各路红军向武汉进迫，“会师武汉，饮马长江”。

6月15日 中共中央致信红四军前委，提出“现在红军的任务，不是隐避于农村中作游击战争，它应当积极进攻，争取全国革命的胜利”；批评毛泽东等“现在完全反映着农民意识，在政治上表现出来机会主义的错误”；认为红四军前委的“‘农村工作是第一步，城市工作是第二步’的理论”是错误的。中央还指示前委：“你们应当深刻地了解自己的错误，按照中央的指示转变你们今后的路线”，“如果前委有谁不同意的，应即来中央解决”。

6月中旬、下旬 主持召开中共红四军前委和闽西特委联席会议。会址先在长汀县南阳（今属上杭县），后移汀州城，因此称南阳会议，又称汀州会议。会议通过了经毛泽东审改的《富农问题》和《流氓问题》两个决议。《富农问题》决议中关于土地分配，除了肯定原来规定的“抽多补少”原则外，又增加了“抽肥补瘦”的原则。《流氓问题》决议制定了党对流氓的策略：“把流氓从统治阶级底下夺取过来，给以土地和工作，强迫其劳动，改变其社会条件，使之由流氓变为非流氓。”会议期间，中央特派员涂振农到会传达全国苏维埃区域代表大会和全国红军代表会议的精神，以及中央关于整编红军的指示。涂振农在报告中，指出现时长江流域反动统治非常混乱，争取以武汉为中心的一省或数省首先胜利就成了迫切的任务；要求红四军等进攻南昌、九江，“先打下吉安，作为进攻南昌、九江的根据地”；提出“在打吉安进攻南昌的口号之下，发动赣西南群众猛烈扩大红军”；指令将红四军、红六军、红十二军在七月十日集中于兴国，改变了红四军原定向赣东游击、以进攻抚州为目标的计划。联席会议根据中央指示，决定将红四军、红六军、红十二军整编为红军第一路军（不久改称红军第一军团），朱德任总指挥，毛泽东任政治委员；同时成立中共红军第一路军总前敌委员会，毛泽东任书记。红一军团成立后，使赣南、闽西战略区的红军进入集中组织、统一指挥的新阶段，开始由以游击战为主向以运动战为主的战略转变。

6月22日 总指挥朱德、政治委员毛泽东发布关于红一路军由闽西出发向江西集中的命令，指出：“各地工农运动高涨，时局大为开展”；“本路军有配合江西工农群众夺取九江、南昌以建设江西政权之任务，拟于七月五日以前全路军开赴广昌集中”。

6月28日 和朱德率领红一军团总部及直属部队等离开长汀，开始了向南昌的远征。途经广昌、瑞金，于七月九日绕到兴国。中央特派员涂振农随红一军团总部一同到达兴国。

7月11日 和朱德发布红一军团由兴国出发进攻樟树的命令，决定“进略樟树，窥袭南昌”，以引诱敌军邓英部“弃置吉安，退回与我野战，使赣西群众武装得以乘间占领吉安”。毛泽东、朱德出席在兴国县城北召开的主力红军誓师大会，组织地方武装，扩大红军。随后，在赣西南地区成立第二十、第二十二军，划归红一军团建制。第二十军军长为曾炳春，第二十二军军长为陈毅，各有两千余人。

7月12日 和朱德率领红一军团离开兴国，十四日到吉安的陂头。

7月14日 出席由中共中央特派员涂振农召集的红一军团前委和赣西南特委联席会议，讨论红一军团的行动方针问题。会议认为，吉安因敌军筑工事死守，硬攻会有很大伤亡，同时南昌、九江因敌军大部调去参加军阀混战，比较空虚，决定主力暂不攻吉安，向吉水、永丰、新干以至樟树进攻。

7月15日 和朱德率红一军团向吉水进发。涂振农离开红一军团暂留赣西南特委工作。二十日，和朱德率红一军团到达永丰县城。二十二日，红一军团各军到达麦斜，和朱德发布攻击樟树的命令。

7月24日 和朱德指挥红一军团攻占樟树，歼灭国民党军第十八师一部。获悉第十八师一个旅守南昌，一个旅在抚州地区，一个旅有由新干渡江来樟树之势，遂同朱德召开军团干部会议，分析了南昌的敌情和四面临水的地势，认为敌人主力没有消灭，南昌难以攻入，主张改变原来中央要求攻占南昌的计划，并决定全军团西渡赣江，乘虚向南昌对岸前进。这样，以实际行动抵制了中央攻打中心城市的军事冒险主义，避免了强攻中心城市可能遭受的损失。

7月25日 在樟树和朱德发布红一军团渡河的训令，要求所属三个军在二十六日凌晨四点钟前全部由河东渡到河西。

7月29日 在高安和朱德发布进占南昌对岸牛行车站的命令，规定全军团于八一国际反帝示威节及中国之南昌暴动纪念日，进占南浔路以扩大政治影响，三十日，进至万寿宫、石子埈一带，相机进占牛行车站。

7月底 当红一军团决定不打南昌，而有部分干部主张执行中央指示打南昌时，同朱德决定派红十二军代军长罗炳辉带部队去侦察南昌敌情。

7月 在进军途中作《蝶恋花·从汀州向长沙》〔1〕："六月

〔1〕 这首词的题目是作者在1963年编辑出版《毛主席诗词》时加的。

天兵征腐恶，万丈长缨要把鲲鹏缚。赣水那边红一角，偏师借重黄公略。　百万工农齐踊跃，席卷江西直捣湘和鄂。国际悲歌歌一曲，狂飙为我从天落。”

8月1日　和朱德认为打南昌没有把握，派罗炳辉率两个纵队攻击牛行车站，隔江向南昌城打枪示威，以纪念南昌起义三周年。罗炳辉侦察回来，说南昌形势对我十分不利，敌人力量很强，固守很严，不好去打。因此，一军团部分主张执行中央攻占南昌计划的干部，接受了不打南昌的正确主张。本日，和朱德发布红一军团撤围南昌进至安义、奉新休整的命令。随后，和朱德率红一军团转向奉新、安义。十九日，毛泽东在致中共中央的信中对不打南昌作了说明：“若直进南昌，则敌人主力没有消灭且在我军后，南昌又四面皆水，于势不利，故乘虚渡河向南昌对岸前进，攻击牛行车站为目标，举行八一示威”。

8月3日　在奉新获悉湘军何键部〔1〕在湖南追击红三军团〔2〕，和朱德发布命令，令红一军团先取浏阳，进略长沙。

8月6日　在奉新城和朱德发布命令，令总部直属队与第三军随革命军事委员会于十日进驻宜丰城。七日，得悉红三军团已于七月二十七日进占长沙，随后撤出，决定红一军团继续西进，向红三军团靠拢。

8月10日　在宜丰和朱德发布红一军团命令，规定所属各军于十五日以前到达万载县城集中。

8月18日　同朱德率领红一军团总部直属队到万载县黄茅市（离湖南浏阳文家市三十里）。得知追击红三军团的何键部第

〔1〕　指何键任总指挥的国民党“讨逆军”第4路军。

〔2〕　1930年6月10日前后，以中国工农红军第5军为基础组建红军第3军团，彭德怀任总指挥，滕代远任政治委员。

三纵队四个团已进至湘赣交界的文家市、孙家塅一线，态势较为孤立。为援助红三军团和消灭敌人主力，和朱德发布红一军团进攻文家市的命令。

8月19日 在黄茅市以中共红一军团前委书记名义致信赣西南特委转闽西特委并转中央，报告红一军团北上经过和军事行动计划，提出“在此革命局面日益紧张的形势下，扩大红军是非常紧迫的一件事”，望特委将原来决定充实第一军团的三万人，在九月中旬至少要有一万人送到平江、浏阳。

8月20日 红一军团主力突然向文家市何键部第三纵队发起猛烈攻击，经过三个多小时激战，歼灭其三个团、一个营及一个机枪连，击毙纵队司令兼旅长戴斗垣，俘官兵一千多人，毙伤约一千人，缴获各种枪一千五百余支（挺）。这是红一军团建立后所取得的第一次大胜仗。

8月23日 和朱德率红一军团抵达浏阳永和市，同由平江长寿街南下的红三军团会合。两军团前委举行联席会议，根据中共中央关于统一军事指挥的指示，会议决定将红一军团、红三军团合编为中国红军第一方面军（简称红一方面军，共三万余人），朱德任总司令，毛泽东任总政治委员；成立中共红军第一方面军总前敌委员会，毛泽东任书记；同时成立中国工农革命委员会，统一指挥红军和地方政权，毛泽东任主席。随后，毛泽东主持召开中共红一方面军总前委会议，讨论中央关于再攻长沙的指示和红一方面军的军事行动问题。毛泽东对中央的这个指示提出疑问，预计长沙不易打下。由于总前委多数人主张立即再打长沙，毛泽东和朱德同意先试一试。会议决定，再次进攻长沙。

8月24日 致信中共赣西南特委、闽西特委并转中央，报告红一军团在浏阳文家市作战的胜利，以及在永和市同第三军团的会合。指出浏阳之敌“被我军消灭了四分之一，尚有四分之三在进攻中，这是何键部队的主力，把这些东西消灭了湖南政权就到了手了”。要求赣西南预备军须在信到半月内选一万人到长沙，信到一月内再送二万人。望中央指示夺取武汉意见。

同日 晚，和朱德发布命令，令红一方面军分三路向长沙推进，消灭何键部队，进占长沙。

8月29日 国民党政府陆海空军总司令武汉行营主任何应钦，奉蒋介石之命在武汉召集的湘、鄂、赣三省“绥靖会议”结束。会议策划合力对湘、鄂、赣三省红军和苏区进行“围剿”，确定以军事为主，党务、政务密切配合，分别“围剿”各个苏区红军的总方针。

8月30日 获悉敌军企图袭击红军侧翼，同朱德发布命令，令红一方面军“先诱歼该出击之敌，然后乘胜进攻长沙”。次日，又令红一方面军“诱歼敌军于其工事之外，然后乘胜攻入长沙”，并部署部队在夜间向敌军阵地佯攻，诱敌出击。

9月3日 红一方面军在长沙城南，对沿着猴子石出击的何键部两个旅，发起猛烈进攻，将敌军驱至湘江边上，击毙的和落水致死的七八百人，俘虏千余人。

9月10日 在诱歼敌军不能实现的情况下，鉴于红一方面军指战员攻城心切，有的领导干部也主张再攻长沙，同朱德发布红一方面军强攻长沙的命令，定于当晚八时向敌人阵地进行总攻击。红军向敌军连续多次发起攻击，前仆后继，激战至十一日拂晓，仍未能突破敌军阵地。这次总攻，红一、三军团都遭受较大损失。

9月11日 在强攻长沙失利后，毛泽东主张撤围长沙。当时获悉驰援长沙的国民党军李宗仁、张发奎部已到湘潭，红一方面军总部立即开会决定红一方面军从长沙撤围。

9月12日 和朱德发布撤围长沙、进占萍乡、株洲等处待机的命令，第二次围攻长沙遂告结束。

9月13日 随红一方面军总部到达株洲。主持召开中共红一方面军总前委会议，初步总结红一方面军围攻长沙的经验教训。会议决定红一军团攻取吉安，红三军团略取峡江、新干，并先在萍乡、醴陵、攸县三县解决方面军的给养问题。

9月17日 在醴陵以中共红一军团前委书记名义给中央写报告。报告着重谈二打长沙问题，指出："围困长沙十六天，大战数昼夜，战线延长三十余里。九月三日将敌之出击部队完全击溃，从此缩入战沟，不敢出来一步。到九月十日我军第二次总攻不得手，九月十二日始决议向萍醴[1]撤退。把敌军三十团以上的威风完全打落，使之不敢正眼看我红军，同时给全国以颇大影响，则是这一次战争的胜利。"并说："这次战役是自有红军以来第一次大战，因此我军死伤也不小。"报告列举攻打长沙不克的原因为：敌军主力未能消灭在筑工事之前，敌退入城壕有余力守城；群众条件不具备，城内无工人、士兵暴动以为响应；红军的技术条件不具备，没有重炮、无线电等。报告强调指出，"没有群众条件是很难占领中心城市的，也是很难消灭敌人的"。

9月23日 和朱德在萍乡发布红一军团由萍乡出发向吉安前进的命令。

9月24日 和朱德率红一方面军司令部抵安源。在安源期间，到红三军团驻地同领导干部谈话。召开军队干部和安源地方党干部联席会议，对安源工作作指示。出席安源群众的欢迎大会，号召安源工人农民参加红军。考察电厂、修理厂，下矿井和工人谈心。随即有一千多工人农民参加红军，其中有一百个矿工

---

〔1〕 萍醴，指江西萍乡、湖南醴陵。

挑着一百担炸药参军，成立了红军第一个工兵连。

9月24日—28日 中共六届三中全会在上海举行。会议由瞿秋白、周恩来主持，根据共产国际的指示，指出李立三的错误，决定停止组织全国总暴动和集中全国红军进攻中心城市的行动，恢复党、团、工会的组织和正常工作，从而结束了李立三“左”倾冒险主义在中央的统治。毛泽东未出席会议，被补选为中央政治局候补委员。这个会议的文件，直到十二月份才传到红一方面军党内。

9月27日 和朱德率领红一军团（缺十二军）由安源、萍乡两处向袁州（今宜春）前进。次日到达袁州。

9月28日 红一方面军全部到达袁州地区，毛泽东主持召开中共红一方面军总前委会议，讨论红一方面军的军事行动问题。会议发生争论，毛泽东主张先打吉安，部分干部提出攻打南昌、九江。会议最后确定仍按原计划，红一军团打吉安，红三军团进攻樟树并担任警戒任务。

9月29日 在袁州和朱德发布命令，令红一军团于三十日向吉安前进。当晚，中共中央长江局军事部负责人周以栗到袁州红一方面军司令部，传达长江局再打长沙的指示，并带来八月二十九日《中央关于再度占领长沙的战略与策略给长江局并转湘省委、湘鄂赣前委及行委的信》，动员毛泽东执行中央指示。经毛泽东的说服，周以栗放弃再打长沙的意见，同意先攻吉安的军事部署。

9月30日 在袁州再次主持召开中共红一方面军总前委会议，就周以栗的报告和红军行动问题进行讨论。会议经周以栗同意，决定不再打长沙，先打敌军力量比较弱的吉安。

同日 周恩来在中共中央军委扩大会议上作的《目前红军的中心任务及其几个根本问题》的报告中，向来自全国各地和将要派往各地的红军领导人，介绍“朱毛红军”的发展及现状，肯定了“朱毛红军”游击战争的战略战术，指出“朱毛红军”为适应新的斗争形势，从游击战向带游击性的运动战转变，是战略性的转变，是完全正确的。

10月2日 和朱德率红一军团从分宜到吉水阜田，发布红一军团进攻吉安的命令。

10月4日 在赣西南十余万群众与地方武装配合下，和朱德指挥红一军团向吉安城发起总攻击。守城国民党军邓英〔1〕部及江西省警察大队等四团兵力潜逃，红一军团攻克赣西南重镇吉安城。随后，连续解放泰和、安福、吉水、峡江、新干、清江〔2〕等地，使赣西南根据地连成一片。

10月7日 出席在吉安城中山场召开的军民祝捷大会，并讲话。大会宣告江西省苏维埃政府成立，曾山、方志敏、陈正人、毛泽东、朱德、陈毅等五十三人为委员，曾山任主席。在大会上宣布《江西省工农兵苏维埃政府布告》。布告指出：江西省苏维埃政府代表江西劳苦群众的利益和要求，完成全省总暴动，争取江西首先胜利；驱逐帝国主义势力，收回九江庐山租界；消灭军阀制度；消灭一切反动派的武装，武装工农群众；完成全省土地没收与分配；实行八小时工作制，没收军阀官僚及反革命分子的工厂商店，凡是遵守苏维埃政府一切法令的私人资本，准许其自由经营商业；一切革命群众有集会结社言论出版的自由。当时还组成以李文林为负责人的中共江西省行动委员会。

10月13日 和朱德在吉安发布红一军团移师北向的命令，规定红一军团向袁水流域推进。

---

〔1〕 邓英，当时任国民党军新编第5师师长，11月任新编第13师师长。

〔2〕 清江，今江西樟树。

10月14日 在吉安以红一方面军总前委书记名义致信中共南方局转中央，报告攻克吉安的胜利和赣西南党组织状况等问题。信中指出：此次吉安暴动胜利，虽在军事上没有消灭敌人主力、缴获大批枪械，但政治上的收获却是不小。吉安暴动胜利，无疑是赣西南豪绅、军阀、国民党统治的最后消灭，赣西南地方暴动的完成，是江西全省首先胜利的开始，猛烈扩大红军的好时机。信中对赣西南党组织状况的汇报，反映出受到当时肃反扩大化的影响，其中说：近来赣西南党“呈一非常严重的危机，全党完全是富农路线领导”，“党团两特委机关、赣西南苏维埃政府、红军学校发现大批AB团分子，各级指导机关，无论内外多数为AB团富农所充塞领导机关”。为要“肃清富农领导，肃清AB团，赣西南党非来一番根本改进，决不能挽救这一危机”。此信还报告：红一军团于十月十八日可抵清江与红五军、红八军汇合，“即行占领南浔路进攻南昌，在那一带将有大规模的决战”。

10月15日 随红一方面军总部离吉安北上。

10月17日 和朱德率红一军团进抵峡江，主持召开中共红一方面军总前委全体会议。会议讨论时局估量、行动问题、土地问题、资本问题，并均有决议。在讨论时局问题时，毛泽东提出：我们认为统治阶级的军阀混战，暂时决不能调和停顿，但也不会继续扩大到底。但是，另一方面，“我们不能离开阶级立场来分析，以为军阀混战会扩大下去，继续到底，要知道阶级矛盾超过统治阶级内部矛盾时，反动统治阶级，必联合的来进攻革命”。在讨论红一方面军的行动方向时，毛泽东提出：不要继续攻打大城市，而要东渡赣江到革命根据地内部关门打狗。在敌强我弱和湘敌强赣敌弱的情况下，要避实就虚，以弱胜强。赣江西岸夹在湘江、赣江之间，机动范围小；赣江东岸则地跨闽、浙、赣边界，有大山，回旋余地大，在根据地内发动群众参加战争，想怎么打就怎么打。

同日 中共中央政治局会议决定：由项英、毛泽东、周恩来、任弼时、朱德等九人组成苏区中央局，由项英、毛泽东、任弼时、朱德、彭德怀、贺龙、黄公略、叶剑英、邓中夏、曾中生、邓小平、刘伯承、周恩来、恽代英、李富春等二十五人组成苏区军委。

10月19日 鉴于军团和军的部分领导人坚持要进攻南昌，同朱德在峡江发布红一方面军命令，规定红一方面军先歼灭高安敌军戴岳旅，占领高安。部署红三军团于二十四日占领高安城，红一军团第四军协助歼敌。

同日 在峡江以中共红一方面军总前委书记名义复信湘东特委，对总前委峡江会议关于时局估量等项决议，作简要说明。其中，关于土地问题，指出："我们认为一定要彻底的平均分配，才是对的，只有执行没收一切平均分配，才能争取广大的贫农群众，才能彻底推翻封建剥削，才能保障社会主义胜利的前途"。关于资本问题，指出："我们认为目前无条件地没收一切工厂商店是不对的，应该没收反革命的商店与军阀官僚资本的工厂商店，对于不是违反苏维埃劳动法的资本，应用工人监督资本的方法来限制他，克服他的阴谋（移开资本，怠工不办货）。"

10月22日 随红一方面军总部到达清江县太平圩。红一方面军各部分别到达太平圩、黄土冈和新余的罗坊地区。

10月23日 获悉中原蒋、冯、阎军阀混战即将结束，蒋介石已调兵准备进攻红军和中央根据地，在太平圩主持召开中共红一方面军总前委扩大会议，集中讨论时局和红军行动问题。会议依据敌军部署情况，决定延缓进占高安，将部队布置在袁水与瑞州河之间发动群众，筹措给养，扩大红军，作好与敌决战的准备。实现"有计划有配合有步骤地争取南昌、九江，争取江西全省胜利之任务”。随后，红一军团北移与红三军团靠拢。

10月下旬　蒋、冯、阎战争刚结束，蒋介石部署对中央革命根据地进行第一次“围剿”。十月二十八日，任命江西省政府主席鲁涤平兼任第九路军总指挥。十一月二日，鲁涤平将已到江西境内的七个师二十一个旅编成三路纵队，限于五日前集中于袁水两岸的指定区域，企图消灭红一方面军于清江至分宜段的袁水两岸地区。

10月25日　和朱德率领红一方面军总部抵达新余县罗坊。主持召开中共红一方面军总前委和江西省行委联席会议，会议讨论红一方面军打不打南昌和如何粉碎敌人“围剿”的问题。毛泽东根据国民党军阀混战停止后，正调集军队向江西根据地推进，以及在全国范围内敌强我弱的基本状况还远未改变等情况，提出不应打南昌，主张红军主力应先向根据地内退却，依靠根据地群众支援和有利地形等条件，发现和造成敌军的弱点，使敌我力量对比发生有利于我不利于敌的变化，然后集中兵力各个歼灭敌军于运动之中，以粉碎敌军的“围剿”。经过反复讨论，绝大多数与会者赞成毛泽东的主张，认为当前不是进攻大城市的问题，而是积极防御的问题。二十六日，会议通过《关于目前政治形势与一方面军及江西党的任务的指示》，指出：“目前在敌人大举增兵与南昌、九江固守工事的形势之下，单凭红军轻袭南昌、九江，而且红军相当给养都不具备，运输条件十分缺乏，这无疑地要成为游击的进攻，结果攻不下，又转而他往，反使一省胜利延期实现。”“目前的战略是在占领南浔路占领南昌九江的总目标之下，继续吉安胜利，争取进一步的胜利，即在吉安南昌之间一带地区发动广大的群众，筹措给养，同时加紧后方的群众调动与给养筹措，准备与敌人作大规模的决战，消灭敌人主力，实现全省胜利。”

同日 中共中央发出致红一、红三军团前委的指示信，指出：敌人正在加紧部署对红军的“围剿”，“围剿”的最主要目标是红一、红三军团。“照今天的形势来说，攻长沙或是攻南昌，并不是第一步工作”，“目前党之最中心的策略如何组织革命战争击破敌人的‘围剿’与进攻”。指示信还提出，苏区中央局在项英未到前，可先行成立，暂以毛泽东代理书记。目前一切政治军事指导统一集中到中央局。

10月30日 获悉敌军已开始对红一方面军和根据地进行“围剿”，在罗坊主持召开中共红一方面军总前委紧急会议。会议确定：对敌军的大举进攻采取“诱敌深入”的战略方针，把主力红军开到赣江以东根据地广大区域作战。由长江局代表周以栗向红三军团传达会议精神。

10月下旬 在罗坊期间，从兴国县出来当红军的农民中找了八个人，开了一个星期的调查会，深入调查八户农民家庭的详细情况，主要了解土地斗争后农村的经济和政治状况。这次调查使毛泽东对中农问题的认识更清楚了，对贫农与雇农之间的差别有了具体的了解。调查报告指出：中农、贫农、雇农都是土地革命的受益者，对中农来说政治权利的获得是其最大收获，那种认为平分土地要损及中农利益的观点是没有根据的。贫农得到了土地，免除了债务，取得了政权，成了农村政权的主干和指导阶级。雇农在田地的取得和婚姻问题的解决方面获得重要利益，但由于他们的文化水平较低，因此在政治参与上还存在一些不足之处。毛泽东在这次调查中所使用的方法是，首先提出若干个问题的调查纲目，向参加调查会的人逐一发问。同时和到会人一起讨论，把讨论的意见归纳起来，提出某一问题的结论，或解决办法，再征得到会人的意见，大家同意了就把结论定下来。毛泽东在一九三一年一月，把调查得到的材料，经分析整理写成《兴国调查》。他在“整理后记”中着重指出：“实际政策的决定，一定要根据具体情况，坐在房子里面想象的东西，和看到的粗枝大叶的书面报告上写着的东西，决不是具体的情况。倘若根据‘想当然’或不合实际的报告来决定政策，那是危险的。过去红色区域弄出了许多错误，都是党的指导与实际情况不符合的原故。所以详细的科学的实际调查，乃非常之必需。”

10月 听取王怀、陈正人关于永新及中共赣西南特委所属北路行委管辖地区的富农与贫农雇农在土地革命中斗争情况的报告，写出《分田后的富农问题——永新及北路的情形》的调查材料。这个材料反映永新和北路地区的富农在春荒时期，主要采取囤积粮食和贩卖工业品的方式，使春荒加重以剥削城乡劳动人民；同时，党和苏维埃政府领导群众开展春荒斗争，“对富农坚决奋斗不让步，一定要抑平谷价”，“阻止谷米流到白色区域去，只准在赤色区域互相流通”。

11月1日 和朱德在罗坊发布命令，令红一方面军“诱敌深入赤色区域，待其疲惫而歼灭之”，并决定主力移到赣江东岸，相机夺取樟树、抚州，发展新干、吉水、永丰、乐安、宜黄、崇仁、南丰、南城各县工作。军事行动部署是：以红三军团为中路，准于本月五号在新干对河附近渡江，向樟树前进；以红四、红十二军为右路，于五号开到峡江城，六号渡江，经崇仁向抚州前进；以红三军为左路，担任赣江西岸一带地区扰敌工作等。

11月6日 在峡江县境，中共红一方面军总前委开始反“围剿”的准备，并分两路行动：朱德、彭德怀分别指挥红一、红三军团主力东渡赣江，向根据地转移集结，在永丰、南城一带以战备姿态开展工作。毛泽东等同江西省行委、省苏维埃政府从峡江出发，沿赣江西岸后撤，到吉安布置苏区军民撤退。七日，各路敌军向红军原驻地清江至分宜的袁水两岸地区进攻，结果扑了空。

11月7日、8日 去吉安途中，在吉水、吉安境内对东塘、大桥、李家坊、西逸亭等处，作了一点简略调查，了解了土地革命的进展状况，村乡两级苏维埃政府在土地革命斗争中的组织和活动情况，以及存在的一些问题。在《东塘等处调查》前言中写道："在这次调查中，使我发现以村为单位分配土地的严重性。赣西南分配了土地的有几十县。高级政府颁布的土地法是以乡为单位去分配，一般高级机关的工作人员大家也以为是照着乡为单位去分配的，哪晓得实际情形完全两样，普遍的是以村为单位去分配，乡为单位分配的很少。以村为单位，这种利于富农不利贫农的分配法，是应该改变的。"

11月10日 中共红一方面军总前委发布宣传动员令，提出向白军进行宣传的十二个口号〔1〕，指出这是瓦解敌军的重要武器，要动员全体工人、农民和红军官兵，都来写口号，进行宣传。

11月12日 代表中共红一方面军总前委出席赣西行动委员会扩大会议。对代表的发言作了简略的笔记。十五日，出席江西省行委扩大会又略记了代表的发言。随后，整理出《赣西南土地分配情形》一文，其中主要记载了分田的一般情况和问题，指出：打下吉安后，一般地区的土地分第二次或第三次，开始平均分，接着"抽多补少"分，后来"抽肥补瘦"分，由分得不彻底到彻底。以村为单位进行土地分配的较多，以乡为单位进行土地

〔1〕 12个宣传口号的主要内容有：欢迎白军士兵、下级军官当红军；白军士兵是工农出身的，不要替军阀杀工农；欢迎白军弟兄打土豪分田地；白军弟兄暴动起来，杀尽压迫你们的官长；优待白军俘虏；医治白军伤兵；白军是军阀的军队，红军是工农的军队。

分配的较少。以人口为标准平均分配土地的地区较多，但也有一些地区是按生产力、劳力等标准分配土地的。

11月14日 代表中共红一方面军总前委出席江西省行动委员会会议。在听取二十二军军长陈毅、省行委宣传部部长陈正人等关于江西土地斗争中的错误的报告后指出，赣西南党内自八月赣西南特委第二次全体会议后，一贯地取消土地革命的路线。会议经过讨论，一致认为“对于这一错误路线要作坚决的斗争”。在会上对陈毅、陈正人等的报告要点作了记录，随即整理出《江西土地斗争中的错误》一文，列举了土地革命中存在的一些问题：有些地区的富农力量强大，阻碍了土地革命的开展；许多地区政府在工作中对土地革命问题没有专门报告和讨论，有些干部对土地革命中的政策和观点存在分歧意见，影响了土地革命的顺利进行。

同日 杨开慧在长沙浏阳门外识字岭英勇就义〔1〕。

11月15日 代表中共红一方面军总前委参加江西省行动委员会扩大会。会议主要讨论“分青”和“租田”问题。毛泽东在会上提出了拥护分青的群众基础；推翻了向来“苏维埃区域不应收租”的“左”倾的但实际是富农的理论；反对江汉波式的按劳力分配法，指出他的错误仍在于帮助富农妨碍贫农的利益。毛泽东对会议发言作了简略记录，随即整理为《分青和出租问题》，主要有以下内容：(1) 指出：“以村为单位分田的弊病”。(2) 肯定“土地斗争不是一下子能深入的”。(3) 正当的土地分配办法应该是：“以乡为单位，按全乡人口总数，除全乡人口原来所耕田地的总数（全乡人口原来在本乡耕的和原来在外乡耕的合计起

〔1〕 毛泽东后来得知杨开慧壮烈牺牲的噩耗后，给她的亲属写信说：“开慧之死，百身莫赎。”

来），抽多补少，抽肥补瘦”。（4）准许实行“新租田制”，“无劳力的人把田租与有劳力的人耕，佃户交租谷与田主”。

11月16日 和朱德签署红一方面军给红三军的训令，指出：等敌军到吉安并分散后才攻击，“实为错误之处置”，“虽全方面军出击之时机尚未成熟，而各路军一有机会则应尽各种方法各个击破敌之前进部队”。

11月中旬 和朱德部署和指挥红一方面军约四万人实行战略退却，向永丰县藤田和乐安县招携一带后撤。

11月18日 红军放弃吉安。十九日，毛泽东同总前委秘书长古柏、秘书谢维俊由吉安前往永丰的藤田，与红军主力会合。在转移途中，毛泽东等发现吉安县备战情况不好，驻在该地的红二十军少数干部对“诱敌深入”方针有怀疑，决定这一带不宜作反“围剿”的战场。

11月18日—20日 各路敌军分别进到吉安、吉水、永丰、乐安、宜黄、南城等地，寻求红军主力决战，结果又一次扑空。

11月20日 在吉水县水南写信给江西省行委转左路行委、赣西行委、湘东特委，介绍吉水县水南区应敌工作经验，以推动、督促各行委、特委的备战工作。信中指出：这个区“各乡开了群众大会，全区开了活动分子会，坚壁清野亦有准备，特别是对白军士兵的宣传工作做得好，水南街上房内房外都写满了标语、宣言和歌谣，又组织白军士兵运动委员会”。

11月21日 和古柏、谢维俊由水南到白沙，在木口村吃午饭，调查了村政府委员的成分及本村所杀反动分子的成分。随即整理出《木口村调查》一文，其中指出：“在这个调查中证明，中农在平分土地中不但无所失而且有所得，富农小地主则在农民的激烈斗争中便要走到反革命阵营中去的。”

11月下旬 和朱德决定把战略退却的终点选定在革命根据

地的中部。二十五日，在永丰县沙溪同朱德发布红一方面军命令，决定全军开赴东固、南垄、龙冈地区集中待命。二十八日凌晨，和朱德在吉安县南垄发布命令，令红一方面军主力在宁都县黄陂、小布、洛口之线集结。

12月上旬 蒋介石到南昌，召集党政军高级官员举行“剿匪”会议，决定“围剿”中央革命根据地方案，急电催调驻武汉的第十九路军迅速入赣“协剿”，另令驻福建的第五十六师、第四十九师、暂编第二旅向闽赣边界推进，堵截红军。会后在南昌设立总司令行营，鲁涤平兼行营主任，指挥在赣国民党各军，总兵力增加到十万余人。

同旬 在黄陂主持召开中共红一方面军总前委扩大会议。会议明确指出李立三“左”倾错误，进一步提高了干部的认识。会议再次讨论反“围剿”作战方案，认为：进剿敌军十万，均非蒋介石嫡系。这些敌军分成多路，每路又分成几个梯队，各路、各梯队之间的间隔距离较大，有利于红军集中优势兵力各个击破。在这些敌军中，张辉瓒第十八师和谭道源第五十师为鲁涤平的嫡系部队，是“围剿”的主力军，消灭这两个师，敌之“围剿”便可基本打破。张谭两师各约一万四千人，而红军四万余人，一次打敌一个师，占绝对优势。红军实行中间突破，将“围剿”军阵线打开一个缺口，东西诸敌便被分隔为距离较远的两个集团，有利于红军各个歼敌。会议决定红一军团正面迎击敌人，红三军团迂回敌后，地方则准备好担架、粮食等。会后，总前委依据毛泽东的发言印发《八个大胜利的条件》（反“围剿”宣传材料），这就是：（一）国际形势有利于阶级决战，不利于帝国主义；（二）国内形势有利于阶级决战，不利于蒋介石、鲁涤平；（三）我们的战略好，敌人的战略差；（四）我们有群众配合，敌人没有；（五）我们的兵力是集中的，敌人的兵力是分散的；（六）我们的军队是团结的，敌人的军队是动摇的；（七）我们准备充足，敌人财政恐慌；（八）我们得地利，敌人不得地利。

同旬 中共红一方面军总前委根据赣西南肃反中提供的线索，派红一方面军总政治部秘书长李韶九到富田指导江西省行委、省苏维埃和红二十军的肃反工作。七日，李韶九到富田后立即抓了省行委和红二十军的八个主要领导人。九日，他又到东固帮助红二十军肃反，同一个团政委刘敌谈话时透露要该军肃AB团。刘敌鼓动独立营包围军部逮捕李韶九以及该军军长等，释放以AB团嫌疑被捕的红二十军政治部主任谢汉昌。十二日，刘敌、谢汉昌率该军直属队四百余人，乘夜冲向富田，包围江西省行委和省苏维埃政府，放出被怀疑为AB团而关押审查的二十余人。这就是由肃反扩大化引起的有严重错误的“富田事变”。富田事变发生后，谢汉昌等把红二十军主力带到赣江以西地区，提出了分裂革命队伍的口号，并制造假信以反对毛泽东，犯了进行挑拨离间和分裂活动的严重错误。

12月16日 国民党军各路由北向南，采取“分进合击”战术，开始向中央革命根据地中心地区进攻。至二十八日，国民党军先后进占万安、泰和、东固、源头、广昌、建宁一线，东西相距八百里。在红一方面军驻地周围部署了五个师：左路第十八师、第二十八师进至富田、东固、南垄；中路第五十师进至宁都县源头；右路第二十四师进至宁都洛口，第八师先头部队进至头陂。敌军因找不到红军主力进行决战，又不断遭到红军和地方赤卫队、暴动队袭击，士气不振，加上给养困难，造成了红一方面军主力反攻作战的有利时机。

12月22日 和朱德命令红三军团、红四军、红十二军（缺第三十五师，含第六十四师）北移到黄陂、麻田、另封、洋衣地区隐蔽待机；派出红十二军第三十五师独立活动于兴国东北约溪地区，严密监视西面敌军第十八师、第二十八师的行动，并将进攻之敌的注意力吸引到西面。在红军隐蔽待机期间，以红一方面军总前委和总部名义下发了《三十条作战注意》的教材，以促进部队临战准备。

12月24日 获悉敌军谭道源师从源头向小布方向移动，同朱德在黄陂发布红一方面军命令，决定先歼灭该敌。随即指挥部队在小布附近设伏，准备把谭师诱到预设阵地围歼。因敌人刚出动又停止，未脱离居高临下的源头阵地，红军没有达到预期目的，为慎重初战，撤回原集结地待机。二十八日，获悉张辉瓒师向永丰县上固、龙冈推进，同朱德决定改变攻击目标，命令红一方面军横扫在红军左翼当前之敌张师等，次第歼灭之，并部署集中红军主力于二十九日分两路秘密西开，求歼敌人于运动之中或立足未稳之际。

12月下旬 在小布主持召开苏区军民歼敌誓师大会。在会上作动员讲话，列举克敌制胜的有利条件：第一，我们军民一致，人民积极援助红军，这是最重要条件。第二，我们可以主动选择有利阵地，设下陷阱，把敌人关在里面打。第三，我们可以集中优势兵力，歼灭敌人一部分，一口一口地把敌人吃掉。第四，我们可以察明敌军行动，摸清敌人行动规律，从而发现敌人的薄弱部分，拣弱的打。第五，我们可以把敌人拖得精疲力尽，然后再打。第六，我们可以造成敌人的过失，乘敌之隙，加以打击。毛泽东为大会题写了表达反“围剿”战略指导思想的大字对联：“敌进我退，敌驻我扰，敌疲我打，敌退我追，游击战里操胜算；大步进退，诱敌深入，集中兵力，各个击破，运动战中歼敌人。”

同旬 同朱德根据敌情，决定实行中间突破，集中兵力先打谭道源第五十师或张辉瓒第十八师，将敌人的阵线打开一个缺口后，使东西诸敌分隔为距离较远的两群，以便红军机动歼敌。

12月29日 获悉张辉瓒率第十八师师部和第五十二旅、第五十三旅到达龙冈，在永丰县君埠和朱德发布红一方面军攻击龙冈敌张辉瓒部的命令，部署左路军于三十日攻击龙冈之敌，右路军则应派部协助歼灭该敌。

12月30日 凌晨，同朱德进入黄竹岭小别山的指挥所，开始指挥围歼张辉瓒师的龙冈战斗。上午九时许，当该敌在龙冈以东、小别以西登山时，即受到红三军的迎头痛击。下午三时许，红十二军沿龙冈南侧从敌背后发起猛烈攻击，红四军和红三军团从龙冈北面高山上猛冲下来，被四面包围的敌军，突围未逞，全线溃散。到傍晚时战斗全部结束，歼灭国民党军第十八师师部和两个旅共九千余人，俘师长张辉瓒，缴获各种武器九千余件，子弹一百万余发，电台一部，取得了第一次反“围剿”的首战大捷。

12月31日 和朱德指挥红一方面军主力移驻宁都小布，准备进一步追击撤退的“围剿”敌军。

同日 敌“围剿”军总司令鲁涤平判断红军必乘势转扑谭道源师，令谭师速退洛口，与许克祥师靠拢。谭师接到命令后，所属各部向东韶夺路撤退。

1931年　三十八岁

1月1日　和朱德在宁都南林发布红一方面军命令，决定以全力消灭谭道源师，强调“此次战争关系全局，各官兵不惜任何牺牲，达到最后胜利之目的”。并且指出：胜利后，须注意收缴敌人的无线电机不准破坏，还应收集无线电台机务员、话务员等。

1月2日　获悉谭道源师主力向东韶逃跑，和朱德在宁都小布发布命令，令红一方面军于三日早晨追击东韶之敌，然后次第消灭国民党军许克祥、毛炳文〔1〕两师。

1月3日　和朱德指挥红一方面军在东韶追上谭道源师，一举消灭其半个师，俘官兵三千余人，缴获长短枪二千多支，机关枪四十余挺，迫击炮四门，子弹十三万余发，无线电台一部。随后，各路国民党军纷纷撤退。至此，红一方面军在地方武装配合下，五天内两战皆捷，共歼敌一万五千人，缴枪一万余支，粉碎了国民党军对红一方面军和中央革命根据地第一次大规模的军事“围剿”。

同日　晚上，在东韶召开师以上干部会议，针对一些指挥员提出“明天去打洛口”的请求，及时教育红军指战员克服因胜利而产生的骄傲轻敌情绪，指出敌军在洛口集中了两个半师，不宜

---

〔1〕许克祥，当时任国民党军第24师师长。毛炳文，当时任国民党军第8师师长。

轻易去追击，明天不能去打洛口。他还说：我们打了两个胜仗，有些同志以为自己像天兵天将一样，这不好，不能骄傲。

1月4日 和朱德率领中共红一方面军总前委和总司令部人员返回小布，途中接见第一次反“围剿”中被解放的无线电台人员，欢迎他们参加红军，为建立红军电台而努力工作。红一方面军无线电队于一月中旬初步组建起来。

1月5日 和朱德在小布召集总司令部各部门负责人会议，总结第一次反“围剿”的经验，讨论下一次反“围剿”的准备工作，决定将红一方面军部署在乐安、宜黄、南丰、广昌、宁都、于都、石城、瑞金一带，分兵以发动群众，摧毁地主武装“土围子”，打土豪，分田地，加强赤卫队，扩大红军，筹集资财，巩固和发展革命根据地，为粉碎敌人新的“围剿”做好准备。

1月7日 中共扩大的六届四中全会在上海举行。毛泽东未出席这次会议，被选为中共中央政治局候补委员。陈绍禹（王明）在共产国际代表米夫的扶持下进入中央政治局。这次会议成为以王明为代表的新的“左”倾冒险主义在中共中央占据统治地位的开端。

1月10日 中共六届三中全会后中央派到中央革命根据地的项英，同红一方面军总部领导人会合。他向毛泽东、朱德等传达了共产国际和中共中央关于加强中央苏区和红军领导的指示。

1月15日 根据中共六届三中全会后的中央决定，项英在小布组成中共苏区中央局。随即发布了中共苏区中央局第一号通告，宣布中共苏区中央局正式成立，周恩来任书记（未到职），项英代理书记，毛泽东、朱德等九人为委员，撤销以毛泽东为书记的中共红一方面军总前委。同时宣布，建立由中共苏区中央局领导的中央革命军事委员会，项英为主席，朱德、毛泽东为副主席，取消以毛泽东为主席的中国工农革命委员会。

1月16日 得知国民党“围剿”军有以南丰、乐安、永丰、吉水、吉安、泰和、兴国一带成弧形线围堵红军之势，和朱德发布红一方面军分散筹款的命令。十八日，获悉国民党军准备放弃南丰、乐安，待熊式辉师、郝梦龄师到后才前进等情况，和朱德发布红一方面军移师建宁、南丰、广昌一带继续筹款的命令，并要求部队对于白色区域的群众工作，只搞打土豪、发放没收的衣服粮食、建立赤色游击队、扩大红军等，而对分田地和建立苏维埃政权只作为暂时的宣传口号。

1月28日 和朱德发布红一方面军关于抽调青年学无线电的命令，指出“要看清无线电的工作比任何局部的技术工作都更重要些”。要扩充无线电队的组织，各部即选送可造就的青年到总部无线电队学习。

2月上旬 国民党政府军政部部长何应钦奉蒋介石之命抵达南昌，兼任陆海空军总司令南昌行营主任，代行总司令职权，开始组织对红一方面军和中央革命根据地的第二次大规模“围剿”。

2月7日 在小布出席“二七”京汉铁路大罢工纪念大会，并讲话。

2月10日 参加红军第一期无线电台训练班的开学典礼，在讲话中要求学员学好本领，为战胜敌人服务。

2月13日 中共中央政治局会议讨论苏区中央局的组织调整，决定在周恩来到职前，由项英、任弼时、毛泽东、王稼祥（以上四人组织常委）、朱德、顾作霖以及苏区一人组成苏区中央局。

2月16日 农历除夕，参加红一方面军总部机关举行的聚餐，向总部的工作人员和警卫连同志祝酒讲话。随后，和朱德等到附近各连队看望指战员，勉励大家发扬勇敢战斗精神，争取更大胜利。

2月17日 农历正月初一，在小布军民庆祝反“围剿”胜利暨迎春大会上讲话，说：我们红军四万，只用五天时间就打败十万敌军的大“围剿”，这是红军史上第一次大胜利！这个胜利，是红军的胜利，是苏区人民积极支持红军、保卫苏区的胜利！我们当前的任务，就是要积极整训部队，扩大根据地，大搞生产运动，发展苏区经济，以对付敌军的下一次“围剿”。

同日 中央革命军事委员会发布《总政治部的任务及红军中政治部与政治委员的关系的通令》，决定在中央革命军事委员会内设总政治部，以毛泽东为主任；中央革命军事委员会总政治部暂兼第一方面军总政治部的任务。

2月20日 在小布的赤坎村后山，冒雨指挥军民进行一次大规模军事演习，使军民树立常备不懈观念，增强部队的战斗力。

2月21日 获悉何应钦到江西后国民党军仍未移动，和朱德在小布发布红一方面军命令，提出“我们为要一面诱敌轻进、努力加紧筹足两个月的给养，一面乘此期中以便迅速歼灭进犯之敌转移形势”，规定将主力部队自二十二日起向东移动。

2月下旬 和朱德率红一方面军总部到达黄陂，进行第二次反“围剿”的准备工作。组织印发了中央革命军事委员会总政治部《关于争取第二次大战胜利的宣传大纲》，其中指出了争取第二次反“围剿”胜利的有利条件。

2月28日 在黄陂根据中共苏区中央局二月八日发出的

《土地问题与反富农策略》[1] 通告的精神，以中央革命军事委员会总政治部主任名义，写信给江西省苏维埃政府主席曾山并转省苏诸同志，其中关于民权革命中的土地所有权问题指出："关于田没有分定一层，在现在红色区域是个大问题。过去田归苏维埃所有，农民只有使用权的空气十分浓厚，并且四次五次分了又分，使得农民感觉田不是他们自己的，自己没有权来支配，因此不安心耕种，这种情形是很不好的。"省苏应该通令各地各级政府，"要说明过去分好了的田（实行抽多补少抽肥补瘦了的）即算分定。得田的人，即由他管所分得的田，这田由他私有，别人不得侵犯。以后一家的田，一家定业，生的不补，死的不退，租借买卖，由他自主。田中出产，除交土地税于政府外，均归农民所有。吃不完的，任凭自由出卖，得了钱，来供给零用。用不完的，由他储蓄起来，或改良田地，或经营畜业，政府不得借词罚款，民众团体也不得勒捐。""农民一家缺少劳力，田耕不完，或全无劳力，一点不能自耕的，准许出租。租完多少，以两边不吃亏为原则，由各处议定。"

3月2日 中共中央关于第二次反"围剿"的补充指示指出："国民党军阀最主要的是进攻江西苏区与打击红军一、三集团军"。"在战略上，当着敌人力量尚未集中的时候，我们必须利用优势击溃敌人的主力"。"若遇环境不利，不能作殊死战的时候，为着阻止敌人的猛攻，应一面继续战斗，以掩护基本部队的撤退（基本军，师，团），以便建立新的苏维埃运动根据地。在

---

〔1〕《土地问题与反富农策略》提出："目前正是争取全国苏维埃胜利斗争中，土地国有只是宣传口号，尚未到实行的阶段"；农民参加土地革命的目的，"不仅要取得土地的使用权，主要的还要取得土地的所有权"，"必须使广大农民在革命中取得了他们唯一热望的土地所有权"。

这种情形之下，江西的红军可退至湘南，粤桂北，及贵州东南。”“为着保全红军实力（基本力量），遇必要时可以抛弃旧的与组织新的苏维埃”。

3月4日 根据国民党军仍在准备进攻的情况，同朱德在黄陂发布红一方面军总部命令，决定各部在地方工作延长十天，以筹足款项。

3月7日 红一方面军发布经毛泽东修改的关于地方武装开展游击战争、配合红军主力歼灭敌人的通令，对地方武装详细而具体地提出扰敌、堵敌、截敌、袭敌、诱敌、捉敌、疲敌、饿敌、盲敌等十项任务和十种办法。

3月8日 在黄陂红一方面军总部召开的三八国际劳动妇女节庆祝大会上讲话，号召广大劳动妇女积极参加革命工作和劳动生产，支援革命战争，打破敌人“围剿”，争取广大群众和妇女自身的解放。

3月12日 为中央革命军事委员会总政治部起草关于怎样办《时事简报》的小册子，叙述了举办《时事简报》的意义、《时事简报》的内容和它的编写方法。小册子中说：“《时事简报》不做文章，只登消息。”“也不是完全不发议论，要在消息中插句把两句议论进去，使看的人明白这件事的意义。但不可发得太多，一条新闻中插上三句议论就觉得太多了。插议论要插得有劲，疲沓疲沓的不插还好些。不要条条都插议论。许多新闻意义已明显，一看就明白，如插议论，就像画蛇添足。只有那些意义不明显的新闻，要插句把两句议论进去。”“文字和材料都要是有鼓动性的”，“但严禁扯谎”。“《时事简报》的新闻，特别是本地的和近地的新闻，一定要是与群众生活紧密地关联着的。”“《时事简报》是极大黑墨字，稀松七八条，看上去明明朗朗，看完了爽爽快快，是真正群众的读物。”十四日，以总政治部主任名义，发出在红色区域普遍举办《时事简报》的通令，指出：“《时事简报》是苏维埃区域中提高群众斗争情绪、打破群众保守观念的重要武器，在新争取的区域对于推动群众斗争更有伟大的作用。”

3月17日 和朱德发布红一方面军《为争取第二期作战胜利军事上应准备的工作》的训令。这个训令总结了第一次反“围剿”作战前后的缺点，要求吸取过去的教训，更好地准备第二次反“围剿”，并对“鼓动”、“会议”、“训练”和“给养”等四个方面作出了部署。

3月18日—21日 在黄陂出席由项英主持召开的中共苏区中央局第一次扩大会议，讨论中共中央关于共产国际来信的决议，以及反对李立三路线和所谓的调和路线等问题。会议没有认真组织讨论如何对付敌军新的“围剿”问题。

3月20日 以中央革命军事委员会总政治部主任名义，发布《目前敌我的形势和争取二次战争胜利的准备工作》的通令。通令提出“争取二次胜利的中心意义在于转变敌我形势”，指出：“自从军阀战争暂时停顿、敌人向革命进攻以来，敌人是一种攻势，我们在大体上说始终是一种守势”，“因此转变敌我攻守的形势，成为二次战争的中心任务”。“要转变敌我攻守的形势，就要给第二次进攻的敌人以严重的打击”。通令还强调，只有把敌人的攻势变成守势，使敌人退守到中心城市去，才能彻底解决苏区的巩固和发展问题，才能使红军得到进一步的扩大和精练，才能给全国政治局面一个大的影响。

3月23日 依据国民党“围剿”军的前进态势，为集中兵力及早完成反“围剿”的准备工作，同朱德在黄陂发布红一方面军脱离与敌军接触、南移整训和筹款的命令，并部署红一方面军主力三万多人从中央苏区北部边缘的永丰、乐安、宜黄、南丰以南地区，后撤到广昌、宁都、瑞金一带。

3月下旬 随中央革命军事委员会、红一方面军总部移驻宁都县青塘。

3月 中共中央致信各苏区和红军领导人：毛泽东为中国工农革命委员会主席[1]，朱德为红军总司令，各苏区给中央的报告同时也送他们。

春 在第一次反“围剿”胜利之后，第二次反“围剿”之前，作《渔家傲·反第一次大“围剿”》：“万木霜天红烂漫，天兵怒气冲霄汉。雾满龙冈千嶂暗，齐声唤，前头捉了张辉瓒。二十万军重入赣，风烟滚滚来天半。唤起工农千百万，同心干，不周山下红旗乱。”

4月1日 蒋介石调集十八个师另三个旅共二十万人的兵力，以军政部部长何应钦为陆海空军总司令南昌行营主任，采取“稳扎稳打、步步为营”的作战方针，从江西的吉安到福建的建宁东西长八百里战线上，分四路向中央革命根据地大举进攻。

4月2日 以中央革命军事委员会总政治部主任的名义，发出《总政治部关于调查人口和土地状况的通知》，提出“不做调查没有发言权，不做正确的调查同样没有发言权”的口号。通知指出：“过去许多地方往往忽视实际事实的调查，只凭自己空想去决定工作计划，去指导下级工作，结果计划是行不通的，指导是错了的。”“现在两种表格[2]，我们如能照深刻注意实际的正确的统计填写起来，是能解决我们许多问题的，特别是现在分配土地中的许多实际问题。”为使调查材料真实正确，“第一，必须建立对这一工作的深刻认识，看清楚这一工作的重要”；“第二，

---

〔1〕 中央革命军事委员会成立时取消中国工农革命委员会一项，未被中共中央批准。

〔2〕 指人口表格和土地表格。

调查的人要不怕麻烦”；“第三，上级政府派出去指导的同志和政治部负责任的同志，须将两张表格的内容及调查时要注意之点，详细向执行这一工作的同志说清楚。”“我们的口号是：一，不做调查没有发言权。二，不做正确的调查同样没有发言权。”通知还规定了阶级和阶层划分的原则标准：“富农标准要是以剥削为他收入的相当部分。那些少量放账或借账的人还是列在中农。那些原是雇农，中间（未革命前）已经租得土地耕种的人还是列入贫农。那些全家不耕田，专靠独立劳动（做裁缝、木匠等）谋生活的才叫独立劳动者。半耕半做手艺的还是按照他的经济地位列入贫农、中农或富农里面去。自由职业者与流氓的分别，是在自由职业者谋相当正业（如医生、教员等），流氓无一定职业，生活行为亦不一定，而且都是做坏的事多。”

4月上旬 中共中央代表团任弼时、王稼祥、顾作霖到达宁都青塘（叶剑英、欧阳钦同时到达），参加中共苏区中央局的领导。毛泽东向中央代表团详细汇报了红一方面军第一次反“围剿”取得胜利的经过和第二次反“围剿”的准备情况。

4月中旬 出席中共苏区中央局会议，听取中央代表团传达中共六届四中全会精神、中央关于第二次反“围剿”的战略方针和肃反问题的政策。会议着重讨论第二次反“围剿”怎样打以及留在中央苏区打还是退出中央苏区打的问题。大多数人根据中央三月来信关于“遇必要时可以抛弃旧的与组织新的苏维埃区域”的指示，认为敌军包围严密、敌我力量对比相差太远，主张分兵退敌，还提出退出中央苏区。毛泽东提出留在中央苏区打，诱敌深入，依靠根据地军民团结破敌，不同意“分兵退敌”的战略。指出分兵不但不能退敌，反而会给红军带来更大的困难，这只是消极防御。毛泽东的意见只得到朱德等少数人的支持。为此，毛泽东提议扩大范围讨论这个紧迫的战略问题。

4月17日 出席在宁都县青塘举行的中共苏区中央局第一次扩大会议（作为中央局三月举行的第一次扩大会议的继续）。会上，中央代表团传达了中共六届四中全会精神、中央对目前形势的估计和中央关于第二次反“围剿”的战略方针等。会议根据中央新的决定，经过讨论通过了五个决议。其中《接受国际来信及四中全会决议的决议》指出，对“四中全会以及全会后中央的这一切决议与工作，扩大会议表示完全的同意”。这个决议基本上肯定了毛泽东为书记的红四军前委的工作路线，认为：在汀州会议以前，四军前委“路线是一般正确的，是执行中国党六次大会的正确路线的”；“坚决地执行土地革命来争取群众”，“贡献了土地问题许多宝贵的经验”；对红军建设有了正确的了解，“建立了红军的整个制度，如建立党的领导，建立政治委员制度，建立士兵委员会，建立军需制度和筹款路线，特别是建立做群众工作的路线等”。同时又指出：从汀州会议起，“前委就接受了立三路线，放弃了巩固苏区的工作，采取了冒险路线，去向大城市冒进”。决议还认为：只是在攻打长沙后，红一方面军总前委才“由开始怀疑立三路线，进而反对立三路线，转变到正确的路线上去”。

同日 主席项英，副主席朱德、毛泽东发布《中央革命军事委员会通令》，指出在第二次反“围剿”中，地方武装要主动积极向敌人袭击扰乱，灵活运用游击战术，应用“敌进我退、敌驻我扰、敌退我追、敌疲我战”的秘诀，采取“化众为零、化零为众”的方法，以完成其应有的任务。

同日 项英、朱德、毛泽东发布中央革命军事委员会通令，决定在军委参谋部成立编辑委员会，叶剑英为总编辑。工作内容是，搜集中国红军英勇斗争的历史材料，介绍国际尤其是苏联军事作家的著述，发行不定期出版的杂志等。

4月18日 中共苏区中央局召集扩大会议，参加者除中央局成员外，还有各军军长、政委、参谋长及政治部主任，专门讨论第二次反“围剿”战争的方针策略。中央代表团传达了中央指示，即在强敌进攻的情况下，“如果不能粉碎新‘围剿’则可考虑转移”。毛泽东在发言中分析了敌我形势，指出：第二次“围剿”的敌军虽多，但均非蒋介石嫡系，各军阀之间矛盾重重，指挥不统一，地形不熟悉，供给困难，官兵恐惧同红军作战。红军则打了胜仗，士气旺盛，官兵一致，准备充分，地形熟悉。根据地群众仇恨敌人，拥护红军，能积极配合红军消灭敌军。因此，红军打破敌军这次“围剿”的条件比第一次反“围剿”好，胜利的把握更大。会上，军队高级干部发言踊跃，坚决主张打破敌军的第二次“围剿”。赣南、闽西特委负责人发言，也不同意主力红军退出中央苏区。毛泽东关于留在中央苏区打的意见，得到多数与会者的赞同。在讨论怎样打的问题时，有些人主张先打蒋光鼐、蔡廷锴〔1〕的第十九路军，认为打垮蒋、蔡有利于红军发展。毛泽东则指出，在进攻的敌军中，蒋、蔡比较强，过去未打过败仗，打蒋、蔡没有绝对胜利的把握。提出先打王金钰〔2〕的第五路军，这路敌军较弱，从北方新到，表现恐惧。经过讨论，会议采纳了毛泽东关于“先打弱敌”的作战方针，决定先打富田地区的王金钰、公秉藩〔3〕。

4月19日 和朱德发布各军、师向苏区中部集中待机歼敌的命令，指出“目前敌军的行动似以宁都为目标，步步为营地向

---

〔1〕 蒋光鼐，当时任国民党军第19路军总指挥。蔡廷锴，当时任国民党军第十九路军军长。

〔2〕 王金钰，当时任国民党军第5路军总指挥兼第47师师长。

〔3〕 公秉藩，当时任国民党军第5路军第28师师长。

我军前进”；“目前中国红军应以最高限度地坚决集中力量，配合群众武装打破敌军围攻”。令红一方面军以极迅速行动首先消灭王金钰敌军，转向敌军攻围线后方与敌军作战，务期各个消灭敌军。并部署各部限于二十三日到永丰县龙冈地区集中。

4月23日 随红一方面军总部到达龙冈，向部队深入进行反“围剿”动员，并组织部队做好战备训练、封锁消息、侦察敌情、成立野战医院等临战准备工作。

4月下旬 在龙冈同王稼祥深谈，详细叙述红军斗争历史及当时争论的问题，并向王稼祥提供便于了解红一方面军历史的许多文件。王稼祥理解了毛泽东的主张，在一些问题上支持毛泽东的主张。

同旬 为了便于抓住战机，和朱德命令红一方面军再西移四十里，到东固地区隐蔽集结，迫敌而居，准备聚歼王金钰部。红一方面军总部移驻距东固五华里的敖上。

4月30日 出席中共苏区中央局在东固山区召开的军事会议，就敌我形势、作战策略等问题作主报告。会议经过讨论，通过毛泽东提出的整个战役各个歼灭敌人的连续作战计划，并决定了作战的策略：“坚决的进攻，艰苦的奋斗，长期的作战，以消灭敌人。”

5月5日 鉴于敌军“稳扎稳打”，前进缓慢，和朱德发布红一方面军关于动员部队帮助群众插秧耕田的训令。训令指出，苏区群众多数动员在作战中放哨、侦探、运输等，田地不能按时下种，必然会影响作战及秋收食粮。全体红军在不妨害作战及警戒情况下，应立时在各地帮助农友栽秧耕田，务于最短时期中将苏区所有的田地栽完种完，以便作战及秋收食粮有着。

5月8日 项英、朱德、毛泽东发布中央革命军事委员会训令，提出为实行持久战略而节省经费、储备粮食，要求从现有经费内节省出半个月的经费。

5月上旬　得知红军有些指战员因长时间待机而产生求战心切情绪，仍然坚持原定计划，即诱敌就我，待敌脱离阵地将其歼灭于运动中，拒绝一切性急快打的建议，不受干扰。有人怀疑这种打法，说进攻富田出动之敌须穿过蔡廷锴、郭华宗[1]两敌军阵地之间五十里空隙，太冒险，是钻“牛角尖”。毛泽东则认为，情况并没有起决定性的变化，坚持预定的打法并不是钻“牛角尖”，即使真是“牛角尖”，也要钻通它，而且能够钻通它。

5月13日　当红一方面军在东固山区迫敌而居达二十多天后，获悉各路敌军继续向苏区中部地区推进、王金钰部第二十八师和第四十七师一个旅脱离富田阵地分两路向东固地区进犯，同朱德命令红一方面军所属各部，集中兵力，先消灭进犯东固之敌，乘胜掩击王金钰所属全部，并提出对付敌军十四日向我军进攻或者不向我军进攻的两种作战计划。

5月14日　和彭德怀到白云山实地调查地形后，对他说：红一军团，就是红四军、红三军打正面，你的红三军团全部打包抄，敌人一定会垮下来。晚上，得知王金钰、公秉藩两师次日晨开始东移，和朱德发布命令，令红一方面军先消灭王金钰师和公秉藩师，拟于十六日从左向富田方向出击。

5月15日　红一方面军各部奉命分别出发。为了争取初战胜利，毛泽东当晚赶到红三军，同军长黄公略一起，找向导调查路线，在东固通向中洞的大路的南侧，找到一条小路，改令红三军沿此路前进，包围敌军的右翼。这个改变，对消灭公秉藩师起了重要作用。

5月16日　拂晓前，和朱德带总部在由敖上沿通向中洞的

〔1〕　郭华宗，当时任国民党军第5路军第43师师长。

大路西进时，前卫特务连同沿中洞至东固大路东犯之敌第二十八师先头部队遭遇，阻止了敌人的前进。朱总司令指挥部队，且战且退，以掩护毛泽东带电台上白云山。毛泽东不见总司令极为担心，令身边的警卫排将敌人打下去，无论如何要把总司令找到。近午时分，由小道秘密前进的红三军主力已进到中洞的南侧，处于居高临下的有利地形，待敌军第二十八师的后尾全部离开中洞时，突然从山上猛攻下来。敌人遭此突如其来的侧面攻击，顿时陷入混乱。红三军主力乘势冲杀，分割包围，战至下午五时许，将敌第二十八师大部歼灭，残敌逃向水南。右路红四军抢占了观音崖、九寸岭两个隘口，并在追击中歼敌第四十七师一个旅大部。担任迂回任务的红三军团进占固陂，歼灭第二十八师的兵站后，当夜进占富田。这一仗，红军歼灭公秉藩第二十八师大部和王金钰的直属第四十七师一部，俘敌四千一百余人，缴枪五千余支，机枪五十余挺，迫击炮二十余门，并俘获第二十八师无线电队全部人员，缴获一部完整的电台及全部器材，为后来中央苏区同中共中央建立电讯联系提供了条件。这是红一方面军第二次反“围剿”中的第一个胜仗。

5月18日 和朱德率部乘胜追击并击溃逃至吉水县水南的敌军第四十七师残部及原驻水南的郭华宗第四十三师一部。十九日，指挥红三、红四军和红三军团向东横扫，在吉水县白沙截堵并歼灭第四十七师一个旅的残部和第四十三师一部，俘敌一千七百余人，缴枪四千余支，机关枪三十余挺，山炮二门。这是第二次反“围剿”中的第二个胜仗。

5月22日 和朱德指挥部队在永丰县中村歼灭援敌高树勋第二十七师一个旅，俘敌二千三百余人，缴枪三千余支。随后，敌军开始全线后撤。这是第二次反“围剿”中的第三个胜仗。

5月23日 和朱德率领红一方面军到达宁都县南团。中共苏区中央局留在永丰龙冈，不随军行动。为便于领导红一方面军作战和战区地方工作，组成中共红军第一方面军临时总前委，以毛泽东为书记，朱德、林彪、彭德怀、黄公略、谭震林、周以栗为委员。

5月24日　得知国民党军朱绍良第六路军的毛炳文、许克祥、胡祖钰三师有经广昌向南丰逃走之势，和朱德命令红一方面军取捷径先敌占领南丰城。二十五日，在宁都县洛口附近严坊主持召开中共红一方面军临时总前委会议，研究作战行动，会议决定红一方面军于二十六日开到广昌县古竹集中，全力进攻朱绍良部。

5月26日　和朱德率总部直属队进驻广昌县古竹，主持召开中共红一方面军临时总前委会议，研究作战计划。会议认为："在敌人还在广昌城的形势之下，如果我们照原计划到南丰城，则敌人在我们侧背，使我们行动不便。"临时总前委决定改变全力攻取南丰的部署，以少数兵力夺取南丰，集中大部兵力进攻广昌城。二十七日，同朱德指挥红军攻克广昌城，歼灭国民党军第五师一部，师长胡祖钰受重伤后毙命。这是第二次反"围剿"中的第四个胜仗。

5月28日　在广昌沙子岭主持召开中共红一方面军临时总前委会议。鉴于胡祖钰、毛炳文、许克祥三师向南丰退却，已追赶不上，并从战略和形势考虑，会议决定，集中兵力打刘和鼎师，夺取福建的建宁城，以便胜利后进行筹款。随后，同朱德命红一方面军主力以迅速动作向建宁进发。

5月30日　在建宁县里心主持召开中共红一方面军临时总前委会议。与会者认为，在筹划战费和整个作战形势之下，很需要夺取建宁城，以便扩展到建宁、黎川、泰宁三县筹款。会议决定，向建宁城出击，红三军团为攻城部队，并准备挖地洞用火药炸城，红十二军（缺三十四师）为攻城预备队。

5月31日 和朱德指挥红三军团和红十二军等一万余人，出敌不意突袭建宁县城，歼灭守敌刘和鼎师三个团，俘敌三千余人，缴枪二千五百余支，电台两部及大批医药和军用物资。这是第二次反“围剿”中的第五个胜仗。至此，红一方面军在十五天内，横扫七百里，连打五个胜仗，共歼国民党军三万余人，缴枪两万余支，打破了敌人的第二次“围剿”。毛泽东在是年夏天满怀豪情写下《渔家傲·反第二次大“围剿”》：“白云山头云欲立，白云山下呼声急，枯木朽株齐努力。枪林逼，飞将军自重霄入。七百里驱十五日，赣水苍茫闽山碧，横扫千军如卷席。有人泣，为营步步嗟何及！”

同日 晚上，在建宁城西门外红三军团总部主持召开中共红一方面军临时总前委会议，讨论并决定行动方向、工作任务等问题。会议根据红一方面军主力消灭刘和鼎师三个团，“加上广东问题的严重”〔1〕，决定红军以大部兵力进占黎川向南城游击，威逼敌人放弃南丰，以至宜黄、南城。关于军事行动，决定就地休整两天后，第三军团分兵进到泰宁、黎川，第十二军仍在建宁，进行筹款和开展工作。关于工作的任务，对地方的是：（1）分田；（2）组织赤卫队、游击队；（3）建立政权；（4）建立党。对红军本身的是：（1）筹款；（2）加紧政治、军事和党的训练；（3）扩大红军。关于俘虏兵的处置，为了扩大红军的迫切需要，这次的俘虏兵一个也不放走，以补充红军，及时编到各师去训练，在训练中再去挑出坏的送走。会议还决定，红一、三军团将第二次反“围剿”缴获的两门山炮连同原有的，各编成一个山炮

〔1〕 指1931年5月28日，国民党部分军政人员孙科、汪精卫、胡汉民等在广东成立广州国民政府，以汪精卫为主席，同蒋介石的南京政府对峙。

连。红一方面军总司令部成立无线电队，下分四个分队。

6月2日 在建宁城外方面军总部主持召开中共红一方面军临时总前委会议。与会者认为："两广反蒋军队正想急进湖南，蒋有先对付两广的必要，对我们有改守势之可能"。会议决定，红一方面军当前工作方向分三期推进：第一期向北，即向建宁、黎川、泰宁地区筹款，发动群众，扩大苏区，争取南丰、南城、宜黄等县城。第二期向南，即向江西南部，为下一次反"围剿"建立巩固的后方。第三期向西，打通赣江两岸与湘赣边根据地联系。整个三期工作的中心任务是准备第三次反"围剿"，并以赣南为工作中心地域。会议对苏区中央局来电要毛泽东回后方问题进行了讨论，认为毛泽东因"在此地工作开展的需要"，暂不去中央局驻地龙冈。会议还检查了群众工作中的错误，指出：红四军前次在水南烧土豪房子时烧了一条街，要由红十二军代赔，由红四军政治部出布告。第四师没收建宁"绥安中西医院"，要加以追究，给以警告处罚。以后对于西药房、医院等不得没收，需要西药时可出钱买。

6月上旬 鉴于国民党军退至宜黄、永丰、吉水，同朱德部署红一方面军以建宁为中心，分散在泰宁、黎川、南丰、宜黄地区，发动群众，扩大根据地，筹集第三次反"围剿"的作战费用。

6月10日 在南丰县康都圩主持召开中共红一方面军临时总前委会议，讨论目前政治形势和福建工作等问题。会议认为：两广军阀成立军政府，部署军队到桂林，显然要打湖南，证明南北军阀混战不会因红军胜利而停止，必定很快在湖南长沙、衡阳一带爆发。红军在这些条件之下，必定普遍地很快地大发展。红军现在仍应向北，以促成两广出兵，两个月后，我们的主力才调到赣南。闽西红军的发展，主要方向不要向漳州、东江，要向汀州、连城、宁化、归化、清流等县，这样才能与赣东南联系起来，并增强红十二军。

6月20日 中央革命军事委员会主席项英，副主席毛泽东、朱德发布通令，决定将全国苏维埃代表大会由八月一日改为十月革命纪念日（十一月七日）举行，要求各地代表在十月十五日以前选举完毕。

6月20日—22日 出席中共红一方面军临时总前委在南丰县康都圩举行的扩大会议。参加会议的除临时总前委委员外，还有苏区中央局代表王稼祥及赣东特委代表等。会议由王稼祥、毛泽东、周以栗组成主席团主持。毛泽东在会上作报告说：第二次反“围剿”战争胜利后有许多重要问题有待解决，中心工作是解决争取第三次反“围剿”胜利的具体问题，如发展的路线、发展的区域、工作的布置、扩大红军、办红军学校、筹款、军事训练等。会议着重讨论第三次反“围剿”作战地区的选定问题。毛泽东和其他与会者对敌人可能分几路来犯作了大略的估计，并初步选定战场放在于都、兴国、宁都、瑞金一带。会议决定：派周以栗率总政治部到汀州成立闽赣边工作委员会，周为书记。凡西药、被服、印刷等皆由工委筹划分配，不得各自为政。红军学校仍要办，但必须抽调红军中高明的负责人去办，学生也要由红军中抽出，教材必须切合实际，少讲理论。

6月21日 蒋介石到南昌召开军事会议，部署对中央革命根据地和红一方面军的第三次“围剿”。一面令其原在中央革命根据地周围的部队固守和恢复阵地，一面令其嫡系部队第六、第九、第十、第十一、第十四师由河南、湖北等省迅速进入江西，担任“围剿”主力军。蒋亲任“围剿”军总司令，何应钦为前线总司令。

6月22日 在康都圩主持召开中共红一方面军临时总前委

会议，讨论新的时局和行动方针。会议认为：蒋介石对北方军阀妥协，对两广军阀取守势，正调集兵力准备对红一方面军发动第三次“围剿”。为了利用蒋介石同两广军阀之间的矛盾，发展革命力量，红军应改变原定计划，不再向对蒋介石威胁较大又不易建立苏区的南丰以北地区进逼，也不向两广军阀势力控制的粤赣边界地区出击，改向闽西和闽西北地区发展，以扩大红军和筹款。会议布置红三军团、红四军和红十二军迅速分散筹款。

6月28日　在建宁写信给周以栗转闽赣边工委、谭震林转红十二军军委，提出红十二军的中心任务不是筹款，而是深入宁化、石城、长汀三县，以这三县为工作区域，同时红三十五军以瑞金为工作区域，红三军以于都、会昌为工作区域，三个军均以两个月为期限，分完田，建立地方武装、临时政权和临时党部，把这四个问题真正地解决，使于都、石城、瑞金、会昌、宁化、长汀六县连成一片。“敌人来了，集中起来，就在这个附近打，敌人不来，我们就在这块工作下去。”

6月30日　在建宁致信红十二军军委并转周以栗及闽赣边工委、红三十五军军委：“根据各方面情况判断，敌军定很迅速地向我们进攻已毫无疑义。在此形势下决不能容我们此时期做准备工作，大概下月内准备作战。”信中指出，在目前形势下，红十二军在宁化、石城、长汀三县工作只能计划做一个月，筹款和群众工作，同样是主要任务。

6月下旬　和朱德在建宁召开军事干部会议，贯彻执行中共红一方面军临时总前委会议及扩大会议关于抓紧筹款，准备回师赣南迎击敌军“围剿”的决策。会后，红军各部和地方各级党政机关贯彻执行临时总前委的决策，召集会议，张贴文告，深入动员群众，扩大地方武装，重整支前组织，为夺取第三次反“围剿”胜利作积极准备。

6月 在建宁期间，经常深入群众，访贫问苦，了解情况，关心群众生活。毛泽东对警卫员说：一个领导者要把调查看作吃饭一样经常、重要，一天不串门，就像一天没有吃饭。

6月底 国民党军原在中央革命根据地周围的部队和新调来的部队，总兵力达二十三个师又三个旅，共三十万人。蒋介石将这些部队编成左翼和右翼两个集团军，并决定对中央革命根据地的第三次“围剿”采取“长驱直入”的战略，企图先击破红一方面军主力，然后再深入进行“清剿”，捣毁苏区。七月一日，国民党军开始进攻。

7月上旬 毛泽东和红一方面军临时总前委虽然预见到国民党军即将对中央革命根据地发动第三次“围剿”，但没有料到敌人第二次“围剿”失败后只隔一个月，又发动新的“围剿”。得到敌军开始进攻的情报后，毛泽东同朱德立即命令各军，既要迅速结束群众工作，又要抓紧时间在几天内尽量多地筹款筹粮以保障反“围剿”的急需。因红一方面军粉碎敌军第二次“围剿”后就投入紧张的开辟新苏区的群众工作和游击区的筹款工作，尚未得到休整，部队减员也尚未得到补充，仍是三万多人，而且主力在闽西北新区，故情况十分紧急。临时总前委研究决定，仍采取“诱敌深入”的战略方针，红军向赣南后部退却集中，以打破敌军“围剿”。同朱德部署一部兵力在地方武装、赤卫军、少先队的配合下，袭扰敌军，迟滞敌人前进，同时部署和指挥红军主力迅速收拢部队，避开敌人的前锋，绕道千里，回师赣南。与此同时，中共苏区中央局和中央革命军事委员会命令在湘赣苏区活动的红七军、红二十军军部及第一七五团东渡赣江，同红一方面军会合。

7月10日 和朱德率红一方面军总部从福建建宁向赣南进发。在此前后，红军各部相继从各自工作地区出发，冒着盛夏酷署，以急行军向中央革命根据地于都地区回师。

7月12日 和朱德率红一方面军总部抵达江西广昌县尖锋，联名写信给留守建宁的红十二师第三十五团，要求他们等到敌人进了建宁城、探明敌情后缓缓撤退，扰乱建宁之敌的行动，以掩护大部队集中。

7月中旬 和朱德率红一方面军总部抵达瑞金北的壬田寨，约集就近几个军的负责人开会，研究战略行动的大体方向。鉴于敌军进入苏区后突然猛进，急于寻求与红军主力决战，毛泽东认为应当利用蒋系军阀与两广军阀的矛盾，决定再让敌军深入到赣南底部，威胁两广地盘，加剧他们之间的矛盾，然后红军插回敌军后方，打其空虚之处。随即部署红一方面军主力转移到于都县北部的山沟里隐蔽，让出通向瑞金、于都和兴国的大道，诱敌继续南进。

7月下旬 红一方面军总部、红三军团、红四军（缺第十二师）、红十二军分别到达于都北部地区，同从于都、瑞金北上的红三军（缺第九师）、红三十五军和由赣江以西沙地来到的红七军及红二十军军部等会合。方面军总部决定，红七军暂归红三军团指挥。

7月24日 在于都县银坑同朱德发布命令，令红一方面军在敌人深入恐慌疲惫之下，消灭由宁都赖村进攻之敌，然后转向桥头方向消灭敌军的第二部。

7月28日 率红一方面军主力到达兴国县西部高兴圩地区，行程千里，完成了回师赣南集中的战略任务。七月底，进攻中央革命根据地的国民党军已进到固村、宁都、古龙冈、白石一线，但未找到红一方面军主力。蒋介石、何应钦得知红一方面军主力集中在兴国地区后，判断红一方面军主力有西渡赣江之可能，便集中九个师兵力向兴国方向急进，企图压迫红一方面军主力于赣江东岸而消灭之。毛泽东获悉各路敌军正向兴国方向急进，主持召开军事会议，研究敌我形势和红军作战方针、计划，指出：敌军虽然来势很猛，但在根据地已拖了近一个月，锐气已减，且敌军主要兵力和精锐师团集结在第一线，由富田向东的后方联络线上兵力比较薄弱。会议决定，采取“避敌主力，打其虚弱”的方针，首先从侧翼打起，由兴国经万安突破富田一点，然后由西而东，向敌人之后方联络线上横扫过去，置深入赣南根据地的敌军主力于无用之地。待敌军主力回头北向，必甚疲劳，乘隙打其弱者。

7月31日 和朱德在高兴圩接到红十二军军部和中共纯化区委的报告，得知敌军主力向兴国方向急进，其右侧后富田、陂头、新安一带仅有三个团防守，决定避强击弱，以主力由高兴圩地区秘密北进。傍晚发布命令，令红一方面军主力绕入敌背捣其后路，使敌动摇震恐，先夺取富田、新安。当晚，红一方面军主力开始向富田开进，当先头部队进到石陂以北地区时，发现敌第二路进击军陈诚、罗卓英两师先于红军赶到富田，夺取富田的计划难以实现。毛泽东、朱德随即改变计划，率部折回高兴圩地区，另寻歼敌机会。

8月上旬 各路敌军纷纷向高兴圩地区逼近，红一方面军主力被压缩在以高兴圩为中心方圆数十里的狭小地区内，西临赣江，南、北、东三面有敌军九个师进逼，形势危急。毛泽东同朱德决定将迂回敌侧后的战法改为中间突破，向东面兴国县莲塘、永丰县良村、宁都县黄陂方向突进。为隐蔽红军意图，造成敌军错觉，指挥红三十五军、红十二军第三十五师和部分地方部队伪装主力，向赣江方向佯动，吸引敌第六、第九、第十一、第十四等师继续向万安至万安南部良口方向前进，并牵制兴国县崇贤、吉安县东固间之敌，红一方面军主力则乘夜通过敌第九师（在兴国县江背洞）和第五十二、第六十师（在兴国县崇贤）之间二十公里间隙地带，转到莲塘地区。

8月6日 和朱德获悉敌第三路进击军第四十七师第二旅进到莲塘附近，决定集中兵力迅速歼灭该敌，尔后向北发展求歼第三路进击军主力，要求所属各部当夜展开，准备七日拂晓攻击。当晚，红三军团（并指挥第七军）和红三、红四、红十二军（缺第三十五师），秘密向敌军阵地接近。

8月7日 和朱德指挥红一方面军主力，在莲塘地区将敌军第四十七师第二旅和由良村西出侦察的一个多营全部歼灭，取得初战胜利。随后，指挥红一方面军主力乘胜北进，攻击良村之敌第五十四师，歼灭其一部。莲塘、良村两仗共歼敌两个多旅，俘敌三千五百余人，缴获各种枪三千一百余支（挺），迫击炮十四门，电台两部，马二百余匹，各种子弹三十余万发。

8月8日 和朱德在良村约溪发出红一方面军命令：决心以全力消灭龙冈之敌。在部队开赴龙冈途中，得知敌第五师在龙冈已有准备，驻地周围修筑了工事，遂改变主攻方向，命令红三军向龙冈佯攻，同时部署红军主力挥戈向东，进攻宁都黄陂的敌军第八师。

8月11日 和朱德率领红一方面军主力进到黄陂附近，指挥部队一举攻入黄陂，歼灭敌第八师两个团，乘胜追击，又歼敌一部。前后共歼敌第八师约四个团，俘敌四千余人，缴枪三千余支（挺）。这时，得知敌第六、第十师已接近黄陂，当机立断，命令红军主力停止追击，当夜撤出黄陂，转到永丰、兴国、宁都三县交界的君埠及其以东地区休整。

8月中旬 国民党军发现红军主力的行踪后，采取密集的大包围态势逼近红军集中地——君埠以东地区，企图消灭红军主力于此。这时，红一方面军主力又处于被敌军八个师三面包围的不利境地，是三次反“围剿”以来最艰苦的时刻。毛泽东主持中共红一方面军临时总前委会议，分析敌情，认为红军主力应采取“声东击西”战术。针对敌人最怕红军北出临川的情况，决定红十二军（缺第三十五师）伪装红军主力向乐安方向佯动，将敌主力向东北方向牵引。同时部署红军主力利用夜暗从敌第一军团和第二路进击军之间十公里间隙的大山中偷越过去，跳出敌军包围圈，向西返回兴国县境内隐蔽休整，观察敌军动向，待机歼敌。

8月17日 和朱德率红一方面军主力进至兴国东北的白石、枫边地区隐蔽休整，并同中共苏区中央局和中央革命军事委员会会合。为了准备经常的夜行军，加强红军的机动力量，和朱德发布红一方面军关于减少行李马匹的通令。二十二日，又发布节省经费的通令，指出：目前仍须准备一个月到两个月的艰苦奋斗，以持久战略来消灭敌人，争取第三次反“围剿”的全部胜利。

8月30日 中共中央致苏区中央局并红军临时总前委的指示信指出：“中央苏区现时最严重的错误是：缺乏明确的阶级路线与充分的群众工作。”“例如你们容许地主残余租借土地耕种，对于富农只是抽肥补瘦，抽多补少，而不实行变换富农肥田给他坏田种的办法”，“犯有富农路线的某些错误”。“红军直到现在还没有完全抛弃游击主义的传统与小团体的观念，这在红军已在进行大规模战争与担负着争取一省几省首先胜利的任务是不相称的。”

9月初 和朱德为进一步调动和疲惫敌军，率领部队继续西移，转到兴国、万安、泰和之间以均村、茶园冈为中心的山区，隐蔽休整，待机歼敌。这时，红军主力已休整半月有余，养精蓄锐，士气旺盛。国民党军则在中央革命根据地东奔西突，数次扑空，疲惫不堪，士气沮丧，已无力继续进攻红军[1]。加之当时蒋粤桂军阀冲突加剧，蒋介石不得不下令“围剿”军实行总退却。

9月6日 和朱德获悉兴国地区国民党军正沿高兴圩大道向北撤退，当即决定首先抓住兴国北撤敌军一部歼灭之，尔后视机扩张战果。七日，同朱德指挥红三军和独立第五师在泰和县老营盘歼灭北撤之敌第九师一个旅，俘敌两千余人，缴获长短枪两千余支。与此同时，红三军团、红四军、红三十五军等在兴国县高兴圩向敌第六十、第六十一师发起攻击，激战两天，毙伤敌军两千余人。但因敌军占据有利地形，红军兵力不够集中，并且徒涉高兴圩以西河流时遭到较大伤亡，结果形成对峙。为使红军变被动为主动，决定主力撤出战斗，转至茶园冈、均村、永丰圩地区休整待机。

9月11日 在茶园冈得到国民党军要撤出根据地的情报，和朱德发布红一方面军于次日转换阵地、截击敌军的命令。十二日，在石灰窑鉴于国民党军对红军情报不明，尚不敢行动，和朱德发布命令，令方面军经老营盘、田塅转向东移到敌之右侧。

9月13日 和朱德获悉敌军退却路线后，立即命令红一方面军集中全力向北撤之敌实施追击。

9月15日 拂晓，红一方面军主力追到退却敌军，迅速强占方石岭。和朱德指挥红军主力截住国民党军第五十二师及第四

---

〔1〕 在当时缴获的国民党军官兵的家信中有这样说的：“这一月来，无论官兵差不多没有不病的。肥的拖瘦，瘦的拖死。至于山高路险，跌死的人马以及因病后被土匪杀死的官兵，总和起来比出发时候的人数差不多要少三分之一。”

军团的一个多团，将其包围于方石岭以南地区予以全歼，俘敌五千余人，缴获各种枪四千五百余支（挺）。至此，从八月开始的第三次反“围剿”，红一方面军在地方武装和人民群众配合下，六战五捷，歼灭国民党军十七个团共三万余人，缴枪一万五千余支（挺），各种子弹二百五十万发，电台六部，打破了敌人对中央根据地的第三次“围剿”。毛泽东后来在《中国革命战争的战略问题》一文中总结说：“等到战胜敌人的第三次‘围剿’，于是全部红军作战的原则就形成了。”第三次反“围剿”胜利后，赣南、闽西两块革命根据地连成一片，中央革命根据地进一步扩大，包括二十一个县，二百五十万人口，进入了全盛时期。

秋 为培养红军干部，创办红军干部学校，找何长工、邓萍谈话，说：我们决心调你们两个军长和四个师长，还有十几个团长和政委来办个学校。北伐时有“黄埔”，我们要办个“红埔”，开办个培养干部的基地。根据蒋介石其人的本性，估计战争会越打越大。培养红军干部是一项极其重要的任务，我们必须向部队源源不断地输送经过学校培养的军政素质好的红色指挥员。还说：新旧军阀很懂得有权必有军，有军必治校这个道理。蒋介石中央军的构成有几个系统，一是陈诚为头子的保定系，一是汤恩伯为头子的日本士官系，一是胡宗南为头子的黄埔系，还有其他各省的讲武堂毕业的讲武系。我们是人民的军队，为了战胜反动派，也要学会办校、治军，培养自己的建军人才。谈话后不久，何长工、邓萍等奉命到瑞金筹建红军干部学校。

9月中旬 鉴于第三次反“围剿”胜利结束，同朱德决定，以一部分地方部队监视北面之敌，主力红军和另一部分地方部队由兴国以北地区向南以瑞金为中心的地区转移。十八日，和朱德发布红一方面军命令，令部队开往龙冈整顿补充，以“执行向南发展之任务”。红三军军长黄公略指挥部队转移时，在东固遭敌机扫射，中弹受重伤，不久牺牲。

同旬 因陈绍禹决定去莫斯科担任中共驻共产国际代表，周恩来将赴中央苏区，根据共产国际远东局的提议，由秦邦宪（博古）负总责的中共临时中央政治局在上海成立，随后报共产国际批准。

9月18日 日本帝国主义发动九一八事变，武装侵略中国东北。二十五日，毛泽东同朱德、贺龙、彭德怀等联名发表《中国工农红军为日本帝国主义强占满洲告白军士兵兄弟书》，揭露国民党军阀不抵抗日本帝国主义的侵略暴行，只能向帝国主义献媚投降、充当帝国主义的走狗，既不能“保国”也不能“为民”。号召白军士兵投身革命，加入红军，为共同抗日、打倒国民党、建立工农兵苏维埃政府而战。

9月20日 中共临时中央发出由陈绍禹起草的决议《由于工农红军冲破第三次“围剿”及革命危机逐渐成熟而产生的党的紧急任务》。决议提出“目前中国政治形势的中心的中心是反革命与革命的决死斗争”。要求苏区的党和红军“在政治军事顺利的条件之下，取得一两个中心的或次要的城市”。要求红军必须“集中力量追击敌人退却部队”，“扩大苏区到中心城市”，“各军必须开始城市战、堡垒战的演习”。决议强调“目前主要危险还是右倾机会主义”、“富农路线”。

9月23日 和朱德在兴国水头庄发布红一方面军关于第三次反“围剿”胜利后部队开往福建工作、筹款的命令，决定二十五日出发，分七天行程到闽西长汀集中。

9月26日 到达于都县平安寨，指示中共县委和县苏干部要迅速消灭地方反动武装，巩固与扩大革命根据地。

9月28日 到达瑞金叶坪村，同中共苏区中央局会合。着手筹备中华苏维埃第一次全国代表大会。

10月11日 中共苏区中央局致电临时中央，指出：中央局随方面军行动，项英因“工作能力不够领导”，“决定毛泽东代理书记，请中央批准”。电报中提议扩大中央局人数，以彭德怀、林彪、周以栗、曾山、陈毅为中央局委员。并决定成立临时江西省委，以任弼时为书记。三十日，中央批准毛泽东为苏区中央局代理书记。

10月14日 和朱德发布红一方面军《收集攻土围炮楼经验的训令》。指出土围子炮楼是土豪劣绅的最后营垒，为要争取广大群众，巩固根据地，捉得土豪筹款子，必须要完全消灭土围子炮楼；规定红军用工兵挖地洞、打对壕、埋地雷去爆炸土围炮楼；要求总部参谋处汇集攻土围炮楼的经验和方法，编为筑垒攻城教范，训练红军。红一方面军各部执行了这个训令，在赣南、闽西拔除了几百个地主武装盘踞的土围子。

10月中下旬 中共临时中央复电苏区中央局：中央局是中央在苏区的代表团，代表中央领导苏区一切工作，绝不能随方面军行动。中央局应在苏区建立经常工作，指导军事、党、工会、苏维埃的工作。中央局不能代替地方党部、革命军事委员会等组织。地方干部对中央局的成分无任意变更之权。中央局成分无扩大之必要。现中央局应负责领导党大会和苏大会。中央局书记由毛泽东代理，任弼时应仍任中央局组织部部长，省委书记由地方干部选拔。中央新代表即可出发来苏区，会同解决一切问题。

10月21日 中共苏区中央局致电临时中央，报告中华苏维埃第一次全国代表大会于十一月七日开幕，望派一位政治局委员，最好是工人同志来苏区主持中央政府工作。

10月24日　中共苏区中央局毛泽东等复临时中央来电[1]，报告红一方面军难以立即向外发展："红军目前急切须休息，须训练，须补充，须筹款，须布置新战场，创造根据地，又因十一月七日开全苏大会，中央局不能远离，遂将红军主力分布石城、长汀、于都、会昌四县工作，总部[2]及中央局在瑞金居中指挥。除瑞金全县赤化外，石、汀、于、会四县大部尚是白色，但必是将来新战场，故四县工作还要加紧。"

10月下旬　中共临时中央致电苏区中央局，提出中华苏维埃中央临时政府由毛泽东任主席。

同旬　从瑞金到石城县秋溪红四军军部，召集军事会议，听取军事指挥员汇报，部署红四军拔除地主武装盘踞的山寨土围子的计划，确定主力红军与地方游击队相结合、政治攻势与军事斗争相结合的原则，提出对白色据点采取长围久困、先小后大、先易后难、逐个消灭的方针。

11月1日—5日　在中共中央代表团主持下，中央苏区党组织在瑞金召开第一次代表大会（即赣南会议）。会议贯彻中央八月三十日给苏区中央局并红军临时总前委的指示信。在根据地、军事、土地革命路线等问题上展开了争论。会议通过的《政治决议案》等文件，虽然在原则上肯定红军粉碎敌人三次"围剿"等成绩，但重点是批评中央根据地的一些正确的东西：把毛泽东的反对本本主义的正确主张，指责为"狭隘的经验论"；把"抽多补少、抽肥补瘦"原则，指责为"富农路线"；指责红军"没有

---

〔1〕　中共临时中央1931年10月22日致电苏区中央局："接国际来电，要中央红军乘势向外发展，正与中央前三次给你们的指示相符合，请你们立刻把执行这一指示的具体布置及所得成绩告诉中央。"

〔2〕　指中国工农红军第一方面军总部。

完全脱离游击主义的传统”，忽视“阵地战”、“街市战”。会议强调要集中火力反右倾，并开始排挤毛泽东在中央苏区对红军的领导。

11月7日—20日 中华苏维埃第一次全国代表大会在瑞金召开。毛泽东代表中共苏区中央局向大会作报告。大会依据中共中央关于宪法原则要点制定了《中华苏维埃共和国宪法大纲》，通过了《中华苏维埃共和国土地法》、《中华苏维埃共和国劳动法》、《中华苏维埃共和国经济政策》等法令，选出毛泽东、周恩来、朱德等六十三人组成中央执行委员会，宣告中华苏维埃共和国成立。《宪法大纲》明确规定：“中国苏维埃政权所建设的是工人和农民的民主专政的国家；苏维埃全政权是属于工人、农民、红军兵士及一切劳苦民众的”。“在苏维埃政权下，所有工人、农民、红军兵士及一切劳苦民众都有权选派代表掌握政权的管理”；“中华苏维埃共和国之最高政权为全国工农兵会议（苏维埃）的大会，在大会闭会的期间，全国苏维埃临时中央执行委员会为最高政权机关”。“中央执行委员会下组织人民委员会处理日常政务，发布一切法令和决议案。”由中共中央提交大会通过的《中华苏维埃共和国土地法》，以法律形式规定了地主不分田、富农分坏田等“左”的政策。大会为表彰红军及其指战员在革命战争中作出的贡献和功绩，给毛泽东、朱德、彭德怀等八人授予奖章。二十日，毛泽东致闭幕词。

11月7日 为中华苏维埃第一次全国代表大会召开题词：“苏维埃是工农劳苦群众自己管理自己生活的机关，是革命战争的组织者与领导者。”

11月25日 中华苏维埃共和国中央执行委员会任命朱德、王稼祥、彭德怀、周恩来、贺龙、毛泽东等十五人为中央革命军事委员会（简称中革军委）委员，朱德为主席，王稼祥、彭德怀为副主席。同时决定在中革军委成立之后，即取消红军第一方面军的总司令、总政委。中革军委统一领导和指挥全国红军。

11月27日 在中华苏维埃共和国中央执行委员会第一次会议上当选为主席，项英、张国焘当选为副主席。在中央执行委员会之下组织人民委员会，作为中华苏维埃共和国中央行政机关，毛泽东被选为人民委员会主席，项英、张国焘为副主席。宣告中华苏维埃共和国临时中央政府正式组成，即日开始工作。

11月28日 中华苏维埃共和国中央执行委员会主席毛泽东和副主席项英、张国焘〔1〕颁布《中华苏维埃共和国暂行税则》。中央执行委员会关于颁布暂行税则的决议指出：临时中央政府根据宪法的规定，“废除国民党军阀的一切田赋、丁粮、苛捐、杂税、厘金等，实行统一的累进税”。统一累进税征收的原则，“除去将纳税的重担放在剥削阶级身上外，依阶级的原则来解决，对于被剥削的阶级与最苦的下层群众免除纳税的义务”。

同日 和项英等颁布《中华苏维埃共和国婚姻条例》。中央执行委员会关于暂行婚姻条例的决议指出：“目前在苏区男女婚姻，已取得自由的基础，应确定婚姻以自由为原则，而废除一切封建的包办、强迫与买卖的婚姻制度”。

12月1日 和项英等发表《中华苏维埃共和国临时中央政府通电》，宣告中华领土内已经有绝对不同的国家：“一个是所谓中华民国，它是军阀官僚地主资产阶级的政权，以压迫工农兵劳苦群众的国家”；“一个是中华苏维埃共和国，它是广大被剥削被压迫的工农兵士劳苦群众的国家”。

---

〔1〕 因张国焘未到中央革命根据地任职，中央执行委员会和人民委员会公布的文件，未由他起草或参与起草，故一般以主席毛泽东和副主席项英、张国焘署名的文件，以下简称“和项英等署名”。

12月上旬 收到朱德关于国民党军第二十六路军即将起义的报告和中革军委关于二十六路军准备起义的情况以及将采取的方针、步骤的报告，主持召开中共苏区中央局会议，讨论第二十六路军在宁都起义的问题。会议认为，应当争取组织“全部暴动”。十一日，毛泽东会见在国民党军第二十六路军中的秘密中共特别支部委员、特支代表袁汉澄（即袁血卒），问暴动有无把握，有多大把握。听完袁汉澄回答后说：全部暴动的条件是存在的，这全靠我们党过细的组织工作。万一不能全部暴动，局部暴动也是好的。并宣布决定派刘伯坚等与他们联系。

12月11日 和项英等发表中华苏维埃共和国临时中央政府《为国民党反动派政府出卖中华民族利益告全国劳动群众书》，揭露日本及国际帝国主义进一步侵略中国和国民党反动政府进一步出卖民族利益，号召全国劳苦群众，团结起来，组织起来，武装起来，在苏维埃的旗帜下，以工农苏维埃革命来消灭国民党反动统治，推翻帝国主义在华的半殖民统治制度，获得中华民族及中国劳苦群众的自由和解放。

12月14日 国民党军第二十六路军官兵一万七千余人在宁都举行起义。起义部队随即加入红军，改编为中国工农红军第五军团。中华苏维埃共和国主席毛泽东和中华苏维埃共和国革命军事委员会主席朱德签发红五军团的委任状：任命季振同为总指挥，董振堂为副总指挥兼第十三军军长，赵博生为参谋长兼第十四军军长，黄中岳为第十五军军长。随后，任命萧劲光为红五军团政治委员，刘伯坚为政治部主任。

12月15日 和项英等发布中华苏维埃共和国临时中央政府《关于建立报告制度问题》的通令，指出，为建立坚强而有工作能力的苏维埃政权，各级苏维埃政府在工作方法上首先要建立下级向上级经常作报告的制度，上级对下级实行工作检查的制度。

12月16日 和项英等公布《处理反革命案件和建立司法机关的暂行程序》的训令，指出："在过去的肃反工作中不是没有错误。临时中央政府严重地告诉各地各级苏维埃政府，各地的肃反工作，有许多地方是做得不对的。例如听到某个或几个反革命分子的口供，没有充分的证据，未经过侦查的工作，就进行捉人，审问的时候，偏用肉刑，苦打成招的事，时常发现。"训令规定，必须坚决地废除肉刑，而采用搜集确实证据的各种有效方法。

12月19日 中华苏维埃共和国临时中央政府人民委员会主席毛泽东发布《苏维埃政府布告》，指出："军阀豪绅地主，到处压迫穷人。利用国民政府，要捐要税不停。地主白占土地，厂主垄断资本。""大家要免痛苦，只有参加革命。""穷人一致奋起，组织工农红军。豪绅地主土地，一律分给农民。免除苛捐杂税，都是有吃有剩。工人每日工作，只做八个时辰[1]。""商人服从法令，生意由你经营。""各地工农群众，赶快参加革命。""建立工农政府，快把地主田分。工人组织工会，快同厂主斗争。大家一致努力，完成中国革命"。

12月中旬 同即将上任的红五军团政治委员萧劲光谈话，提出团结、建设红五军团的基本方针，说：对这支部队，要努力按照古田会议决议的精神，建立党的领导，加强政治思想工作。对起义的军官，愿留下的欢迎，组织他们学习，进学校，搞干部教育。对要求走的欢送，发给路费，来去自愿。

12月22日 到石城出席欢迎原国民党军第二十六路军起义的大会，讲话指出宁都起义的重大意义和今后改变军阀制度的任务，希望新编的红五军团努力变成无产阶级化的军队。

---

〔1〕 原文如此。"八个时辰"应为"八个小时"。

12月中旬、下旬 以中共苏区中央局代理书记和中华苏维埃共和国主席身份，指导红五军团建设的工作。指示对起义的原国民党第二十六路军进行大混编，逐步打破原来的军阀制度，并转变其军阀作风。提出对起义军官的政策是愿留者欢迎，愿走者欢送，并提拔一些愿革命的下级军官。批准中革军委从红一、红三军团等部选派一批干部战士到红五军团工作。亲自找起义军进步军官谈话，帮助做发展共产党组织的工作。批准董振堂加入中国共产党。

12月底 中共苏区中央局书记周恩来，从上海到达中央苏区首府瑞金。

1932年　三十九岁

1月7日　出席中共苏区中央局会议，听取周恩来关于肃反工作的报告，并参加讨论中央苏区的肃反工作。会议同意周恩来的报告，通过《苏区中央局关于苏区肃反工作决议案》。决议虽仍认为“过去反AB团斗争是正确的，是绝对必要的”，但着重指出：“过去因为对AB团及一切反革命派认识不正确，将AB团扩大化了”，“把AB团的斗争简单化了”，“种下了肃反工作的错误根基”。

1月9日　中共临时中央发出《关于争取革命在一省与数省首先胜利的决议》。决议把中间派别断定为中国革命的“最危险的敌人”，强调“应该以主要的力量来打击”；要求红军夺取“中心城市”，规定长江以南的红军努力求得“占取南昌、抚州、吉安等中心城市，来结合目前分散的苏维埃根据地，开始湘、鄂、赣各省的首先胜利”；并指示红一方面军“首取赣州”。决议还指出：“右倾机会主义仍然是目前主要的危险”，“应该集中火力来反对右倾”。

1月上旬　出席中共苏区中央局会议，参加讨论打赣州的问题。发言指出：赣州是敌军必守的坚城，三面环水，红军技术装备差，很可能久攻不克，于我不利，还是以不打为好；即使要打，也只能采取围城打增援部队的战术。朱德也不赞成打赣州。但是，多数与会者执行临时中央的指示，主张打赣州。十日，中革军委发布攻取赣州的军事训令，任命彭德怀为前敌总指挥。

同旬 在瑞金叶坪找何长工谈话，说：你的工作需要变动一下。宁都起义部队相信日本士官生、留洋生和保定、黄埔军校的人。因此，我们要搞些“假洋鬼子”去，否则压不住台。又说：你到红五军团十三军当政委。你有改造起义部队的经验，首先要把十三军搞好，这一炮打响了，就会影响十四军，鼓励十五军。

1月13日 《红色中华》报道中华苏维埃共和国临时中央政府主席毛泽东、副主席项英等，欢迎前来参观各机关的红五军团的代表们。他们致词说：白军打仗是为少数人的利益，与白军士兵丝毫没有益处。红军打仗是为大多数的工农劳苦群众谋解放。只有在共产党和苏维埃领导之下，工农兵才能得到真正解放，革命才能得到成功。

1月15日 在瑞金出席全国苏区共产主义青年团第一次代表大会开幕式，代表中共苏区中央局向大会致词。

1月中旬 在叶坪主持召开中共苏区中央局会议，报告三次反“围剿”的情况和九一八事变后的全国形势。认为日本帝国主义灭亡中国的大举侵华，势必引起全国人民的抗日高潮，国内阶级关系必将发生变化。中央代表团有的成员不同意作这样的分析，指责说：“日本占领东北主要是为了进攻苏联，不作此估计就是右倾机会主义”，“我们必须提出武装保卫苏联”，不这样提出口号，“就是典型的右倾机会主义”。会议中途，另选了会议主持人。会后不久，毛泽东向苏区中央局请病假休养。

1月21日 在瑞金出席全国苏区少年先锋队第一次代表大会开幕式，代表中华苏维埃共和国临时中央政府向大会致词。

1月27日 中华苏维埃共和国临时中央政府人民委员会第五次常会，决定将“中央革命军事委员会总政治部”改名为“中国工农红军总政治部”，由王稼祥任主任。

1月28日 日本侵略军进攻上海，国民党驻军第十九路军广大官兵在全国人民要求抗日的影响下，出于民族义愤，违抗国民党政府的命令，奋起抗战，称一二八淞沪抗战。

1月下旬　遵照中共苏区中央局的决定，去瑞金城郊东华山古庙休养。休养期间，起草了《对日战争宣言》〔1〕，还坚持给警卫班战士上文化课和时事课，还接待来访群众，了解他们的情况和对政府的要求。

2月1日　中华苏维埃共和国临时中央政府发出《为帝国主义瓜分中国与帝国主义大战致全国的通电》，号召全国工人、农民、兵士、学生及一切劳苦民众，自动地组织义勇军，自动地武装起来，夺取国民党的武装，直接与帝国主义作战，驱逐日本及一切帝国主义侵略者出中国，反对帝国主义瓜分中国，反对帝国主义大战，建立全中国的民众苏维埃政权。

2月19日　中共苏区中央局发出《对目前政治形势的分析与苏区党的紧急任务》的指示，指出：苏区党应利用目前极端有利的时机，发动和领导群众的革命斗争，夺取中心城市，扩大和贯通各苏区打成整个一片，配合和领导全中国反日反帝的民族革命运动。

2月下旬　为揭穿国民党反动派制造所谓“伍豪等脱离共党启事”的阴谋，中华苏维埃共和国临时中央政府主席毛泽东发出布告，指出：上海《时事新报》、《时报》、《申报》登载伍豪等的冒名启事，宣称脱离共产党，“而事实上伍豪同志正在苏维埃中央政府担任军委会的职务，不但绝对没有脱离共产党的事实，而且更不会发表那个启事里的荒谬反动的言论，这显然是屠杀工农

〔1〕这个宣言于1932年4月15日发表。

兵士而出卖中国于帝国主义的国民党党徒的造谣污蔑”。〔1〕

3月1日　中革军委因红军打赣州二十四天未克而移到前方，并发布《关于坚决夺取赣州乘胜消灭来援敌人的训令》，指出，所有参战各军由军委直接指挥。四日，中革军委指挥红军组织爆破总攻，未能成功，反被援敌分割，陷于被动。

3月上旬　在东华山古庙会见专程赶来的中华苏维埃共和国临时中央政府副主席项英。项英谈了赣州前线战事失利的情况，并转交了中革军委来电，请毛泽东暂停休养，赶赴前线参加决策。毛泽东立刻下山，冒雨回到瑞金，复电前线指挥部，提出大胆起用预备队红五军团，以解红三军团之围。当天晚上带警卫班出发，日夜兼程，赶到赣县江口前线指挥部。朱德告诉毛泽东：按照你在瑞金复电的意见，把预备队红五军团拉上来，在红四军的支援下，红三军团已经解围脱险。随后，毛泽东经过调查，提议中共苏区中央局在前方开会，检查打赣州的问题。

3月12日　中革军委发布命令，重编红军第一、第三、第五军团。以四军、十五军编为一军团，林彪为总指挥，聂荣臻为政治委员。以五军、七军、十四军编为三军团，彭德怀为总指挥，滕代远为政治委员。以三军、十三军编为五军团，季振同为总指挥，董振堂为副总指挥，萧劲光为政治委员。随后，毛泽东在南康县唐江镇参加红一军团任命新领导的团以上干部会，并讲话。

3月16日　和项英等发出中华苏维埃共和国临时中央政府

---

〔1〕伍豪，周恩来的化名。上海的《时事新报》、《时报》、《申报》自1932年2月中旬起，连日登载国民党特务机关伪造的所谓《伍豪等脱离共党启事》。2月20日，中共临时中央机关报《斗争》刊载《伍豪启事》，指出这是“国民党造谣污蔑的新把戏”。

人民委员会对植树运动的决议。决议说，中央苏区内空山荒地到处都有，若任其荒废则不甚好，因此决定实行普遍的植树运动，这既有利于土地的建设，又可增加群众的利益。决议要求各级政府向群众作植树运动的广大宣传；规定对于沿河两岸及大路两旁均遍种各种树木，对于适宜种植之荒山，尽可能地来种树木以发展森林，必须使广场空地都要种起树来；提出以后要注意培养树木种子，在每年春天来进行此种运动。

3月中旬 出席在赣县江口召开的中共苏区中央局会议，会议讨论攻打赣州的经验教训和红军今后的行动方针。毛泽东指出攻打赣州的错误，主张红军主力向敌人力量比较薄弱、党和群众基础较好、地势有利的赣东北发展，在赣江以东、闽浙沿海以西、长江以南、五岭山脉以北广大地区发展革命战争，建立革命根据地。中央局多数人受临时中央的影响，否定了毛泽东的意见，主张红军主力夹赣江而下向北发展，相机夺取赣江流域的中心城市或较大城市。会议决定：以红一、红五军团组成中路军，以红三军团、红十六军等组成西路军，分别进行作战。十八日，中革军委命令西路军应赤化赣江西岸，并相机夺取几个城市；命令中路军须迅速集中宁都，以宜黄、乐安、崇仁为目标，努力争取三县苏区，并相机夺取一个或几个中心或较大城市。毛泽东依据闽西敌情变化，主张中路军向闽西行动，立即向中革军委建议，将中路军改为东路军。

3月19日 以临时中央政府主席和中革军委委员身份率红一军团行军北上，向宁都集中。途中，向总指挥林彪和政治委员聂荣臻阐明中路军向闽西发展的主张，得到他们的赞同。二十一日，林彪、聂荣臻向中革军委建议采取毛泽东的意见，将中路军的行动方向改向闽西。

3月27日、28日 在瑞金出席中共苏区中央局会议，参加讨论红军的行动方向问题。提议红军中路军向东发展，攻打龙岩，消灭闽西张贞[1]等军阀，开展局面。会议采纳这个主张，将红一、红五军团组成的中路军改称东路军，确定毛泽东率领东路军攻打龙岩，向东南方向发展。会后，毛泽东赶到长汀，向先期到达的红一军团主要指挥员传达会议精神。接着，向红一军团团以上干部作东征动员，指出：我们的新任务，是经闽西向闽南方向发展。应该看到我们中央根据地沿赣江向北没有多少发展余地，国民党“剿共”的大本营就设在南昌。如今向西发展，有赣江梗阻，大部队往返不方便。向南发展则必然会同广东部队的主力顶牛。只有向东发展最有利，一来有闽西老根据地作依托，二来闽南尚有广阔的发展余地，是一个最好的发展方向。因此中央局决定由他带领东路军，打到外线去，打到闽南去，发展根据地，扩大红军的政治影响，并获得物资补给。

3月30日 在长汀就东路军行动问题致电中共苏区中央局书记周恩来，提议：“政治上必须直下漳、泉[2]，方能调动敌人，求得战争，展开时局。若置于龙岩附近筹款，仍是保守局面，下文很不好做。”“据调查，漳州难守易攻，故我一军团及七师不论在龙岩打得着张贞与否，均拟直下漳州。”同时提出：一军团“候七师取齐，即先向东行”，“五军团可随后入闽”，“十三军亦须入闽，位于龙岩坎市，保障后路”。

3月31日 从长汀去上杭的旧县会晤红十二军政委谭震林、中共闽西特委负责人张鼎丞。途中得知红十二军占领上杭，星夜到汀江坐船赶往上杭。次日，在上杭了解情况，向谭、张布置配合东征龙岩、漳州的任务。

---

〔1〕 张贞，当时任国民党军第49师师长。

〔2〕 漳、泉，指福建漳州、泉州。

4月1日 周恩来收到毛泽东提出的龙岩、漳州战役计划后，从瑞金赶到长汀召开作战会议。会议听取中共福建省委关于漳州地区情况的报告，批准龙岩、漳州战役计划，并具体部署了前后方的各项工作。随后，周恩来留驻长汀，负责调动兵力、筹集给养和保障前线的需要。

4月2日 在上杭致电周恩来，指出“敌一部既入闽，我直捣漳、泉部队必须更迅速更集中，否则敌占先着，我军将进退维谷”；强调红五军团全部必须立即出发，取直径急行军于十四日到龙岩；提议中央局、军委宜移长汀。周恩来接受毛泽东的意见，中央局、中革军委于十日移到长汀。

同日 红一军团离开长汀地区，掉头往南，急向白砂、龙岩一线开进。

4月7日 由上杭抵达白砂，与红一军团领导人会合。八日，随一军团到达龙岩西部约五十里的大池圩，指示部队隐蔽宿营，不去有敌人守备的小池。九日，部署红一军团就地休整，侦察敌情与地形。获悉龙岩城守军是张贞第四十九师两个团和少量地方民团，战斗力不强，同红一军团领导人研究决定，直接向龙岩攻击前进。

4月10日 拂晓，和林彪、聂荣臻指挥红一军团乘敌不备，向龙岩发起进攻，在地方赤卫队协助下，消灭守敌张贞部一个多团，俘虏六百八十余人，缴枪九百余支，攻占龙岩城。

4月11日 在龙岩主持召开红一军团师长、师政委以上干部会议，总结攻打龙岩的经验，研究下一步的行动步骤。会上，确定的部署是：由罗炳辉率领红十二军在闽、粤边的上杭、武平地区警戒粤军，保障红军攻漳部队的后路和右侧翼；红一军团先在龙岩休整，让敌集中，待红五军团赶到，东路军主力会合后再向集中之敌进攻。

同日 致电周恩来，指出龙岩胜利的原因是：“甲、白砂休息一天，团结兵力。乙、不顾坎市，直取龙岩。丙、大池宿营，不去小池，击敌不备。”关于军队行动问题，电报说在此地休整两天，“即直下漳州”。并指出：“目前粤敌是对江西取攻势，对福建取守势。但我军入漳，必能诱动该敌。”

4月14日 红五军团从赣南迅速赶到闽西龙岩，如期实现东路军主力的会合。毛泽东对漳州战役作进一步部署，以红五军团第十三军驻守龙岩，负责保障龙岩到漳州的战勤供应运输线，第三军随红一军团进攻漳州。

同日 中共临时中央发出《为反对帝国主义进攻苏联瓜分中国给各苏区党部的信》。此信要求苏区的党组织领导红军和群众，“进行坚决的革命的进攻，来扩大苏维埃区域，来争取联系一片的苏区”，指出“右倾机会主义的危险是各个苏区党目前的主要危险”，强调对“右倾作最坚决无情的争斗”。

4月15日 中华苏维埃共和国临时中央政府主席毛泽东发表《对日战争宣言》，指出：“中华苏维埃共和国临时中央政府特正式宣布对日战争，领导全中国工农红军和广大被压迫民众，以民族革命战争，驱逐日本帝国主义出中国，反对一切帝国主义瓜分中国，以求中华民族彻底的解放和独立。苏维埃中央政府向全国工农兵及一切被压迫民众宣言：要真正实行民族革命战争，直接与日帝国主义作战，必须首先推翻帮助帝国主义压迫民族革命运动、阻碍民族革命战争发展的国民党反动统治”。

4月16日 在漳州西北约二十多公里的马山，领导东路军总部，组织部队侦查敌情和观察地形。获悉防守漳州的张贞部主力部署在漳州西北天宝到南靖一线，一部在漳州市内扼守着险要阵地。十七日、十八日，同东路军总部负责人冒雨到前沿阵地调查，经研究确定了进攻部署：以红四军主攻敌人的天宝阵地，红十五军助攻宝林到南靖一线之敌，红三军为预备队。

4月19日 拂晓，指挥东路军对漳州外围的国民党军发起攻击。主攻部队猛攻敌军风霜岭之线的阵地，并以十二岭为主攻目标。在攻至主峰最后一道防线时，因守敌据险抵抗，红军一度受阻。此时，毛泽东来到前沿阵地直接指挥，令部队加强兵力，从五峰岭向十二岭俯冲。敌军被击溃，红军乘胜追击，全部消灭逃敌。据守漳州市内的敌军闻讯后出逃。国民党军第四十九师师长张贞，从前线败退城内，连夜烧毁军械库，弃城逃走。

4月20日 率东路军主力进占闽南重镇漳州城。漳州战役共歼张贞部约四个团，俘一千六百余人，缴获飞机两架及大量军用物资。红军部队举行入城典礼，毛泽东头戴凉盔帽，骑着一匹白马随队入城。

4月21日 主持召开东路军师长、师政委以上干部会议，讨论战区总检查和第二次行动等问题。关于第二次行动，会议决定：准备随时打击入闽的粤军；向地主豪绅筹款；搜查反革命分子；扩大宣传；扩大政治影响；分发谷物给群众。

4月下旬 会见蔡协民、曾志等，指导成立新的漳州中心县委，蔡协民任书记，曾志任秘书长。曾志后来回忆说：我从厦门那边到了漳州，见到毛泽东。我跟他到龙溪中学的图书馆找书，找了很多书，后来用汽车运到苏区中心的瑞金。

4月22日 致电中共苏区中央局书记周恩来，指出：漳州战役，“张贞大部消灭，达到剪除粤敌一翼之目的。这不但对巩固闽西、发展闽南游击战争、援助东江红军有帮助，且因漳州海口之占领，影响时局甚大，有调动粤军求得战争之可能”。我东路军当于最短时期，“发展闽南游击战争，筹足百万以上经费，准备消灭入闽之敌”。电报中还说：“闽南剥削奇重，工农小商深恨地主军阀到绝，红军入漳，市民拥看若狂。”

同日 召集红三军、红四军和东路军总部连以上干部开会，总结前一阶段作战的经验，报告目前形势，布置下一阶段的任务。他说："有人说我们红军只会关上门打狗，怀疑我们在白区能不能打仗，可是你们看，我们在白区不是打得蛮好嘛！"

4月23日 领导东路军分兵，发动群众，开展打土豪、筹款子等工作。后来发现有的部队在打土豪时，将戴礼帽、穿西服、拿手杖的侨眷，误认为是土豪而抓起来，立即召开会议，教育大家分清土豪与侨眷，并说没有调查研究，就没有发言权，更没有抓人权，同时指示部队赶紧清查，抓错的赶快放，赔礼道歉。

4月25日 中共中央机关报《红旗周报》第三十七、第三十八期合刊发表临时中央主要成员撰写的《在争取中国革命在一省与数省的首先胜利中中国共产党内机会主义的动摇》一文，反对"党内机会主义动摇"，批评苏区中央局在第三次反"围剿"后，"始终没有能够利用客观上的顺利环境去采取积极进攻的策略"，"把'巩固苏区根据地'当作符咒一样去念，把消灭'土围子'当作了巩固根据地的中心工作，以等待敌人的新的进攻，新的'坚壁清野'，新的'诱敌深入'与新的胜利"。

4月27日 指导闽南地方党组织通过召开工农和各界代表会议，在漳州城成立临时政权机关闽南工农革命委员会。

5月3日 在漳州复电中共苏区中央局〔1〕，指出："中央的政治估量和军事战略，完全是错误的。""三次战争和日本出兵之后的中国统治势力，特别是蒋系，已经受到很大的打击，对于我们只能取守势防御的攻击，至于粤军亦是防御攻击性质。决不应

〔1〕 毛泽东这个复电，是答复中共苏区中央局转来的临时中央1932年4月14日《为反对帝国主义进攻苏联瓜分中国给各苏区党部的信》。

夸大敌人力量，以为敌人还有像去年三次进攻给中央苏区以大摧残的可能，而且在战略上把自己错误起来，走入错误道路。”“在三次战争以后，我们的军事战略，大规模上决不应再采取防御式的内线作战战略，相反要采取进攻的外线作战战略。我们的任务是夺取中心城市实现一省胜利，似要以消灭敌人做前提。在现时的敌我形势下，在我军的给养条件下，均必须跳出敌人的圆围之外，采取进攻的外线作战，才能达到目的。”“此次东西两路军的行动完全是正确的。东路军深入漳州决不是主要为着筹款，西路军的分出也没有破坏集中的原则。我们已跳出敌人的圆围之外，突破了敌人的东西两面，因而其南北两面也就受到我们极大威胁，不得不移转其向中区的目标，向着我东西两路军的行动。”“白区作战与赤区有很大不同，和粤军作战又与打张贞有很大不同”。

同日　将入漳后收集的上海、香港、汕头报刊的新闻摘要十六条，报中共苏区中央局、临时中央政府和中革军委，其中有：“日向北满增兵，苏联已增兵备战，形势正紧”；“日苏不致开战，日美将先打响”；“苏联红星报亦谓日美战争不可避免，但法国及美国保守党极力挑拨日俄战争”；“红军入漳，沿海大震，漳、泉逃厦者，十余万人，言传红军欲攻福州。港报则称：红军欲入潮汕，帝国主义兵舰集厦门者二十八艘”；“张贞尚余四千余人，枪半数”。

5月9日　和项英等发表《中华苏维埃共和国临时中央政府反对国民党出卖淞沪协定〔1〕通电》，痛斥国民党政府的卖国行

---

〔1〕 1932年5月5日，国民党政府与日本签订《淞沪停战协定》。规定上海和苏州、昆山地区中国无驻兵权，承认上海为非武装区，但日本则可在上述地区驻兵。

径，号召全国劳苦群众坚决地起来进行民族战争，反对日本帝国主义的走狗国民党政府，保卫中国的领土完整，求得中国的完全独立与解放。

5月11日 中共苏区中央局在接到临时中央四月十四日致各苏区党部的信和毛泽东对中央指示信的意见后，于本日在汀州开会进行讨论。毛泽东没有出席这次会议。会议否定和批评毛泽东的意见，同意和接受临时中央的指示和批评，作出《关于领导和参加反对帝国主义进攻苏联瓜分中国与扩大民族革命战争运动周的决议》。决议承认中央局“自去年三次战争胜利以来对于目前政治形势的估量，犯了极严重的一贯的右倾机会主义错误”，号召“中央苏区各级党部全体同志在红五月工作中立即实行彻底的转变”，“坚决进行胜利的进攻，争取苏区扩大，争取闽、赣、湘、鄂苏区打成一片，争取中心城市——赣州、吉安、抚州、南昌与江西及其邻近省区的首先胜利”。决议提出：“须彻底纠正中央局过去的右倾机会主义错误。右倾机会主义是苏区党内的主要危险”。“不了解红军积极行动的必要而对于迅速夺取大城市迟疑，主张向着偏僻区域发展，这简直是苏维埃运动中的机会主义路线”。

5月20日 中共临时中央电示苏区中央局：“目前应该采取积极的进攻策略，消灭敌人的武力，扩大苏区，夺取一二中心城市，来发展革命的一省数省的胜利。”指示电指出：苏区党代表大会（赣南会议）“一般的接受了中央的指示，在苏区工作的转变上有进步的作用，但大会对于政治情势估计不足，因此，对于争取一省数省首先胜利及进攻的路线，缺乏明确的肯定的指出”。指示电还指责赣南会议以反对所谓狭隘的经验论代替了反机会主义的斗争。

5月29日 在漳州接到中革军委命令，要东路军开赴赣南同侵入的粤军作战。五月底，同东路军领导人部署所属各部撤离漳州、龙岩地区，回师赣南。

5月 在漳州期间，领导东路军主力发动群众，打土豪筹款，动员群众参加红军，以及进行部队整训等。指示红军将没收土豪劣绅、官僚资本的一部分财物，作为救济金分发给失业工人和贫困农民。同东路军总部商定，留下四十多名具有政治、军事斗争经验的干部加强漳州地区党的工作；调拨几百支枪给闽南游击队，使它编成中国工农红军闽南独立第三团，为建立和发展以南靖、平和、漳州为中心的闽南革命根据地打下了基础。经过红军的工作，在漳州、石码工人中建立了地下党组织和有三千多人的秘密工会，群众参加红军队伍的有九百多人，其中有一批知识分子。

同月 国民党政府撤销原驻赣“绥靖”公署，改设赣粤闽边区“剿匪”总司令部，任命何应钦为总司令，陈济棠为副总司令，调集粤军侵占赣南西部的大片地区，使赣南革命根据地受到严重威胁。同时，国民党政府又令第十九路军开赴福建“剿共”。

6月5日 和中革军委总参谋长叶剑英就各军整顿期限和召开军事会议问题，致电朱德、王稼祥：东路军各军“须于六至八号三天内整理完毕，准备九号出动”。“八号下午二时在官庄总司令部开军事会议，军长、军政委、军团总指挥、军团总政委、军团参谋长均到会”。六日，同叶剑英赴上杭县官庄。

同日 中共临时中央发出致各苏区的军事训令，规定：红一、红五军团主力应先与河西红三军团相呼应，解决入赣的粤敌，在可能条件下占领梅岭关，再沿江北上，占领赣州、吉安、樟树，以争取南昌为目的，赣州如一时不能攻下，可先争取吉安，同时应以一部分兵力牵制临川、南丰线与樟树、吉水之敌。

6月7日 周恩来致电毛泽东、朱德、王稼祥并转出席东路军上杭军事会议全体同志：望坚持积极进攻路线，以全力求得此次战役完全胜利，给粤敌以重大打击。

6月8日 出席在官庄东路军总司令部召开的军事会议。会议决定：红一、红五军团经广东梅县回师赣南，计划月底到达赣南与红三军团会合，打击进攻赣南的粤军。

6月9日 和朱德在上杭官庄命令红一、红五军团从闽西驻地出发，回师赣南。

同日 蒋介石在庐山召开湘、鄂、豫、皖、赣五省的“剿匪”会议，准备在全国范围内对苏区发动新的“围剿”，计划首先“围剿”鄂豫皖、湘鄂西苏区，然后移兵“围剿”中央苏区。

6月17日 中共苏区中央局为贯彻临时中央五月二十日的指示，作出《关于争取和完成江西及其邻近省区革命首先胜利的决议》。决议承认中央的批评是正确的，苏区中央局是犯了“不可容许的右倾机会主义的动摇，主要的是过去中央局领导的错误”。提出中央苏区党的任务，“应领导红军与广大工农劳苦群众，配合和影响全国工农革命斗争与各苏区红军的行动，采取更积极的进攻策略”，“夺取赣河流域的南昌、九江、抚州、吉安、赣州、萍乡等中心城市，以实现江西及其邻近省区革命的首先胜利，乃至争取全国的革命胜利”。决议强调“目前苏区党内的主要危险是右倾机会主义”，“须集中火力来反对”。

6月中旬 中共临时中央和苏区中央局决定取消东路军、西路军番号，恢复红一方面军总部，仍辖红一、红三、红五军团，朱德兼总司令，王稼祥兼总政治部主任。毛泽东仍以中华苏维埃共和国临时中央政府主席身份随红一方面军总部行动。

6月21日 和朱德等在江西安远天心圩决定，准备进攻广东南雄国民党守军，调动入赣粤军回援南雄，以求在运动中歼灭敌人。

6月23日、24日 和朱德、王稼祥两次致电中共苏区中央局，提议集中优势兵力，在信丰南部与粤敌决战，要求红十二军调定南、龙南、全南配合行动。中央局回电，完全同意红一方面军在信丰南部与敌军决战。同时提出，“我们目下可同意十二军到三南行动，但必须留一部兵力在武平、寻乌应付粤敌”。二十五日，红一、红五军团在大余地区袭击粤军，随后准备与红三军团会合。

6月 在从闽西回师赣南途中，指示闽粤赣边省委，要广泛开展游击战争，配合主力红军的运动战，集中优势兵力，各个击破敌人，粉碎敌人的“围剿”。

7月2日 红三军团主力在大余县池江附近击溃粤军四个团，溃军退据大余县城。三日，红一军团一部进攻大余县梅岭关，击溃守军一个团。四日至七日，红三军团多次攻击大余未克，敌我形成对峙。粤军三个师向南雄集中，企图合击红军主力。

7月10日 和朱德等指挥红一、红五军团，红十二军和江西军区两个师，对南雄县水口圩的粤军发起总攻，击溃粤军十个团。这期间，毛泽东亲临前沿阵地，同红五军团指挥员一起冒着枪林弹雨追击敌人。红一方面军在赣南、粤北地区发起的南雄、水口战役，共击溃粤军十五个团，使侵入赣南之粤军退回大余、南雄，基本稳定了中央苏区南翼。但是由于兵力不集中，未能大量歼灭敌人。

7月11日 红一方面军总司令部发出南雄、水口战役后休息整理的命令，指出今后目标是北上消灭蒋介石的嫡系部队，夺取赣州、吉安。毛泽东随红一方面军总部先到达乌迳，随后经江西全南抵信丰。

7月21日 中共临时中央发出给苏区中央局及苏区闽赣两

省委的指示信，批评苏区中央局“没有及时采取进攻的策略，积极地扩大苏区，将争取一省数省首先胜利的任务放到全部工作的议事日程上面”；指责“在漳州占领的一个月内，红军中的政治领导的同志没有能够充分地利用这个时机与良好环境进行充分的群众工作，而集中一切注意于筹款，这种教训必须深刻的注意到”。

同日 和朱德、王稼祥在信丰会见从后方来主持前方军事工作的中共苏区中央局代表周恩来（后方由任弼时代理苏区中央局书记），向他汇报前方作战和军事行动情况。周恩来致电苏区中央局并转项英，报告红一方面军与粤军作战后在信丰、乌迳一带整训和筹款的情况，提出红一方面军将在月底前渡赣江北进，准备与蒋介石嫡系部队作战。

7月23日 中共苏区中央局致电周恩来、毛泽东、朱德、王稼祥，提出红一方面军下一步的行动方针：“须迅速过河，并须以极迅速的行动以打击宁敌〔1〕。要估计到粤敌仍有增援可能，迟缓则将增加困难”。

7月25日 鉴于在后方的中共苏区中央局成员提议由周恩来兼任红一方面军总政委，周恩来、毛泽东、朱德、王稼祥联名致电中央局：“我们认为，为前方作战指挥便利起见，以取消政府主席一级，改设总政治委员为妥，即以毛任总政委，作战指挥权属总司令、总政委，作战计划与决定权属中革军委，关于行动方针中央局代表有决定权，会议只限于军委会议”。

同日 晚上，周恩来、毛泽东、朱德、王稼祥复电中共苏区中央局：“我们再四考虑，认为赣州〔2〕上游敌军密接，在任何一

〔1〕 这里指蒋介石的嫡系部队。

〔2〕 赣州，应为赣江。

点渡河出击赣敌，都有被敌人绝断危险，如攻新城、南康，将引起宁、赣敌人分进合击，或隔江对峙，造成更不利条件。”“因此，决经赣江下游先取万安，求得渡河，解决陈、罗〔1〕等四个师主力，以取吉安等城市。如敌人渡河东决战更好。但此行动须极迅速秘密，我们决后方开始集中行动。望秘电中央。”

7月29日 周恩来致信中共苏区中央局，针对中央局仍坚持由周恩来兼任红一方面军总政委，作进一步陈说：这将“弄得多头指挥，而且使政府主席将无事可做”。“泽东的经验与长处，还须尽量使他发展而督促他改正错误”。信中坚持由毛泽东任红一方面军总政委，强调“有泽东负责，可能指挥适宜”，恳请中央局再三考虑前方意见。

7月下旬 随红一方面军总部由信丰到达于都县城。

8月上旬 在兴国出席中共苏区中央局会议，讨论红一方面军的行动方向。会议经过争论，接受毛泽东的建议，决定红一方面军主力在赣江以东北上作战，先消灭乐安、宜黄之敌，再打由赣江以西和由南城、南丰等地来援之敌，进而威逼和夺取吉安、抚州（今临川），以配合鄂豫皖、湘鄂西根据地红军反“围剿”斗争。会议决定红一方面军进行整编，在前方组成由周恩来任主席，毛泽东、朱德、王稼祥为成员的最高军事会议，负责决定前方的行动方针和作战计划。

同旬 中共苏区中央局致电临时中央，报告兴国会议决定的红一方面军行动计划。

---

〔1〕 陈、罗，指陈诚、罗卓英，当时分别任国民党军赣粤闽湘边区“剿匪”总司令部第2路军司令官（1932年12月任部署调整后的中路军总指挥）、第2路军第11师师长（1932年12月任部署调整后的中路军第1纵队指挥官）。

8月8日 中革军委主席朱德，副主席王稼祥、彭德怀发出通令，宣布：奉中央政府命令，特任毛泽东同志为红军第一方面军总政治委员。

同日 中革军委根据中共苏区中央局兴国会议精神，发出关于发起乐安、宜黄战役的军事训令。训令指出，根据北路的“围剿”敌军布置较弱以及我军运动较利的情况，决定红一方面军以坚决、迅速、秘密的行动，首先歼灭乐安、宜黄之敌，进而威胁与夺取吉安、抚州、南丰、樟树及南昌附近的较大城市。

8月10日前后 和朱德率红一方面军从兴国、于都出发，按计划秘密北上，于十五日到达乐安附近，总部设在招携。

8月15日 在招携和朱德发布红一方面军攻击乐安的训令，决定于十六日向守城之敌发起攻击，以红一军团为主攻，红五军团为总预备队，红三军团策应攻城。

同日 周恩来、毛泽东、朱德、王稼祥致电中共苏区中央局并转临时中央：红一方面军已到乐安县招携、宁都县东韶一带。“我军决以迅速坚决秘密的行动，先攻乐安、宜黄，消灭孙连仲〔1〕大部，乘胜攻南丰、南城消灭朱部〔2〕，开展赣东一面，求得巩固地向西迎击陈、吴〔3〕等师增援部队，以更有利地取得赣江下游中心城市，造成夺取南昌的形势。”

8月17日 和朱德在前沿指挥所指挥红一军团主力发起猛

〔1〕 孙连仲，当时任国民党军赣粤闽湘边区“剿匪”总司令部第9路军司令官。1932年12月任调整后的中路军第2纵队第27师师长。

〔2〕 指朱绍良为司令官的国民党军赣粤闽湘边区“剿匪”总司令部第6路军。

〔3〕 陈，指陈诚。吴，指吴奇伟，当时任国民党军赣粤闽湘边区“剿匪”总司令部第2路军第90师师长。1932年12月任调整后的中路军第2纵队指挥官兼第90师师长。

攻，中午攻克乐安城，歼灭守军高树勋第二十七师第八十旅两个团又一个营。

8月18日 和朱德等采取声东击西的战术，以红军少部兵力佯攻崇仁，以红军主力直取宜黄。十九日，到宜黄前沿阵地视察，召开有各军团干部和地方党的负责人参加的战地碰头会，研究如何部署宜黄战斗。晚八时，和朱德发布红一方面军命令：二十日先肃清城外敌军包围宜黄县城，同时须进行充分的攻城准备，以便城外得手后立即攻城，以达到攻下县城再打援敌之目的。攻城的部署是，以红三军团为主攻部队，红一军团担任城北的佯攻任务，红五军团为总预备队。

8月20日 和朱德指挥红军主力先攻占宜黄城外有利地形，晚九时发起攻城，一举攻克宜黄县城，击溃守城的高树勋第二十七师两旅共四团（缺一个营），其大部被歼，一部向北逃跑。二十二日，红军追到龙骨渡又歼灭逃敌之大部，宜黄战斗基本结束。

8月23日 和朱德指挥红十二军乘胜击溃南丰守军，占领县城。这样，乐安、宜黄战役一周内打了两个胜仗，连克三城，共歼国民党军第二十七师约三个旅，俘敌五千余人，缴枪四千余支。红一方面军已胜利实现兴国制定的第一期作战计划，有力地支援了鄂豫皖、湘鄂西根据地红军的反“围剿”。

8月24日 周恩来、毛泽东、朱德、王稼祥率红一方面军主力从宜黄出发，数日后抵达南城附近大竹山，准备攻打南城。因发现国民党军毛炳文、李云杰、许克祥等师在南城已集结十七团兵力，且该城内外险要，工事坚固，硬攻不易得手，毅然决定放弃攻城计划，改令红军撤至南城至南丰、南城至宜黄两线，发动群众和筹款，待机歼敌。这使红军避免了可能造成的损失，保持了战略主动。二十七日，周恩来致电中共苏区中央局并转临时中央，报告这一情况，并提出下步行动计划为：待西来增援之敌陈诚、吴奇伟各部进至相当地点，即给予迎头痛击，以消灭敌人主力。

8月28日 在后方的苏区中央局成员致电周恩来、毛泽东、朱德、王稼祥：我主力军不宜在南丰、南城、宜黄间久待，应绕至乐安、宜黄一带，从敌军的左侧背给以各个击破，只以小部或独立师留在南城方向，以迷惑敌军。

8月29日 前方最高军事会议作出红军回调乐安、宜黄方面的部署。毛泽东和朱德发布红一方面军准备歼灭东援之敌陈诚部的训令："我军为要粉碎敌人的进攻，使赣东苏区巩固地向前发展，决心首先打击敌之一翼，即远道东来的敌军陈诚部，乘胜掩击崇仁会合之敌，再行相机进取，以求得革命战争的继续胜利。"

8月31日 获悉敌军吴奇伟部约四个团到达店前，有与敌军主力配合向永兴桥包抄模样，和朱德在永兴桥发布红一方面军攻击店前敌军的命令。因西面敌军同日占领宜黄，东面敌军又跟踪在红军之后，准备与西面敌军夹击红军，红一方面军处于进退两难位置。

9月2日 率红一方面军先头部队向南开进，致电率领后续部队的周恩来、朱德、王稼祥，报告敌情并对部队行动提出建议：敌主力似在黄陂五、六都之线，分两路夹河南进，有到东陂、朱坊之线可能，我方面军明日应集结新丰市、带源、恰村一带，准备坚决打击此敌。

9月3日 致电周恩来、朱德、王稼祥：敌军现到东陂、东港、神冈三点，似有南进可能。提议红一方面军应集结东韶、吴村、洛口之线，坚决打击南进之敌，但我军现在颇疲劳，应有两天以上休息，并作大的行动。

9月5日 周恩来、毛泽东、朱德、王稼祥率领红一方面军在宁都的东韶、洛口一带集中完毕。周恩来致电中共苏区中央局，说目前战役将在东韶、水口、洛口一带，我决集最大力量决战。

9月7日 在后方的中共苏区中央局成员致电周恩来，指出：这次红一方面军北上，虽然表示其行动迅速秘密的进步，但不迅速向西求得在宜黄以西打击陈诚、吴奇伟部则是缺点。来电指责红军撤退宁都青塘待敌前进是不正确的决定，因这必造成敌人更积极向苏区中心前进，使之受敌摧残，这给群众以十二分不好的影响。关于红军行动方针，来电提出："以首先袭取永丰，将敌向西调动，给以各个击破为最有利的形势"。

9月8日 前方周恩来、毛泽东、朱德、王稼祥不同意后方中共苏区中央局成员关于袭取永丰的行动方针，周恩来致电中央局陈述意见：敌之目的在驱逐我军，恢复据点，攻入苏区。我军五日始在东韶、洛口集中完毕，西袭永丰不仅疲劳未恢复，且敌军将先防我西进，袭取永丰将成为不可能。强调说：方面军现在小布、安福、平田一带休息七天绝对需要，已令二十二军及十二军在宜乐〔1〕、宜南〔2〕之间广大发展游击运动与新苏区。

9月上旬 周恩来、毛泽东、朱德、王稼祥得知中共湘鄂西中央分局关于在反"围剿"中分兵作战的计划，复电湘鄂西中央分局，指出：分兵作战只有利于敌人，应集中全军力量机动地选择敌之弱点，先打击并消灭其一面，而以地方武装及群众的游击行动牵制其他方面，这样才能各个击破敌人。如顾虑苏区被敌侵入而分一部分兵力去堵，不仅兵少堵不住，对于决战方面因减少

〔1〕 宜乐，指江西宜黄、乐安。
〔2〕 宜南，指江西宜黄、南丰。

兵力损失更大。并强调说：分散与持久硬打，将给敌人各个击破红军和分进合击造成最好机会。

9月中旬 周恩来、毛泽东、朱德、王稼祥得知红四方面军在反“围剿”中作战失利〔1〕，致电中共苏区中央局急转鄂豫皖中央分局，指出：“我们建议，红四方面军目前应采取相当的诱敌深入到有群众工作基础的、地形便利于我们的地方，掩蔽我主力目标，严格地执行群众的坚壁清野，运用广大的游击队，实行四面八方之扰敌、截敌、袭敌与断绝交通等等动作，以疲劳与分散敌人力量，而不宜死守某一点，以便利敌之分进合击。这样在运动中选择敌人薄弱部分，猛烈打击与消灭敌人一点后，迅速转至另一方，以迅速、果敢、秘密和机动，求得各个击破敌人，以完全粉碎四次‘围剿’。”复电指出，这是中央苏区第三次反“围剿”中的战略与战术的经验，“你们可以根据目前形势与红四方面军的优点灵活运用”。

同旬 周恩来、毛泽东、朱德、王稼祥致电中共苏区中央局转临时中央及鄂豫皖中央分局，指出：红四方面军“一月余激战三次，仅击败敌人，未能消灭敌人一路”，“这在战略上仍未抓紧目前国内战争的环境，红军尚须力求避免过大的牺牲，须争取便利于消灭敌人一部，以各个击破敌人。在一次激战后，须力争相当时间的休息与补充，以免过度的疲劳而影响和减弱红军战斗力。敌急追亦宜以游击战术去疲劳与扰乱他，以争取便于消灭他的有利条件。若机械地固守一地，求战太急，反足以招致自己损

〔1〕 1932年9月中旬，张国焘等曾致电中共临时中央，报告红军第四方面军的转战情况，并要求中央紧急动员各临近苏区军民策应。临时中央将该电转给当时在中央苏区前方指挥作战的周恩来、毛泽东、朱德、王稼祥。

失大敌人不能消灭的不利条件，敌人再进向所固守的地区，仍要失去”。此电还强调说：“我们唤起你们注意这一战略的运用，要努力争取消灭一面敌人的胜利，以达到各个击破敌人粉碎敌‘围剿’的目的”。

9月20日 和项英等颁布中华苏维埃共和国中央执行委员会关于扩大红军问题的训令。训令指出：“猛烈地扩大红军，在目前是我们彻底消灭敌人的武装，完成一切任务，争取苏维埃在中国胜利的一个最基本的条件。”扩大红军应列在苏维埃政府工作日程的第一位。

9月23日 周恩来、毛泽东、朱德、王稼祥致电中共苏区中央局并转临时中央，报告下一步的行动方针，指出：“出击必须有把握的胜利与消灭敌人一部，以便各个击破敌人，才是正确策略，否则急于求战而遭不利，将造成更严重错误。”“我们认为在现在不利于马上作战的条件下，应以夺取南丰，赤化南丰河两岸尤其南丰至乐安一片地区，促起敌情变化，准备在运动战中打击与消灭目前主要敌人为目前行动方针。”并且表示，“这一布置虽不是立即出击敌人，但仍是积极进攻的策略，因为这片地区之赤化与逼近这几个城市，必能变换敌情，并给红军以有利的群众条件，消灭敌人与取得中心城市”。当敌情变化“有利于我们出击时，自然要机动的集中兵力去作战”。

9月25日 中共苏区中央局复电周恩来、毛泽东、朱德、王稼祥，对下一步行动方针提出不同意见，说：“在目前全国苏区红军积极行动艰苦作战中，我们不同意你们分散兵力，先赤化南丰、乐安，逼近几个城市来变换敌情，求得有利群众条件来消灭敌军，并解释这为积极进攻策略的具体布置与精神，这在实际上将延缓作战时间一个月以上”，而不能呼应配合鄂豫皖、湘鄂西红军和河西红十六军、红八军的行动，“可以演成严重错误”。

同日 周恩来、毛泽东、朱德、王稼祥致电中共苏区中央局，坚持原定行动计划指出："现在如能马上求得战争，的确对于鄂豫皖、湘鄂西是直接援助，并开展向北发展的局面，我们对此已考虑再四。但在目前敌情与方面军现有力量条件下，攻城打增援部队是无把握的，若因求战心切，鲁莽从事，结果反会费时无功，徒劳兵力，欲速反慢，而造成更不利局面。""我们认为打开目前困难局面，特别要认识敌人正在布置更大规模的进攻中区，残酷的战争很快就要到来，必需勿失时机地采取赤化北面地区，逼近宜、乐、南丰，变动敌情，争取有利于决战以消灭敌人的条件。"提议即刻在前方召开中央局全体会议，讨论接受中央指示、红军行动总方针与发展方向等问题。

9月26日 中共苏区中央局复电周恩来、毛泽东、朱德、王稼祥，坚持"攻城打增援部队"，提出向西追击永丰与西来增援之敌，强调说：如在轻敌之下分散布置赤化工作，则不但将失去运动战中各个击破敌人、稍缓即逝的时机，而且有反被敌人各个击破的危险。关于到前方开会的问题，复电说："项英、邓发[1]已去闽西参加会议，而且你们亦须随军前进，中央局全体会议不可能开"。

同日 周恩来、毛泽东、朱德、王稼祥致电中共苏区中央局，指出：乐安敌军吴奇伟师非高树勋一旅可比，如攻乐安三日不下，西来援敌必至，内外夹击转增不利。同时强调说："攻乐安无把握，且用最大力量，即使能消灭吴奇伟，以现时红军实力，将不能接着打强大增援敌队。此请中央局特别注意。"并且坚持认为中央局全体会议以项、邓同志回后，仍到前方召开为妥，因有许多

〔1〕 邓发，当时任中共苏区中央局委员、中华苏维埃共和国中央执行委员会委员、国家政治保卫局局长。

问题必须讨论解决。

同日 同朱德发出红一方面军向北工作一时期的训令，命令部队：在目前敌军坚守据点、向中央苏区游击进扰与迅速布置大举进攻的情况下，在宜黄、乐安、南丰一带地区以战备姿态做一时期争取群众、扩大苏区以及加强自身教育训练的工作，消灭敌军的零星游击力量和该地区的反动武装，争取和赤化北面敌人据点附近的地区和群众。整顿扩大和建立这些地区的赤卫队、游击队，做好战斗准备，随时可以打击和消灭敌军的出击部队，造成有利于与北面敌军作战和消灭敌人主力的条件。在宜黄、乐安、南丰之间布置战场，达到在敌军对中央苏区和红军实行总攻时，要有把握的在宜黄、乐安、南丰一带粉碎敌军四次“围剿”，消灭援敌，夺取敌军驻点，以展开江西局面。以军团为单位组织参谋旅行团，担任军事地理的调查及作战的各种侦察，将社会调查、地理调查和军事调查制成书面及图表，报告直属指挥员及上级参谋部。作战地域划分为，第一军团以东陂为中心，第三军团以新丰为中心，第五军团以甘竹为中心，第二十二军以南村为中心。以上部署，为第四次反“围剿”作了充分的准备工作。

9月29日 中共苏区中央局致电周恩来、毛泽东、朱德、王稼祥：九月二十六日训令收到，“我们认为这完全是离开了原则，极危险的布置。中央局决定暂时停止行动，立即在前方开中央局全体会议”。三十日，中央局再电周恩来：“我们现重新向你提出前次分散赤化南丰河两岸，做一个时期扩大苏区工作等意见，是对形势估计不足，不去深刻领会攻取宜黄受分散所造成之严重的错误教训”。强调对一切离开原则完成目前任务的分散赤化的观点，“应给以无情的打击”。

9月30日 中共苏区中央局致电周恩来、毛泽东、朱德、王稼祥，转告临时中央关于行动方针的指示电：蒋介石由武汉回庐山，召集在赣将领开会，即将倾全力向我中区及赣东北取进攻之势，我方须立即紧急动员警戒，并以最积极迅速之行动，择敌人弱点击破一面，勿待其合围，反失时机，望即定军事动员计划。

同日 周恩来、毛泽东、朱德、王稼祥复电中共苏区中央局急转临时中央："我们估计到敌人即将倾全力大举进攻中区"，"全苏区的紧急动员与布置，中区、湘鄂赣、湘鄂、赣东北的配合行动，我们已感到急要，已提议在前方开中央局全体会，四天后可开成，军事行动计划亦将在这一会中决定。"

同日 周恩来、毛泽东、朱德、王稼祥致电中共苏区中央局急转鄂豫皖中央分局并转临时中央：我们认为与敌决战，必须具备击破敌之一方的把握，以转变目前不利局势，并准备继续作战的力量。"若仅击败敌人，而不能消灭敌人，不能缴获枪弹、俘虏，不能继续作战，这将不易变更现有局势，他苏区援助亦难消灭敌人，不易调动进攻鄂豫皖敌军。"中央苏区现正处于敌坚守据点，积极布置大举进攻，攻则集三师以上兵力来援，颇难取得在运动战中消灭他的环境。"因此，鄂豫皖在现时必须选择敌人之弱点，首先消灭敌之一部，如无此把握而苏区尚能活动，应勿急求战，多疲劳敌军，俟造成更有把握的决战。"

10月6日 中共临时中央政治局常委会讨论苏区中央局的问题，批评毛泽东"分散工作的观点"，"是保守、退却"，"是不能容许的"。强调对毛泽东应该作坚决的斗争，估计到他在苏区红军中的威信，不一定指出名字。并且提出毛泽东"可调回后方作苏维埃工作"。会议决定，立即给苏区中央局去电。

10月上旬 在江西宁都县境举行中共苏区中央局全体会议（通称宁都会议）。出席会议的有来自后方的任弼时、项英、顾作霖、邓发和已在前方的周恩来、毛泽东、朱德、王稼祥。会议由中央局书记周恩来主持。会议贯彻执行临时中央的“左”倾冒险主义的进攻路线，讨论红军应敌的行动方针问题，“开展了中央局从未有过的反倾向的斗争”，对毛泽东进行了错误的批评和指责。会议过程中，前方中央局成员发言主张结合前线实际来贯彻中央指示，毛泽东坚持九月二十六日训令的观点，不同意红军离开苏区出击敌军。后方中央局成员批评前方同志“表现对革命胜利与红军力量估计不足”，“有以准备为中心的观念，泽东表现最多”。会议集中批评毛泽东，把他反对攻打赣州等中心城市，在赣州战役失利后主张红军向敌人统治较弱、党和群众力量较强的赣东北发展的意见，指责为对“夺取中心城市”方针的“消极怠工”，是“纯粹防御路线”；并且把他在历次反“围剿”中克敌制胜的“诱敌深入”方针，指责为“专去等待敌人进攻的右倾主要危险”。会议要求红军在国民党军合围未成之前，选择敌人弱点各个击破，以粉碎敌人的大举进攻。后方中央局成员还提出毛泽东回后方，负中央政府工作责任，前方由周恩来负战争领导的总责。周恩来在发言中指出后方有同志对毛泽东的批评过分，认为“泽东积年的经验多偏于作战，他的兴趣亦在主持战争”，“如在前方则可吸引他贡献不少意见，对战争有帮助”，坚持主张毛泽东留在前方，并提出供选择的两种办法：“一种是由我负主持战争全责，泽东仍留前方助理；另一种是泽东负指挥战争全责，我负监督行动方针的执行”。朱德、王稼祥也不同意毛泽东离开红军领导岗位。但多数与会者认为毛泽东“承认与了解错误不够，如他主持战争，在政治与行动方针上容易发生错误”。毛泽东鉴于不能取得中央局的全权信任，坚决不赞成由他“负指挥战争全责”。会议通过周恩来提议中的毛泽东“仍留前方助理”的意见，同时批准毛泽东“暂时请病假，必要时到前方”。

同旬 宁都会议后，周恩来到毛泽东住处送别。毛泽东向周恩来表示，前方军事急需，何时电召便何时来。随后，毛泽东回后方长汀福音医院休养。

10月12日 中革军委根据中共苏区中央局决定发布命令："工农红军第一方面军兼总政治委员毛泽东同志，为了苏维埃工作的需要，暂回中央政府主持一切工作，所遗总政治委员一职，由周恩来同志代理"。二十六日，中共临时中央任命周恩来兼任红一方面军总政治委员。这实际上宣布撤销了毛泽东的军事领导职务。

10月中旬 到达闽西长汀福音医院。医院院长傅连暲请毛泽东住在老古井休养所——一座傍山的小楼上，同先头从瑞金来这里休养的、受"左"倾路线排挤打击的周以栗、陈正人在一起。毛泽东一到医院，立即去探视早已来此住院分娩的妻子贺子珍。为了较好地休养，毛泽东接受傅连暲的建议，长期坚持到医院后面的卧龙北山散步。

10月中下旬 在福音医院同伤愈即将出院的福建省委（当时也称闽粤赣省委）代理书记罗明谈话，概括地总结了三次反"围剿"斗争取得胜利的经验，指出福建和江西一样，应加紧开展广泛的地方游击战争，配合主力红军的运动战，使主力红军能集中优势兵力，选择敌人的弱点，实行各个击破，消灭敌人的有生力量，粉碎敌人的第四次"围剿"。他还指出，在上杭、永定、龙岩老区开展游击战争，牵制和打击驻漳州的国民党第十九路军和广东陈济棠部队的进攻，对于粉碎敌人的"围剿"、保卫中央苏区是十分重要的。罗明出院后，在长汀主持召开中共福建省委会议，传达毛泽东的谈话精神，得到与会者一致拥护。由于按照毛泽东的主张开展游击战争，机动灵活地打击入侵苏区之敌，闽西苏区形势迅速好转。

11月10日 中共苏区中央局复电中共临时中央，其中说到："我们可同意现在召回泽东同志与公开批评他的错误观点，批评方法应该说服教育，并继续吸引他参加领导机关的工作，不然，在目前将削弱我们的地位。"

11月26日 中共苏区中央局在答复中共临时中央询问执行进攻路线情况和中央局是否团结一致的电报中说，毛泽东仍不同意进攻路线而坚持积极防御路线。还指出："现在对进攻路线除毛同志最近来信仍表现有以准备为中心的意见外，并无其他反对与抵抗，不过在地方上进攻路线还不深刻了解与未坚决执行。"

1933年　四十岁

1月13日　和项英等发布中华苏维埃共和国中央执行委员会命令，为纪念宁都起义的领导者、红军第五军团副总指挥兼第十三军军长赵博生同志英勇牺牲[1]，决定将宁都县改名为博生县，并在全苏区举行追悼大会。

1月17日　中华苏维埃共和国临时中央政府主席毛泽东，副主席项英、张国焘，中国工农红军革命军事委员会主席朱德发表宣言[2]，宣布为反对日本帝国主义入侵华北，愿在三个条件下与全国任何武装部队订立停战协定，共同抗日。三个条件是：（一）立即停止进攻苏维埃区域；（二）立即保证民众的民主权利（集会、结社、言论、罢工、出版之自由等）；（三）立即武装民众，创立武装的义勇军，以保卫中国及争取中国的独立统一与领土的完整。

1月21日　罗明经过在闽西几个县的深入工作，感到毛泽东的意见符合闽西革命斗争的实际，于是依据毛泽东的指示精神和闽西的实际情况，在新泉就长汀、连城、新泉等地的工作方针问题向省委写了《对工作的几点意见》。他认为：红军应向敌人

〔1〕1933年1月8日，赵博生在江西南城指挥红军部队同国民党军作战时牺牲。

〔2〕这个宣言，是在日军攻占山海关，把侵略的矛头指向华北的形势下，由中共驻共产国际代表团起草的。

力量薄弱的地方发展，以巩固和扩大闽西根据地。对处在根据地边缘区的地方武装应先打击当地的地主武装，不要硬打国民党正规军，要采取游击战、运动战，从打小仗中来锻炼和提高红军的战斗力。对边缘区、新区工作的指导应不同于巩固的中心区域，不能把中心区域的工作方式千篇一律地照搬到边缘区、新区来。对扩大红军要有计划有步骤地进行，不能一味削弱地方武装去猛烈扩大红军。

1月下旬 中共临时中央负责人秦邦宪从上海进入中央革命根据地，途经福建上杭时，指责前来迎接的福建省委代理书记罗明说：你是省委代理书记，不领导全省工作，来上杭、永定、龙岩干什么？罗明回答：按照毛泽东同志的指示精神并经省委研究决定，是来这里开展游击战争的。

同旬 秦邦宪抵达中央革命根据地首府瑞金，同先期到达的张闻天等会合，标志中共临时中央政治局迁到中央革命根据地。后来中共苏区中央局与中共临时中央合并，改称中共中央局。从此，中共临时中央直接领导中央苏区的工作。

2月上旬 中共临时中央全面推行“进攻路线”，清除毛泽东积极防御路线在中央革命根据地的影响，打击执行毛泽东正确主张的干部，首先开展了反“罗明路线”的斗争〔1〕。十五日，中共苏区中央局作出《关于闽粤赣省委的决定》，指责闽粤赣省委即福建省委“形成了以罗明同志为首的机会主义路线”，决定

---

〔1〕 秦邦宪1945年5月3日在中共七大会议上发言说：“苏区反对罗明路线，实际是反对毛主席在苏区的正确路线和作风，这个斗争扩大到整个中央苏区和周围的各个苏区，有福建的罗明路线，江西的罗明路线，闽赣的罗明路线，湘赣的罗明路线等等。”李维汉在《回忆与研究》（上）一书中写道：“反‘罗明路线’，无论在福建还是在江西，矛头都是指向毛泽东的正确路线的。”

“在党内立刻开展反对以罗明同志为代表的机会主义路线的斗争”，并宣布撤销罗明的省委代理书记及省委驻杭永岩[1]全权代表职务。

2月10日 《红色中华》报发表临时中央主要负责人秦邦宪写的社论《为着布尔什维克的春耕而斗争》，正式提出在老苏区进行查田运动。

2月中旬 向同情革命、追求进步的福音医院院长傅连暲提议，将医院改编为中央红色医院，并把它搬到瑞金。傅连暲欣然同意。毛泽东结束休养，回瑞金不久，即派人到长汀将医院及傅连暲全家迁移到瑞金。毛泽东看望傅连暲时说：这个医院，是我们的第一个医院，由你当院长。医院的任务很重，你要当好这个院长，首先得有一个观点，为伤病员服务。这个医院除了给红军看病外，也要给老百姓看病。又说：对疾病的预防和治疗要结合进行，要教育大家讲卫生。

同旬 回到瑞金后住在临时中央政府所在地叶坪村。不久收到瑞金县云集区苏维埃主席反映土地分配存在问题的信，随即去信约他到自己住处详谈，并亲自到云集区听取积极分子的汇报。在掌握了一些情况后，派临时中央政府土地部的王观澜到云集区叶坪村进行调查，深入了解土地分配的情况。

2月24日 和项英等发布中华苏维埃共和国中央执行委员会关于向富农募捐以充战费的训令，指出：向富农募捐以充战费，是战时的紧急办法。富农有捐助战费之义务，不得拒绝政府命令。征募方法是要一方面劝导，同时要带强迫性的。

2月25日 和项英等发布中华苏维埃共和国临时中央政府人民委员会关于政府工作人员实行帮助春耕并自己种菜的训令，

[1] 杭永岩，指福建上杭、永定、龙岩。

规定：凡属政府工作人员（从中央政府到乡政府），均须在不妨碍政府日常工作的条件下，尽可能地动员起来，亲自下田，去帮助政府近旁的红军家属及缺乏劳动力的贫苦农民群众耕田。各级政府更须迅即采定旁近政府的空地或荒田，辟为菜园自己种菜。

2月26日 中华苏维埃共和国临时中央政府人民委员会召开常会，议决呈请中央执行委员会通电全国，号召全国工农群众坚决反对和粉碎敌人的进攻，推翻帝国主义国民党的统治。为加强中央各部工作，议决责成各部迅速召集部务会议，检阅过去工作，讨论今后行政实施方针，并健全各部组织。

同日 中华苏维埃共和国临时中央政府发布为打破敌人对苏区的经济封锁告群众书，号召苏区的工农劳苦民众，在中央政府领导之下，用一切的力量帮助前方红军粉碎国民党军阀的大举进攻，同时应该加紧春耕，应该设法输出本地土产、输入油盐洋布，应该大家集股组织消费合作社，寻找许多交通小道到白区去，有组织地进行买卖，来打破敌人的经济封锁。

3月1日 中华苏维埃共和国临时中央政府致电前线红一方面军朱德总司令、周恩来总政委，庆贺红一方面军全体指战员于二月二十七日至二十八日在黄陂地区取得歼灭国民党军第五十二师全部及第五十九师大部的胜利，指出这是粉碎敌人第四次“围剿”的伟大开端。三月二十一日至二十二日，红一方面军又在草台冈、东陂地区歼灭国民党军第十一师大部及第九师一部。至此，国民党军对中央革命根据地的第四次“围剿”基本被打破，红军取得歼敌近三个师，俘敌一万余人，缴枪一万余支的重大胜利。这是周恩来、朱德灵活运用第一至第三次反“围剿”中的经验，采用大兵团伏击战术，集中优势兵力歼灭敌人的结果。

同日 和项英等发表《中华苏维埃共和国中央执行委员会对于乡村工人分配土地及保留公田问题的决议》，规定：乡村中各业工人，要求分配土地时，不论失业与未失业，应按照分配土地给雇农、贫农、中农那样，分配同等数量质量的土地。各新区域和土地尚未彻底分配的区域，经过群众同意，酌留公田，用于公共事业，如修理桥梁、修理渡船等。

同日 和项英等发布《中华苏维埃共和国中央执行委员会关于革命群众借谷供给红军的训令》，规定：各地政府应协同群众团体进行借谷。借谷运动的完成一定要靠很好的宣传鼓动工作，对那些未曾自动请求借谷的群众，一定要禁止不做宣传而用强借摊派的命令主义方法。关于借谷数目的分配，必须依据当地的实际情形及群众出谷的可能性来决定，决不可普遍一律。

3月3日 和项英等发表《中华苏维埃临时中央政府宣言》。宣言谴责国民党将军们在日本帝国主义大肆轰炸热河和进攻承德之时，依然采取无耻的不抵抗主义，步步撤退。宣言还向全中国民众明白宣告：中华苏维埃政府准备着与日本帝国主义者的军队直接作战，并驱逐他们出中国，因此必须扫清一切阻碍我们与日本作战的反动军队与武装！苏维埃政府与工农红军再一次宣言，愿意与一切真正抗日的军队订立作战协定，但是对于一切侵犯苏区的军队与武装，将给以最严厉的打击，直至把他们完全消灭！

3月4日 和项英等发布中华苏维埃共和国临时中央政府人民委员会关于调节民食接济军粮的命令，指出：中央政府已设立粮食调剂局，各地政府应领导群众尽快组织粮食合作社，在粮食调剂局领导帮助之下，努力进行调剂粮食余缺工作。除办米之外，还要办盐，以抵制富农奸商的积藏操纵，以防备国民党的严厉封锁，以调节各地的民食，以接济前方的军粮。

3月5日 关于长汀、瑞金军事防卫问题，同项英致电前方朱德、周恩来，说：国民党军第七十八师及张炎旅之右纵队将到连城，有进攻汀州、威胁首都、配合赣敌行动之企图。汀州为我东南根本重地，不能轻易放弃。敌如前进，当号召汀州、瑞金广大群众及武装以困阻之，决不让该敌钳制我方面军之行动。将宁化、石城独立团等武装编为独十一师，从东北方面胁制该敌，迅即编成十九军，至少两千枪集中使用，以有力地打击向龙岩、永定、上杭前进之敌，不论长汀、连城何种情况，我十九军必须在茶地、太拔、白砂、旧县、新泉一带坚决作战，争取大的胜利。

3月上中旬 和项英等发布中华苏维埃共和国中央执行委员会关于发动群众帮助政府工作人员耕田的命令，指出：为了使苏维埃政府成为积极而有工作能力的政府，凡属各级苏维埃政府的工作人员，在服务期内，如果他们家里确是没有劳动力，或是劳动力不足的，由当地政府发动群众代替他家耕种，或帮助他家耕种，以使他家生活比较他本人在家劳动时不感缺陷为限度，务使这些人员解除家庭的顾虑，安心政府工作。

3月15日 和项英等发布中华苏维埃共和国中央执行委员会关于镇压内部反革命问题的训令，指出：敌人除开军事“围剿”之外，还有计划地在苏区内部组织反革命活动。但是各地苏维埃政府缺乏警觉性，对于反革命活动情形居然忽视。中央政府现在严重唤起各地政府及其肃反机关，要立即纠正这种错误。我们有着广大的群众和坚强的红军，我们有着巩固有力的政权机关，我们要拿了这个有力的政权机关，领导着千百万工农群众和红军，给予进攻我们的内外敌人以致命的打击。

3月23日 和项英等发布中华苏维埃共和国中央执行委员会关于设立国民经济人民委员部及各级国民经济部的命令，指出：在激烈开展着的国内战争环境内，国民经济的发展是改善群众生活、增强战争实力的极重要条件。过去苏区对于国民经济问题异常忽视，应该迅速转变。

3月28日 中华苏维埃共和国临时中央政府人民委员会召

开常会，议决各部制定工作计划，要求每月向人民委员会报告工作。责成教育部即日颁发各级教育部的组织纲要，健全教育行政系统。责成土地部立即检查各地的春耕运动情形。责成国民经济部即日起草组织纲要及目前工作方针等。

3月下旬 中共苏区中央局召开江西省会昌、寻乌、安远三县党积极分子会议。三十一日，会议通过《会寻安三县党积极分子会议决议》，指责坚持毛泽东正确主张的邓小平等执行了所谓“纯粹的防御路线”，开始反对以邓（小平）〔1〕、毛（泽覃）、谢（维俊）〔2〕、古（柏）为代表的所谓“江西罗明路线”的斗争。

3月 共产国际执委会致电中共临时中央，强调要继续加强军政领导力量，并提出“对毛泽东必须采取尽量忍让的态度和运用同志式的影响，使他完全有可能在党中央或中央局领导下做负责工作”。临时中央接电后，在关于军事战略及政工原则的“补充指示”中，传达了共产国际的这个意见。

同月 指导临时中央政府土地部的王观澜，在瑞金县云集区叶坪村进行查田试点工作。在听取王观澜的多次汇报时先后指示说：广泛深入地发动当地群众，认真地宣传、贯彻党的土地政策，依靠贫雇农，联合中农，组织起来解决问题。查田运动决不是一件寻常小事，是一个群众性的伟大革命斗争，是一场激烈的阶级斗争，只有在党的正确领导下，把群众真正地组织起来，团结一致，分清敌我，才能最大限度地发挥群众力量，把斗争推向前进，把各项工作做得更好。要注意掌握政策，注意不要把有轻微和短暂剥削行为的富裕中农也当做剥削阶级对待，以致侵犯他

〔1〕 邓小平，当时任中共江西省委宣传部部长。

〔2〕 谢维俊，当时任中国工农红军江西省军区第2军分区司令员兼独立第5师师长。

们的利益，扩大打击面。当王观澜在叶坪搞查田试点工作取得经验后，毛泽东和临时中央政府及时组织工作团到瑞金县的云集、壬田两区帮助开展查田运动，扩大试点成果，继续摸索经验。

4月4日 出席在瑞金召开的中国农业工人第一次代表大会，代表临时中央政府作报告，要求工会帮助政府做五件大事：猛烈扩大红军，向富农捐款，检查土地，加紧春耕夏耕，改造各级不健全的苏维埃政府。

4月15日 中华苏维埃共和国临时中央政府主席毛泽东，副主席项英、张国焘，中国工农红军革命军事委员会主席朱德发表《中华苏维埃共和国临时中央政府与工农红军革命军事委员会的宣言》。宣言指出："日本帝国主义的继续进攻，完全瓜分中国的危险之空前增长，与整个民族危机的深入，使我们不得不向一切为中国利益而斗争的人们及劳苦群众再作一次宣言"。宣言重述一月间的提议，在承认三个条件的原则下，中国红军准备与任何武装队伍订立停战协定，来反对日本帝国主义的侵略。宣言号召一切劳动者与士兵在广大的群众中、军队中以及义勇军中加紧工作，使他们接受我们的民族的革命的政策。

4月16日—22日 在中共临时中央督促下，为进一步消除以毛泽东为代表的正确主张的影响，江西省委召开会议批评江西的"罗明路线"，并给邓小平、毛泽覃、谢维俊、古柏等以严重打击，指责"他们是罗明路线在江西的创造者，同时是反党的派别和小组织的领袖"。接着，邓、毛、谢、古四人分别被派往农村或撤换职务。

4月21日 和项英等为开展夏耕运动致信各级苏维埃负责人。信中说：现在夏耕已到，大家不拿出战斗精神来对付夏耕，那末为了群众利益、为了革命战争去增加二成收获的计划，就要受到极严重的影响。因此中央土地部特为编了一个《夏耕运动大纲》发给你们，在这个大纲中指出了夏耕的严重意义，夏耕的目的，夏耕的中心工作，与夏耕中动员群众的方式。你们接到这个大纲之后，要立即召集各种必要的会议解释大纲的要点，讨论本地的进行办法，立即将革命的夏耕战斗开展到所有红色农村中去。

4月26日 中华苏维埃共和国临时中央政府人民委员会召开常会，讨论并决定：闽北苏区及赣东北信、抚两河间地区划为闽赣省，成立以邵式平、毛泽民等二十五人组成的闽赣省革命委员会，邵式平为主席。会议审查国民经济部暂行组织纲要，明确国民经济部与内务、财政、司法、教育各部的工作关系与职权划分。会议还责成土地部训令各地多种杂粮蔬菜，以解决粮食青黄不接的困难。

4月28日 和项英等发布中华苏维埃共和国临时中央政府人民委员会关于在各级增设国民经济部的训令，指出："提高苏区的各业生产，扩大对内对外贸易，发展苏区的国民经济，打破敌人的经济封锁，这在目前激烈发展的国内战争环境下，有第一等重要意义。""拿经济建设上的胜利，去改善工农群众的生活，激发群众更高的革命热忱，同时保障红军的需要以配合整个的战争动员，这对胜利的战争是有决定意义的。"训令要求各级政府立即按照规定建立国民经济部的各种机关。

4月 住地叶坪遭敌机轰炸，随临时中央政府机关迁居沙洲坝。了解到当地群众饮用池塘水不卫生，便带领干部和群众挖掘一口水井。

5月8日 中华苏维埃共和国临时中央政府人民委员会召开常会，根据中共临时中央提议，决定将中央革命军事委员会由前方移至瑞金，增加项英、秦邦宪为委员，由项英暂行代理主席。在前方另组中国工农红军总司令部兼第一方面军司令部，任命朱德为中国工农红军总司令兼第一方面军总司令、周恩来为中国工农红军总政治委员兼第一方面军政治委员。此后，在相当长一段时间内，实际上由秦邦宪、项英等在瑞金主持中央革命军事委员会的工作。

5月17日　率中华苏维埃共和国临时中央政府代表团前往瑞金县武阳区，准备出席在武阳区举行的赠旗大会，以这个典型推动夏耕运动。途经该区石水乡，听取乡苏干部的汇报，视察生产劳动。晚上召开乡苏干部座谈会，了解土地、劳动、优抚红军家属、耕田追肥等情况，还着重调查苏维埃代表制度和代表联系群众的情形。十八日，到达武阳区苏维埃所在地。晚上，同干部座谈，了解他们动员群众搞好春耕生产的经验，鼓励他们继续搞好夏季生产。十九日，出席临时中央政府召开的武阳区赠旗万人大会，并发表演讲。称赞武阳区特别是石水乡的春耕成绩，号召瑞金全县人民向武阳区学习，搞好夏耕生产运动。会上，代表临时中央政府将写有“春耕模范”的奖旗赠给武阳区和石水乡群众。

5月20日　召集参加赠旗大会的瑞金县各区、乡代表开会，作关于夏耕运动、查田运动和改造苏维埃群众团体的报告，指出这是全县当前的三项紧急工作。会上，向代表散发了临时中央政府《为夏耕运动给各级苏维埃负责人的信》和中央土地部编印的《夏耕运动大纲》。

夏　重过大柏地，回忆起一九二九年二月同朱德利用山高林密的条件，指挥红四军消灭追敌刘士毅部两个团的胜利战斗，作《菩萨蛮·大柏地》：“赤橙黄绿青蓝紫，谁持彩练当空舞？雨后复斜阳，关山阵阵苍。　当年鏖战急，弹洞前村壁。装点此关山，今朝更好看。”

5月28日　中华苏维埃共和国临时中央政府主席毛泽东、革命军事委员会主席兼全国工农红军总司令朱德联名发表《告闽粤白军士兵书》，指出为要使英勇的工农红军北上抗日，消灭占领华北的日本帝国主义的一切军队，必须消灭同日本订立密约出卖整个华北的国民党罪魁蒋介石的主力，来肃清北上抗日的道路。在中国民族生死存亡的紧要关头，向广东、福建的一切武装队伍提议，在承认三个条件的原则下，同他们订立战斗协定，去反对日本帝国主义、卖国的蒋介石南京政府。

5月30日 和项英等发表中华苏维埃共和国临时中央政府《为国民党出卖平津宣言》，严厉谴责以蒋介石为罪魁的国民党南京政府。宣言指出，在他们的手下断送了满洲、热河、上海之后，现在同日本帝国主义即将签订《塘沽协定》，又将北平、天津与察哈尔出卖给日本帝国主义。号召全国民众一致地团结起来，扩大民族革命战争，打倒帝国主义与帝国主义的走狗国民党军阀，收复我们已失的土地，取得中国民族的独立解放与领土的完整。宣言再次重申，愿在三个条件下同一切武装部队订立共同反对日本帝国主义作战的战斗协定。

5月 和胡海〔1〕向中共苏区中央局汇报一部分地区开展查田运动的情况和经验。六月二日，中央局作出《关于查田运动的决议》，肯定少部分地区查田运动的经验，同时仍然推行一些“左”的土地政策，如批评过去“抽多补少，抽肥补瘦”政策是缺乏明确的阶级路线；提出“应对富农窃取土地革命果实的企图给以严厉的打击，没收他们多余的农具与好的田地，分给他们以坏的劳动份地”。

6月1日 和项英等发布中华苏维埃共和国临时中央政府《关于查田运动的训令》，指出：现在各苏区，尤其是中央苏区尚

〔1〕 胡海，当时任中华苏维埃共和国执委会委员、中华苏维埃临时中央政府土地人民委员部副部长（代理部长）。

有广大区域没有彻底解决土地问题。在这广大地区进行普遍的深入的查田运动，成了各级苏维埃刻不容缓的任务，责成各级政府用最大注意去领导整个查田运动。在查田运动中，要坚决执行阶级路线。“以农村中工人阶级为领导，依靠着贫农，坚固联合中农，向着封建半封建势力作坚决的进攻。把一切冒称‘中农’、‘贫农’的地主、富农，完全清查出来，没收地主阶级的一切土地财产，没收富农的土地及多余的耕牛、农具、房屋，分配给过去分田不够的及尚未分到田的工人、贫农、中农，富农则分与较坏的劳动份地。”同日，临时中央政府发出关于召集八县区以上苏维埃负责人员会议及八县贫农团代表大会通告。

6月10日 和项英等发出《中华苏维埃共和国临时中央政府否认国民党签订卖国协定通电》，指出国民党政府与日本帝国主义签订的华北停战协定（即《塘沽协定》），将华北广大地域与几千万民众完全出卖给日本帝国主义，苏维埃临时中央政府代表全中国民众绝对不承认华北停战协定，全中国民众一致起来反对国民党的卖国协定。

6月上旬 出席在宁都召开的中共中央局会议，对前次宁都会议提出批评，对自己受到不公正的对待提出申诉。但是，秦邦宪在作结论时重申前次宁都会议是对的，说没有第一次宁都会议，就没有第四次反“围剿”的胜利。

6月14日 写《查田运动的群众工作》一文。文章指出：“查田运动是一个剧烈的残酷的阶级斗争，必须发动最广大群众热烈起来参加斗争形成群众运动，才能保障阶级路线的正确执行，才能达到消灭封建残余势力的目的，一切脱离群众的官僚主义命令主义工作方式，是查田运动最大的敌人。”查田运动的策略是，“以工人为领导者，依靠贫农，联合中农，去削弱富农，消灭地主”。但富农与地主有分别，消灭富农的倾向是错误的。

联合中农是土地革命中最中心的策略，中农的向背，关系土地革命的成败，侵犯中农利益是绝对不许可的。查田运动是查阶级，不是按亩查田。按亩查田，要引起群众恐慌，是绝对错误的。查阶级是查地主、富农阶级，决不是查中农、贫农、工人的阶级，挨家挨户去查是绝对错误的。决定阶级成分，要十分谨慎。如果过去有通过错了的，应该推翻原案，如是中农一定要赔他的土地财产，如是富农，现在有赔则赔，如果实在没有赔，只好将来想别种方法。这种赔还，最能争取群众。这篇文章，后来在十月二十八日出版的《斗争》报上发表。

6月17日 中央苏区瑞金、会昌、于都、胜利[1]、博生(宁都)、石城、宁化、长汀八县的县、区苏维埃负责人查田运动大会，在瑞金叶坪临时中央政府大厅开幕。毛泽东代表临时中央政府发表演说，指出：分配土地在广大区域已取得相当成绩，但有许多地方还没有彻底解决，证明农村阶级斗争还没有十分深入。这次会议的意义，就是要求各级苏维埃负责人今后特别注意这个问题，动员广大雇农、贫农、中农深入开展查田运动。

6月18日、19日 向查田运动大会连续作报告，内容包括"查田运动是广大区域内的中心重大任务"、"查田运动的第一步——组织上的大规模动员"、"查田运动中坚持执行阶级路线"、"争取群众的大多数为消灭封建残余而斗争"、"在查田运动中改造苏维埃"、"查田运动中的肃反工作"等问题。报告指出，在任何苏区内大都有三种区域：斗争深入区域，斗争落后区域，新发展区域。新发展区域的中心问题是以武力推翻地主阶级的政权，没收地主阶级的土地财产和富农的土地，分配土地给雇农、贫农、中农，分给富农以坏田。斗争深入区域的中心问题是土地建

〔1〕 胜利，江西旧县名。1932年设立，1934年中央红军长征后解体。

设。斗争落后区域的中心问题是查田查阶级，这些区域占中央苏区的大部分。查田运动要依据农村阶级斗争的发展状态去开展。报告强调，查田运动是目前工作中最主要的一环，只有党、苏维埃、工会都以全力加入这个运动，才能发动、开展与完成这个运动。

6月21日　八县区以上苏维埃负责人查田运动大会闭幕。毛泽东作总结报告，指出：为了最后消灭封建残余势力，彻底解决土地问题，巩固苏维埃政权，必须开展广泛深入的查田运动。查田的目标是查阶级，而不是再分田，严格分别分田与查田，不但为了稳固农民的土地所有权，而且为了查阶级斗争的胜利，必须联合中农，集中全力对付地主富农的反抗。

6月25日　出席在瑞金召开的八县贫农团代表大会开幕式，代表临时中央政府致开会词，说明苏区内还有地主残余和富农，他们假冒贫农、中农，窃取土地革命的利益，混到苏维埃和群众团体里面进行反革命活动；解释中央政府召集这样大会的意义，就是要开展查田运动，彻底解决土地问题。会议期间还作了关于查田运动的报告。大会于七月一日闭幕。

7月4日　和项英等发布中华苏维埃共和国临时中央政府人民委员会关于倡办粮食合作社问题的布告，号召每一个乡至少建设一个粮食合作社，由工农群众自己集股。粮食合作社可以调剂市价，使苏区内粮食价格在常年内不致过高或过低，同时可以保障农民不受粮食缺乏的困难，免去奸商、富农的残酷剥削。

7月10日　和项英等发布中华苏维埃共和国临时中央政府人民委员会关于普遍建立县区两级国民经济部的训令，限定在八月十日以前建立起来，不得片刻延缓。国民经济部的人员尤其是部长，不论哪一级都必须是在政治上工作上最强的干部。“必须这样，才能担负立刻到来的大规模的经济建设责任”。

7月11日　中华苏维埃共和国临时中央政府人民委员会召

开常会，批准中革军委关于以南昌起义的八月一日为中国工农红军成立纪念日的决定。会议还决定：建立红军烈士纪念塔；八月份在中央苏区召开两个经济建设大会。

7月15日 和项英等发布《贫农团组织与工作大纲》，指出：贫农团不是纯粹一个阶级的组织，而是广大的贫农群众的组织。它的作用是赞助政府，而不是代替政府的工作。贫农团要特别注意中农的利益和权利，建立贫农团与中农的巩固联盟。贫农团只有在共产党与苏维埃领导之下，才不致受一切落后的农民意识如绝对平均观念和地方观念等所支配。贫农团应当实行很宽泛的革命民主制度。《工作大纲》规定了贫农团的十项工作，包括讨论土地分配问题，讨论生产问题，讨论组织多种合作社问题，讨论救济灾荒、群众卫生、战争动员等问题。

7月20日 和项英等发布中华苏维埃共和国临时中央政府通告，决定八月十二日与八月二十日分别召集中央苏区南部十七县与北部十一县部分工作人员在瑞金、博生两处开经济建设大会。通告列出到会人需要准备的有关经济方面的各项调查统计报告，强调“报告必须是很忠实的”。通告要求各级苏维埃负责人：（一）要使应到会的人都能按时到会；（二）到会人都带着忠实的报告来；（三）立即在乡进行普遍的经济建设宣传，特别是发展消费合作社与粮食合作社。

7月26日 临时中央政府为推动查田运动的健康发展，决定立即派人分途出发指导，要求瑞金、会昌、于都、胜利、博生、石城、宁化、长汀、汀东等以县为单位，在八月份召集县苏执委扩大会及各乡苏维埃主席大会，总结查田运动的经验教训，检阅领导是否得力，工作是否适当。

7月29日 在《红色中华》上发表《新的形势与新的任务》一文，指出：为着争取全部粉碎敌人第五次“围剿”的伟大胜利，首先应该增加自己的力量，提高胜利的信心，把一切献给战争；其次必须保障红军给养与群众生活必需品的充裕的供给，打破敌人的经济封锁，争取革命战争的物质条件；最后“要反对一切对于战争的疲倦心理，尤其要反对那些在敌人五次‘围剿’面前，表现惊惶失措，退却逃跑的机会主义者，但同时我们也要反对‘左’倾的空谈与胜利的宿命论者”。

7月30日 应邀出席工农剧社举行的纪念“八一”晚会，作中国工农红军历史的讲演，从南昌起义、秋收起义说到广州起义，从井冈山的斗争说到第一次至第四次反“围剿”的胜利。指出每一次战争的胜利全靠党的正确路线，克服了“左”倾和右倾机会主义的空谈与动摇。

8月9日 和项英等发布中华苏维埃共和国中央执行委员会关于选举运动的训令。训令指出：这次选举是从乡苏、市苏一直到中央执行委员会完全实行改选，这是工农劳苦群众自己参加政权、巩固政权的伟大运动。要使这次选举密切地与当前中心政治任务联系起来，要从选举中来健全各级苏维埃的组织与工作。苏维埃政府是工农民主专政的政府，这是目前阶段上革命政权的基本原则。这个原则表现在选举上，一方面剥夺一切剥削分子的选举权，另一方面吸引尽可能多数的工人农民积极地参加选举。进行选举时，要使选民尽量发表意见，使革命的民主精神充分表现出来，绝对禁止用强迫命令的方式通过代表名单。除政治表现为选举的最主要标准外，工作能力亦应相当注意。只看成分，不看能力，把能力过于弱的分子选入政府，是不妥当的。同日，和项英等署名颁布《苏维埃暂行选举法》。

8月12日 出席在瑞金召开的中央苏区南部十七县经济建设大会，作题为《粉碎五次“围剿”与苏维埃经济建设任务》的报告。报告从根据地的实际出发，着重说明经济建设对支持革命战争、发展红色区域的重大作用，指出经济建设的目的是为着粉碎敌人的军事“围剿”和经济封锁，以保障红军的物质供给，争取革命战争的胜利；并且也是为着改善人民群众的生活，激发其参加革命战争的积极性，以巩固工农联盟和工农民主专政。报告批评了将经济建设与革命战争对立起来的两种错误观点：“那种认为在革命战争环境中没有进行经济建设的可能，要等战争最后胜利了，有了和平的安静的环境，才能进行经济建设”的观点是不对的。因为如果取消了经济建设，这就不是服从战争，而是削弱战争。革命战争是当前的中心任务，“那种认为经济建设已经是当前一切任务的中心，而忽视革命战争，离开革命战争去进行经济建设，同样是错误的观点。只有在国内战争完结之后，才说得上也才应该说以经济建设为一切任务的中心”。而在现在的阶段上，经济建设必须环绕着革命战争这个中心任务。这个报告的一部分编入《毛泽东选集》时，题为《必须注意经济工作》。

8月13日 以笔名子任在《红星报》发表《吉安的占领》一文，总结一九三〇年十月四日红一军团占领吉安的经验与教训。文章指出：这次攻占吉安，有极大的政治意义，给进攻的敌人以精神上和物质上的重大损失，这是由于反对了立三路线的主张（立三路线反对打吉安，主张打九江，说先打吉安后打九江，是断送中国革命高潮）而达到的。但在军事上是有缺点的，一是兵力没有完全集中就进行攻击；二是未经过侦察阶段即布置兵力，致使夜间的攻击计划不适当；三是红三军团放在离吉安很远的清江，以致未能把国民党军邓英部全部消灭。

8月16日 中华苏维埃共和国临时中央政府人民委员会召开常会。鉴于江西省苏辖境太大，行政指挥上不便利，决定以于都、会昌、西江、门岭、寻乌、安远、信康七县成立粤赣省。为着造就大批新的苏维埃工作干部，决定开办苏维埃大学，成立以毛泽东为校长的大学委员会。决定第二次全苏大会议事日程，指定王稼祥、刘伯承、张闻天、毛泽东、刘少奇、陈云等十五位同志组织起草委员会，以梁柏台为主任。

8月20日—23日 中央苏区北部十一县在博生县召开经济建设大会。大会对于经济建设问题，进行了四天的详细讨论，特别指出各县应该坚决反对并打击经济建设工作中的强迫命令摊派的官僚主义方式，应该广泛地发动群众，以经济建设的力量来帮助革命战争，粉碎敌人的第五次“围剿”。

8月21日 主持召开苏维埃大学委员会第一次会议，决定招收一千五百余学生。暂分普通班与特别工作班（土地、国民经济、财政、工农检察、教育、内务、劳动、司法等八班），在临时中央政府附近建筑新校舍，并定于九月初举行开学典礼。

8月25日 和项英等发布《中央政府关于整顿财政部工作的训令》，指出苏维埃财政政策的原则应该是：（一）把负担加在剥削阶级身上，主要是在白区与苏区内向地主罚款，向富农捐款，以及在不损害苏区经济发展的条件下向商人作适当的征税。（二）努力进行经济建设，从发展国民经济，打破敌人封锁，节制商人剥削，来增加苏维埃财政的收入。（三）依靠劳动农民群众的革命热忱去征收适当的土地税，充裕国家的财政。

8月29日 在《斗争》报上发表《查田运动的初步总结》。文章认为，从六月八县查田大会后，查田运动已经成了一个广大的群众运动，取得了伟大的胜利，但有些地方放弃查田运动的领导，有些地方竟对地主、富农投降。文章着重指出：必须迅速纠正侵犯中农利益的“左”倾错误。“要把侵犯中农的危险唤起全体党员的注意。要‘严厉打击任何侵犯中农利益的企图’。因为这是目前查田工作中已经明显表现出来了的十分严重的危险。”“已经没收了中农的土地财产的地方，苏维埃人员要向当地中农群众公开承认自己的错误，把土地财产赔还他”。

8月30日 和项英等发出中华苏维埃共和国临时中央政府致国际反帝非战代表大会电。电文指出，中华苏维埃共和国临时中央政府是全中国被压迫民众的代表，它否认帝国主义列强与中国国民党政府所订立的一切密约，它正在号召、动员与武装全中国的民众，以民族革命战争，来反对帝国主义瓜分中国，根本推翻帝国主义在华的统治，建立全中国的苏维埃政权，来保持中国的独立统一与领土完整。

8月31日 在《红色中华》上以“东”署名发表《开展拥护国币的群众运动》一文，说：国币是发展国民经济、便利群众交易的工具。政府对于国币流通数量及其信用，是有一定计划与充分保证的。近来有一部分地方，发生不信用国家纸票、银毫或者降低纸票价格的现象。中央政府已命令各地政府，立即实行下列方法：（一）向群众作广大的宣传解释，鼓励群众普遍使用国币，严办故意破坏纸票的分子。（二）召集商人小贩开会，说明苏维埃纸票是有全部国家收入做抵押的。（三）各机关各部队必须一律使用纸票、银毫。

9月6日 中华苏维埃共和国中央执行委员会主席毛泽东，副主席项英、张国焘，中华苏维埃共和国革命军事委员会主席兼工农红军总司令朱德发表《告全世界工农劳苦民众宣言》。宣言指出：国民党军阀政客从美、英、日、法、德等帝国主义方面得到许多新式武器和战争经费。这些帝国主义利用你们制造的武器和从你们身上压榨出来的血汗钱，去消灭我们这些为自己民族解放和社会解放而奋斗的中国民众。希望你们帮助我们反对那些要使我们再过黑暗的非人生活并要屠杀我们的刽子手。宣言再一次向全国军队宣告：不论什么军队，只要赞成我们一九三三年一月十七日提出的三个条件，就可以和我们签订战斗协约，以便共同反对日本帝国主义及其他帝国主义，来保护我们的民族生存和争取我们的民族解放。

同日 在瑞金召开的中央苏区南部十八县选举运动大会上，作《今年的选举》的报告。报告指出："世界上一切革命斗争都是为着夺取政权，巩固政权，而反革命的拼死同革命势力斗争，也完全是为着维持他们的政权。苏区的工农群众已经夺取了政权，我们要时时刻刻保护这个政权，发展这个政权，使之能尽打击内外反革命势力、增进工农生活福利的重大作用。要使之能尽这种作用，就要用选举的方法，把大批最觉悟最先进最积极的分子选进苏维埃去，而把旧人员中那些不中用的分子淘汰出来，这是最重要的一件事。"报告提出工农民主专政的苏维埃，有两方面的作用：第一方面，是打击反革命的武器；第二方面，是工农群众自己管理自己的工具。报告还对选举运动中的宣传、组织、选举单位、工作报告、候选名单、选举大会、选举委员会等事项，作了具体的说明。九日，毛泽东作大会总结。

9月 在瑞金沙洲坝新创办的苏维埃大学开学后，经常到校给学员讲课。

同月 蒋介石调集一百万军队对革命根据地发动第五次大规模军事"围剿"，其中五十万军队直接用于进攻中央革命根据地。敌人采用持久战和"堡垒主义"的新战略，于二十八日占领黎川。此时，共产国际东方部派驻中国的工作人员李德〔1〕，已从上海到达瑞金。他在秦邦宪的支持下，实际上掌握了军事指挥权，实施一系列错误的方针和战略战术。

---

〔1〕 李德，原名奥托·布劳恩，德国人，1932年10月受共产国际派遣来中国。秦邦宪在上海时得知他毕业于莫斯科伏龙芝军事学院，聘他为军事顾问。李德到达瑞金的时间，一说为1933年10月。

10月10日 和项英等公布由毛泽东主持制订的《关于土地斗争中一些问题的决定》，并发布中华苏维埃共和国临时中央政府人民委员会命令，明确规定在这“以前各地处置之阶级成分不合本决定者，应即依本决定予以变更”。决定对土地斗争中提出的一系列政策问题作了明确规定，包括关于劳动与附带劳动的区别，地主与富农的区别，富农与富裕中农的区别，富裕中农与其他中农的区别，贫民问题，知识分子问题，游民无产者问题，地主、富农兼商人的问题，债务问题等，共二十个问题。决定指出：劳动是区别富农与地主的主要标准。富裕中农是中农的一部分，它同其他中农不同的地方，在于有轻微剥削；它同富农不同的地方在于其剥削收入不超过全年总收入的百分之十五。知识分子不应看作一种阶级成分，其阶级成分依其所属阶级确定。知识分子是一种使用脑力的劳动者，受到苏维埃法律的保护。一切地主、富农出身的知识分子，在服从苏维埃法令的条件下，应充分利用他们为苏维埃服务。地主、富农兼商人的，其商业及与商业相连的财产不没收。这个决定，主要纠正“左”的偏向，同时也受历史局限存在某些“左”的错误，如仍规定地主不分田、富农分坏田等。

同日 中华苏维埃共和国临时中央政府批准毛泽东起草的《怎样分析阶级》一文。这篇著作，同样为了纠正土地斗争中发生的偏向和正确地解决土地问题而写的。它以马克思主义的阶级分析方法，对怎样划分地主、富农、中农、贫农作出明确规定，作为划分农村阶级的标准，是新民主主义革命时期土地改革政策的重要文献。这篇著作编入《毛泽东选集》时，题为《怎样分析农村阶级》。

10月11日　出席在瑞金召开的于都、会昌、门岭、长胜[1]、西江、瑞金六县农业工会查田运动大会，作关于查田运动的报告，着重指出查田运动是最后肃清苏区封建残余势力、粉碎敌人第五次“围剿”的重要工作。同时讲到与查田运动不能分开的任务，是战争动员、扩大红军、经济建设、文化教育、开展反官僚主义斗争等。

10月15日　和项英等发表《中华苏维埃共和国中央执行委员会关于从新颁布劳动法的决议》，同时颁布《中华苏维埃共和国劳动法》和《违反劳动法令惩罚条例》。决议指出：一九三一年十二月一日所颁布的劳动法，经过一年半实施的经验，认为该劳动法的条文有些地方不合于现在苏区的实际环境，对于雇用辅助劳动力的中农、贫农与手工业者，没有变通办法的规定，在执行上发生困难，而且有许多实际事项没有规定进去，而这些实际事项又迫切需要规定。中央执行委员会为了增进工人的利益，巩固工人与农民的联盟，发展苏维埃的经济，在一九三三年四月间，组织了劳动法的起草委员会从新起草劳动法，五个月来这一新的劳动法草案经过各地工农群众的讨论，集合了许多意见。中央执行委员会根据劳动法草案与各地的意见加以审查修改。

10月18日　和项英等发布《中华苏维埃临时中央政府为粉碎敌人五次“围剿”紧急动员令》。动员令说：粉碎敌人第五次“围剿”的大规模的决战已经开始，动员一切力量为苏维埃的出路而战，争取这一决战的全部胜利，这是整个苏维埃政权目前最中心最尖锐的任务。动员令要求各级政府用尽全部力量进行战争动员，必须完成扩大红军的计划；必须保证红军的物质供给，每

---

〔1〕长胜，江西旧县名。1933年7月设立，1934年10月中央红军长征后解体。

一件经济建设工作应与战争密切联系起来；必须发动广大群众担任运输工作；必须特别加紧肃反工作与赤色戒严；必须以最大的力量注意边区、新区工作；必须加紧检举对于战争动员工作的消极怠工和官僚主义的分子。

10月24日 和项英等发表《中华苏维埃共和国临时中央政府成立两周年纪念对全体选民的工作报告书》。报告书指出，残酷的持久的国内战争，要求苏维埃极大地注意于经济建设事业。经济建设事业的发展，必将使革命战争得到确实的物质基础，使广大工农群众的生活得到进一步的改良。关于苏区的经济建设，报告书提出：第一个任务是发展农业生产，第二个任务是发展工业生产，第三个任务是发展出入口贸易，而为了完成上述任务，发展合作社是刻不容缓的。报告书还提出，革命战争与苏维埃建设事业，要求苏区工农群众的文化水平一般的提高。使所有苏区的劳动民众都受到教育，开展文化战线的斗争，已成为苏维埃建设任务的重要组成部分。

10月 中华苏维埃共和国临时中央政府颁布《关于土地斗争中一些问题的决定》和《怎样分析阶级》两个文件以后，各级苏维埃政府认真贯彻执行。由于文件对阶级成分的划分有明确规定，各地在查田运动中错划的阶级成分基本上得到纠正。农民群众的革命积极性更加发扬，雇农工会与贫农团成为苏维埃在农村中的柱石。

同月 和朱德在瑞金会见前来谈判的国民党福建省政府及第十九路军代表徐名鸿和陪同人员第十九路军参议陈公培（吴明），对他们的到来表示欢迎，并赞同和第十九路军在抗日反蒋问题上的合作。二十六日，中华苏维埃共和国临时中央政府及工农红军代表潘健行（即潘汉年）同国民党福建省政府及第十九路军代表徐名鸿草签了《反日反蒋的初步协定》，规定双方立即停止军事行动，划定疆界，恢复贸易，释放在福建关押的政治犯，并在政治、经济等方面双方开始实行一定程度的合作。

11月11日 中华苏维埃共和国临时中央政府主席毛泽东、中央革命军事委员会主席朱德发表《为“中日直接交涉”告全国民众》书，揭露国民党反动派出卖东北、华北和镇压一切反日的革命运动的罪恶行径；指出“中日直接交涉”，“必然是南京政府进一步的投降卖国”；号召全国民众一致团结起来，武装起来，开展民族革命战争，为中国民族与中国民众的最后解放而血战；并再一次向进攻苏区的武装队伍提议，在三个条件下订立反日反蒋的战斗协定。

11月20日 国民党军第十九路军将领蔡廷锴、陈铭枢、蒋光鼐和国民党内一部分反蒋势力李济深等，发动福建事变，成立抗日反蒋的“中华共和国人民革命政府”，公开宣布同蒋介石决裂。福建事变后，蒋介石迅速从“围剿”苏区的前线抽调九个师入闽，讨伐十九路军。这是红军粉碎敌人第五次“围剿”的有利时机，毛泽东向中共临时中央建议：以红军主力突破敌之围攻线，“突进到以浙江为中心的苏浙皖赣地区去，纵横驰骋于杭州、苏州、南京、芜湖、南昌、福州之间，将战略防御转变为战略进攻，威胁敌之根本重地，向广大无堡垒地带寻求作战。用这种方法，就能迫使进攻江西南部福建西部地区之敌回援其根本重地，粉碎其向江西根据地的进攻，并援助福建人民政府”〔1〕。但是秦邦宪和李德害怕红军转向敌人统治区会丢失根据地，拒绝采纳毛泽东的这一建议，以至于红军未能主动及时地援助十九路军，并错失了粉碎敌人“围剿”的有利战机。

11月中旬 为了总结苏区乡苏维埃工作的经验，给即将召开

---

〔1〕 见毛泽东《中国革命战争的战略问题》。

的中华苏维埃第二次全国代表大会作准备，率中央政府检查团到兴国县长冈乡进行调查。在列宁小学召集乡和村的干部有中共支书、乡苏主席、村代表主任、赤卫队长、贫农团主任等开调查会，还在同农民群众一起参加劳动中了解乡苏工作和农民生活情况。通过为期一周的实地调查，详细地考察研究了长冈乡的工作，随后写出《长冈乡调查》(原题为《乡苏工作的模范（一）——长冈乡》)。通过系统的调查，总结了长冈乡的经验：第一，关于密切联系群众，充分发动和依靠群众，坚持党的群众路线的经验。第二，关于切实关心群众生活，把群众生活和革命战争紧密联系起来的经验。第三，关于把革命的工作方法和工作任务同时解决的经验。十二月十五日，为《长冈乡调查》写一前言，指出：要动员群众完成我们提出的任务和计划，“这个问题的解决，不是脑子里头想得出来的，这依靠于从动员群众执行各种任务的过程中去收集各种新鲜的具体的经验，去发扬这些经验，去扩大我们动员群众的领域使之适合于更高的任务与计划”。

11月下旬 长冈乡调查结束后，随即率中央政府检查团到福建上杭县才溪乡进行调查，先后召开由工人、农民和乡干部等参加的各种类型的座谈会，还走访红军家属和贫苦农民，对乡苏政权建设、扩大红军、经济建设、文化教育等问题进行了详细的考察和研究。随后，写出《才溪乡调查》（原题为《乡苏工作的模范（二）——才溪乡》)。这个调查全面地总结了才溪乡苏维埃工作的成绩和经验，回答了在国内革命战争环境下根据地的建设是必要的和可能的这个重要问题，批驳了机会主义者脱离实际的错误观点。《调查》中指出：“我们重复的说，只有经济建设配合了政治动员才能造成扩大红军的更高的热潮，推动广大群众上前线去。”“铁的事实给了我们一个有力的武器，去粉碎一切机会主义者的瞎说，如像说国内战争中经济建设是不可能的，如像说苏区群众生活没有改良，如像说群众不愿意当红军，或者说扩大红军便没有人生产了”。

11月前后 寄列宁所著《社会民主党在民主革命中的两种策略》一书给在闽西指挥红军作战的彭德怀，在书上用铅笔写着：此书要在大革命时读着，就不会犯错误。不久，又寄去列宁的《共产主义运动中的“左派”幼稚病》一书，在书上写着：你看了以前送的那一本书，叫做知其一而不知其二；你看了《“左派”幼稚病》才会知道“左”与右同样有危害性。

12月15日 和项英等发布中华苏维埃共和国中央执行委员会关于处置红军中逃跑分子的命令。命令指出，“反逃跑斗争是保障红军战斗力的一个重要工作”。其中宣布：拖枪逃跑者，一经捕获一律就地枪决；组织逃跑者，一律逮捕经公审枪决；屡次逃跑、造谣破坏红军及归队运动者，一律逮捕送法庭处以有期徒刑直到枪决；因政治觉悟不够而个人逃回者，各级政府应加强对他们的宣传鼓动，使他们自愿归队，决不能采取逮捕禁闭等办法；任何逃跑分子绝对不许收容在后方机关、部队、团体中工作和服务。

冬 和项英等发出中华苏维埃共和国临时中央政府为号召群众努力冬耕、准备春耕给各级苏维埃人员的信，指出“经济建设计划之完成成为争取战争胜利最主要条件之一，而今冬与明春农业生产之有计划的与具体之进行则又占着经济建设之极重要位置”；强调“为了战争与群众迫切需要，我们必须具体的来准备明年春耕，这里最基本的工作就是今年的冬耕运动”；提出“乡村劳动互助社的成立与发展是进行冬耕准备春耕的有效办法”。

1934年　四十一岁

1月6日　王明“左”倾冒险主义者和李德等人以黎川失守和浒湾战斗失利之事，完全加罪于萧劲光[1]一个人，在瑞金对他进行公审，称之为“罗明路线在军队中的代表”，判处他五年监禁徒刑，开除党籍、军籍。在公审之前，李德等人主张杀掉萧劲光。征求意见时，毛泽东坚决不同意这个主张，说黎川失守这件事不能全部归罪于萧劲光。王稼祥也不同意对萧劲光处以极刑。公审判决后，萧劲光被关押起来，毛泽东派贺子珍前往探视。贺子珍转达了毛泽东的话，大意是：黎川失守是整个指挥部署的问题，你应该撤退，做得对。经过毛泽东、王稼祥等人同“左”倾冒险主义者的坚决斗争，萧劲光关了一个月后被安置到红军大学当战术教员[2]。

1月13日　和朱德致电福建人民革命政府李济深、陈铭枢、

〔1〕萧劲光，1933年4月被任命为中国工农红军闽赣省军区司令员，同年10月28日被任命为红军第7军团政治委员。他在20世纪80年代回忆说：“我得以释放，能活到今天，是毛主席同‘左’倾机会主义者坚决斗争的结果”。

〔2〕李德在《中国纪事》中说：黎川失守要问罪于萧劲光，“博古警告我，不要在革命军事委员会谈及这个问题。毛泽东对这个问题反应很敏感，因为从根本上说，他同罗明和萧劲光执行的是同一条路线”。“我当时说，应该把萧交给军事法庭处置。毛泽东像以前一样又出来庇护他，萧被调到后勤纵队，事情也就此了结”。

蒋光鼐，向福建人民革命政府提出六项建议，敦促它立刻实践其宣言中及协定上所许诺的人民民主权利；立刻武装福州及其附近与泉州、漳州各地的群众；赞助群众立即组织反日反蒋的斗争团体；实际地赞助闽、浙沿海各地的民众武装组织和反日反蒋活动；应有决心肃清自己队伍中准备向蒋介石投降的分子；向十九路军全体官兵宣布，为反日反蒋，只有与苏维埃和红军合作到底，并采取联合一致的军事行动。电报强调指出，“上述提议是挽救目前人民政府及十九路军濒于危险的唯一出路”。

1月15日　为瑞金革命烈士纪念塔题词：“在反帝国主义与土地革命的伟大的战斗中，许多同志光荣的牺牲了！这些同志牺牲，表现了无产阶级不可战胜的英勇，奠定了中华苏维埃共和国的基础。全中国工农劳苦群众，正在踏着这些同志的血迹前进，推翻帝国主义国民党的统治，争取苏维埃在全中国的胜利。”

1月15日—18日　中共临时中央在瑞金召开六届五中全会。会议讨论秦邦宪关于目前的形势与党的任务的报告，张闻天关于苏维埃运动与它的任务的报告等。毛泽东没有参加这次会议，会上被选为中共中央政治局委员。这次全会错误地判断中国已存在“直接革命形势”，认为第五次反“围剿”的斗争将决定中国“苏维埃道路与殖民地道路之间谁战胜谁的问题”，“是争取苏维埃中国完全胜利的斗争”；继续坚持过左的土地政策，批判所谓“富农路线”；继续贯彻错误的下层统一战线策略；继续推行宗派主义的过火斗争和打击干部政策；全面肯定四中全会以来的“左”倾路线。

1月22日　拂晓，出席在瑞金沙洲坝中央运动场举行的第二次全国苏维埃代表大会阅兵典礼，并讲话。代表全苏区工农群众向红色战士致敬，指出：我们经过了许多战斗，粉碎了国民党反动派的多次反革命“围剿”，消灭了敌人的有生力量，武装了自己，扩大了红军，建立了苏维埃政权。现在敌人又集中百万兵力进攻苏区。我们要动员广大红军指战员、苏维埃人民，坚决消灭敢于进攻苏维埃的敌人，保卫苏维埃政权。

同日 出席在瑞金沙洲坝中央大礼堂召开的第二次全国苏维埃代表大会开幕式，并致开幕词，指出：第一次全国苏维埃代表大会以来已经两年多，广大工农群众团结在苏维埃旗帜下，向我们的敌人帝国主义、国民党进攻，得到了极伟大的胜利。这次大会的任务，“是要彻底粉碎敌人的五次‘围剿’，是要把苏维埃运动推到全中国去，是要反对帝国主义国民党灭亡中国的阴谋毒计”。大会选举毛泽东等七十五人为主席团成员。

同日 第二次全国苏维埃代表大会主席毛泽东致电东北人民革命军及抗日义勇军：“大会向你们英勇抗日的战士致热烈的革命的敬礼！大会对你们坚持进行着的抗日民族革命战争，表示无限的同情”。“大会代表苏区与白区数千万革命民众和红军欢迎人民革命军派到大会的代表及与苏维埃中央政府和红军订立共同作战的协定。大会并向一切抗日义勇军提议，在一九三三年一月十七日苏维埃中央政府宣言的三个条件下，订立反对日本和国民党的作战协定”。

1月24日、25日 代表中华苏维埃共和国中央执行委员会和人民委员会向第二次全国苏维埃代表大会作长篇报告。报告分析了中国与世界革命发展的形势，总结了临时中央政府成立以来苏维埃运动的经验，阐述了苏维埃各方面的方针政策，提出了当前的具体战斗任务。在讲到苏维埃的民主制度时指出：“苏维埃政权需要使用强力去对付一切阶级敌人，但对于自己的阶级——工农劳动群众，则不能使用任何的强力，而他表现出来的只是最宽泛的民主主义”。“为了巩固工农民主专政，苏维埃必须吸引广大民众对于自己工作的监督与批评。”在讲到苏区的土地革命时指出："土地斗争的阶级路线，是依靠雇农贫农，联合中农，剥夺富农与消灭地主。""土地革命不但使农民得到土地，而且要使农民发展土地上面的生产力。"在讲到苏维埃的财政政策时指出："从发展国民经济来增加苏维埃财政的收入。"财政的使用，应该根据节约的方针。"应该使一切苏维埃人员明白，贪污浪费是极大的犯罪。"在讲到苏维埃的经济政策时指出："我们经济政策的原则，是进行一切可能的和必须的经济方面的建设，集中经济力量供给战争，同时极力改良民众的生活，巩固工农在经济方面的联合，保证无产阶级对于农民的领导，争取国营经济对私人经济的领导，造成将来发展到社会主义的前提。"指出苏区经济建设的中心任务是：发展农业生产，发展工业生产，发展对外贸易和发展合作社。必须把组织农业生产放在经济建设工作的第一位，以解决苏区最主要的粮食问题和日用品的原料问题。报告特别指出，现在苏区的国民经济是由国营经济、合作社经济和私人经济这三方面组成的。对于私人经济，只要不出于政府法律范围之外，是加以提倡和奖励的。尽可能地发展国营经济和大规模地发展合作社经济，应该与奖励私人经济发展同时并进。报告全文四万字，其中《苏维埃的经济政策》一节，编入《毛泽东选集》时，题为《我们的经济政策》。

1月27日 代表中央执行委员会和人民委员会向第二次全国苏维埃代表大会作结论。毛泽东着重强调关心群众生活、注意工作方法对动员人民群众参加革命战争和赢得革命战争胜利的重要性。他指出：我们应该深刻地注意群众生活的问题，从土地、劳动问题，到柴米油盐问题。假如我们对这些问题注意了，解决了，满足了群众的需要，我们就真正成了群众生活的组织者，群众就会真正围绕在我们的周围，热烈地拥护我们。又指出：我们不但要提出任务，而且要解决完成任务的方法问题。一切工作，如果仅仅提出任务而不注意实行时候的工作方法，什么任务也是不能实现的。针对国民党在第五次“围剿”中实行的堡垒政策，毛泽东指出：他们大筑其乌龟壳，以为这是他们的铜墙铁壁。这果然是铜墙铁壁吗？一点也不是。“真正的铜墙铁壁是什么？是群众，是千百万真心实意拥护革命的群众，这是真正的铜墙铁壁，什么力量都打不破的，完全打不破的。反革命打不破我们，我们却要打破反革命。”结论的一部分编入《毛泽东选集》时，题为《关心群众生活，注意工作方法》。

1月29日 得知前方消息，蒋介石兵分三路正向中央革命根据地大举进攻。二苏大主席团决定缩短会期，并推毛泽东向大会作《关于紧急动员的报告》。毛泽东在报告中强调团结一致争取彻底粉碎敌人第五次“围剿”，并提出七项紧急任务：努力扩大红军；加紧赤色戒严；镇压反革命活动；实行坚壁清野；动员运输队上前线去；集中粮食保障红军给养；使一切苏维埃工作配合革命战争。

1月31日 出席第二次全国苏维埃代表大会授奖典礼，向在扩大红军中作出特殊功绩的兴国县、瑞金县、红三军团各授予红旗一面。

1月 红一方面军总部同中央革命军事委员会合并，方面军所属部队由中革军委直接指挥，称中央红军。

2月1日 第二次全国苏维埃代表大会举行闭幕式，选举毛泽东等一百七十五人为中华苏维埃共和国第二届中央执行委员会委员。毛泽东向大会致闭幕词，指出：我们已经决定了在全中国革命胜利的方针与计划，现在的问题，是要百分之百地去执行这些方针与计划，争取工农民主专政的全国胜利，这就是我们的目的。但工农民主专政还不是我们最后的目的，我们还要走到更远的地方，这就是无产阶级专政的社会主义革命。

2月3日 中华苏维埃共和国第二届中央执行委员会举行第一次会议，通过以毛泽东、项英、张国焘、朱德、张闻天、秦邦宪、周恩来、瞿秋白、刘少奇、陈云等十七人组成主席团，选举毛泽东为中央执行委员会主席，项英、张国焘为副主席。会议又通过张闻天为人民委员会主席；选举朱德为中央革命军事委员会主席，周恩来、王稼祥为副主席。

2月17日 和项英等发布中华苏维埃共和国中央执行委员会命令，公布《中华苏维埃共和国中央苏维埃组织法》。组织法规定，全国苏维埃代表大会是中华苏维埃共和国的最高政权机关；中央执行委员会是全国苏维埃代表大会闭幕期间的最高政权机关；中央执行委员会主席团为中央执行委员会闭幕期间的全国最高政权机关；人民委员会为中央执行委员会的行政机关，负指挥全国政务的责任。

3月20日 和项英等发布中华苏维埃共和国中央执行委员会命令：前任于都县苏维埃主席熊仙璧，包庇贪污、私用公款做生意谋利，除批准人民委员会将其主席撤职外，并开除其中央执行委员会委员，交最高法院治罪。

4月10日 在长冈乡和才溪乡实地调查的基础上，综合其他地方苏维埃工作的情况，写出《乡苏怎样工作?》一文。这是一篇具体指导苏维埃基层组织如何做好工作的文章。文章指出："改善乡苏工作的方向，应该朝着最能够接近广大群众，最能够发挥群众的积极性与创造性，最能够动员群众执行苏维埃任务，并且最能够争取任务完成的速度，使苏维埃工作与革命战争、群众生活的需要完全配合起来，这是苏维埃工作的原则。"文章中包含许多关于工作方法的论述。例如：要懂得抓紧每一时期的中心工作，不应该只忙一些零碎事务，把中心工作丢掉了；要根据各村的情形和特点去推动各村的工作，解决各村群众的困难问题；代表会议报告的内容要有切实的材料与意见，只讲空话的报告要取消；代表会议讨论的问题要实际化，要分出大问题中的小项目，一项完了再来一项，使参加会议的人能带着一个明白的结论回去；要废除一切强迫命令的方法；只有决定，没有检查，就是官僚主义的领导，它同强迫命令主义是一样有害的。

4月16日 就本月十日上海美亚绸厂工人罢工遭受国民党残酷屠杀、造成伤亡惨案一事，中华苏维埃共和国中央执行委员会主席毛泽东发表《中华苏维埃共和国中央政府为援助上海美亚绸厂工人罢工斗争宣言》，表示苏区人民和工农红军对国民党法西斯暴行的愤慨，对美亚绸厂工人英勇斗争的声援；指出只有推翻帝国主义国民党统治，才能消灭法西斯白色恐怖，只有建立苏维埃政权，工人阶级才能获得彻底的解放。

4月24日 中华苏维埃共和国中央执行委员会主席毛泽东发表《中华苏维埃共和国中央政府“五一”劳动节宣言》，指出今年的“五一”节，正值我们同帝国主义国民党的五次“围剿”进行残酷决战的一天，只有动员全苏区所有的工农劳苦群众，积极参加这一战争，我们苏维埃政权才能得到最后的胜利。宣言号召全苏区每一个工人与农民武装起来，加入红军中去，为保卫我们的苏区，同进攻的敌人决战。

4月28日 广昌失守。广昌战役是由秦邦宪、李德直接指挥的。红军因同敌人进行阵地战，并采用“短促突击”战术，虽然给予敌人重创，但自身伤亡五千五百余人，占参战总兵力的五分之一，被迫撤离广昌这个中央根据地的北大门。

4月下旬 就日本外务省四月十七日发表关于对华政策致列强通牒一事，向《红色中华》报记者发表谈话，揭露日本帝国主义的阴谋，指出“日本外务省最近的通牒，是日本帝国主义企图独占中国的最明显的表示”，强调苏维埃中央政府坚决反对日本帝国主义独占中国的企图。

同旬 离开瑞金，前往中央根据地南线调查研究和指导工作。到达粤赣省委和省苏政府所在地会昌县文武坝，会见中共粤赣省委书记刘晓、省军区司令员兼政委何长工。在听完何长工汇报南线军民反"围剿"的情况后说：我们要吸取福建事件的教训，善于利用陈济棠[1]和蒋介石的矛盾，粉碎敌人的"围剿"，壮大自己的力量。但是，也要提高警惕，军阀毕竟是军阀，要"听其言，观其行"。在调查研究的基础上，指导刘晓、何长工等制定了南线的作战计划和部署，并且对当时的形势分析说：总的是要摆正"打"与"和"的关系，和平局面是巧妙地打出来的。又说：我们不能按本本主义先生们坐在城市楼房里设计出来的那套洋办法办，什么以碉堡对碉堡，集中对集中，这叫以卵击石。为了保存红军的有生力量，消灭敌人，要从实际出发，不能硬拼消耗。毛泽东明确指出：现在应把主力抽下来，进行整训，以小部队采取游击战和带游击性的运动战的打法，牵着敌人的鼻子兜圈子，把它肥的拖瘦，瘦的拖垮；同时还要向陈济棠部队和敌占区人民开展强大的宣传攻势，宣传抗日救国，枪口一致对外，中国人不打中国人的道理。毛泽东还说：农村是海洋，我们红军好比鱼，广大农村是我们休养生息的地方。要爱护民力，群众是真正的铜墙铁壁，兵民一心是我们胜利的本钱。

5月 出席粤赣省委召集的会议，与会者有各县县委书记、区苏主席、乡苏主席，以及省里派出的扩红筹粮突击队负责人等。听取汇报后说，目前斗争形势很紧张，苏区越来越小了，要做好以下方面的工作：深入开展查田运动；扩大白军工作，消除

〔1〕 陈济棠，当时任国民党赣粤闽湘鄂"剿匪"军南路军总司令。

赤白对立；恢复钨砂的生产与输出，保护商人的正当利益；组织余粮大米出口，向白区购买布匹、食盐；整顿地方武装组织，清洗混入队伍的不纯分子，准备打游击，保卫胜利果实；整顿党、团组织，纯洁队伍，准备转入地下活动；做好优待军烈属的工作，做好残废军人的转移安置工作，以巩固部队；做好地方治安工作，防止敌人破坏；加强妇女工作，组织妇女变耕队，号召妇女参加赤卫队；做好扩大红军工作，完成扩红任务。

同月 得知红二十二师于四月二十一日被迫退出筠门岭、正在召开干部会检查战斗失利的教训，立即赶到粤赣省委办公室给红二十二师负责人打电话，详细了解敌我情形，然后对政委方强说：我们是新部队，敌人又那么多，打了那么久，敌人才前进了那么点，这就是胜利！现在应该把主力抽下来，进行整训，用小部队配合地方武装和赤卫队打游击，钳制敌人。在整训中要总结经验，好好研究挡不住敌人、不能打好仗、不能消灭敌人的原因。为了保存红军主力，消灭敌人，仍要配合地方武装和赤卫队，并取得地方党的帮助，采取游击战和运动战的打法。要严密侦察和研究敌情、地形，在会昌与筠门岭之间布置战场。要在敌人侧翼，集中优势兵力，造成有利条件，首先歼灭敌人一个营一个团，继而打更大的胜仗。对“反水”的群众决不要打枪，但要放“纸枪”（即传单、标语），帮助地方政府多做群众工作，争取群众，教育群众。对反革命分子则坚决打击。方强在连以上干部会上传达了毛泽东的意见。师党委研究了这些指示，并作出具体布置，有计划地更坚决地打击敌人，使敌人龟缩在筠门岭，未能前进一步。南线由于实行了毛泽东的意见，出现了新的局面。

同月 中共中央书记处会议鉴于广昌失守后，国民党军日渐逼近中央革命根据地腹地，红军内线作战已十分困难，决定将红军主力撤离中央革命根据地，实行战略转移。随即将这一决定报请共产国际批准，不久共产国际复电同意。夏季，为准备战略转移，中共中央书记处会议决定，由秦邦宪、李德、周恩来组成“三人团”，负责筹划。

6月上旬 到会昌站塘的李官山视察，见到红军战士走出碉堡，在野外练刺杀、搞演习，感到特别高兴。在李官山住了十余天。得知二十二师用小部队近期打了五六个小仗，消灭敌人一支企图前进的部队；看了六份反映小战斗的《战斗详报》，并用三个晚上同师领导一起研究了《战斗详报》，深入总结小战斗的经验和教训。还同红二十二师营以上干部进行座谈，了解部队从碉堡里走出来，实行红军的“三大任务”，形势发生了很大变化。有的干部提出：有这样大的变化，为什么方强政委反被撤职，调回瑞金？毛泽东说：我们是红军战士，对党的事业，对人民的事业，要忠心耿耿。要从总结成功经验与失败教训中明辨是非，坚持真理。接着，又分析南线与北线的敌情，指出了红二十二师的行动方针。

6月中旬 在站塘等地调查后回到文武坝，向粤赣省委书记刘晓及军区司令员兼政治委员何长工指出：我们要抓住这一有利时机，利用敌人内部的争斗，发展壮大自己的力量。不能只知道“御敌人于国门之外”的死打硬拼，也要利用反动派之间的矛盾，加强统一战线工作。一面要依靠群众，发动群众，组织游击队，开展游击战争；一面可加派化装小分队，潜入陈济棠管区，宣传抗日救国、枪口一致对外的道理，促使陈军反蒋抗日。根据前线情况，可以把筠门岭一带部队抽下来进行整训，缓和前线的局势，并可积蓄我军力量，以备不虞。这些指示，对缓和南线赤白对立，促成陈济棠同红军和谈起着良好作用。

6月19日 和项英等发表《中华苏维埃共和国中央政府为国民党出卖华北宣言》，指出：中华苏维埃共和国临时中央政府完全拥护中国共产党中央委员会所提出的反帝纲领。这一纲领是：（一）坚决反对国民党整个的投降出卖政策；（二）全中国民众必须起来为保卫中国领土与独立而作神圣的民族革命战争；（三）号召民众直接参加反日战争与游击战争；（四）没收日本帝国主义者及卖国贼汉奸的财产；（五）中国必须立即完全对日绝交，动员整个海、陆、空军对日作战，立即停止进攻苏区及军阀战争。宣言强调："中华苏维埃共和国号召一切真正愿意反对帝国主义不甘做亡国奴的中国人，不分政治倾向，不分职业与性别都在中国共产党这一反帝纲领之下团结起来，只有执行这个纲领，中国民族才能得到彻底的解放。"

6月22日 在会昌致电周恩来，报告"敌虽企图进占南坑、站塘，但仍持谨慎态度"，"判断是渐，不是突然"；提出"目前我军对西岸联防队及协白军的，应是声东击西，出其不意，黑夜接近，拂晓攻击，包其一部，打其援队"；建议红七军团军团长寻淮洲"在瑞金待机为宜"〔1〕。

6月下旬 接到中央通知，立即回瑞金沙洲坝，出席中共中央政治局会议〔2〕。得知福建的清流、连城战事告急，于是取消了原想去视察的计划。

---

〔1〕何长工回忆说：南线筠门岭失守后，中革军委调来方志敏的部队，由第7军团司令员寻淮洲率领，"准备夺回筠门岭"，"毛泽东同志不同意这种作法"。

〔2〕当时任粤赣军区代理参谋长的程子华回忆说："这次，毛泽东就在粤赣省委只住了十多天时间，因为接到中央通知，要他回中央（瑞金）开会，就回到瑞金去了。"

6月 致信中共会昌县委和县苏维埃。主要内容是：普遍深入地开展查田运动，分清阶级阵线；发动群众搞好阶级斗争，纯洁干部队伍；做好扩大红军的工作；大力发展农业生产，搞好人民群众的生活；搞好经济建设，打破敌人的封锁；壮大地方武装力量，保卫苏维埃政权，反对蒋介石的第五次“围剿”。

同月 和朱德发表《告白军官兵书》，向国民党军指出，“救国家，救家乡，救你们自己的父母妻子，到北方去打日本，真是我中华好男儿保国卫民、立功于国家的时候了”。号召国民党军“不要打红军”，“两边互派代表，订立停战抗日同盟，联合一起去抵抗日本”。

同月 出席在石城县龙冈召开的群众大会，号召龙冈人民努力搞好生产，支援革命战争。随后，又出席在县苏政府召开的干部会议，在听取汇报后指出，要做好坚壁清野等工作。

7月1日 在中共粤赣省委机关报《前线》第八期上发表视察中央革命根据地南线时的一次谈话要点。这篇谈话指出：“我们有困难，但我们一定要克服它，我们也一定能够克服它。怕困难，消极，懒散，请假回家，开小差，在工作中口称冒办法，用平常样子对付紧急工作，战争空气的缺乏，工作的不实际、不深入、不抓紧，这些凶恶的毒菌立刻给它消灭掉。一切积极奋斗的同志们团结起来，开展反机会主义动摇消极的斗争，为着革命胜利奋斗到底。”

7月上旬 国民党军重新调整部署后，以三十一个师的兵力，从六个方向向中央革命根据地的中心区发动全面进攻。秦邦宪、李德采取“六路分兵”、“全线抵御”的军事战略，在前方指挥各路红军节节抵御，同优势敌人拼消耗，企图在各条战线上同时阻挡敌人，结果任何一路都未能阻止敌人前进，使红军和革命根据地遭受重大损失。

7月7日 为反对日本帝国主义侵略，冲破国民党对中央革命根据地的“围剿”，改编为北上抗日先遣队的红七军团六千余人，由军团长寻淮洲等率领从瑞金出发开始北上。先遣队经福建向闽浙皖赣边前进，因时机已晚，兵力单薄，没有达到吸引国民党军从中央革命根据地调离一部的目的。

7月15日 中华苏维埃共和国临时中央政府主席毛泽东，副主席项英、张国焘，中国工农红军革命军事委员会主席朱德，副主席周恩来、王稼祥发表《为中国工农红军北上抗日宣言》，声明苏维埃政府与工农红军为了同日本帝国主义直接作战，在反击国民党军“围剿”的紧急关头，不辞一切艰苦，以最大的决心派遣抗日先遣队北上抗日。同时提出五项抗日主张：（一）坚决反对国民党政府出卖领土主权，反对“中日直接交涉”，反对承认伪满洲国；（二）立即宣布对日绝交，宣布一切中日秘密条约和协定无效，动员全中国海、陆、空军对日作战；（三）武装全国民众，组织义勇军与游击队，直接参与抗日战争，积极援助东北义勇军和工农红军北上抗日先遣队；（四）没收日本帝国主义者和汉奸卖国贼的一切财产，停止支付一切国债款本息；（五）普遍地组织民众的反日团体。

夏 在会昌作《清平乐·会昌》〔1〕：“东方欲晓，莫道君行早。踏遍青山人未老，风景这边独好。 会昌城外高峰，颠连直接东溟。战士指看南粤，更加郁郁葱葱。”

---

〔1〕 毛泽东在1958年对这首词曾作批注：“一九三四年，形势危急，准备长征，心情又是郁闷的。这一首《清平乐》，如前面那首《菩萨蛮》一样，表露了同一的心境。”他又在20世纪60年代回忆说：会昌有高山，天不亮我就去爬山。

7月下旬 从会昌回沙洲坝后不久，为避敌机轰炸，迁居瑞金西面的高围云石山。这时，临时中央政府和中革军委搬到瑞金西面的梅坑岩背。

7月31日 接受《红色中华》报记者采访，就目前时局与红军抗日先遣队问题发表谈话。在谈到目前时局的特点时指出：日本帝国主义加紧了吞并中国的新进攻，中国民族已经到了极端危急的关头。日本帝国主义的新进攻，同国民党大举进攻苏区是完全配合一致的。国民党几十万军队正向中央苏区中心地区前进，企图血洗苏区，消灭苏维埃红军。苏维埃政府与红军，为了保卫自己的领土，讨伐国民党卖国贼，正在领导广大群众与英勇红军在各条战线上与优势兵力的敌人开展最激烈的血战，以一切力量用各种办法去粉碎这个凶恶的“围剿”。在谈到派遣抗日先遣队问题时指出：苏维埃中央政府与革命军事委员会，在国民党卖掉半个中国、全国民众望红军北上抗日如大旱望雨的时候，派遣了一个抗日先遣队，即将经东部各省北上抗日。目的在使全国民众明白红军是全中国内真正抗日的军队，红军的主力虽因国民党军第五次“围剿”挡住了北上的路，正在也只有在彻底粉碎国民党军的“围剿”之后，才能大举北上，却在此时派出了自己的先遣部队。谈话号召：全国一致起来援助苏维埃与红军，使我们能够迅速粉碎敌人第五次“围剿”，集中力量抗日反帝；援助我们的抗日先遣队，反对南京政府的拦阻政策，使抗日红军迅速前进。

7月 当湘赣革命根据地在敌人围攻下日益缩小、红六军团处境危殆之时，中共中央讨论红六军团的行动方针问题。当时毛泽东向中央提出建议：中央红军往西边去，“改取战略进攻，即以主力向湖南前进，不是经湖南向贵州，而是向湖南中部前进，调动江西敌人至湖南而消灭之”。中央主要负责人没有采纳毛泽东的意见，只赞成红六军团突围向湖南中部转移。

8月1日 出席在瑞金大埔桥红场举行的“八一”阅兵典礼，并发表演说，阐明今年“八一”大检阅的伟大意义。晚上出席授奖典礼。

8月2日 向瑞金红军家属第一次代表大会作报告，说明当前第五次反“围剿”的严峻形势，鼓励红军家属继续做好支前工作，争做模范的苏维埃公民。

8月15日 和项英等发布《中华苏维埃共和国中央执行委员会命令》，对叛变投敌的原中华苏维埃共和国中央执行委员、原红军第十六军军长孔荷宠，开除其中央执行委员，并通令全国各红军、各地方部队、各苏维埃政府等，如遇孔荷宠就地扑杀，以为动摇叛变者戒。

8月31日 国民党军占领广昌的驿前。至此，中央革命根据地的东线和北线都被敌人突破，西线和南线也形势更加危急，打破第五次“围剿”的希望已经断绝，仅剩下战略转移一条路。

9月上旬 因前线吃紧，日夜忧思，对战局放心不下，向中央提出到于都视察，得到同意，中央要他注意军事情况。中旬，带着秘书和警卫员抵达于都。

9月中旬 调查于都、赣县等地区的敌情，了解苏区红军和地方武装的情况，了解敌军调动情况，为中共中央选择战略转移的行军路线提供调查情况。同时，密切注视前线战况的变化，只要有从敌占区和敌人刚攻陷地区来到于都的人，都要找他们询问战事。

9月20日 在于都复电周恩来，报告中央革命根据地西南部于都、赣县、登贤（在今于都境内）等地的敌情，详细叙述敌军小队、地主武装及小股散匪在何地侵扰或潜伏的情况；同时报告红军和地方武装的防务，其任务是对敌军小队进行戒备，对地主武装和小股散匪迅速进行打击、驱逐和肃清；最后报告于都、登贤全境没有赤色戒严，敌探容易出入，现正抓紧西南两方各区建立日夜哨及肃反。

9月下旬 在于都县城召开手工业工人、贫苦农民和村、乡、区干部座谈会，提出：要组织游击队，牵制敌人。要努力搞好生产，支援前线。手工业要为革命战争和农业生产服务。要严厉管制阶级敌人。干部要关心群众生活，注意工作方法，有缺点错误要自觉地向群众检查，经常开展批评和自我批评。

同旬 接见于都县红军家属代表会的代表，号召他们积极搞好生产，支援前线，鼓励亲人在前方英勇杀敌。

9月底 在繁忙的工作中，突然患恶性疟疾，高烧数日不退。人民委员会主席张闻天得知后，立即派傅连暲医生从瑞金赶到于都。经过治疗，毛泽东病刚好，又开始翻阅文件，对劝阻他的傅医生说：局势很紧张，休息是做不到的。

9月 中共中央和中央红军准备出发，进行战略转移，前往湘鄂西，与红二、红六军团会合。

10月上旬 在于都接到中共中央有关准备转移的秘密通知。派警卫员到瑞金云石山通知贺子珍，中央已批准她随部队出发，同总卫生部休养连的同志一起行动。同时，毛泽东立即赶回瑞金梅坑，召集临时中央政府各部的领导人开会，布置善后工作，宣布和说明撤离中央革命根据地的决定，强调两点：第一，革命是有前途的，要大家加强革命信心；第二，要把各部的善后工作做好，要使留下的同志能够更好地继续革命斗争，更好地联系群众。随后，毛泽东返回于都县城。

同旬 在转移出发前，得知张闻天对中央最高“三人团”将张闻天、毛泽东、王稼祥等政治局成员分散到各军团去有意见，立即向中央提议，转移时将他们安排在一起，“三人团”采纳了这个意见。当时张闻天对秦邦宪“左”倾错误的不满，在同毛泽东闲谈时说出来了。从此，张闻天同毛泽东接近起来。

同旬 中革军委命令中央红军各军团向兴国、于都、瑞金等地集结，准备转移；令红二十四师和地方部队接替主力红军的防务。国民党军随即进抵兴国、古龙冈、宁都、石城、长汀、会昌一线，中央革命根据地日渐缩小。

同旬 中共中央决定，成立以项英为书记的中共中央分局和以陈毅为主任的中华苏维埃共和国临时中央政府办事处，领导留在中央革命根据地的红二十四师和地方部队一万六千余人坚持斗争。

10月 中央革命军事委员会印发毛泽东写的《游击战争》小册子。这个小册子当时曾题名《中央革命军事委员会关于游击队动作的指示》，全书约三万字，共三章。第一章《概论》，论述游击队的任务、组织以及游击队发展成为红军。第二章《游击战术》，论述游击队战斗动作的要则、袭击驻止和行动的敌人、破坏敌人的后方、对付敌人的“围剿”和追击、关于行军宿营给养卫生等事项。第三章《游击队的政治工作》，论述游击队政治工作的目的、游击队对自己部队的政治工作、游击队在地方居民中的工作、游击队破坏敌人部队的工作。

10月10日 晚上，中共中央、中革军委率红一、红三、红五、红八、红九军团及中央、军委机关和直属部队共八万六千余人，开始从瑞金等地出发，被迫实行战略大转移。

10月11日 中革军委发布命令，将中革军委、红军总司令部和总政治部及其直属队组成第一野战纵队，与主力红军组成野战军一同行动，叶剑英任司令员；毛泽东、张闻天、王稼祥编在一纵队所属的中央队。在此之前，中共中央将中央机关、政府机关和军委后勤部门、工会、共青团等单位组成第二野战纵队，李维汉任司令员兼政委。

10月15日 在于都县城谢家祠，参加中共赣南省委召集的省、县、区三级主要干部会议。在会上讲话指出：敌人这次进攻苏区，采用的是堡垒政策，一直打到我们中央苏区门口，企图断水捉鱼，全部地消灭红军。我们红军主力部队要冲破敌人的封锁线，到敌人后方去，打击敌人，消灭敌人。并对将留在苏区的地方干部说：你们这些在地方工作的干部，仍然留在苏区，团结人民，开展游击战争。你们不要怕，不要认为红军主力部队走了，革命就失败了。不能只看到暂时的困难，要看到革命是有希望的，红军一定会回来的！

10月18日 傍晚，带着警卫班离开于都城，踏上长征的路途。

10月21日 夜，红一军团在赣县王母渡、信丰县新田之间突围。二十五日，中央红军经过战斗，全部通过国民党军设置的第一道封锁线。中共中央和中央红军离开中央革命根据地。毛泽东深有感慨地说：从现在起，我们就走出中央苏区啦！

10月22日 中革军委决定，成立以项英为司令员兼政治委员的中央军区，指挥江西、福建、闽赣、赣南、闽浙赣五个军区及各直属的地方独立部队和红二十四师、红十军。

10月23日、24日 在信丰县古陂西南的杨坊宿营。随军委第二野战纵队转移的贺子珍，于二十四日也抵达古陂，看望了毛泽东。

10月24日 以萧克任军团长、王震任政治委员的红六军团到达黔东根据地，与贺龙领导的红三军在印江县木黄会师。随后，红三军恢复红二军团番号，贺龙任军团长，任弼时任政治委员。由贺龙、任弼时统一指挥红二、红六军团。

11月2日 红一军团在湘南汝城以南的天马山至城口之间进攻，至八日，中央红军通过了国民党军主要由粤军设置的第二道封锁线〔1〕，进入湘南地区。

11月7日 中华苏维埃共和国临时中央政府主席毛泽东、中国工农红军总司令朱德，在长征路上联名散发《出路在哪里?》的传单，揭露国民党军阀出卖中国、压迫工农的罪恶，宣传共产党的革命主张，向工人、农民、兵士以及一切劳苦民众指出，他们的出路就在大家要团结起来，武装起来，暴动起来，打倒帝国主义，推翻国民党统治，实现共产党的主张，建立工农自己的红军、工农自己的苏维埃政府。

11月上旬 发现警卫员吴吉清患疟疾发高烧，将自己坐的担架让给吴吉清，并安慰他说："你就安心坐着我的担架养病好了，同志们抬着你走是要累一些，这不要紧，因为我们都是同志。"

11月10日 红三军团在湘南郴州良田与宜章之间进攻，至十五日，中央红军通过了国民党军设置的第三道封锁线，进入潇

---

〔1〕 国民党军第2道封锁线主要由粤军陈济棠部所设置。1934年10月上旬，中革军委派出潘汉年、何长工为红军全权代表与陈济棠的代表杨幼敏、黄质文、黄旭南进行停战谈判，双方达成5项协议：（一）就地停战，取消敌对局面；（二）解除封锁，互相往来；（三）互通情报；（四）红军可以在粤北设后方医院；（五）可以互借道路，各从现在战线后退20里。这个谈判为中央红军长征通过粤军设置的封锁线，创造了条件。

水、湘江地区。

11月12日 蒋介石任命何键为“追剿军总司令”，指挥西路军和薛岳、周浑元[1]两部共十六个师七十七个团专事“追剿”；同时电令粤军陈济棠、桂军白崇禧[2]进行堵截，企图消灭中央红军于湘江以东。从十九日起，何键将“追剿军”分成五路对红军进行围追堵截。

11月25日 中革军委决定红军分四个纵队从广西全州、兴安之间抢渡湘江，突破敌人第四道封锁线。二十七日，红军先头部队顺利渡过湘江，控制界首至觉山铺间的渡河点。但因红军队伍拉得过长，辎重过多，行动缓慢，大部队尚未过江，遭到优势敌军的拦击，与国民党军发生激战，部分部队被敌军截断，损失惨重。三十日，毛泽东随军委第一野战纵队渡过湘江。

11月 长征途中，同王稼祥、张闻天在一起行军或宿营，常常谈论党和红军的大事。进入湘南以后，开始对他们说明和分析第五次反“围剿”中李德、秦邦宪在军事指挥上的错误。王稼祥最先支持毛泽东意见，认为要扭转党和红军的危急局面，必须开中央政治局会议改变中央领导。张闻天也很快接受了毛泽东的主张，并且在中央政治局内开始反对李德、秦邦宪军事指挥错误方面的斗争。尔后，毛泽东又同周恩来、朱德等谈话做工作，得到了他们的支持。过了湘江后，毛泽东向中央提出讨论军事失败的问题。

---

〔1〕 薛岳部，指薛岳任司令的国民党军第2路“追剿”军。周浑元部，指周浑元任司令的国民党军第3路“追剿”军。

〔2〕 白崇禧，当时任国民党军第4集团军副总司令。1934年12月又任广西“剿匪”军总指挥。

12月1日 中央红军除红五军团第三十四师、红三军团第十八团被阻于湘江东岸外，全部渡过湘江，已由出发时的八万余人锐减为三万余人。这是军事上错误领导造成的严重恶果。

12月上旬 在过湘江后对身边的警卫人员讲，我们就要进入苗族区，苗族的特点和风俗习惯同汉民族不同，大家要更好地遵守群众纪律。进入苗族区以后，又给警卫人员讲党的民族政策。

同旬 蒋介石及其参谋团觉察中央红军主力与红二、红六军团会合的战略意图，命令“追剿军总司令”何键在湖南洪江、芷江，贵州松桃、铜仁、石阡一带集结近二十万军队，设了四道防线，以阻止中央红军主力北上与红二、红六军团会合。国民党军很快布好一个口袋阵，企图让红军主力进入包围圈。

同旬 红军翻越广西北部越城岭的老山界，进入苗族聚居区。从过老山界起，中共中央领导内部发生争论，毛泽东、王稼祥、张闻天开始批评中央的军事路线，认为第五次反“围剿”以来的失败是由于军事领导上的错误路线所造成的。同时，在红军战略转移的方向问题上，鉴于去红二、红六军团的道路上蒋介石已设置重兵，红军已失去到湘西的先机，毛泽东向中央建议：放弃去湘西同红二、红六军团会合的计划，改向敌人力量薄弱的贵州前进，到川黔边建立根据地。秦邦宪、李德不予采纳，而把希望寄托在与红二、红六军团的会合上。

12月12日 在湖南通道参加中共中央负责人的紧急会议，讨论红军行动方向问题。李德坚持红军主力北上湘西与红二、红六军团会合的原定计划。毛泽东从敌军重兵阻拦红军主力北上这一情况出发，力主西进，向敌人兵力薄弱的贵州进军。王稼祥、张闻天和周恩来等多数人赞成毛泽东的主张，秦邦宪和李德仍主张北上与红二、红六军团会合[1]。会后下午七时，中革军委就会议精神致各军团、纵队首长“万万火急”电：“湘敌与陶广一路军主力向通道进逼，其他各路仍续向洪江、靖县前进，企图阻我北进，并准备入黔”；“我军明十三号继续西进的部署”，“其第一师如今日已抵洪洲司，则应相继进占黎平”。

12月14日 中革军委发布命令，令中央红军夺取贵州黎平、锦屏，开辟前进道路；但同时又令红二、红六军团策应中央红军北上，并说中央红军“现已西入黔境，在继续西进中寻求机动，以便转入北上”。

12月15日 红一军团打败地方军阀王家烈的守军，攻占黎平。十七日，毛泽东到达黎平县城。

12月18日 出席在黎平举行的中共中央政治局会议，继续讨论红军行动方针问题。秦邦宪、李德仍坚持由黎平北上湘西与红二、六军团会合，创造新的根据地。毛泽东主张继续向贵州西北进军，在川黔边建立根据地。经过激烈争论，王稼祥、张闻天等多数人赞成毛泽东的意见，主持会议的周恩来决定采纳毛泽东的意见，西进渡乌江北上。会议通过《中央政治局关于战略方针之决定》，决定指出：“过去在湘西创立新的苏维埃根据地的决

---

[1] 关于通道会议讨论红军行动方向问题的情况，李德在《中国纪事》中写道：“在到达黎平之前，我们举行了一次飞行会议，会上讨论了以后的作战方案。……我提请大家考虑：是否可以让那些在平行路线上追击我们的或向西面战略要地急赶的周部和其他敌军超过我们，我们自己在他们背后转向北方，与二军团建立联系。……在湘黔川三省交界的三角地带创建一大片苏区。”“毛泽东又粗暴地拒绝了这个建议，坚持继续向西进军，进入贵州内地。这次他不仅得到洛甫和王稼祥的支持，而且还得了当时就准备转向‘中央三人小组’一边的周恩来的支持。因此，毛的建议被通过了。”

定，在目前已经是不可能的，并且是不适宜的”；“新的根据地区应该是川黔边地区，在最初应以遵义为中心之地区”。会议决定，红军继续向贵州西北前进，“应坚决消灭阻拦我之黔敌部队，对蒋、湘、桂诸敌应力争避免大的战斗”。会议根据中央领导人内部存在争论的情况，决定到遵义地区后开会总结第五次反“围剿”以来军事指挥上的经验教训。

同日 中革军委决定，军委第一、第二野战纵队合并为军委纵队，刘伯承任司令员，叶剑英任副司令员，陈云任政治委员。

12月19日 中革军委作出《关于执行中央政治局十二月十八日决议的决议》，具体规定中央红军的行动计划，并要求红二、红六军团和红四方面军分别钳制湖南、贵州和四川之敌。

12月下旬 中央红军在黔东北击溃黔军侯之担部，连续攻克锦屏、剑河、镇远、施秉、黄平、余庆、瓮安等县城，变被动挨打为主动前进。

同旬 从黎平出发向黄平进军途中，在村旁见到一位老年妇女因冻饿而倒卧路旁，当得知为当地农妇时，立即从身上脱下毛线衣一件，又从行李中取出布被单一条，还让警卫员拿了两条装满粮食的干粮袋，一并送给她。老妇连连道谢。

12月底 随中央军委纵队到达瓮安县猴场（今草塘）。

1934年—1935年 在行军途中作《十六字令》词三首。其一：“山，快马加鞭未下鞍。惊回首，离天三尺三。”其二：“山，倒海翻江卷巨澜。奔腾急，万马战犹酣。”其三：“山，刺破青天锷未残。天欲堕，赖以拄其间。”

1935年　四十二岁

1月1日　出席在猴场召开的中共中央政治局会议。会议重申由毛泽东提出并经中央政治局黎平会议同意的在川黔边地区建立新根据地的主张，作出《关于渡江后新的行动方针的决定》。决定指出：首先向以遵义为中心的黔北地区、然后向川南发展，是目前最中心的任务。“军委必须特别注意敌情的分析研究，道路、敌情的侦察，抓住反攻的有利时机，并不失时机地求得在运动战中各个击破敌人，来有把握地取得胜利。”决定还提出，必须尽量使部队得到休息并进行整顿和补充，在充实战斗连的原则下，缩编部队，以适应新的作战环境。为改变李德取消军委集体领导、个人包办的状况，决定规定：“关于作战方针以及作战时间与地点的选择，军委必须在政治局会议上做报告。”三日，中央书记处责成各军团首长将这个决定向团级以上干部传达。

1月2日　红一军团第二师在瓮安县江界河强渡乌江，架起浮桥。毛泽东、朱德、周恩来等随同军委纵队和后续部队安全渡过乌江。至六日，中央红军分别从余庆县回龙场、瓮安县江界河、开阳县茶山关三个渡口全部渡过乌江。

1月7日　红一军团第二师袭占遵义城。

1月9日　随军委纵队进驻遵义，同张闻天、王稼祥住在遵义新城古式巷原黔军旅长易少荃的宅邸。

1月12日　和朱德等参加在遵义贵州省立第三中学操场举

行的遵义全县民众大会。在大会上发表演说，讲述共产党与红军的各项政策，指出共产党愿意联合国内各界人民、各方军队一致抗日，强调只有苏维埃才能救中国。大会宣布成立遵义县革命委员会。

1月15日—17日 出席在遵义召开的中共中央政治局扩大会议（通称遵义会议）。在会上就长征以来各种争论问题，主要是最紧迫的军事路线问题，作长篇发言。发言批评秦邦宪在向大会报告中谈到的第五次反“围剿”失败的主要原因是敌强我弱等观点，认为第五次反“围剿”失败的主要原因是军事指挥上和战略战术上的错误；指出秦邦宪和李德以单纯防御路线代替决战防御，以阵地战、堡垒战代替运动战，以所谓“短促突击”的战术原则支持单纯防御的战略路线，从而被敌人以持久战和堡垒主义的战略战术使红军招致损失；强调这一路线同红军取得胜利的战略战术的基本原则是完全相反的。毛泽东的意见，得到大多数与会者的支持。会议主要根据毛泽东发言的内容，委托张闻天起草《中央关于反对敌人五次“围剿”的总结的决议》，于二月八日经政治局会议通过后印发。决议着重总结了第五次反“围剿”失败的经验教训，重新肯定了毛泽东根据战争实践经验总结出来的一系列正确的战略战术的基本原则。会议提出改变黎平会议关于在川黔边建立根据地的决定，确定红军北渡长江，在成都之西南或西北建立根据地。会议增选毛泽东为政治局常委，取消三人团，取消秦邦宪、李德的最高军事指挥权，决定仍由中央军委主要负责人朱德、周恩来指挥军事，周恩来为党内委托的对于指挥军事下最后决心的负责者。会后中央常委分工，毛泽东为周恩来在军事指挥上的帮助者。遵义会议结束了王明“左”倾冒险主义在中共中央的统治，确立了以毛泽东为代表的新的中央的领导，在最危急的关头，挽救了党，挽救了红军，并为胜利完成长征奠定了基础。

1月19日　同军委纵队离开遵义，到达泗渡。中央红军分三路从桐梓、松坎、遵义地区向川南开进。

1月20日　由泗渡经板桥，翻越娄山关至桐梓。

同日　中革军委发布《关于渡江的作战计划》，指出："我野战军目前基本方针，由黔北地域经过川南渡江后转入新的地域，协同四方面军由四川西北方面实行总的反攻，而以二、六军团在川、黔、湘、鄂之交活动，来牵制四川东南'会剿'之敌，配合此反攻，以粉碎敌人新的围攻，并争取四川赤化。""夺取和控制长江各渡河点，为实施此计划之最后关键。我先遣兵团应以秘密、迅速、勇敢、坚决的行动，实行最大机动"。"对尾追之敌应使用少数得力部队（约一团兵力左右）进行运动防御，并向敌前出游击，以阻止敌人前进，而主力则应迅速脱离敌人。""当我必要与尾追或侧击之敌进行战斗时，应集中主力进行消灭敌人的进攻战斗，不应以防御战斗等待敌人来攻。"

1月21日　同军委纵队到达九坝。

1月22日　中共中央政治局和中革军委致电红四方面军，指出："为选择优良条件，争取更大发展前途计，决定我野战军转入川西，拟从泸州上游渡江，若无障碍，约二月中旬即可渡江北上。""这一战略方针的实现，与你们的行动有密切关系。""我们建议你们应以群众武装与独立师团向东线积极活动，牵制刘敌〔1〕，而集中红军全力向西线进攻。"

1月中下旬　蒋介石判断中央红军可能北渡长江，急令川军刘湘集中兵力在赤水、叙永、古蔺地区堵击，又令薛岳部和黔军王家烈部渡乌江尾追。

---

〔1〕　指国民党军四川"剿匪"总司令部总司令刘湘所属的川军。

1月26日 到达土城。这时，川军两个旅先于红军到达赤水城，阻止中央红军北进；尾追的川军进至土城以东地区。在前往土城途中，毛泽东同朱德、周恩来、刘伯承等察看地形，决心在土城以东青杠坡地区围歼尾追的川军郭勋祺部。

1月28日 军委纵队干部团、红三军团、红五军团、红一军团一部从南北两面向青杠坡地区之敌发起猛攻，激战终日，战斗失利。此时，川军后续部队两个旅迅速增援上来，位于旺隆场的川军两个旅也从侧背攻击中央红军。毛泽东提议召集中央政治局主要领导人开会，决定立即撤出战斗，作战部队和军委纵队迅速轻装渡赤水河西进，开始了红军长征中举世闻名的四渡赤水之战。

1月29日 凌晨，中央红军除少数部队阻击川军外，主力分三路从猿猴场（今元厚）、土城南北地区西渡赤水河（一渡赤水），进入川南古蔺、叙永地区，寻机北渡长江。

同日 从土城渡河前，同红一军团第一师师长李聚奎、政治委员黄甦、政治部主任谭政谈话，传达遵义会议精神，通报军委关于部队缩编的决定，要求部队运用机动灵活的作战方法。

2月2日 蒋介石判断中央红军西入云南，重新调整部署，将“追剿”军改为第一、第二路军。何键为第一路军总司令，率主力“围剿”红二、红六军团，另以一部封锁湘、黔边境，防堵中央红军进入湖南。龙云任第二路军总司令，薛岳为前敌总指挥，率主力集结川、滇、黔边地区，“追剿”中央红军。

2月3日 同军委纵队到达四川叙永县石厢子。中央红军连日在三岔河、永宁（即叙永）遭到川军截击。当晚，中革军委电令各军团迅速脱离当前之敌，改向川、滇、黔三省交界处的分水岭、水潦、水田寨、扎西集结。

2月5日　离开石厢子，到达川、滇、黔边界的鸡鸣三省村[1]。同周恩来谈张闻天提出的变换中共中央领导的问题[2]。随后，中央政治局常委分工由张闻天接替秦邦宪在党内负总的责任。根据当前敌情，中革军委考虑渡江的可能性问题，认为如渡江不可能，则留川、滇边境进行战斗与创造新苏区。

同日　中共中央书记处致电项英转中央分局，传达中央政治局和中革军委的决定："分局应在中央苏区及其邻近苏区坚持游击战争"，"要立即改变你们的组织方式与斗争方式，使与游击战争的环境相适合"。"成立革命军事委员会中区分会，以项英、陈毅、贺昌及其他二人组织之，项为主席。一切重要的军事问题可经过军委讨论，分局则讨论战略战术的基本方针。"

2月6日　到达云南威信县石坎子。中革军委电令红一、红三军团向威信县扎西靠近，迅速集中，以便于机动。

2月7日　由于国民党军加强长江沿岸防御，并以优势兵力分路向中央红军进逼，中共中央和中革军委决定放弃北渡长江计划，致电各军团指出：我野战军原定渡江计划已不可能实现，改取"以川、滇、黔边境为发展地区，以战斗的胜利来开展局面，并争取由黔西向东的有利发展"的方针。电报要求各军团迅速脱离四川追敌，向滇境镇雄集中，并进行与滇敌作战的一切准备。

2月8日　中共中央书记处为贯彻遵义会议精神，发布《中央政治局扩大会议总结粉碎五次"围剿"战争中经验教训决议大纲》。中央政治局常委毛泽东、张闻天、陈云等陆续到军委纵队

---

〔1〕　鸡鸣三省村，一般认为在云南威信县水田寨附近。

〔2〕　周恩来在1972年6月10日中共中央召集的批林整风汇报会上说："洛甫那个时候提出要变换领导，他说博古不行。我记得很清楚，毛主席把我找去说，洛甫现在要变换领导。我们当时说，当然是毛主席，听毛主席的话。毛主席说，不对，应该让洛甫做一个时期。"

和各军团干部会议上传达决议。

2月9日 同军委纵队经大河滩到达威信县城扎西镇。在老街江西会馆出席中央负责人会议，研究下一步进军方向和部队缩编等问题。在会上提出回师东进、再渡赤水、重占遵义的方针。认为应利用敌人的错觉，寻找有利的战机，集中优势兵力，发扬我军运动战的特长，主动地消灭敌人。为此提出轻装，精简机构，充实连队。

2月10日 中革军委发布各军整编的命令。中央红军在扎西地区开始进行整编。全军除干部团，共编为十六个团。红一军团缩编为两个师六个团。其他各军团取消师一级机构，红三军团缩编为四个团，红五、红九军团各编为三个团。

同日 滇军孙渡纵队和川军潘文华〔1〕部从南北两面逼近扎西。中革军委决定红军迅速脱离川军与滇军之侧击，争取东渡赤水河先机，并准备以薛岳兵团及黔军为主要作战目标。十一日，中央红军分三路由扎西掉头东进。军委纵队到达石坎子。

2月11日 中共中央和中革军委就反"围剿"中的战略问题致电湘鄂川黔省委及红二、红六军团负责人，指出："你们应利用湘、鄂敌人指挥上的不统一与何键部队的疲敝，于敌人离开堡垒前进时，集结红军主力，选择敌人弱点，不失时机，在运动中各个击破之。总的方针是决战防御而不是单纯防御，是运动战而不是阵地战。辅助的力量是游击队与群众武装的活动。对敌人须采取疲敝、迷惑、引诱、欺骗等方法，造成有利于作战的条件。"电报要求建立军事上的集体领导，组织革命军事委员会分会，以贺龙、任弼时、关向应、夏曦、萧克、王震为委员，贺龙为主席。

2月13日 中共中央关于坚持游击战争问题给在赣南的中

---

〔1〕 潘文华，当时任国民党军川南"剿匪"总司令部总指挥。

央分局发出指示。指示说："放在你们及中区全党面前的任务是坚持游击战争，是动员广大群众用游击战争坚忍地顽强地反对敌人的堡垒主义与'清剿'政策。"要"彻底改变斗争方式，一般都应由苏区方式转变为游击区的方式"。要"把那些多余的独立团营，都以小游击队的形式有计划地分散行动，环境有利则集合起来，不利又分散下去，短小精悍是目前的原则"。"占领山地，灵活机动，伏击袭击，出奇制胜是游击战争的基本原则。蛮打硬干，过分损伤自己是错误的，分兵抵御是没有结果的"。指示还说，要"确切地进行瓦解白军工作，把这一工作放在支部及游击队工作的头等地位"，要"选派许多适宜的干部到白区去"。〔1〕

2月16日 中共中央和中革军委发出《告全体红色指战员书》，指出：党中央和中革军委决定停止向川北发展，而在云、贵、川三省地区中创立根据地。"为了有把握地求得胜利，我们必须寻求有利的时机与地区去消灭敌人。在不利的条件下，我们应该拒绝那种冒险的没有胜利把握的战斗。因此，红军必须经常地转移作战地区，有时向东，有时向西，有时走大路，有时走小路，有时走老路，有时走新路，而唯一的目的是为了在有利条件下求得作战的胜利。"本日，中革军委致电中央军区，红二、红六军团，红四方面军，通告停止执行北渡长江计划的决定，并指出："现我野战军已折向赤水河东、乌江以北活动，并以黔西敌人为主要作战目标。"

2月18日 到达走马坝。出席红一军团直属队排以上干部会议，报告中央政治局扩大会议决议精神，指出：第五次反"围剿"的单纯防御路线，短促突击，分兵把口，不让敌人进占苏区

〔1〕 据陈毅回忆，当时他反复看了这份电报，心情振奋。他认为这样的决议，博古、李德是写不出的，估计毛泽东可能已回到中央领导岗位。

一寸土地等，都是错误的。“反攻”以来这个错误还在发展，变成退却逃跑，叫做“叫化子打狗——边打边跑”，这也是错误的。

2月18日—21日 中央红军由四川古蔺县太平渡、二郎滩东渡赤水河（二渡赤水），回师黔北。国民党军驻川、黔各部慌忙调兵阻止，并企图围歼中央红军于娄山关或遵义以北地区。

2月20日 在回龙场出席红三军团干部会议，作战斗动员报告，号召要提高消灭敌人的勇气：敌人就像手上的五个指头，我们要一个指头一个指头地把它割掉。

2月21日 蒋介石急电王家烈，判断中央红军有取道川、黔边界同红二、红六军团会合模样，指令黔军在松坎、赶水一线堵截。

2月23日 到达后滩坝。中共中央书记处致电项英及中央分局，指出：游击队必须轻装。每一部队不要拥挤很多干部，分局的人除项英、陈潭秋、贺昌三人外，其他人都到部队内负责工作，陈毅可独立领导一个团。苏区干部应有一部分到占领区去。要向所有干部讲清楚：“万一被敌人冲散或隔断时，应有决心独立进行工作，顽强奋斗”。“在游击活动中，必须特别反对关门主义，反对机械地使用老苏区的一切办法的倾向，广泛地进行发动群众的工作，知道利用一切开始时参加革命的小资产阶级分子。”

2月25日 中革军委决定集中主力进攻娄山关以南之黔军，乘胜夺取遵义。中央红军经激烈战斗，再次攻克川、黔交通要道娄山关。二十八日，重占遵义。这一战役，在敌情非常严重的情况下，五日之内连克桐梓、娄山关、遵义，击溃和歼灭国民党军两个师又八个团，俘敌约三千人，取得长征以来最大的一次胜利。

2月28日 同军委纵队过娄山关，到达大桥。随后，有感于娄山关战斗胜利，作《忆秦娥·娄山关》〔1〕：“西风烈，长空雁叫霜晨月。霜晨月，马蹄声碎，喇叭声咽。　雄关漫道真如铁，而今迈步从头越。从头越，苍山如海，残阳如血〔2〕。”

同日　中共中央书记处致电红二、红六军团，红四方面军及中央军区，传达遵义会议决议精神。

3月1日　同军委纵队到达遵义城。

3月2日　蒋介石飞往重庆“督剿”。三日，电令驻川、黔各军在乌江设防，企图围歼中央红军于遵义、鸭溪之间地区。

3月4日　在遵义老城天主堂红军总政治部驻地出席连以上干部会议，并作报告。报告分析了这次遵义附近战斗胜利的原因和意义，以及一般的形势和目前的紧急任务。

同日　中革军委发布命令：“为加强和统一作战起见，兹于此次战役特设前敌司令部，委托朱德同志为前敌司令员，毛泽东同志为前敌政治委员”。

3月5日　凌晨三时，中革军委致电各军团，决定中央红军主力在由遵义至仁怀的西进路上，袭击国民党“追剿”军周浑元部，并说“各兵团一到集中地即受前敌司令部指挥”。清晨六时三十分，毛泽东、朱德率前敌司令部离开遵义，前往鸭溪。

3月8日　中共中央发出《为粉碎敌人新的围攻赤化全贵州告全党同志书》，指出：遵义战役的胜利“给了我们在贵州首先

---

〔1〕　毛泽东对这首词在1958年12月曾作批注：“万里长征，千回百折，顺利少于困难不知有多少倍，心情是沉郁的。过了岷山，豁然开朗，转化到了反面，柳暗花明又一村了。以下诸篇，反映了这一种心情。”

〔2〕　“苍山如海，残阳如血”，据毛泽东1962年5月回忆说，“是在战争中积累了多年的景物观察，一到娄山关这种战争胜利和自然景物的突然遇合，就造成了作者自以为颇为成功的这两句话。”

在黔北站住脚跟，开始赤化群众建立苏维埃根据地的可能”。“这一胜利是在党反对了军事的单纯防御路线之后，证明了党中央政治局扩大会议的正确，粉碎了一切动摇悲观、过分估计敌人力量、不相信自己的力量等机会主义观点，发扬了红色指战员的高度积极性。遵义战役的胜利就是党的路线的胜利！”“用一切努力来粉碎敌人新的围攻，来建立苏区根据地，是目前每个共产党员最中心最神圣的任务”。

3月10日 在狗坝（今苟坝）出席中共中央负责人会议，讨论进攻打鼓新场（今金沙县城）的计划。毛泽东认为，不能打固守之敌，不能“啃硬的”，应在运动战中消灭敌人。会上多数同志赞成进攻打鼓新场。晚上，毛泽东建议周恩来缓发作战命令。十一日晨再次举行中央负责人会议，说服与会者放弃进攻打鼓新场计划。中革军委即向红一、红三军团发出关于不进攻打鼓新场的指令。随后，毛泽东鉴于作战情况瞬息万变，指挥需要集中，提议成立三人团全权指挥军事。在渡乌江之前，中央决定由毛泽东、周恩来、王稼祥组成三人团。

3月12日 晚上，离开狗坝，到达青坑。中共中央政治局决定：我野战军战略方针仍应以黔北为主要活动地区，并应控制赤水河上游作为转移枢纽，以消灭薛岳兵团及王家烈部队为主要作战目标，对川、滇敌人须在有利而又急需的条件下才应与之作战，求得消灭其一部。十三日，中革军委将这一决定正式通知各军团，并指出：“军委依此方针决定，我野战军应向西南转移，求得在转移中与在消灭王家烈部队的战斗中调动周、吴〔1〕纵队，实行机动并迅速略取与控制赤水上游的渡河点，以利作战。”

〔1〕 周、吴，指周浑元、吴奇伟，当时分别任国民党“追剿”军第2路军第2纵队司令、第1纵队司令。

3月15日 和朱德率前敌司令部移至坛厂附近指挥作战。中央红军主力围攻鲁班场，未克，撤出战斗，向茅台地区机动，袭取仁怀。

3月16日 到达仁怀县茅台镇。当晚至十七日十二时前，中央红军在茅台及其附近地区西渡赤水河（三渡赤水），向川南古蔺、叙永方向前进，摆出北渡长江的姿态，将国民党军主力引向赤水河以西地区。

3月20日 进入四川古蔺县境内。蒋介石以为中央红军又要北渡长江，急令川、黔军主力在叙永至赤水河沿岸赶筑碉堡，周浑元、吴奇伟两纵队由东向西“追剿”。在国民党军再次向南集中的情况下，中共中央、红军总政治部电令各军团，坚决迅速东渡赤水。二十一日至二十二日，中央红军从二郎滩、九溪口、太平渡东渡赤水河（四渡赤水）。毛泽东指挥“四渡赤水”的战绩，是他运筹帷幄的得意之笔。

3月24日 中革军委致电各军团首长，指出：敌人企图连接遵义、仁怀封锁线，阻我在其以北地区。要求各军团以遭遇敌人姿势迅速通过遵、仁之线，争取南下先机。

3月27日 同军委纵队转移至萝筛坝地区。中革军委致电林彪、聂荣臻、彭德怀、杨尚昆，董振堂、李卓然〔1〕，决改从鸭溪、白腊坎地域向西南转移。又令红九军团由马鬃岭地区佯攻敌军，引敌北向，掩护中央红军主力向南急进。

3月28日 同军委纵队离开花苗田，从白腊坎附近通过国民党“追剿”军的封锁线。

---

〔1〕 林彪、聂荣臻，当时分别任中国工农红军第1军团军团长、政治委员。彭德怀、杨尚昆，当时分别任中国工农红军第3军团军团长、政治委员。董振堂、李卓然，当时分别任中国工农红军第5军团军团长、政治委员。

3月31日 中央红军主力南渡乌江，把国民党“追剿”军重兵集团甩在乌江北岸。

4月2日 中央红军以一部兵力佯攻息烽，主力进占扎佐等地，前锋逼近贵阳。五日，又以一部兵力东渡清水江，在江上架设浮桥，作主力即将东渡姿态。在部署这次行动时，毛泽东说：“只要能将滇军调出来，就是胜利。”这时，蒋介石以为中央红军欲东进湖南同红二、红六军团会合，急调滇军驰援贵州，又令薛岳和湘军东至余庆等地布防。

4月7日 中革军委致电林彪、聂荣臻，彭德怀、杨尚昆，董振堂、李卓然：“我野战军决以遭遇敌人佯攻贵阳、龙里姿势，从贵阳、龙里中间向南急进，以便迅速占领定番。”八日起，中央红军主力以日行六十公里的速度，经青岩、定番（今惠水）、紫云等地，向敌兵力空虚的云南急进，使蒋介石围歼中央红军于黔东的计划又一次落空。

4月11日 同军委纵队前梯队经定番、十里冲，到达沙坑场、白水井地区。

4月18日 中央红军主力从白层、者相、者坪、罗炎地区南渡北盘江。随后，相继占领贞丰、安龙、兴仁、兴义等县城。二十七日，中央红军在云南境内连克白水、曲靖、沾益、马龙，前锋逼近昆明。

4月28日 和朱德、周恩来等到鲁口哨、大汤姑一带宿营。当晚，出席中共中央、中革军委负责人会议，研究北渡金沙江的行动部署。毛泽东最后发言说：遵义会议后，我军大胆穿插，机动作战，把蒋介石的尾追部队甩在侧后，取得了北渡金沙江的有利时机。云南境内的地形条件，不像湖南、贵州有良好的山区可以利用，我军不宜在昆明东北平川地带同敌人进行大的战斗。我军应趁沿江敌军空虚，尾追敌人距我尚有三四天的行程，迅速抢渡金沙江，以争取先机。

4月29日 中革军委发出《关于野战军速渡金沙江转入川西建立苏区的指示》，指出："由于两月来的机动，我野战军已取得西向的有利条件，一般追敌已在我侧后，但敌已集中七十团以上兵力向我追击，在现在地区我已不便进行较大的作战机动；另方面金沙江两岸空虚，中央过去决定野战军转入川西创立苏维埃根据地的根本方针，现在已有实现的可能了。""因此政治局决定，我野战军应利用目前有利时机，争取迅速渡过金沙江，转入川西，消灭敌人，建立起苏区根据地。"

5月1日 到达小仓街。经勘察，决定在洪门渡、龙街、皎平渡附近渡金沙江。红一军团为左纵队，经禄劝、武定、元谋直取龙街。红三军团为右纵队，经思力坝、马鹿塘夺取洪门渡。红五军团和军委纵队为中央纵队，经小仓街、龙海塘、石板河抢夺皎平渡。

5月3日 刘伯承〔1〕率中央纵队干部团抢占皎平渡，完全控制渡口的南北两岸。当晚，毛泽东、朱德、周恩来等率领军委纵队赶到皎平渡过江，在北岸组成渡江指挥部。因得到红一军团在龙街渡口架设浮桥未成、红三军团在洪门渡口所得渡船很少的电报，又得悉万耀煌〔2〕要保存实力往回收缩的情况，中革军委决定：除留红十三团在洪门渡过江，红一军团和红三军团主力全部改由皎平渡过江。至九日，中央红军第一、第三、第五军团全部渡过金沙江。在滇、黔边单独行动的红九军团也在东川以西的树节、盐井坪地区渡过金沙江。至此，国民党数十万"追剿"部队被甩在金沙江以南，中央红军取得战略转移的决定性胜利。

---

〔1〕 刘伯承，当时任中国工农红军总参谋长兼中央纵队司令员。

〔2〕 万耀煌，当时任国民党"追剿"军第2路军第2纵队第13师师长。

5月10日 蒋介石由贵阳飞抵昆明，急令川军扼守大渡河沿岸等地，又令薛岳、周浑元及滇军向金沙江边尾追，企图将中央红军围歼于金沙江以北、大渡河以南、雅砻江以东地区。

5月12日 同军委纵队到达四川会理城郊的铁厂。出席中共中央政治局扩大会议（即会理会议）。会议统一对遵义会议以来中央关于军事战略战术的认识，确定今后的行动方针。会议批评了林彪提出的要毛泽东、朱德、周恩来随军主持大计，由彭德怀任前敌指挥的错误意见。毛泽东发言指出：党内对失去中央苏区而缺乏胜利信心和存在怀疑不满情绪，是右倾思想的反映；改变中央军事领导的意见，是违背遵义会议精神的。周恩来、朱德等发言，支持毛泽东的意见。他们称赞毛泽东的军事指挥，指出在危急情况下，由于采取兜大圈子、机动作战的方针，四渡赤水，二占遵义，佯攻贵阳，威逼昆明，北渡金沙江，才摆脱了敌人的重兵包围。会议要求维护遵义会议确立的政治领导和军事领导的团结，克服右倾思想；并决定立即北上，同红四方面军会合。

5月15日 同军委纵队离开铁厂，到达白果湾。中央红军为执行在川西或川西北创建根据地的计划，继续北上，经西昌、泸沽进入彝族聚居的地区。

5月19日 到达西昌县锅盖梁地区。中革军委决定组成强渡大渡河先遣队，派刘伯承为先遣队司令，罗瑞卿为政治委员〔1〕。临行前，毛泽东要先遣队执行党规定的民族政策，与彝族沽基家族首领结盟修好。他对刘伯承说：先遣队的任务，不是去打仗，而是宣传党的民族政策，用政策的感召力与彝民达到友好。只要我们全军模范地执行纪律和党的民族政策，取得彝族人

〔1〕 原定中国工农红军第1军团政治保卫分局局长罗瑞卿为政治委员，后来他因病未能到职，由聂荣臻担任。

民的信任和同情，彝民不会打我们，还会帮助我们通过彝族区，抢先渡过大渡河。本日，中央红军主力到达礼州，同红九军团会合。

5月20日　到达冕宁县松林地区。中革军委发出为抢渡大渡河给各军团、纵队首长的训令。训令指出：蒋介石企图利用大渡河天险、彝民与红军的隔阂，以薛岳、刘湘等部夹击我军于大渡河南岸，另以刘文辉、杨森、郭勋祺〔1〕部在北岸扼阻，破坏我渡江计划。消灭敌人，渡过大渡河，进入到川西北地区，遂成为目前战略上的实际要求。我野战军目前应以迅速北进，争取渡江先机，首先进到清溪（即汉原）、泸定桥、洪雅地区，与川敌进行作战机动，争取赤化，为战略上基本方针。各军团以极迅速、坚决、勇猛、果断的行动，消灭阻我前进的川敌各个部队。以最大的努力争取彝民群众到我们方面，并组织彝民游击队，反对刘、蒋等敌。

5月22日　采纳刘伯承、聂荣臻的建议，决定中央红军改经冕宁、安顺场北进。刘伯承在袁居海子（今彝海子）同彝族沽基家族首领小叶丹歃血为盟。

5月24日　经大桥镇进入彝族区。为不打扰彝族群众，同军委纵队的同志露宿在树林中。本日晚上，中央红军先遣部队占领石棉县安顺场，随即控制了安顺场渡口。二十五日，十七勇士强渡大渡河成功。

5月26日　和周恩来、朱德到达安顺场，听取刘伯承、聂荣臻的汇报。鉴于安顺场水深流急，大部队难以迅速过河，决定

---

〔1〕　刘文辉，当时任国民党军第24军军长兼川康边防军总指挥。杨森，当时任国民党军第20军军长。郭勋祺，当时任国民党军第21军模范师师长。

中央红军主力火速抢占距离安顺场一百六十公里的泸定桥，由林彪率红一军团第二师和红五军团为左纵队，沿大渡河右岸前进；由刘伯承、聂荣臻率红一军团第一师为右纵队，沿大渡河左岸前进，互相策应，限期夺取泸定桥。二十九日，红一军团第二师第四团二十二名勇士抢占泸定桥。四团随即攻克泸定县城。至六月二日，中央红军全部渡过大渡河，粉碎了蒋介石使中央红军成为“石达开第二”的企图。

5月31日 通过铁索桥至泸定县。出席在泸定县城附近召开的中共中央负责人会议。会议决定：中央红军向北走雪山草地一线，避开人烟稠密地区；派政治局常委、中央白区工作部部长陈云去上海恢复白区党组织。

5月下旬 红四方面军第三十军政治委员李先念奉红四方面军总部命令，率第八十八师和第九军一部，由岷江地区兼程西进，策应中央红军北上。

6月2日 中革军委致电各军团，决定放弃攻取清溪、荥经，要求迅速夺取天全、芦山战略要点。四日，毛泽东离开化林坪，至水子地宿营。在翻越一座山时，遇国民党军飞机轰炸，身边警卫班长胡昌保牺牲。毛泽东悲痛地双手抱胡昌保放平躺下，用自己的毛毯盖在胡的遗体上。

6月7日 在水子地指挥中央红军突破国民党军的天全、芦山、宝兴防线，占领天全。

6月8日 中共中央和中革军委发出《为达到一、四方面军会合的战略任务指示》，指出：“我军基本任务，是用一切努力，不顾一切困难，取得与四方面军直接会合。”“我军必须以迅雷之势突破芦山、宝兴线之守敌，奇取懋功，控制小金川流域于我手中，以为前进之枢纽。”本日，中央红军攻占芦山，突破国民党军的芦山、宝兴防线。接着，翻越海拔四千多米终年积雪的夹金山，向懋功（今小金）前进。十二日，中央红军先头部队在北进懋功的达维镇途中，同红四方面军一部会合。

6月15日 中华苏维埃共和国临时中央政府主席毛泽东和副主席项英、张国焘[1]，中国工农红军革命军事委员会主席朱德和副主席周恩来、王稼祥发表《为反对日本并吞华北和蒋介石卖国宣言》。宣言号召全国工人、农民、海陆空军以及一切爱国志士、革命民众起来，“反对日本帝国主义占领华北，反对蒋贼等卖国，坚决对日作战，恢复一切失地，驱逐日本帝国主义出中国”。

6月16日 朱德、毛泽东、周恩来、张闻天致电张国焘、徐向前、陈昌浩[2]，指出：“今后我一、四两方面军总的方针应是占领川、陕、甘三省，建立三省苏维埃政权，并于适当时期以一部组织远征军占领新疆。”目前计划，两方面军宜“向着岷、嘉两江[3]之间发展。至发展受限制时，则以陕、甘各一部为战略机动地区。因此，坚决地巩固茂县、北川、威州在我手中，并击破胡宗南之南进，是这一计划的枢纽”。电报还指出：“以懋功为中心之地区，纵横千余里，均深山穷谷，人口稀少，给养困难。大渡河西岸，直至峨眉山附近情形略同。至于西康，情形更差。敌如封锁岷江上游（敌正进行此计划），则北出机动极感困难。因此，

---

〔1〕 项英，当时还任中共中央政治局委员、苏区中央分局书记、中革军委中区分会主席等职。张国焘，当时还任中共中央政治局常委、西北革命军事委员会主席。1935年6月29日、7月又先后任中革军委副主席、中国工农红军总政治委员。

〔2〕 徐向前，当时任西北革命军事委员会副主席兼中国工农红军第四方面军总指挥。1935年6月29日又任中革军委委员。陈昌浩，当时任西北革命军事委员会副主席、中国工农红军第四方面军政治委员兼政治部主任。1935年6月29日、8月又先后任中革军委委员（7月任常委）、中共中央政治局委员。

〔3〕 岷、嘉两江，指岷江、嘉陵江。

邛崃山脉区域，只能使用小部队活动，主力出此似非长策。”

6月17日 和朱德、周恩来等翻越夹金山，至达维镇。当晚，出席红一、红四方面军联欢会并讲话。

6月18日 到达懋功县城。张闻天、周恩来、朱德、毛泽东就战略进攻方向问题复电张国焘、陈昌浩、徐向前〔1〕，提出："目前形势须集大力首先突破平武，以为向北转移枢纽。其已过理番〔2〕部队，速经马塘绕攻松潘，力求得手。否则兄我如此大部队经阿坝与草原游牧区域入甘、青〔3〕，将感绝大困难，甚至不可能。向雅、名、邛、大〔4〕南出，即一时得手，亦少继进前途。因此力攻平武、松潘，是此时主要一着，望即下决心为要。”

同日 和周恩来、朱德、张闻天等会见李先念。毛泽东向李先念详细询问岷江、嘉陵江地区的情况。

6月20日 张闻天、朱德、毛泽东、周恩来复电张国焘〔5〕，指出："从整个战略形势着想，如从胡宗南〔6〕或田颂

---

〔1〕张国焘、陈昌浩1935年6月17日致电中共中央，称"北川一带地形给养均不利大部队行动"，"再者水深流急，敌已有准备，不易过"，"沿岷江北打松潘，地形粮食绝无"；提出红军北攻河坝，组织远征军，占领青海、新疆，或暂时向南进攻。

〔2〕理番，今四川理县。

〔3〕甘、青，指甘肃、青海。

〔4〕雅、名、邛、大，指四川雅安、名山、邛崃、大邑。

〔5〕张国焘1935年6月20日致电中共中央，提出：红一方面军南打大炮山，北取阿坝，以一部向西康发展；红四方面军北打松潘，东扣岷江，南掠天全、芦山、灌县、邛崃、大邑、名山。并说"目前给养困难，除此似别无良策"。

〔6〕胡宗南，当时任国民党军第1军第1师师长。1935年10月又任西北"剿匪"总司令部第1路军第2纵队司令。

尧[1]防线突破任何一点，均较西移作战为有利。请你再过细考虑!”并请张国焘“立即赶来懋功，以便商决一切”。

6月26日　在懋功县的两河口出席中共中央政治局会议，会议讨论红一、红四方面军会师后的战略方针问题。周恩来在会上作报告，提出以运动战迅速攻打松潘胡宗南部，北上创造川陕甘根据地的战略方针；并说两个方面军要统一指挥，集中于军委。毛泽东发言同意周恩来的报告，并提出五点意见：（一）中国红军要用全力到新的地区发展根据地。在川陕甘建立根据地，可以把创造苏区运动放在更加巩固的基础上，这是向前的方针。要对四方面军同志作解释，他们是要打成都[2]的。一、四方面军会合后有实现向北发展的可能。（二）战争性质不是决战防御，不是跑，而是进攻。根据地是依靠进攻发展起来的。我们过山战胜胡宗南，占取甘南，迅速向北发展，以建立新的根据地。（三）应看到哪些地方是蒋介石制我命的，应先打破它。我须高度机动，这就有走路的问题，要选好向北发展的路线，先机夺人。（四）集中兵力于主攻方面，如攻松潘。胡宗南如与我打野战，我有二十个团以上，是够的；如不与我打野战，守堡垒，就一定要打破驻点，牵制敌人。现在就是迅速打破胡敌向前夺取松潘。今天决定，明天即须行动。这里人口稀少，天冷衣食困难，应力争在六月突破，经松潘到决定地区去。（五）责成常委、军委解决统一指挥问题。周恩来作结论，同意毛泽东提出的意见。会议一致通过周恩来的报告。

---

〔1〕田颂尧，当时任国民党军第29军军长、四川“剿匪”军第2路军总指挥。

〔2〕张国焘在两河口会议上发言说：此战略向南向成都打，这些敌人是不成问题的，并消灭了他。向东打地势限制。松潘北边情况还没有确切调查。我们去甘南还是站不稳的，还是要移动地区。

6月28日 根据两河口会议精神，中共中央政治局作出《关于一、四方面军会合后的战略方针的决定》。决定指出："在一、四方面军会合后，我们的战略方针是集中主力向北进攻，在运动战中大量消灭敌人，首先取得甘肃南部，以创造川陕甘苏区根据地，使中国苏维埃运动放在更巩固更广大的基础上，以争取中国西北各省以至全中国的胜利。""为了实现这一战略方针，在战役上必须首先集中主力消灭与打击胡宗南军，夺取松潘与控制松潘以北地区，使主力能够胜利地向甘南前进。"

6月29日 在两河口出席中共中央政治局常委会议。在听取秦邦宪关于华北事变、日军向北平进攻的情况报告后，毛泽东发言指出：日军进攻北平，明显地要侵占华北。现在各帝国主义国家的冲突在中国表现为军阀间的矛盾。日本帝国主义想把蒋介石完全控制在自己手下。党对时局应有表示，应发表文件。要在部队中宣传反对日本帝国主义，反对放弃华北，这最能动员群众。会议决定以中共中央名义发表宣言或通电，写文章，准备向国民党军派工作人员。会议还决定张国焘为中革军委副主席，徐向前、陈昌浩为军委委员。

同日 中革军委根据两河口会议精神，制定《松潘战役计划》。计划规定在岷江东岸大石桥地区和懋功地区各留一个支队钳制东南两面之敌，掩护后方工作；红一、红四方面军主力集中于箭步塘、壤口、芦花（今黑水）地区，分左、中、右三路向松潘及其西北地区开进，"消灭松潘地区的胡敌，并控制松潘以北及东北各道路，以利北向作战和发展"。

6月30日前后 中共中央、中革军委率红一方面军主力离开两河口北进，翻越第二座大雪山。七月一日，到达卓克基。

7月3日 出席中共中央政治局会议，会议讨论通过《告康藏西番民众书——进行西藏民族革命运动的斗争纲领》。文告号召藏族民众反对英帝国主义及国民党军阀，成立游击队，加入红军，实现民族自决。

7月上旬 中央红军连日在人烟稀少的藏民区行军，严重缺粮，影响松潘战役计划的执行。毛泽东看到部队吃饭十分困难，亲自过问给养问题。中革军委和红军总政治部于二日和八日发文指出，为筹足过草地的食物，要求各部队每人带足十五斤粮食和足够吃一个月的食盐，并组织筹粮别动队，以解决粮食困难。

7月10日 到达上芦花。鉴于张国焘在两河口会议后提出与中央决定相反的南下川、康边的主张，并借口“统一指挥”和“组织问题”〔1〕没有解决而延宕红四方面军主力北上，朱德、毛泽东、周恩来致电张国焘催促率部北上：“分路迅速北上原则，早经确定，后忽延迟，致无后续部队跟进，切盼如来电所指，各部真能速调速进，勿再延迟，坐令敌占先机”。并要张国焘和徐向前、陈昌浩速到上芦花集中指挥。

7月中旬 会见徐向前等红四方面军指挥员，详细询问敌情，并分析形势，提出两军会师后的方针和任务，说：今后一、四方面军的行动方针，就是北上抗日，建立川陕甘革命根据地，促进全国抗日高潮的发展。红一、红四方面军要在党中央的统一领导下，互相学习，亲密团结，完成党交给的任务。毛泽东还代表中华苏维埃共和国临时中央政府授予徐向前红星奖章，以表彰他在红四方面军的贡献。

---

〔1〕 1935年7月初，张国焘向中央慰问团李富春提出解决组织问题的建议，说要充实总司令部，徐向前、陈昌浩参加总司令部工作，以徐为副总司令、陈为总政委，军委设常委，决定战略问题。18日，陈昌浩致电张国焘、徐向前转朱德，提出：“职坚决主张集中军事领导，不然无法顺利灭敌。职意仍请焘任军委主席”，“中政局决大政方针后，给军委独断决行”。

7月16日 红一军团和红三十军各一部攻占毛儿盖，红三、红五军团进至芦花、党坝地区。

7月18日 在芦花出席中共中央政治局常委会议，会议讨论组织问题。会上，张国焘提出，要提拔新干部，有的“可到军委”。毛泽东说：提拔干部是需要的，但不需要这么多人集中到军委，下面需要人。目前必须抓紧战区的工作，迅速打击敌人。至于一、四方面军分成几路，还在考虑中。会议为团结张国焘北上，同意周恩来辞去红军总政治委员职务，决定由张国焘任红军总政治委员，并为中革军委的总负责者；周恩来调中央常委工作，在张国焘尚未熟悉情况前，由周恩来暂时帮助。会议还决定，中革军委常委由四人增为五人，增补陈昌浩；秦邦宪任红军总政治部主任。

同日 中革军委发出通知：“奉苏维埃中央政府命令：一、四方面军会合后，一切军队均由中国工农红军总司令、总政委直接统率指挥。仍以中革军委主席朱德同志兼总司令，并任张国焘同志任总政治委员”。二十一日，中革军委发出《关于一、四方面军组织番号及干部任免的决定》：组织前敌总指挥部，以四方面军首长徐向前兼总指挥，陈昌浩兼政治委员，叶剑英兼参谋长。红一方面军原第一、三、五、九军团番号依次改为第一、三、五、三十二军，红四方面军第四、九、三十、三十一、三十三军的番号不变。

7月21日、22日 在芦花出席中共中央政治局会议，讨论红四方面军的工作问题。会议听取张国焘关于红四方面军在鄂豫皖和通南巴两个苏区对敌斗争情况及反“围剿”战略方针的汇报。毛泽东发言说：红四方面军从鄂豫皖起，关于红军的扩大巩固，两个苏区的发展和巩固，无数次击破敌人，总的看路线是没有问题的，但有缺点和错误。军事指挥上的缺点，军委将另行讨论。在鄂豫皖粉碎敌人第四次"围剿"时，没有充分准备，没有准备打，又打得不好。在通南巴打退了刘湘部队，胜利后又放弃是个严重错误。发言还指出：红四方面军领导对建立政权有不足和错误的地方，没有严格了解建立政权与建立红军的密切关系，提出西北联邦政府在组织上、理论上都是错误的。会议肯定红四方面军的成绩，指出第四次反"围剿"失利的原因，批评退出通南巴和退出后发展方向不明的错误，以及成立西北联邦政府不妥的问题。会后，毛泽东等离开芦花，翻越仓德山和打鼓山，二十八日到达松潘县毛儿盖。

7月25日—8月20日 共产国际第七次代表大会在苏联莫斯科召开。大会根据季米特洛夫的报告作出《法西斯的进攻和共产国际在争取工人阶级统一、反对法西斯的斗争中的任务》的决议，指出："在殖民地与半殖民地国家，共产党人最重要的任务是建立人民反帝阵线。"大会选举季米特洛夫为共产国际执行委员会总书记，毛泽东、周恩来等当选为共产国际执行委员会委员。

7月31日 由于张国焘借口"组织问题"未圆满解决而一再贻误战机，招致胡宗南在松潘集中兵力，使红军处于腹背受敌的危险局面，中共中央、中革军委决定撤销松潘战役计划，改经草地北上。

8月1日 红军总部发出改为攻占阿坝、北进夏河流域的指示。三日，拟定《夏洮战役计划》，提出"攻占阿坝，迅速北进夏河流域"，"形成在甘南广大区域发展之局势"。随后，又决定将红一、红四方面军混合编组，分左、右两路北上。在卓克基及其以南地区的第五、九、三十一、三十二、三十三军为左路军，由朱德、张国焘率领，经阿坝北进。在毛儿盖地区的第一、三、四、三十军为右路军，由徐向前、陈昌浩率领，经班佑北上。中共中央和中革军委随右路军行动。

同日 驻共产国际的中共代表团以中国苏维埃政府、中国共产党中央名义起草《为抗日救国告全体同胞书》（即八一宣言），号召全国同胞团结起来，停止内战，抗日救国，组织全国统一的国防政府和抗日联军。

8月4日—6日 出席在沙窝举行的中共中央政治局会议，会议讨论红一、红四方面军会合后的形势和任务，并讨论组织问题。毛泽东多次发言。关于形势和任务问题，发言说：（一）西北地区进攻的敌人主要是蒋介石。蒋介石用了全部力量对付我们，受了极大损失。从总的方面看，蒋介石的统治不是强了，而是削弱了。（二）西北地区的特点，是统治阶级最薄弱的一环，帝国主义势力最弱的地方，少数民族最集中的地方，因靠近苏联在政治上物质上能得到帮助。西北地区的困难是人口稀少、物质条件缺乏、交通不便、气候条件不好等，这些都能克服。要用全力实现在西北首先是甘肃地区建立根据地的战略方针。有了总的方向，两个方面军会合后，会取得更大的胜利。（三）领导全国革命的党中央在这个区域的第一个任务，是要使一、四方面军同兄弟一样地团结。过去我与朱德在井冈山会合的经验，今天可以利用。两个方面军要互相了解，以诚相待。中央军委应负起使两个部队融洽起来的责任。关于中央委员会和政治局补充成员问题，发言说：四方面军有很多好的干部，而我们只提出这几个同志，是很慎重的。本来政治局不能决定中委，是在特别情形下这样做的。其他部队也有很多好的干部，可以吸收他们到各军事政治领导机关工作。会议通过《中央关于一、四方面军会合后的政治形势与任务的决议》，重申两河口会议确定的集中主力北进、创造川陕甘根据地的战略方针，强调党对红军的绝对领导和一、四方面军的团结。张国焘在发言中对建立川陕甘根据地表示怀疑。会议决定：增补陈昌浩、周纯全为中央委员、政治局委员，徐向前为中央委员，何畏、李先念、傅钟为候补中央委员；恢复红一方面军司令部，由周恩来任红一方面军司令员兼政治委员；中国工农红军总政治部由陈昌浩任主任，周纯全任副主任。

8月7日 晚间，看望患阿米巴痢疾高烧不退的周恩来。得知中央医院院长傅连暲已随红军总部前往卓克基，当即派人到红一军请来最好的医生为周恩来医治。经多日抢救治疗，周脱离危险。

8月15日 为贯彻夏洮战役计划，中共中央致电张国焘："不论从敌情、地形、气候、粮食任何方面计算，均须即时以主力从班佑向夏河急进，左路军及一方面军全部应即日开始出动。万不宜再事迁延，致误大计。""目前洮、夏敌备尚薄，迟则堡垒线成，攻取困难。气候日寒，非速到甘南夏河不能解决被服。""班佑以北，粮房不缺，因此，一、四方面军主力均宜走右路，左路阿坝只出支队，掩护后方前进。五军、三十二军即速开毛〔1〕"。"目前应专力北上，万不宜抽兵回击抚边、理番之敌。"本日，左路军先头纵队由卓克基向阿坝前进。

8月中旬 听取前敌总指挥部参谋长叶剑英关于草地情况的汇报。随即召集徐向前、陈昌浩、叶剑英等开会，研究右路军北上问题，批准经草地到班佑、拉卜楞寺的行军路线，决定叶剑英率两个团为右路军先遣队。

8月17日 会见红一军二师四团政治委员杨成武，布置先头团过草地的任务，指出：敌人判断我们东出四川，不敢冒险横跨草地，走北出陕甘这一着棋，我们偏要走敌人认为不敢走的路。克服困难最根本的办法，是把可能碰到的一切困难向同志们

---

〔1〕 指四川松潘毛儿盖。

讲清楚，把中央决定要过草地北上抗日的道理向同志们讲清楚。要教育大家尊重少数民族，团结好少数民族。还谈到搞好一、四方面军的团结，并要杨成武到前敌总指挥徐向前那里接受具体指示。十八日，右路军先头部队从毛儿盖向班佑开进。

8月19日 出席在沙窝召开的中共中央政治局常委会议，研究常委分工等问题。会议决定，张闻天负责组织部工作，秦邦宪负责宣传部工作，毛泽东负责军事工作；并决定由王稼祥负责政治部工作，何凯丰负责少数民族委员会工作。会上，王稼祥提出要同张国焘作斗争的问题。毛泽东说：在毛儿盖时已经说过，斗争是需要的，但目前开展斗争是不适宜的。目前我们应采取教育的方式。写文章，不指名，不引证。可指定专人搜集材料，研究这个问题。毛泽东还提出：常委会，在遵义会议时已批评到未发生作用，鲁班场战后至现在仍未发生作用。每周开一次会，要预告准备议事日程。会议根据毛泽东的意见，决定常委会每周至少召开一次。

8月20日 出席在毛儿盖召开的中共中央政治局会议，会议听取毛泽东关于夏洮战役后行动问题的报告。报告指出：我们的行动方向，一是向东（陕西），一是向西（青海、新疆）。红军主力应向东，向陕、甘边界发展，不应向黄河以西。目前我们的根据地应以洮河流域为基础，将来向东发展，后方移至甘肃东北与陕西交界地区。毛泽东作会议总结，进一步指出：向东还是向西是一个关键问题，应采取积极向东发展的方针。夏洮战役应采取由包座至岷州〔1〕的路线，可集中三个军，甚至全部集中走这条路线。左路军应向右路军靠拢。阿坝要迅速打一下。应坚持向东打，不应以一些困难转而向西。会议决定由毛泽东起草一个决

〔1〕 岷州，今甘肃岷县。

议，以补充六月二十八日政治局关于战略方针的决定。

同日 中共中央政治局通过毛泽东起草的《关于目前战略方针之补充决定》。决定指出："为实现六月二十八日关于目前战略方针之基本的决定，要求我们的主力，迅速占取以岷州为中心之洮河流域（主要是洮河东岸）地区，并依据这个地区，向东进攻，以便取得陕、甘之广大地区，为中国苏维埃运动继进发展之有力支柱与根据地。"当前战役一个有决定意义的关键，应力争控制洮河，首先是其东岸地区，"集结最大限度的主力于这个主要方向，坚决与果敢的作战，灵活与巧妙的机动，是这个战役胜利之保证"。决定针对张国焘关于红军主力西进的主张明确指出："政治局认为，在目前将我们的主力西渡黄河，深入青、宁、新〔1〕僻地，是不适当的，是极不利的（但政治局并不拒绝并认为必须派遣一个支队到这个地区去活动）。""政治局认为目前采取这种方针是错误的，是一个危险的退却方针。这个方针之政治的来源是畏惧敌人夸大敌人力量，失去对自己力量及胜利的信心的右倾机会主义。"

8月24日 中共中央致电朱德、张国焘，通报毛儿盖会议精神，指出中央的具体部署是：目前右路军应全力迅速夺取哈达铺，控制西固〔2〕、岷州间地段，并相机夺取岷州。左路军则迅速出墨洼〔3〕、班佑，出洮河左岸，然后并力东进。

8月下旬 同右路军离开毛儿盖，连日在茫茫草地中艰苦行军，到达班佑。在班佑期间，听取叶剑英关于先遣部队行军情况的汇报，并采纳他的建议，决定取消原定向拉卜楞寺前进的计

〔1〕 青、宁、新，指青海、宁夏、新疆。

〔2〕 西固，今甘肃舟曲。

〔3〕 墨洼，即麦洼，今属四川红原县。

划，转经巴西、阿西、包座向俄界前进。

8月29日 出席中共中央政治局常委会议，讨论宣传教育问题。毛泽东提出宣传教育的内容，应增加战略战术问题；还建议常委会以后要讨论青年团的工作。会议决定：一、最近期内，出一、二期《干部必读》、一期《斗争》和两期《前进》。二、分配审查宣传材料：红军建设方面由王稼祥负责，党的建设方面由李维汉负责，战略战术方面由毛泽东负责，地方工作方面由秦邦宪负责，民族问题方面由何凯丰负责。三、由何凯丰、杨尚昆、李维汉组成宣传委员会。

同日 徐向前指挥右路军第三十军和第四军一部发起包座战斗。三十一日，战斗结束，歼灭国民党军第四十九师五千余人，打开向甘南进军的门户。

9月1日 为催促张国焘率左路军迅速出班佑向右路军靠拢，和徐向前、陈昌浩致电朱德、张国焘，指出：目前情况极有利于向前发展。“右路军须以主力向前推进，以不突出西固、岷州线为度。”“候左路到达，即以一支队向南坪方向，又一支队向文县方向佯攻胁敌，集中主力从武都、西固、岷州间打出，必能争取伟大胜利。”

9月2日 出席在若尔盖县巴西召开的中共中央政治局会议，会议讨论红一方面军工作方针问题。毛泽东作报告，提出：现在一方面军需要相当时间的休息，很重要的任务是整理部队。战略方针已确定向东，向汉人聚居区发展，给养条件是可以改善的，休息时间除作战任务外是可以争取的。一方面军整理的方针，要从头做起，重新开始，军长、师长要亲自给排以上干部上课，可参考在中央苏区时的制度，并学习四方面军的优良制度。我们到甘肃后，客观条件是有利于红军的扩大的，主要的问题是要加强领导，仔细地建立与群众的关系，重新进行三大纪律、八项注意的教育。对群众纪律的加强，与扩大红军是成正比例的。为进行整理，一方面军的司令部、政治部应该重新建立起来，立即进行工作。

9月3日　张国焘致电徐向前、陈昌浩并转中共中央，反对北上方针。电报说：左路军“决于明晨分三天全部赶回阿坝”；“再北进，不但时机已失，恐亦多阻碍”；“右路军即乘胜回击松潘敌，左路军备粮后亦向松潘进，时机迫切，须即决即行”。五日，张国焘命令左路军部队停止北上，就地筹粮待命。

9月8日　张国焘〔1〕电令红四方面军驻阿坝、马尔康地区的部队“飞令”正在北上的军委纵队移至马尔康待命，如其不听“则将其扣留”。晚间，中共中央政治局在红三军周恩来住处开会，张闻天、毛泽东、周恩来、秦邦宪、王稼祥、陈昌浩、徐向前出席。会议决定，由七人联名致电张国焘，要他执行中共中央北进指示。当晚十时，毛泽东同周恩来、张闻天、秦邦宪、徐向前、陈昌浩、王稼祥致电朱德、张国焘、刘伯承〔2〕，指出：左路军如果向南行动，则前途将极端不利，因为地形利于敌封锁不利于我攻击，经济条件绝对不能供养大军，阿坝南至冕宁均为少数民族，北面被敌封锁无战略退路。“务望兄等熟思审虑，立下决心，在阿坝、卓克基补充粮食后，改道北进。行军中即有较大

---

〔1〕张国焘当时违背中共中央战略方针和指示的电报，大都以朱德名义同他联署。中共中央在1936年7月14日致共产国际书记处的报告中指出：“朱德同志过去与中央完全一致，分离以来受国焘挟制，已没有单独发表意见的自由，但我们相信基本上也是不会赞助国焘的。”朱德在1960年11月9日的谈话中也指出：“到阿坝时，张就变了，不要北上，要全部南下，并发电报要把北上的队伍调回南下，我不同意，反对他，没有签字。”

〔2〕刘伯承，当时随左路军行动。

之减员，然甘南富庶之区，补充有望。在地形上、经济上、居民上、战略退路上均有胜利前途。即以往青、宁、新说，亦远胜西康地区。”电报强调：“目前红军行动是处在最严重关头，须要我们慎重而又迅速地考虑与决定这个问题。”“以上所陈，纯从大局前途及利害关系上着想，万望兄等当机立断，则革命之福。”

9月9日 张国焘从阿坝致电徐向前、陈昌浩并转中共中央，再次表示反对北进，坚持南下，并称“左右两路决不可分开行动”。另背着中央电令陈昌浩率右路军南下，并企图分裂和危害党中央。右路军前敌指挥部参谋长叶剑英看到张的电令，赶往中共中央驻地巴西向毛泽东报告。毛泽东抄下电令，告诉叶剑英处境危险，要赶快回去，务必提高警惕，以防意外。随即同张闻天、秦邦宪等紧急磋商，一致认为再继续说服等待张国焘率部北上，不仅没有可能，而且会招致严重后果。当晚，在红三军驻地阿西同张闻天、周恩来、秦邦宪、王稼祥召开紧急会议，决定迅速脱离险区，率领红一、三军立即北上。并通知在俄界的林彪、聂荣臻，行动方针有变，要一军在原地等待。

9月10日 凌晨，率红三军向俄界进发，到达拉界。在离阿西时，见到带领军委纵队赶来集中的叶剑英，告诉他情况紧急，不能在此停留，应立即向俄界前进，与红一军会合。

同日 中共中央致电张国焘：“阅致徐、陈调右路军南下电令，中央认为完全不适宜的。中央现在恳切地指出，目前方针只有向北才是出路，向南则敌情、地形、居民、给养都对我极端不利，将使红军陷于空前未有之困难环境。中央认为，北上方针绝对不应该改变，左路军应速即北上，在东出不利时，可以西渡黄河，占领甘、青、宁、新地区，再行向东发展。”

同日 中共中央发出《为执行北上方针告同志书》，指出：目前形势完全有利于我们，无论如何不应该南下退回原路。南下是草地、雪山、老林，人口稀少，粮食缺乏，敌人在那里的堡垒线已经完成，我们无法通过。南下只能是挨冻挨饿，白白地牺牲生命，对革命没有一点利益，对于红军南下是没有出路的，南下是绝路。“只有中央的战略方针是唯一正确的，中央反对南下，主张北上，为红军为中国革命取得胜利。你们应该坚决拥护中央的战略方针，迅速北上，创造川陕甘新苏区去。”

同日 中共中央在阿西向陈昌浩、徐向前发出指令：“目前战略方针之唯一正确的决定为向北急进”。八日张国焘“电令你们南下，显系违背中央累次之决定及电文”，中央已另电张“取消该电”。“为不失时机地实现自己的战略计划，中央已令一方面军主力向罗达、拉界前进。四、三十军归你们指挥，应于日内尾一、三军后前进，有策应一、三军之任务。以后右路军统归军委副主席周恩来同志指挥之。”“本指令因张总政治委员不能实行政治委员之责任，违背中央战略方针，中央为贯彻自己之决定，特直接指令前敌指挥员（党员）及其政委，并责成实现之。”

9月11日 率红三军到达甘肃迭部县俄界，同红一军会合。中共中央致电张国焘，指出：“中央为贯彻自己的战略方针，再一次指令张总政委立即命令左路军向班佑、巴西开进，不得违误。”

9月12日 出席在俄界召开的中共中央政治局扩大会议，作关于同红四方面军领导人张国焘的争论与目前行动方针的报告，并作结论。报告说，中央常委决定的向北发展的战略方针，请政治局批准。有同志反对这个方针，有他机会主义的方针，代表是张国焘。中央同张国焘作过许多斗争，想了许多办法与他接近，纠正其军阀主义倾向，但是没有结果。对于张国焘，要尽可能做工作，争取他。最后作组织结论是必要的，但不应马上作。

中央应继续坚持北上的方针。一、四方面军会合后，是应该在川、陕、甘创建苏区。但现在只有一方面军主力——一、三军北上，所以，当前的基本方针，是要经过游击战争，打通同国际的联系，整顿和休养兵力，扩大红军队伍，首先在与苏联接近的地方创造一个根据地，将来向东发展。报告还讲到加强党内团结问题，与四方面军的关系问题。毛泽东在结论中指出，同张国焘的斗争，是两条路线的分歧，是布尔什维主义与军阀主义倾向的斗争。张国焘是发展着的军阀主义倾向，将来可能发展到叛变革命，这是党内空前未有的。关于目前的战略方针，同在川、陕、甘创造根据地的计划是有变更的，因一、四方面军已经分开，张国焘南下，使中国革命受到相当严重损失。但是我们并不是走向低落，而是经过游击战争，大规模地打过去。一省数省首先胜利，是不能否认的，现在如此，将来也是如此，不过不是在江西，而是在陕、甘。会议发言的同志一致同意毛泽东的报告和结论。会议决定：红一军、红三军、军委纵队编为中国工农红军陕甘支队，彭德怀为司令员、林彪为副司令员，毛泽东为政治委员，王稼祥为政治部主任、杨尚昆为副主任；由毛泽东、周恩来、彭德怀、林彪、王稼祥成立五人团进行军事领导；由李德、叶剑英、邓发、蔡树藩、李维汉组成编制委员会，主持部队整编工作〔1〕。会议根据毛泽东报告和结论的精神，作出《关于张国焘同志的错误的决定》。决定指出：张国焘与中央争论的实质是对目前政治形势与敌我力量对比估计上有着原则的分歧。张国焘夸大敌人的力量，轻视自己的力量，以致丧失了在抗日前线的中

〔1〕 俄界会议后，中国工农红军第一方面军主力以及中央直属部队逐步实行整编，将红军第1军、第3军和军委纵队改编为第1、第2、第3纵队。整编工作到哈达铺才完成。

国西北部创造新苏区的信心，主张向川、康边界地区退却。决定揭露了张国焘分裂党、分裂红军的严重错误，指出张国焘的机会主义和军阀主义倾向，使“他对于中央的耐心的说服、解释、劝告与诱导，不但表示完全的拒绝，而且自己组织反党的小团体同中央进行公开的斗争，否认党的民主集中制的基本组织原则，漠视党的一切纪律，在群众面前任意破坏中央的威信”，“这种倾向的发展与坚持，会使张国焘同志离开党”。决定提出，必须采取一切具体办法去纠正张国焘的错误。为了教育和争取张国焘，这一决定只传达到中央委员，未向全党公布。

9月14日 中共中央再次致电张国焘等，指出：“一、四方面军目前行动不一致，而且发生分离行动的危险的原因，是由于总政委拒绝执行中央的战略方针，违抗中央的屡次训令与电令。总政委对于自己行为所产生的一切恶果，应该负绝对的责任。”电报指出中央先率一、三军北上是正确的；要张国焘立即取消南下的决心和命令，服从中央电令，具体部署左路军与四军、三十军之继续北进；指斥张国焘“不得中央的同意，私自把部队向对于红军极端危险的方向（阿坝及大小金川）调走，是逃跑主义最实际的表现”。十五日，张国焘不顾中共中央多次劝阻，通过中共川康省委和四方面军党员活动分子会议作出《关于反右倾机会主义斗争的决议》，并以中国工农红军总政治部名义下达《大举南进政治保障计划》，诬称中央坚持北上的方针是“右倾机会主义的逃跑路线”。

9月15日 同陕甘支队第一纵队到达黑拉。致电彭德怀，说一纵队明日向车眼前进，要求二纵队及军委纵队明日到达黑拉附近宿营。

9月16日 到达俄界黑尕寺（今黑多寺）。决定在天险腊子口打进入甘南的关键性一仗。同林彪、聂荣臻接连三次致电彭德怀，部署一、二纵队行动路线和夺取腊子口的战斗计划。电报说："顷据二师报告，腊子口之敌约一营踞守未退。该处是隘路，非消灭该敌不能前进。"

同日　红二十五军冲破敌人重重封锁来到陕西延川永坪镇，同陕甘苏区的红二十六、二十七军会师。十八日，正式组成红十五军团，徐海东任军团长，程子华任政治委员，刘志丹任副军团长兼参谋长。红二十五、二十六、二十七军分别改编为第七十五、七十八、八十一师。

9月17日　陕甘支队突破天险腊子口。

9月18日　同陕甘支队第一纵队翻越岷山（又名大剌山），到达鹿原里。二十时，就部队行动和严整纪律问题致电彭德怀及彭雪枫、李富春〔1〕，要"部队严整纪律，没收限于地主及反动派，违者严处"。二十二时，又电彭德怀说，哈达铺已为我一纵队一部占领。在此之前，召见一纵队侦察连连长梁兴初、指导员曹德连，要他们到哈达铺找些"精神食粮"，只要是近期和比较近期的报纸杂志都找来。

9月22日　在宕昌县哈达铺出席中共中央政治局常委会议。在讨论组织部工作问题时，毛泽东发言说：组织部应该调查了解干部，要了解连以上干部。我们现在只了解高级干部，中下级干部还不了解。为了巩固部队，需要了解干部；为了扩大干部，需要支配干部；为了与反革命作斗争，需要了解干部的一些倾向问题。组织部需要了解下层情形，这是组织部的主要工作。要把教育工作包括在组织工作之内。此外，对地方工作，组织部也应该给予帮助。关于编制问题，毛泽东说："编余"二字不大好。对

〔1〕 彭雪枫、李富春，当时分别任中国工农红军陕甘支队第2纵队司令员、政治委员。

于一些工作上需要的，就是编制上没有，也应该写上。我们应该承认，过去对干部的优待不够。现在的干部是精华，应该注意保护。会议对纵队的组织问题作出决定：叶剑英为第三纵队（原军委纵队）司令员，邓发为政治委员，蔡树藩为副政治委员兼政治部主任；刘亚楼调任第二纵队副司令员，罗瑞卿调任第二纵队政治部主任，袁国平调任第一纵队保卫局局长。会议还决定派谢觉哉、毛泽民[1]去新疆建立交通站，设法打通国际关系。在哈达铺期间，毛泽东从国民党报纸上了解到陕北有相当大的一片苏区和相当数量的红军。

同日 出席陕甘支队团以上干部会议，作行动方针与任务的报告，指出：民族的危机在一天天加深，我们必须继续行动，完成北上抗日的原定计划。首先要到陕北去，那里有刘志丹的红军。从现地到刘志丹创建的陕北革命根据地不过七八百里的路程。大家要振奋精神，继续北上。

9月23日 同陕甘支队第一纵队到达岷县闾井。向一纵队司令部侦察科布置任务，要求查清从祁山堡、马坞之间直通会宁、静宁的沿途情况，以及左、右两翼敌情；规定调查路线图要在当晚十二时以前上报。从此每日亲自布置调查行军路线及敌情的任务。

9月25日 和彭德怀致电第一纵队司令员林彪，部署第一、二、三纵队的行动，并要林彪调查到通渭的道路、里程及敌情。

9月26日 国民党军西北“剿匪”总司令部在西安成立，蒋介石兼总司令，张学良为副总司令并代行总司令职权，统一指挥陕西、甘肃、宁夏、山西等省军队。国民党军在西（安）兰

---

〔1〕 谢觉哉，当时任中华苏维埃共和国临时中央政府秘书长。毛泽民，当时任中国工农红军总供给部副部长。

（州）公路和平凉至宁夏的公路上布置封锁线。

9月27日 同陕甘支队到达通渭县榜罗镇。出席中共中央政治局常委会议。根据最近了解到的情况，会议改变俄界会议关于接近苏联建立根据地的决定，确定把中共中央和陕甘支队的落脚点放在陕北，“在陕北保卫和扩大苏区”〔1〕。二十八日，出席陕甘支队连以上干部会议，作当前形势和任务报告，讲了五个问题：（一）日本侵略北方的严重性；（二）陕北根据地和红军状况；（三）北方可成为抗日新阵地的经济、政治条件；（四）避免同国民党军作战，迅速到陕北集中；（五）严格整顿纪律，充分注意群众工作，宣传我军北上抗日的意义，注意扩充新战士。报告号召全支队突破长征的最后关口——固原、平凉封锁线，同陕北的同志会合。

10月 过了岷山，长征即将取得胜利，毛泽东心情豁然开朗，作《七律·长征》：“红军不怕远征难，万水千山只等闲。五岭逶迤腾细浪，乌蒙磅礴走泥丸。金沙水拍云崖暖，大渡桥横铁索寒。更喜岷山千里雪，三军过后尽开颜。”

同月 作《念奴娇·昆仑》〔2〕：“横空出世，莽昆仑，阅尽人间春色。飞起玉龙三百万，搅得周天寒彻。夏日消溶，江河

---

〔1〕 1935年10月22日，毛泽东在中共中央政治局会议上说：俄界会议与张国焘决裂，那时口号，打到陕北去，以游击战争与苏联发生联系。榜罗镇会议（由常委同志参加）改变了俄界会议的决定。因为那时得到新的材料，知道陕北有这样大的苏区与红军，所以改变决定，在陕北保卫与扩大苏区。

〔2〕 毛泽东对这首词在1958年12月21日曾作批注：“昆仑：主题思想是反对帝国主义，不是别的。改一句：一截留中国，改为一截还东国。忘记了日本人是不对的。这样，英、美、日都涉及了。别的解释，不合实际。”

横溢，人或为鱼鳖。千秋功罪，谁人曾与评说？　而今我谓昆仑：不要这高，不要这多雪。安得倚天抽宝剑，把汝裁为三截？一截遗欧，一截赠美，一截还东国。太平世界，环球同此凉热。”

10月1日　红十五军团在陕西甘泉县劳山地区设伏，歼灭国民党东北军第一一〇师主力大部，击毙师长何立中。

10月2日　同陕甘支队第三纵队离开通渭县城，到达距陇西川二十里之处。同彭德怀致电林彪、聂荣臻，彭雪枫、李富春，叶剑英、邓发，通报部队宿营位置及三日行动部署，要求各纵队注意收容落伍人员。

10月3日　同陕甘支队部和中共中央机关到达静宁县界石铺（今高界）。和彭德怀两次致电林彪、聂荣臻，彭雪枫、李富春，叶剑英、邓发，布置近日各纵队工作：一纵主力、二纵、三纵及支队部四日均各在原地休息一天，进行纪律教育，打土豪，筹粮食，准备五日向单家集、硝河城之线前进。聂荣臻、陈光率一纵队两个大队调查隆德情况，相机袭取之，以利我军向平凉、绥远川、镇原、西峰镇之线前进。

10月5日　同陕甘支队第一纵队主力到达单家集。途经静宁先圣庙，指挥部队击溃追敌一营。

同日　张国焘在四川理番县卓木碉〔1〕另立“中共中央”、“中央政府”和“中央军委”，宣布“开除”毛泽东、周恩来、秦邦宪、张闻天的中央委员及党籍，并下令“通缉”。对杨尚昆、叶剑英“免职查办”。

10月6日　到达张义铺。同林彪、聂荣臻致电彭德怀及彭

---

〔1〕今马尔康县白莎寨。

雪枫、李富春，部署陕甘支队近期行动，指出：要从固原、镇原之间向环县方向转进，选择适当时机、地点与追敌作战。

10月7日 到达乃家河。途经甘肃固原县青石咀〔1〕，在一个山头上直接指挥陕甘支队第一纵队的一、四、五大队，采取两侧迂回兜击、正面突击的战法，歼灭何柱国骑兵军两个连，缴获战马百余匹。率陕甘支队顺利地越过六盘山主峰，继续向环县与庆阳之间前进。随后，作《清平乐·六盘山》：“天高云淡，望断南飞雁。不到长城非好汉，屈指行程二万。 六盘山上高峰，红旗漫卷西风。今日长缨在手，何时缚住苍龙〔2〕？”

同日 致电彭雪枫、李富春，叶剑英、邓发：“明日须以急行军通过镇原、固原间大道，并注意向镇原、向固原前进之敌三十五师部队。白杨城如有敌时，须从其西端绕道向环县进。”

10月9日 同陕甘支队第一纵队主力到达牛房坪、李家村地区，日行七十里。

10月10日 到达甘肃镇原县三岔。

10月13日 同陕甘支队第一纵队日行七十里，到达环县苗家庄、真家湾、小南沟之线宿营。致电彭德怀：“明日我军到达及通过洪德城、环县之线，须准备与可能来之骑兵作战。敌小则消灭之，敌大则钳制之，而从其间隙乘夜通过该线。”

10月14日 到达环县洪德城。致电彭德怀：“二、三纵队必须乘夜通过洪德城、环县之线，明日到耿家湾〔3〕（不含）以

---

〔1〕 今属宁夏。

〔2〕 毛泽东对这首词在1958年12月21日曾作批注：“苍龙：蒋介石，不是日本人。因为当前全副精神要对付的是蒋不是日。”

〔3〕 耿家湾，即耿湾。

南地区宿营，后日与一纵队取平行路东进。”[1]

10月15日　同陕甘支队第一纵队到达环县耿湾一带。

10月16日　同陕甘支队第一纵队日行五十里到达木瓜城一带宿营。就近日陕甘支队行动部署致电彭德怀：“如追敌停顿，我军应在吴起镇、金汤镇集结休息一二天，查明保安、靖边情形，然后分路袭取之。即在吴起镇、保安[2]、靖边地域休息整理扩大，并征集资材，解决冬衣问题，一面派人去苏区取联络。”“现在每天走路不多，请令各部利用时间进行教育，并尽力改善给养。”

10月中旬　途经甘肃、陕西两省分水岭，对身边工作人员说：从江西算起到现在，我们已经走过了十个省[3]。走下山去，就进入第十一个省——陕西省了，那里就是我们的根据地，我们的家了。

10月17日　同陕甘支队第一纵队到达牛圈圪坨一带。致电彭德怀，通报敌情及后日作战部署，指出：“毛炳文[4]令陶峙岳[5]进至环县、洪德城之线整理待命，其骑兵团仍令其尾追侦察。本日十四时，我后卫大队在木瓜城东端高山与敌接触，似即其骑兵团。”“为准备后日作战，一纵队明十八日拟进至铁边城以

---

〔1〕关于陕甘支队通过洪德城的情况，毛泽东在1935年10月22日中共中央政治局会议上说：洪德城是最危险的一关。我们过渭水后，敌人知道了底细，即急风暴雨般地追击。我们通过洪德城后，敌人二点半即到，如不早通过，要受阻碍。

〔2〕吴起镇，今陕西吴旗县城。保安，今陕西志丹。

〔3〕这10个省是：福建、江西、广东、湖南、广西、贵州、云南、四川、西康、甘肃。

〔4〕毛炳文，当时任国民党军第37军军长。1935年10月下旬又任国民党军西北“剿匪”总司令部第1路军第3纵队司令。

〔5〕陶峙岳，当时任国民党军第37军第8师师长。

东之张家湾、杨家庙台之线宿营”。二、三纵队明日务相当靠近一纵队宿营，以便后日协同消灭该敌。

10月18日 到达陕西保安县铁边城附近。出席中共中央政治局常委会议，讨论陕甘支队入陕作战方针等问题，发言指出：入陕作战方针主要在西边打蒋。我们需要了解红二十五军和红二十六军的情况，以及陕北苏区的情况。我们可以与他们联系见面，确定我们的方针。现在我们已到陕西，去保安尚有五天路程。到保安，如无特别敌情，把保安变为苏区。现决定在保安暂停，如敌情许可，可把部队放在吴起镇、靖边，派负责人到苏区去。过去敌人对我们是追击，现在改为“围剿”，我们要打破这一“围剿”。由司令部、政治部发一训令下去：第一，整顿部队，提高战斗力；第二，与群众建立很好的关系，扩大红军，组织游击队；第三，解决物质器材问题、衣服问题，自己解决，不要麻烦红二十五军和红二十六军。

10月19日 同陕甘支队第一纵队到达保安县吴起镇。致电彭德怀：“吴起镇已是苏区边境，此地以东即有红色政权，保安城闻有红色部队，但吴起镇、金汤镇之间之金佛坪有地主武装百余守堡，拟派队消灭之。”并要彭德怀次日到吴起镇商讨行动方针，第二、第三纵队交叶剑英、邓发指挥。

10月20日 和彭德怀同陕甘支队第一纵队负责人研究敌情。毛泽东说，打退追敌，不要把敌人带进根据地。二十一日，陕甘支队第一、第二纵队在吴起镇附近击溃尾追的国民党军骑兵二千余人。战斗结束后，毛泽东作《六言诗·给彭德怀同志》：“山高路远坑深，大军纵横驰奔。谁敢横刀立马？唯我彭大将军！”

10月22日 出席在吴起镇召开的中共中央政治局会议，作关于目前行动方针的报告并作结论。报告说：陕甘支队自俄界出发已走二千里，到达这一地区的任务已经完成。现在全国革命总指挥部到这里，成为反革命进攻的中心。敌人对于我们的追击堵截不得不告一段落，现在是敌人“围剿”。我们的任务是保卫和扩大陕北苏区，以陕北苏区领导全国革命。陕、甘、晋三省是发展的主要区域。现在以吴起镇为中心，第一期向西，以后向南，在黄河结冰后可向东。要极大地注意同西北同志的关系，应以快乐高兴的态度和他们见面。当前世界革命进到新的阶段，帝国主义到处冲突。日本帝国主义独占华北，反帝运动高涨，反帝革命在全国酝酿，陕北群众急需革命，这是粉碎敌人“围剿”的有利条件。粉碎敌人“围剿”还要有好的领导。在结论中指出：结束一年长途行军，开始了新的有后方的运动战。提高战斗力，扩大红军，解决物质问题，是目前部队的中心工作。要加强白区、白军工作和游击工作的配合。要尊重地方群众的意见，不要自高自大地压制他们。动员群众主要依靠地方工作，不依靠他们没有办法。与会者一致同意毛泽东的报告和结论。这次会议，批准了榜罗镇会议的战略决策，宣告了中央红军长征结束。随后，派白区工作部部长贾拓夫作为先遣队寻找陕北红军和刘志丹，李维汉同行。

在吴起镇期间，会见红十五军团前来联系的同志，并写信给徐海东、程子华，感谢在陕北坚持战斗的红十五军团的同志，并向全军团同志表示慰问。

10月25日 出席陕甘支队团以上干部会议，并作报告，指出：（一）胜利地到达目的地，一年来的奋斗能得如此成绩，并获得粉碎新的“围剿”的各项条件，是由于党的领导正确。（二）目前革命形势已到拂晓。（三）当前的任务是：进行军事、政治教育；争取群众，扩大红军；改善生活，充实被服。

同日 红十五军团发起榆林桥战斗，全歼国民党军东北军第一〇七师第六一九团等部，俘获团长高福源。

10月27日 在吴起镇出席中共中央政治局常委会议。关于部队工作，毛泽东发言说：部队减员，队伍虽小，但它是将来发展的基础。现在环境改变，二万里完结，将来再不会有二万里，应向干部解释发展前途。关于陕甘支队南下与红二十五、二十六军会合粉碎国民党军的“围剿”问题，发言说，目前主要作战方向是南边，要先将董英斌[1]两个师消灭。二十五、二十六军在甘泉、富县集中配合作战。如能再对杨虎城、孙蔚如[2]由南城开渭水的一路继续给予打击，能打两个胜仗，即可打破“围剿”。要在严冬之前粉碎敌人“围剿”。会议还确定常委分工：毛泽东负责军事工作，秦邦宪负责苏维埃工作，周恩来负责中央组织局和后方军事工作。

10月28日 同彭德怀、林伯渠商讨解决过冬被服、西药、无线电器材和兵工厂器材等问题。决定在凤凰镇设采办处，以陕甘支队后方部部长杨至诚为主任。

10月29日 中国工农红军陕甘支队发布《告红二十五、二十六军全体指战员书》，指出：陕甘支队经过二万余里的长征，与红二十五军、红二十六军会合，是中国苏维埃运动的一个伟大胜利，是西北革命运动大开展的号炮，它将为开展西北苏维埃运动大局面、赤化全中国打下巩固的基础。

10月30日 和彭德怀率陕甘支队离开吴起镇，向下寺湾前进。

---

〔1〕 董英斌，当时任国民党军第57军军长、西北“剿匪”总司令部第2路军第7纵队司令。

〔2〕 杨虎城，当时任国民党政府军事委员会驻陕绥靖公署主任、国民党军第17路军总指挥、西北“剿匪”总司令部第3路军总司令。孙蔚如，当时任国民党军第38军军长、西北“剿匪”总司令部第3路军第9纵队司令。

11月2日 到达甘泉县下寺湾。同彭德怀致电林彪、聂荣臻，彭雪枫、李富春，叶剑英并转杨尚昆，指出：沿途群众热烈欢迎，须准备回答的口号，并注意与红十五军团见面时应说的话；要打草鞋，洗衣，洗澡，补充粮食，力求部队清洁、整齐、有礼节。

11月3日 在下寺湾陕甘边区特委出席中共中央政治局常委会议，会议听取陕甘晋省委副书记郭洪涛和西北军委主席聂洪钧关于陕北苏区、陕北红军及其作战情况的汇报。在此之前，毛泽东得知陕北肃反扩大化和刘志丹等被关押的情况，当即下令停止逮捕，停止审查，停止杀人，一切听候中央解决。

同日 出席中共中央政治局会议，会议讨论中央对外名义和组织分工等问题。毛泽东发言说：对外用中共西北中央局和中央政府办事处的名义较适当，公开使用中共中央和中央政府名义可在打破“围剿”之后再定。作战方针，应在这个月解决第三次“围剿”问题，经过一个深冬让敌人慢慢做堡垒是不好的。同红十五军团会合后，红十五军团编制应保存，红二十六、二十七军因历史关系也不要合并。陕甘支队可编成红一军团，并成立红一方面军。会议决定：对外使用中共西北中央局和中华苏维埃共和国中央政府西北办事处的名义。成立西北革命军事委员会，毛泽东为主席，周恩来、彭德怀为副主席，成员有王稼祥、林彪、程子华、徐海东、聂洪钧、郭洪涛。会议确定：大的战略问题，军委向中央提出讨论；至于战斗指挥问题，由军委全权决定。会后，毛泽东、周恩来、彭德怀率红一军团南下和红十五军团会合，准备粉碎国民党军对陕北苏区的第三次“围剿”；张闻天、秦邦宪等率领中共中央机关前往瓦窑堡（今子长县城）。

同日 西北革命军事委员会主席毛泽东和副主席周恩来、彭德怀发布通令：“奉中华苏维埃中央政府命令，兹委任毛泽东、周恩来、彭德怀、王稼祥、聂洪钧、林彪、徐海东、程子华、郭洪涛九同志为西北革命军事委员会委员，以毛泽东为主席，周恩来、彭德怀为副主席。”本日，西北革命军事委员会发布命令，委任彭德怀为中国工农红军第一方面军司令员，毛泽东为政治委员；林彪为第一军团军团长，聂荣臻为政治委员；徐海东为第十五军团军团长，程子华为政治委员。

同日 中华苏维埃共和国中央执行委员会主席毛泽东，副主席项英、张国焘发出布告，决定在陕甘晋苏区设立苏维埃中央政府驻西北办事处，以秦邦宪为主席，林伯渠、邓发、王观澜、崔田民、徐特立、蔡树藩、李振询分别任财政、粮食、土地、国民经济、教育、司法内务、劳动等部部长，罗梓铭为工农检查局局长。

11月4日 率红一军团南下到达桥家庄。和彭德怀致电林彪、聂荣臻，叶剑英，彭雪枫、李富春并转周恩来，通报董英斌第五十七军向直罗镇前进的动向，要求各纵队为消灭该敌继续南进。

11月5日 到达象鼻子湾，向随行部队发表讲话，说：从江西瑞金算起，我们走了一年多时间。我们每人开动两只脚，走了两万五千里。这是从来未有过的真正的长征。我们红军的人数比以前是少了一些，但是留下来的是中国革命的精华，都是经过严峻锻炼与考验的。留下来的同志不仅要以一当十，而且要以一当百、当千。今后，我们要和陕北红军、陕北人民团结一致，要作团结的模范，共同完成中国革命的伟大使命，开创中国革命新局面。

同日 和彭德怀致电林彪、聂荣臻，彭雪枫、李富春，叶剑英，要叶剑英[1]率直属队后日来象鼻子湾归队，并要林彪、聂

〔1〕 叶剑英，当时任中国工农红军前敌总指挥部参谋长。1935年11月8日任西北革命军事委员会参谋长兼中国工农红军第一方面军参谋长。

荣臻来象鼻子湾，以确定发起直罗镇战役的总的决心。

11月6日　和彭德怀致电徐海东，要求尽快消灭张村驿团匪，派游击队两个连进驻直罗镇对黑水寺游击，并调查直罗镇以北地区和以南地区的道路、地形、人家及葫芦河能否徒涉等情况。

11月7日　和彭德怀前往道佐铺红十五军团部，会见徐海东、程子华、郭述申[1]等，共同商定直罗镇战役计划，确定先行攻克张村驿。毛泽东还用“落霞与孤鹜齐飞，秋水共长天一色”的语句，说明开辟革命根据地同发展红军的密切关系。

同日　和彭德怀致电林彪、聂荣臻，彭雪枫、李富春，要一、二两纵队次日各在原地休息一天，加紧教育战术及政治鼓动；还要林彪对直罗镇以北和以南地区的地形、道路、人家详加调查，当面报告，并摘要电告。当晚，收到林彪关于调查情况的电报。八日，和彭德怀复电林彪，要他再次调查，并派员看地形绘图，具详报告。

11月8日　晨七时，和彭德怀致电林彪、徐海东，要他们迅速肃清国民党坐探，并要红十五军团在消灭张村驿团匪后，继续消灭久原、套通、金村、东村一带团匪。晚七时，和彭德怀致电徐海东，询问张村驿地域打土围情况。九日，得悉张村驿战斗捷报后，和彭德怀复电徐海东、程子华，要他们注意发动群众斗争，分配土地，建立政权，以利将来作战。

同日　中午十二时，和彭德怀致电林彪、聂荣臻，彭雪枫、李富春，要各纵队在驻地自行筹足七天粮食，以保障战役的胜利。晚十时，同彭德怀再电林彪、聂荣臻，彭雪枫、李富春，通

---

[1] 郭述申，当时任中共陕甘晋省委宣传部部长、中国工农红军第15军团政治部副主任。

报国民党军第一〇六师一部已到太白镇附近，董英斌第五十七军三个师一二日内有向黑水寺、直罗镇前进的可能；要求各部队向指定地点移动。根据部署，红一军团主力先后进至富县西北的老人仓、秋林子地区，红二十五军进至桃花砭、张村驿一线。

11月9日 关于部队给养等问题，和彭德怀、周恩来、杨立三[1]复电秦邦宪，同意后方的筹粮计划，说现在气候已很冷，做衣与运粮宜并重；还希望十五天内送一千新战士来。同时，电告林彪、聂荣臻，要他们派人去瓦窑堡中央政府办事处接收一千名新战士进行训练，以便赶快补充部队。

同日 和彭德怀致电林彪、聂荣臻，徐海东、程子华，指出董英斌第五十七军主力一二日内尚难进出直罗镇；部署红一军团在原地不动，程子华率第七十五师进至桃花砭地区隐蔽集结，徐海东指挥部队肃清金村、东村、套通、久原一带团匪。

11月11日 致电林彪、聂荣臻，徐海东、程子华并转彭德怀、周恩来："张学良以我们两军会合，令其各部一律不动，筑碉办粮，候其大会[2]开后增援队到再行进攻。""似此，短时间内尚无机动可能，各部应就原地加紧训练，测绘葫芦河两岸各数十里地区五万分之一地形图，肃清团匪，筹集一个月粮，派出部分人员深入地方工作，以利今后作战。"

11月12日 接连致电彭德怀，徐海东、程子华，林彪、聂荣臻，部署红一军团、红十五军团各部的行动和部队筹款、贮粮、就食等工作。

11月13日 关于举行西北革命军事委员会会议问题，致电

---

〔1〕 杨立三，当时任西北革命军事委员会后方办事处兵站部部长。

〔2〕 指1935年11月12日至23日召开的国民党第五次全国代表大会，张学良出席了这次大会。

林彪、聂荣臻，徐海东、程子华并彭德怀、周恩来：拟于十八日在张村驿开军委会，请彭、周等候，并已函告朱理治来参加。军委会议拟总结并讨论下列问题：一、方面军及游击队的部署；二、军事、政治教育；三、军区、军分区组织与工作；四、地方工作计划；五、筹粮计划；六、筹款计划。

同日 中共中央发表《为日本帝国主义并吞华北及蒋介石出卖华北出卖中国宣言》。宣言指出：中国工农红军到达陕北，“将开始以中国工农红军为主力的民族革命战争的新的历史阶段”。“一切抗日反蒋的中国人民与武装队伍，不论他们的党派、信仰、性别、职业、年龄有如何的不同，都应该联合起来，为打倒日本帝国主义与蒋介石国民党而血战。”

11月18日 在张村驿出席西北革命军事委员会会议，作关于战略方针的报告，指出大量消灭敌人、猛烈扩大苏区和扩大红军是三位一体的任务，战略方针是攻势防御；建议将红军主力集中南线，出中部〔1〕、洛川，切断西安至肤施〔2〕的交通，相机夺取中部县城，争取攻占甘泉、肤施。会议通过了毛泽东的报告。

同日 和周恩来、彭德怀致电张闻天、秦邦宪，请他们详细考虑陕北苏区肃反中的问题，指出：“错捕有一批人，定系事实。”提出纠正肃反中的错误。

11月19日 率红一方面军司令部到达张村驿西端的川口子。和彭德怀致电林彪、聂荣臻，说国民党军东北军第一〇九师明日有到直罗镇的可能，我军应准备后日作战。在发起直罗镇战役前，和彭德怀、周恩来带领红一、红十五军团的干部前往直罗镇地区，察看地形，研究具体部署。

---

〔1〕 中部，今陕西黄陵县。

〔2〕 肤施，旧县名，1937年2月改名延安。

11月20日 和彭德怀致电林彪、聂荣臻，提出红一方面军于二十一日应完成消灭直罗镇一带敌人一个师至两个师的任务；部署红一军团主力进至袁家山、直罗镇以北地区由北向南突击，红十五军团由药埠头以北地区由南向北突击。

11月21日 发起直罗镇战役。在北山吴家台北端高地设指挥所，直接观察战场情况，指挥红一、红十五军团作战，提出这一仗“要的是歼灭战”。拂晓，红军对进至直罗镇的国民党军第一〇九师发起进攻，激战至下午二时，歼敌大部。二十三日，致电彭德怀、周恩来，要求红军以一部兵力继续围歼残敌，主力转为打援。当日，红军在张家湾地区歼灭援敌一〇六师的一个团。二十四日，直罗镇之残敌在突围中被全歼，直罗镇战役结束，共歼灭国民党军东北军一个师又一个团，俘敌五千三百余人，缴枪三千五百余支。这次战役的胜利，打破了蒋介石对陕甘苏区的第三次“围剿”。

11月中旬 中共驻共产国际代表团所派代表张浩（林育英）从莫斯科到达瓦窑堡，带来共产国际第七次代表大会精神和《八一宣言》。

11月24日 致电周恩来、彭德怀：洛、博〔1〕来电，估计三次“围剿”已经终结，建议开一详细讨论的会议。我完全同意此估计。

同日 会见徐海东，谈直罗镇战役胜利的意义及当前国民党军的动向，询问部队伤亡情况，要求认真组织部队休整，做好伤员安置工作。当听到红十五军团中还有鄂豫皖苏区肃反遗留的三百多“反革命嫌疑犯”没有作结论时，说：他们长征都走过来了，这是最好的历史证明，应该统统释放；党员、团员要一律恢

〔1〕洛、博，指洛甫（张闻天）、博古（秦邦宪）。

复组织生活，干部要分配工作。并责成徐海东亲自抓这项工作的落实。

11月25日 《红色中华》发表中华苏维埃共和国中央政府主席毛泽东对该报记者的谈话，批驳蒋介石在国民党第五次全国代表大会上发表的所谓对外方针的演说[1]，揭露其“出卖整个华北及全中国”的罪恶。谈话指出：“我们中国人有力量来抵抗日本帝国主义的强暴侵略与并吞”。“苏维埃中央政府领导全国唯一反帝的主力工农红军，并号召全国民众总动员起来，武装起来，抗日反蒋”。谈话重申，“苏维埃中央政府愿意与国内任何武装队伍订立反蒋的作战协定”，彻底进行民族革命战争，以求得到中国的独立解放与领土完整。

同日 和彭德怀致电聂荣臻并林彪，要他们速放俘虏军官数名，与东北军第一〇六师师长沈克办交涉。二十六日，和彭德怀又致电聂、林，指出：“对一〇六师的基本方针是用积极诚恳方法争取其反日反蒋。”“无论沈克有无切实回答，一军团准备撤回。”

11月26日 致信国民党军东北军第五十七军军长董英斌。信中痛陈东北三省沦丧的历史教训，指出：“东北军将领虽铸‘九一八’大错，然而今日者固犹是食中华之粟，践中华之土。东北军之与红军，固犹属中国境内之人，何嫌何仇而自相斫丧！今与贵军长约：（一）东北军不打红军，红军亦不打东北军。（二）贵军或任何其他东北军部队，凡愿抗日反蒋者，不论过去打过红军与否，红军愿与订立条约，一同打日本打蒋介石。

---

〔1〕 1935年11月19日，蒋介石在国民党第五次全国代表大会上作关于对外关系的演说，声言：“和平未到完全绝望时期，决不放弃和平；牺牲未到最后关头，亦不轻言牺牲。”

（三）红军优待东北军官兵，不但一律不杀，且分别任职或资遣回队；负伤官兵，均照红军伤员一体医治。”还表示愿互派代表，商洽一切。

同日 和彭德怀致电林彪、聂荣臻，徐海东、程子华：“各部集中后，拟整理一星期，开军委会，开干部会，开祝捷会，以后按新部署行动。”

11月27日 率红一方面军司令部到达东村。

11月28日 中华苏维埃共和国中央政府主席毛泽东、中国工农红军革命军事委员会主席朱德发表《中华苏维埃共和国中央政府、中国工农红军革命军事委员会抗日救国宣言》。宣言指出：“在亡国灭种的前面，中国人民决不能束手待毙。”“现在正是要求我们全国人民有力出力，有钱出钱，有枪出枪，有知识出知识，大家团结，大家奋斗，以誓死的决心以对付中国人民公敌的时候。”宣言指出：“不论任何政治派别，任何武装队伍，任何社会团体，任何个人类别，只要他们愿意抗日反蒋者，我们不但愿意同他们订立抗日反蒋的作战协定，而且愿意更进一步地同他们组织抗日联军与国防政府。这个抗日联军与国防政府，我们认为应该有以下的十大纲领。（一）没收日本帝国主义在华的一切财产作抗日的经费。（二）没收一切卖国贼及汉奸的土地财产分配给工人、农民、灾民难民。（三）救灾治水，安定民生。（四）废除一切苛捐杂税，发展工商业。（五）加薪加饷，改良工人、士兵及教职员的生活。（六）发展教育，救济失学的学生。（七）实现民主权利，释放所有的政治犯。（八）发展生产技术，救济失业的知识分子。（九）联合朝鲜、台湾，日本国内的工农及一切反日的力量结成巩固的联盟。（十）同对中国抗日的民族运动表示同情赞助或守善意中立的民族或国家建立亲密的友谊关系。”

同日 和彭德怀致电秦邦宪：一方面军本日已全部集中于羊

泉镇以北地区，进行十天整理训练，至十二月八日止，九日接近部署出动。后方新兵、衣服、食粮等项，均请令其于八日前赶到，否则不便补充。

11月30日 在东村出席红一方面军营以上干部大会，作《直罗战役同目前的形势与任务》的报告。报告指出直罗镇战役胜利的原因是："（一）两个军团的会合与团结（这是基本的）。（二）战略与战役枢纽的抓住〔1〕（葫芦河与直罗镇）。（三）战斗准备的充足。（四）群众与我们一致。"报告说：中央与军委决定的向南作战与初步解决"围剿"的总方针，由于方面军各级首长与战斗员的坚决执行，已经完满实现。这次胜利，给了我们以准备打破新"围剿"的时间和地区的条件，巩固了苏区，可以去猛烈地扩大红军和扩大苏区。这次胜利为在西北建立广大的根据地"举行了奠基礼"。报告提出新的任务是："从现时起用极大努力争取与积蓄更加充足的力量，迎接敌人新的大举进攻而彻底粉碎之，开辟我们的苏区到晋、陕、甘、绥、宁五个省份去"。报告指出，"消灭敌人，扩大红军，坚强红军，赤化地方与破坏敌军"，是今后时期内红一方面军的"五项具体的严重的任务与工作，而以扩大红军为此时期中心的一环"。报告还提出，改变对俘虏军官的政策，实行一律不杀、优待释放的政策。

同日 西北革命军事委员会主席毛泽东、副主席周恩来、彭德怀发布命令，任命左权为红一军团参谋长，朱瑞为政治部主任；周士第为红十五军团参谋长，郭述申为政治部主任；萧劲光为陕甘军区司令员，李富春为政治委员。还任命各师、军分区、骑兵团、独立团负责干部共二十二人。

---

〔1〕 毛泽东在报告中另一处是这样说的："抓住战略枢纽去部署战役，抓住战役枢纽去部署战斗。"

同日 致电张闻天，指出：红一方面军休息十天后拟包围宜川、洛川两城，调动可能来援之敌而消灭之。延安之敌逃跑则截击消灭之。同时可赤化宜、洛两县，筹款就粮。电报说：“目前不宜即向宁夏，根本方针仍应是南征与东讨。东讨之利益是很大的。我们有详信复你。”“为准备东进，四个月内应扩大红军一万。”

11月 中国工农红军第一方面军司令员彭德怀、政治委员毛泽东、政治部主任王稼祥等九人联名发表《告围攻陕甘苏区的各部队官长与士兵书》，提出：“只要你们不打红军和陕甘苏区，我们愿意和你们互派代表，订立抗日作战协定，并组成抗日联军与国防政府，联合起来，打日本救中国。不论哪一派的军队，不论一军一师或者一连一排，不论从前有没有打过红军和苏维埃区域，我们为着贯彻四年来的抗日救国的主张，都一律欢迎同我们联合起来共同抗日。”

12月1日 复电张闻天，指出：“关于红军靠近外蒙的根本方针，我是完全同意的。”“我不同意的是时间与经路问题。第一，红军目前必须增加一万人。在四个月内，我们必须依据陕北苏区，用空前努力达此目的。第二，最好是走山西与绥远的道路。这是用战争、用发展、用不使陕北苏区同我们脱离的方针与外蒙靠近。为完成上述两种任务，我想有六个月左右的时间就够了。所以我们应在明年夏天或秋天与外蒙靠近，目前应立即开始组织蒙民游击队。”“对富农策略的转变，基本同意。但决议上应指出，当斗争发展，贫农、中农要求平分富农土地时，党应赞助这一要求。富农可与贫农、中农分得同等土地。过去分坏田的原则是不对的，但富农土地完全不动的原则，在苏区尤其在南方苏区也是不对的。在土地问题上，对富农策略同对中农应该有一点区别。农村中的党应善于领导与监督富农，严防为富农所领导。

要指出当斗争深入时，富农必然转入地主阵线，这是中国半封建富农阶层的特点。对有劳动力又破产了的小地主阶层，在群众同意下应按富农待遇。”“反蒋抗日统一战线的策略内容及具体的口号与纲领[1]，完全同意”。六日，中共中央正式作出《关于改变对富农政策的决定》，基本上采纳了毛泽东对富农问题的意见。

12月2日　和彭德怀致电朱德、张国焘、刘伯承、徐向前、陈昌浩，通报直罗镇大捷，并指出：“在中央正确领导下，粉碎了三次‘围剿’，正在猛烈扩大红军，猛烈发展苏区，准备迎接战斗的胜利”。

12月5日　致电张闻天、李德：“我率三十一分队拟明六号动身来后方。德怀、林彪、子华三人须参加六号及七号的祝捷运动大会，定九号同朱理治[2]来后方。开会地点以安塞为便。”“完全同意李德同志对延川、延长的部署[3]。一方面军十天内仍在原地集结训练，俟阎锡山情况明了后，再定向南或向东的方向。”

同日　和彭德怀致信杨虎城。信中说：“盖日本帝国主义实我民族国家之世仇，而蒋介石则通国人民之公敌。”“是以抗日反蒋，势无偏废。建义旗于国中，申天讨于禹域，驱除强寇，四万万具有同心，诛戮神奸，千百年同兹快举。鄙人等卫国有心，剑履俱奋，行程二万，所为何来，既达三秦，愿求同志。倘得阁下一军，联镳并进，则河山有幸，气势更雄，减少后顾之忧，增加

---

〔1〕指《中华苏维埃共和国中央政府、中国工农红军革命军事委员会抗日救国宣言》中关于建立反蒋抗日统一战线的十大纲领等主张。

〔2〕朱理治，当时任中共陕甘省委书记。

〔3〕1935年12月3日，中国工农红军第15军团副军团长刘志丹奉命率一部兵力到达延川，防止延川、延长黄河东岸国民党军西渡，并相机歼灭从肤施逃出之敌。同日，李德将这个部署电告彭德怀、毛泽东。

前军之力。”“凡愿加入抗日讨蒋之联合战线者，鄙人等无不乐与提携，共组抗日联军，并设国防政府，主持抗日讨蒋大计。”信中还以“重关百二，谁云秦塞无人；故国三千，惨矣燕云在望。亡国奴之境遇，人所不甘，阶下囚之前途，避之为上”的语句，激发杨虎城的爱国热情。在此前后，会见曾在第十七路军工作过的汪锋，了解杨虎城和第十七路军的情况，要他前往西安，把信交给杨虎城。

同日 致信国民党军第十七路军总参议杜斌丞。信中说：“从汪锋同志知先生不忘情于革命，甚感事也。时至今日，论全国，论西北，论陕西，均舍抗日反蒋无第二条出路。”“为今之计，诚宜急与敝方取一致行动，组成联合战线，敝方愿在互不攻击的初步条件下，与虎城先生商洽一切救亡图存之根本大计。”“如得先生居中策划，以共同作战对付公敌为目标，则敝军甚愿与虎城先生成立谅解，逐渐进到共组抗日联军、国防政府之步骤。先生为西北领袖人物，投袂而起，挺身而干，是在今日。东北军中如沈克等（此次敝军追击董英斌，消灭沈师一个团，非所愿也），均应与之联合。甘肃邓君宝珊〔1〕，亦为绝无出路之人，敝军亦愿与发生关系。”

同日 张国焘致电中共中央，宣称：“此间用中央、中共中央、中央政府、中央军委、总司令部等名义对外发表文件，并和你们发生关系”，“你们应称北方局、陕北政府和北路军”，“一、四方面军名义应取消”。

同日 西北革命军事委员会主席毛泽东、副主席周恩来、彭德怀发布《关于伤病员柴菜费调养费抚恤费之通令》，规定在目前较低的物质条件下使伤病员能迅速治愈并恢复体力。

---

〔1〕 邓宝珊，当时任国民党军新编第1军军长。

12月6日 离开东村红一方面军司令部，前往瓦窑堡。八日到王家坪，十一日到安塞，十三日到达瓦窑堡。

12月8日 和彭德怀、刘志丹发表《告陕甘苏区工农劳苦群众书》，号召陕甘苏区人民勇敢地当红军到前方来，用一切力量来保护我们的土地和自由，保卫我们的苏维埃政权。

12月9日 北平爱国学生数千人，在中共北平临时工作委员会领导下，举行抗日救国示威游行，要求“停止内战，一致对外”。一二九运动爆发。

12月10日 中华苏维埃共和国中央政府主席毛泽东发表《对内蒙古人民的宣言》，号召内蒙古人民起来抗日反蒋，指出：“我们认为只有我们同内蒙古民族共同奋斗，才能很快地打倒我们共同的敌人日本帝国主义及蒋介石。同时相信，内蒙古民族只有与我们共同战斗，才能保存成吉思汗时代的光荣，避免民族的灭亡，走上民族复兴的道路。”“我们愿意彼此缔结攻守同盟，去打倒我们共同的敌人。”最后提出尊重内蒙古人民的民族权利、内蒙古区域各民族平等等五点宣言。

12月13日 致电彭德怀，要红一方面军仍在套通、田儿地区进行第二个十天训练计划，不应向南移动，应在原地待机。

12月15日 中华苏维埃共和国中央执行委员会主席毛泽东发布命令，改变对富农的政策，以扩大全国抗日讨蒋的革命战线。命令规定：富农之土地，除以封建性高额出租应全部没收之外，其余富农自耕及雇人经营之土地，不论其土地之好坏，一概不在没收之列；富农之动产及牲畜耕具，除以封建性高利贷出借者外，均不应没收；除统一累进税外，禁止地方政府对于富农之惩罚及特殊税捐；富农在不违反苏维埃法律时，各级政府应保障其经营工商业及雇用劳动之自由；在实行平分一切土地之区域，富农有与普通农民分得同样土地之权。命令同时还规定：富农仍无权参加红军及一切武装部队，并无选举权。

12月16日 致电彭德怀并转徐海东、程子华，提出为消灭井岳秀[1]侵入苏区部队，粉碎其夺取安塞、安定的整个计划，决定调红二十六军北上，会合七十八师，于十七日进行出动准备，限二十二日到达子长县附近集中待命。

12月17日—25日 出席在瓦窑堡开始举行的中共中央政治局会议（通称瓦窑堡会议）[2]。会议着重讨论军事战略问题、全国的政治形势和党的策略方针问题。根据民族矛盾逐步上升为社会主要矛盾的新特点，会议讨论并确定了抗日民族统一战线的策略方针，完满地解决了党的政治路线问题。二十三日，毛泽东作军事问题的报告。报告分三个部分：一、关于战略方针。要以坚决的民族革命战争，反抗日本帝国主义侵略，把国内战争与民族战争结合起来。一九三六年应准备直接对日作战的力量，扩大红军。红军行动应放在“打通苏联”和“巩固扩大苏区”两项任务上。“游击战争在民族革命战争中有极大战略上的作用”。在一切省份发展游击战争，着重于主要省份，如河北、山东、河南、满洲、察哈尔、江苏、陕南、山西、甘肃等。做好白军和白区的工作。二、关于作战指挥上的基本原则。几年来国内革命战争的经验告诉我们：战略防御时，反对单纯防御，执行积极防御，反对先发制人，执行后发制人，诱敌深入，以退为进；战略进攻时，既要夺取先机，反对机会主义估计不足，又要适可而止，反对冒

---

〔1〕 井岳秀，当时任国民党军第86师师长、西北“剿匪”总司令部第3防守区副司令。

〔2〕 关于这次会议最初几天的情况，毛泽东在1935年12月19日给彭德怀的电报中说：“政治局会议开了三天，关于总的政治问题（形势及任务）讨论完了。真是一次很好的讨论，可惜你没有来参加。明后天讨论军事问题。”

险主义和冒险政策，要波浪式的发展，实行发展中的推进政策；基本原则还是运动战，反对不让寸土的办法，大踏步前进后退；集中兵力于一个方面，一个拳头打人，反对分兵主义；战略的内线作战和战役的外线作战，战略的持久战和战役的速决战；战斗前要有充分的准备，要改善红军的技术条件；实行统一指挥下的分割指挥，军委在军事范围内有完全的权力。三、关于行动方针。主要分三个步骤。第一步，在陕西的南北两线给进犯之敌以打击，巩固和发展陕北苏区，从政治上、军事上和组织上做好渡黄河去山西的准备。第二步，到山西去，准备击破阎锡山的晋绥军主力，开辟山西西部五县以至十几县的局面，扩大红军一万五千人，并保证必要时返回陕西所需要的物质条件。第三步，根据日军对绥远进攻的情形，适时地由山西转向绥远，用小的游击战争与日军周旋。总的方针是与苏联取得联系。会议于二十三日当天通过《中央关于军事战略问题的决议》〔1〕。二十五日，会议通过《中共中央关于目前政治形势与党的任务的决议》。

12月17日 和周恩来复电彭德怀，同意夺取甘泉、宜川的部署，指出：一军团用坚决而机巧的手段取得甘泉并相机夺取宜川，十五军团进到牛武镇、龙泉镇地域工作。两军团的发展方向为正南，首先赤化洛川、宜川两县，加紧扩红。

同日 为优待红军技术人员，节省使用各级指挥机关办公费等，和周恩来、彭德怀发布《西北革命军事委员会关于办公费、津贴费之规定的命令》，规定无线电技术人员、医务人员、电话技术人员、红校军事教育专家，均列为技术人员，发给特殊津贴。

12月21日 和张闻天致电彭德怀并转林彪，答复林彪对战

---

〔1〕 这个决议的基本内容与毛泽东的报告记录稿是相同的。

略问题的来电[1]，指出："在日本进占华北的形势下，陕南游击战争不能把它提到比陕北等处的游击战争还更加重要的地位，实际上后者是更重要的。尤其不能把游击战争提到似乎比主力红军还更重要的地位（如提出红军主要干部去做游击战争），这样的提法是不妥当的。林在某些问题上的观点是同我们有些分歧的，中央认为有当面说明之必要。现在前方军事不紧张，因此仍望林来中央一行，并在此一个时期，这于林是有好处的。"

12月24日 和周恩来致电彭德怀、杨尚昆，林彪、聂荣臻，徐海东、程子华，左权，下达关于准备东征的行动计划，指出：中央讨论了战略方针、作战原则及行动计划，通过了军委的报告。关于行动方向，如东村时所定。要求以四十天为期，完成渡黄河东征的准备工作。其中包括夺取甘泉、宜川两城，赤化宜川、洛川两县，给北面进攻着的敌人以打击，前线部队用极大努力扩红，后方完成五千人扩红计划，并在北线和南线分别组建红二十八、红二十九军[2]。

同日 为夺取宜川城，和周恩来致电彭德怀："取得宜川城，对于以后有很大利益。现有四十天工夫，请令一军团详细侦察用地道法攻开该城的可能性"。"强袭甘泉如不奏效，即改用地道法"。

12月27日 在瓦窑堡党的活动分子会议上作《论反对日本

---

〔1〕 据《聂荣臻回忆录》记载："中央政治局召开瓦窑堡会议以前，曾征求军团领导干部对战略问题的意见。林彪在信中就正式向中央提出，要到陕南去打游击，说这比在陕北巩固和扩大根据地更重要，而且要求把红军主要干部调出，由他带领到陕南打游击。"

〔2〕 1935年底和1936年1月，中国工农红军第28、第29军先后成立。刘志丹、宋任穷分别任中国工农红军第28军军长、政治委员，萧劲光、朱理治分别任中国工农红军第29军军长、政治委员。

帝国主义的策略》的报告，进一步阐明中央政治局瓦窑堡会议精神。报告指出，在日本帝国主义要变中国为它的殖民地的新形势下，国内各阶级之间的关系发生了变化。不仅工人、农民和城市小资产阶级是抗日的基本力量，而且民族资产阶级也有参加抗日斗争的可能性。即使地主买办阶级营垒，也可能发生分化。在殖民地化威胁的新环境下，民族资产阶级变化的总的特点是动摇。他们一方面不喜欢帝国主义，一方面又怕革命的彻底性。在斗争的某些阶段，他们中间的左翼有可能参加斗争，另一部分则有由动摇而采取中立态度的可能。至于地主买办阶级营垒，也不是完全统一的，这是许多帝国主义争夺中国的环境所造成的。“我们要把敌人营垒中间的一切争斗、缺口、矛盾，统统收集起来，作为反对当前主要敌人之用。”报告强调，党的基本策略任务，就是反对狭隘的关门主义，建立广泛的民族革命统一战线。“组织千千万万的民众，调动浩浩荡荡的革命军，是今天的革命向反革命进攻的需要。”同时，报告唤起党内注意记取一九二七年革命失败的历史教训，要求共产党员须在民族统一战线中发挥领导作用。报告还指出，把工农共和国改变为人民共和国，由工人、农民和城市小资产阶级联盟的政府，改变为除了工人、农民和城市小资产阶级以外，还要加上一切其他阶级中愿意参加民族革命的分子。关于革命的转变，报告指出：民主主义的革命必然要转变为社会主义的革命，时间会要相当地长。“不到具备了政治上经济上一切应有的条件之时，不到转变对于全国最大多数人民有利而不是不利之时，不应当轻易谈转变。”这个报告编入《毛泽东选集》。

同日 和周恩来致电彭德怀、杨尚昆，林彪、聂荣臻、朱瑞，徐海东、程子华、郭述申，提出：“凡属同意党的纲领政策而工作中表现积极的分子，不念其社会关系如何，均应广泛地吸收入党，尤其是陕甘支队及二十五军经过长征斗争的指战员，应更宽广地吸收入党。”“凡属经过长征的分子，一律免除候补期。”

12月29日 出席中共中央政治局常委会议，会议讨论北方局工作。毛泽东发言指出：我们东进及长征都是为着抗日。我们要将各种运动联系起来，各种力量，各种运动，都要总结到政权中去。游击队在晋东北及河北、河南、山西特别发展，要布置几个要紧的地方。会议决定，刘少奇为中共中央驻北方局代表。

12月30日 关于红二十八、红二十九军的组建问题，同周恩来致电彭德怀，林彪、聂荣臻，徐海东、程子华并抄送陕甘省委及萧劲光：依前电所告战略计划〔1〕，二十八军已在陕北组成，刘志丹任军长，宋任穷任政治委员，预计一月份扩大到一千五百人。陕甘二十九军亦应着手组织，由萧劲光负责，限一月底扩大到八个连约一千人。

同日 分别致电彭德怀、林彪、聂荣臻，徐海东、程子华，要一军团和十五军团选调人员和马匹送来瓦窑堡，以完成组建骑兵团四个整连的编制。

12月31日 和周恩来致电彭德怀、杨尚昆，徐海东、程子华、郭述申，要求对红二十五军指战员进行一次普遍而深刻的教育，使他们对地方，对红二十六、二十七军务必发生良好关系，不应以骄傲而轻视的态度批评红二十六、二十七军；对于红二十六、二十七军原有干部之尚怀不安与不满应进行诚恳的解释。电报指出：“徐、程、郭三同志对此项有深刻认识、正确的指导与教育工作，使十五军团全体指战员团结如一个人一样。”“对一军团调去的干部，同样要教育他们不得发生任何骄傲与轻视的态度。”

---

〔1〕 指毛泽东、周恩来1935年12月24日关于准备东征的行动计划致彭德怀、杨尚昆，林彪、聂荣臻，徐海东、程子华、左权电。

1936年　四十三岁

1月1日　复电朱德[1]，通报说：以张学良东北军为主力对北方苏区之第三次“围剿”正为我彻底粉碎。目前正猛烈扩大红军，苏区有极大发展，民众斗争十分热烈，游击战争正向陕、甘、晋、绥、宁五省发展。“国际除派林育英同志来外，又有阎红彦[2]同志续来。据云，中国党在国际有很高地位，被称为除苏联外之第一党，中国党已完成了布尔什维克化，全苏联全世界都称赞我们的长征。”“政治局在国际指示之下，有新策略决定”，“其主要口号为民族统一战线，苏维埃人民共和国，国防政府，抗日联军，土地革命与民族革命相结合，国内战争与民族战争相结合”。“兄处发展方针须随时报告中央，得到批准，即对党内过去争论，可待国际及‘七大’解决，但组织上决不可逾越轨道，致自弃于党。”

同日　和周恩来复电彭德怀：“原则上可同意甘泉敌人归还其主力，但须向其指出，要抗日须与红军合作，且须影响和组织其他东北军一同抗日。”“交涉宜努力进行，要处处表示我们诚

---

〔1〕 1935年12月30日，朱德致电毛泽东、彭德怀，林彪、聂荣臻并转林育英，通报四川、青海国民党军活动情况，提出红军第一方面军与红军第四方面军应互通情报。

〔2〕 阎红彦，1934年7月被中共中央指派为出席共产国际第七次代表大会代表赴莫斯科，未及参加会议，即受共产国际之命送密电码回国，于1935年12月返抵陕北。

意。只要其加入抗日，一切条件无不可以磋商。”

1月4日 和周恩来致电彭德怀并告左权、聂荣臻，指出：三个月后红军大量扩充，必须现在就准备，抽出老兵入教导营。有了红校就不需要教导营的理由是不对的，红校是训练连长的，教导营是训练排长的。“陕甘支队和二十五军经过远征的战士，原则上每人都要使之成为干部，不应该使之当作一个兵去消耗掉。这是很重要的一点。”

1月5日 关于红一方面军主力行动部署，和周恩来致电彭德怀、杨尚昆，左权、聂荣臻，徐海东、程子华、郭述申，朱瑞〔1〕，指出：“为使洛河以东苏区与洛河以西苏区平衡向南发展，为使苏区愈加向南发展，将来南面敌人向北进攻愈困难，为使晋敌减少威胁，一军团及二十五军〔2〕有进出于洛川、白水、澄城、韩城、宜川五个县城之间，扩大苏区，扩大红军，扩大抗日宣传，筹足战费之任务。”

1月7日 关于北征军〔3〕的行动部署，和周恩来复电刘志丹、宋任穷，指出：“为使伏击敌人有广大回旋余地，同意我北征军改向韩家岔、石牌子行动。该处敌堡如已完成大部，即应改袭击为包围，准备打敌援队；如敌已退走，即应直逼横山，调动援敌。”又指出：“围困敌堡城镇，必须断其交通，方易速敌增援。打援敌不论大小，必须以主力出动，实行两翼包围（自然要有主要突击方面），并切实断敌退路，以期一举消灭，勿使漏网。”随后，北征军给国民党军井岳秀第八十六师以打击，并包

〔1〕 朱瑞，当时任中国工农红军第1军团政治部主任。

〔2〕 二十五军，即中国工农红军第15军团第75师，此处沿用旧称。

〔3〕 北征军成立于1935年12月中旬，由中国工农红军第28军、第78师及军委骑兵团组成。

围横山。十日，毛泽东、周恩来致电刘志丹、宋任穷，要红七十八师开始南移，归还主力，到达瓦窑堡附近集中待命；要红二十八军仍在北线行动，以消灭井岳秀小部队，并迷惑该敌，使其不知红七十八师行动为目的。

1月9日　和秦邦宪、林伯渠、周恩来致电彭德怀、杨尚昆〔1〕：目前财政状况因暂时不能有任何税收，更由于陕北地方贫瘠，唯一的来源是红军及游击队在活动区域的筹款。望在今后行动区域中特别加强督促，应在没收汉奸、国民党卖国贼财产充裕抗日基金的口号之下进行。

同日　致电彭德怀，徐海东、程子华并杨尚昆，左权、聂荣臻，要红七十五师和红二师的十三团坚决消灭向三皇丈、永乡镇前进之敌，指出："兵力要集中使用，如左、聂未到，则以小部钳制敌主力，而以我最大主力包围敌一个团而消灭之；如左、聂及十三团到，则采取包围消灭敌主力之计划。"

1月10日　出席中共中央政治局常委会议，讨论东征山西的方针和准备工作。毛泽东在会上发言并作结论。发言分析敌我力量对比情况，指出：阎锡山〔2〕有四个优势：（一）优势兵力；（二）本身作战能力；（三）防御力较强；（四）社会力量强，有民团与保甲制度。他有五个弱点：（一）战略形势孤立，蒋介石、张学良暂时不能援助；（二）战略上的防御地位；（三）人民一般不满；（四）作战指挥差；（五）攻击精神差。我们的长处是：（一）进攻的；（二）能打运动战；（三）有侦察条件；（四）有陕西游击队、地方干部的配合；（五）有人民

〔1〕杨尚昆，当时任西北革命军事委员会政治部副主任、中国工农红军第一方面军政治部副主任（1936年2月任主任）。

〔2〕阎锡山，当时任国民党政府军事委员会副委员长兼太原绥靖公署主任。

援助；（六）红军能作战。在作结论时，强调首先要打胜仗，才能创造苏区；还对新兵的补充和训练，干部的训练和配备，枪支弹药的修造，被服、食盐的供应等各项准备工作，提出具体任务和要求。

1月14日 致电彭德怀，左权、聂荣臻，徐海东、程子华，规定红一军团和红十五军团分别于二十日前和二十四日集中于临真镇和甘谷驿；要求两军团集中后，加紧训练，二十七日完成一切准备；提出红一方面军司令部于二十七日开达延长城。

1月15日 致电彭德怀，提出同东北军谈判的条件为：全部军队停战，全力抗日讨蒋；目前各就原防互不攻击，互派代表商定停战办法；提议组织国防政府、抗日联军；请表示目前东北军可能采取之抗日讨蒋最低限度之步骤（不论是积极的或消极的）；立即交换密码。

1月16日 致电彭德怀，提出去洛川同东北军进行谈判的代表从前方选派；要彭德怀即刻印刷中共中央政治局瓦窑堡会议政治决议案，由高福源〔1〕、伍修权〔2〕去洛川带给王以哲〔3〕等人。本日，彭德怀来电：谈判人选改派李克农〔4〕，由他带发电密码本同高福源去洛川。十九日，李克农赴洛川。

1月17日 出席中共中央政治局常委会议，会议讨论行动方针和组织分工问题，毛泽东作关于目前行动方针与计划的报

〔1〕 高福源，原国民党东北军第107师第619团团长，1935年10月在榆林桥战斗中被俘，1936年初被释放返回洛川。1月16日后，受东北军委派，到甘泉邀请红军派正式代表赴洛川会谈。

〔2〕 伍修权，当时任中国工农红军第一方面军司令部第1科科长。

〔3〕 王以哲，当时任国民党东北军第67军军长、西北“剿匪”总司令部第2路军第6纵队司令。

〔4〕 李克农，当时任中共中央联络局局长。

告。报告说：今年我们的基本任务是巩固和扩大苏区及打通苏联。我们要把国内战争与民族战争联系起来，扩大抗日力量及主力红军。二月至七月，我们的行动在山西，由山西到绥远的转机，要看日本对山西、绥远进攻的程度及我们力量如何而定。我们向南、向西、向西北，文章不好做。向东的军事基本方针是稳打稳扎政策，背靠苏区建立根据地，争得渡黄河来往的自由。我们在陕北要扩大自己的力量，使它能担当保卫陕北的任务。山西的发展，对陕北有极大帮助，我们要下大决心到山西。政治局随军行动，陕北组织中央局。会议决定：彭德怀、林育英到中央政治局工作；毛泽东、张闻天、彭德怀、林育英、何凯丰随红军主力行动；周恩来、秦邦宪、邓发组成中央局，周恩来任书记，主持后方工作，王稼祥病愈后可参加会议。

1月19日　致电彭德怀，告以“近与高桂滋[1]谈判合作问题，有成功希望”。在此前后，中国抗日红军西北革命军事委员会主席毛泽东和副主席周恩来、彭德怀致信高桂滋，提出两军各守原防，互不相犯；互相接济所需物资；互派代表在共同基础上订立初步的抗日讨卖国贼协定等谈判合作条件。信中还说：“居今日而言，抗日讨卖国贼，非有广大之联合战线不为功，此不但在国内者为然，即在国际者亦然。”“嘤其鸣矣，求其友声，暴虎入门，懦夫奋臂，谁谓秦无人而曰甘受亡国奴之辱乎？寇深情急，竭意进言，惟阁下熟思而审图之。”

同日　和副主席周恩来、彭德怀发出《西北革命军事委员会东进抗日及讨伐卖国贼阎锡山的命令》。命令英勇的抗日主力红军，即刻出发，打到山西去，开通抗日前进道路，同日本直接开火；命令陕甘苏区的抗日红军和游击队、赤卫军、少先队，坚决

〔1〕　高桂滋，当时任国民党军第84师师长，驻防陕北绥德、米脂、清涧地区。

保卫陕甘苏区、扩大陕甘苏区这个抗日战争的根据地；命令黄河两岸的抗日红军、游击队和民众，奋勇过河东去，在河东发展抗日根据地，配合红军主力打大胜仗。为严守行动秘密，这项命令直至二月十二日红一方面军主力东渡黄河前才公布。

1月20日 关于同东北军谈判问题致电彭德怀即转李克农，提出："向彼方表示在抗日反蒋基础上我方愿与东北军联合之诚意，务使进行之交涉克抵于成。""向彼方指出，东北军如不在抗日反蒋基础上求出路，则前途是很危险的。"本日晚，李克农同张学良在洛川举行会谈。二十一日，李克农致电毛泽东、周恩来、彭德怀，报告同东北军会谈中了解的情况：张学良表示愿意为成立国防政府奔走，东北军中同情中共抗日主张者不乏其人，对"剿共"态度消沉，愿意目前各守原防，恢复通商。

1月21日 致电彭德怀，徐海东、程子华并林彪、聂荣臻，要求红七十五师、红八十一师及红一方面军司令部应在道佐铺、麻子街、甘泉一带整理待命；指出渡河时间，因进路尚未侦察好，新兵月底方能到齐，洛川谈判待数日才有结果，须推迟至下月初；规定一切关于行动方针的文件，非待命令不得下达。

1月22日 中共中央政治局会议通过《关于张国焘同志成立第二"中央"的决定》。决定指出：张国焘成立第二党的倾向，无异于自绝于党，自绝于中国革命。党中央除电令张国焘立即取消他的一切"中央"，放弃一切反党的倾向外，特决定在党内公布一九三五年九月十二日中央政治局在俄界的决定。

1月24日 林育英致电张国焘、朱德："共产国际完全同意中国党中央的政治路线，并认为中国党在共产国际队伍中，除联共外是属于第一位"。"兄处可即成立西南局，直属代表团[1]。

〔1〕 指中共驻共产国际代表团。

兄等对中央的原则上争论可以提交国际解决。”

1月25日 关于红一方面军的作战方针问题，和张闻天复电彭德怀：常委考虑过你的意见，认为向北是没有出路的。“只有取阎锡山为对手，基本的作战方针取稳扎稳打，依靠黄河发展并以调孙楚〔1〕求得陕北残敌的肃清，跃进深入敌后野战急进，有大批分派撤退无隔断危险时才行之。同时保证第二批退回渡河的船只。”

同日 和周恩来、彭德怀等二十位红军将领联名发出《为红军愿意同东北军联合抗日致东北军全体将士书》，指出：“中国苏维埃政府与工农红军是愿意与任何抗日的武装队伍联合起来，组织国防政府与抗日联军，去同日本帝国主义直接作战的。我们愿意首先同东北军来共同实现这一主张，为全中国人民抗日的先锋。”此书信并提出关于组织国防政府和抗日联军的具体办法，建议互派代表共同协商。

1月31日 从瓦窑堡经延川到达延长县城红一方面军司令部。在延长主持召开西北革命军事委员会会议，进一步讨论战略方针和东征战役问题。在发言中反复说明东征讨伐阎锡山无论在政治上军事上都对我们有利，指出：我们执行的是在发展中求巩固的方针，希望通过东征建立一块根据地，与陕北根据地连接，也解决红军的给养和扩大等问题。在补充发言中说：一定要保证黄河各渡口在我手中，使我进退有据。

同日 就渡河侦察注意事项，和彭德怀致电红一军团参谋长左权，指出：侦察任务至迟二月五日完成。每天与我们联络一

---

〔1〕 孙楚，当时任国民党军第101师师长、晋绥军正太护路军总司令、西北“剿匪”总司令部第3防守区司令兼陕北“剿匪”前敌总指挥。

次。龙王池[1]以南闻是白区，暂不要去，着重龙王池至禹王坪之线。侦察进行要十分隐秘。

2月3日 和张闻天、彭德怀致电周恩来、秦邦宪、邓发："河冰全解，我军决从上游过河，主要作战方向仍应在东边"。"请周速布置清涧封锁，免走漏消息。"

同日 和彭德怀电告林彪、聂荣臻、左权，徐海东、程子华并报周恩来：我们率电台出发侦察，左即率侦察人员取黄河以西，延长、延川城以东之中间道路，隐蔽向老娃关以北之马灰坪跟进侦察。

同日 和彭德怀致电西北革命军事委员会参谋部二局局长曾希圣：将所得山西部队的番号、兵力、官长姓名及驻地情形来电详告。

2月8日 在清涧县袁家沟，侦察渡口情况，督促渡河准备工作。晚九时，和彭德怀致电叶剑英，林彪、聂荣臻，徐海东、程子华并转张闻天、周恩来、左权："各部加紧训练，准备十二三号行动。""请前委先来前方，注意荫蔽，走延水城[2]、双庙河、川口镇至袁家沟（地方干部、警卫连今后随剑英）。"晚十一时，毛泽东、彭德怀致电叶剑英、杨立三，提出：将皮筏、水手于十一号集中剑英手中，立三和兵站组织准备在十三、十四号行动。

2月上旬 遇大雪，作《沁园春·雪》[3]："北国风光，千

[1] 龙王池，即山西吉县黄河东岸边的龙王辿。

[2] 延水城，即陕西延川县城。

[3] 毛泽东对这首词在1958年12月21日曾作批注："雪：反封建主义，批判二千年封建主义的一个反动侧面。文采、风骚、大雕，只能如是，须知这是写诗啊！难道可以谩骂这一些人们吗？别的解释是错的。末三句，是指无产阶级。"

里冰封，万里雪飘。望长城内外，惟余莽莽；大河上下，顿失滔滔。山舞银蛇，原驰蜡象，欲与天公试比高。须晴日，看红装素裹，分外妖娆。　江山如此多娇，引无数英雄竞折腰。惜秦皇汉武，略输文采；唐宗宋祖，稍逊风骚。一代天骄，成吉思汗，只识弯弓射大雕。俱往矣，数风流人物，还看今朝。”

2月10日　和彭德怀致电叶剑英、杨尚昆，林彪、聂荣臻、朱瑞，徐海东、程子华、郭述申：“（甲）政治上解释新策略，着重于对俘虏、对商人、对富农、对小地主的具体政策，部队中了解程度如何即告。（乙）大批准备将来使用的干部，消灭降级使用现象，不要把骨干的干部通通使用于现职。立即扩大教导队（一军团）。”

2月12日　为发布东征命令，和彭德怀致电叶剑英、杨尚昆，林彪、聂荣臻、朱瑞，徐海东、程子华、郭述申并告周恩来：“东征命令即行发布，于十三、十四两日传达解释完毕。十五日一军团，十六日十五军团及方面军直属队向渡河点开进，各以四天行程到达准备渡河位置，待命渡河。在开进时，连队中讨论东征令，在指战员中建立巩固的信心，发扬高度的积极性。”“东征行动在渡河之日以前对居民群众仍须严守秘密，每个指战员注意严守秘密。”

同日　为红军主力东渡后巩固渡口问题，和彭德怀致电周恩来，提出：红一方面军东渡后，拟调红二十八军之第一团以刘志丹、宋任穷二人中一人指挥，由河东向军渡、柳林、中阳行动；阎红彦、蔡树藩所部则巩固东岸沿河，以便主力向正东并以后转到东南作战。

2月13日　关于在部队中提拔干部问题，和彭德怀致电林彪、聂荣臻，指出：“干部问题是一个有决定作用的问题，我们向你们屡次提出这个问题，不是单从发展一军团的观点出发，而是从发展北方以至全国的革命武装力量出发，要求你们在原则上与实际上更大与更具体地注意。部队一经东渡即难于进行这种组织工作。”电报要求他们利用最近几天时间，切实解决下列问题：一、清查降级使用人员，把他们提升起来。二、提拔老战士开办教导营。三、此次红校毕业生原则上应保存，继续训练。

2月16日 下午六时，和彭德怀致电聂荣臻、程子华、叶剑英等，部署红一方面军主力近日行动及集结地区。十一时半，又致电聂荣臻、程子华，强调指出：“隐蔽运动避敌发现，为争取胜利之严重条件，各兵团应遵照迭次命令，于敌机活动时间停止运动，派出主官首长指挥，绕过暴露地段及集中地。如不严格隐蔽因而暴露企图，将唯各兵团首长是问。”

2月17日 和张闻天、彭德怀致电周恩来，指出：“不论从战略上，从战役上，从消灭山西敌人上，从消灭陕北敌人上，均须集中全力争取东面胜利。”“因此，二十八军主力须移于吴堡附近，第一步乘李生达〔1〕撤退，肃清吴堡、佳县、神木、府谷一带；第二步配合沿河武装相继渡河，向柳林、军渡以北山西地方发展苏区。”“恩来暂时指挥重心移至清涧县委驻地，指挥二十八军及阎、蔡〔2〕所部，沿河西岸七八县群众动员，沿河东岸七八县拆毁堡垒，争取群众，东西两岸前后方之运输与渡河点之保持。如此长线无统一指挥，必致零乱。”

2月18日 和彭德怀在袁家沟发布东征作战命令。命令规定：红一方面军的第一步任务是，“东渡黄河，以坚决手段消灭

〔1〕 李生达，当时任国民党军晋绥军第19军军长兼第72师师长。1936年2月下旬又任国民党政府军事委员会太原绥靖公署第2路军第3纵队司令。

〔2〕 阎、蔡，指阎红彦、蔡树藩，当时分别任中国工农红军黄河游击师司令员、政治委员。1936年4月1日分别任红军第30军军长、政治委员。

东岸地区之敌，占领吕梁山脉各县，首先占领石楼、中阳、永和等县，粉碎沿河堡垒线，控制船渡于我手中，在东岸造成临时作战根据地”；以沟口、河口两处为主渡点；两军团派出渡河司令员、政治委员及船只指导员，指挥每个渡河点，以保证最敏捷、最有秩序地渡河；二十一日晚八时为渡河时间。

同日 出席红一方面军团以上干部会议，作关于东征形势与任务的报告。指出东征的任务有三项：一是到外线打击卖国贼阎锡山，并调动他在陕北的四个旅的兵力，借以粉碎敌人对陕甘边区新的“围剿”；二是配合北平一二九学生抗日爱国运动和全国反内战高潮；三是壮大自己的力量，促进抗日民族统一战线的实现。报告强调说，当前我们的首要任务是渡过黄河。

2月19日 致电周恩来，告以东征军渡河准备工作提前完成，改为二十日黄昏开始渡河；要周于二十三日前来河口，在东征军前进后指挥维持河口、义牒镇、石楼一线交通的游击部队。

同日 和彭德怀致电王以哲并转张学良，指出：贵军与敝军之联合抗日号召全国，必为蒋介石等所深根，制造谣言以中伤破坏两方团结，实意中事。希望贵方不为奸人谣言所动，威利所屈，坚持联合抗日之立场。特派李克农即日起赴洛川面谈一切。

2月20日 关于渡河时间、地点等问题，和彭德怀致电林彪、聂荣臻，徐海东、程子华，刘志丹，萧劲光〔1〕并告毛泽民〔2〕、叶剑英，指出：“甲、渡河时间一律本日二十时（即下午八时）开始，不得先后参差。乙、本日二十时起至明晨八时止，各电台每二时联络一次，特别是渡河得手与否立即电告。丙、

〔1〕 萧劲光，当时任中共陕甘省委军事部部长、中国工农红军第29军军长。

〔2〕 毛泽民，当时任中华苏维埃人民共和国临时中央政府西北办事处国民经济部部长。

林、聂以小部从福禄坪佯攻，徐、程以小部从辛关佯攻。丁、阎红彦率八十一师第三营从马花坪渡河，徐、程派一个营从社里渡河。戊、彭从沟口渡河，毛依河口得手与否决定从河口或从沟口渡河。”

同日 晚八时，红一方面军主力发起东征战役，分别从绥德县沟口、清涧县河口等地强渡黄河，一举突破阎锡山晋绥军的防线。至二十三日，红一方面军全部控制辛关至三交镇之间各渡口，占领包括山西三交、留誉、义牒在内的横宽五十余公里、纵深三十五公里地区。阎锡山急调入陕的晋绥军主力回防柳林、离石、中阳地区。

2月21日 从河口东渡黄河。晨七时，致电彭德怀，聂荣臻、林彪，徐海东、程子华：从河口至三交镇沿河之敌约两团现在我大包围中。我一军团应速向小蒜镇、十五军团速向义牒镇截敌追敌，两军团并各以先头师乘胜向石楼急进，相机占领该地。义牒镇、河口两点是方面军主力后方联络线，十五军团须酌派小部保护，候抗日游击队明日或后日接替。上午八时二十分，致电叶剑英、杨尚昆并飞送徐海东、程子华：方面军直属队接十五军团渡河后，即在对岸适当地点宿营，严密配备警戒，构筑工事，并派小队分向上下游堡垒线各十里以上侦察游击，等候我到达。中午十二时，电告杨立三：杨森〔1〕、蔡树藩等领导的游击队五六百人由河口过河后，以义牒镇为指挥中心，执行维持交通、保持主要渡口、组织本地游击队等项任务。周副主席日内来河边主持你的工作，向他请示。我由义牒镇向石楼前进。晚八时，致电彭德怀，林彪、聂荣臻，要他们下决心速进，夺取中阳。同时电告徐海东、程子华：二十二日，十五军团主力须尽一切可能夺取

〔1〕 杨森，当时任中国工农红军黄河游击师参谋长。

石楼；所有未渡部队改从辛关渡河。

同日 和张闻天、彭德怀发出中共中央及军委给李克农的训令。训令指出：估计张学良愿意与我们继续谈判，准备订立互不侵犯协定；同意抗日，但不同意讨蒋；不反对国防政府、抗日联军口号，但不同意马上实行这个口号；接受蒋介石的策略，即取消苏维埃红军、取消苏维埃制度与暴动策略。在这种情况下，我们的策略：处处把张学良与蒋介石分开；求得互不侵犯协定的订立；坚持抗日救国代表大会，坚持抗日讨卖国贼不可分离；如张提出取消苏维埃，则克农提出取消南京政府，在抗日救国代表大会中作取消双方政府、成立全国人民公意的政治制度的初步讨论；如张提出取消暴动，则克农提出取消一切国民党的压迫制度、封建剥削；要求停止内战，不拦阻全国红军集中河北，不反对红军充任抗日先遣队；原则不让步，交涉不破裂。二十五日李克农等到达洛川，同王以哲会谈。

2月23日 到达距石楼四十里的张家塔。上午九时，致电徐海东、程子华：“石楼为东征战略要地，须尽一切方法夺取之。”晚八时，致电彭德怀并告林彪、聂荣臻，徐海东、程子华：“阎敌因我突然东渡颇现惊惶失措之态，正在布置防御，判断敌短时间内尚难集中大力向我进攻。”“不论中阳、石楼等城能否攻克，不论阎锡山向我进攻之力量与时机如何，方面军目前基本的方针是用极大努力，在中阳、石楼、永和、隰县等纵横二百里地带建立作战根据地，为赤化山西全省之起点，为迎接阎锡山向我进攻之战场，全部工作的中心放在迎接更大战斗的基础上。”九时，又致电徐海东、程子华，要他们于二十四日来张家塔一叙，把所有报纸杂志及敌情材料带来。

2月24日 和彭德怀向各军团、各师、各团首长发出为粉碎晋绥军进攻及争取在山西发展抗日根据地的训令。训令通报：

我方面军已胜利渡过黄河，粉碎了阎锡山的封锁线，占领黄河东数百里地区，完成了东征战略之第一步任务。阎锡山“在战略的防御形势下，正在准备着战役的进攻，企图集中兵力打击我军。救援石楼城，驱逐我军于黄河以东六十里之封锁线地带”。训令指出：阎锡山因仓卒应战，须从陕北及远地调兵，到战役攻击之日尚须十天左右时间。方面军有坚决粉碎敌人援兵之任务，基本方针是在柳林、离石、中阳、孝义、隰县、永和一线内围石楼，求得打增援部队，用大的速度争取居民群众与红军一致，集中兵力消灭敌之一路至两路，取得在山西发展抗日根据地之有利条件，完成东征计划第二步任务。目前极短时间之内（估计十天左右），我们是处在两个战斗任务之间，即渡河战斗已经完结，而进攻尚未到来，其任务是集中全力准备作战。具体要求是：（一）使红军与居民群众相结合；（二）使红军干部了解与熟悉山西的敌情、地形、政治经验、社会情形等；（三）从政治上和军事上提高战斗力。

同日 为准备应付晋绥军四路进攻问题，同张闻天、彭德怀致电周恩来：“甲、敌有四路总攻计划，大战在即，我们准备一切。乙、现派十五军团两个团分向永和、隰县前进，发动各县群众，相机下两城，扫除辛关两个大渡口。丙、请速动员绥、清、延、延〔1〕四县沿河赤少队迅速过渡，拆毁堡垒，发动群众保护渡口。”又急电周恩来，催促红二十八军主力东调，说二十八军如能及早赶到，定能夺取吴堡、佳县、神府许多地方，而且直接援助了主力。

2月26日 和彭德怀致电林彪、聂荣臻，通报红十五军团战果：消灭晋绥军两个营，击溃一个营，共俘三百余人，缴步枪

〔1〕 绥、清、延、延，指陕西绥德、清涧、延长、延川。

二百支，迫击炮二门，机枪多挺。

同日 和彭德怀致电林彪、聂荣臻，提出对关上之敌，如地形有利，应于二十七日坚决消灭之。二十七日，红一军团攻克关上村，歼灭晋绥军独立第二旅旅部又两个团，俘虏官兵四百余人，缴获步枪二百余支，山炮三门。

2月28日 和彭德怀致电林彪、聂荣臻、朱瑞，徐海东、程子华、郭述申，指出："关上、水头之线，即石楼、中阳、孝义、隰县四县交界地区，是我军作战枢纽，在地形上又是最好的临时后方根据地。望下创造作战根据地的决心，努力进行该地东南西北四方面各五十里地区的群众工作。"

同日 和彭德怀致电李克农，通报国民党各派政治主张及东征战况。指出：周继吾、张子华〔1〕昨日到瓦窑堡。据谈，蒋介石系陈果夫主张联红反日，曾扩情主张联日反红，此外孙科、于右任、张群、冯玉祥等均主张联俄联共，并云蒋介石亦有与红军妥协反日的倾向。我方所组织抗日东征军，连日突破东岸二百里封锁线，消灭与击溃杨耀芳、杨澄源〔2〕、李生达等部共三个旅、占领石楼、中阳、孝义、隰县、永和五县广大地区。

2月29日 和彭德怀复电李克农，对同王以哲初步达成的三条协定草案提出补充意见：一、为巩固两军团结一致对日，确立互不侵犯、各守原防之原则（包括陕甘边区及关中区）。

---

〔1〕 周继吾，即董健吾，中共秘密党员，公开身份为上海圣彼得教堂的牧师。1935年底受宋庆龄、宋子文委托前往陕北，同中共中央取得联系。张子华，当时受中共上海地下组织委派，与董健吾同行，向中共中央汇报同国民党代表曾养甫等会商的情况。

〔2〕 杨耀芳、杨澄源，当时分别任国民党政府军事委员会太原绥靖公署第2路军河防部队第71师师长兼晋西警备司令、国民党政府军事委员会太原绥靖公署第2路军第1纵队司令兼第69师师长。

二、富县、甘泉、肤施交通可即恢复来往。三、肤施、甘泉两城现驻部队所需粮柴等物，可向当地苏区群众凭价购买。四、恢复红白两区通商关系。三月三日，复电李克农，同意他与王以哲达成的口头协定。

2月 西北革命军事委员会主席毛泽东和副主席周恩来、彭德怀，及西北抗日红军大学校长周昆、政治委员袁国平发出红校招生布告。该校办校宗旨是：为适应抗日民族革命战争之开展，供给各个抗日战线上的领导人才，决定招收各地革命青年爱国志士来校学习，以培养和造就大批军事政治的民族抗日干部，领导民族革命战争，争取中国民族独立自由与彻底解放。

3月1日 从张家塔移至石楼北端的李家塌。和彭德怀致电林彪、聂荣臻，徐海东、程子华并告周恩来、秦邦宪及刘志丹、宋任穷，部署关上、水头胜利后的行动。电报说："一军团与十五军团连日的胜利，特别是关上的胜利与水头的占领，使红军取得了在山西创立根据地的初步自由"，"使我们夺取了石楼、中阳、孝义、汾西、隰县五县交界这个在军事上有极大意义的地区"，"对于我们的作战与创造根据地给了十分有利的条件"。电报指出，关上、水头的胜利，使汾阳公路与汾水铁路完全暴露在我们面前，估计阎锡山会使用四五个师在短期内向我进攻。因此一切为着打第二个胜仗，是我们现时唯一正确的口号。"为巩固这一区域，争取打第二个胜仗，两军团主力应在以关上为中心与以水头为中心的地区，蓄养部队锐气，发动群众斗争，把英勇的红军与有利的地区结合起来。"电报还指出：吴堡、佳县、神木、府谷广大区域的恢复与占领，使红军战略后方增加了力量。南边讲和的策略使东北军成为革命的友军，亦已达到第一步的成功。这些都是大有助于主力红军的。

同日 和彭德怀致电周恩来，刘志丹、宋任穷并告秦邦宪、李维汉[1]等，通报敌军动态和红军争取打第二个胜仗的问题。电报请周恩来直接指挥红二十八军及吴堡、佳县、绥德、米脂地方部队，大举袭敌作堡垒，扩大胜利；无定河以西部队须多调向东岸，与神木、府谷红军连成一片，企图夺取一二个城。

同日　总司令彭德怀、总政治委员毛泽东发出《中国人民红军抗日先锋军布告》，提出："一切爱国人士，革命仁人，不分新旧，不分派别，不分出身，凡属同情于反抗日本帝国主义者，本军均愿与之联合，共同进行民族革命之伟大事业。本军所到之处，保护爱国运动，保护革命人民，保护工农利益，保护知识分子，保护工商业。本军主张停止一切内战，红军、白军联合起来，一致对日，""以一当十，是我精神；以十当一，是我实力。"布告还指出："有不明大义，媚外残民，甚至抵抗本军者，是自弃于国人，本军当以汉奸卖国贼论罪。"

3月2日　和张闻天、彭德怀致电秦邦宪，要他和林伯渠、高福源、周继吾、张子华来石楼，讨论外交问题、对日作战的战略和策略问题、主力红军取道问题等。并说，已约周恩来来此。

同日　关于执行优待俘虏政策问题，和彭德怀、杨尚昆致电林彪、聂荣臻、朱瑞，徐海东、程子华、郭述申并致张云逸[2]，刘志丹、宋任穷，阎红彦、蔡树藩，萧劲光，转告各地方武装首长，指出："必须向全体红色战士指战员说明优待俘虏、特别优待官长的用意何在，以及对于清查敌军大小军官，一经解除武装，一律不得剥衣，不得搜身，不得打骂，不得捆绑，不得讥笑，而以热烈欢迎、诚恳招待的态度向着他们，用此策略以瓦解

---

〔1〕李维汉，当时任中共西北中央局组织部部长。

〔2〕张云逸，当时任中革军委副总参谋长兼军委后方办事处参谋长、中国工农红军第一方面军副参谋长。

白军。”

3月4日 判断阎锡山进攻部署业已完毕（集结机动部队近十四个旅，分四路由隰县向北、介休向西、汾阳向西、中阳向南反击），和彭德怀致电林彪、聂荣臻，徐海东、程子华并告刘志丹、萧劲光，要求各部队除进行驻地附近地方工作外，加紧作战准备，侦察敌情，待敌前进，弄明情况，然后迅速集中主力消灭其进攻部队一路或数路。

同日 和张闻天、彭德怀致电秦邦宪：“同意周继吾先回南京。兄偕高、张〔1〕二人来此开会”。同时，致电秦邦宪转周继吾，提出与南京当局谈判的意见：“（甲）弟等十分欢迎南京当局觉悟与明智的表示，为联合全国力量抗日救国，弟等愿与南京当局开始具体实际之谈判。（乙）我兄复命南京时，望恳切提出弟等之下列意见：一、停止一切内战，全国武装不分红白，一致抗日；二、组织国防政府与抗日联军；三、容许全国主力红军迅速集中河北，首先抵御日寇迈进；四、释放政治犯，容许人民政治自由；五、内政与经济上实行初步与必要的改革。（丙）同意我兄即返南京，以便迅速磋商大计。”五日，将上述五项意见请李克农通报王以哲，并由王转达张学良。

同日 和张闻天、彭德怀致电秦邦宪、李维汉、林伯渠、张云逸，指出我军与王以哲军互不侵犯及经济通商口头协定业已订立，请通知陕甘省委、省苏、军区告富县、甘泉、延安、洛川等县，凡属王以哲军，务以友军相待，对其通过苏区者表示诚意的欢迎与招待；另要钱之光前往洛川找李克农，采办西药、布匹等物资。

---

〔1〕 高、张，指高福源、张子华。

同日 和彭德怀致电曾希圣，指出："二科工作是希[1]指导下，是表现了大成绩的。这一工作虽偏技术性质的，但其意义与结果都是军事政治上一助力。前方的胜利你们是与有劳绩的，望以此鼓励二科同志们。"

3月5日 和彭德怀致电林彪、聂荣臻，徐海东、程子华，指出：阎敌东面三路已明，北面当亦有三路，南面将是两路，八路估计共有十六个团至多二十个团。"我军应以关上、水头为枢纽，背靠石楼，集中两军团最大主力，以连续战斗消灭其东面之两路或三路为基本作战方针。如南面之敌迫近水头，亦可从南面打起，依明日情况决定。"又致电徐海东、程子华，强调"我军须集中优势兵力而后作战。"

同日 和彭德怀复电李克农："本日两电[2]均悉，甚慰。""周、博[3]均来前方商事，十号可毕，十七号我方负责代表可到延安，赴友邦代表及西安常驻代表人选即可决定。"电报提出要李克农直接来石楼报告谈判情况，并将书报直接带来。

3月6日 和彭德怀致电林彪、聂荣臻、徐海东、程子华：晋军主力仍是东面、北面之李生达、孙楚两部，其方法是分路推进，不是冒进；"我军以待机各个击破，集中主力，连续战斗，先打东面，再打北面，击其侧后，包围消灭之战法，本日两军团均须集结休息，不应作战。"又致电林彪、聂荣臻，指出："为准

---

〔1〕 希，指曾希圣。

〔2〕 李克农1936年3月5日致电中共中央，报告3月4日、5日同张学良在洛川会谈的情况。张学良提议，中共方面在毛泽东、周恩来等负责人中推出一位与他在肤施（今延安）再作一次商谈，时间由中共方面决定。双方商定，红军和东北军代表经新疆去苏联，由张学良负责同盛世才交涉；中共选派一位色彩不浓而能负相当责任者常驻西安。

〔3〕 周、博，指周恩来、博古（秦邦宪）。

备打一仗后，又打第二仗，又打第三仗，必须以主力一部抄敌后路，把敌包围消灭，免去追击。必须免去追击，才能当日集合队伍于一处，才便于打第二仗，才便于应付意外变化。敌人战斗力虽弱，但主力数不少，我们应该集结部队好好地打。”

同日 国民党中央军六个师在阎锡山的请求下陆续进入山西，分别向灵石、平遥、介休、侯马地区开进。

3月7日 和彭德怀致电林彪、聂荣臻，徐海东、程子华，通知中央政治局八日在交口开会，讨论军事报告，要他们与宋任穷、王首道、郭述申等人参加。

3月8日 中共中央在大麦郊〔1〕召开政治局扩大会议。会议分析了东渡黄河以来的政治、军事形势，调整了东征战役的战略部署；还具体研究了兑九峪（今兑镇）战斗部署，决定在这一带集中兵力重创晋绥军。

3月10日 红一、红十五军团主力由郭家掌、大麦郊地区出动，向兑九峪晋绥军发起攻击，将其第二、第三两个纵队击溃。至此，阎锡山组织的第一次反击被粉碎。

同日 和周恩来、彭德怀致电朱理治〔2〕、萧劲光：王以哲派兵到甘泉换防，我们已同意。“无论王以哲是否好意，你们应执行前电不得对王部攻击。王即增兵一团到甘泉，对于我们亦无大妨碍。”

3月11日 和彭德怀致电林彪、聂荣臻，徐海东、程子华，指出：敌军昨日被我击溃，向兑九峪方面退走。“我军有以主力乘胜东进，致迫太原，彻底打破阎敌总进攻部署，扩大战略上的战果，扩大宣传，扩大苏区，扩大红军，夺取民众，争取创造苏

〔1〕 大麦郊，今属山西交口县。

〔2〕 朱理治，当时任中共陕甘省委书记、中国工农红军第29军政治委员。

区有利条件之任务。”电报对红一和红十五军团行动作了部署，并告总部在大麦郊指挥。

3月12日　主持召开红一和红十五军团领导干部会议。为进一步发展胜利，扩大战果，创立河东根据地，会议决定兵分三路：以总部特务团和黄河游击师组成中路军，转战隰县、交口、石楼、永和一带，牵制晋西方面的敌军；以红一军团全部及红十五军团第八十一师主力组成右路军，沿汾河和同蒲路南下作战；以红十五军团主力两个师为左路军，北上直逼太原向晋西北行动，并掩护红一军团南下。

3月16日　和周恩来等听取本日到达石楼的李克农作洛川会谈情况的汇报，了解张学良、王以哲对于抗日救国的进一步计划，认为张学良的抗日要求是有诚意的。中共中央立即决定派周恩来为中央全权代表到肤施同张学良会谈，共商停止内战、一致抗日的根本大计。本日，毛泽东同彭德怀致电王以哲，将中共中央上述决定通知他并告张学良，还对他惠赠图书表示感谢。

3月17日　阎锡山集中四个纵队兵力再次向石楼方向反击，太原和晋南、晋西北防守减弱。十八日凌晨，毛泽东和彭德怀分别致电林彪、聂荣臻，徐海东、程子华，作如下部署：右路军继续南下，相机夺取赵城、洪洞、临汾，并向曲沃、闻喜、运城前进，以小部在霍县附近牵制关麟征〔1〕部。左路军乘虚北上，第一步相机占领文水、交城及其附近区域，破坏电线，扩大宣传，声言进攻太原；第二步相机占领静乐、岚县、岢岚等地，创造晋西北游击根据地。中路军牵制反击之敌，控制黄河渡口，维持后方交通。右路军从十九日起由霍县地区南进，占领赵城、洪洞、

---

〔1〕关麟征，当时任国民党军第17军第25师师长。

临汾、襄陵[1]、曲沃等县广大乡村，破坏同蒲铁路一百余公里。左路军于十八日由灵石以西地区北上，二十五日袭击晋祠镇，威胁太原，并于三十一日进至兴县以南曹家坡地区。

同日 和彭德怀、杨尚昆致电林彪、聂荣臻、朱瑞，徐海东、程子华、郭述申，通报驻大麦郊一带部队没收富农中农财产、破坏学校用具、乱向商人捐款等严重现象，要他们立即纠正并严格检查纪律。

3月20日 出席在山西西部大麦郊上贤村召开的中共中央政治局会议，会议讨论共产国际第七次代表大会决议。张闻天作报告。

同日 和彭德怀致电王以哲转张学良及抗日东北军全体官兵，指出："敝军迭次宣言，全国红军、白军亟应停止内战，一致抗日，乃阎锡山置若罔闻，不顾民族国家之存亡，甘心依附仇人，而与同胞为敌，诚不识是何居心？诸公深明大义，抗日救国早具同心，应请仗义执言，责阎锡山以叛国之罪，劝其即刻悔悟，撤其拦阻红军之兵，开赴张家口，与红军一同执行抗日任务。敝军本民族大义，决不追究其既往。""至于陕甘苏区（包括陕甘边区及关中区）为抗日战争之后方，坚决巩固此后方，使我抗日将士安心杀敌，应不独红军与全苏区抗日人民之责，诸公近在接壤，自亦具有爱护维持之心。倘有捣乱此抗日后方者（例如毛炳文辈），愿诸公与敝军联合制止之。"

同日 和彭德怀致电林彪、聂荣臻，徐海东、程子华，指出："晋敌新部署尚在迟疑未决中，我一军团在南面，十五军团在北面，应利用此时间扩大占领区域，扩大进攻声势，扩大政治宣传，破坏统治基础，加紧争取民众当红军，尽可能占领几个县城。"三月二十日，右路军围攻赵城、洪洞、临汾、曲沃四县城，

---

〔1〕 襄陵，旧县名，1954年和汾城县合并为襄汾县。

左路军围攻文水、交城。二十一日，和彭德怀致电林彪、聂荣臻，徐海东、程子华："如城高难下，不必强攻，以扩大宣传、扩大红军为第一。"

3月21日　致信内蒙古鄂托克旗张司令[1]，表示苏维埃红军深愿与内蒙人民领袖共商救蒙大计，希望即派代表来苏区协商，缔结双方亲密的友谊与协定，苏维埃政府和红军负责保障来人之行动自由与安全。

3月22日　和彭德怀移至石口[2]，致电林彪、聂荣臻，指出：根据目前敌情，"你们可在霍县、赵城、洪洞、临汾、曲沃广大区域放手发动群众，扩大红军能达千人目的即是大胜利"。当晚，又复电林彪、聂荣臻，完全同意他们的部署及工作计划，指出：注意搜缴民团枪支武装游击队。霍县、赵城、洪洞、临汾四县东西均山地，可能造成部分苏区。注意建立党支部。如得有大批新报纸，我们即派队来取。

同日　和彭德怀致电徐海东、程子华并告林彪、聂荣臻，下达关于红十五军团创造晋西北根据地的训令。训令指出：十五军团有在晋西北创造苏区根据地，并配合在神木、府谷行动的二十八军，控制黄河一段，打通与陕北联系的任务。行动区域是以岢岚、岚县为中心的各县。"在此区域内，消灭地主武装，消灭北上小于自己之敌军部队，尽最大可能，用一切努力夺取一二个县城于我手中。""广泛地扩大宣传，分发财物，发动广大群众，直至普遍建立游击队，建立政权，分配土地。""猛烈扩大红军，争取在一个月扩大一千五百人。"当晚，毛、彭再电徐海东、程子华，要他们在执行上述基本任务之前，以七天左右时间在文水、

〔1〕张，应为章，指当时任内蒙古鄂托克旗保安司令部司令的章文轩。

〔2〕石口，今属山西交口县。

交城、清源[1]、太原、阳曲公路线及其西面地区扩大宣传红军。

3月23日 中共中央政治局会议在石口继续举行。毛泽东发言指出：中央十二月决议[2]符合共产国际“七大”决议，中央的工作是与国际决议一致的。现在世界已处在革命与战争时期，其特点是革命一天天向上，反革命一天天向下。中国共产党处在战争中，要把革命与民族解放联系起来。中国共产党站在民族解放的最前列，我们的任务，是要利用每一分钟争取最大多数群众。中央提出的“国内革命战争与民族战争联系起来”，“停止内战，一致抗日”，“红军集中河北”，“争取迅速直接对日作战”这些口号，是布尔什维克的，不是冒险主义的。超过会冒险，不足会右。我们现在的口号是恰如其分的。在谈到“联俄问题”时说：中国人的事要自己干，相信自己。从前我们有信心，才创造了苏维埃，现在为什么失掉信心？但招个朋友更好。故一应相信自己，二不要朋友是不对的。

3月24日 中共中央政治局会议在石楼城西南端四江村继续举行。毛泽东出席会议，两次发言，进一步阐明世界形势已处在革命与战争的新阶段，指出华北形势是世界最大的喷火口之一。他说：日、美、英、国民党、苏维埃[3]、苏联六个势力的矛盾集中于华北。日本已把喷火口爆发。我们到华北对日作战，不是跑得太远，而是太慢。华北有广大的、革命情绪极高的群众，在那里还可以进行没有固定战线的大规模的运动战。没有胜利的把握而行动，不对。不相信战役上以多胜少，战略上以少胜

---

〔1〕 清源，旧县名，1952年和徐沟县合并为清徐县。

〔2〕 指1935年12月在瓦窑堡举行的中共中央政治局会议于12月25日通过的《关于目前政治形势与党的任务决议》。

〔3〕 苏维埃，这里指在中国共产党领导下的人民革命力量。

多；不相信向华北发展，以为向华北发展会动摇了陕北，是完全不对的。向河北开进是战役问题，红军将来主要做山西的文章。

同日 蒋介石委派陈诚为国民党政府军事委员会太原绥靖公署第一路总指挥，由其率领入晋的国民党中央军援助晋绥军作战，企图首先夺取黄河渡口，再在黄河以东分割围歼红一方面军主力。敌军于二十六日进至三交、留誉、石楼等城镇，二十九日占领晋西黄河沿线各渡口。

3月25日 在四江村继续出席中共中央政治局会议。会议进行第二项议程，讨论战略方针问题。毛泽东作报告，指出：华北是全面对日作战的战场，华中是后方。黄河流域以华北五省为战场，其他为后方。经营山西，是对日作战的重要步骤。我们的方针，是"以发展求巩固"，只有发展才能求得巩固。目前经营山西为主，也要准备在河北、山西、绥远三省进行运动战。在战略上采取大胆的方针，因为客观环境好。在战役上采取谨慎的方针，在有利地形上以多胜少，以求减少错误。在山西临时采取分兵原则，三个集团军采用打网式的普遍的游击战。求得敌人一般的削弱，我们自己则争取群众，扩大红军，而扩大红军为主中之主。二十六日，会议讨论毛泽东的报告。发言同志一致同意这个报告。会议决定，战略方针由毛泽东起草。

同日 和彭德怀致电林彪、聂荣臻，规定右路军的行动方针及左路军的行动问题。指出："（一）为普遍摧毁反动基础，为普遍发动民众，为破坏千里黄河堡垒线与主要铁路线，先锋军（右路军）今后行动方针如下：甲、在现地区尽可能长久打，第一网分兵翼城、绛县，小部包围沁水，示欲东向。乙、第二网打在汾城〔1〕、新绛、稷山、河津、乡宁五县，任务扩红；一部在临汾、

〔1〕 汾城，旧县名，1954年和襄陵县合并为襄汾县。

襄陵吸引敌人南向。丙、第三网转至永和、大宁、吉县、隰县、蒲县，任务第一破坏黄河堡垒，第二扩红。丁、第四网突然打向介休、平遥、祁县、太谷，任务第一毁路，第二扩红。戊、第五步占领正太铁路〔1〕，任务第一毁路，第二扩红。己、尔后或出河北，或出长治、晋城，依情况决定。（二）十五军团（左路）在此时期在晋西北转动，包括破坏黄河北段敌堡垒线，与神府苏区打通。”本日，同彭德怀致电叶剑英、李富春〔2〕，要求中路军猛烈扩大红军，创造河东战场，即或遇着某些困难，必须坚决克服之；提出首先以赤化石楼全县为中心，及永和、隰县以北，中阳、柳林以南。

3月27日 中共中央政治局会议最后一次会议在石楼县城附近举行。毛泽东作关于外交（统一战线）问题的报告，指出：国民党破裂为民族反革命派与民族革命派。民族反革命派，以蒋介石为代表，坚持其自大革命失败以来的反动路线。他们可能在民众逼迫下假装抗日，其作用在瓦解抗日阵线。民族革命派中的右翼（其中又分左派和右派），是民族改良主义，不相信有力量抗日，不同意苏维埃与土地革命，但反对日本帝国主义的殖民地政策，赞成联俄联共。民族革命派中的左翼，包括宋庆龄等和中下层军人、中小工商业者、中小资产阶级，他们坚决联俄联共，有坚决进行民族战争的勇气，赞成土地革命，在我们的领导下可以坚决走上抗日。这一派很有势力，是我们同反革命派争夺的中心。中共中央的外交（统一战线）方针是：（一）不但要把民族

---

〔1〕 正太铁路，今石太线。

〔2〕 叶剑英，当时任中国工农红军第一方面军参谋长，在石楼附近统一指挥中路军。李富春，当时任中共西北中央局地方工作委员会书记，在石楼附近主持地方工作。

改良主义与民族反革命派区别开来，而且要把民族改良主义的左派和右派区别开来。要在“停止内战，一致抗日”的口号下，使民族改良主义中的右派同蒋介石进一步分离，使其中的左派同蒋决裂。（二）同民族革命派的左翼建立坚固的同盟。（三）向蒋介石提出的五个条件〔1〕，是同一切人交涉的基本。（四）中央对李克农的外交训令，今天仍然适用。对张学良的策略是：1. 蒋、张分开；2. 互不侵犯；3. 坚持抗日救国代表大会，对蒋召集的会议原则上反对；4. 不破裂，求得实际利益；5. 提出“取消苏维埃”，则以“取消国民政府”相对；6. 提出“取消暴动”，则以“取消国民党压迫”相对；7. 不反对红军集中河北。（五）苏维埃成为问题时，由人民投票。（六）不管任何派别，都与其进行外交谈判。（七）在基本原则上不能让步妥协。（八）对民族反革命派采取各个击破，对民族革命派采取各个争取。（九）外交谈判随时准备破裂，届时宣布谈判经过与内容，以扩大我们的影响。（十）发表普遍的或个别的请求书。报告最后指出，关于外交（统一战线）工作的领导，军事外交集中于军委，政党外交集中于常委，全部由常委指挥。会议一致通过毛泽东的报告。

3月28日 和彭德怀致电林彪、聂荣臻，徐海东、程子华并告朱瑞、郭述申，传达中共中央政治局会议精神。电报说：中央政治局会议完满地讨论了政治、军事、外交问题。关于政治问题，分析了华北时局，决定了争取迅速对日作战为党与红军的重要任务。关于军事问题，批准了军委的提议：在争取迅速对日作战方针下，第一时期以经营山西为基本战略方针，在此种方针下向河北、河南、绥远三省境内作战役的跳跃是许可的；确定以发

---

〔1〕 指1936年3月4日中共中央要周继吾向南京当局提出的进行谈判的5条意见。

展求巩固的原则，目前是普遍摧毁反动基础，普遍发动群众，猛烈扩大红军，各个消灭敌人；十月革命节前扩大红军三万六千人；在陕、甘及华北五省发展游击战争；提高红军干部的政治水平与军事水平，保证红军战争中优秀的与坚强的领导；加强政治工作，保证红军的统一与团结。

3月29日 和彭德怀、周恩来发布《中国人民抗日红军西北军事委员会为一致抗日告全国民众书》，要求停止一切内战，不分红军、白军，共同一致，联合抗日。并指出：蒋介石不允许红军抗日要求，竟以六个师之众入晋阻拦抗日红军前进。红军为民族自由独立、领土完整，与全国爱国同胞共同奋斗，反对卖国贼阻拦抗日红军道路。

同日 和彭德怀致电徐海东、程子华并告刘志丹、宋任穷，李维汉、张云逸，聂荣臻、林彪，命红十五军团乘东面敌人距离尚远，西、南两面敌情薄弱，在现地休息一天后，以小部在岚县西境拒止东敌主力向兴县；以兴县全境为范围适当部署兵力，扫除沿河封锁线，猛烈扩大红军。又致电林、聂，徐、程等，告以我炮兵营及后方笨重物件安全渡过河口，叶参谋长率第二二四团本日来永和北部，放弃义牒及沿河渡口，让敌达到所谓封锁黄河之“妙计”；提出“我一军团、十五军团须依前令，分别以迅速行动扫除南北段黄河封锁线，使敌得了数十里，而失掉数百里。”

3月31日 凌晨，关于红十五军团同红二十八军配合行动问题，和彭德怀致电徐海东、程子华并告刘志丹、宋任穷：十五军团“即到兴县城附近，速与刘、宋配合破坏黑峪口、罗峪口一段封锁线，一部拒止东边敌人，然后找有利机会配合刘、宋消灭敌人之一部，才能停止敌人尾追，开展自己工作”。本日拂晓，红二十八军在罗峪口附近东渡黄河，开始扫除罗峪口至黑峪口一段黄河封锁线。当晚，毛、彭再电徐海东、程子华，刘志丹、宋任穷：十五军团应集中全力找寻有利机会与东西来敌打遭遇战，再消灭敌一个团，此刻万不能分散。在不便作战时，则以一部监视敌人，主力集结休息，准备作战。刘、宋专任由南向北扫除堡垒，消灭守敌。

4月1日　为贯彻中共中央政治局晋西会议[1]精神，西北革命军事委员会主席毛泽东和副主席周恩来、彭德怀发出关于红一方面军改编的训令。训令指出："为执行党中央争取迅速对日作战的决定，将第一方面军全部改为中国人民红军抗日先锋军，第一军团改为中国人民红军抗日先锋军第一路军，第十五军团改为第二路军"。"抗日先锋军以华北五省为作战范围，第一阶段以在山西创造对日作战根据地为基本方针。以山西为方针下，可以全部或一部跃入绥远或河北或河南之一部，作为临时步骤。"训令重申"以发展求巩固"的方针，指出"战略上以少胜多，战役上以多胜少为目前军事指挥的基本原则"；要求先锋军在七个月内完成五万人的编制并武装起来，以扩红为总方针的第一等任务。

4月2日　关于目前形势、任务和战略方针问题，和彭德怀致电林彪、聂荣臻："目前阶段战略基本方针，是在山西战胜敌人，造成抗日根据地，把山西与陕北联系起来，在山西作战与赤化，不但包括晋东南，还包括晋西南、晋西与晋东北。不管晋东南以外之三区怎样，人民经济条件较差，亦不能看轻其重要性。"电报强调："山西的经营是必不可少的，因为没有山西即不能设想同日帝进行大规模作战"。"在战役方针上，不规则无定向（这一仗在东打，那一仗在西打，没固定战线，全依情况决定）可以

---

〔1〕　指1936年3月20日、23日、24日、25日和27日连续在晋西大麦郊、石口、石楼等地召开的中共中央政治局会议。

而且应该成为现实的指导原则。在战略方针上，不规则无定向是不许可的，应有明确的方向与地区。”

同日 和彭德怀再电林彪、聂荣臻，要求红一军团坚持在现地区作战，指出：蒋介石压迫张学良、杨虎城出兵延长、延水，即将出动。一军团在现在地区取得胜利，可将现地区变成苏区。由中路军去晋西南配合你们，把黄河与陕北打通，张、杨出兵可能延缓，外交有所凭借而进行。“所以你们应把握此时机，坚决在现地区作战。”“基本上不改变你们出晋东南方针，取得上述胜利后，你们仍出晋东南。你们现有大批新兵，打仗又可增扩新兵，这样无论从哪方面说，在现地区作战都是最正确的方针。”

同日 和彭德怀致电徐海东、程子华，刘志丹、宋任穷：要红十五军团在现地休息训练三四日后逐步向南，到达离石公路、隰县区域回旋一时期，尔后依情况或出汾阳、文水，或出介休、灵石；注意找寻机会，以遭遇姿势向后回击，或向前迎击，消灭敌人的小集团兵力；整个工作中，扩红列入第一位。

4月3日 鉴于敌情发生变化，和彭德怀致电周恩来并告林彪、聂荣臻，徐海东、程子华，刘志丹、宋任穷，宋时轮〔1〕，萧劲光，指出：“因敌情变动〔2〕，复令一军团暂不去晋东南，明日开始转入蒲县地区集中训练，准备作战。尔后一时期内，由一军团与我们共任这一区域之赤化与破坏封锁线。”“十五军团现在

---

〔1〕 宋时轮，当时任中央工农红军第15军团司令部作战科科长。

〔2〕 1936年3月29日，国民党军晋绥军全部占领原由中国工农红军第一方面军控制的黄河渡口，企图将红一方面军主力围歼在黄河以东。4月初，国民党军晋绥军和中央军分别向兴县以南地区和临汾、侯马、赵城地区集结，寻歼红军第1军团、第15军团。蒋介石还强令张学良和杨虎城向延长、延川进击，袭扰陕甘苏区。

汾、临[1]交界，明日起令其逐步向南，在临县、离石、中阳地域猛烈扩红赤化。”“二十八军决令其随十五军团行动一时期，打些小仗，予以磨练，责其扩大至二千，尔后依河西需要令其西渡。”“为对付张、杨进攻，四月份陕北、陕甘扩红全部编入二十九军、三十一军。”“前后方联络，准备开辟永和关、三交镇以北两处渡口，以一军团任南面，十五军团任北面。”

4月4日　和彭德怀移至隰县东端的义泉镇。

4月5日　中华苏维埃人民共和国中央政府主席毛泽东、中国抗日红军革命军事委员会主席朱德发布《为反对卖国贼蒋介石阎锡山拦阻中国人民红军抗日先锋军东下抗日捣乱抗日后方宣言》。

4月6日　关于周恩来赴肤施会谈问题，和彭德怀复电王以哲并转张学良：“敝方代表周同志偕克农依约于八日赴肤施与张学良先生会商救国大计”。“双方会谈之问题，敝方拟定为：一、停止一切内战，全国军队不分红白一致抗日救国问题。二、全国红军集中河北，首先抵御日帝迈进问题。三、组织国防政府、抗日联军具体步骤及其政纲问题。四、联合苏联及先派代表赴莫斯科问题。五、贵我双方订立互不侵犯及经济通商初步协定问题。”

同日　和彭德怀致电刘志丹、宋任穷并告徐海东、程子华：红二十八军要逐步向南，而不是要你们一气走四五天，走一二天即展开工作，休息整理，发动民众，扩大红军，待敌接近，然后收齐队伍再跃进一步，再散开工作。徐、程到三交镇时，应即展开于三交南北一线，休息扩红。当晚，又致电刘、宋等，规定“二十八军以后直属于本部指挥”。

---

〔1〕 汾、临，指山西汾阳、临县。

4月8日 和彭德怀复电林彪、聂荣臻："你们不是迅速离开晋西南的问题[1]，而是尽可能长久地在晋西南工作，直至敌情不许可继续留此区域时，然后离开此区域，转至另一区域。"你们在晋西南尽可能完成如下任务：打仗，训练新兵；发动群众，造成游击区域；粉碎沿河封锁线的一段；继续扩红。为利于你们以后向东北与向东的长距离跃进，必须尽量吸引敌人向晋西南与沿河的方面，尤其在胡宗南入晋的条件下，必须如此估计到。以后东边的胜利，将使西边敌人没有长久留驻之可能。

4月9日 和彭德怀致电张闻天，指出："目前不应发布讨蒋令，而应发布告人民书与通电。""在此时机发讨蒋令，策略上把我们自己最高的政治旗帜弄模糊了。我们的旗帜是讨日令，在停止内战旗帜下实行一致抗日，在讨日令旗帜下实行讨蒋，还是最便利于实行国内战争与实行讨蒋的政治旗帜，中心口号在停止内战。在这口号之外，同时发布主张内战的讨蒋令，在今天是不适当的。""在停止内战一致抗日的大题目下，号召全国人民、蒋系官兵一致反对蒋介石接受广田三大原则[2]，反对拦阻红军抗日与捣乱抗日后方"。"无疑的，日本正在企图用反共统一战线来击破我们的反日统一战线。此时，我们应紧握反日统一战线去击破日本反共的统一战线。因此，我们的基本口号不是讨蒋令，而是抗日令。"

4月10日 关于红一军团近期任务，和彭德怀致电林彪、

---

〔1〕 林彪、聂荣臻1936年4月7日致电彭德怀、毛泽东等，称："先锋军主力决于明八号开始西移，并拟集中于乡宁城和相机占领乡宁城。"

〔2〕 1936年1月，日本外相广田弘毅发表"对华三原则"，即：（一）中国彻底取缔反日言论和行动，放弃依赖英美的政策；（二）中国承认"满洲国"，确立中日"满"经济文化合作；（三）中日共同防共。

聂荣臻："你们须在一星期内，从永、大、吉[1]方面打一缺口，完成与后方交通之任务。此间正是蒋令张学良、杨虎城大举进攻陕北苏区，我们与张、杨进行的谈判也正在这几天内。""你们破除永、大、吉封锁线之行动，敌兵疑渡河，可与当前外交以实力帮助。"

同日 和彭德怀、周恩来致电林彪、聂荣臻，徐海东、程子华，刘志丹、宋任穷，朱理治、萧劲光等：奉苏维埃中央办事处命令，委任叶剑英、聂荣臻、刘志丹为西北革命军事委员会委员。

4月11日 和彭德怀复电林彪、聂荣臻，通报周恩来同张学良会谈结果。电报说："周副主席于九日下午八时入肤施城，十日晨四时出城，与张学良谈一夜，结果：（一）国防政府、抗日联军认为唯一出路，十大政纲张研究后，提出意见。（二）赞助红军集中河北，四方面军出甘肃，张之部队可让路，二、六军团则须得中央军同意，彼可任斡旋。（三）派赴苏联代表，他的由欧洲去，我们的张任保护，由新疆去。（四）完全同意停止内战，并谓如红军与日军接触，则全国停战运动更有力。（五）在他未公开表明抗日以前，不能不接受蒋令进占苏区。""（六）通商问题，普通办货由我们设店自购，军用品由他代办，子弹可供给。（七）互派代表常驻。（八）张云，红军出河北恐不利，在山西亦恐难立足，彼主张红军经营绥远，但如红军决定出河北，他可通知万福麟[2]部不打我们。"

4月12日 和彭德怀复电林彪、聂荣臻："同意你们首先集中全部兵力在乡宁、吉县、大宁、蒲县地域找寻作战机会，求得

〔1〕 永、大、吉，指山西永和、大宁、吉县。

〔2〕 万福麟，当时任国民党东北军第53军军长。

在此地域打一二仗，消灭敌一二个团，这是最好的方针[1]。你们准备以十天至十五天时间完成作战与破坏封锁线任务，而把作战置于第一阶段。只要能打一胜仗，打破封锁线就不是迫切问题了。”

4月13日 和彭德怀、杨尚昆致电林彪、聂荣臻、朱瑞并转红一军团全体同志，强调东征军近期工作取得很大成绩：右路军发动了汾河群众，筹措了巨款，解决了被服，特别争取了扩大红军的胜利；左路军亦连战皆捷，特别十二日三角庄战斗，击溃敌第六十六师一个旅，消灭一个团，团长被俘；中路军在石楼、隰县、汾西广大地区发动了群众，组织了游击队，二十余区域开始分散土地，打了些小仗。电报还指出，东渡以来红一方面军扩大二分之一。

同日 和彭德怀移至隰县北部距石楼城一百四十里的康城镇西北。致电刘志丹、宋任穷：“二十八军有相机消灭三交镇、转角、辛关、义牒一带之敌，恢复黄河交通之任务。”十四日，红二十八军军长刘志丹在指挥进攻三交镇的战斗中牺牲。

4月14日 和彭德怀复电周恩来：十三日十二时电[2]悉，我们完全同意。“张、杨两部关系，由你统一接洽并指导之，以其处置随时告我们，我们一般不与发生关系，对外示统一，对内专责成。”同时，和彭德怀电告王以哲：从本日起，敝方与贵方一切具体接洽与商谈关系，统由周恩来负责。

同日 和彭德怀致电林彪、聂荣臻，指出：“数日后，北敌

---

〔1〕 林彪、聂荣臻1936年4月11日两次致电彭德怀、毛泽东，提议先在乡宁以南之区域求得打一仗，然后再去打黄河封锁线。

〔2〕 周恩来1936年4月13日致电毛泽东、彭德怀，说“后方与张电台呼号由刘鼎带去，前方仍保持与王以哲电台关系”。

必至关上、中阳、兑九峪之线，南敌必至乡宁、黑龙关之线。此时，如我河道已通，便可放心作战，不受压迫；如万一找不到良好作战机会，要向另一区域转移，亦较为从容。”“破坏河防与寻敌作战，二者不宜兼顾。”“寻敌作战以运动战为上策，以打停止中之敌为下策。”十五日，红一军团攻克吉县，俘虏吉县县长及民团三百余人。

4月16日 和彭德怀致电林彪、聂荣臻，命红一军团自明日起，以两个师打马斗关至永和关之河防，任务完成后，位于永和、大宁、隰县之间准备作战；以两个师相机夺取大宁，不论夺取与否，应位于大宁及蒲县、大宁、隰县三县之交，拒止蒲县、吉县敌之急进。十七日至十八日，红一军团扫除平渡关至清水关四十余公里沿河据点。红十五军团自十四日起进至大麦郊休整。国民党军分别围歼红一方面军左、右两路军的企图被粉碎。

4月17日 和彭德怀、杨尚昆致电林彪、聂荣臻，宋任穷：责成你们在大宁、蒲县、永和区域，创造一个三百人左右的游击支队，配备干部和武装，以便尔后你们向另一区域移动时，增加晋西南化为苏区的力量。

4月20日 和彭德怀致电周恩来、张闻天并邓发〔1〕，要邓发快些动身去苏联。其任务，关于军事方面的有如下各项：（一）对日作战彼我双方的共同步骤问题；（二）两军委间通信联络问题；（三）我军向绥远行动并向绥远创立局面问题；（四）技

〔1〕 邓发，当时任中共中央政治局候补委员、中华苏维埃共和国中央政府驻西北办事处粮食部部长。1936年4月13日中共中央常委会议决定，邓发为中央代表经新疆赴苏联。邓发于同年6月启程赴莫斯科，1937年秋回国。

术帮助问题；（五）人员帮助问题。

4月22日 晨一时，和彭德怀致电林彪、聂荣臻，徐海东、程子华并告周恩来、张云逸，指出：山西敌军主力正构筑从三交镇起，经中阳、孝义、灵石、临汾、新绛至河津之东南北三面封锁线，一部在永和、大宁、隰县、石楼守城，估计本月底或下月初将有数路向我进攻。陕西方面张学良的王以哲军已开始进至富县、甘泉之间构筑堡垒，杨虎城的四个旅进至韩城、宜川之间，均准备继续向北进攻，并从西面封锁黄河。晚十二时，毛、彭再致电林、聂，徐、程并告周，提出红一方面军行动方针和部署："行动方针基本的为了向东或向北突出封锁线，进到晋东南或晋西北，特殊的也为了必要时西渡打杨虎城（张学良、杨虎城正向陕北进攻）"。红一军团坚持桑壁镇及其以西地区，保证清水关、铁罗关两渡口及必要的回旋地区于我手中；红二十八军、红三十军在义泉镇以西吸引敌军第五纵队而迟滞之；红一方面军总部率红十五军团以三天进至克城镇、午城镇之线。电报还指出："对于作战无论在何种情况，均须选择十分有利之条件，极力避免无把握之战斗。""万一情况改变到暂时不许可我们在山西继续活动时（没有出封锁线可能时），我们也准备暂时地回到陕、甘，经营神府[1]区域、三边[2]区域、环水区域、渭水区域、陕南区域等次要的战略方向"。"若干时间之后，即情况改变到东出有利于我作战之时，仍然准备回到东面主要方向。"

4月24日 鉴于国民党军将大举向红军进攻，和彭德怀两次致电林彪、聂荣臻，徐海东、程子华，宋任穷、蔡树藩，宋时

---

〔1〕 神府，指陕西神木、府谷。

〔2〕 三边，指陕西靖边、安边、定边。

轮、阎红彦〔1〕并告周恩来，决定：红一军团三个师以桑壁镇为枢纽，位于永和、隰县、大宁三城之间，并派兵向永和、石楼、大宁三城及永石、石大之间游击侦察；红十五军团进至康城镇、勍香镇之线；红二十八军在义泉不动，派队向隰县、午城游击侦察；红三十军由勍香镇出发，在黑龙关、土门镇之线扩大影响，迷惑陈诚。总部于明日率第一分队由康城镇出发，以三天到桑壁镇与林、聂开会。

4月25日 和彭德怀率红二十八军离开康城镇，前往桑壁镇红一军团军团部。连日研究敌情，及时调整部署。

4月28日 和彭德怀致电周恩来、林彪、聂荣臻，徐海东、程子华，叶剑英、杨尚昆，决定红一方面军主力西渡黄河。电报指出：山西方面，阎锡山和蒋介石有五十一个团，取堡垒主义向我推进；陕西方面，蒋介石强令张学良、杨虎城军向陕北进攻，企图封锁黄河；国民党军控制下的神府、三边地区和环县、合水及其以西地区均较空虚。“根据上述情况，方面军在山西已无作战的顺利条件，而在陕西、甘肃则产生了顺利条件，容许我们到那边活动，以执行扩大苏区，锻炼红军，培养干部等任务。另一方面，则粉碎卖国贼扰乱抗日后方计划，亦是当前的重要任务。此外，则有派一支队去陕南扩大苏区、吸引敌人之必要。”“我军决西渡黄河，第一步集结于延长地域。渡河时机、渡河秩序及集结地域之区，分别命令定之。”“向西执行上述任务，仍然是为着争取迅速直接对日作战之基本的政治的任务。华北各省仍然是战略进攻方向的主要方向。在把蒋介石部队调出山西以后，在积极地进行山西干部的创造，山西士兵运动的加强，神府苏区的扩大

---

〔1〕 宋任穷、蔡树藩，当时分别任中国工农红军第28军军长、政治委员。宋时轮、阎红彦，当时分别任中国工农红军第30军军长、政治委员。

等条件下，再一次进入山西作战的机会是会有的。坚持以陕甘苏区为中心，向各方面作战，而以东方各省为长时期内的主要方向，这是确定的方针。”

同日 和彭德怀致电张闻天：“东面情况已根本地发生变化，丧失了继续作战的可能，为稳固计决定西渡。”“提议开政治局会，讨论新的行动方向及其他与此关连的问题，地点拟在延长。”“新的行动方向有二方案：一、方面军全部先到神府、东胜区域一时期，尔后向西边陕甘宁区域。二、方面军全部即向陕甘宁区域（包括黄河以南大道以北），而以二十八军、三十军去神府区域。此两方案请你及政治局各同志考虑，我们亦正在考虑。”关于西渡黄河的部署，毛、彭又致电张闻天、周恩来：“方面军及两军团直属队先渡，五月三号前渡完。”“我们即赴清水关指挥。”

5月2日 指挥红一方面军主力西渡黄河。致电彭德怀，林彪、聂荣臻，徐海东、程子华，宋任穷、蔡树藩，宋时轮、阎红彦，部署部队渡河时间、地点及顺序；规定部队白天休息，夜间渡河。红军从本日晚分批经清水关、铁罗关西渡黄河，至五月五日全部渡完，进至陕西延长、延川、永坪地区休整。红军东征，历时七十五天，消灭国民党军七个团，俘敌四千余人，缴获各种枪四千余支，炮二十余门，取得江河作战经验，提高了战斗力，迫使晋绥军由陕西撤回山西。红军扩大新兵八千余人，筹款三十余万元。在山西二十个县开展了群众工作，宣传了党的抗日主张，扩大了中国共产党和红军的政治影响。

5月5日 和彭德怀致电各兵团首长，下达工作方针，规定：以十天为教育部队、总结经验及准备新行动的时间。各部队依照自己的情况，立即定出军事教育、政治教育、整理组织及总结在山西作战经验的具体办法。“政治上解释与鼓动的基本口号：

反对卖国贼蒋介石捣乱抗日后方，粉碎卖国贼对陕甘宁苏区的进攻，猛烈扩大抗日根据地陕甘苏区，争取迅速对日作战。”还规定，在十天内由军委召集一次方面军团以上干部大会，由军团及军召集一次庆祝胜利并追悼刘志丹同志大会。

同日 中华苏维埃人民共和国中央政府主席毛泽东、中国人民红军革命军事委员会主席朱德向南京国民政府军事委员会，全国海陆空军，全国各党派、各团体、各报馆，一切不愿意当亡国奴的同胞，发出《停战议和一致抗日通电》。通电指出：“国难当前，双方决战，不论胜负属谁，都是中国国防力量的损失，而为日本帝国主义所称快”。“为了保存国防实力以便利于迅速执行抗日战争，为了坚决履行我们屡次向国人宣言‘停止内战，一致抗日’的主张，为了促进蒋介石氏及其部下爱国军人们的最后觉悟，故虽在山西取得了许多胜利，然仍将人民抗日先锋军撤回黄河西岸，以此行动向南京政府、全国海陆空军、全国人民表示诚意。我们愿意在一个月内与所有一切进攻抗日红军的武装队伍实行停战议和，以达到一致抗日的目的。”通电呼吁“在全国范围，首先在陕、甘、晋停止内战，双方互派代表磋商抗日救亡具体办法”；号召“全国凡属不愿意做亡国奴的团体、人民、党派，赞助我们停战议和一致抗日的主张，组织停止内战的促进会，派遣代表，隔断双方火线，督促并监视这一主张的完全实现”。

5月7日 和周恩来、彭德怀复电刘鼎〔1〕即转张学良、王以哲，认为再度会谈极为必要，即请张学良决定时间，愈快愈好。电报提出会谈问题为：（一）张学良的政治、军事、经济问

---

〔1〕 刘鼎1936年5月4日来电称，此间悉红军西渡，张学良要求早日与周恩来见面商谈。刘鼎，当时受中国共产党委派，在红军和东北军之间做联络工作。

题；（二）同杨虎城、阎锡山、马鸿逵、邓宝珊、盛世才、王均〔1〕、毛炳文七部建立联合战线问题；（三）东北军和红军今后行动方针问题。随后，周恩来同张学良再度会商。

5月8日、9日 出席在延川县交口镇大相寺召开的中共中央政治局扩大会议，作《目前形势与今后战略方针》的报告。关于当前形势，毛泽东说：现在反日反法西斯的运动如暴风雨般地发展，工农商学兵各界都要抗日救亡。我们的任务，总的是建立全国人民的统一战线，战胜日本帝国主义和蒋介石；具体的政治任务，在目前是建立西北国防政府。口号是争取直接对日作战，以红军作先锋。对南京的态度，在我们方面是发一回师宣言，主张停战议和。关于下一步的行动方向，毛泽东从政治、经济、军事等方面，对陕南、甘肃、陕北、宁夏四个方向作了比较，认为“甘肃是上述几条路的必由之路。地方虽不好，但有极重要的意义”。毛泽东在报告中还着重提出办红军政治学校的问题。他说：要弄西北局面及全国大局面，没有大批干部是不行的，现在不解决这个问题，将来会犯罪。办一所红军大学来培养大批干部，以适应形势发展的需要。这次会议同意毛泽东的报告，确定当前主要任务是建立西北国防政府，并作出红军西征的决定。

5月13日 在延川县大相寺出席红一方面军团以上干部大会，作关于目前政治形势及任务的报告，指出：这次东征，打了胜仗，唤起了人民，扩大了红军，筹备了财物。当前的任务是扩大陕甘宁革命根据地。西面的甘肃、宁夏地区是无堡垒地区，我军应到这一地区进行外线作战。十五日晚上，作大会结论，指出：这次会议开得很好，打倒了本位主义，反对了自由主义，我

〔1〕 盛世才，当时任国民党新疆省边防督办。王均，当时任国民党军第3军军长、西北“剿匪”总司令部第1路军副总司令兼第1纵队司令。

们有了更加统一的意志、统一的思想。

5月15日 在大相寺出席中共中央政治局常委会议，会议讨论国际关系和我党的外交政策问题。毛泽东发言说：现在对国际各国统一战线与国内统一战线问题，我们只能说日本侵略中国，也侵犯了各国在中国的利益。我们同各国的关系，将来可根据双方的利益得到解决，尊重各国的利益。

5月18日 西北革命军事委员会主席毛泽东和副主席周恩来、彭德怀在大相寺发出西征战役命令，红军西征开始。命令指出："为着极力扩大西北抗日根据地并使之巩固，为着扩大抗日红军，为着更加接近外蒙和苏联，为着一切抗日力量有核心的团聚"，西北军委决定：以红一方面军第一、第十五军团和第八十一师、骑兵团组成西方野战军，彭德怀为司令员兼政治委员，进行西征战役，向陕、甘、宁三省边界地区发动进攻；以红二十九军、红三十军等和陕北地方部队牵制蒋介石、阎锡山的西渡部队以及陕北、渭北敌人；以红二十八军准备出陕南，同陈先瑞第七十四师会合，活动于陕、鄂、豫三省，调动并吸引蒋介石主力于该方面，使我主力易于在西方取得胜利。

5月20日 和林育英、张闻天、周恩来、秦邦宪、邓发、王稼祥、何凯丰、彭德怀、林彪、徐海东、程子华致电朱德、张国焘、刘伯承、徐向前、陈昌浩、任弼时、贺龙、萧克、关向应、夏曦〔1〕，告以目前国际国内政治形势和红军同东北军合作

〔1〕 任弼时，当时任中共中央政治局委员、中国工农红军第2军团政治委员。贺龙，当时任中国工农红军第2军团军团长。任弼时、贺龙同时指挥中国工农红军第2、第6军团。萧克，当时任中国工农红军第6军团军团长。关向应，当时任中国工农红军第2军团副政治委员。夏曦，1936年2月在贵州毕节七星关渡河时溺水牺牲。生前任中国工农红军第6军团政治部主任。

的情况。电报说：党的抗日民族统一战线得到全国广大人民的同情与拥护，我党与各党各派的统一战线正在积极组成中。“弟等与国焘同志之间，现在已经没有政治上和战略上的分歧。过去的分歧不必谈，唯一任务是全党全军团结一致，反对日帝与蒋介石。弟等对于兄等及二、四两方面军全体同志之艰苦奋斗表示无限敬意，对于采取北上方针一致欢迎，中央与四方面军的关系可如焘兄之意暂时采用协商方式。总之，为求革命胜利，应改变过去一切不适合的观点与关系，抛弃任何成见，而以和协团结努力奋斗为目标。”六月六日，经过中共中央、朱德和刘伯承以及徐向前等红四方面军广大指战员的长期斗争和劝说，张国焘被迫在炉霍宣布取消第二“中央”。

同日 出席中共中央政治局常委会议，会议讨论建立红军大学问题。毛泽东在报告中提出：（一）学习时间为六个月，部分的九个月到一年。前方干部现可自给，目的是为顾及时局开展，准备大批高级干部。（二）教育方针：高级及上级科，前三个月偏重政治，占三分之二，后三个月政治、军事并重，军事上战役战术与战略各占一半，主要是战略高深原则的学习，联系到常识，部分的联系文化学习；普通科前三个月文化、政治、军事各三分之一，后三个月文化、政治与军事各半，着重于军事，军事着重于战术问题，战略战役授以基本概念，从具体的学习到原则的了解。（三）教育内容：高级及上级科，政治——世界、中国革命基本问题，时事问题，材料——列宁主义概论及各种重要书籍；军事——中国革命战争中基本问题，时事问题；其他重要书籍。（四）教育方法：高级及上级科，指导自动研究为主，讲授为辅。普通科，政治，教授与讨论结合；军事，讲授与演习结合。（五）组织：校长林彪，教育长罗瑞卿，校务部主任周昆，教务部主任何涤宙，政治部主任袁国平。教育委员会，由林彪、罗瑞卿、毛泽东、周恩来、杨尚昆、周昆组成。教员，由张闻天、秦邦宪、周恩来、毛泽东、林育英、何凯丰、李维汉、杨尚昆、叶剑英、林彪、罗瑞卿、罗荣桓、张如心、袁国平、董必武担任。会议一致同意毛泽东的报告。

5月23日　出席中共中央政治局常委会议，在讨论对东北军的工作问题时发言指出：为了扩大抗日民族统一战线，我们要争取军队，要在抗日问题上接近东北军，工作重心摆在第五十七军上，要集中力量去做，在三个月内一定要有大的进步。

5月25日　中华苏维埃人民共和国中央政府主席毛泽东发表《对回族人民的宣言》，向回族人民宣告：主张回民自己的事情，完全由回民自己解决；保护清真寺，担保回民信仰的绝对自由；联合回族中一切武装力量，成立“回民抗日军”；取消军阀官僚民团的一切苛捐杂税，改善回民的生活；保护回文，发展回民的文化教育；回汉两大民族亲密地联合起来，打倒日本帝国主义与汉奸卖国贼。

同日　关于目前形势与战略方针，和林育英、张闻天、周恩来、秦邦宪、彭德怀、林彪、徐海东致电朱德、张国焘、刘伯承、徐向前、陈昌浩并转任弼时、贺龙、萧克、关向应、夏曦，指出：“国内及国际的政治形势均取着暴风雨般的姿态向前发展，党的反日统一战线策略有第一步的成就。”“四方面军与二方面军宜趁此十分有利时机与有利气候，速定大计，或出甘肃，或出青海。在兄等大计决定之后，一方面军适时向天水、兰州出动，进一步策应兄等，使蒋军不能拦阻。至于奉军〔1〕，已与秘密约定不加拦阻。”

同日　致信阎锡山，指出：“敝军西渡，表示停止内战，促

〔1〕 奉军，即东北军。

致贵部及蒋氏的觉悟，达到共同抗日之目的。”“救国大计，非一手一足之烈所能集事。敝军抗日被阻，然此志如昨，千回百折，非达目的不止，亦料先生等终有觉悟的一日。侧闻蒋氏迫先生日甚，强制晋军二度入陕，而以其中央军监视其后，是蒋氏迄无悔祸之心”。“敝方同志甚愿与晋军立于共同战线，除此中国人民之公敌”。“今遣郭团长返晋，面致手书，如有所教，迄令郭君再来，以便沟通两方，成立谅解”。在此之前，毛泽东曾会见被红军俘获的阎锡山部第六十六师第三九二团团长郭登瀛，要他把信交杨效欧转阎锡山。

同日 分别致信晋绥军第七十二师师长李生达、第六十六师师长杨效欧及赵次陇，申明红军西渡为表示停止内战、一致抗日的决心；并说，值郭团长返晋之便，托致此函，愿与晋军、与阎锡山停战议和，筹商大计。

5月26日 就红一军团行动部署致电彭德怀：“已电张〔1〕让出曲子、环县、洪德城，但一军团应不待张复电即进至元城镇，派一部向庆阳方向游击，阻止熊〔2〕师主力，相机占领曲子及其南北一线，惟以不与东北军正式作战为原则，对马鸿宾〔3〕则坚决打击之。”

同日 和周恩来致电阎红彦、蔡树藩，指出：蒋、阎两敌以三十个团入陕，晋敌有于本月底渡河消息。红三十军应以主力位于宋家川之线以南，迟滞国民党晋绥军前进。

---

〔1〕 张，指张学良。

〔2〕 熊，指国民党军东北军第115师师长熊正平。

〔3〕 马鸿宾，当时任国民党军第11军第35师师长、西北“剿匪”总司令部第1路军第4纵队司令。

同日　和周恩来、杨尚昆电告彭德怀、刘晓〔1〕，左权〔2〕、聂荣臻、朱瑞，徐海东、程子华、王首道〔3〕：陕甘宁省委〔4〕、省苏于本月底可到保安。萧劲光为陕甘宁边区军事部部长，赖传珠为副部长兼政治工作部部长。萧已于昨日去保安。陕甘宁省一级拟驻吴起镇。

5月28日　出席中共中央政治局会议，会议主要研究军事行动问题。毛泽东作报告，指出：我们在六、七、八月要以洪德城为中心创造新的根据地。东边蒋介石、阎锡山以三十个团向我们进攻，是我们的主要敌人。蒋介石对陕、甘加紧部署，企图将我们同二、六军团和四方面军隔开，同东北军隔开，同苏联隔开，在西北大干“剿共”。现在不能说蒋介石、张学良、杨虎城矛盾消失，西北军阀派别多，于我们有利。我们的阵势在西，而蒋介石集中兵力在东。我们的工作，第一，在安塞以西、洪德城附近四五百里地区做赤化工作；第二，对东北军完成主要方面的准备工作，特别是政治上的，内部的团结，干部的创造等；第三，坚持陕北游击战争，最好是在白龙山及神木地区，变“太平世界”为“不太平世界”，方式以小游击队活动为最好，短小精悍，在每区中应有一大的游击队。

同日　和周恩来致电彭德怀、刘晓、徐海东、程子华、王首道：你们取得宁条梁后，将进到蒙民集中地区，要特别注意执行

---

〔1〕刘晓，当时任中国工农红军第一方面军地方工作部部长。1936年10月又任中国工农红军第一方面军政治部主任。

〔2〕左权，当时任中国工农红军第1军团参谋长。1936年6月又任中国工农红军第1军团代理军团长。

〔3〕王首道，当时任中国工农红军第15军团政治部主任。

〔4〕1936年5月17日中共中央常委会决定，将陕甘省委改为陕甘宁省委，李富春任书记。

中央对内蒙人民的宣传，扶助蒙民自决，而不是赤化，以建立北线上的缓冲地带。当占领教堂区域时，如俘得神父，应特别优待，不应侮辱。“宣布凡属以前教堂及军阀所占领的蒙地，完全退还内蒙民众。”二十九日，和周恩来又致电彭德怀：“争取教堂与我们建立和平关系是重要的事，不必提高条件〔1〕”。

5月29日 致电彭德怀并告刘晓，聂荣臻、朱瑞、邓小平〔2〕，徐海东、程子华、王首道，通告：红二、红六军团六月中可到甘肃；红四方面军已接受我们方针，六月底北上，七月底到夏洮；对张国焘的关系承认暂时采取协商方式，并告张国焘我们与他们之间已没有政治上、策略上的分歧，过去分歧不必再谈，务与之协和团结为目标；西边创造新根据地，东边坚持游击战争，南边作东北军的工作，为六、七、八月之三大基本任务；红校〔3〕六月一日开学，年底毕业。

5月 致信盟克耳纪，提出：蒙族内部事务，应由蒙族自己解决，国民党绥远政府不得借此挑拨离间；愿与蒙族人民团结一致，以实力援助其解放；蒙人自己组织政府，有应用自己语言文字及宗教信仰的自由；坚决反对日本侵略内蒙及国民党官员的欺凌压迫；将长城沿边各地如宁条梁等地划为通商地区，增进汉蒙商业的发展；愿与蒙族联合一起，缓急相助，共同打倒公敌。

6月1日 中华苏维埃人民共和国中央政府主席毛泽东、中国人民抗日红军革命军事委员会主席朱德发出布告，向全国人

〔1〕 彭德怀在1936年5月28日致电毛泽东说：“徐、程来电，小桥畔教徒回信，允本日派代表接头。我们答应以信仰自由但传教不得干涉政治为原则，与之谈判。”

〔2〕 邓小平，当时任中国工农红军第1军团政治部副主任。

〔3〕 红校，指中国人民抗日红军大学。

民、党派团体、军队提出救国救民主张二十条，其中包括：全国工农商学兵团结起来抗日救国；停止内战，不分红军白军，一致抗日；全国各党各派各团体创立抗日人民联合战线；召集全国抗日救国代表大会，成立国防政府和抗日联军；联俄联共，一致抗日，取得中华民族的解放与独立；释放一切政治犯，保障抗日的言论、出版、集会、结社自由；全国红军与全国军队集中河北打日本；全国人民武装起来一致对日作战；推翻汉奸卖国贼的统治；废除苛捐杂税，废除高利贷；保护知识界、科学界、文艺界一切进步分子；保护工农利益；保护工商业。

同日 和周恩来致电彭德怀转杨至诚并告萧劲光、左权、徐海东等：为胜利进行野战军后方勤务工作，决定组成野战军后方勤务部，以杨至诚兼部长，统一指挥野战军兵站、供给、卫生诸机关。

同日 在瓦窑堡出席中国人民抗日红军大学开学典礼，并讲话。

同日 红一军团在曲子地区向国民党军第三十五师进攻，迫使第一〇五旅旅长冶成章以下一百五十余人投降，红军进占阜城。三日，又在阜城地区歼灭国民党军第三十五师六个步兵营，击溃两个骑兵营，俘敌一千一百余人。

6月2日 和周恩来、杨尚昆电告左权、聂荣臻、朱瑞、邓小平等：要特别优待冶成章旅长，治好伤口后，送后方一行，谈后即送其回宁夏。俘获官兵可分配送走二三十人，要有回民，给以优待。其余大多数则训练数天，妥送吴起镇，交萧劲光派队护送后方，沿途布置欢迎。

6月5日 西方野战军决定继续分左、右两路西进。彭德怀致电左权、聂荣臻，徐海东、程子华并告毛泽东，提出：野战军西征的第一步作战任务基本完成。左路军消灭了马鸿宾的主力，夺取了阜城、曲子、环县、洪德城之线碉堡。右路军夺取了宁条梁，争取了教民的拥护，影响蒙民，打击了三边、盐池的地主武装。为继续消灭二马部队，扩大地域，争取赤化，扩大红军与征集资材，左路红一军团主力继续西进，夺取豫旺堡、七营、黑城镇等要点；右路红十五军团主力，向西南夺取豫旺县城、小台子、萌城等地。两路军均于七日开进。六日，毛泽东复电彭德怀，认为部署甚妥，“但为蓄积部队精力，以利西面战斗计，两军团似宜各在原地多休息一二天，九号左右开始西进。”

6月6日 关于巩固陕甘宁根据地西部的问题，和周恩来致电彭德怀，指出：“横山、定边间五百里工作是西方根据地的北面屏障，是北出绥、宁〔1〕打通苏联的战略枢纽。应以八十一师与二十八军、骑兵团全力担负，限一个半月内（七月半止）完成初步赤化。”“庆阳、洪德城线及其东西地区是西方根据地的重心，是镇原以北人口经济条件较好地带，应以一军团一个师及军团政治部一半及陕甘宁红军主力全力担负，亦限七月半完成初步赤化。”“安边、定边是战略要点，保持于敌人之手将成后患，清涧等城可为殷鉴。但一时不易攻下，应计划于二月至三月内多方设法攻下之。”十日，西方野战军决定，由红二十八军同红八十一师、骑兵团组成中路军（又称北路军），担负夺取安边、定边、堆子梁等地，巩固陕甘宁根据地西部的任务。

同日 致电彭德怀等，通报统一战线工作等情况：“统一战线工作〔2〕更进一步，各种准备正向着具体化。”“日军五千入北平，人心大震，冀察政委会有分裂趋势。”“反蒋运动呈开展局面，两广有宣布独立之传说，刘湘、何键似均不稳。”

---

〔1〕 绥、宁，指绥远、宁夏。

〔2〕 指建立中国工农红军同国民党军东北军、西北军合作抗日的统战关系。

6月7日　和周恩来致电宋时轮、宋任穷，阎红彦、蔡树藩，萧劲光，通报西征战役第一阶段情况："我野战军执行军委西征战役计划，左路军在曲子、阜城战斗，缴获马鸿宾师[1]步枪一千二百余支，迫炮数门，俘敌冶旅长一，官兵千六百余人，占领洪德城、环县、曲子、阜城、三岔纵横约三百余里广大地区；右路军占领了宁条梁，打击三边、盐池一带地主武装，争取长城内外教民、蒙民数万拥护抗日红军，恢复并扩大了三边苏区版图。""目前，野战军已完成了第一步作战任务，正胜利地向西猛烈进展中"。

同日　和周恩来、杨尚昆电告左权、聂荣臻、朱瑞、邓小平：你们向西行动时，请设法同甘肃固原县[2]哥老会龙头唐宝山联络，并争取他参加抗日。

6月8日　关于对回民工作的基本原则和政策，和周恩来、杨尚昆致电彭德怀、刘晓，左权、聂荣臻、朱瑞、邓小平，徐海东、程子华、王首道，指出："中央决定回民工作基本原则是回民自决，我们应站在帮助地位上去推动和发动回民斗争。"电报提出对回民工作的政策：在回汉民杂居地方，组织联合政府，在回民区域组织回民政府，凡愿谋回族解放的贵族、阿訇及一切回民均可参加；只有在回民群众同意下，才能打回人土豪；群众团体是回民联合会、解放会、抗日会，回民新战士成立单独伙食单位，称回民抗日军。电报还规定三大禁条，即禁止驻扎清真寺，禁止吃大荤，禁止毁坏回文经典；四大注意，即讲究清洁，尊重回民风俗习惯，不准乱用回民器具，注意回汉民族团结。

---

〔1〕 指马鸿宾任师长的国民党军第11军第35师。

〔2〕 固原县，今属宁夏回族自治区。

同日 对红色中华社记者发表关于两广事变[1]的谈话，指出："这时候国民党中一些愿意抗日救国的领袖与反对南京的派别，从南京分裂出来是完全可能的与应该的。""西南抗日反蒋的军事行动，客观上是革命的与进步的行动，虽然这中间还不免有个别分子夹杂有权位、地盘等不正当的动机。""吾人更希望西南的领袖能彻底执行抗日救国的纲领，将两广造成抗日救国的根据地，开展抗日战争，武装民众，实施广泛的民主自由，严厉制裁汉奸，没收日本与汉奸财产，改善工农职员生活待遇等。西南的领袖须执行这些彻底的革命纲领，来却除一部分人民对你们的怀疑，并吸引全国人民的同情羡慕，则胜利可操左券。"

6月9日 和林育英、张闻天致电朱德、张国焘，通报国内外政治局势，指出："目前国际情况，一面日本对华猛进，一面英苏妥协对日之形势。蒋介石利用胡汉民死亡，做其冬天作总统的迷梦，并扩充兵力，大借美债。反蒋运动之开展是必然无疑的。""自胡汉民死后，亲蒋派邹鲁出洋，证明反蒋已成定议。唯近日陈济棠尚派代表到南京回旋，似粤桂步骤不尽一致，桂进较急，粤进较缓，内幕尚待续证。"还说："俟情况证实，此间拟派重要代表南下联络，并做到互相配合。"

同日 和周恩来复电彭德怀，同意他与鄂王及张司令[2]代表谈判的内容及原则，并要他注意同鄂托克旗建立通商关系，以便能经过该旗进而与阿拉善旗建立友好关系。

6月10日 和周恩来致电彭德怀："宁夏外交根据联合抗日

---

〔1〕 1936年6月上旬，广东粤军首领陈济棠和广西桂军首领李宗仁、白崇禧发动"两广事变"，成立抗日救国西南联军，并进军湖南。蒋介石急调部队入湘，阻拦联军北上。7月，在蒋介石的压迫与分化下，陈济棠失败。9月，李宗仁、白崇禧与蒋介石妥协。

〔2〕 张，应为章，指当时任内蒙古鄂托克旗保安司令部司令的章文轩。

与回人自决两原则由你负责进行。”“安边、定边的外交争取要用大力，且八等寨子亦然。庆阳方向则着重东北军。”

同日　和周恩来致电李富春、萧劲光并告彭德怀，左权、聂荣臻，同意左、聂关于加强在悦乐、曲子、阜城地域的军区兵力的意见，同时指出：所加强的兵力，除向庆阳设防警戒并肃清团匪外，“应以主要力量进行争取东北军工作，而不是向东北军突击或攻击”。

6月12日　在瓦窑堡出席中共中央政治局会议，会议主要研究西南事变（即两广事变）及整个形势发展的问题。周恩来作关于西南问题的报告。毛泽东发言指出：时局发展到一个新的阶段。日本派兵到华北，蒋介石的国民党中央的势力退出华北，中国内部整个起了很大变化。帝国主义世界也起了变化，英国原是支持日本侵略中国的，现在变为反对日本侵略中国。西北是抗日的大本营，西南事变的发动，对西北也起了作用。我们的口号，我们的重心是抗日，请蒋出兵，以扫除抗日阻碍。蒋介石在群众中还有欺骗作用。我们的办法是坚决驳斥胡适之[1]的亦即蒋介石的民族改良主义的言论，指出蒋介石的政策是卖国的政策。要广泛宣传抗日救国大会，以对抗蒋介石的国民大会。要使西南从不是武装民众抗日变为武装民众抗日。

同日　中华苏维埃人民共和国中央政府主席毛泽东、中国人民红军革命军事委员会主席朱德发表《为两广出师北上抗日宣言》。宣言对两广事变表示支持，提出要立刻召集全国抗日代表大会，并实现下列纲领：“（一）宣布对日绝交宣战，讨伐‘满洲国’，收回华北与东北失地。（二）取消一切中日间的不平等条约

---

〔1〕胡适之，即胡适，字适之。当时任北京大学文学院院长兼中国文学系主任、教授。

与卖国借款。(三)惩办丧权失地祸国殃民的汉奸卖国贼。(四)动员全中国海陆空军直接对日作战。(五)没收日本帝国主义与汉奸卖国贼的一切财产作为抗日经费。(六)保证抗日救国的言论、出版、集会、结社的完全自由,释放一切政治犯。(七)成立国防政府与抗日联军。(八)联合全世界以平等待我的国家与民族,联合日本国内的一切被压迫民族与被压迫民众。”

6月14日 出席中共中央常委会议。会议决定中央撤出瓦窑堡,并进一步讨论西南事变问题。

同日 关于东北军进攻瓦窑堡问题,和周恩来致电萧劲光、李富春转杨至诚〔1〕并告彭德怀,指出:“东北军分三路向瓦窑堡前进,今日其右路到平步塔,中路已过青化砭,左路似由下寺湾向上桥前进,估计明十五日可进至永坪、蟠龙、安塞之线。绥、清〔2〕敌人亦有配合可能。”“我军决定出瓦窑堡准备作战。”

同日 西方野战军决定发起西征第二阶段作战,以最大努力赤化占领区域,摧毁安边、定边、豫旺堡及豫旺城等支点,打击敌出扰部队,肃清民团。左路军(红一军团)在曲子镇、阜城、七营、上新堡等地区集结,向四周赤化,打击马鸿宾出扰部队;右路军(红十五军团)主力夺取豫旺县城,第二步以夺取韦州城为目的;中路军(红二十八军、红八十一师、骑兵团)主力第一步夺取安边。

6月15日 关于中共西北中央局及军委机关迁移问题,和周恩来致电彭德怀,左权、聂荣臻,徐海东、程子华,宋时轮、宋任穷,阎红彦、蔡树藩,李富春、萧劲光并转杨至诚,指出:

---

〔1〕 杨至诚,当时任西北革命军事委员会后方办事处兵站部部长兼中国工农红军第一方面军后方勤务部部长。

〔2〕 绥、清,指陕西绥德、清涧。

"估计到瓦窑堡迟早必失，我军决搬空瓦市，准备作战。中央及军委各机关准备移至洪德城、河连湾一带，其辎重先行，并以杨家园子及吴起镇附近为转运休息地点。""中央此次准备迁移与抗战，并不改变利用目前西南事变，加速进行西北大联合的根本大计。在干部及群众中应解释，中央迁都是为着直接领导和巩固新的更大的西北根据地，是为着更便利于发展东西的游击战争，是为着更易于争取东北军，准备着新的回攻。"

6月19日 和林育英、张闻天、周恩来、秦邦宪、彭德怀复电朱德、张国焘〔1〕并转任弼时，指出："关于二、四方面军的部署，我们以为宜出至甘肃南部，而不宜向夏洮地域"，以避免引起回汉冲突，利于争取青海三马〔2〕，也利于以后东出陕南策应时局。

6月20日 中共中央发出致国民党五届二中全会书，再次提议停止内战，一致抗日，指出："只要你们立即停止进攻红军和苏区，立即动员全国对日抗战，并实现民主自由与制裁汉奸，我们和红军不独不妨害你们抗日，而且用一切力量援助你们，并愿和你们密切合作。""我们随时都准备同贵党任何组织、任何中央委员、任何军政领袖进行关于合作救国的谈判。"并表示中共愿以全力支持西南诸领袖的抗日事业，并呼吁国民党立即将军队开入华北对日作战。

---

〔1〕 张国焘1936年6月10日致电中共中央，同意率中国工农红军第四方面军北上，但准备向夏河、洮河西北行动，在青海、甘肃、新疆边远地区另辟局面。

〔2〕 指国民党青海省政府主席、国民党军西北"剿匪"总司令部第2防守区司令马麟，国民党军新编第2军军长兼第100师师长、西北"剿匪"总司令部第1路军第5纵队司令马步芳，国民党军西北"剿匪"总司令部第1路军第5纵队骑兵第5师师长马步青。

同日 中共中央发出《关于东北军工作的指导原则》，指出：东北军有极大可能转变为抗日的革命的军队。我们在东北军中的工作目标，不是瓦解东北军，分裂东北军，也不是把东北军变为红军，而是要使东北军变为红军的友军，使东北军实行彻底抗日的纲领。超出这个范围的一切言论与行动，均在排除之列。

6月21日 国民党军高双成部乘虚袭击瓦窑堡。毛泽东、周恩来、张闻天等率中共中央党政军领导机关安全撤出。

6月22日 红六军团到达甘孜县普玉隆，同红四方面军总指挥部会合。三十日，红二军团在甘孜县绒坝岔同红四方面军第三十军先头部队会师。七月二日，红二、红六军团齐集甘孜，同红四方面军主力会师。

6月23日 东北军进入瓦窑堡，红二十九军、红三十军撤离瓦窑堡。毛泽东、周恩来、张闻天及中央党政机关和军委各部开始西移保安，本日到达桑树坪附近。二十四日，到达凉水湾。

6月25日 就红四方面军行动问题，和周恩来、彭德怀致电朱德、张国焘，询问："何日开始北上？经何路？何日可达何处？敌情如何？我陕甘应如何策应？均请见告。"

6月28日 致电彭德怀并转左权、聂荣臻，徐海东、程子华，通报全国抗日反蒋形势，指出：全国形势的发展，"证明中央估计革命已走向了新的阶段，是完全正确的"。关于同南京政府谈判情况，指出："南京以铁道部次长曾养甫出面答复我们的信已到，满纸联合抗日，实际拒绝我们的条件，希望红军出察、绥、外蒙边境，导火日苏战争。"

6月29日 关于打通同苏联的通路问题，致电彭德怀，提出："从总的战略上看，无论站在红军的观点上，站在红军与其他友军联合成立国防政府的观点上，打通苏联解决技术条件是今年必须完成的任务，而这一任务是必须一及十五军团担负。"红军接近苏联的通道有二：一是宁夏及绥远西，这一条路距离较近，人口经济条件较好，但不易造成根据地；二是甘、凉、肃三州[1]，这一条路能够造成巩固的根据地，但距离较远，某些区域人口稀少，行军宿营恐怕有些妨碍。红军出动的时机亦有二：一是夏天或秋天，如能解决渡河船只，这是最好时机；二是冬天，夏秋不成功则只好等候结冰。“不论采取哪一条路与哪一个时机，给马鸿逵以坚决的打击都是决定的条件。因此，请你考虑在七月下半月一及十五军团向金积、宁安[2]之间或宁安、中卫之间行动的问题，及在黄河抢夺船只的问题。”

7月1日　就今后战略方针和任务问题致电彭德怀：“我野战军行动方针应依你的计划，七月以赤化现地为目标，八月以迫近河边求战为目标，九月以后依情况决定。如外蒙能出兵策应并解送军械，我军又有渡河作战条件，则出宁夏最为有利，否则只好候冰期。如须等候冰期，则十二月以前我军活动区域除灵武、金积外，自当展及固原、海原、靖远地区，将三边、靖远之间完全赤化。那时东北军当无理北进，甘、宁之交当可巩固。”电报指出：我们与东北军关系现有进一步发展可能。为准备在红二、四方面军北上后不久，东北军能作政治军事上的发动（为策应西南甚宜早动），七、八两月须注大力于该部军、师、团三级的工作。派较得力的人分途去见军、师、团长，根据他们的思想程度与接受可能，向他们解释“抗日”、“反蒋”、“联俄”、“联共”等问题。“这个中层乃是枢纽，目前最为重要。”此电还通报，为迎接红二、四方面军北上，当派红二十八军南下策应。

---

〔1〕 甘、凉、肃三州，今甘肃张掖市、武威市、酒泉市。

〔2〕 金积，旧县名，1960年撤销，所辖地区分别划归宁夏吴忠市、青铜峡市。宁安，指宁安堡，即宁夏中宁县城。

同日 和林育英、张闻天、周恩来、秦邦宪、彭德怀等六十八位在陕甘根据地的党政军负责人联名致电朱德、张国焘、徐向前、陈昌浩，任弼时、贺龙、萧克及红二、四方面军指战员，庆祝红二、四方面军在甘孜县会师。电报指出：“我们以无限的热忱庆祝你们的胜利的会合，欢迎你们继续英勇地进军，北出陕、甘与一方面军配合以至会合。在中国西北建立中国革命的大本营，与苏联、外蒙打成一片，与全国抗日人民、抗日军队、抗日党派建立抗日救国的统一战线，组织人民的国防政府与抗日联军，向着日本帝国主义及其走狗卖国贼，开展神圣的民族革命战争，挽救中国之危亡，解放中华民族于日本帝国主义的铁蹄之下。”“西北的政治环境是很好的，二、四方面军北上之后，我们就有更伟大的力量来进行西北各民族、各党派、各武装势力的大联合。”“我们是准备着庆祝你们北上抗日的伟大胜利。”

7月5日 中央革命军事委员会发布命令：红二、红六军团和红三十二军组成红二方面军，贺龙为总指挥兼红二军团军团长，任弼时为政治委员兼红二军团政治委员，萧克为副总指挥，关向应为副政治委员；陈伯钧为红六军团军团长，王震为政治委员。

7月5日—7日 和周恩来、张闻天在安塞召开会议，听取刘鼎关于东北军情况的汇报。会议要刘鼎放手大胆地工作，争取张学良；强调对东北军的政策不是瓦解、分裂或把它变成红军，而是帮助、团结、改造，使之成为抗日的力量，成为红军可靠的友军。

7月6日 电告彭德怀：“刘鼎来，布置了那边的工作，那边的工作大有希望。”“中央机关及红校在保安，军委后方各部在吴起镇，洛甫、恩来、我暂在安塞，若干天后去保安。”

7月12日 致电彭德怀：我昨天到保安，周尚在安塞。红二十八军恐须七月底或八月初才好南下，目前仍在原地执行任务待命。

7月13日 傍晚，步行至中华苏维埃人民共和国中央政府外交部，看望本日到达保安的美国记者埃德加·斯诺和美国医生乔治·海德姆〔1〕，对他们来苏区访问表示欢迎〔2〕。

7月14日 关于西征战役的作战指挥问题，致电彭德怀："（甲）在对敌两团以上兵力作战时，似宜集结更优势之兵力，期于一举消灭之。（乙）在作战条件不具备时，不妨再引退些，把敌诱至条件具备之情况下，以便一举消灭，这里须要更多的忍耐性。（丙）扩大与训练部队，使红军生息强大，造成将来战略上大举反攻之主要的条件。（丁）对何柱国指挥'进剿'之全部东北军〔3〕，宜决定消灭其一部，这样做不会妨碍大局，反有利于大局。（戊）对西征以来的整个指挥，我都是同意的。以上各条，在你的过去部署中大概都包括了，现提出来，请特别考虑一番。"

同日 出席欢迎斯诺和马海德的欢迎会，并即席讲话。

7月15日 中华苏维埃人民共和国中央政府主席毛泽东发表对哥老会宣言。宣言肯定哥老会自辛亥革命以来"光荣的事

---

〔1〕乔治·海德姆，美籍黎巴嫩人，后取中国名字为马海德。

〔2〕斯诺第一次见到毛泽东的情况，在其《复始之旅》（《斯诺文集》第一卷）一书中写道：直到吃晚饭时，毛泽东才来。他用劲和我握了握手，以平静的语调寒暄了几句，要我在同别人谈话过后，熟悉一下周围环境，认识方位，然后去见他。他缓步走过挤满农民和士兵的街道，在暮霭中散步去了。

〔3〕何柱国，当时任国民党军西北"剿匪"总司令部东北军骑兵军军长。在张学良去南京参加国民党五届二中全会时，何柱国按照蒋介石的命令，指挥东北军步兵、骑兵5个师及第35师残部，自庆阳至固原一线向红军进攻，但暂时未敢发动全面进攻。

迹”，并指出：不管我们过去互相间有过怎样的误会与不满，我们现在都应该忘却抛弃，我们要在共同的抗日救国的要求下联合起来，共赴国难。“我们欢迎各地各山堂的哥老会山主大爷，四路好汉弟兄都派代表来或亲来与我们共同商讨救国大计”。

同日 会见斯诺，回答他关于苏维埃政府对外政策的提问。毛泽东说：今天中国人民的根本问题是抵抗日本帝国主义。反抗日本侵略的斗争，反抗日本经济和军事征服的斗争，这是在分析苏维埃政策时必须注意的主要任务。日本帝国主义不仅是中国人民的敌人，而且是全世界所有爱好和平的人民的敌人。除了日本和那些帮助日本帝国主义的国家以外，所有国家可以组成反战、反侵略、反法西斯的世界联盟。当中国真正获得了独立时，外国正当贸易利益就可以享有比从前更多的机会。苏维埃政府是欢迎外国投资的。我们要接受一切合法的外资来完成我们建设的计划，我们否认一切足以影响中国独立主权的外国投资，坚决反对一切政治借款。我们几万万的人民，一旦获得真正的解放，把他们巨大的潜在的生产力用在各方面创造性的活动上，能够帮助改善全世界经济和提高世界文化水准。一个独立自由的中国，对全世界将有伟大的贡献。

7月16日 自晚九时至次日晨二时，同斯诺谈中国抗日战争的形势、方针问题。毛泽东说：中国战胜日本帝国主义，要有三个条件：第一是中国抗日统一战线的完成；第二是国际抗日统一战线的完成；第三是日本国内人民和日本殖民地人民的革命运动的兴起。这三个条件中，中国人民的大联合是主要的。至于战争能延长多久，要看中国抗日统一战线的实力和中日两国其他许多决定的因素如何而定。如果抗日统一战线有力地组织起来，各国政府和各国人民给中国以必要的援助，日本革命起来得快，则这次战争将迅速结束，中国将迅速胜利。如果这些条件不能很快实现，战争就要延长。但结果还是一样，日本必败，中国必胜。中国当前的任务是收复全部失地，不仅仅是保卫长城以南的主权，东三省是必须收复的。关于这次战争的战略方针，应该是使用我们的主力在很长的变动不定的战线上作战。中国军队要胜利，必须在广阔的战场上进行高度的运动战，迅速地前进和迅速地后退，迅速地集中和迅速地分散。这就是大规模的运动战，而不是深沟高垒、层层设防、专靠防御工事的阵地战。转换全局的战略方针，必然是运动战。阵地战虽也必需，但是属于辅助性质的第二种的方针。

7月18日、19日 同斯诺谈苏维埃政府的对内政策问题。毛泽东说：在整个中国正面临着要变为日本奴隶的迫切关头，为着把一切爱国分子组成一个抗日的民族阵线，我们的政策，在许多方面已经改变了。从苏维埃运动开始以来，我们永远是欢迎知识分子参加的。一切自由职业者，均给予苏维埃市民的权利。小资产阶级、小商人等等，并给予政治权利。出身于资本家或地主家庭，但本人参加革命的，也给予苏维埃市民全部权利，而且能被选举担任官职。富农的土地是不被没收的，被没收的地主也给他们一份土地。小地主的财产不被没收。参加抗日运动的地主，给予特殊的看待。反对日本帝国主义的战争，不能只限于任何一个阶级的参加，也不可能在一个单独的战线上进行。一些资本家，一些银行家，甚至许多地主和许多国民党军队中的军官们，已经表示了他们为民族解放而战的志愿，我们不能拒绝他们在这个斗争中担负一种职务。甚至蒋介石，如果他一旦决定参加反日的抗战，我们也会欢迎他参加的。现在我们的目的，不能是社会主义，更不能是共产主义，我们要求的是全民族的民主共和国的建立。即使实现了民主共和国，我们也不能立即实行社会主义。在中国，实现社会主义，大概不会像苏联那样快，因为中国是一个半殖民地半封建的国家，有着较长的和更困苦的路要走。

7月20日 致电彭德怀：何柱国集中五个师向我攻击，我军如何部署？如与之决战，须集中最大兵力方为有利。

7月21日 致电周恩来、萧劲光并告彭德怀，指出：红七十八师、红八十一师调豫旺，红二十八军调定边、盐池。现安边、靖边之线防御力量甚少，感吴起、保安之线颇受威胁。请周令红三十军飞速开新城堡。萧、赖[1]将吴起以北之部署情形电告。

7月22日 出席中共中央政治局常委会议，会议讨论土地政策问题。毛泽东发言指出：土地革命与反帝是中国革命主要元素，两个任务不能减弱。但在亡国灭种面前，同时提出两大任务不妥当。为了使民族战线扩大，因此应满足广大农民的需要。两个任务不同时提出，但都须解决。没收地主土地平均分配的原则，不能取消；被没收的地主，仍分给他一份土地，使他能够进行生产。会议决定发出《中央关于土地政策的指示》。指示指出："为要使土地政策的实施能够实现清算封建残余与尽可能地建立广大的人民抗日统一战线的目的，需要进一步审查实施土地政策，并给以必要的改变。"指示作了十条决定，其中有：对地主阶级的土地、粮食、房屋、财产一律没收，没收之后仍分给耕种份地及必需的生产工具和生活资料；富农的土地及多余的生产工具均不没收；苏区内允许土地出租。

同日 同林育英、张闻天、周恩来、秦邦宪、彭德怀致电朱德、张国焘、任弼时，指出：目前陕甘宁有一百五十余团兵力在

〔1〕 萧，指萧劲光。赖，指赖传珠，当时任中共陕甘省委军事部副部长。

蒋介石的命令压迫之下向我进攻。我们正动员全部红军并苏区人民粉碎敌人的进攻，迎接你们北上。“二、四方面军以迅速出至甘南为有利。待你们进至甘南适当地点时，即令一方面军与你们配合，南北夹击，消灭何柱国、毛炳文等部，取得三方面军的完全会合，开展西北伟大的局面。”

7月23日 同斯诺谈中国共产党与共产国际、苏联的关系问题。毛泽东说：共产国际不是一种行政组织，除起顾问作用之外，它并无任何政治权力。虽然中国共产党是共产国际的一员，但决不能说苏维埃中国是受莫斯科或共产国际统治。中国共产党仅仅是中国的一个政党，在它的胜利中，它必须是全民族的代言人，它决不能代表俄国人说话，也不能替第三国际来统治，它只能为中国群众的利益说话。毛泽东在回答红军何以能够胜利的问题时指出，原因有三：第一，红军是民众的军队，人民群众千方百计地支持它。第二，依靠共产党用正确的战略战术来领导。第三，红军的指挥员是能干、正确、聪明、忠实和真诚的。在回答抗日战争结束后国内革命的主要任务时指出：中国革命属于资产阶级民主革命的性质，因此首要工作是调整土地问题——实行土地改革。

同日 关于地方武装集中与分散问题致电彭德怀，指出：“地方武装分散与集中并用的原则，分散以到班为止，集中以到独立师为止，中间有排、连、团的各种形式，依照敌情与苏区巩固的程度而适宜配置之。在敌情严重及苏区尚未巩固之时，应偏重于分散配置。”“过去中央苏区与今年春季陕北苏区采取过于集中的配置，致使县、区、乡失去了自卫武力，县、区、乡的党与政府失去了指挥游击战争的能力，在敌人进攻时便变为不利于我们。”“请考虑独立师的分散配置及其他地方武装不过分集中的问题。”

同日 致电彭德怀：部队[1]集中之后，宜作十天训练计划，军事政治的突击，即以此为对何柱国作战的准备。十天后如果还没有良好作战机会，则再训练十天。目前休息、训练是主要要求。

7月26日 出席中共中央政治局常委会议，会议讨论统战联络工作和上海党组织的工作。毛泽东发言指出：上海的工作是有进步的，对他们的指示，着重点在建立更广泛的统一战线，但须分清敌友。对一切可能同情我们的应大大地开门，但对真正的法西斯分子是应该关起门来的。对文化界的矛盾，也应注意，并要好好说服他们。对他们的指示信，不要太简单。对华北方面，也应去一封信。华北工作有更进一步的发展，但对他们的弱点，同样亦应给予指出。会议决定成立少数民族工作委员会，以王稼祥、李维汉、杨尚昆、林育英、吴亮平、秦邦宪、张闻天为委员，由王稼祥负责。

7月27日 出席中共中央政治局会议，会议讨论东北军工作委员会的工作问题。毛泽东发言指出：这个时期的工作委员会有很大的进步，可谓很好的模范，请恩来同志写出一篇文章来。过去我们确定的工作方针是：第一，在西边建立根据地；第二，在东边开展游击战争；第三，建立联合战线。以后的工作方针还是这三条，但次序要变更，把建立联合战线放在第一位。对东北军，对杨虎城部队，对南京部队，都要建立工作委员会。最重要的是庆阳方面，这里敌军多，应广泛地去联合他们。建立联合战线的工作，应大家出马，不应关起门来。不仅注意上层，还应该抓紧中级的工作。红军的行动应配合这一工作。在目前，要注意

〔1〕 指由中国工农红军第1军团、第15军团为主组成的红军第一方面军西方野战军。

蒋介石的进攻。会议决定：成立白军工作部，由周恩来负责；派林育英去庆阳方面，负责西线工作。

同日 和周恩来、杨尚昆致电彭德怀并转左权、聂荣臻、朱瑞，徐海东、程子华、王首道，宋时轮、宋任穷[1]，萧劲光，李富春，刘晓，指出："两个月来，西方野战军以其坚决机动的指挥与英勇牺牲的战斗，完成了在西方创造根据地的任务[2]。东方的游击战争是坚决地持久着，南方的统一战线是发展了。中央与军委三大战斗任务，已经完成第一阶段的要求。""目前情况是蒋介石压迫西北各派军队，为了阻止我野战军的发展，为了阻止一、二、四方面军的会合，为了摧毁苏区，指挥何柱国、马鸿逵、汤恩伯、杨虎臣[3]等对我野战军、陕甘宁及陕北进攻，并部署王均、毛炳文等对二、四方面军阻拦。""我们的任务是继续执行三大任务，争取三个任务在第二阶段上的胜利。在西方是打破马、何进攻，猛力扩大红军，巩固根据地。在沈克[4]、马鸿逵、何柱国三个集团中进行统一战线，并把统一战线的任务提到比较其他任务在政治比重上更加高的地位，虽然打破进攻是野战军目前的中心任务。在东方亦是把争取汤、陈、二高[5]加入统一战线作为第一任务，同时继续游击战争的坚持，以保老苏区。在

---

〔1〕 宋时轮、宋任穷，当时分别任中国工农红军第28军军长、政治委员。

〔2〕 中国工农红军第一方面军西方野战军西征以来，占领甘肃洪德城、环县、曲子镇及陕北三边广大地区，完成了扩展西部根据地的任务。

〔3〕 杨虎臣，即杨虎城。

〔4〕 沈克，当时任国民党军西北"剿匪"总司令部直属纵队司令兼第106师师长。

〔5〕 汤，指汤恩伯，当时任国民党军第13军军长。陈，指陈长捷，当时任国民党军第19军第72师师长。二高，指高桂滋、高双成，当时分别任国民党军第84师师长、第86师师长。

南方，最主要的是发展统一战线于杨、王、刘[1]各部中。综合这些任务，在第二阶段上完成，就能使我们更有力量地迎接二、四方面军的北上与完全会合，更有力量去造成西北大联合与打通苏联，使得我们有一切优良条件去准备打破蒋介石在两广问题结束后可能增加兵力到西北的阴谋，与争取迅速对日作战。”

同日 中共中央批准成立中共中央西北局，张国焘任书记，任弼时任副书记，朱德、关向应、贺龙、徐向前、王震、陈昌浩等为委员，统一领导红二、四方面军的北上行动。

7月28日 和周恩来、彭德怀致电朱德、张国焘、任弼时，对红二、四方面军行动情况颇为悬念。电报说：“不知粮食够用否？目前确至何地？八月中旬可出甘南否？两广[2]因无革命决心与内部不巩固发生内变，然而全国革命高涨的基本形势没有变化。西北统一战线有了进步，三个方面军会合之后即能引起西北局面大变化。兄等行军情形盼时告。”

7月30日 出席中共中央政治局常委会议，会议讨论白区工作问题。毛泽东发言指出：白区工作，在政治策略的影响方面有很大成绩。现在要加强组织建设，使之能担负起政治任务。目前白区工作在组织上很有发展的线索，据外来的同志说，在许多地方有很多大革命时期的落伍分子，现在又积极地肯干起来。他们过去没有犯什么罪，错误是声明过一下，尽可利用他们去做工作。西安周围、渭水南北，都有党的组织，应去发展扩大。各方面的工作，都须有党的组织才有力量。目前外面情报，只有军事

〔1〕 杨、王、刘，指杨虎城、王以哲和当时任国民党东北军第105师师长的刘多荃。

〔2〕 指发动两广事变的广东、广西军事当局。

情报，没有社会、文化、政治、经济等情报，这是因为没有归党去进行。外交工作，原则上要建立独立系统，分清责任，限于政治军事方面的外交。会议决定，毛泽东负责对东北军及整个统战联络的领导工作。

8月1日 致电彭德怀："目前情况下，野战军似宜以休养生息为主，如无充分有利的作战条件，不妨以八月全月为整训时间。从政治的军事的党的各方面进行有计划的教育，务达到一定的进度。一面派出人员从陕甘宁全省进行扩红，后方医院进行治疗改善，以便在八月增加兵员。团以上高级干部宜有特别的教育计划，为将来计，高级干部教育占了特别重要地位。高级干部教育内容主要的是学习政治。"电报还指出：如果我们在八月得到了休养生息的成绩，到九月份同红二、四方面军南北夹击夺取陕甘大道的战斗，就将更有力量进行了。

同日 和周恩来、彭德怀签署通令：命令除红军大学及总政治部直属毛泽东指挥外，所有红二十九军、红三十军各直属独立部队，各省军事部，军委各部门，后方各机关，统归周恩来指挥。任命红军大学校长林彪兼志丹城卫戍司令。

同日 和周恩来、彭德怀连致两电给朱德、张国焘、任弼时，通报朱绍良〔1〕、王均等布防和封锁红二、四方面军北上路线的情况，并提出红二、四方面军的行动部署。电报说：四方面军到包座略作休息，宜迅速北进，二方面军随后跟进，到哈达铺后再大休息，以免敌人封锁岷西线，北出发生困难。包座到哈达铺五百里有险隘五六处，宜选精锐二千余人以机敏坚毅之首长率领向前开路。最好除此路外再在西边选一条直达岷州附近之路，

〔1〕 朱绍良，当时任国民党政府军事委员会甘肃绥靖公署主任、国民党军西北"剿匪"总司令部第1路军总司令。

分两路北进较为妥当。

8月3日 和林育英、张闻天、周恩来、秦邦宪致电朱德、张国焘、任弼时，热烈欢迎红二、四方面军北上，指出："接八月一日电〔1〕为之欣慰。团结一致，牺牲一切，实现西北抗日新局面的伟大任务，我们的心和你们的心是完全一致的。""我们已将你们的来电通知全苏区红军，并号召他们以热烈的同志精神，准备一切条件欢迎你们，达到三个方面军的大会合。"

8月5日 为《长征记》征稿事，和杨尚昆向参加长征的同志发出信函，说："现因进行国际宣传，及在国内国外进行大规模的募捐运动，需要出版《长征记》，所以特发起集体创作，各人就自己所经历的战斗、行军、地方及部队工作，择其精彩有趣的写上若干片断。文字只求清通达意，不求钻研深奥，写上一段即是为红军作了募捐宣传，为红军扩大了国际影响。"同时，又向各部队发出电报："望各首长并动员与组织师团干部，就自己在长征中所经历的战斗、民情风俗、奇闻轶事，写成许多片断，于九月五日以前汇交总政治部。事关重要，切勿忽视。"

8月9日 和张闻天、周恩来、秦邦宪就目前形势和战略方针问题致信张学良："根据二、四方面军北上、西南事变发展、

---

〔1〕朱德、任弼时、张国焘1936年8月1日致电林育英、张闻天、毛泽东、周恩来、彭德怀：我二、四方面军此次向包座、巴西、河西前进便利，俟兵力稍集结后，即向洮岷、西固，约八月中旬，主力可向天水、兰州大道出击，以消灭毛炳文、于学忠为目的，来配合你军。在蒋敌进攻的严重关头，我一、二、四方面军只有在积极密切关系和一致战略方针下坚决对敌，才不致受敌各个击破，可能造成西北新局面。"我二、四方面军全体指战员，对三个方面军大会合和配合行动，一致兴奋，并准备好了一切，谋西北首先胜利奋斗到底。"

日本对绥蒙进攻等情况，我们认为兄部须立即准备配合红军选定九、十月间有利时机，决心发动抗日局面，而以占领兰州、打通苏联、巩固内部、出兵绥远为基本战略方针。”信中指出：蒋介石一解决西南问题，就有极大可能进攻西北。“无论如何兄不要再去南京了，并要十分防备蒋的暗害阴谋。目前此点关系全局，卫队的成分应加考查，要放在政治上可靠的干部手里。”

8月10日 出席中共中央政治局会议，作国共两党关系和统一战线等问题的报告，并作结论。报告说：蒋介石依靠日本、出卖投降的基本战略没有改变，但他准备开国防会议，实行局部的对日作战等，战术有所改变，而战术的改变有可能影响其战略的动摇。两广事变虽然遭到挫折，但它使蒋介石内部裂痕加深。蒋介石过去让出东三省，镇压群众，不同我们往来。现在改变了，也说统一战线、国防政府，要同我们往来，这是为了得到群众的拥护和日本的退让，以巩固他的统治。我们愿意与南京谈判，现在还是这个方针。在今天应该承认南京是一种民族运动的大力量。我们可以承认统一指挥、统一编制，在许多策略方面要有所改变，但是一定要停止“剿共”，一定要实行真正的抗日。报告指出，创造西北国防政府，红军与东北军正在协商中，两方面都要做艰苦的努力，在东北军要加强政治工作，在地方应加紧巩固工作。报告认为，红二、四方面军的北上对于打通苏联，保卫苏区，统一红军领导，都有很大的意义，应极力地欢迎红二、四方面军，并使他们完全在中央领导之下。毛泽东在结论中进一步指出：民众抗日已经冲破蒋介石的压迫，但是还没有冲破蒋介石的最高界限，即还没有实现民主。蒋介石总是说先统一，我们则要求他先给抗日的民主。“抗日必须反蒋”的口号，现在已不适合，要在统一战线下反对卖国贼。同时要注意提高对同盟者的警戒性，保持党的独立性。会议一致同意毛泽东的报告和结论，决定公开发表宣言，专门写一封信给蒋介石。

8月11日 致电刘鼎，请他同张学良商量：红二、四方面军即出岷州、陇西之线打毛炳文，速乘此机调亙原两师入兰州，我一方面军可不打固原。望派飞机到肤施接潘汉年，以便快晤张学良。

同日 致电彭德怀等红一方面军和陕北红军将领，要求广泛宣传红二、四方面军北上胜利，指出："我二、四方面军前锋已抵哈达铺及西固〔1〕附近，西岷大道被我切断，毛炳文、王均、鲁大昌〔2〕惊慌异常，我三个方面军会合之势已成。这一空前的伟大胜利，将兴奋着全苏区全中国的广大群众和同情我们的武装部队，将震惊着我们的敌人。望即根据上次军委总政的电令，分别在部队中、地方群众中广大宣传，并以扩大部队，训练部队，培养干部，争取胜利，巩固苏区，争取白军，联合苏蒙，共同抗日，保卫西北，庆祝红二、四方面军北上胜利，庆祝三个方面军大会合等为中心口号，来作庆祝胜利的动员。"

8月12日 和张闻天、林育英、周恩来、秦邦宪、王稼祥、彭德怀、何凯丰致电朱德、张国焘、任弼时，提出关于今后战略方针的建议："一、二、四三个方面军，有配合甲军〔3〕打通苏联、巩固内部、出兵绥远、建立西北国防政府之任务。由此任务之执行以配合并推动全国各派统一战线，达到大规模抗日战争之目的。"电报提出对南京的策略为："认定南京为进行统一战线之必要与主要的对手，应与南京及南京以外之国民党各派，同时地

〔1〕 西固，今甘肃舟曲。

〔2〕 鲁大昌，当时任国民党军新编第14师师长。

〔3〕 甲军，指东北军。

分别地进行谈判。依据过去与南京谈判的基础，在忠实进行抗日准备，实行国内民主与实行停止‘围剿’等前提之下，承认与之谈判苏维埃、红军的统一问题。”“继续停战议和请蒋抗日的号召，目前阶段实行他不来攻我不去打，目前不出河南；他若来攻，则一面坚决作战，一面申请议和。”“在抗日进军路上，遇到蒋介石部队和其他部队，实行先礼后兵政策。”“一切统一战线的谈判，以忠诚态度出之。”

同日 和周恩来、杨尚昆致电彭德怀等红一方面军和陕北红军将领，提出“为加强统一战线的活动与争取白军工作，需要从前线俘获的白军官兵中施以着重的政治教育并特别优待，以便训练出一批可以奔走各方的人才，至少可做联络交通”。

8月13日 致信杜斌丞〔1〕，希望他进一步推动杨虎城参加抗日联合战线，对西北各部亦望他大力斡旋。

同日 致信杨虎城，对杨同意联合战线表示欢迎，告以派张文彬〔2〕奉诚拜谒，提出：“望确实表示先生之意向，以便敝方作全盘之策划。先生如以诚意参加联合战线，则先生之一切顾虑与困难，敝方均愿代为设计，务使先生及贵军全部立于无损有益之地位。”

同日 致电彭德怀，提出：红一方面军八月至九月中旬仍以训练生息为宜，同时求部分扩红，巩固现有根据地，形成强有力的中心力量。准备九月中旬以后向西出动一步，仍以休养、训练、扩红、扩地为目的，对东北军何柱国、董英斌二部放弃打的企图，全力进行统一战线工作。当红二、四方面军甘南任务完

〔1〕 杜斌丞，当时任国民党军第17路军总参议。

〔2〕 张文彬，曾任中国工农红军第3军团政治保卫分局局长，当时担任毛泽东的秘书工作。

成，九、十月间北上时，红一方面军便以军容整壮之姿态与之会合于固原、海原地区。

同日 就红四方面军的行动部署问题，和周恩来、彭德怀致电朱德、张国焘、任弼时："如能攻占岷州城，则打马、打毛、打王〔1〕，均十分有利，战略上大占优胜。万一攻不开，则围城打援。毛炳文现正以一部从陇西增援，是消灭他的好机会。朱总司令宜派人去见王均、曾万钟〔2〕，彼等孤危，不难收效。城内鲁大昌亦宜派人，允许放他向临潭跑。"

8月14日 分别致信韩复榘、张自忠、刘汝明〔3〕，呼吁组成抗日联合战线，并告以派同志前去拜谒，"乞赐接谈，如承不弃，予以具体进行办法"。

同日 致信宋哲元〔4〕，称赞他情殷抗日，希望他及二十九军，一面联合华北人民群众，作实力的准备；一面恢复一九二五至一九二七年西北军光荣历史时期曾经实行的联俄联共政策，一俟时机成熟发动大规模的抗日战争。

同日 致信宋子文〔5〕："十年分袂，国事全非，救亡图存，惟有复归于联合战线。""弟等频年三呼吁，希望南京当局改变其对外对内方针，目前虽有若干端倪，然大端仍旧不变，甚难于真正之联合抗日。""先生邦国闻人，时有抗日绪论，甚佩甚佩！深

---

〔1〕 马，指马步芳。毛，指毛炳文。王，指王均。

〔2〕 曾万钟，当时任国民党军第3军第7师师长。

〔3〕 韩复榘、张自忠、刘汝明，原均为西北军将领，当时分别任国民党山东省政府主席、天津市市长和察哈尔省政府主席。

〔4〕 宋哲元，当时任国民党冀察政务委员会委员长、国民党河北省政府主席、国民党军第29军军长。

〔5〕 宋子文，当时任国民党政府全国经济委员会常务委员、中国银行董事长。

望竿头更进，起为首倡，排斥卖国贼汉奸，恢复贵党一九二七年以前孙中山先生之革命精神，实行联俄联共农工[1]三大政策，则非惟救国，亦以自救。”

同日　致信傅作义[2]，指出：“今之大计，退则亡，抗则存；自相煎艾则亡，举国奋战则存。”“先生如能毅然抗战，弟等决为后援。亟望互派代表，速定大计，为救亡图存而努力”。

同日　致信易礼容[3]，指出上海工人运动国共两党宜建立统一战线，希望他努力促成之；询问李达夫妇情况，谈到读了李达之译著，甚表同情，有便乞为致意。信中还说：“闻兄之周围有许多从前老同事，甚为怀念他们，希并致意。希望你们能发展一个有益于国有益于民的集体力量。”

同日　致信王世英[4]并转刘少奇[5]：必须向宋哲元及二十九军继续做工作。韩复榘、傅作义、阎锡山、张自忠、刘汝明、商震[6]六处，一有机会，即须接洽。“统一战线以各派军队为第一位，千万注意。”

8月18日　西北革命军事委员会主席毛泽东，副主席周恩来、彭德怀，政治部主任杨尚昆，中央财政部部长林伯渠发出关于筹款的训令。训令指出：根据最近中央对于土地政策的新决定，对于地主，只要他不反对抗日红军，应避免用没收办法，而以募捐的方法使其尽量拿出金钱、粮食和物品，宁可少没收一家，不可错没收一家。在筹款中，必须注意经济政策，没收地主

---

〔1〕 农工，指扶助农工。

〔2〕 傅作义，当时任国民党绥远省政府主席、国民党晋绥军第35军军长。

〔3〕 易礼容，当时在上海由国民党控制的工会中工作。

〔4〕 王世英，当时任中共中央北方局华北联络部负责人。

〔5〕 刘少奇，当时是中共中央代表，主持北方局工作。

〔6〕 商震，当时任国民党河南省政府主席、河南省保安司令。

的商店固然不对，没收一般的商店尤不容许。在苏维埃法律范围内，给商人以适当的保护。在不损害商业的条件下，向富商作深入的救国宣传，进行募捐运动，筹得抗日经费。

8月19日 和杨尚昆致电彭德怀、刘晓，就改哥老会为江湖抗日救国会问题，提出：我们对哥老会是以统一战线的策略争取其大多数到抗日战线上来；不应勉强使回人哥老会加入汉人哥老会，也不应勉强将他们合并，必须坚持回人事情由回人自己处理的原则。

8月22日 就红一、二、四方面军的战斗部署问题，电询彭德怀："假如以四方面军待机独立攻青海，一方面军独立攻宁夏，而以二方面军位于中央（例如在岷州、静宁、天水地区）钳制敌人，策应两方，估计能达占青、宁两地之目的否？主要的是一方面军有独立战胜宁马〔1〕之把握否？""如以二方面军位于陕甘大道附近钳制毛、王、何〔2〕，看一、四两方面军分攻宁、青之第一步战果，再定增加与否及向何方增加，距离与时间上来得及否？我觉得如果冰期在两月以上，则增加是来得及的，判断合于事实否？"

8月25日 为中共中央起草《中国共产党致中国国民党书》，呼吁停止内战，一致抗日，实现国共两党重新合作；肯定蒋介石在国民党五届二中全会的报告中对于外交政策的新解释"较之过去是有了若干进步"，但"基本上依然不能满足全国人民的要求"。《致国民党书》郑重宣言："我们赞助建立全中国统一

〔1〕指宁夏马鸿逵、马鸿宾，前者任国民党宁夏省政府主席、国民党军新编第7师师长、西北"剿匪"总司令部第一防守区司令。后者任国民党军第35师师长、西北"剿匪"总司令部第1路军第4纵队司令。

〔2〕毛、王、何，指毛炳文、王均、何柱国。

的民主共和国”，“在全国统一的民主共和国建立之时，苏维埃区域可成为全中国统一的民主共和国的一个组成部分，苏区人民的代表将参加全中国的国会，并在苏区实行与全中国一样的民主制度”。“我们愿意同你们结成一个坚固的革命的统一战线”，我们“早已准备着在任何地方与任何时候派出自己的全权代表，同贵党的全权代表一道，开始具体实际的谈判，以期迅速订立抗日救国的具体协定”。

同日 致电潘汉年〔1〕：同南京进行具体的进一步的谈判，以期在短期内成立统一战线，这是我们进行整个统一战线的重心。应于接电后七天内回到保安，领受新的方针，再以七天至十天到达南京开始谈判。

同日 和张闻天、周恩来、秦邦宪致电中共驻共产国际代表陈绍禹：为着避免与南京冲突，为着靠近苏联，为着保存现有根据地，“红军主力必须占领甘肃西部、宁夏、绥远一带”。这一带布满着为红军目前技术条件所不能克服的许多坚固的城池堡垒及围寨，希望苏联方面替我们解决飞机大炮两项主要的技术问题。陕北、甘北苏区人口稀少，粮食十分困难，非多兵久驻之地。目前红军之财政、粮食已达十分困难程度，只有占领宁夏才能改变这一情况。否则，只好把三个方面军的发展方向放到甘南、陕南、川北、豫西与鄂西，待明年冬天再执行黄河以西的计划。而这种做法，对我们非常不利，将造成许多损失。

同日 和周恩来、彭德怀发出关于红一方面军西方野战军及红二、四方面军任务的训令。训令规定：在九至十一月，我二、四方面军的任务是在甘南活动，消灭毛炳文、王均部，发展苏区，准备冬季新的行动。我西方野战军九至十一月的任务是，消

〔1〕 潘汉年，当时是中国共产党同南京国民党当局谈判的代表。

灭二马部队于运动战中，在不付过大代价条件下，克服若干必要的城寨，占领海原、打拉池、同心城及其以北地区；从发动回民群众斗争之中，争取回民大量加入主力红军；发展西北苏区，保障定边、盐池、豫旺苏区，策应红二、四方面军作战。三十一日，西方野战军由豫旺堡南北地区向西出动，迅速控制了中宁至固原大道以西、海原以东地区。九月十四日，又占领将台堡和打拉池。红二方面军于九月十一日从哈达铺附近出动，至十九日，先后攻占成县、徽县、两当、康县等地。红四方面军则在九月七日前攻占漳县、临潭、渭源、通渭四座县城，以及岷县、陇西、临洮、武山等县的广大地区。

8月26日 就红军大学教学问题复信校长林彪，指出："三科的文化教育（识字、作文、看书报等能力的养成），是整个教育计划中最重要最根本的部分之一。""如果学生一切课都学好了，但不能看书作文，那他们出校后的发展仍是很有限的。"信中提出，应把文化课更增加一些，增加到全学时的四分之一或三分之一，在定期检查时，把文化作为重要的检查标准之一。

同日 致电潘汉年，指出："因为南京已开始了切实转变，我们政策重心在联蒋抗日。"张学良"继续保持与南京的统一是必要的"。

8月27日 和周恩来、杨尚昆致电彭德怀、刘晓，聂荣臻，程子华等，要求西征军目前抓紧对马鸿逵、马鸿宾的争取工作。

8月30日 和林育英、张闻天、周恩来、秦邦宪致电朱德、张国焘、任弼时，指出：日本向绥远有急进之势。全国民众抗日运动有更大发展。南京抗日、联日两派斗争颇烈。估计蒋介石在西南问题解决后出兵到西北，尚有两个月左右时间。蒋介石有于西南问题解决后分化东北军撤换张学良的企图。我们的基本方针是："（一）迫蒋抗日，造成各种条件使国民党及蒋军不能不与我们妥协，以达到两党两军联合反对日本的目的。（二）紧密地联合东北军，并进行西北其他各部的联合谈判，造成西北新局面。（三）反对日本截断中苏关系的企图，准备冬季打通苏联。（四）发展甘南作为战略根据地之一，同时巩固与发展陕南苏区，使之成为另一战略根据地，与陕北、甘北相呼应。（五）迫使胡宗南部停止于甘肃以东。”

8月底 致信王以哲：蒋介石的政策开始有若干的转变，“南京国民党左派之开始形成，实为近可喜之现象。蒋氏及国民党果能毅然抛弃过去之政策，恢复孙中山先生联俄联共农工〔1〕三大政策，停止进攻红军，开放各派党禁，弟等极愿与之联合一致，共同担负抗日救亡之事业。双方谈判现将进至比较具体的阶段，虽何时成就尚不可知，然希望实已存在。倘能达到成功之域，对贵我双方之合作事业自有极大之便利也”。信中认为，王以哲等“仍宜严密警戒，十分团结自己的团体，预先防止东北团体中某些居心不正分子的乘机捣乱，则以全国与西北的有利形势，以东北军与红军的联合力量，决不怕外间若何之风波也”。

9月1日 中共中央发出《关于逼蒋抗日问题的指示》。指示说：目前中国的主要敌人是日本帝国主义，把日本帝国主义与蒋介石同等看待是错误的，“抗日反蒋”的口号也是不适当的。在日本帝国主义继续进攻，全国民族革命运动继续发展的条件下，蒋军全部或其大部有参加抗日的可能。我们的总方针应是“逼蒋抗日”。在逼蒋抗日的方针下，并不放弃同各派反蒋军阀进行抗日的联合。我们愈能组织南京以外各派军阀走向抗日，我们愈能实现这一方针。

---

〔1〕 农工，指扶助农工。

9月3日 致信国民党军第十七路军第十七师师长孙蔚如，指出：贵我双方彼此接壤咫尺，同是中国人，何嫌何仇自相煎灼！“自即日起，双方即应取消敌对行为，各守原防，互不侵犯；同时允许经济通商，保证双方来往人员之安全。”

9月4日 和周恩来、彭德怀致电朱德、张国焘、任弼时，介绍陕西、甘肃、宁夏各苏区情况，指出：陕甘宁苏区，版图颇大，东西长约一千二百余里，南北亦六百里。现有盐池、定边、靖边、安定、安塞、延川、保安、环县、豫旺九城在我手中。各县地形山多、沟深、林稀、水缺、土质松，人户少，交通运输不便，不宜大部队运动，物产一般贫乏，不能供给大军久驻。神木特区，东西长二百余里，南北约三百余里，游击战争颇发展。关中苏区，南界距西安九十里，中部、三原、庆阳等十县的乡村已连成一片，县城非我所有。陕南苏区发展至二十余县，部队约二千人。

同日 致电西安刘鼎即转潘汉年，告以广西李宗仁、白崇禧方面的谈判代表已到，为了讨论整个统一战线问题及西南问题，请潘汉年动身回保安。

9月7日 致电宋时轮并转贾拓夫[1]：我们委任回人马怀蔺为西北抗日救国军第一路游击司令。马为哥老会首领，在宁夏有群众，应优待和帮助他。马由保安到定边，需沿途派兵接送。十日，再电贾拓夫：马怀蔺到定边后，要经常以开会方式同他讨论，争取马部军队，争取宁夏军队、群众及组织游击队，并详细调查宁夏的军事、政治、经济、地理等各方面的情况。

同日 致电刘鼎：前电请你买军事书，已经去买否？现红校

〔1〕贾拓夫，当时任中共三边特委书记。

需用甚急，请你快点写信，经南京、北平两处发行军事书的书店索得书目，择要买来，并把书目付来。

9月8日 和张闻天、周恩来、秦邦宪致电朱德、张国焘、任弼时，指出："中国最大敌人是日本帝国主义，抗日反蒋并提是错误的。我们从二月起开始改变此口号。三月南京有人来接洽，我们提出一般的条件再往南京。六月、八月南京又有两次来件。八月上旬政治局讨论了对南京的方针，大体见以前给你们的电报，然而我们的估计还是不足的。八月下旬国际有进一步指示。目前我们的联络代表又已出去向南京接洽，双方正式负责代表进行具体谈判问题，依情势看有成就之希望。""你们不要提出'打倒中央军'及任何中国军队的口号，相反地要提出'联合抗日'口号。""你们提出的出川、陕、豫、鄂方案，是一种向南京进攻的姿势，只在不能出西北及与南京谈判决裂之时，才是可行的与必须的。"

同日 致电彭德怀，告知红二、四方面军行动计划和统战工作进展情况：红二方面军出两当、徽县，扩大占领区域，相机消灭王均。红四方面军在岷县、临潭、渭源、漳县、陇西、武山地域，一部出通渭、静宁。林育英率一组人在曲子主持统战工作，由周恩来指挥。南京代表来而复去，约主要负责人见面，有成就希望。李宗仁、白崇禧有代表来华北，我们有人去南京。

同日 致信国民党陕西省政府主席邵力子："阅报知尚斤斤于'剿匪'，无一言及于御寇，何贤者所见不广也!""'开发西北'、'建设西北'、先生之志则大矣，先生之办法则不可。日本帝国主义正亦有此大志，正用飞机大炮呼声动地而来，先生欲与之争'开发'，争'建设'，舍用同样之飞机大炮呼声动地以去，取消它那一边，则先生之'开发'、'建设'必不成功"。信中希望邵力子去旧更新，重整《觉悟》[1] 旗帜。

同日 致信国民党军西北“剿匪”总司令部第一路军副总司令兼第三军军长王均：“从井冈山就同先生打起，打了十年，也可以休息了!”“两党合作之局既为时不远，双方前线宜尽可能减少冲突。如何之处，敬候卓裁。”

同日 致信国民党军西北“剿匪”总司令部第一路军总司令、甘肃绥靖公署主任朱绍良：“两党两军之间，无胶固不解之冤，有同舟共济之责。”望抛嫌释怨，以对付共同之敌。“尚祈致意蒋先生，立即决策，国事犹可为也。”

同日 致信国民党军第三十七军军长毛炳文：“红军北上为抗日，此外悉无所求，先生断乎不可以恶意抗拒。”“已电告甘南甘北部队，在贵军不过为已甚条件下，不与先生以困难。如先生赞同一致抗日之议，可随时派人与前线红军首长协商。”

9月10日 和周恩来致电朱德、张国焘，贺龙、任弼时、关向应、刘伯承，指出：胡宗南、毛炳文、王均部三个师准备向通渭进攻，红四方面军通渭、庄浪部队宜向西追近秦安游击，迟滞敌军，掩护红二方面军提前北进。红二方面军速通过通渭进至界石铺、通渭之间休息，准备经界石铺转静宁、固源、隆德之间。同日，又致电彭德怀并告左权、聂荣臻，要红一军团第二师速转移至静隆大道，相机袭占庄浪，迟滞胡宗南、王均部进攻通渭，以便红二方面军转移至通渭以北地域休息。

9月11日 和周恩来、秦邦宪致电彭德怀、刘晓、李富春：

---

〔1〕《觉悟》，上海《民国日报》副刊，1919年6月创刊，邵力子任主编。从1920年起，该刊逐渐成为宣传马克思主义的园地。1924年国共合作后，继续宣传孙中山的三大政策和马克思主义。1925年五卅运动后，邵力子离任去广州，《觉悟》的政治倾向逐渐右转。

同意富春办法，组织流通图书馆。明日开始寄第一次书十本，先交富春停三天，转寄彭德怀、刘晓停一星期。各同志务须按时寄回，以免散失。以后将一星期或十天寄一次。

9月13日 和周恩来、彭德怀致电朱德、张国焘、陈昌浩并任弼时、贺龙、刘伯承：红四方面军宜迅以主力占领以界石铺为中心的隆德、静宁、会宁、定西段公路及其附近地区，不让胡宗南占领该线，这是最重要的一着。我们已派一个师向静宁线出动，滞阻胡宗南西进，以便于红四方面军出陇定大道，并准备作战。

9月14日 就占领宁夏的部署问题，和林育英、张闻天、周恩来、秦邦宪致电朱德、张国焘、任弼时："国际来电同意占领宁夏及甘肃西部，我军占领宁夏地域后，即可给我们以帮助。""为坚决执行国际指示，准备在两个月后占领宁夏"，拟作如下部署：红一方面军主力，十月底或十一月初开始从同心城、豫旺之线攻取灵武、金积地区，以便十二月渡河占领宁夏北部；红四方面军以主力立即占领隆德、静宁、会宁、通渭地区，控制西兰大道，阻止胡宗南西进，十月或十一月初进取靖远、中卫南部及宁安堡之线，以便十二月渡河夺取宁夏南部；红二方面军在陕甘边积极活动，吸引胡宗南于咸阳、平凉之线以南地区，与红四方面军互相策应；由陕北派出游击支队至泾水以南活动，牵制胡宗南的侧后。"以上部署主要是四方面军控制西兰大道，不使胡宗南切断，并不使妨碍尔后一、四两方面军夺取宁夏之行动。当一、四两方面军夺取宁夏时，二方面军仍在西兰大道以南，包括陕甘边与甘南，担负钳制敌军之任务。至于占领甘肃西部，候宁夏占领取得国际帮助后，再分兵略取之。在这一对于中国红军之发展与中国抗日战争之发动有决定意义的战略行动中，三个方面军须用最大的努力与最亲密的团结以赴之，并与甲军取得密切之配合。"

9月15日 和周恩来、杨尚昆致电彭德怀等红一方面军负责人及陕甘宁省委负责人，指出：九、十两月须用全部精力进行宁夏的军队运动与回民哥老会运动，务必取得决定的成绩。所有各兵团领导及政工人员，务必克服对统一战线及回民工作认识不足、教育不力、工作不切实的弊病，必须选拔与指定多数得力干部担任此种工作。

9月15日、16日 出席中共中央政治局会议，会议讨论目前政治形势和统一战线问题。毛泽东发言，着重阐明党对统一战线的领导和建立民主共和国问题。他说：民族资产阶级在大革命时参加过革命，一九二七年叛变了革命。现在，由于经济危机的加深，日本的压迫，买办资产阶级在南京政权占据了绝对优势，民族资产阶级有转变到革命方面的可能。事实证明，只有共产党有力量领导抗日统一战线，但这样的领导是要争取，现在正在争取。国民党也正在争取对农民和小资产阶级的领导。中间阶级有成立新的政党的可能，他们有广大的群众，但他们是动摇的，我们应当争取他们。大革命时，我们同资产阶级实行联合，这是世界上第一次，那次联合实际上是共产党领导的。现在重新与资产阶级联合，更应该由我们领导，这样才能实现抗日的胜利。要用各种办法逼蒋抗日。加紧对南京以外各党派的统一战线工作，更能逼蒋走到抗日。我们改倒蒋为批蒋，改反蒋为联蒋，而我们的警戒是不能放松的。根据共产国际指示，建立民主共和国是当前的任务。民主共和国是资产阶级性质的，但不是国民党所说的西方现代国家，它是有资产阶级参加的工人农民的国家。一旦民主共和国建立起来，我们应该参加，但要保持共产党政治上的独立性。民主共和国一定要在群众运动、红军和苏维埃不断扩大的条件下，才能建立起来。毛泽东还批评了过去中央苏区在组织问题上的宗派主义错误，指出对“罗明路线”、对萧劲光等人的处理是错误的，不让瞿秋白随军长征也是不对的。十七日，政治局作出《中央关于抗日救亡运动的新形势与民主共和国的决议》，指出："中央认为，在目前形势之下，有提出建立民主共和国口号的必要"，这是团结一切抗日力量的最好方法，也是从广大人民的民主要求产生出的最适当的统一战线的口号。"扩大与巩固共产党，保障共产党政治上组织上完全独立，和内部的团结一致性，是使抗日的民族统一战线与民主共和国得到彻底胜利的最基本的条件。"

9月17日 致电彭德怀："胡宗南全部到西安，正陆续西运，甚速。已连电朱、张速以主力进占界石铺。为配合打击胡宗南，似有以我一军团一部向固原南部及西南部出动之必要。而在一二日内聂率之第一师宜集中行动，配合策应于静隆大道北侧，向大道绕击，阻滞胡敌西进，同时以利我四方面军北出界石铺大道。"同日，和周恩来、彭德怀再电朱德、张国焘：我第一师已到静宁、会宁北端的单家集一带，红四方面军主力务须在三天内进占界石铺及以西地段，否则胡军乘汽车将在二三日内控制界石铺。

9月18日 致信宋庆龄，对她自武汉分共近十年来的革命救国言论和行动，表示敬仰。希望她利用国民党中委的资格作具体实际的活动，以"唤醒国民党中枢诸负责人员，觉悟于亡国之可怕与民意之不可侮，迅速改变其错误政策"。信中说派潘汉年前来面申组织统一战线的意见，与她商酌公开活动的办法，并请她介绍国民党中枢人员如吴稚晖、孔祥熙、宋子文、李石曾、蔡元培、孙科〔1〕等与潘汉年面谈。

---

〔1〕 吴稚晖，当时为国民党中央监察委员。孔祥熙，当时任国民党政府行政院副院长兼财政部部长。李石曾，当时为国民党中央监察委员、北平研究院院长。蔡元培，当时任南京中央研究院院长。孙科，当时任国民党政府立法院院长。

同日 致信章乃器、陶行知、沈钧儒、邹韬奋[1]，提出：要达到实际地停止国民党军队对红军进攻，实行停止内战一致抗日，先生们与我们还必须在各方面作更广大的努力与更亲密的合作。信中还说："我相信我们最近提出的民主共和国口号，必为诸位先生所赞同，因为这是团结一切民主分子实行真正抗日救国的最好方策。"

9月19日 出席中共中央政治局常委会议，会议主要讨论夺取宁夏问题。毛泽东发言说：今天讨论一个军事问题，就是夺取宁夏，大体计划已定下来了。夺取宁夏是打通苏联、发展红军、开展西北局面和对日作战的枢纽。我们的一切工作都应围绕这一环。夺取宁夏的胜利，对开展局面有决定的意义，陕甘亦可巩固。宁夏堡垒比较多，如果没有群众工作，专靠硬打是不行的。在这里，白军工作、哥老会工作、回民工作是整个战略计划的一部分。加紧十一、十二两月的工作，是非常重要的。决定成立宁夏工作委员会，李维汉为主任，叶剑英为副主任，并以叶参谋长名义指挥军事。对于马鸿逵，要坚决、迅速地消灭之。我们总的策略是联合一切，但不联合马鸿逵，要估计到马鸿逵是绝对无联合可能的。对于土豪，目前一切不打。以后在不妨碍军事行动时，原则上不打，但在红军需要时、群众需要时，也可以打，并要估计到一切土豪没有不站在马鸿逵方面的。

同日 就夺取宁夏、打通苏联的问题，和周恩来、彭德怀复电朱德、张国焘并致任弼时、贺龙："向宁夏及甘西发展，重点

---

〔1〕 章乃器，曾任上海浙江实业银行副经理、中国征信所董事长。陶行知，教育家。曾任南京晓庄师范学校校长。沈钧儒，律师。邹韬奋，新闻记者和出版家。曾主编《大众生活》周刊、《生活日报》、《生活星期刊》。他们都是全国各界救国联合会和上海文化界救国会的领导人。

在宁夏，不在甘西。因宁夏是陕、甘、青、绥、内外蒙，即整个西北之枢纽，且国际来电说，红军到宁夏地区后给我们帮助，没有说甘西。”宁夏气候比绥远、青海、陕甘北部及甘西较暖，且是产大米区域，在西北为最富。红四方面军占领宁夏南部后，应顿住几个月，待明年春暖再攻甘西。“夺取宁夏，打通苏联，不论在红军发展上，在全国统一战线上，在西北新局面上，在作战上，都是决定的一环。在当前一瞬间，则拒止胡军把一、四两方面军隔开，又是决定一环。时机迫促，稍纵即逝，千祈留意，至祷至盼。”

9月21日 和林育英、张闻天、周恩来、秦邦宪、王稼祥复电朱德、张国焘，徐向前、陈昌浩，贺龙、任弼时、刘伯承、关向应：统一指挥十分必要，我们完全同意任弼时、贺龙、刘伯承、关向应四同志的意见〔1〕。周恩来因准备去南京谈判，以毛泽东、彭德怀、王稼祥、朱德、张国焘、陈昌浩六人组织军委主席团，指挥三个方面军。主席团地点暂在同心城附近为宜。

9月22日 致信蒋光鼐、蔡廷锴〔2〕，提出：“为达推动全国（包括南京在内）进行真正之抗日战争起见，特向先生及十九路军全体同志提议，订立根据于新的纲领之抗日救国协定〔3〕，

---

〔1〕 贺龙、任弼时、关向应、刘伯承1936年9月19日致电朱德、张国焘，林育英、张闻天、周恩来，指出：“胡敌由陕入甘，时机紧张，如我军指挥不集中，兵力无具体适切部署，则良机可以都全失去。”并提出建议：“马上以军委主席团集中指挥三个方面军作战。岷县朱张，陕北周王，应迅速亲临前线会合工作。”

〔2〕 蒋光鼐，曾任国民党军第19路军总指挥。蔡廷锴，曾任国民党军第19路军军长。他们于1933年参加组织抗日反蒋的福建人民革命政府。当时均为中华民族革命同盟主要领导成员。

〔3〕 指1936年9月中国共产党草拟的《关于国共两党抗日救国协定草案》。

拟具草案八条借供研讨，并祈转达陈真如[1]先生及十九路军各同志。如荷同意，即宜互派代表集于适当地点正式签订。”

同日 致信李济深、李宗仁、白崇禧[2]，指出：目前抗日救国大计必须进入具体实际的阶段。蒋介石氏及中国国民党一律参加抗日统一战线，实为真正救国政策的重要一着。贵我双方订立抗日救国协定，实属绝对必要。对贵方所提草案各条，提出敝方意见，略有修改，如荷同意，即祈诸位先生签名盖章，即成定案。如有尚待磋商之处，即祈惠示，往返商妥，再行确定。

同日 致信于学忠[3]，介绍彭雪枫[4]去申述中国共产党的联合救国之旨；指出“西北停战议和，首先贵我两军停止自相残杀，实为刻不容缓”。

同日 致信蔡元培，希望他持抗日救国大义，起而率先，“以光复会同盟会之民族伟人，北京大学中央研究院之学术领袖，当民族危亡之顷，作狂澜逆挽之谋，不但坐言，而且起行，不但同情，而且倡导，痛责南京当局立即停止内战，放弃其对外退让对内苛求之错误政策，撤废其爱国有罪卖国有赏之亡国方针，发动全国海陆空军，实行真正之抗日作战，恢复孙中山先生革命的三民主义与三大政策精神，拯救四万万五千万同胞于水深火热之境，召集各党各派各界各军之抗日救国代表大会，召集人民选举

---

〔1〕 陈真如，即陈铭枢，曾任国民党军第11军军长（第19路军前身）。1933年参加组织抗日反蒋的福建人民革命政府。当时为中华民族革命同盟主要领导成员。

〔2〕 李济深，参加发动两广事变，当时任中华民族革命同盟主席。李宗仁、白崇禧，国民党军桂军首领，在两广事件中反对蒋介石。

〔3〕 于学忠，当时任国民党甘肃省政府主席、国民党军东北军第51军军长、西北“剿匪”总司令部第2路军总司令。

〔4〕 彭雪枫，当时是中国共产党派往山西等地做统一战线工作的代表。

之全国国会，建立统一对外之国防政府，建立真正之民主共和国，致国家于富强隆盛之域，置民族于自由解放之林”。

同日　朱德致电林育英、张闻天、毛泽东、周恩来、彭德怀，贺龙、任弼时、刘伯承，指出：张国焘不同意静会战役计划，拟根本推翻。“我是坚决遵守这一原案〔1〕的，如将此原案推翻，我不能负此责任。”

9月23日　在保安接受美国记者斯诺的访问，主要谈联合战线问题。在解释共产党对国民党政策的改变时说：主要有三个因素影响这种改变，第一是日本的严重侵略，如果不同国民党合作，我们对日抗战的力量是不够的；第二，中国的民众和许多爱国的官员都渴望国共两党为抗日救国而重新合作；第三，国民党内的许多爱国分子也赞成同共产党重新联合。为了实现这一联合，一定要建立一个民主共和政治制度和国防民主政府。这个政府的主要任务是：（一）抵抗外敌侵略；（二）给予民众以民主权利；（三）发展国民经济。在回答实行联合战线，共产党是否放弃没收地主土地的政策时说：这要由反日运动的发展来决定。如果不救济农民，反日纲领是不能实现的。土地革命是资产阶级的性质，它有利于资本主义的发展。我们反对帝国主义，但并不反对现在在中国发展资本主义。

同日　和林育英、张闻天、周恩来、秦邦宪、王稼祥致电朱德、张国焘并告贺龙、任弼时：已照来电向部队大动员，拥护与庆祝会合胜利，并通知全党全军注重当前的政治任务，对过去争论一概不谈。林育英俟朱、张到达界石铺大道即动身来前方。

同日　致电刘鼎：我党与南京谈判条件已交潘汉年带来西

---

〔1〕指中共中央西北局1936年9月16日关于红四方面军继续北上与中共中央及红一方面军会合的决定。

安。张学良从中斡旋甚好，迅速达成和平统一，国家民族之福。蒋介石向西北进攻，我方已有相当准备，立于防御地位予以打击，促其觉悟。

同日 致信李济深，希望他和李宗仁、白崇禧派遣政治上负责人员来陕，能有专人常驻，沟通情意。信中说："国难如斯，非有几个纯洁无私之政治集团及许多艰苦奋斗之仁人志士为全国各党各派各界各军之中坚，伟大的反日统一战线之真正完成与坚持斗争，是不能容易达到目的的。"

9月24日 致电彭德怀并告聂荣臻：接朱德来电，张国焘又动摇了北上方针，我们正设法挽救中。为使胡宗南不占去先机，请加派有力部队南下交红一军团指挥，增兵界石铺并分兵至隆德、静宁大道游击，至要。

同日 和林育英、张闻天、周恩来、秦邦宪、王稼祥致电朱德、张国焘，徐向前、陈昌浩，任弼时、贺龙、刘伯承，再次表明同张国焘之间的争论应该一概不谈，集中全力与团结内部，执行当前军事政治任务。电报说：胡宗南部陆续入陕，企图压迫与削弱红军，隔断中苏，隔断东北军与红军，然后强迫我们就范，成立妥协。我们的对策：第一步骤似应集合三个方面军于静宁、会宁、定西一线及其南北，给胡宗南以相当打击，使其不能达到隔断红军、各个击破的企图。第二步骤以两个方面军占领宁夏，以一个方面军控制胡宗南，占领宁夏是整个政治军事上极重要一环。至于第三步骤则在占领宁夏之后，那时我们已得远方帮助，处于有利地位，分兵略取甘西、绥远，乃至重占甘南均甚容易。电报还说：红一方面军一师已占领界石铺，红四方面军宜以先头师迅速进入，余部陆续北上。

同日 和林育英、张闻天、周恩来、秦邦宪、王稼祥复电任弼时："中央内部的团结一致，是我们战胜敌人的必要条件。"

"当前政治的军事的总方针，已为大家所同意，则中央内部的团结已有充分保障无疑。关于统一指挥等问题，正依照你们的提议等待国焘同志等北上商讨一切。"

9月25日 致电彭德怀并告聂荣臻："四方面军决心向西，从永靖渡河，谋占永登、凉州，其通渭部队二十四日撤去。据云渡河后以一部向中卫策应一方面军占宁夏。此事只好听他自己做去。"电报强调目前阻止胡宗南西进仍属重要，界石铺仍应确保于我手中。同日，又电彭德怀："四方面军既向西，应考虑何时由何地策应二方面军北上问题"。

9月26日 致电彭德怀："国焘动摇，老总〔1〕曾有电来表示很不满意，说到漳县与张等开会，但结果仍是西进。其参谋长周子昆电告，部队已动，在通渭者二十四日撤，其部署是经永靖渡河向乐都进。他们有造船工人，据云渡河不成问题。但我所虑者，毛、胡〔2〕将先据乐都，且将先据永登、凉州，遮断其西进路。所谓一部出中卫策应，恐是空中楼阁。"

同日 和林育英、张闻天、周恩来、王稼祥、秦邦宪致电任弼时、贺龙、刘伯承："请你们向国焘力争北上计划之有利，西进将被限制于青海一角，尔后行动困难，且妨碍宁夏计划。"本日，又和林育英等联名致电朱德、张国焘，指出："四方面军有充分把握控制隆、静、会、定〔3〕大道，不会有严重战斗。一方面军可以主力南下策应，二方面军亦可向北移动钳制之。北上后粮食不成问题，若西进到甘西则将被限制于青海一角，尔后行动困难。"

---

〔1〕 指朱德。

〔2〕 毛、胡，指毛炳文、胡宗南。

〔3〕 隆、静、会、定，指甘肃隆德（今属宁夏）、静宁、会宁、定西。

同日 致电刘鼎，提出不要买普通战术书，只要买战略学书、大兵团作战的战役学书，中国古时兵法书如《孙子》等也买一点。张学良处如有借用一点。

9月27日 和周恩来、彭德怀复电朱德、张国焘，徐向前、陈昌浩〔1〕并致贺龙、任弼时、刘伯承，告知中共中央书记处和政治局关于坚持四方面军执行北进方针的意见，指出："中央认为：我一、四两方面军合则力厚，分则力薄；合则宁夏、甘西均可占领，完成国际所示任务，分则两处均难占领，有事实上不能达到任务之危险。一、四两方面军合力北进，则二方面军可在外翼制敌；一、四两方面军分开，二方面军北上，则外翼无力，将使三个方面军均处于偏狭地区，敌凭黄河封锁，将来发展困难。""中央认为，四方面军仍宜依照朱、张、陈九月十八日之部署〔2〕，迅从通渭、陇西线北上，不过半月左右即可到达靖远、海原地域。从靖远渡河，一方面军跟即渡河，或合力先取宁夏，或分途并取宁夏、甘西，二方面军仍在外翼制敌，则万无一失。"复电强调说，务请顾及整个局势，采纳北上方针。本日，和周恩来、彭德怀致电朱德、张国焘，徐向前、陈昌浩："中央明令已下，请速令通渭部队仍回占通渭，其余跟即北上。"二十九日，红四方面军总部重新发布北进命令。

同日 关于同南京进行谈判问题，和周恩来、彭德怀致电朱

〔1〕 朱德、张国焘等1936年9月26日致电林育英、张闻天、毛泽东、周恩来、秦邦宪、王稼祥并告贺龙、任弼时、关向应、刘伯承：红四方面军已决定西渡黄河，并已按西渡计划行动。如兄等仍以北进万分必要，西渡计划万分不妥时，则请中央明令停止西渡，并告今后行动方针，弟等当即服从。

〔2〕 指朱德、张国焘、陈昌浩1936年9月18日发布的关于通渭、庄浪、静宁、会宁战役计划。

德、张国焘，徐向前、陈昌浩，指出：“南京内部已起变化，民族资产阶级与上层小资产阶级均与以前不同，所以我们重提国共合作，力求停止内战，以便真正抗日，这是当前唯一正确方针。恩来准备出去，仍应南京要求，实亦有此必要，因七个月来，往来接洽者均次要代表，非负责人不能正式谈判。”

9月28日 致电彭德怀并告聂荣臻：朱德、张国焘来电说“停止西渡转向北进，先头师十月四日可到通渭，八日到界石铺。”为策应红四方面军北上，红一方面军第二师应立即南下，取直径超越隆静大道，相机袭取庄浪、秦安、天水，然后在大道渭水之间向华亭、陇县广大地区纵横游击，成为三个方面军之中间的战略支队。

9月29日 和周恩来致电朱德、张国焘，徐向前、陈昌浩并告任弼时、贺龙、刘伯承、关向应：“回师北上之电敬悉，各同志十分佩服与欢慰。”“兄处似宜即用原占通渭部队，日内迅占通渭，以取先机。”

同日 和周恩来、彭德怀致电贺龙、任弼时、关向应、刘伯承：“二十八日电〔1〕悉，你们尚保存伟大力量，将来发展无量，可为中国革命庆贺。”“随营学校非常必要，你们所需干部主要靠此供给。我们从前线部队抽出大批高级干部，开办红大训练，储为将来之用。”“前四个月专学政治理论，后四个月政治军事并重。此外尚有造就连排长的普通科六百人，均长征中之优秀下级干部与战士。因此暂时不能供给你们，但准备于毕业后分配你们

---

〔1〕贺龙、任弼时、关向应、刘伯承1936年9月28日致电毛泽东、周恩来、彭德怀，通报红二方面军的编制、人数（全方面军共一万三千三百余人）和士气等情况，反映“因远途中经过大小十余次战斗，干部伤亡颇多，因此，请派师、团级军政干部若干”。

一部分。”

9月 为国共两党谈判起草《国共两党抗日救国协定草案》。草案提出：鉴于日本帝国主义者对于中国侵略的有加无已，“惟有两党合作并唤起民众，联合全国各党各派各界，联合世界上以平等待我之民族与国家，实行对日武装抗战，方能达到驱逐日本帝国主义，保卫与恢复中国领土主权，争取国家独立与民族生存之目的。”协定草案共八条，其中规定：为了实行对日武装抗战，实现抗日救国联合战线，建立民主共和国，从本协定签字之日起，双方立即停止军事敌对行为。国民党方面承认：停止进攻红军与进犯苏区，划定红军屯驻地区，改革现行政治制度，允许人民的言论、出版、集会、结社等自由，释放政治犯。共产党方面承认：红军不向国民党区域攻击，停止推翻国民党政权的言论与行动，抗日作战时，在不变更共产党人员在红军中的组织与领导的条件下，全国军队包括红军在内实行统一指挥与统一编制。这个协定草案的基本内容成为后来国共谈判的基础。同时它也是中国共产党同各地方实力派谈判建立抗日民族统一战线的基础。

10月1日 致电刘少奇，提出力求迅速争取与刘湘〔1〕建立关系，并指出：刘湘代表如在天津，应留他等候中央代表一同赴川。如该代表要求离津，应从他取得介绍信及各种关系。

同日 和周恩来、彭德怀致电朱德、张国焘，徐向前、陈昌浩并贺龙、任弼时、关向应、刘伯承，建议他们发一通知给各部队，“对一切白军相遇接近时，先由我方试派人员携带要求建立反日统一战线而态度诚恳的信件，如彼方先派人来或因同意我方要求派人来接洽，不论其动机仅是怕打或真有合作抗日诚意，我

〔1〕 刘湘，当时任国民党四川省政府主席、国民党军第21军军长、四川“剿匪”军总司令。

方均一律以诚恳面貌招待他们，以期沟通双方，扩大西北统一战线范围”。

10月2日 和周恩来、彭德怀致电朱德、张国焘，徐向前、陈昌浩并致贺龙、任弼时、关向应、刘伯承，认为红二方面军准备在一星期后进入渭水以北地域，是可行的。根据红二方面军渡渭水后的敌我态势，提出：在十月、十一月内，似有集中三个方面军全力选择有利机会给南敌以打击的必要。但如果红四方面军的渡河技术能保证迅速在靖远、中卫地段渡河，则自以早渡为妙，对南敌一般可暂取钳制手段。

同日 和周恩来、彭德怀致电朱德、张国焘，徐向前、陈昌浩，询问可否先期占领通渭。同时指出：现全国人心愤激，要求南京抗战，南京亲日、抗日两派争论未决，新事变在酝酿变化中。

同日 和周恩来致电贺龙、任弼时、关向应、刘伯承，指出胡宗南十余个团数日内即将到达清水、秦安地域，与天水王部〔1〕靠近，要求红二方面军应准备迅即开始移动，取天水以西道路。次日，和周恩来再次致电贺、任、关、刘：“你们宜乘胡敌尚未全部集中之时，迅速开始转移为佳。转移道路似宜走武山附近，并先以支队附电台从天水附近渡河，向胡敌前进，迫近胡敌，节节钳制，掩护主力转移。”

10月3日 和周恩来、彭德怀致电朱德、张国焘，徐向前、陈昌浩，提出红四方面军目前的行动部署：红三十一军第九十三师宜攻占庄浪，以后续部队接占通渭。庄浪、通渭两处部队均向秦安迫近，掩护红四方面军主力北进，并掩护红二方面军从天水以西向北转移。除以一部接替已控制在我手中的会宁、界石铺大

〔1〕 指王均任军长的国民党军第3军。

道外，宜迅将主力集结马营、通渭地区，主要注意天水、秦安方面。岷县、临潭部队宜迅速北撤。武山、甘谷方面宜配置相当兵力，掩护红二方面军转移。

10月4日 致电彭德怀：朱、张来电主张速从靖远、中卫渡河，他们有造船工人，只要木料铁钉。同心城地区有铁匠能打铁钉否？我们准备派铁匠来同心城。同日，和周恩来、彭德怀电告朱德、张国焘，徐向前、陈昌浩：准备即派铁匠至同心城造铁钉。

10月5日 和张闻天、周恩来致电林育英并告彭德怀：红四方面军屡次来电要求你去一次，我们觉得有此必要。请你立即结束现任工作，十月二十日前到达同心城，与朱、张会面，转达国际“七大”精神。党中央新政治决议案日内即送同心城。

同日 和周恩来致电朱德、张国焘，徐向前、陈昌浩并告贺龙、任弼时、关向应、刘伯承，提出：“为彻底消灭迫近会宁城西南门之敌，请你们令向会、静前进之部队即速截断会、静、定西间道路，以便我第一师及守城陈支队〔1〕明（六）日将敌击溃后全部俘虏之。”“二方面军从六号起以四天行程经天水以西到达通渭。千万请你们派有力一部立即占领庄浪，在通渭、庄浪两地部队均向秦安迫近游击，以确实掩护二方面军之到达。”

同日 和周恩来致信张学良，提出：为迅速达到停止内战一致抗日的目的，只要国民党军队不拦阻红军的抗日去路与侵犯红军的抗日后方，我们首先停止向国民党军队的攻击，以此作为我们停战抗日的坚决表示，静待国民党当局的觉悟。仅在国民党军队向我们攻击时，我们才在自卫的方式上与以必要的还击，这同

---

〔1〕 陈支队，指中国工农红军第一方面军第15军团第73师政治委员陈漫远指挥的独立支队。

样是为着促进国民党当局的觉悟。祈将敝方意见转达蒋介石先生，速即决策，互派正式代表，谈判停战抗日的具体条件。

同日　和周恩来、彭德怀致电朱德、张国焘，徐向前、陈昌浩："同意迅速从靖远、中卫渡河之意见，但甘谷、庄浪仍宜配置必要兵力迟滞胡敌，任掩护二方面军北进。"

同日　致电李维汉，宋时轮、宋任穷，要他们立即派人经宁夏直到阿拉善旗达王〔1〕根据地的定远营，确实侦察该地日本人修建机场、储存飞机情形，该地城堡高厚程度，达王步骑蒙兵数目，及宁夏到该地沿途里程、房屋、关隘等情形。

10月6日　致电彭德怀并告左权、聂荣臻："四方面军同意我们意见，以一个军到靖远布置渡河，以一部向甘谷、武山间及庄浪活动，掩护二方面军北移。主力位于通渭、马营、陇西、会宁地区，对付胡、毛〔2〕及定西敌。二方面军五号由徽县到天水以南，约九号到通渭。尔后拟令其转至瓦亭、隆德、静宁大道及其以南地区。"电报说：红一军团主力在红四方面军接防静、会段后，"我意以占领固原城、硝河城、青石咀三点之中间地区及其附近，南与二方面军接近为适宜，以便尽量将胡宗南军与东北军向西吸引，利于尔后之机动"。

同日　致电李维汉、宋时轮："目前不应过分威胁宁夏，因此东方仍以支队活动为适宜。二十九军亦不宜过早到定边。"

10月8日　和张闻天致电朱德、张国焘，徐向前、陈昌浩，任弼时、贺龙、关向应、刘伯承并彭德怀，通报同南京谈判的情况，并指出："估计南京在日本新进攻面前，有与我们成立妥协可能，但一面仍以重兵压境，企图迫我就范。我们应争取迅速开

---

〔1〕达王，指蒙古王爷达理扎雅。

〔2〕胡、毛，指胡宗南、毛炳文。

始主要代表之谈判，求得在实行抗日与保存苏区、红军等基本条件下，成立双方之统一战线。”

10月10日 致电彭德怀：朱、张已到会宁，询问见面人员与地点，中央已复。我们意见，以兄西去就他们为宜。“朱、张来电称中央及毛、周、彭，自称西北军委，又一电称执行毛、周、彭所示任务，亦事实上承认我们军委。我们方面曾有两电去，称朱总司令、张总政委，以后即照此种方式解决，以便顺利执行宁夏战役。朱、张以两总名义，依照中央与军委之决定指挥各军作战。为使之增加对于执行军事任务之坚决性，防止可能的动摇性（在目前是防止对宁夏战役之某种可能的动摇），兄须加以特别之注意。”“见面时对老问题请一概不谈。”

同日 致电潘汉年、叶剑英：张子华〔1〕来电称，陈立夫〔2〕赴宁数日可回，见了曾养甫，曾约恩来飞赴香港或广州会谈。我们答复：先停战，后谈判。看其复电如何再说。

10月11日 和张闻天致电朱德、张国焘，徐向前、陈昌浩，任弼时、贺龙、关向应、刘伯承，彭德怀，征求他们对《国共两党抗日救国协定（草案）》的意见，指出：《草案》全文电达，请你们提出意见。“此草案是我方起草，准备恩来带往谈判，彼方可能容纳之最后限制，尚不详知。”

同日 和张闻天致电左权、聂荣臻，刘晓，李富春，李维汉，宋时轮：同哥老会建立统一战线，是在争取其中优秀的分子，及扩大群众参加抗日，并利用它进行白区白军工作；而不是在苏区内另外给哥老会组织团体与军队，扩大与加强它在苏区内

〔1〕 张子华，当时以中共中央长江局代表的身份同国民党政府的代表谈判国共两党联合抗日问题。1936年11月任中共中央对外联络局副局长。

〔2〕 陈立夫，当时任国民党中央常委兼国民军事训练计划委员会主任委员。

的影响与力量，造成我们自己工作中的困难。

10月11日、12日　出席中共中央政治局会议，会议讨论红军政治工作问题。毛泽东发言指出：红军的政治工作，在克服长征中的疲劳现象、提高政治情绪上有成绩。应特别注意干部教育，在这方面过去有成绩，也有很多经验，主要是：军事与政治并重；理论与实际并重；理论与实际相联系；教育课少而精。政治工作的方式要有计划性、纲领性和灵活性，既要集中统一，又要有伸缩性，注意各地方、各时期、各部队的差别，要适应游击战争的特点。整个红军教育，包括军事教育、政治教育、纪律教育和文化教育，提高军队的战斗力。发言还着重谈了干部政策问题，指出：我们的干部政策，第一，是信任干部，对干部应用之不疑；第二，对个别干部的错误，不应扩大化，应帮助他彻底解决问题；第三，尊重地方干部，他们与群众有密切的联系；第四，注意对干部进行政治教育。我们的干部标准是：第一执行党的路线，第二能与群众联系，第三有独立工作能力，第四遵守党的纪律。

10月13日　致电彭德怀："请按照十月作战纲领〔1〕准备作出宁夏战役计划纲要，与朱、张面商后提出于军委。""一、二两师本月底须集中固原以北，以便全野战军集中训练，至少半个月，预先准备粮食。""充分注意个别同志之可能的动摇性。准备在无别部参加时，野战军单独执行冰期计划。"

---

〔1〕十月作战纲领，指中共中央、中革军委1936年10月11日发出的《十月份作战纲领》。纲领要求中国工农红军各方面军作好渡河和攻击宁夏的准备，从11月中旬起，以红军第一方面军的西方野战军全部和红军第四方面军的3个军，进攻宁夏；以红军第四方面军的另两个军、红军第二方面军全部和陕甘宁军区独立师，组成向南防御部队，必要时抽一部参加进攻宁夏。

同日 和杨尚昆致电彭德怀、左权、聂荣臻、朱瑞、邓小平："九月二十三日小平同志来信，及一军团党务委员会的决议，我们完全同意。盼你们坚持这种方针，深入干部中去，从根本上转变工作作风，与发展思想上的斗争，教育干部，将干部的政治、军事、文化水平大大提高一步，是执行一切政治军事任务的决定一环。"

10月14日 致电叶剑英：要迟延胡宗南进攻，使我在十一月十五日以前保持西兰大道于手中，以便红二、四方面军休息整理，顺利执行新任务。我方已向南京提出四项意见：第一，希望宁方坚持民族立场，不作任何丧权让步。第二，我方首先执行停止对国民党军队攻击，仅取防御方针，等候和议谈判集力抗日。第三，请蒋暂时以任何适当名义停止军队进攻，以便开始谈判。第四，在进攻未停止、周恩来未出去以前，准备派在沪的潘汉年进行初步谈判。

同日 和张闻天、秦邦宪、周恩来复电彭德怀，指出：为求党与红军的真正统一与顺利执行当前任务，对国焘及其他干部不可求善太急。我们政策应表示对他们信任。准备经过长期过程，使国焘及其他干部逐渐进步，估计他们是可能进步的。

10月15日 和张闻天、秦邦宪致电朱德、张国焘，徐向前、陈昌浩，贺龙、任弼时、关向应、刘伯承并告彭德怀，指出：现中日关系极度紧张，蒋介石似有以重兵保长江流域及黄河以南，而于晋、绥实行局部抗战之意。我们为抓紧目前有利时机扩大停战抗日运动，除公开致函国民党并去电要求停战谈判外，现拟以红军各将领名义发布致西北各军将领书，重申请其立即停止内战，出兵援绥，并表明红军愿作前驱，以保卫西北、保卫华北、保卫中国、收复东北。此文件苏区发布后，拟向我周围白军白区进行广大的停战抗日运动，以响应和援助可能发动的绥东抗战。现请红二、四方面军将现任各军师长政委姓名电告，以便列入在内，以广宣传，以壮声势。

同日　中华苏维埃人民共和国中央政府主席毛泽东向苏维埃新闻社发表谈话，指出："苏维埃中央政府与人民红军军事委员会现已发布命令：（一）一切红军部队停止对国民革命军之任何攻击行动；（二）仅在被攻击时，允许采取必需之自卫手段；（三）凡属国民革命军，因其向我进攻而被我缴获之人员、武器，在该军抗日时一律送还，其愿当红军者欢迎；（四）如国民革命军向抗日阵地转移时，制止任何妨碍举动，并须给以一切可能之援助。"谈话还说："吾人已决定再行恳切申请一切国民革命军部队与南京政府，与吾人停战携手抗日，该项申请书，已在草拟中"；"如南京政府诚能顾念国难停止内战出兵抗日，苏维埃愿以全力援助，并愿以全国之红军主力为先锋，与日寇决一死战"。

10月16日　和周恩来致电任弼时、贺龙、关向应、刘伯承并致朱德、张国焘："我三个方面军目前应以休息整理、蓄积锐气、准备执行新的战略任务为基本方针。对敌采迟滞其前进方针，判断在敌情地形等条件下可能达此目的。即使船渡不成，我亦应坚持此方针，方于尔后行动有更大利益。"

同日　出席中共中央政治局常委会议，会议就林育英去红四方面军问题，讨论了红四方面军的情况和中央的方针。毛泽东在会上首先发言指出：四方面军拥护中央是有诚意的。对四方面军应该有个整理，并且应该经过张国焘，才更顺利些。我们应该帮助他，使他的进步能更顺利，并经过他将四方面军整理好。工作怎样做？第一，任命他为前线指挥；第二，张浩（林育英）同志去的任务主要在政治方面完成统一团结，将四方面军的政治、军事、文化水平提高一步。关于国焘过去错误的性质与程度问题，原则上是不说的。但如说到时应指出：这一错误是严重的政治上组织上的错误；另方面应指出是个别的、是机会主义性质的（对中央路线的估计不足），但不是整个路线的错误。因为就其整个历史来说，还只是某个时期个别的错误。还有一点，如果他以后不再犯这样严重的错误，将来不一定提这一错误，如果仍继续发生这样的错误，那是应与之作斗争的。

10月17日 和张闻天、周恩来致电朱德、张国焘，徐向前、陈昌浩，贺龙、任弼时、关向应、刘伯承并告彭德怀，通报国民党提出的谈判条件，指出："与南京谈判有急转直下势，第三次与南京联络之代表十四日回西安，携带来国民党条件如下：（一）苏维埃区域可以存在；（二）红军名义不要，改联军，待遇与国军同；（三）共产党代表公开参加国民大会；（四）即派人具体谈判。"电报并指出，蒋介石十六日到西安，我们正交涉由蒋派飞机接恩来到西安与蒋直接谈判。

同日 和杨尚昆致电朱德、张国焘，徐向前、陈昌浩、李卓然，贺龙、任弼时、关向应，将中共中央对回民问题的决定摘要通报，征求他们的意见。决定的主要内容为：坚持回民事情由回民自己办理，保护阿訇和清真寺；红军在回民中只没收反动军阀官僚及广大回民群众所痛恨的人的财物，应由回民自己动手没收，尽量发给贫苦回民；对于回民中地主高利贷者暂不没收，而采取减税、规定租额等以改善回民生活；红军不打回民土豪；应联合阿訇与回民中知识分子，经过他们去接近回民。

10月18日 和张闻天、周恩来致电朱德、张国焘并致彭德怀，贺龙、任弼时，徐向前、陈昌浩，指出："我党致国民党书已在全国各地及国民党军队中发生极大影响，得到国民党中及各阶层中广大同情。日本侵略日亟，亦不能不影响国民党军队之干部。我三个方面军集中，彼等又有所畏惧。正与国民党谈判，彼方当有不欲使谈判弄僵之意。”“总观各方情况，目前时局正处在转变交点，我应不失时机，善于运用，争取国内和平转向对日抗战。请照昨电意旨由朱总司令致书王均、毛炳文，向前同志致书胡宗南及其他黄埔生，贺龙同志致书何柱国各部及胡部，发展我们影响。书中一本诚恳相劝之意，不作任何自夸语，自能发生效力。一面严整壁垒，提高士气，立于不败之地。”

同日 起草徐向前致胡宗南的信，表示双方宜“弃嫌修好”。信中说：“吾辈师生同学之间倘能尽弃前嫌，恢复国共两党之统一战线，共向中华民族最大敌人日本帝国主义决一死战，卫国卫民，复仇雪耻在今日。”次日，毛泽东、周恩来将此信电达朱德、张国焘、徐向前、陈昌浩，“请专函缮送胡宗南，并即印刷多份向各军发送”。

10月19日 鲁迅在上海去世。二十二日中共中央和中华苏维埃中央政府发出《为追悼鲁迅先生告全国同胞和全世界人士书》和《为追悼与纪念鲁迅先生致中国国民党中央与南京国民政府电》，并向鲁迅夫人许广平女士致唁电。唁电说：“中华民族失去最伟大的文学家，热忱追求光明的导师，献身于抗日救国的非凡的领袖”。告全国同胞和全世界人士书指出：“他没有一个时候不和被压迫的大众站在一起，与那些敌人作战。他的犀利的笔锋，完美的人格，正直的言论，战斗的精神，使那些害虫毒物无处躲避。”“鲁迅先生在无论如何艰苦的环境中，永远与人民大众一起与人民的敌人作战，他永远站在前进的一边，永远站在革命的一边。他唤起了无数的人们走上革命的大道，他扶助着青年们，使他们成为像他一样的革命战士，他在中国革命运动中立下了超人一等的功绩。”

同日 电告彭德怀：红四方面军三十军二十号开始渡河，

朱德、张国焘二十号去打拉池。红四方面军有残废干部及老弱幼孩等六百四十人，由余洪远率领来同心城，请处理并发动慰劳。

10月中旬 约林育英、聂洪钧和刘道生到住地谈话，就派他们去红二、四方面军帮助开展对东北军的统战工作谈了意见，要他们多看别人的长处，少说别人的缺点，注意搞好同红二、四方面军的团结。

10月21日 红二方面军首长到达静宁以北的平峰镇，同红一军团会合。二十二日和二十三日，红二军团、红六军团分别在将台堡、兴隆镇同红一方面军会师。至此，三大主力红军会师，长征胜利结束。

同日 中革军委和总政治部致电朱德、张国焘并告彭德怀，贺龙，徐向前、陈昌浩，任弼时，指出：三个方面军已完全会合，为着政治上动员全军执行新的伟大任务，为着使全军完全团结于共产国际、党中央与军委的路线之下，为着使全军从政治上军事上提高一步，中央及军委决定，从十一月一日起至七日止，以十月革命节为中心，进行七天的教育计划。全军同时于十一月七日举行庆祝三个方面军会合、誓师抗日与庆祝苏联十月革命胜利大会。

10月22日 和周恩来致电彭德怀转朱德、张国焘："会谈时请首先注意宁夏战役的准备与部署问题，关于如何夺取定远营，如何克服城堡困难及如何接取远方货物等，均须注意，并以商定结果见告。"

同日 致信彭雪枫，指出：急须将同绥晋关系弄好，得信后即赴津迅速转至绥远办理此事。我有付南汉宸一信，要求他介绍你见傅作义。"交涉要诚恳，要机警，要有耐性。专作上层交际，不与党的组织相关涉，不要引人见疑。""如傅[1]同意，待绥远

---

〔1〕 傅，指傅作义。

办好后，请傅介绍见阎[1]，不同意则罢，你的工作以傅为主。”“用费从带去之四百元中开支，十分节省用，不要爱奢华，不要失掉我们的立场，不要接受人家的馈赠，只有在万不得已时，才许可从人家借一点钱，日后如数归还，用数要报账。有闲工夫注意看书报，加紧学习。”

同日 致电叶剑英、刘鼎，告诫他们及其他做统一战线工作的同志：外面用费须节省又节省，千万不可过费。无论何时不要丧失我们的立场，不要接受别人的馈赠。信中并要他们买一批通俗的社会科学、自然科学及哲学书，要经过选择真正是通俗的而又有价值的，作为学校与部队提高干部政治文化水平之用。还请他们买一部《孙子兵法》和一些关于战役指挥与战略方面的军事书籍。

同日 致信刘少奇，指出：“北方统一战线非常要紧，特别着重于军队方面，加紧二十九军工作之外，晋绥应放在第一位。”“民族革命同盟[2]如有些力量，须好好联络，首先推动他们赞助晋绥与我们的关系。”信中还通报：“三个方面军已全部在西兰大道会合，内部已基本上统一团结。玉阶、特立[3]任前线指挥，在中央与军委决定之下行动。二、四方面军均保存了基本力量并比前进步，一方面军亦加强了。”

10月23日 致电叶剑英、刘鼎，要他们通过张学良或另设他法向阎锡山表示下列各点：“一、完全同情晋绥当局及其军队对日抗战捍卫疆土的决心与行动，他们的这种决心与行动将获得

---

〔1〕 阎，指阎锡山。

〔2〕 民族革命同盟，即中华民族革命同盟。由李济深、陈铭枢、蔡廷锴等于1935年7月在香港建立的抗日反蒋团体，以“争取民族独立，树立人民政权”为基本政治主张。

〔3〕 玉阶，即朱德，字玉阶。特立，即张国焘，又名特立。

全国人民的拥护，苏维埃与红军将竭以全力以为之助。二、我们十分盼望与晋绥当局成立谅解以至订立抗日协定。三、只要晋绥当局真正抗日，而不与日本妥协，红军在未得晋绥当局同意之前，决不冒然向晋绥开进。四、在双方谅解之后，红军依约进入划定之地区与防线，担任一定战斗任务，并服从统一之指挥，红军不干涉晋绥当局之行政事宜。五、某方〔1〕援助我们可担任介绍。”

10月24日 复电彭德怀并致朱德、张国焘，贺龙、任弼时，徐向前、陈昌浩：“同意二十三日九时电〔2〕之计划。”“胡、毛、王、关〔3〕业占大道，如继续北进，而地形、给养条件又可能给以基本限制，则我处南北两敌〔4〕之间，非击破南敌无法向北。现虽有各种材料判断，南敌不能持久，但蒋介石在短期内拼命一干之可能仍是有的。因此，目前先决问题是如何停止南敌。”

10月25日 致信傅作义，指出：日寇西侵，国难日亟。红军远涉万里，急驱而前，所求者救中国，所事者抗日寇。红军主力的三个方面军已集中于陕甘宁地区，一俟取得各方谅解，划定抗日防线，即行配合友军出动抗战。此信最后说：“兹派彭雨峰〔5〕同志来绥，与先生接洽一切，乞以先生之意见见教，并希

---

〔1〕 指苏联。

〔2〕 彭德怀1936年10月23日9时就宁夏战役部署致电毛泽东，主要内容是：战役分两步进行，第一步以中国工农红军第一方面军主力占领黄河沿岸，以红军第四方面军第4、第30军攻击中卫，牵制马鸿逵。第二步渡过黄河，控制宁夏门户，以一部兵力袭占定远营，相机攻占宁夏省会。

〔3〕 胡、毛、王、关，指胡宗南、毛炳文、王均、关麟征。

〔4〕 南敌，指从会宁、静宁至隆德、固原一线由南向北进攻红军的国民党军胡宗南、毛炳文、王均、关麟征各部及东北军王以哲、何柱国等部。北敌，指沿黄河一线布防的国民党军邓宝珊、马鸿逵、马步青等部。

〔5〕 彭雨峰，即彭雪枫。

建立直接通讯关系。”

同日 和周恩来致电朱德、张国焘，彭德怀并致贺龙、任弼时，徐向前、陈昌浩：“根据敌向打拉池追击及三十军已渡黄河的情况，我们以为今后作战，第一步重点应集注意力于击破南敌，停止追击之敌。我处南北两敌之间，北面作战带阵地战性质，需要准备二个月时间。不停止南敌，将使尔后处于不利地位。第二步重点集注意力于向北。”电报还提出具体部署。

10月26日 致电彭德怀，指出：“（一）国焘有出凉州不愿出宁夏之意，望注意。（二）目前以打胡敌、取定远营两着为最重要。（三）三十军占领永登是对的。九军必须占定远营，这是接物攻宁的战略枢纽，不应以一方面军去占，不便利，又失时机。（四）四、五、三十一军，二方面军，应以打胡为中心，仅抗击不够，打法可采诱敌深入。（五）一方面军速集结同心城休息。”

同日 和朱德等四十六人联名发出《红军将领给蒋总司令及国民革命军西北各将领书》，要求“立即停止进攻红军并与红军携手共赴国防前线，努力杀贼，保卫国土，驱逐日寇，收复失地”。并提出：“不论诸先生派代表进来，或要我们派代表出去，或即在前线上谈判，我们都愿接受。只要内战一停，合作门径一开，一切谈判都将要在抗战的最高原则之下求得解决。”

10月27日 开始为红军大学一科（上干队）讲“中国革命战争的战略问题”，一直持续到西安事变发生。

10月28日 和周恩来致电彭德怀，朱德、张国焘：“甲、胡敌以我避免决战，十分轻我，向打拉池锐进，王、毛向靖远进。乙、我三个方面军主力应依兄等二十七日部署，立即集结在有利阵地，在数日内坚决突击消灭胡敌先头一个师至两个师，以小部抗阻靖远王、毛。丙、九及三十军速复河岸西向中卫、定远营扫荡前进。丁、此是消灭敌人开展局势最适当之时机，请兄等速图之。”

同日 中共中央和中革军委致电朱德、张国焘并告各军首长及政治部主任，表示完全同意朱、张二十七日五时部署。电报指出：目前我们正处在转变关头，三个方面军紧靠作战则有利，分散作战则削弱，有受敌人隔断并各个击破之虞，更不能达到扩大苏区，扩大红军，把红军提到新阶段，争取抗日统一战线胜利之目的。现当敌人轻我锐进之时，正是我们打胜仗时候，必要时拟请德怀赶赴前线指挥此次战役。在政治上立即开始大动员，坚决消灭南敌。

同日 和周恩来致电朱德、张国焘，彭德怀，关向应、刘伯承、徐向前、陈昌浩：“完全同意前敌总指挥兼政委彭德怀同志俭日七时之海打战役战略计划〔1〕，望各兵团首长动员全体红色指战员下最大决心，努力争取整个战役的全部胜利，开辟今后伟大的战略胜利之途径。”

10月29日 致电彭德怀，指出：“与南敌决战，关系重要。现敌轻我锐进，胡敌先头又是郭华宗〔2〕旧部周、孔〔3〕两师，打得好可获大胜。”同时提议：“全战役须掌握在你一人手里。”“以野战军〔4〕全部为主力，从二方面军抽二分之一辅助之，专打周、孔两师。四方面军为右翼钳制队，或任右翼之部分突击，专对付

〔1〕 指彭德怀1936年10月28(俭)日提出的在海原、打拉池地区打击国民党军胡宗南部的战役计划。

〔2〕 郭华宗，1931年任国民党军第43师师长，率该师参加过对中央苏区的第二次“围剿”，被中国工农红军第一方面军歼灭一部。

〔3〕 周、孔，指周祥初、孔令恂，当时分别任国民党军西北“剿匪”总司令部第1路军第2纵队第43师师长、第97师师长。

〔4〕 指中国工农红军第一方面军西方野战军。

胡之西路及毛、王两路。”“实行打时要在有利之地形条件下，首战限于打两个师，并首先消灭其一个师。不合此条件时再退一步，总以胜仗为目的。”

10月30日 致电张浩（林育英），提出：“一、目前方针是先打胡敌后攻宁夏，否则攻宁不可能。二、你与朱、张略谈后即转二方面军，提高其士气，再转朱、张处。三、对张态度不对，不要太软，也不要太硬，诚意相处，避免硬化。”

同日 和周恩来致电朱德、张国焘，指出：“目前方针，先打胡敌，后攻宁夏，否则攻宁不可能。请二兄握住此中心关键而领导之。除九军、三十军已过河外，其余一、二方面军全部，四方面军之三个军，统照德怀二十九日部署〔1〕使用，一战而胜，则全局转入佳境矣。”

同日 和周恩来致电彭德怀，贺龙、任弼时，左权、聂荣臻，徐海东、程子华并告朱德、张国焘，指出：蒋介石以我军大部西渡，东岸所余不多，令胡宗南猛追。胡令周祥初、孔令恂两师向打拉池急进。关麟征师向靖远追击，毛炳文、王均部尾其后，似不会全部北进。何柱国令一骑兵师随胡军右翼相机追击。据以上情况，给我们打周、孔两师的极好机会。对周、孔右翼的骑兵师须以红二方面军有力部队拦阻之。红三十一军必须照彭令，由西向东打。电报强调指出：“打拉池、西安州为我军尔后宁夏战役之屏障，万不可失，深望注意。”本日，张国焘命令红四方面军第四军、第三十一军撤至贺家集、同心城。三十一日

---

〔1〕 彭德怀1936年10月29日发布关于各兵团集中协同消灭胡宗南部的命令，其要点是：中国工农红军第一方面军第1军团在古西安州、关桥堡、麻春堡一带，第15军团在盐池一带，红军第四方面军第4、第31军在打拉池一带，以形成对胡宗南部作战的有利部署。

起，国民党军陆续向靖远、打拉池、中卫等地进攻，隔断红军主力同河西部队的联系。海打战役计划以至夺取宁夏战略计划被迫中止，红军主力向东转移。

10月 连续几个晚上同斯诺谈个人历史和关于红军长征的经过。谈话通常从晚上九点多开始，持续到次日晨两点。〔1〕

11月1日、2日 出席中共中央政治局会议，讨论青年团的工作。会议作出的《中央关于青年工作的决定》指出："由于中国国内形势的剧烈的变动，最广大青年群众参加到救亡运动与民主自由的斗争中来，在中国共产党前面提出了根本改造青年团及其组织形式，使团变为广大群众的非党的青年组织，吸收广大青年参加到抗日救国的民族统一战线中来，把建立为发扬文化与争取民主自由的广大青年运动，当作自己为民主共和国而斗争的最中心任务。"

11月2日 致信北平各位教授〔2〕，对惠赠各物，衷心感谢，并说："为驱逐日本帝国主义而奋斗，为中华民主共和国而奋斗，这是全国人民的旗帜，也就是我们与你们共同的旗帜！"

---

〔1〕 斯诺采访后写的《西行漫记》中写道："一天晚上，当我的其他问题都得到答复以后，毛泽东便开始回答我列为'个人历史'的问题表。""他说，如果我索性撇开你的问题，而是把我的生平的梗概告诉你，你看怎么样？我认为这样会更容易理解些，结果也等于回答了你的全部问题。""在以后接着几个晚上的谈话中，我们真像搞密谋的人一样躲在那个窑洞里，伏在那张铺着红毡的桌子上，蜡烛在我们中间毕剥着火花，我振笔疾书，一直到倦得要倒头便睡为止。"

〔2〕 各位教授，指1936年任北京大学教授的许德珩，以及马叙伦、杨秀峰、张申府、程希孟等教授。他们当时组织了"北平文化界救国会"，积极从事抗日救亡运动。1935年许德珩和夫人劳君展（新民学会会员）得悉毛泽东已到达陕北，随后他们买了三十多双布鞋，12块怀表和十几只火腿，委托中共地下党员徐冰、张晓梅设法转送到陕北。

11月3日　和周恩来就徐向前、陈昌浩提出的"我方决定向大靖、古浪、平番、凉州行"的计划，致电朱德、张国焘，徐向前、陈昌浩，指出："所部主力西进占领永登、古浪之线，但一条山、五佛寺宜留一部扼守，并附电台，以利交通及后方行动。"五日，朱德、张国焘致电徐向前、陈昌浩，提出："你们之河北纵队，目前最主要任务是消灭马步芳部，独立开展一个新局面。乘敌人尚未十分注意你们的时候，站稳脚跟。首先占领大靖、古浪、永登地区，必要（时）应迅速占领凉州地区，行动要迅速、秘密、坚决和机断专行"。"敌人可能隔断你们与河右面主力之联络，你们尽可能派一部带电台保持黄河五佛寺附近渡口在我手，但不可因此妨碍你们主力的行动。不得已时可不必留兵力守渡口，如有必要当由三十一、四军负责来接通你们。""宁夏战役能否实现决之于明后日之决战，你们应不受一切牵制，独立去完成你们的任务。"

11月4日　致信陈公培〔1〕，说："各方统一战线，深仗大力斡旋，对内则化干戈为玉帛，对外则求一致之抗战，争取民族革命战争与民主共和国之联系及其彻底胜利之前途。疾风劲草，愿共努力！"

11月8日　和张闻天致电朱德、张国焘并徐向前、陈昌浩等七同志，答复徐向前、陈昌浩等七同志十一月七日关于河西部队组织前委与军分会提议的来电，指出："我们基本上同意，河西部队称西路军，领导机关称西路军军政委员会，管理军事、政治与党务，以昌浩为主席、向前为副"，其余名单照来电批准。

同日　和张闻天、周恩来、秦邦宪、林育英致电朱德、张国

〔1〕陈公培，早年参加过中国共产党。1933年福建人民革命政府时期，曾担任国民党军第19路军同红军联络的代表。这时寓居香港。

焘，彭德怀，贺龙、任弼时，指出：“胡、毛、王、关各部北进，我宁夏计划暂时已无执行之可能。”电报提出新的作战计划，征求他们的意见。后来由于山城堡战役的胜利和西安事变的爆发，这个计划没有实施。

11月9日 和周恩来复电张子华，要他转告陈立夫、曾养甫：“只要国民党方面不拦阻红军抗日去路，不侵犯红军抗日后方，红军愿首先停止实行向国民党军队攻击”。“我们提议国民党方面，立即下令暂时停止西北各军向红军进攻，双方各守原防，以便双方派代表举行谈判。至恩来飞赴广州会谈，在确保安全条件下，是可行的。”“国方未下令停止攻击，双方主要代表未会谈前，我方拟派在沪之潘汉年同志，先与陈、曾会谈，望征同意。”十日，潘汉年在上海沧州饭店同陈立夫会谈。陈立夫配合蒋介石在西北的军事行动，态度突变，提出必须取消对立的政权和军队，红军可保留三千人，师长以上领导一律解职出洋，半年后按才录用，并要周恩来出来谈判。潘汉年严词拒绝。

11月11日 和周恩来致电徐向前、陈昌浩：“甲、你们现到何处，情况如何？乙、由于河东还未能战胜胡、毛、王各军，妨碍宁夏计划之执行。我们正考虑新计划，但河东主力将与西路军暂时地隔离着。丙、请考虑并电告下列各点：（1）你们依据敌我情况，有单独西进接近新疆取得接济的把握否？（2）如果返河东，有何困难情形？（3）你们能否解决衣服问题？”十二日，毛泽东、周恩来致电朱德、张国焘：依据西面情况，徐、陈所部有单独前进接近新疆的把握否？如遇困难要重返河东时有可能否？同日，徐向前、陈昌浩复电中央：“提议此方第一步以主力迅速进到凉州地区，以一部尽量控制土门、功沨（古浪）迟滞南敌，占领凉州地区后击敌。以一军进占永昌、大靖后，我第二步如受着南敌压迫时，或后路受威胁时，即主力拟进占甘州、肃州地区，并准备接通新、蒙和远方。现决甘、凉、肃、永、民创立根据地，不在万不得已时不放弃凉州。”

11月12日　和张闻天、周恩来致电朱德、张国焘并告彭德怀，贺龙、任弼时，指出：由于北路军的行动有妨碍绥东抗战及吸引汤军回堵的政治上军事上不利，而加厚向南兵力，可使兵力不分割，因此我们觉得除徐、陈之西路军外，其余全部向南为有利。依照前方敌情、粮食情况，同意彭德怀关于提早向南之意见。此电还同意红军总司令部移到甘肃洪德河连湾（今属环县）陕甘宁省委所在地，周恩来赴河连湾同朱德、张国焘接洽。

同日　致电中共驻东北军联络代表刘鼎，通报同国民党谈判的情况，表示对曾养甫、陈立夫所提的四条，即共产党公开活动，苏维埃继续存在，苏区派代表参加国会，红军改名照国民革命军编制及待遇但不变更原有人员等，我方均可同意，并派潘汉年为正式代表迅速进行谈判；请告知张学良，要他多方设法促其早成。

11月13日　出席中共中央政治局会议，会议讨论红军行动方向和统一战线问题。毛泽东在会上作报告并作结论。在报告中说：红军的行动方向，原来是向宁夏，被蒋介石破坏了，现在要改变。我们新的方针有两个方向：一个方向是向东南，即向京汉路发展。但这在政治上不是抗日的方向，在军事上有很多限制，不甚有胜利的把握；好处是没有自然界很多阻碍，有游击队帮助，可以扩大陕甘宁苏区。另一个方向是向东，即是原来的过黄河。这在政治上是很好的，是抗日的，对扩大红军也有利，但也要估计会受到敌人的限制。这两个方向各有利害，一般地说是向东，向东南比较困难。阎锡山说日可抗，红军不可抗，向东有逼阎与我们讲和的可能。报告在讲到统一战线问题时说：我们总的方针就是要团结群众，用群众的力量，利用国民党将领张学良、杨虎城、阎锡山等要求与红军联合的变化，逼蒋介石走到与我们联合。我们的原则是在抗日的目标下逼蒋抗日。现在与南京妥协的范围缩小到红军怎样处理的问题，他们要求我们改红军为国民革命军，我们准备承认，这在政治上是胜利的。在作结论时，更明确地指出：红军行动方向主要是向东，预计明春过黄河。四方面军一部分已向西，能否调回来是个问题。现在我们的行动，都是脚踏两边船，最好是，向西的还是向西，向东的还是向东。如果向西不能达到目的，当然可以转向东。同南京谈判改红军番号问题，我们没有争论，但群众方面要很好地解释。

11月14日 和周恩来致电朱德、张国焘，彭德怀，指出："据彭电胡敌继续向豫旺进攻，不消灭其一部不能南进。似此有打胡敌之机会，自以集中一、四、十五、三十一军在数日内打一仗，再南进。""究应如何，统由彭依前线实况决定可也。"本日，毛泽东、周恩来又给彭德怀连发两电，提出："朱、张来保安后，前线部队统交你指挥，当可放手做去"。"打敌办法，如两翼伏击不便，可以一翼伏击，正面敌前进与之遭遇而消灭之。请依情况酌定。"

11月15日 和周恩来致电徐向前、陈昌浩，同意他们向凉州进发，并告知新疆接济〔1〕正准备中。

同日 关于一、二、四方面军集结准备对胡宗南部作战问题，两次致电朱德、张国焘，彭德怀，贺龙、任弼时，指出："蒋介石仍坚决打红军，与南京妥协一时难成，我们应坚决粉碎其进攻。""胡宗南占领豫旺后之行动，两三天后即可明白。""目前两三天内，四方面军即在甜水堡、保牛堡集结，二方面军在毛居井及以北集结，一方面军在环县西集结，各兵团鼓动作战准备，胡敌东进时消灭之。"

同日 中革军委致电朱德、张国焘，彭德怀，贺龙、任弼

〔1〕 指苏联方面拟从新疆供给武器装备和军需物资。

时："甲、敌既继续向我进攻，目前中心是打破敌人之进攻，然后才能开展局面，才有利统一战线，否则敌以为我可欺，不但局面不能开展，与南京的统一战线也是不可能的。乙、我有打破敌人之许多有利条件，敌情、地形、群众等方面，都有利于我作战，粮食困难是敌我共同的。丙、一切具体布置及作战行动，各兵团首长绝对服从前敌总指挥彭德怀之命令，军委及总部不直接指挥各兵团，以便适合情况不影响时机地战胜敌人。"十六日，红军各部开始向山城堡南北地区集中。

11月18日　和张闻天、周恩来复电徐向前、陈昌浩并告朱德、张国焘，强调：如使东面地区为毛炳文过早占去，红军回旋余地狭小不利。我们意见在现地区留住一时期，以一部控制古浪险要，远距毛炳文。同时，加紧军事训练，恢复体力，检查政治工作，教育每个指战员会做群众工作，与人民发生良好关系，严整政治纪律，建立会计给养制度，使尔后和远方〔1〕同志见面时焕然一新。电报还指出：肃州到安西有八天坏路，人烟稀少，安西亦荒僻，将来只能去一部。

同日　致电朱德、张国焘："四军萌城抗战〔2〕甚为得力，请鼓励其继续抓紧阻止该敌，以利一方面军与三十一军之突击。"现胡军已露疲惫，兵力又颇分散，一战而胜前途大佳。"只有战胜胡军才便开展局面，才是策应河西的好办法。"

同日　和张国焘、彭德怀、任弼时、朱德、周恩来、贺龙联名向红一、二、四方面军各军团军事政治首长发出《粉碎蒋介石

---

〔1〕远方，指苏联和共产国际。

〔2〕指中国工农红军第四方面军第4军、第31军1936年11月17日在宁夏盐池县萌城地区设伏，击溃胡宗南部第1师第2旅，毙伤敌六百余人的一次作战。

进攻的决战动员令》。动员令说："当前的这一个战争，关系于苏维埃，关系于中国，都是非常之大的，而敌人的弱点、我们的优点又都是很多的，我们一定要不怕疲劳，要勇敢冲锋，多捉俘虏，多缴枪炮，粉碎这一次进攻，开展新的局面"。

11月20日 晨五时，致电彭德怀：胡军现陷在困难中，遵蒋令由保牛堡改向定边、盐池，解决给养，控制战略要屯，其主力进路必经红柳沟，但丁师〔1〕有经山城堡、青岗峡向定边之可能。"我以集结四个军从其右侧后打去最好，四军则从正面吸引之"。"打时，以首先消灭其一个师、取得确定胜利后再打第二仗为原则。"晚十一时，又电彭德怀：蒋介石令胡军向定边、盐池急进，丁、周〔2〕两师受阻，不得不向山城堡。"我可集全力放手作战，消灭丁德隆，则全部有利矣。"二十一日，红军向进入山城堡地区的国民党军第七十八师的一个旅另一个团发起进攻，消灭其一个多旅，取得山城堡战役的胜利。此后，胡宗南部被迫全线后撤，国民党军对陕甘宁根据地的进攻，实际被停止。

同日 和张闻天致电徐向前、陈昌浩：捷电甚慰。"主力在永昌、肃州之线，坚决保持东边回旋地区，以小部进占安西、敦煌。"

11月21日 和朱德致电傅作义，祝贺绥远守军抗日胜利，电报说："足下之英勇抗战，为中华民族争一口气，为中国军人争一口气"。"红军抗日援绥，且具决心。""吾人深信，吾人现所努力之停止内战、抗日救国之行动，必能对于足下之抗日义举，遥为声援。"

11月22日 和张闻天致电潘汉年，强调对国民党谈判的方

---

〔1〕 指丁德隆任师长的国民党军第1军第78师。

〔2〕 周，指国民党军西北"剿匪"总司令部第1路军第2纵队第43师师长周祥初。

针是，我只能在保全红军全部组织力量、划定抗日防线的基础上与之谈判。并指出，从各方面造成停止进攻红军的运动，以此迫蒋停止“剿共”，“此是目前抗日统一战线的中心关键”。

同日 出席中国文艺协会成立大会。在会上发表演讲，指出：“中国苏维埃成立已很久，已做了许多伟大惊人的事业，但在文艺创作方面，我们干得很少。今天这个文艺协会的成立，这是近十年来苏维埃运动的创举”。“我们要抗日我们首先就要停止内战。怎样才能停止内战呢？我们要文武两方面都来。要从文的方面去说服那些不愿停止内战者，从文的方面去宣传教育全国民众团结抗日。如果文的方面说服不了那些不愿停止内战者，那我们就要用武的去迫他停止内战。你们文学家也要到前线上去鼓励战士，打败那些不愿停止内战者”。“发扬苏维埃的工农大众文艺，发扬民族革命战争的抗日文艺，这是你们伟大的光荣任务。”

11月23日 致电朱德、张国焘，彭德怀，贺龙、任弼时，指出：“现时敌军中发展着四种矛盾：第一种是抗日与‘剿共’之间的矛盾；第二种是蒋军与东北军之间的矛盾；第三种是上级的严令进攻与下级的对红军恐惧的矛盾，此种矛盾现在极大发展着；第四种是官长与士兵间的矛盾，此种矛盾以近日的物质困难与疲劳而加深。我们的任务是捉住这些矛盾，更加团结一致，统一指挥，忍受与克服一切困难，不失每一个有利时机，灵活调动部队，准备连续战斗，坚决地各个击破进攻之敌，首先是彻底地击破胡宗南。”

同日 和张闻天致电徐向前、陈昌浩，指出：远方来电正讨论帮助你们，但坚决反对退入新疆。你们作战方法应“集中最大兵力，包围敌之较弱一部而消灭之，另以一部兵力钳制敌之余部。如此方能从敌取得补充，方能予敌以重创，根本消灭其战斗力，方能使敌知所警戒。应该力避如过去一样的消耗战，提倡集中兵力包围消灭其一部的消灭战，如此方能解决问题”。

11月25日 致电徐向前、陈昌浩：“毛炳文东撤利于你们发展。在你们打破马敌之后，主力应准备东进一步，策应河东。”“远方接济，三个月内不要依靠。目前全靠自己团结奋斗，打开局面。”“关于作战方面：（一）集中两个主力军于一个有利阵地打马部，不管敌是两三个团还是五六个团，概用此法。（二）敌少，则主力从两翼包围，并以有力一部迂回至敌后。（三）敌多，则以一部钳制其一翼，以主力包围其一翼。（四）不论敌多敌少，正面不使用主力。（五）两翼包围时，不可平分兵力，应置最大兵力于一翼。（六）凡打两团以上之敌，二兄均宜亲自指挥，亲自看地形，亲授干部以机宜。惟须十分注意荫蔽，一切高级干部均应教育他们荫蔽，避免无益牺牲。（七）估计不能胜利之仗不打。（八）总之，不打则已，打则必须有所缴获。与其击溃敌许多团，不如干净消灭敌一个团。望酌行之。”

11月28日 致电彭德怀，通报国际国内及红军情况，指出：“蒋介石还站在中间地位，对日仍力求妥协，但比过去强硬了许多，对我力求缩小苏区打击红军，但已觉得困难，许其部下二陈〔1〕与我谈判。潘汉年去南京两次，距离甚远，一时不易成就。我之政策，一方面从人民、从反蒋军阀、从国民党内部造成运动；一方面红军消灭蒋军，双管齐下，迫蒋妥协。苏区与红军任务坚持打蒋，不稍放松。”

同日 致电徐向前、陈昌浩，就其二十五日关于作战部署的来电，提出：“我的意见，把全部一万八千人集中于四五十里内，进则集中的进，退则集中的退，打则集中的打，不打则已，打则必包围消灭一部。如此打两三次，有问题就解决了，教育训练也

〔1〕 指陈果夫、陈立夫。

方便些，只要粮房不缺，似以此法为好，望酌行之。”

11月30日 致电彭德怀，通报胡宗南败后其内部充满联俄容共、一致抗日空气，张学良建议我们“对胡军勿作仇敌，应尽力争取”。电报指出：我们完全同意张的建议，希望立即采取如下具体办法：（一）首先释放一部分俘虏，勿骂其长官。（二）用诚恳和气与尊重彼方态度，分别写信致胡宗南、孔令恂、周祥初。（三）派人到豫旺见胡。（四）用毛、朱、张、周及各方面军各军团各军首长名义，发表告胡军官佐士兵书，简单明了说明停战议和、一致抗日的志愿。

同日 致电彭德怀、任弼时，指出：敌进则坚决消灭之，数日内胡军仍有进攻可能。如敌改取守势，我军全军在此地区休息训练一个月，包括三个方面军政治上团结、体力休养、部队改编、制度统一、军事训练、政治训练、地方工作训练、党的路线解释、政治形势与红军任务解释、各种干部会议等项。

11月—1937年4月 读西洛可夫〔1〕和爱森堡〔2〕等著、李达和雷仲坚译的《辩证法唯物论教程》（中译本第三版）三四遍，写了约一万二千字的批注。较多的批注集中在认识论和辩证法上，尤其集中在辩证法的三大规律部分。其中关于对立统一规律的批注最多，约占批注文字的一半。这些批注，是写作《实践论》、《矛盾论》的直接准备。这些批注有几个显著特点：（一）紧密联系中国革命实际。比如，在批注不同性质的矛盾要用不同的方法来解决时，指出：“中日民族矛盾要用联合资产阶级的统一战线去解决。一九二七（年）后的国内矛盾，却只用联合农民与小资产阶级的统一战线去解决。劳资间的矛盾，在平常时期要

〔1〕 西洛可夫，今译布罗科夫，苏联哲学家。
〔2〕 爱森堡，今译爱森贝格，苏联哲学家。

用工人统一战线去解决。党内及革命队伍内正确路线与错误倾向间的矛盾，用思想斗争的方法去解决。在国内，无产阶级与资产阶级间的矛盾，用革命去解决。”“社会与自然间的矛盾，用发展生产力去解决。过程间的矛盾不同，解决的方法也不同。”又如，关于对立面互相渗透的批注写道：“游击战争与正规战争，保存游击性与克服游击性；分配土地的土地私有与准备转变为社会主义；共产党的民族性与国际性；民主主义革命与社会主义革命；爱国主义与国际主义；战争与和平，和平与战争；同资产阶级联盟与克服资产阶级的动摇叛变；共产党同国民党妥协正是加强共产党的独立性；军队的休息训练，同时即是加强战斗力，退却与防御同时即是准备进攻……都是互相渗透互相转变的对立，一切对立都是这样的。”（二）注意对党内错误路线的批判。比如，批评机会主义的特征是理论脱离实际，指出：“不从具体的现实出发，而从空虚的理论命题出发，李立三主义和后来的军事冒险主义与军事保守主义都犯过此错误，不但不是辩证法，而且不是唯物论。”批评军事冒险主义者的“外因论”说：“五次反‘围剿’失败，敌人的强大是原因，但战之罪，干部政策之罪，外交政策之罪，军事冒险之罪，是主要原因。机会主义，是革命失败的主要原因。帝国主义吸引与国民党叛变，对于革命说当然是原因。外的力量，须通过内的规律性（机会主义等）才能曲折的即间接的发生影响。”（三）用成语、典故、民谚等来解释马克思主义哲学基本观点。比如，用“路遥知马力”来解释质和量的关系：“路遥知马力，马力是质，路遥是量”。为了阐明量变引起质变，批注说：“人多成王”，“长袖善舞，多财善贾。韩信将兵”。在批驳布哈林的“均衡论”时写道：“履与足矛盾时，削足适履正是布哈林的思想，这是可能的吗？不可能的。”“所谓补苴罅漏的办法，结局将使大局溃败”。“堵住矛盾发展，取得内部的安定，以求得所谓平衡，结果是无济于事的，这是破落户救穷的办法。从构成外部平衡来求得内部平衡，这是布哈林的根本办法”。（四）对原著的观点有重要的概括和发挥。比如，对“教程”中关于认识过程两个阶段的特征的论述，作了概括性的批注，将“教程”以举例方式所作的个别分析，推进到一般分析：“感性认识：片面、现象、外的联系”；“理性认识：全体、本质、内的联系”；“感觉是解决现象问题，理解是解决本质问题，只有在实践过程中才能暴露其本质而理解他。”又如，“教程”讲对立统一规律时，仅举例说明了主要矛盾和矛盾的主导方面的决定作用，没有在理论上展开分析。毛泽东对这个思想作了发挥，写了长达一千二百字的批语，发展了“教程”的观点，其中说：“矛盾之中，不论主要与次要的，对立的两方面，不但是对立的斗争，而且互相依赖其对方，以行其对立与斗争，两方面斗争的结果，发生相互渗透的变化，即转化为同一性，转化到相反的方面。”“究竟哪一方是主导的呢？主要看过程发展之情况在一定条件之下来规定。资本主义社会在长时期中，资产阶级是主导方面，但到革命前夜时期及革命以后，无产阶级就转变为主导方面了”，矛盾的主导方面，“凭过程发展至一定阶段中，斗争双方的力量如何而定。主导与非主导是互相转变的”。

12月1日 和周恩来、朱德、张国焘致电彭德怀、任弼时，指出：张学良承认尽力使全线停战，但又谓无法长停，似蒋介石尚不愿取长期守势。我军似须一面整理，一面准备作战，再打一仗则大局定了。十二月确定在现地区〔1〕以随时准备打胡姿势，加紧休息整理。一二月后绥远、西北、全国有起较大变化的可能。

---

〔1〕 指定边、盐池、环县地区。

同日 致电彭德怀，告以朱、张、周已到保安[1]，情形甚好。“你对团结与改进一、二、四方面军的方针及对许多问题的意见，我都同意，很对的。但在某些步骤上，我的意见还宜改得温和一点。两星期前批评国焘一电，昨日整顿纪律一电，原则上完全正确，但在措词上有一二句颇为刺目，在今天是不相宜的，请留意及之。”

同日 和朱德等十九位红军将领率中国人民红军致信蒋介石，批评他调集胡宗南等部共二百六十个团进攻红军和苏区；希望他当机立断，化敌为友，共同抗日。信中写道：“今日之事，抗日降日，二者择一。徘徊歧途，将国为之毁，身为之奴，失通国之人心，遭千秋之辱骂。吾人诚不愿见天下后世之人聚而称曰，亡中国者非他人，蒋介石也，而愿天下后世之人，视先生为能及时改过救国救民之豪杰。语曰，过则勿惮改，又曰，放下屠刀，立地成佛。何去何从，愿先生熟察之。寇深祸亟，言重心危，立马陈词，伫候明教。”

12月2日 两次致电刘少奇，提出：急须同晋绥当局成立友好关系，以便利红军行动。速从民族解放同盟或其他关系与晋阎、绥傅接洽，其条件为：“（一）晋绥容许红军参加抗日战线，划定一定防地，帮助解决给养，弹药。（二）红军愿意服从阎氏之统一指挥，并不干涉晋绥行政。（三）红军派出代表驻在晋阎、绥傅处，以资联络。”

12月4日 蒋介石抵达西安，胁迫张学良、杨虎城率部进攻西北红军，否则将张、杨部队分别调至福建和安徽。

12月5日 致信冯玉祥，指出：“目前急务似无急于停止内战。诚得先生登高一呼，众山齐应，今日停战，明日红军与西北

〔1〕 朱德、张国焘、周恩来于1936年11月30日到达保安。

‘剿共’各军立可开进于绥远战场。”“泽东与先生处虽异地，心实无间，倘得不吝教诲，锡以圭针，敢不拜赐！”

同日 致信孙科，说：“今日天下之人莫不属望国民抗日，然国民党中如不战胜其降日派与妥协派则抗日不可能，因此天下之人莫不属望于国民党中之抗日派能有计划地有步骤地向着降日妥协之辈进行坚决之斗争。进行此种斗争，非有有组织的政治力量不可，非有领袖不可，因此天下之人又莫不属望于哲生〔1〕先生。”

同日 致信杨虎城，就以下事情同他协商：其一，联合救国之大计，以长安为中心的五六省区宜有一种具体合作计划。其二，敝方三个方面军会合之后，部队甚大，给养困难，弹药亦待补充，拟向兄处暂借三十万元。其三，敝军行动方向目前虽尚难确定，然不论东西南北，均与贵军唇齿相关患难与共。其四，空间通信再不可缓。

12月6日 和周恩来、朱德、张国焘致电徐向前、陈昌浩：（甲）远方可于两个半月后将货物送达安西。（乙）你们第一步相机夺取甘州，第二步夺取肃州并调查肃州至安西道上是否便于行军，计算占领甘、肃两州包括休息补充时间在内共需多少天，并计划西路军全部包括红五军在内，在甘州地区集中训练一二星期，休息体力恢复力气。（丙）我主力在保卫苏区、消灭胡军的任务下暂不西进。

同日 在保安出席红军大学为欢迎朱德、张国焘举行的联欢大会，并发表演讲。

12月7日 中央革命军事委员会主席团转发中华苏维埃中央政府关于扩大中央革命军事委员会组织的命令：以毛泽东、朱

〔1〕 哲生，即孙科，字哲生。

德、周恩来等二十三人为中央革命军事委员会委员；以毛泽东、朱德、周恩来、张国焘、彭德怀、任弼时、贺龙等七人组成中央革命军事委员会主席团，毛泽东为主席，周恩来、张国焘为副主席；以朱德为中国工农红军总司令，张国焘为总政治委员。任命刘伯承为总参谋长，叶剑英为副总参谋长；王稼祥为总政治部主任，杨尚昆为副主任。

12月8日 出席红军总参谋部二局、三局工作人员联欢会，并发表讲话。

12月9日 西北各界救国联合会组织一万五千多青年学生，在西安举行爱国请愿运动。游行学生从西安步行赴蒋介石临时行辕所在地临潼，要求蒋介石答应抗日。为避免爱国学生遭受蒋介石宪兵镇压，张学良驱车赶至途中劝阻学生，向他们表示：在一星期内准有满足你们心愿的事实答复你们。

12月10日 和周恩来致电张学良，告知中共与蒋介石谈判情况："陈立夫第三次找潘汉年谈，红军留三万，服从南京，要我方让步。我们复称根本不同意蒋氏对外妥协、对内苛求之政策，更根本拒绝其侮辱红军之态度。红军仅可在抗日救亡之前提下承认改换抗日番号，划定抗日防地，服从抗日指挥，不能减少一兵一卒，并须扩充之。彼方如有诚意，须立即停战，并退出苏区以外，静待谈判结果。""我们愿以战争求和平，绝对不作无原则让步。"

同日 致电潘汉年，指出："合作为实行抗日救亡，但至今蒋介石似尚无抗日救亡之决心。合作谈判缺乏必要之前提，南京抗日派诸君如不能促成蒋氏此种决心，则谈判显无速成之望。""红军在彼方忠实地与明确地承认其参加抗日救亡之前提下，可以改换抗日番号，划定抗日防地，服从抗日指挥。在这些上面我们并不坚持形式上的平等，也不须用两个政府出面谈判，但是必须两党（不是两政府）平等地签订抗日救亡之政治军事。红军不能减少一兵一卒，而且须要扩充之。离开实行抗日救亡任务，无任何商量余地。”

同日 和朱德等以中革军委主席团的名义致电徐向前、陈昌浩、董振堂、黄超〔1〕及红五军团〔2〕全体指战员，为纪念宁都暴动五周年“特对五军团全体英勇的指战员，致以无限的敬意，更望在董军团长领导下继续宁暴伟大的精神，坚决配合一、二、四三个方面军主力，粉碎敌人新的进攻，为创河西抗日根据地而奋斗”。

12月12日 张学良、杨虎城在西安实行“兵谏”，扣留蒋介石，通电全国，提出改组南京政府、停止内战、立即释放上海被捕的爱国领袖、释放全国一切政治犯、立即召开救国会议等八项主张。当日，张学良致电毛泽东、周恩来：吾等为中华民族及抗日前途利益计，不顾一切，今已将蒋等扣留，迫其释放爱国分子，改组联合政府。兄等有何高见，速复。

同日 和周恩来复电张学良：立即将东北军主力调集西安、平凉一线，十七路军主力调集西安、潼关一线。固原、庆阳、富县、甘泉一带仅留少数红军，决不进占寸土。红军担任钳制胡宗南、曾万钟、毛炳文、关麟征、李仙洲各军。恩来拟赴兄处协商大计。

同日 国民党中央常务委员会、中央政治委员会分别召集会议，一致决定孔祥熙任行政院代院长，何应钦负责指挥调动军队，褫夺张学良本兼各职交军事委员会严办，由中常会电请旅居德国的汪精卫回国。孔祥熙、宋美龄连夜由上海赶回南京，主张和平营救

---

〔1〕 黄超，当时任中国工农红军第5军政治委员。

〔2〕 这是沿用的旧称。中国工农红军第5军团已于1935年7月改称红军第5军。

蒋介石。

12月13日 召集中共中央政治局会议，会议讨论西安事变问题。毛泽东在会上首先发言指出：这次事变是革命的，是抗日反卖国贼的，它的行动、它的纲领，都有积极的意义。它没有任何帝国主义的背景，完全是站在抗日和反对“剿匪”的立场上。它的影响很大，打破了以前完全被蒋介石控制的局面，有可能使蒋介石的部下分化转到西安方面来。我们对这次事变，应明白表示拥护。同时，也要估计到蒋介石的部下，如刘峙等可能进攻潼关，威胁西安，胡宗南也可能向南移动。在兰州、汉中这些战略要点，我们应即部署。我们在政治上的步骤，应使张学良、杨虎城这些人物在行动上和组织上与我们一致，要派重要的同志去做工作。我们应以西安为中心，以西北为抗日前线，来影响和领导全国，形成抗日战线的中心。围绕这一环，我们要向人民揭露蒋介石的罪恶，稳定黄埔系、CC派，推动元老派、欧美派以及其他杂派赞助西安事变。对英美应很好联络，使它们对西安事变在舆论上表示赞助。我们的政治口号是召集救国大会，其他口号都是附属的。中共中央暂不发表宣言，但在实际行动上应积极去做。在与会者发言后，毛泽东作结论说：现在处在一个历史事变新的阶段，前面摆着很多道路，也有许多困难。为了争取群众，我们对西安事变不轻易发言。我们不是正面反蒋，而是具体指出蒋介石个人的错误，不把反蒋抗日并列。应该把抗日援绥的旗帜突出起来。

同日 和周恩来致电张学良，就西安事变后西北的局势陈述意见：甲、重兵置于潼关、凤翔、平凉，潼关尤要。乙、号召西安及西北民众起来拥护义举，对全国亦然，只有将全部行动基础置于民众之上，西安起义才能确定地发展其胜利。丙、对全军举行广大深入的政治动员，此着是最紧要任务之一。丁、胡宗南、曾万钟、关麟征等军向南压迫时，红军决从其侧后配合兄部坚决消灭之。恩来拟来西安与兄协商尔后大计，请派飞机来延安接。

12月14日 和朱德、周恩来、张国焘及红军各方面军负责人联名致电张学良、杨虎城，提出西安事变后的行动方针：（一）立即宣布组成西北抗日援绥联军，张学良为总司令，东北军、十七路军、红军分别编为三个集团军。成立联军军政委员会，以张学良、杨虎城、朱德为主席团，张为主席，杨、朱为副。（二）目前军事步骤为，抗日援绥军三部主力应集中于以西安、平凉为中心之地区，发扬士气，巩固团结，与敌决战，各个击破之，只要打几个胜仗即可大大开展战局。（三）目前第一要务是巩固内部，战胜敌人。本日，还同周恩来致电张学良：“十分注意洛阳、咸阳之敌，彼等有围城救蒋之企图，请将全部精力注意于集中与团结东北军及十七路军上面。”

同日 中革军委主席团发出关于西安事变的指示电，指出：西安的抗日起义，开始了中国革命形势的又一新阶段。我们要从政治上和组织上巩固东北军、十七路军和西北民众今后的联合；争取全国民众、南京抗日派、各省和蒋系军队中一切可能参加抗日的力量到我们方面来；争取英法的同情赞助，在反对内战的旗帜下坚决击破亲日派的进攻，巩固西北抗日局面；暂不公开反对南京政府，以便争取可能抗日的部分。

同日 西安方面撤销西北“剿匪”总司令部，成立抗日联军临时西北军事委员会，由张学良、杨虎城分任正副主任委员。南京方面孔祥熙接受宋美龄建议，召集高级会议，决定在“讨伐”之前先进行和平营救蒋介石。端纳〔1〕由南京飞抵西安，在张学良

〔1〕 端纳，英籍澳大利亚人，曾任张学良顾问，1934年至1940年为蒋介石不具名义的顾问。

陪同下会见蒋介石，劝蒋介石接受停止内战，一致抗日的主张。阎锡山致电张学良、杨虎城，对西安事变提出四个问题，态度暧昧。十六日、十八日，李宗仁、白崇禧、李济深以及刘湘，分别发表通电，主张政治解决西安事变。其他地方实力派采取观望态度。

12月15日 和朱德、周恩来等红军将领致电南京国民党国民政府诸先生，呼吁他们谋国共之合作，化敌为友，共赴国仇。希望他们立下决心，接受张、杨二氏主张，停止正在发动的内战，罢免蒋氏，交付国人裁判，联合各党各派各界各军，组织统一战线政府。

同日 致电张学良：闻兄之前顾问英人端纳有来陕说，如宜经过端纳停止南京正在发动的内战，并争取英国同情，乘端纳返宁派人同去，与何应钦、孔祥熙、陈立夫三人接洽。十六日，经过端纳斡旋，宋美龄表示愿同宋子文、顾祝同到西安会商，张学良表示欢迎。

12月16日 致电张学良、杨虎城，提出："为了坚持决战胜利，千祈注意发动民众，主要将沿陇海路、西兰公路、西梁公路各县之民众发动起来，拥护抗日联军，拥护西安起义，反对中央军进攻，保卫抗日首都，保卫抗日根据地。"

同日 致电阎锡山，提出："时局应和平解决，万不宜再起内战，自速覆亡。""先生一言九鼎，敢乞周旋宁、陕之间，先停军事行动，再议时局善后。""当前急务抗日第一，抗日所急在于援绥，谓宜举宁方西进之军改道北进，张、杨二公所部尤志切同仇。红军则久矣，愿附骥尾与国仇相见，于绥、察之间共组抗日联军，推先生为统帅，各军指挥调遣惟先生之命是从。给养方面以红军言，所需甚少，但能发伙食费，即可不事征发，一切地方行政社会秩序不加丝毫干涉。"

同日 南京国民党政府命令讨伐张学良、杨虎城，任命何应钦为“讨逆军”总司令，下设东、西两集团军，由刘峙、顾祝同分任指挥官，分别由潼关、天水等地向西安进逼。

12月17日 周恩来从延安飞抵西安，同张学良会谈，商定：东北军、第十七路军集中于西安、潼关一线，红军南下肤施、庆阳一线接防。红军加入由东北军、第十七路军成立的抗日联军临时西北军事委员会。

同日 日本外相声言，南京若与张、杨妥协，日本将不能坐视。日本关东军发表声明，要求南京“反共防共”。二十一日，日本驻华大使川樾接见张群，声明张学良所提八项主张，“在思想上和日本为东亚大局着眼的根本方针，恰正相反”。

12月18日 接到周恩来报告国内各派对西安事变反应的来电。来电说：南京亲日派的目的在造成内战，不在救蒋；宋美龄给蒋介石的信中称“宁抗日勿死敌手”；孔祥熙企图调和；宋子文以停战为条件来西安；汪精卫将回国；阎锡山向张提议，将蒋送山西；韩复榘认为南京现在办法不能解决西安问题；李宗仁、白崇禧表示张此举乃被逼得不得已；余汉谋〔1〕、何键表示拥护国民党中央；蒋态度开始时强硬，现亦转取调和，企图求得恢复自由，“对张有以西北问题、对红军求降求合完全交张处理之表示”。

同日 中共中央就西安事变问题致电国民党中央，指出“武力的讨伐，适足以杜塞双方和解的余地”，呼吁国民党立刻实行下列处置：（一）召集全国各党各派各界各军的抗日救国代表大会，决定对日抗战，组织国防政府、抗日联军；（二）将讨伐张、杨与进攻红军的中央军全部增援晋绥前线，承认红军、东北军及十七路军的抗日要求；（三）停止一切内战，一致抗日；（四）开

〔1〕 余汉谋，当时任国民党政府军事委员会广东绥靖公署主任兼国民党军第四路军总指挥。

放人民抗日救国运动，实行言论、集会、结社的民主权利，释放一切政治犯及上海爱国领袖；（五）实现孙中山先生的三大政策。

12月19日 出席中共中央政治局会议，会议讨论中央关于西安事变的通电，以及力争和平解决西安事变的有关问题。毛泽东在会上首先发言指出：西安事变后南京一切注意力集中在捉蒋问题上，把张、杨一切抗日的主张都置而不问，更动员所有部队讨伐张、杨。这是事变发生后所引起的黑暗的一面。这次事变促进抗日与亲日的分化，使抗日战线更为扩大，这是事变发生后所引起的光明的一面。现在光明面被黑暗面掩盖住。我们应坚定地站在抗日的立场上，对于光明面予以发扬，对于黑暗面给以打击。西安事变有两个前途，胜利或失败。我们应争取和帮助西安方面，把阵线整理好，打击讨伐派，反对内战，要求和平，夺取胜利。我们应与东北军、西北军接近，对他们的态度，不仅不与南京混同，而且与阎锡山也不同，我们对张、杨是同情的。应当根据这样的立场发表通电。毛泽东在作结论时指出：西安事变是站在红军的侧面，受红军的影响很大。它要取得斗争的胜利，无疑地是要无产阶级政党的领导与广大群众的帮助。现在的营垒是两方面，一方是日本帝国主义与亲日派，另一方是共产党与抗日派。中间还有动摇与中立的一派，我们应争取这些中间派。要争取南京，更要争取西安，只有内战结束才能抗日。有六种力量可能使内战结束：一是红军，二是东北军，三是西安的友军，四是人民，五是南京的内部分化，六是国际援助。应把六种反内战的力量团结起来，使内战结束，变国内战争为抗日战争。会议通过《中央关于西安事变及我们的任务的指示》，提出“主张南京与西安间在团结抗日的基础上，和平解决”。本日，中华苏维埃人民共和国临时中央政府和中共中央联名向南京、西安当局发出通电，重申和平解决西安事变的主张，并提出具体建议：双方军队暂以潼关为界，听候和平会议解决；由南京立即召集和平会议，各党各派各界各军包括共产党和苏维埃政府参加。

同日　起草并发出十余份电报，其中发给周恩来的十一份，通报了国内外形势并提出军事部署等，其要点是：时局正在发展，一方面日本军阀、中国汉奸、南京右派，极力制造内战局面；另一方面西安抗日军、红军、中国人民、中国反蒋实力派、南京左派、国际和平国家，正在结合反对内战，拥护抗日。中华苏维埃中央政府及中共中央对西安事变通电，乃为团结一切国内、国际左翼及中间势力，为反对内战、拥护抗日而斗争。张、杨必要坚持，更有前途，一点不须气馁。争取十七路军全部稳定于抗日反内战立场，是当前重要一着。

同日　致电潘汉年："请向南京接洽和平解决西安事变之可能性，及其最低限度条件，避免亡国惨祸。"

12月20日　致电周恩来，转述共产国际的来电如下："既然发动已成事实，当然应当顾及实际的事实，中国共产党在下列条件基础上，坚决主张用和平方法解决这一冲突。甲、用吸收几个反日运动的代表即赞成中国统一和独立的分子参加政府的方法来改组政府。乙、保障人民的民主权利。丙、停止消灭红军政策，并与红军联合抗日。丁、与同情中国人民反抗日本进攻的国家建立合作关系，但不要提联合苏联的口号。"

同日　致电周恩来，指出："如宋子文态度同情陕变，兄可设法见他，一面提出我党调和陕变、中止内战、共同抗日之主张。站在完全第三者的立场说话，痛陈时局危急，内战是死路之意旨。征求他即召集和平会议，解决国是。"本日给周恩来的另两次电报，还分别提出："红军主力第一步集结庆阳，如胡宗南南下决消灭之。王以哲军应固守固原、西峰。""东北军应以洛川为后方，十七路军以韩城为后方，两军辎重宜逐渐向两地迁移，准备万一放弃西安时不至仓卒误事。”

同日 派人送一封信给中国共产党派往山西等地做统一战线工作的代表彭雪枫，要他立即商办苏区与阎锡山方面建立电台交通、徒步交通和通商关系等事宜，并嘱咐他“在外间交接，态度务须诚恳，立场务须坚定，用费务须节省”。

12月21日 致电潘汉年，要他立即向陈立夫等提出：“目前最大危机是日本与南京及各地亲日派成立联盟，借拥护蒋旗帜造成内乱奴化中国。南京及各地左派应速行动起来，挽救危局。共产党愿意赞助左派，坚决主张在下列条件基础上成立国内和平，一致对付日本与亲日派。（甲）吸收几个抗日运动之领袖人物加入南京政府，排斥亲日派。（乙）停止军事行动，承认西安之地位。（丙）停止‘剿共’政策，并与红军联合抗日。（丁）保障民主权利，与同情中国抗日运动之国家成立合作关系。（戊）在上述条件有相当保证时，劝告西安恢复蒋介石先生之自由，并赞助他团结全国一致对日。”

同日 致电周恩来，要他“派人去董钊、樊松甫、王耀武〔1〕、胡宗南等处，告以何应钦、何成濬〔2〕等亲日派实欲置蒋于死地之阴谋，愿与谈判恢复蒋自由之条件，黄埔系不要受亲日派、阴谋派所愚，并发传单揭破日本与何应钦派联合害蒋之阴谋”。

同日 和朱德、彭德怀致电王以哲转马鸿宾：“承王军长介绍贵师与敝方结为抗日友军，曷胜欢迎。从此化敌为友，谊同一

---

〔1〕 董钊，当时任国民党军第28师师长、“讨逆军”东集团军先锋。樊松甫，即樊嵩甫，当时任国民党军第46军军长。王耀武，当时任国民党军第3集团军第10纵队第51师师长。

〔2〕 何成濬，当时任国民党政府军事委员会委员长驻武汉行营主任。

家，为抗日而誓师，为救亡而奋斗，相亲相爱，互助互援。”

12月22日 致电周恩来，通报红军进军和陕北苏区恢复情况：红军正向南急进，二十天内准可集中咸阳〔1〕。罗炳辉、萧劲光、谢嵩〔2〕三部钳制胡宗南，必要时宋时轮部也加入。陕北苏区均恢复，瓦窑堡、延川、延长、延安四城均入我手。

同日 复信中华民族革命同盟诸先生，陈述中国共产党抗日救亡的主张并望成立联合阵线。信中说：“来信问到红军在西北的战略企图，我们告诉你们，红军的唯一企图在保卫西北与华北，目前是集中于陕甘宁地区，首先求得国民党军队的谅解，在合作基础上共同进入抗日阵地，舍此并无其他企图。”“当此国亡无日之时，我们的志愿是抗日救亡，也仅仅在于抗日救亡，各方虽尚有若干对我们怀抱疑虑的人，但悠长的岁月将证明我们所说的就是我们所做的。”“希望双方结成坚固的阵线，为驱逐日本帝国主义而斗争到底，并望你们推动各方首先是晋绥当局迅速执行抗战并成立各派的联合阵线，我们亦正在向各方面这样去做。”

同日 致信阎锡山，就和平解决西安事变问题，提出：“敝方为大局计，不主决裂，亦丝毫不求报复南京，愿与我公及全国各方调停于宁、陕之间，诚以非如此则损失尽属国家，而所得则尽在日本。目前宁军攻陕甚急，愿我公出以有力之调停手段。”信中还说：“如何使晋、绥、陕、甘四省亲密团结，联成一气，俾对国事发言更为有力之处，敬祈锡示南针。”

同日 宋子文、宋美龄、端纳等抵达西安。蒋介石授意二宋代表他同西安方面谈判，并说对商定好的条件，他以“领袖”人

〔1〕 周恩来1936年12月21日致电毛泽东，提出希望红军主力10天内集中长武、彬县一线，再10天集中兴平、咸阳一线。

〔2〕 谢嵩，当时任中国工农红军第29军军长。

格保证，不作书面签字，回南京后分条逐步执行。

12月23日 致电周恩来，指出："时间正在变化中，张、杨不会久处孤立。但应告张、杨及其干部，把工作放在困难点上。即使困难，奋斗到底，最后胜利是我们的。如无此种决心，则遇有挫折，将不能支持。凡事向好坏两面着想，力争好的前途，同时也准备对付坏的局面。"

同日 致电南汉宸，指出："因十七路军不巩固，极须大力进行政治工作，杨虎臣极望兄回帮助。""兄至十七路军，应坚定其军政干部抗日救国、联红联共、不怕牺牲、直干到底之决心，并发展党的组织，争取十七路军变为真正的人民抗日军。"

同日 出席中共中央政治局常委会议，会议讨论参加西北抗日联军军事政治委员会及关于组织抗日联军问题。毛泽东在会上发言，主张参加西北抗日联军军事政治委员会，对外暂不宣布，对内可以宣布。并说，我们加入抗日联军，同时向南京招手。

同日 请山西吉县县长璩象咸代向阎锡山、赵戴文〔1〕面陈下列各点："（一）十分钦佩晋绥当局对日寇的英勇抗战、开放爱国运动及取消防共组织，敝方与晋绥的基本方针已属一致，希望晋绥当局坚持此方针不变更。（二）希望即刻实现双方的密切合作，首先停止对西北的全部内战（包括对红军的与对西安的），给南京亲日派以压力达到此目的。（三）红军要求晋绥当局同意开赴绥察抗日，愿受阎之指挥，不干涉晋绥行政与社会秩序，晋绥发给伙食、弹药。（四）建立晋西、陕北交通通信，恢复通商关系，从吉县、延长局部开始。（五）不使汤恩伯回陕，并调出李仙洲、高桂滋、高双成离开陕北，此事请阎、赵大力帮忙。"

同日 周恩来、张学良、杨虎城同宋子文谈判和平解决西安

〔1〕 赵戴文，当时任国民党山西省政府主席、山西自强救国同志会副会长。

事变问题。次日，周、张、杨又同宋子文、宋美龄谈判，并达成肃清亲日派、释放爱国领袖和政治犯、开放政权和召集救国会议、待抗战发动允许中共公开、联俄等协议。当晚，周恩来等会见蒋介石。蒋介石表示同意停止“剿共”、联共抗日等条件，但他要求不采取签字形式，而以他的“人格”担保履行协议。张、杨同意其要求。

12月24日 和张闻天致电周恩来、秦邦宪[1]：“对临时军政委员会名单，我们方面拟参加朱德、彭德怀、贺龙、叶剑英、徐向前五人。恩来、伯渠参加实际工作不参加名单，以便将来进行国民党工作。泽东不参加。对张、杨说明，共产党为争取全国各派，应采此种方针，对张、杨亦是有利的。”

12月25日 蒋介石被释放。张学良没有告知周恩来等，就亲自陪送蒋介石、宋美龄、宋子文飞赴洛阳。二十六日，抵南京。至此，西安事变和平解决。二十七日，国民党中央机关报《中央日报》发表所谓蒋介石对张、杨的训词，称离开西安之前，张学良、杨虎城“不再强勉我有任何签字与下令之非分举动，且并无任何特殊之要求”。

同日 致电周恩来：“提议东北军、西北军均以富县、甘泉、延安、牛武镇、羊泉镇、张村驿为总后方，再以庆阳、曲子、环县为第二后方，立即开始输送，先搬最重要物品。为避飞机，主要不置于城市而置于乡村，靠近苏区万无一失。但此决不动摇以西安为中心持久作战、奋斗到底之决心。”

同日 致电彭德怀、任弼时，指出：“在五个条件下[2]恢复蒋之自由，以转变整个局势的方针，是我们提出的。谈判结果，

---

〔1〕 秦邦宪是1936年12月23日和叶剑英等一起到西安协助周恩来工作的。
〔2〕 指毛泽东1936年12月21日致潘汉年电报中所列5条。

蒋与南京左派代表完全承认。昨晚电恩来，待先决条件履行及局势发展到蒋出后不再动摇才释放。但他们今日已经释放蒋介石，宋子文、张学良、宋美龄今日同机飞洛。依情势看，放蒋是有利的，是否达成有利，当待证实后告。野战军仍速开咸阳集中。”

12月26日 致电彭德怀、任弼时，指出：“为督促南京撤兵，为准备万一变化，为便利扩大补充野战军，仍应执行原计划，惟不驻咸阳，而照一、二、四方面军次序，驻兴平、武功、扶风、凤翔线，处在南京军天水集团与潼关集团〔1〕之间，对东北军、西北军则处在其外侧。”“西安已有五万元向庆阳运送。一切购买，不打土豪。驻乡村不驻县城。”

12月27日 出席中共中央政治局会议，作关于西安事变问题的报告，并作结论。报告指出：我们过去估计西安事变带有革命性是对的，如果它没有革命性便不会有这样好的结果。西安事变给国民党以大的刺激，成为它转变的关键，逼着它结束十年的错误政策，结束十年内战，而内战的结束也就是抗战的开始。西安事变促进了国共合作，是划时代的转变，是新阶段的开始。蒋介石释放后，他的动摇是否最后结束？现在还只能说是结束的开始，我们要动员一切力量结束他的动摇。西安事变使蒋介石的地位降低了，而我们的地位提高了。我们在西安事变中实际地取得了领导地位，应利用这一有利形势开展全国局面，把红军扩大起来，与张、杨更加团结，成为抗日的核心，这是我们当前的任务。我们的具体策略是推动左派，争取中派，打击右派。与会者发言，一致同意毛泽东的报告。最后，毛泽东作结论指出：巩固西北根据地，扩大红军和苏区，改造东北军和西北军，做好全国

〔1〕 天水集团，指何应钦组织的“讨逆军”的西集团，由顾祝同指挥，集结于天水等地。潼关集团为其东集团，由刘峙指挥，集结于潼关等地。

群众工作，把群众组织起来，这是工作的重心。加强对国民党的工作，特别要做好左派、中派和军队的工作，重视宣传工作，党报应办起来。培养干部，要办党校和红军学校，造就群众的、军事的、党的、政治的四种人才。应督促国民党三个月后召开救国会议。

同日 致信韩复榘，表示愿合作抗战。信中说："西安事变，西北抗日局面成立，先生主张和平解决，今已达到目的。惟蒋氏难免又受群小包围，延缓抗日发动亦意中事。今后如何改组国防政府，如何组织全国之抗日联军，如何确定救亡大计，均愿与先生及鲁军方面切实合作。"

12月28日 发表《关于蒋介石声明的声明》，指出："蒋介石氏在西安接受张学良杨虎城二将军和西北人民的抗日的要求，首先命令进行内战的军队撤离陕甘两省，这是蒋介石氏转变其十年错误政策的开始。"但是，蒋介石发表的《对张杨的训词》，内容含含糊糊，曲曲折折，是不能满足中国人民大众的要求的。《声明》驳斥了蒋介石所说的西安事变系受"反动派"包围的谰言，分析了促成西安事变的各种因素。《声明》最后要求蒋介石"不打折扣"地实行自己的诺言，希望他"能一洗国民党十年反动政策的污垢，彻底地改变他的对外退让、对内用兵、对民压迫的基本错误，而立即走上联合各党各派一致抗日的战线"。这个声明编入《毛泽东选集》。

同日 到红军大学作关于和平解决西安事变的报告，指出：现在蒋介石出于无奈，已经承认了停止内战、一致抗日的条件，但并没有签字。对于这个问题，蒋介石签字当然好，但签了字这个人也会赖着不执行啊，就是不签字，迫于形势，他也有可能执行。究竟执行不执行呢？这就要全国人民进一步努力，逼迫蒋介石执行。世界上很多事情不可能都是顺利的，都要有一定的压力才能成功。

12月29日 为争取教堂同苏维埃红军建立和平友好关系，和周恩来联名提出，可同各教堂订立如下协定："（甲）教堂承认苏维埃红军之抗日救国及反军阀卖国贼之主张，苏维埃红军承认教堂之存在。（乙）拒绝一切国民党军阀之军队、民团、侦探进入教堂区域，一切教民均为苏维埃公民，服从苏维埃法律，苏维埃红军承认宣教与信教的自由。（丙）教堂之财产不没收，由教堂自动捐助抗日救国经费。（丁）经济通商不加阻碍。（戊）其他事项随时协商办理。"

12月31日 致电周恩来、秦邦宪，要求他们与杨虎城商谈中共中央迁移延安后红军驻地问题，指出："中央十日内迁移延安，南面甘泉、北面瓦窑堡两城不能不交给我们，否则殊为不便。请与杨商交出甘泉，并请杨电高桂滋交出瓦窑堡，陕西红军可不进攻清、绥〔1〕，野战军可不进占旬邑、淳化、耀州为交换条件。"〔2〕

同日 致电周恩来、秦邦宪：西路军已放弃永昌、山丹，向甘、肃两州进，但二马〔3〕追击甚紧。请商杨虎城电马步芳，停止向西攻击，红军亦不向凉州。

同日 致电周恩来、秦邦宪，请将自十二月十二日起的整份西安《解放日报》、整份《申报》、整份天津《大公报》送来延安，写明交毛泽东收。

12月 完成《中国革命战争的战略问题》一书前五章的写

---

〔1〕 清、绥，指陕西清涧、绥德。

〔2〕 1936年12月30日，周恩来同杨虎城商谈中国工农红军驻地问题，杨提出红军不要进入太逼迫西兰公路的旬邑、淳化、耀州（耀县）。

〔3〕 指马步芳、马步青。

作。原计划写作的战略进攻、政治工作及其他问题，因为西安事变发生，没有工夫再写而搁笔。本书是对十年内战经验的总结，是当时党内在军事问题上的一场大争论的结果。这部著作阐明了马克思主义的战争观，论述了中国共产党对中国革命战争绝对领导的重要性和迫切性，着重批判了一九三一年至一九三四年党内在革命战争问题上的“左”倾错误，系统地说明了有关中国革命战争战略方面的诸问题，为抗日战争战略问题的提出作了理论准备。本书根据中国社会经济政治的诸条件，分析了中国革命战争从小到大、以弱胜强的规律和特点，并由此规定了在中国共产党领导之下的红军战争的指导路线，规定了适合中国革命战争特点的战略战术。书中讲述的关于人民战争的路线、战术的原则，主要是：要掌握“围剿”和反“围剿”长期反复的规律；要采取积极防御的战争方针；要在一定条件下为着进攻所必须采取的退却和诱敌深入；要实行集中兵力这个克敌制胜的作战方法，把运动战作为红军的主要作战形式；要采取战略的持久战、战役和战斗的速决战，把歼灭战作为红军作战的一个根本指导思想。《中国革命战争的战略问题》包含着丰富的哲学思想，特别是辩证法和认识论。书中写道：“为什么主观上会犯错误呢？就是因为战争或战斗的部署和指挥不适合当时当地的情况，主观的指导和客观的实在情况不相符合，不对头，或者叫做没有解决主观和客观之间的矛盾。”又说：战争的胜负，主要决定于作战双方的军事、政治、经济、自然诸条件，也决定于作战双方主观指导的能力。“军事家不能超过物质条件许可的范围外企图战争的胜利，然而军事家可以而且必须在物质条件许可的范围内争取战争的胜利。军事家活动的舞台建筑在客观物质条件的上面，然而军事家凭着这个舞台，却可以导演出许多有声有色威武雄壮的活剧来。”毛泽东当时曾以这部著作在陕北红军大学作过讲演。一九三七年五月首次以油印本印行。一九四一年由八路军军政杂志社在延安出版单行本。后来编入《毛泽东选集》。

同月 作《临江仙·给丁玲同志》:“壁上红旗飘落照,西风漫卷孤城。保安人物一时新。洞中开宴会,招待出牢人。 纤笔一枝谁与似?三千毛瑟精兵。阵图开向陇山东。昨天文小姐,今日武将军。”这首词毛泽东用电报发给随红一方面军赴三原途中的丁玲。

1937年　四十四岁

1月1日　致电周恩来、秦邦宪并告彭德怀、任弼时，指出：南京内部斗争甚烈，亲日派不甘心下台，有最后挣扎、扣留张学良〔1〕、进攻西安的危险。昨日何应钦令刘峙将复员各军原地停止，举行演习。今日何又令李默庵部以演习为名，秘密向洛南前进。政局已起变化，请立作如下处置：与杨虎城、王以哲等商议团结对敌；秘密通令东北军、西北军紧急动员，防御亲日派进攻；布置渭河北岸及渭南、洛南、商县、蓝田的阵地，为坚守计；红军准备进至兴平、扶风策应；加紧晋、绥、川、桂、直、鲁的活动，反对内战。本日，同张闻天致电周恩来、秦邦宪："注意张、杨部下右派之活动，注意你们的安全，注意与张、杨左派密切联系，准备万一的事变。"

同日　和周恩来联名致电潘汉年，指出：西安事变和平解决，极于国事有利，但闻亲日派极力阻碍蒋介石新政策的实施，不执行撤兵命令，企图重新挑起内战，将给民族国家以极大损害。"共产党与红军坚决站在和平解决国事之立场上，赞助国民党一切有利于救亡图存之改革，愿与陈立夫、宋子文、孙哲生〔2〕、

---

〔1〕1936年12月31日，张学良被国民党政府军事委员会高等军事法庭判处有期徒刑10年。1937年1月4日，徒刑被赦免，交军委会"严加管束"，从此张学良被长期监禁。

〔2〕孙哲生，即孙科，字哲生。

冯焕章[1]各方面商洽团结一致挽救危局之方法。盖今日一切有良心的人，均应团结起来，制裁亲日派之祸国阴谋。望本此方针，速与陈立夫先生接洽。”

1月2日 出席中共中央政治局会议，会议讨论成立陕甘省委问题。为了适应向南发展的需要，会议决定恢复陕甘省委，李维汉任书记。毛泽东在会上发言，谈西安事变后的形势和我们的方针，指出：自张学良被扣留南京消息传出后，西安左派要积极起来，同时右派也要积极起来。南京方面，左派在奋斗中，亲日派也在大大活动。蒋介石的态度还不甚清楚。目前局势在混乱中，亲日派与各个右派结合起来，他们现在的目标是要弄坍西安，正向西安进军。目前我们的方针，仍是打击右派，争取中派，所不同的是对军事上应有准备，对西安更要积极地帮助与团结。现在不仅是西安问题，而是全国问题。以下两点是不变的：一、与西安合作；二、打击亲日派，争取中间派。至于蒋介石是否能改变态度，还要看一看。

同日 中革军委主席团致电前敌总指挥部彭德怀、任弼时及各军团首长：为策应抗日联军[2]第一、第二集团军，争取整个联军的团结一致，反对敌人的分化孤立政策，并积极准备于不得已时与进攻之敌作战，巩固西北抗日联合的胜利，推动时局的发展，野战军应根据周副主席与杨虎城主任商定的计划，从明日起秘密向旬邑、淳化二县集中，注意不越过泾水以南，严守军事政治纪律。

同日 致电周恩来、秦邦宪，指出：“目前全局重心，在巩

---

〔1〕 冯焕章，即冯玉祥，字焕章。

〔2〕 抗日联军，这里是指西安事变发生后，中国共产党同张学良、杨虎城商定由国民党军东北军、西北军和中国工农红军组成的西北抗日联军。

固张、杨两军团结于红军周围，以对抗亲日派，推动时局转向有利方面。”“南京亦正在争此一着，用分化与威胁手段夺取张、杨两军，以孤立红军。”

1月3日 致电彭德怀、任弼时，指出红十五军团出陕南的理由为：（一）“该地为影响数省之战略区域，为敌进攻之一翼。该军向陕南，不但可以打击正向洋县集中之万耀煌〔1〕、王耀武两师，且可钳制正向商县进攻之李默庵、李铁军〔2〕，以保障西安右翼。”（二）“与陈先瑞〔3〕配合，扩大苏区，扩大红军。”（三）“有助于主力而不妨碍主力之作战”。

同日 致电王以哲：“时局变化，亲日派回师进攻我抗日联军。惟有万众一心，巩固团结，坚决作战，争取最后之胜利。”“罗炳辉军〔4〕明（四）日从大水坑向固原附近开进，配合兄部作战。”

1月5日 和张闻天致电周恩来、秦邦宪并告彭德怀、任弼时，指出：“南京报复派现在没有政治口号，只能偷偷摸摸地干，希望吓一吓，把杨虎城、于学忠、王以哲等吓得就范，然后慢慢宰割孤立红军。目前只要三方面团结，真正的硬一下，并把红军的声威传出去，使中央军不敢猛进（猛进时消灭其一部），有可能释放张学良，完成西北半独立局面。你们速发拥蒋迎张通电，你们把朱老总谈话在上海散播。彭、任速令十五军团出陕南。”

同日 关于同将到西安的国民党代表张冲谈判的原则问题，致电周恩来、秦邦宪，指出应向张冲表示：（甲）“南京在蒋回后

---

〔1〕 万耀煌，当时任国民党军第3集团军第10纵队指挥官兼第13师师长。

〔2〕 李铁军，当时任国民党军“讨逆”军东集团军第95师师长。

〔3〕 陈先瑞，当时任中国工农红军第74师师长，在陕南地区坚持游击战争。

〔4〕 指罗炳辉任军长的中国工农红军第32军。

重新宣布‘剿共’方针，重新向西北进兵，并扣留张学良，破坏协定与破坏信义。”（乙）“同意南京用政治方式解决西北善后问题，但须在下列条件之下：（一）立即撤兵；（二）立即释放张学良回陕；（三）保证西安协定〔1〕之实行。”（丙）“两党关系，三大纲领已与蒋、宋磋商，并已明白为蒋、宋所承认，细目委潘汉年全权接洽，恩来无去南京之必要。”本日，又致电周恩来、秦邦宪：“向张冲表示，只要南京军不开火，红军决不向南京军开火，仍处于调人地位。”“恩来绝对不可去南京。”

同日 中革军委主席团电示徐向前、陈昌浩、李先念及西路军军政委员会：“（一）西路军即在高台、临泽地区集结，暂时勿再西进；（二）全军集结二三点一天左右行程，能集中作战，大力训练补充，伺机消灭敌人；（三）全靠你们自己团结奋斗，争取胜利，不要靠任何外面的援助。”

同日 国民党政府行政院任命顾祝同为军事委员会委员长西安行营主任、孙蔚如为陕西省主席、王树常为甘肃省主席，杨虎城、于学忠撤职留任。

1月6日 和张闻天致电周恩来、秦邦宪，指出：“（甲）目前中心在坚决备战，拒顾迎张〔2〕。（乙）顾来则张、杨两部全被宰割，红军将被迫登山。（丙）张、杨两军速筑坚固阵地，红军担任野战，坚决为保卫西北革命局面奋斗到底，不为南京和平空

---

〔1〕西安协定，指1936年12月24日周恩来、张学良、杨虎城同宋子文、宋美龄议定的关于释放蒋介石、和平解决西安事变的协定。

〔2〕顾，指顾祝同。张，指张学良。

气所松懈。如此干法才能求得和平，广西前事[1]可证。（丁）恩来此时绝对不应离开西安，张学良去宁已上了大当。”本日，毛泽东、张闻天又致电周恩来、秦邦宪，指出西安报纸的宣传中心，应放在揭破亲日派汉奸制造内战阴谋上面，引起军民的敌忾心与坚决性。

1月7日 致电周恩来、秦邦宪，彭德怀、任弼时，要求野战军全部十日在耀县、三原、咸阳集中后，应于十二日以前完成扩红、筹款等各项工作，愈快愈好。并提出：“准备以主力（拟一、四方面军）出商、洛[2]控制陕、豫、鄂边境，留一部于渭北（拟二、四方面军），战略上突破敌人包围形势，使平汉、陇海两路暴露于我面前，迫蒋就范。”

同日 致电周恩来、秦邦宪：“西路军现占领高台、临泽，令其暂时在该地停住。但二马骑兵扰击甚紧，子弹十分缺乏，希望派飞机送子弹去，如有可能请设法运送十万发。”

1月8日 中共中央、中华苏维埃中央政府发出号召和平、停止内战通电。通电坚决要求南京当局立刻下令停止对西安方面的军事行动，肃清亲日派，召开各党各派各界各军的救国会议，使国内和平立即实现；强调蒋介石应挺身而出，制止祸国殃民的内战重新爆发；指出今日中国人心之背向已显而易见，一切甘冒不韪投降日本之亲日派分子，必将自趋于毁灭之途。

同日 致电彭德怀、任弼时：“如敌决心开战，红军主力应以第一步出商、洛，第二步出豫西，第三步出京汉路为上策。如

〔1〕 1936年6月两广事变发生后，蒋介石用分化、收买的办法，首先搞垮了广东势力。接着又企图将李宗仁、白崇禧调离广西以削弱和瓦解桂系势力。李、白坚决抵制，并动员军队准备对付蒋介石的武力解决，最后蒋介石被迫作罢。

〔2〕 商、洛，指陕西商县、洛南。

此方能改变整个局势，分化南京，迫蒋就范。留二方面军在渭北策应友军在内线作战。尔后内线之红军与友军同外线之红军主力互相策应为战略上之配合作战。”

同日 致电周恩来、秦邦宪，指出：解放社昨日广播过于尖锐，在没有开火以前，要着重要求南京撤兵释张，和平解决，攻击的锋芒放在少数亲日派身上。

1月9日 关于潘汉年去南京谈判和周恩来致蒋介石信的内容，和张闻天致电周恩来、秦邦宪：“（甲）应痛陈和平，万不可战争，要蒋抑制一部分主战人物的不顾大局，客观上徒利日本大损中国。（乙）张回才能妥善解决西北问题，请蒋注意此点。（丙）撤兵组府请蒋另主持，不为旁人〔1〕。（丁）周暂难分身，一俟大局略定，即可出去见蒋。（戊）共产党在对内和平对外抗战基础上用全力赞助蒋。”

同日 和张闻天复电周恩来，指出：“力主和平，拉拢蒋、宋，策动国内各派各界舆论，策动英美，保持西北目前局面，非不得已不开火，乃目前基本方针。此方针应使杨、何、孙、王、缪、刘、杜、黄〔2〕及宣传委员会主要人了解，改正其‘左’的宣传，但军事方面，仍极力备战，绝不放松。”“红军即在三原、咸阳集结待机，不可轻动。”

同日 蒋介石派王化一、吴瀚焘到西安，提出和谈的甲乙两案。甲案：东北军调甘肃，第十七路军不动，归杨虎城指挥，红军回陕北，中央军驻潼关至宝鸡沿铁路各县。乙案：东北军调河南、安徽，第十七路军调甘肃，红军回陕北，中央军驻潼关到宝

---

〔1〕 原文如此。

〔2〕 杨、何、孙、王、缪、刘、杜、黄，指杨虎城、何柱国、孙蔚如、王以哲、缪澂流、刘多荃、杜斌丞、黄显声。

鸡沿铁路各县。

1月10日　随中共中央和中革军委由保安动身迁往延安。十三日，到达延安。

1月15日　出席中共中央政治局会议，会议讨论延安工作问题。王观澜汇报来延安后二十天的工作，李见珍汇报进城的情况。毛泽东发言说：延安工作方针与方法基本上是好的，产生了好的影响，应该继续这一方针。现在不打土豪，土豪喜欢；保护商人，商人喜欢；取消苛捐杂税，使贫民喜欢。以后应进一步使群众更加喜欢，使土豪的喜欢减少。应该使在延安工作的同志明了，延安工作对全国有影响，延安的各种具体工作都应把握这一原则。关于延安的政权形式问题，抗日救国会只是暂时的，这里最好是不派县长，应成立抗日革命委员会，将来要成为苏维埃政权。因为这是我们首都所在地，不应与人共管。关于金融问题，毛泽东说：认为用白票就不能用苏票〔1〕、用苏票就不能用白票，这种估计是过分的。我同意总司令的意见，还是在城内苏票、白票混用。我认为中心问题是从外面办货来的问题，用合作社来调剂是可以的。

1月16日　和张闻天致电周恩来、秦邦宪："（甲）杨、于即日通电就职〔2〕。（乙）向蒋交涉条件仍以你们前电各条为妥，因杨、于就职后南京更加无名，条件略高无妨碍，并为尔后留出再让一步之余地。（丙）条件中主要者为：（一）张回陕，顾驻

〔1〕白票，指国民党政府发行的纸币。苏票，指苏维埃政府发行的纸币。

〔2〕1937年1月15日，周恩来向杨虎城建议：杨虎城和于学忠通电就职；派人去奉化见蒋；坚决拒绝乙案，对甲案可基本接受，但须中央军全部出甘肃，西安留东北军、第17路军各一部，等等。1月16日，杨虎城、于学忠发表通电，接受国民党政府革职留任处分，要求准许张学良回陕，并要在奉化的蒋介石回南京主持救国大计。

洛。(二)华县以西属张、杨军。提出之语气尽量改得缓和些,可以不提红军。(丁)携赴奉化以速为妙。"

1月17日 东北军和第十七路军代表携谈判方案在奉化见蒋介石,提出:(一)设陕甘绥靖主任,张学良为正,杨虎城为副,行营主任顾祝同驻洛阳;或设西安行营主任,张为正,杨、顾为副。(二)军事善后问题,潼关、华阴由中央军驻扎,陕、甘其他地区由东北军、第十七路军和红军分驻。还向蒋介石提出,由国民党五届三中全会决定抗日、联俄、容共国策。蒋介石表示不接受。

1月18日 关于准备对国民党三中全会提出建议书和处理西安善后问题的条件,和张闻天致电周恩来、秦邦宪,指出:"(甲)对三中全会,正由上海、华北两方策动一大的左派运动,西安方面望注意策动宁、绥、川、桂,我们亦准备提出建议书。(乙)南京已宣传陕变即可告一段落,汪入京后左右派斗争当更趋激烈,内战对蒋系已处不利,和平解决之趋势已渐明显。杨、于、孙[1]就职,应与要求张回、要求陕甘防区不变二事同时进行,对后二事目前不应让步,在力求和平的总方针下争此二着之实现,这种可能是存在的。"

1月中旬 "中国抗日红军大学"改为"中国人民抗日军事政治大学",简称"抗大"。中革军委主席毛泽东兼任抗大教育委员会主席。二十一日,抗大举行开学典礼,毛泽东出席并讲话,他说:抗大像一块磨刀石,把那些小资产阶级意识——感情冲动、粗暴浮躁、没有耐心等磨个精光,把自己变成一把雪亮的利刃,去打倒日本,去创造新社会。

---

〔1〕 孙,指孙蔚如,当时任国民党军第17路军第38军军长兼第17师师长、西安戒严司令、抗日援绥军第1军团军团长。

1月21日　和张闻天致电周恩来、秦邦宪并告彭德怀、任弼时，指出：解决西安问题，“在于是否有保证让步而确能停止战争，让步而依然是战争，且得出比西安事变前更坏之局面，则不能让步”。无论和战，应使杨虎城、孙蔚如、何柱国、王以哲、于学忠、缪澂流、刘多荃及左派自己打定主意，我们处在建议与赞助地位。无论和战，红军主力应按前定计划出至陕南，处在川陕之间。

同日　和周恩来致电潘汉年，指出：“为避免内战一致对外，我们原则上不反对蒋之方针，并应劝告西安服从南京统一方针，蒋宜给张、杨以宽大，以安其心。”但坚决要求蒋同意下列各点：保证和平解决后不再有战争；不执行“剿共”政策，并保证红军最低限度的给养；暂时容许一部红军在陕南驻扎；令马步芳停止进攻河西红军；为使红军干部确信蒋之停止“剿共”、指定防地与发给经费，要求蒋亲笔答复周恩来一信。潘汉年接电后即同宋子文商议，但没有任何结果。

同日　致电周恩来、秦邦宪：西路军在高台、临泽一带不能立脚。二十日晨高台被马步芳、马步青部攻破，董振堂牺牲，五军损失两个团。“他们从本日起转向东进，望速商于学忠准备派一部策应，并与交涉红军离开河西抗日，勿加干涉。”

1月22日　和周恩来复电潘汉年，要求蒋介石：第一，“给我们以亲笔信，信内说明停止‘剿共’，一致抗日，再则指定驻地与允许按月发给经费”。第二，同意红军一部驻在陕南柞水、镇安、旬阳、安康、汉阴、紫阳、石泉、镇巴等八县（这八县原来大部是苏区），红军主力则驻庆阳、合水、正宁、宁县、西峰、旬邑、淳化、中部、洛川、富县、甘泉、肤施、清涧、宜川、瓦窑堡、安边、豫旺等县镇。复电要潘汉年向蒋介石说明下列观点：“我们是革命政党，自己确定的政策决不动摇。我们的政策是与蒋一道团结全国（即反对分裂与内战）共同对日，以后许多事情均愿与蒋商量，一切有利日本与汉奸而有损国力与两党合作之事，均当与蒋一道坚决反对之。”

1月23日 关于接应西路军东进问题，致电周恩来、秦邦宪：“西路军已于二十一日晚开始向东急进，以十天行程到达黄河边。甲、能否设法停止二马追击；乙、于学忠能否策应西路军；丙、至低限度请查清黄河结冰段或有渡船处，帮助西路军顺利渡过黄河右岸。”

1月24日 出席中共中央政治局常委会议，作关于同国民党谈判问题的报告，指出：和平问题主要看我们决定，问题是如何保证。首先要蒋介石写亲笔信给我们，第一停止“剿共”，第二划清防地，第三保证给养。蒋介石有电报问我们到底要什么地方，我们提出了八个地方，我们有了这些地方，可以监视他们并同四川取得联系。关于防地，延安、延长、甘泉、富县，增加瓦窑堡以及豫旺等。蒋介石已答应凉州以西归我们，令马步芳不要进攻。自从释放蒋介石，我们总的方针是和平，西安亦是如此。中国对日本，中国有理；西安与南京，西安有理。现在已一般地趋向和平了，所以能趋向和平，就是因为红军靠近张、杨。现在的问题，就是要顾祝同不来，张学良回来。我们的让步是潼关归南京，最后的让步是退到渭水以北，西安让给蒋介石，但蒋要少驻兵，杨虎城部驻一个师。我们不能让步的是张学良问题。现在的困难，就是怕和平没有保障。毛泽东报告后，会议进行讨论。最后，毛泽东再次发言指出：对国民党三中全会应有表示，这次表示应有新内容。应说明不是人民阵线而是民族阵线，对西安事变问题我们的立场是和平解决。关于这些问题的说明还是不够的。我们现在申明不待民主共和国成立就愿意成为统一的区域，一种是民族革命政府，一种是人民革命政府，我们苏区是人民革命政府。我们是特别的，但应归他管。西安事变将蒋扣留，我们是主张和平解决的。释放蒋后，我们军队开去，还是为了和平。我们的错误，是在一九三五年十二月决议时提出了抗日没有放弃反蒋，然而在五月间还是渐渐在变，彻底的转变是在共产国际指示以后。西安事变后，我们通电中说将蒋交人民裁判，是不对的。

1月25日 关于向蒋介石提出交涉的几个问题，和周恩来复电潘汉年。复电指出："（甲）杨、于、孙通电就新职，并准备取消临时组织，已表示服从中央，目前只须蒋先生处以宽大，在陕、甘不驻多兵，优待汉卿显示爱护两部，释其疑虑，即可彻底和平解决，我们当以全力斡旋，务底于成。（乙）为要说服红军将领起见，如无蒋先生手书甚为困难。因多年对立，一旦释嫌，此简单表示在蒋先生为昭示大信，在红军即全释疑虑。且此书即经兄手声明乘机直飞西安面交恩来，当绝对保守秘密，如有泄露由我方负全责。陕南驻军一部，实为事实所限，务请蒋允诺。（丙）已命西路军在甘、肃附近停止两天，请蒋速令马军让出甘、肃二州，即可停止东进。"

同日 关于同国民党谈判红军经费等问题，和周恩来致电潘汉年，指出：全部红军、地方武装和游击队，每月伙食费至少需一百万元。如照国民革命军待遇，发给薪饷再加购买费，每月至少一百二十万元。"徐向前部如在河西，可照蒋意在凉州以西，但请蒋电劝马步芳让出凉州、肃州等城，以便就食，并令马部停止攻击徐部，如向河东开则另外指定防地，此点望速复。"

同日 致电周恩来、秦邦宪、王稼祥，指出："（甲）目前谈判要点在要求陕、甘不驻多兵[1]与红军一部驻陕南，后者由汉

〔1〕 指国民党中央军。

年交涉，前者应由杨[1]向顾祝同严重提出，要求不超过十个师，至低不超过事变前数目，蒋如有不继续战争的诚意，无拒绝此点之理由。（乙）严重注意左派的过左情绪，宜由左派中明白分子自己说服左派，我们不宜说得过多。（丙）洛甫本日出发来西安。”

同日 两次致电周恩来、秦邦宪，彭德怀、任弼时，指出：“立即准备退出西安的一切事情。”“现在一切工作应放在退出西安后可能发生的新战争或新压迫的基点上去布置。”西安退出后，应注意张、杨两军内部间以及与我们间进一步团结，而避免可能的分化与分歧。

1月26日 和周恩来致电潘汉年，提出同蒋介石交涉事项。电报说：“恩来正在苦口斡旋，中央社忽大发讨伐电讯，引起张、杨两部及西安学生异常愤激，特别东北军方面更愤，认中央无诚意，抗战论又高扬，使我们陷入困难中。望速交涉：第一，中央社改取和平论调；第二，前线中央军不作引起愤激之动作；第三，对西安合理要求表示让步；第四，请蒋示意阎百川出面调停，最好阎到西安一行。”本日，毛泽东致电刘少奇，请他将致阎锡山电交彭雪枫转送；致阎电表示恳望阎出面斡旋，俾得和平解决西安问题。

1月27日 和朱德、张国焘致电张闻天、周恩来、秦邦宪、王稼祥，彭德怀、任弼时，指出：“（甲）无论从哪一面说，主要的从政治方面说，均应对南京让步。（乙）全力说服左派实行撤兵[2]。（丙）十五军团亦准备撤退。（丁）和平解决后三方面团

---

〔1〕 杨，指杨虎城。

〔2〕 1937年1月28日，国民党军东北军代表同顾祝同达成协议：东北军在7天内将渭河南岸部队撤到北岸。

结一致，亦不怕可能发生的新的战争。”同日，毛泽东致电周恩来、秦邦宪：“无论如何要说服东北军左派，全军整然撤退，不可冲突。”“请以红军代表资格正式向左派申言，为大局计应即撤兵”。

同日　东北军少壮派应德田、孙铭九等五十余人向周恩来请愿，激烈反对和平解决方针，坚持释张再撤兵。周恩来说服无效。深夜，周恩来获悉孙铭九等已拟了一个暗杀名单，内有东北军主和派和共产党员。

同日　致电潘汉年，指出：恩来用全力斡旋，结果杨虎城、于学忠、孙蔚如、何柱国诸人已完全同意服从中央，但东北军大多数师团干部坚决要求张学良回西安一行，与东北军干部见一面，训话一次，即行撤兵，否则要打。我意蒋介石不妨让张来陕一次，仍回南京，使撤兵不生波折，很和平地解决此问题。

1月28日　连发两电致周恩来、秦邦宪并告彭德怀、任弼时，指出：罗、宋所部〔1〕可出平凉。西路军东进至山丹的沙河堡，敌集中防堵，又不能东进，在该地回旋一时期，相机消灭敌人。近日打一胜仗，缴枪二百余支。请与王以哲交涉，罗、宋所部开至平凉附近策应，防胡宗南军由天水东进。和平解决后，罗、宋可由平凉向兰州以西策应西路军。

1月29日　致电周恩来、秦邦宪，告以蒋介石令胡宗南绕过难攻的据点，向西安进迫，已达静宁、会宁地区。并指出：“判断蒋意，仍以军事威胁求不战解决问题，因正面不好进，故从天水、汉中两方前进，威胁西安，以此尚有相当时间，以利交涉与说服左派。”

---

〔1〕指罗炳辉任军长的中国工农红军第32军和宋时轮任军长的中国工农红军第28军。

同日 和周恩来复电潘汉年："为坚决赞助蒋先生方针和平解决西北问题，并永远停止内战一致对外起见，我们决定放弃陕南驻兵的要求，将徐海东部第一步由商县撤至礼泉，第二步撤至正宁、庆阳，可在渭南撤兵之前三天开始由商县撤退，以便在中央军进驻西安之前，通过西安、咸阳线，惟须在陕北或宁夏增加一部分防地。"

同日 东北军的团以上军官和主要幕僚在渭南开会。因应德田等坚持反对和平解决，会议决定在张学良未回来前，决不先撤兵。中央军如再进逼，决一死战。

1月30日 致电周恩来、秦邦宪：应提醒杨虎城"对整个政治前途之自信心，对其他高级干部亦然，经过他们去提醒中级干部，认识自己的前途，并说明我们与他们始终愿在一起，为和平统一御侮救亡之总方针而奋斗。撤兵后蒋如食言进攻，彼时曲在蒋，我们则为最后自卫而战，国人当同情，我们现在作战则失去国人同情"。

同日 和朱德、张国焘复电周恩来、秦邦宪、张闻天，彭德怀、任弼时〔1〕，指出："我们意见如下：（甲）和平是我们基本方针，也是张、杨的基本方针。（乙）但我们与张、杨是三位一体，进则同进，退则同退，我们不能独异失去张、杨。（丙）向张、杨两部表示我们始终同他们一道，在他们不同意撤兵以前，我们不单独行动，协助他们争取更有利条件。（丁）用以上态度，争取最后的和平。"

---

〔1〕 周恩来等1937年1月30日致毛泽东等的电报中说："我们主张接受甲案实现和平，在接受甲案后南京如继续进攻，则我方实现自卫战"。"但本党主张未能说服西安左派，也未能使杨虎城及稳健派同意，他们不论红军参加与否均主抗战"。

同日 致信徐特立[1]，祝贺他六十岁生日。信中说："你是我二十年前的先生，你现在仍然是我的先生，你将来必定还是我的先生。"贺信称赞徐特立是"革命第一、工作第一、他人第一"，总是拣难事做，从来不躲避责任；祝愿他健康长寿，"成为一切革命党人与全体人民的模范"。

1月31日 致电周恩来、秦邦宪，指出："我们与张、杨两部应取进则同进、退则同退之方针，我们立场已向南京表明，即打亦不至基本妨碍我们方针，无论打胜打败，结果仍是讲和，但对张、杨两部影响较好。""当然在打之前，力争张回，而免去打。"

同日 致信李克农：请购整个中国历史演义两部（包括各朝史的演义）。

2月2日 主张和平解决西安善后问题的东北军第六十七军军长王以哲，被东北军中主张武力解决的青年军官枪杀。

同日 和朱德、张国焘致电周恩来、秦邦宪并告彭德怀、任弼时："（甲）十分注意你们的安全，紧急时立即移至三原。（乙）十五军团亦望周、博令其注意。"

2月4日 致电潘汉年："前线已开始撤退，和平前途可逐步实现"。"红军在商县以东者早已开始撤退，主力亦昨日起开始撤退，约七天可通过咸阳，在三原者本日开始向指定地点移动。""但蒋对东北军、十七路军抚慰政策必须坚持不变。""望你同张冲兄在五天至七天内飞来延安一行，商决各种合作问题。"

同日 和朱德、张国焘致电杨虎城、于学忠转王以哲家属，

---

〔1〕 徐特立，当时任中华苏维埃人民共和国临时中央政府西北办事处教育部部长。1913年春至1918年6月毛泽东在湖南省立第四师范学校和第一师范学校读书时的教师。

吊唁王以哲遇难。同时，还向东北军第六十七军副军长吴克仁及全军官兵发出唁电。

2月8日 致电周恩来，请同顾祝同面商：防地必须增加金积、灵武、中宁、豫旺、安边、宁条梁、瓦窑堡、清涧、宜川等处。

同日 顾祝同率国民党中央军进驻西安。九日，张冲、潘汉年到达西安。

2月9日 出席中共中央政治局常委会议，会议讨论和通过《中共中央给中国国民党三中全会电》。毛泽东在会上发言指出，这个电报发表，各方面会有不同的看法，然而在政治上是可以说明的，是可以表示我们真正抗日团结御侮决心的。

同日 关于同国民党政府谈判的主要内容和条件，和张闻天致电周恩来[1]：（一）关于和南京方面交涉的政治立场，请参阅致三中全会电。（二）军事方面，同意编为十二个师四个军，林彪、贺龙、刘伯承、徐向前为军长，组成一路军，设正副总司令，朱德为正、彭德怀为副。（三）饷项，如对方应允即改番号，即照中央军待遇领受，如对方仍欲缓改，则每月接济至少八十至一百万。（四）如有国防委员会的组织，红军应派代表参加；如暂时无此种组织，红军亦需要驻京代表，参与国防准备。（五）党的问题，求得不逮捕党员、不破坏组织即可，红军中组织领导不变。十日，毛泽东、张闻天再电周恩来，提出同国民党政府方面谈判的补充内容和条件："我们参加者：（一）军事机关如军委会、总司令部、国防会议等；（二）政府集会如各派各党之代表

〔1〕 1937年2月上旬至3月上旬，中共中央代表周恩来、叶剑英同国民党代表顾祝同、贺衷寒、张冲在西安关于实现国共合作后中国工农红军改编问题、苏区改特别区问题等进行第一次谈判。

会议、国民大会等；（三）抗日时参加政府。”

同日 傍晚，出席为欢迎本日到达延安的《大公报》记者范长江举行的宴会。晚十时，在凤凰山住处会见范长江，作竟夜长谈。谈到战略问题时，毛泽东说：第五次反“围剿”失败在不应当搞广昌大决战，不应同陈诚指挥的主力硬拼。应当暂时放弃苏区，分红军为四路，猛出杭州、苏州、南京、芜湖四点，施以佯攻，以诱动江西兵力，然后择弱点一战，胜而后回江西，再突破弱的方面，则苏区可以保全。谈到共产党现时的要求时，毛泽东说：希望中国走上宪政民主之路，以民主求统一求和平。和平统一之后，始可以言抗日。故为实现民主政治，共产党可放弃土地革命和苏维埃、红军的名义。有人反对共产党谈爱国主义，这是不彻底懂得马列主义。马列主义是反帝国主义的，在半殖民地的国家提倡爱国主义，本质上就是反帝国主义的。

2月10日 中共中央致电即将召开的国民党五届三中全会，电文说：深望国民党三中全会，本着和平统一团结御侮的方针，将下列各项定为国策：“（一）停止一切内战，集中国力，一致对外；（二）保障言论、集会、结社之自由，释放一切政治犯；（三）召集各党各派各界各军的代表会议，集中全国人才，共同救国；（四）迅速完成对日抗战之一切准备工作；（五）改善人民的生活。”如国民党三中全会果能确定此国策，则中国共产党为表示团结御侮的诚意，愿给国民党三中全会以如下的保证：“（一）在全国范围内停止推翻国民政府之武装暴动方针；（二）苏维埃政府改名为中华民国特区政府，红军改名为国民革命军，直接受南京中央政府与军事委员会之指导；（三）在特区政府区域内，实行普选的彻底民主制度；（四）停止没收地主土地之政策，坚决执行抗日民族统一战线之共同纲领。”

2月11日 出席中共中央政治局会议，听取秦邦宪关于西安事变的经过与结束的报告。在会上发言指出：对西安事变我们过去估计前途有两方面是对的。对国民党的估计也是对的，我们这种估计是从去年九月开始的，西安事变后能采取和平解决的方针，是因为我们的总方针正确。我们过去最大部分的工作是用在西北，现在西安事变和平解决，对全国工作的布置更为需要，全国工作摆在我们面前。关于和平是否确实的问题，我们应当认识，和平的可能性大，但也有打起来的可能，我们要准备自卫战。不过主要应采取巩固和平的政策，应向着联合全国抗日的方向努力。我们的通电〔1〕，是大的让步，是带原则性的让步，是对工人农民以外的小资产阶级等的让步。这是为着一个大的问题，就是为着现阶段的革命，为着抗日。对于土地问题，在大阶段来说是不放松的，但在目前阶段上是应停止没收土地的。苏维埃过去十年斗争是对的，现在改变也是对的，应从理论上说清楚这个问题。形式上虽然改变，然在实质上没有多大的改变。

2月12日 和张闻天复电周恩来〔2〕，提出同张冲、顾祝同谈判应注意的事项：防地要包括金积、灵武在内，如东北军真调走时，我们还应要求海原、固原、镇原及西峰镇，因为现有的防地实在不够；西路军防地虽指定，但让防未实行，且未停战，应要求停战让防；陕、甘以外各省的红军游击队，一律改民团或保卫团，千人以上者亦然，绝不宜调来陕、甘集中；政训联络员设法拒绝，至少拖延之；致三中全会电中所述要求，他们实行五

〔1〕 指1937年2月10日《中共中央给中国国民党三中全会电》。

〔2〕 周恩来1937年2月11日致中共中央书记处并彭德怀、任弼时、叶剑英电中说：“今日张冲见顾询究竟，顾云，蒋电彼先与我商大概，然后再去见蒋。张因此提出两案，甲案系临时的，论防地、接济及联络人员；乙案是基本的，张提出取消苏府改特区，改变红军番号名称，照国军编制，政训工作派联络人，其他边区地方部队改为团队等四条。”

条，则我们实行四条，你谈判时应同时提出，否则彼方将迫我方再让步，实际在我方者是最低条件，勿要再让。

2月14日 关于同国民党政府要求增加防地等问题，致电周恩来，指出："借十五军团北调允许增加防地之机会，要求金积、灵武、中宁、豫旺、清涧、宜川六县及安边地区（包括宁条梁及靖边以北）与瓦窑堡。此外无定河下流两岸直至黄河，包括河口、川口、马灰坪、枣林坪一带原有苏区，现驻李仙洲部须退出。""宁夏及整个陕北亦应提及，但可将来再商。""西路军待春暖以一部占安西州，接取货物，主力在甘、肃二州地区，但须马部退出该地。"

2月15日 致电周恩来："西路军问题请作两步交涉。第一步电令二马停战让防，或派人示意令其自让，同时派飞机送款、弹去；第二步派兵增援。"

2月15日—22日 中国国民党五届三中全会在南京举行。宋庆龄、何香凝、冯玉祥等向大会提出恢复孙中山手订的联俄、联共、扶助农工三大政策案和联共抗日的主张。会议通过的《关于根绝赤祸之决议案》，虽然没有根本放弃反共立场，仍提出取消红军、取消苏维埃政府，但已由武力"剿共"变为和平统一，实际上开始接受中国共产党的停止内战、一致抗日的国共合作的主张。

2月18日 致电周恩来："请多方设计找人去青海，西路军问题解决甚关重要。"

2月21日 和张闻天、秦邦宪、朱德、张国焘致电周恩来并告彭德怀、任弼时，叶剑英，指出："桂代表本日返三原，令其速赴川、桂、粤活动。京、沪两方小开[1]负责。山西彭雪枫

---

〔1〕 小开，即潘汉年。

回。直、鲁暂时无办法，过一时再说，但唐则民即可回津。各方活动均以巩固和平促成抗战为目标。”后方已实行裁员减膳，党政军共裁两千多人，伙食费每人每月不超过三元。

同日 致电周恩来：“目前重点在再弄到五十万元款。（一）西路军甚急，目前已到不能不出兵援助之，募得款方可成行。（二）前方三月份无伙食费，因此伯承[1]谈话应着重于此，甚盼于二三日内带款回延，此二十分急迫。”

2月22日 关于增援西路军问题，复电彭德怀、任弼时、周恩来并告刘伯承：增援西路军尚未作最后决定，但已到严重考虑时机，因西路军已至极危险时候，如该军失败则影响甚大。

2月24日 出席中共中央政治局常委会议，会议讨论人事安排和特区组织机构。毛泽东在会上发言指出：苏区工作委员会可暂不成立，中央在此，特区政府当然要归中央管，不归工作委员会管。会议决定：政府名义暂时不变动，工作由林伯渠负责，暂时不成立苏区工作委员会。会议还决定：秦邦宪任中共中央组织部部长，郭洪涛任副部长；何凯丰任中共中央宣传部部长，吴亮平任副部长；张浩任中共中央工农部部长；李见珍任中共中央妇女部部长，邓颖超参加工作。

2月25日 和张闻天致电彭德怀、任弼时并告周恩来：对国民党三中全会的讨论拟稍等一等，目前着重对南京关系各具体问题的解决及前方部队的训练。

2月26日 就增援西路军问题，致电彭德怀、任弼时、周恩来、刘伯承：“甲、增援军决以四军、三十一军、二十八军、三十二军及骑一团充之。乙、立即准备完毕。丙、伯承接电即到

〔1〕 伯承，即刘伯承，当时任中革军委总参谋长，正在西安参加同国民党政府方面的谈判。

淳化待命。丁、对外守秘。”二十七日，中共中央和中革军委决定刘伯承为援西军司令员，张浩为政治委员。

同日 周恩来同参加国民党五届三中全会后回到西安的张冲继续谈判。周恩来除表示对国民党三中全会宣言和决议的某些内容保留将来申明的权利外，着重同张冲等谈红军改编的具体问题。经过激烈争论，双方各有让步，协议红军编制三个师。

2月27日 致电周昆、袁国平〔1〕：现因准备增援西路军，须立即整理工兵连，并用大力在三天内招雇并准办匠工、器具、物料等，以每天造一只大型船为度。

2月28日 出席中共中央政治局会议，会议听取秦邦宪关于西安事变中党与群众工作的报告。毛泽东在会上发言指出：（一）西安事变是在特殊的环境下，偶然地仓促地发生的，是不能事前准备的，并且转了很多弯，以后也少有。工作要按照政治情况急速地变化，在这里表现出与地方工作的隔离，我们定下来的方针与地方工作没有很好地联系起来。我们在急速转变的环境中，大的方面达到了我们的目标，这是好的。不过在总方针与地方方针隔离这一点上，是值得我们注意的。革命政党的方针，应注意到全部与局部的联系，要把我们的方针在政治上与群众联系起来。这次有一种冲突，一是要打要杀，一是要和要放，这种冲突表现在领导者与群众中。我们坚持了和平的方针，但在政治上与群众隔离了。（二）西安事变是暂时性的，我们的工作应在暂时的原则下进行与布置。（三）十五年来的斗争证明群众信仰共产党，在这次事变中更证明了群众从政治经验中相信共产党。我们政治路线上有大的转变，应对群众做大的教育，这是我们重要

---

〔1〕 周昆、袁国平，当时分别任抗日军事政治大学第二分校（又称庆阳步兵学校）教育长、政治委员。

的工作。（四）在解决土地问题上的改变，主要是争取上层分子，土豪、商人、资本家，是消灭两个政权的对立。所以，这次是胜利了，是有意义的。（五）关于取消苛捐杂税、加薪加饷问题，尽量地废除苛捐杂税，这是必要的，然而仅限于此。（六）红军的影响很大，工作方法上应注意。组织参观团到西安与群众相见，解释和平解决的意义。秦邦宪在作结论中说，西安事变正如毛主席所说是暴风雨的突变。

同日 关于增援西路军问题，致电周恩来并告彭德怀、任弼时，叶剑英，指出："为避免平分兵力及准备万一时东面作战，一方面军全部不动为宜"。"增援步骤，第一步在靖远地域渡河，徐陈〔1〕主力置西岸，罗宋两部〔2〕置东岸，估计此时即可解徐陈之围。第二步，或徐陈去安西而增援军东归，或徐陈与增援军一同东归，或增援军主力与徐陈会合一同西进但罗宋东归，看情形决定，但似以第一种较有利"。三月一日，又致电彭德怀、任弼时："增援军主力改以四军、三十一军即四方面军之两个军充之，十五军团不去，免平分兵力。罗、宋所部先行出动，抢渡造船。"

3月1日 关于同国民党政府谈判的方针和对付反蒋派的方针问题，和张闻天致电周恩来并告彭德怀、任弼时，叶剑英，指出："（甲）关于谈判方针：（一）红军编五万人，军饷照国军待遇，临时费五十万，以此为最后让步限度，但力争超过此数。（二）二十七、二十八、二十九、三十各军及地方部队不在五万人之内，均改保安队及民团，在特区行政经费内开支。（三）要求遣散老弱、收回苏票之善后费。（乙）关于对付反蒋派之方针：

〔1〕 徐陈，指徐向前、陈昌浩。

〔2〕 罗宋两部，指罗炳辉任军长的中国工农红军第32军和宋时轮任军长的红军第28军。

（一）坚持拥蒋抗日路线。（二）一方面向蒋建议废除挑拨离间、排斥异己政策，改为实际的团结全国、一致对外政策，但对于勾结日本之地方派，则与蒋一道反对之。（三）一方面向各反蒋派建议废止反蒋政策，争取推动南京进一步改变国策，并废除军事、财政等方面与南京对立之方针，以达到抗日救国目的。”

同日　在凤凰山住处会见美国作家、记者史沫特莱，回答她对中日战争与西安事变提出的一些问题。在回答关于中国共产党执行的抗日民族统一战线政策问题时，毛泽东说：我们的民族统一战线是抗日的，不是反对一切帝国主义，而是反对日本帝国主义。但是，我们要求英、美、法等国同情中国的抗日运动，至少保持善意中立。我们的反日民族统一战线是民族的，这就是说包括全民族一切党派及一切阶级，只除开汉奸在外。有人说共产党倡导人民阵线，这是不对的。共产党倡导的是民族战线，这种民族战线比起法国或西班牙的人民阵线来范围广大得多。在回答是否可以认为中国共产党为建立民族战线，放弃阶级斗争，而变成了民族主义者的问题时，毛泽东说：中国共产党决定实行的各种具体政策，其目的完全在为着要真正抵抗日本，保卫中国。共产党人决不将自己观点束缚于一阶级与一时的利益上面，而是十分热情地关心全国全民族的利害，并且关心其永久的利害。在阶级斗争问题上，我们主张从两方面努力，适当地解决这一问题。中国共产党现在提出的这些政策，没有问题的是带着爱国主义性质的。有人说共产党是国际主义者，他们是不顾民族利益的，他们不要保卫祖国，这是极糊涂的话。中国共产党是国际主义者，他们主张世界大同运动；但同时又是保卫祖国的爱国主义者，为了保卫祖国，愿意抵抗日本到最后一滴血。在回答没有国际援助，中国能否支持战争的财政经济负担的问题时，毛泽东说：没有友军，中国也是必须抗战的，而且以中国的资源与自然条件，是能够支持长期作战的。但是我们正在寻找友军，中国决不能自处孤立。我们主张中、英、美、法、苏建立太平洋联合战线，否则有被敌人各个击破的危险。在回答中日战争的前途问题时，毛泽东说：日本对中国战争的最后结果，将不是日本的胜利，而是日本财政、经济以及政权的崩溃。中国人应该有战胜日本的自信心。在回答外面传说中国共产党现在的政策是向国民党屈服、投降和悔过的问题时，毛泽东说：我知道外面正有人这样说，可是值得注意的是日本人却不这样说。要检查任何一个政策一个行动的是否正确，只要看一看日本人的态度就行了。现在也只要看一看日本人是如何地反对所谓“屈服、投降和悔过”的政策，就可以证明我们的政策是何等革命的政策了。没有疑义的，共产党的这种步骤是对国民党一个大的让步，但这种让步是建立在一个更大更重要的原则上面，这就是抗日救亡的必要性与紧迫性。这叫做双方让步，互相团结，一致抗日。国民党政策的转变诚然至今还不能令人满意，但是业已开始了它的转变，三中全会的决议，可以看作这种开始转变的证据。这个谈话，以《中日问题与西安事变》为题，发表在一九三七年三月十六日至四月三日的《新中华报》。

3月2日 和朱德等出席中国人民抗日军事政治大学第二期开学典礼。毛泽东在会上讲话，并为第二队学员题词：“要学习朱总司令：度量大如海，意志坚如钢。”

3月3日 和张闻天复电周恩来，指出：目前谈判焦点只在红军人数问题上，为使谈判迅速成功，我们认为红军主力编为四个师十六个团及两个工兵师共六万人的提议，一般地可以接受。我们今天的中心是在谈判成功后，我们在南京政府下取得合法地位，使全国各方面的工作得以开始。

3月5日 致电刘伯承、林育英，彭德怀、任弼时，周恩来等，“请周于明日或后日，即向顾祝同、张冲说明增援事，特别说明四军、三十一军要求西援之迫切，如顾电令二马停战，或派人乘机赴青海说通二马，我军即中途停止。”

同日 关于同国民党谈判的内容，和张闻天复电周恩来并告彭德怀、任弼时：在我们发表宣言[1]同时，要求国民党亦发表宣言式的公开文件，承认我们的合法地位。陕甘宁行政区设主席与委员会制为宜，林伯渠为主席，经费（包括保安团队在内）每月三十万，又收回苏票二百万。

3月6日 和张闻天致电任弼时，指出国内和平实现后的形势以及党与红军的任务：“甲、三中全会在法律上确认为伟大西安谈判顺利地和平解决，成为开始在全国停止内战一致抗日与和平统一团结御侮的新阶段，也走到全国统一战线的实际建立，举国抗战开始一个过渡的时期。这一时期的快慢，决定于各力量斗争的结果，中间可能发生各种曲折与变化，但总的方向是不会变化的。乙、今天的任务是巩固国内和平，准备对日抗战，以推动全国统一战线的实际工作与抗战的开始。党的工作仍然是积极参加抗日救国运动，成为这一运动中心领导的力量。一切工作均应转变，以适合这一总任务。红军应利用时机，加强内部政治上的与军事上的训练，加紧党在红军中的堡垒作用，重新教育干部，使他们能够负担新形势下的新任务，严整军风纪，学习群众工作，使红军成为抗日军队的模范。”

3月7日 致电周恩来并告彭德怀、任弼时，指出红军编制仍以四个师为宜，因徐向前部分不能不编一个师，但如蒋介石坚

---

〔1〕 周恩来1937年3月4日致电中共中央书记处，建议党应准备发一宣言，说明举国一致对外的重要性和党保证实行致国民党三中全会电中提出的4项承诺等。

持三个师时，亦只得照办。

3月9日 关于西路军问题，致电周恩来："甲、援西军现停止于白杨城、青石咀之间待命。乙、徐、陈所部在沙河堡仅占地十里，被敌包围，粮水均缺，不能持久。丙、全力用政治方法解决，并须速解免去军事增援为上策。丁、此事须在你去南京之前督促张冲、顾祝同即速办理并得确定结果，如：（一）二马撤兵停战，（二）飞机送款、弹，（三）容许西路军安全东还或容许其去肃州、安西。"

3月10日 致信美国记者斯诺："自你别去后，时时念到你的，你现在谅好？我同史沫得列〔1〕谈话，表示了我们政策的若干新的步骤，今托便人寄上一份，请收阅，并为宣播。我们都感谢你的。"

3月11日 关于同蒋介石直接谈判等问题，和张闻天致电周恩来：请你估计此刻即去南京或牯岭与蒋介石直接谈判的可能性，现在问题非与蒋谈不能解决。如果承认贺衷寒所提各点〔2〕不但非常危险，而且过几天有可能连贺案亦被推翻，因此决不能同意。对外宣言，已有毛的谈话〔3〕（允生〔4〕带上），党的宣言

---

〔1〕 史沫得列，通常译为史沫特莱。

〔2〕 指贺衷寒对1937年3月8日周恩来、叶剑英同顾祝同、贺衷寒、张冲商定的准备送蒋介石最后决定的提案所作的重大改动，亦称"贺案"。主要内容有：将"陕甘宁行政区"改为地方行政区，直属各省政府；裁减红军改编后的定员，3个师，2万7千人；将红军改编后"服从统一指挥"改为"服从一切命令"；不提在河西走廊停止进攻西路军。

〔3〕 指毛泽东1937年3月1日同美国作家、记者史沫特莱的谈话。

〔4〕 允生，即李允生，冯雪峰的化名。曾任中共江苏省委宣传部部长、中国左翼作家联盟党团书记等职。中央红军长征到达陕北后，在红军大学和中央党校工作。1936年4月受中共中央派遣到上海开展上层抗日统一战线工作。当时任中共上海办事处副主任。

以暂缓为宜。

同日 和张闻天再致电周恩来并告彭德怀、任弼时、刘伯承、张浩："全体的政治局会议，须待与国民党关系确定后才好开会。你如能在近日去南京而在两星期左右确定国共关系，则拟在月底或月初开会。会后并须召集代表会议，拟在四月底或五月初开会。"

3月12日 出席中共中央政治局常委会议，会议讨论同国民党谈判问题。毛泽东发言说：摆在蒋介石面前有两条路，一是走向日本的路，一是走向我们，他现在还在徘徊中。谈判应该是政治的斗争，谈判的胜利是表示我们的诚意，但一定要在合作的原则上，不是投降。谈判的方针，无疑是无产阶级政党与资产阶级政党的合作的方向，而不是无产阶级做资产阶级的尾巴。如果这样，我们便要失去信仰。我们宁为玉碎，不为瓦全。至于谈判的方法，应先谈原则问题，再谈技术问题。我们应召集会议，发表宣言，从政治上动员。国民党的代表应确定，有些人可不同他谈。

同日 关于同国民党谈判的方针，中共中央书记处致电周恩来并告彭德怀、任弼时，张浩等，指出：贺衷寒〔1〕、顾祝同所改各点，太不成话，其企图在于欲使我党放弃独立性，而变成资产阶级政党的附属品。关于此点，我们必须坚持自己立场，绝对不能迁就。在整个谈判中，必须坚持无产阶级政党的政治立场。彼方所提如划去民选、分裂苏区、派遣副佐人员、取消政治工作人员、缩小红军至两万余人、地方部队由行营决定、改要求为请求、服从一切命令、置西路军不提等，均须严拒，申明无从接受。我们的最低限度：（一）三个国防师组成某路军领导不变，

---

〔1〕 贺衷寒，当时任国民党政府军事委员会政训处中将处长。

副佐不派，学校必须办完本期，政工人员不变，每师人数一万五千余，编制表自定，服从国防调动，西路军立即停战。（二）苏区完整，坚持民选，地方部队不能少于几千人。两星期来彼方着着进迫，我们现应改换姿势，将上述最低限度要求提出，申明在西安无可再谈，要求见蒋介石解决问题。总的和平局面已定，政治上采取进攻的姿势，只会有利于问题的解决，不会使谈判根本破裂。

同日 中革军委主席团在接到西路军本日给军委的告急电报后，复电徐向前、陈昌浩：你们现已处于特殊情况之下，已不是一般方法所能解决问题，必须立即采取特殊方法达到保存一部力量的目的。因此，我们向你们提出下列两种方法，请你们考虑决定一种：（一）率现存的三团人员向蒙古边境冲去；（二）率现存的三团人员打游击战争。以上方法不论采取哪一种，均须将伤病者安置民间，均须采取自主自动姿势，均须轻装，均须采取变化不测的战术。

西路军在极端困难的条件下，孤军奋战数月，歼灭河西国民党军两万余人。广大指战员在同国民党军队进行殊死斗争中，表现了不畏艰险的英雄主义气概和为党为人民英勇献身的精神。但终因敌众我寡，兵败祁连山。三月十四日，成立西路军工作委员会，率余部三千多人，分三路游击。由李先念直接率领的一个支队，于四月底进至甘肃、新疆交界处的星星峡。后由陈云、滕代远将他们迎至新疆。

3月13日 和张闻天致电周恩来：请即日动身回延安开会，在延安留三五天出去见蒋谈判。剑英留西安与顾祝同保持联络。

同日 和朱德致电绥远阵亡将士追悼大会，吊唁绥远抗战阵亡将士。电文中说："诸将士英勇杀敌，成仁取义，伟大之精神足以昭示后世，风励全国。泽东等追念国殇，同深恸悼"。

3月14日　和张闻天致电周恩来："谈判并不破裂，只是不承认贺案，而对十五条[1]须加以原则上与条文上的补充修改。""和平大计已定，现谈判者是国家政策与两党关系（包括红军、苏区等组织方式问题）之具体方案问题，必须原则上妥当与事实上能行，故须会商后续谈。"

3月16日　和张闻天复电周恩来，指出："（甲）既然张、顾愿不采用贺案[2]，你即在西安顿住几天待命。（乙）惟要顾立电两马停战，否则要顾担负西路军损失的全部政治责任。"

同日　出席中共中央政治局常委会议，会议讨论财政问题。毛泽东发言指出：财政观点当然是需要的，但有一个原则即须受政治上的限制。关于"平等观念"，在游击时代就有的。将这个原则用到具体事实，红大每人每天八分伙食费是不能动摇的。津贴问题应有分别，红大一队的应特别，一般的是不是平等，要看情形。伙食是第一，应增加到八分，津贴还是其次的。应组织中央一级购买委员会，有计划地有组织地购买，以国民经济部部长为该委员会主任。

3月17日　中共中央和中革军委致电西路军工作委员会负责人李先念、李卓然：同意你们成立工委会，并分为三路游击。你们现应以主动的游击战争，独立争取自己的生存及发展。

3月21日　同延安干部、群众一起参加"延安城市卫生运动周"的大扫除劳动，并对参加大扫除的人说："注意卫生，健

---

〔1〕1937年3月8日，周恩来、叶剑英同顾祝同、贺衷寒、张冲会谈，将一个月来双方谈判作一归纳，由周恩来写成条文，准备送蒋介石作最后决定。周恩来起草的条文，包括政治问题5条、改编问题4条、善后问题6条，共15条。同日，周恩来将这15条电告中共中央书记处。

〔2〕1937年3月15日，张冲向周恩来申明"贺案"作废，仍以3月8日提案作为谈判基础。

康身体，就是增强国防力量!”“卫生运动不是一个人的事，要大家来做。”

3月23日—31日 出席在延安举行的中共中央政治局扩大会议（通称延安会议）。会议讨论的议程有两项：（一）国民党三中全会后中国共产党的任务，（二）张国焘的错误。二十三日至二十六日（其中二十五日休会一天）进行第一项议程，二十七日至三十一日进行第二项议程。毛泽东在二十三日就第一项议程发言，讲了三个问题。第一，关于中日矛盾与中国国内矛盾问题。他说：在这个问题上，有许多原则有进一步明确的必要。（一）中日矛盾是主要的，国内矛盾降到次要的地位。这个问题早在以前我已提出，一九三五年十二月会议决议上还没有明确规定。国内阶级关系发生变化，十二月会议决议是估计到了，但对蒋介石的变化没有估计到。中日矛盾是基本的主要的，这一认识是真理，在政治事变中证实了这一估计，国民党三中全会就是一个明证。我们的政策的变化，国民党的政策的变化，主要的根据就是这一主要矛盾。（二）三民主义的革命的方面，与我们现时的政纲不是相冲突的，我们应当拿起这一武器。三民主义在理论上也要改一改。（三）阶级斗争应该以照顾大局为原则，劳资两方面都要如此，采取协商办法，这种改良是革命的。土地革命现在不是主导的地位。（四）国民党的三中全会开始了国民党政策上的转变，从通过的决议看，是从妥协到抗战、从独裁到民主。这一转变，是由于日本的侵略、抗日派的扩大与我们的政治影响。从开始转变到彻底转变还要经过一些时期，还会有很多曲折。第二，关于过渡阶段问题。他说：第一阶段争取和平已经达到了；从西安事变到抗日开始是第二阶段，这一阶段主要是民主问题，“改善人民生活”不是主要口号，“立即抗日”也不是主要口号，主要口号是“准备抗日”。为了抗日要争取民主，是目前的主要任务，是这次政治局会议的主要议事日程。一切都要带国防性，政治的军事的文化的各方面的都是要为着抗日。第三，关于领导权问题。他说：资产阶级从来都是想无产阶级服从它，做它的尾巴，这是应当着重说明的，并加紧对群众的教育。目前形势对我们更有利，政治攻势都在我们方面，抗日民族统一战线、和平运动、民主运动，都是我们创始的。三民主义的武器，我们可以拿来使用。然而我们要得到以下的保障：（一）积极地参加民主与民族运动，（二）党的独立性，（三）我们在全国的宣传任务，（四）我们在全国的组织任务。

三十日，毛泽东就第二项议程发言，他说：张国焘路线毫无疑义是全部错误的。我们欢迎他们转变，这是中央的干部政策。张国焘的哲学，一言以蔽之是混乱，其中主要的东西是机械论和经验论。他只承认看得到的东西，因此他的思想是反理论反原则的。他老是将自己描绘成实际家，恰恰证实他是真正的经验论。那次我们接到捉了蒋介石的消息以后，他举出几十条理由要求杀蒋介石。张国焘要改正自己的错误，首先要放弃自己的经验论。他只看到局部而看不到全体，只知有今天而不知有明天。由于进行科学的分析，所以我们能预见运动的法则，在军事上即是有战略的头脑，这正是张国焘所缺乏的。张国焘的机械论，只看见形式，不看见内容。他把日本和蒋介石看作有无穷力量的魔鬼，害着恐日病和恐蒋病，说什么十倍于现在的力量也不能战胜日本，在革命战争中只想起后梯队的作用。他看不见日本和蒋介石都存在着种种矛盾。他不承认事物内部的矛盾，不知道红军中、共产党内都有矛盾，只有加强党内斗争、思想教育和党内民主来解决这些矛盾。张国焘在鄂豫皖的初期，还不能说是机会主义路线，自从打了刘湘以后，便完全形成了机会主义路线。他到川西北以后，弄出一个联邦政府，还要造出一个政治局。会合后中央要迅速北上，他按兵不动，中央尽力迁就他，安他一个红军总政委。但是一到毛儿盖，就反了，要用枪杆子审查中央的路线，干涉中央的成分和路线，这是完全不对的，根本失去了组织原则。红军是不能干涉党中央的路线的，张国焘在分裂红军问题上做出了最大的污点和罪恶。左路军和右路军的时候，叶剑英把秘密的命令偷来给我们看，我们便不得不单独北上了。因为这电报上说："南下，彻底开展党内斗争。"当时如果稍微不慎重，那么会打起来的。反党的"中央"成立之后，中央还是采取忍耐的态度。那时张国焘的电报却凶得很，"禁止你们再用中央名义"的话头都来了。我们却慎重得很，当时中央通过的关于反对张国焘错误的决议，只发给中央委员。张国焘入党以来，还曾有若干阶段是在党的路线下工作的，但他的机会主义史问题是必须要指出来的。我们应该用诚恳的态度要求张国焘转变，抛弃他的错误，今后应从头干起。三十一日，会议通过《中央政治局关于张国焘同志错误的决议》。

3月25日 和张闻天致电庆阳步校负责人周昆、袁国平："国焘机会主义路线错误，立即开展讨论，彻底揭发，以求党内的统一与团结。"

3月26日 复电叶剑英：民族扫墓我方决派林伯渠参加，并与张继〔1〕见面，请询问礼节仪式及日期见告。

3月27日 为解救西路军危局，和张闻天、秦邦宪、朱德、张国焘致电周恩来并告彭德怀、任弼时："甲、西路军情况万分紧张，他们东进西进都成不可能，有被消灭危险。乙、对两马不

〔1〕 张继，国民党元老。当时任国民党中央监察委员兼党史史料编纂委员会主任委员、国民政府委员。

但十万，就是二十万和更多些都可以[1]，而且必需。丙、此事须以最快速度办妥，最好在二十天内。丁、条件：西路军过黄河右岸来，请两马不要阻拦和恶意追击。如果两马同意西路军西进，则西路军可停肃州以西，将来并不东犯。戊、须对两马晓喻和平大义，告以与我们讲和，对他将来有莫大利益。”

3月29日 致信范长江，对他本年二月到西安和延安采访后，在上海《大公报》发表报道西安事变真相和中国共产党抗日主张的通讯，深致谢意，随信附上同美国记者史沫特莱的谈话记录稿和祭黄帝陵文，请他在可能时予以发布。

3月下旬 为了直接同蒋介石谈判，按照中共中央书记处来电要求，周恩来飞抵上海，再由潘汉年陪同到杭州，同蒋介石进行谈判。三十日，周恩来飞返西安，四月初回到延安。

4月1日 电告彭雪枫：“与南京谈判，在红军、苏区方面以保证我们的绝对领导为原则，在两党关系方面以保证我党独立性为原则，这些方面绝对不能让步，对方已大致承认。”

4月3日 和朱德、张国焘等致电叶剑英，要他与顾祝同交涉西路军的善后问题。指出：向顾祝同说明，关于彼方对河西红军见危不救故意使其消灭一事的政治责任，我方保留质问与追究之权。现集凉州的西路军被俘的六千人，要求顾迅即电马步芳全部调来平凉，转至红四方面军归队。徐向前、陈昌浩二同志及其他干部，如为马步芳所虏，应严令马不得加以任何残害行为。对河西余部，请顾令马不得再行追击，让其转赴新疆。

4月5日 中华苏维埃中央政府主席毛泽东、人民抗日红军总司令朱德的特派代表林伯渠，参加祭黄帝陵的民族扫墓典礼。

---

〔1〕 毛泽东1937年2月24日致电周恩来：“听说马步芳很爱钱，请你考虑是否有办法送一笔钱给马，要他容许西路军回到黄河以东。”

毛泽东撰写的祭文说："东等不才，剑屦俱奋，万里崎岖，为国效命。频年苦斗，备历险夷，匈奴未灭，何以家为。各党各界，团结坚固，不论军民，不分贫富。民族阵线，救国良方，四万万众，坚决抵抗。民主共和，改革内政，亿兆一心，战则必胜。还我河山，卫我国权，此物此志，永矢勿谖。"

4月7日 出席中共中央政治局常委会议，会议讨论关于国民大会选举法与组织法的修改问题。十一日，中共中央发出《关于修改国民大会组织法与选举法的通知》。

4月10日 出席中共中央政治局会议，会议讨论青年工作问题。毛泽东在会上发言说：青年工作，依靠多数是很重要的，不要孤立。

4月11日 致电潘汉年："闻法院对沈钧儒等起诉将判罪，南京又有通缉陶行知事，爱国刊物时遭封禁，我方从上海所购之书被西安政训处扣留，南京令华北特务机关密捕我党党员。以上各事完全违反民意，违反两党团结对外主旨，望即入京向陈、张〔1〕诸君提出严正抗议，并要求迅即具体解决。"

4月12日 出席在延安中央大礼堂举行的西北青年救国代表大会第一次大会开幕典礼，并发表演讲。在演讲中将中国共产党过去的策略与口号同目前新的策略与口号的关系及变化作了解释，着重指出：西安事变的和平解决，使建立民族统一战线的第一个步骤——争取国内和平基本上完成。现在是进入第二个步骤——巩固国内和平，争取民主，开展争取民主权利来团结全国人民到抗日战线上来。希望大家把共产党的策略口号向全国青年宣传解释，使全国青年都懂得。

4月13日 和周恩来电告叶剑英："西路军工委来电，约十

〔1〕 陈、张，指陈立夫、张冲。

八号可抵敦煌。现有人数九百多，枪五六百[1]，到后恐更要减少。由敦煌到新疆路极难走，恐不易通过。”望你向顾祝同交涉，务使这批人到敦煌后马军不得为难，必须全部送至兰州转给我们。

4月15日 中共中央发出告全党同志书，指出：“自西安事变和平解决与国民党三中全会之后，中国革命的形势已经进入了一个新的阶段。这个阶段的任务，即是要巩固已经取得的国内和平，争取民主权利与实现对日抗战。”“今年二月十日本党给国民党三中全会的电报即是为着执行这些任务而表现的明确的方针。”为着完成目前阶段的任务，“我们要求全党同志在任何曲折变化的形势下，紧紧抓住中日两国间的基本矛盾，作为自己一切行动的基点，认定中华民族的最大敌人是日本帝国主义，并坚信这个敌人我们是能够战胜的”。“中央号召全党同志在党中央领导之下，以艰苦的工作与模范的行动，去取得中国共产党在民族革命中的领导地位。”

4月16日 和周恩来致电叶剑英：望将中央关于国民大会选举法的修改意见与张冲当面商榷，要他转达蒋介石、陈立夫及国民党中央常委会讨论。

4月18日 和周恩来致电叶剑英：送兰州的河西红军，望速向顾祝同接洽，派张文彬去接或开至平凉接收[2]。

4月20日 和朱德致电刘伯承、张浩并转西路军工委会：“你们不应在敦煌久停，而应尽可能地只休息两三天，最迅速地

---

〔1〕 指李先念、李卓然率领的中国工农红军西路军余部。

〔2〕 1937年5月，张文彬到兰州孔心墩机场附近的集中营，经交涉由国民党军队将关在那里的一千五百多名西路军指战员解往西安，途中至四十里铺，由附近的红军接应，摆脱押送的国民党军队，回到苏区。

取得粮食和骆驼向星星峡进。”

同日 出席中共中央政治局会议，会议讨论《御侮救亡、复兴中国的民族统一纲领草案》和民族联盟问题。毛泽东发言指出：这一联盟应宽泛，不要严密，我们不要替它造成一个组织来制约我们。所以这个规约愈简单愈好，不用固定代表制、执行委员等组织，用有事议议的方式较好。

4月22日 复电周小舟〔1〕，指出：“（甲）谈话〔2〕着重指出，政治制度之民主改革及人民自由权利之重要性与迫切性，为巩固国内和平、增强国内团结、实现对日抗战，没有民主自由是不行的。（乙）国民大会选举法与组织法，须按照民主原则彻底修改，过去颁布的选举法、组织法，我们是坚持反对的。（丙）我们根本反对苏州七爱国领袖〔3〕之被审讯，主张立即释放。（丁）向张季鸾〔4〕征求能否来延安一行，如同意，我表示欢迎。”二十三日，再致电周小舟，要他向阎锡山提出和平团结一致对外、容许共产党公开参加救国运动、赞助全国民主改革运动等要求。

4月24日 出席中共中央政治局会议，会议讨论秦邦宪准备在党的全国代表会议上作的组织问题报告的大纲。毛泽东在会上发言，着重讲了党内组织上的一致的问题，他说：现在看到一些情况，如有的地方有一朝天子一朝臣的做法，在陕北也有外来干部与本地干部的关系问题，等等。应当很明白地指出主要是路线

〔1〕 周小舟，当时任毛泽东的秘书。

〔2〕 指周小舟应阎锡山之约几天后到五台县河边村同他谈话。

〔3〕 指在上海领导各界抗日救亡运动于1936年11月被国民党反动派逮捕的沈钧儒、章乃器、邹韬奋、李公朴、沙千里、史良、王造时7人，称“七君子”。

〔4〕 张季鸾当时任《大公报》总编辑兼副总经理，这时他在太原。

上的一致，只有在这一原则上的一致，才可团结一致。过去，我们有过痛苦的经验，陈独秀、李立三的宗派主义等，今后这样的缺点还是不免发生的，因为中国经济落后，容易出现这些缺点。我们的任务是开展反对宗派主义的斗争，只有思想上的一致，才能战胜敌人。党在全国发展中，知识分子的成分是要占一个数目的。这种状况的存在，更加重了我们教育的责任。每一个组织上的错误，总是由于思想上的差误，组织上的一致与思想上的一致是不能分离的。要在思想上保持一致，就要在组织上扩大民主，慎重作组织上的结论。

4月26日 周恩来飞抵西安，继续同国民党进行谈判。

4月—8月 为克服党内教条主义思想影响，为在抗大讲授马克思主义哲学，撰写《辩证法唯物论（讲授提纲）》，全书分三章十六节，共六万一千字。第一章“唯心论与唯物论”，第二章“辩证法唯物论”，第三章“唯物辩证法”。第三章原计划写三节，分述辩证法的三个根本法则，后来只写了第一节“矛盾统一法则”，其他两节“质量互变法则”和“否定之否定法则”没有写。写作讲授提纲经过了近一年时间的准备和酝酿，精心阅读了一些马克思主义哲学著作和其他哲学书籍，所写几万字的读哲学书的批注，形成了讲授提纲中一些论点的雏形。讲授提纲密切联系中国革命实际，以通俗易懂的语言，系统阐述了马克思主义哲学的一些基本内容。在此期间，毛泽东以这个讲授提纲在抗大讲课，每星期二、四上午讲授，每次讲四小时，下午还参加学员讨论，共授课一百一十多小时，历时三个多月。后来编入《毛泽东选集》的《实践论》和《矛盾论》，就是这次讲课所用讲稿的主要部分。

5月1日 和张闻天、朱德致电徐向前：“庆祝你脱险归来，并相信你一定能够在中央领导下再接再厉地为革命奋斗到底。盼

于病体痊愈后即来中央。”〔1〕

同日 和张闻天复电潘汉年，指出：“目前工作的中心，关键是在扩大群众的民主运动，各方面发动修改国民大会选举法，要求开放党禁，实现民主权利，以推动南京政府逐渐向左。”“对外间各种谣言与怀疑，应站在坚定的立场与之斗争，或向其解释，对极左的倾向决不能有任何让步。”

5月2日 出席在延安举行的中国共产党全国代表会议（当时称苏区党代表会议）开幕式，被推为大会主席团成员。会议于五月十四日闭幕。毛泽东在会上作报告和结论。

5月3日、4日 在中国共产党全国代表会议上作目前政治形势与党的任务报告。报告首先分析自一九三一年九一八事变特别是一九三五年华北事变以来国际关系和国内阶级关系的变化，规定了中国共产党在新时期的任务。报告指出：由于中日矛盾成为主要的矛盾，国内矛盾降到次要和服从的地位，形成了目前形势的新的发展阶段。这个新时期的第一阶段从一九三五年一二九运动开始，主要任务是争取国内和平；一九三七年二月国民党三中全会开始了第二阶段，主要任务是争取民主。报告接着阐述为民主和自由而斗争的问题，指出争取政治上的民主和自由，成为保证抗战胜利的中心一环。没有民主自由，便不能巩固已经取得的国内和平，不能增强国内的团结；没有民主自由，便无从动员人民参加抗战。所以，中国必须立即开始实行下列两方面的民主改革：第一方面，将政治制度上国民党一党派一阶级的反动独裁

〔1〕 徐向前在《历史的回顾》中谈到，他辗转回陕，“刚到延安，毛主席就接见了我。他简单问了问西路军的情况，我如实作了回答。他说：留得青山在，不怕没柴烧。你能回来就好，有鸡就有蛋。这话使我很受感动”。

政体，改变为各党派各阶级合作的民主政体；第二方面，保障人民的言论、集会、结社自由，包括释放政治犯、开放党禁等。报告着重强调了抗日民族统一战线中无产阶级领导权的重要性，指出：是无产阶级跟随资产阶级呢，还是资产阶级跟随无产阶级呢？这是中国革命领导责任的问题，是革命成败的关键。离开了无产阶级及其政党的政治领导，抗日民族统一战线就不能建立，和平、民主、抗战的目的就不能实现。无产阶级怎样通过它的政党实现政治领导呢？第一，根据历史发展行程，提出基本的政治口号和为实现政治口号的动员口号，作为全国人民一致行动的具体目标；第二，无产阶级及其政党发挥无限的积极性，成为实现政治口号所提出的任务的模范；第三，在不失掉确定的政治目标的原则上，建立、巩固和发展与同盟者的关系；第四，共产党队伍的发展，思想的统一性，纪律的严格性。这个报告，编入《毛泽东选集》时，题为《中国共产党在抗日时期的任务》。

5月5日　关于国共两党发表宣言问题，同张闻天、秦邦宪复电周恩来："坚持两党发共同宣言为有利，此宣言在共同纲领确定之后发表，宣言大意不外共同纲领草案上所说的。向张、顾〔1〕说，如他们要我党单独发，则第一，彼党须同时发宣言，第二，我党宣言中不得不驳复三中全会宣言及根绝赤祸文件中我党及人民不能忍受之许多东西。"

5月8日　在中国共产党全国代表会议作题为《为争取千百万群众进入抗日民族统一战线而斗争》的结论。结论对一些同志在"和平问题"、"民主问题"、"革命前途问题"上的不正确认识作了回答，进一步论述了当时的中心任务。关于和平问题，指出：我们说和平取得了，并不是说和平巩固了，相反，我们说它

---

〔1〕张、顾，指张冲、顾祝同。

是不巩固的。在这种情况下，我们的结论不是回到“停止内战”或“争取和平”的旧口号去，而是前进一步，提出“争取民主”的新口号，只有这样才能巩固和平，才能实现抗战。我们提出“巩固和平”、“争取民主”、“实现抗战”这样三位一体的口号，是为了把革命车轮推进一步。关于民主问题，指出：那种认为“强调民主是错误，仅仅应该强调抗日”的看法，是不正确的。民主是新阶段中最本质的东西，为民主即是为抗日。抗日与民主互为条件，民主是抗日的保证，抗日能给民主运动发展以有利条件。关于革命前途问题，指出：两篇文章，上篇与下篇，只有上篇做好，下篇才能做好。坚决地领导民主革命，是争取社会主义胜利的条件，我们是为着社会主义而斗争。我们是革命转变论者，主张民主革命转变到社会主义方向去，主张经过民主共和国的一切必要的阶段，到达于社会主义，既反对尾巴主义，又反对冒险主义和急性病。不流血的转变是我们所希望和力争的。结论强调要完成党在新时期的中心任务，要有许多最好的干部，指出：我们党的组织要向全国发展，要自觉地造就成万数的干部，要有几百个最好的群众领袖。这些干部和领袖必须懂得马克思列宁主义，有政治远见，有工作能力，富于牺牲精神，能独立解决问题，在困难中不动摇，忠心耿耿地为民族、为阶级、为党而工作。这个结论后来编入《毛泽东选集》。

5月9日 和张闻天、秦邦宪复电周恩来，提出国共两党关系问题解决的步骤：“一、确定共同纲领。二、发表共同宣言。三、发表特区政府及四个师师长以上首长。四、我们实行军队改编，南京实行释放政治犯。五、目前为免除顾、张等疑虑，可由周发表一谈话。”

同日 在住地同参加秋收起义后成立的工农革命军第一军第一师尚存的部分同志合影。

5月10日 为纪念中国工农红军诞生十周年，中央革命军事委员会主席毛泽东、红军总司令朱德发出关于征集红军历史材料的通知。通知说，今年“八一”是中国红军诞生的十周年，在过去这十年中，红军写下了许多蜚声国内外的辉煌史实。为着纪念这个有特殊意义的红军诞辰，决定大规模地编辑十年来全国的红军战史，组织红军历史征编委员会，号召红军指战员写出自己关于各种历史战斗的见闻，并提供各种纪念品。

5月13日 复电李宗仁：“和平、民主、抗战为今日民族解放斗争不可分割的方针。和平虽已实现，然非民主不足巩固和平。抗战迫在面前，然非民主不足保证抗战。促成全国政治之民主改革与开放人民之自由权利，为当前任务之重心。”

5月14日 就国民党派考察团来陕北一事，和张闻天、秦邦宪、朱德、张国焘致电周恩来：同意他们派考察团，并力争由张冲率领。考察的目的应为增进团结，绝对不能有妨碍团结之表现。坚决反对康泽〔1〕及其他任何叛徒进来，非叛徒而蓄意破坏的分子也坚决拒绝。

5月15日 致信西班牙人民，对西班牙政府和人民反对德意法西斯及西班牙卖国贼的斗争，表示支持和声援。

同日 在延安同美国记者韦尔斯谈话，回答她提出的关于国共合作、阶级斗争、争取民主、准备抗战等问题。〔2〕毛泽东说：国共谈判仍在进行，最主要的是两党的共同政治纲领，这是两党合作的基础。纲领的原则在实现民族、民主及民生的任务。在抗日战争中，阶级斗争问题应有适当的解决。我们要在正与国民党

---

〔1〕 康泽，当时任国民党复兴社中央常务干事会书记长。

〔2〕 这个谈话，原载北平出版的《人民之友》，题为《抗日民主与北方青年》，后转载于1937年8月20日巴黎出版的《救国时报》。

进行谈判中的共同政治纲领里提出：给工农以集会、结社、言论的自由，普遍的选举权；对工人必须改良待遇，改善劳动条件；对农民应减租减税，关于土地问题应以立法及其他适当手段解决。民主制度是对日抗战胜利的必要条件，非它不可。我们所以把民主问题强调起来，为的是要战胜日本帝国主义。民主政治的实现，依靠民主运动，没有广大人民的要求与推动民主运动，则民主政治不会实现。全国各界各党各派应团结起来为争取民主权利而斗争。我们时刻准备着应付事变，不管战争爆发在何时与何地。我们提出的准备，与国民党过去的准备论是具有不同的内容的，国民党过去的准备论是先安内而后攘外，是无止境的内战，是消耗抗日力量，而今天所作的准备是停止内战，巩固国内和平，实行民主政治，开放人民救国的一切自由，组织、训练和武装民众，加速完成军事、政治、财政经济、文化教育各方面的抗战准备工作。

5月23日 和朱德致电中共陕甘宁省委书记李富春、军事部部长黎林：为着彻底肃清苏区内的土匪，保障一切建设事业的实施，创造抗日模范特区，陕甘宁地方武装应作出清匪计划。电报对有关县区清匪的兵力布置提出具体意见。

5月25日 和张闻天、秦邦宪致电周恩来，提出同蒋介石进行的谈判须力争办到者：（一）特区政府委员九人名单为林伯渠、张国焘、秦邦宪、徐特立、董必武、郭洪涛、高岗、张冲、杜斌丞。（二）红军设某路军总司令部，总司令朱德、副总司令彭德怀（但准备让步设总指挥部）。至少四个师，一师师长林彪，二师师长贺龙，三师师长徐向前，四师师长刘伯承。先发表上述六人，其余待后呈请委任。为加强抗日政治教育，政治部制度照旧（但准备让步设政训处）。（三）取缔北平、西安、上海等地破坏两党合作的行为。（四）取缔利用土匪、流氓、会党破坏红军、苏区的行为。（五）增加红军防地。

5月29日　出席陕甘宁特区政府为欢迎本日到延安的国民党中央考察团涂思宗一行举办的晚会，并致欢迎词。毛泽东说：过去十年两党没有团结，现在情形变了，如两党再不团结，国家就要灭亡。他还对怀疑两党合作是否有诚意，是否是临时的策略等看法，作了解释和说明，表示我们是希望两党长期地合作下去，并且努力向着这个目标做。三十日下午，出席延安城各机关、群众团体和武装部队在南门外大操场举行的欢迎中央考察团的群众大会。在会上讲话指出：现在最中心最主要的是打日本救中国，要打日本救中国，就要国内团结。

5月中下旬　派彭雪枫去北平、天津、济南、聊城等地，向这些地方的地下党组织传达中共中央关于建立抗日民族统一战线和开展敌后抗日游击战争的战略方针等指示，并调查华北地区日军、伪军和国民党驻军的政治军事动态。

6月1日—4日　出席中共中央政治局会议，会议讨论在中央召开的白区工作会议上对刘少奇作的《关于党与群众工作的报告》所引发的一些意见分歧。三日，毛泽东作长篇发言，对有意见分歧的问题，谈了自己的看法。他说：群众斗争的策略问题，是一个值得研究的重要问题。联系这个问题，还有党内关系、宣传教育问题，也是极重要的问题。这些问题，关系于党的政治路线能否实现。少奇的报告是基本上正确的，错的只在报告中个别问题上。少奇对这个问题有丰富的经验，他一生在实际工作中领导群众斗争和处理党内关系，都是基本上正确的，他懂得实际工作的辩证法。他系统地指出党过去在这个问题上所害过的病症，他是一针见血的医生。毛泽东说：党与群众工作的发展与缩小、成功与失败，不完全决定于主观方面，也决定于客观方面。在客观有利时而弄得不好，在客观不利时而不使事情弄得不十分坏，这是主观的原因。然而大发展，必在客观有利之时。主观指导受客观可能性的限制，这是马克思主义的唯物论。党曾经犯过右的与“左”的总路线上的错误，使革命受到损失，这是不能否认与不应否认的事实。但是，党员群众与广大干部始终没有犯过总路线上的错误，这是没有使党受致命伤及能够迅速纠正错误的最主要原因。总路线错误只在最高领导机关中发生与推行出去，只在几个极短的时期中犯过总路线的错误。党除在个别时期犯了“左”、右倾路线错误之外，还在差不多一切时期中犯了若干个别问题的“左”、右倾原则上的错误。这在斗争策略、宣传教育、党内关系问题上都有过，有些现在还存在着，在将来也会不能避免，必须根据马克思主义的原则性给以解决和给以防止。总起来说，党是英勇坚决地领导了中国革命，并且取得伟大的成绩。党在过去犯过许多大的、小的、“左”的、右的、不符合马克思主义原则性的错误，党也从对这些错误的斗争中锻炼得更强些，革命成绩也从克服错误的斗争中得出来。党在十五年中造成与造成着革命的与布尔什维克的传统，这是我们党的正统。我们党内存在着某种错误的传统，这就是群众工作、宣传教育与党内关系问题上的“左”的关门主义、宗派主义、冒险主义、公式主义、命令主义、惩办主义的方式方法与不良习惯的存在。这在全党内还没有克服得干净，有些还正在开始系统地提出来解决。“左”的传统是由于几种原因：（一）民族与社会的双重压迫，造成群众生活与党的环境的极端困难，这些困难压迫着我们，这是“左”比右总要好些的观点的来源；（二）党内小资产阶级与幼年无产阶级成分的存在并且占着大的数目；（三）马克思主义的理论与实际的传统还不十分深厚；（四）在克服错误路线时，在斗争策略、宣传教育、党内关系这三个问题上的错误，没有得到彻底的克服。要克服“左”的传统，在于普及与深入马克思主义的方法论（唯物辩证法）于多数干部中。

6月4日 复信庆阳步兵学校教育长郭化若，说：“你在长期苏维埃战争中，为革命奋斗到底的忠诚与劳绩，我们都是完全承认与一致赞扬的。你的身体情形如此，除同意你下期来延安外，正在替你买药，不久当可买来寄你。”

同日 周恩来携带《关于御侮救亡复兴中国的民族统一纲领草案》以及十三个需要讨论的问题到庐山同蒋介石谈判。八日至十五日，周恩来同蒋介石进行多次谈判。由于蒋介石推翻以往谈判中达成的原则意见，谈判没有结果。十八日，周恩来回到延安，向中共中央汇报谈判情况。

6月5日 复电叶剑英并告张文彬：同意派文彬等去兰州任联络。要求顾祝同介绍文彬至青海，释回红四方面军干部，并设法收容流落民间的人员。向徐向前同志问明陈昌浩同志留藏地址，秘密设法接引回来。

6月10日 出席中共中央政治局常委会议，会议讨论北方局工作。毛泽东发言说：刘少奇同志提出“保卫华北”、“保卫平津”的口号很好，用以进行政治动员，带国防实际性，这是一切工作的基础。我们应积极进行政治宣传，应在不放弃寸土口号下来动员。关于组织问题，他说，北方局要成立，中央代表另派，北方局和省委不需设许多委员会，只设部。会议决定仍给华北派一中央代表，杨尚昆、彭真等负责北方局工作。

6月12日 致电中共北方局负责人王世英，指出：“已与彭泽湘〔1〕在延安谈好我们同第三党合作问题，他已同意我们的做法，并愿回北平指示第三党同我们合作。”本日，致电潘汉年说：“第三党彭泽湘来延安谈，尚好，表示同意我们主张并愿合作。

〔1〕 彭泽湘，中华民族解放行动委员会（第三党）中干会成员。

他明日离延安经北平约半月到上海，我嘱他找你。”

同日 和朱德、林彪、萧劲光和李德等五人被中央革命军事委员会任命为军事研究委员会委员。设立军事研究委员会，目的在总结国内革命战争的经验，提高红军的军事知识，以迎接即将到来的民族革命战争。

6月20日 出席苏区文艺协会举行的高尔基逝世一周年纪念会并讲话，指出：高尔基具有实际斗争精神和远大的政治眼光，他不但是一位革命的文学家，并且是一位很好的政治家。

6月22日 在凤凰山住处会见美国外交政策协会远东问题专家毕森、美国《太平洋事务》杂志主编拉铁摩尔、美国《美亚》杂志主编贾菲等，回答了他们对抗日民族统一战线提出的一些问题。关于国民党政策的转变，毛泽东说：国民党政府在继续改变着它的政策，这一转变是在张群与川樾的谈判〔1〕期间开始的，又在一九三七年二月国民党五届三中全会清楚地表现出来。目前最为紧要的步骤是国民党政府在民主问题上的政策转变。国民党没有完全放弃其统治的根本基础，也就是他们的军事独裁。目前群众的口号是巩固国内和平、争取民主改革、实现对日抗战，所有这些统一于民族统一战线和民主共和国的总口号之下。关于领导权问题，毛泽东说：领导权并不依赖于力量的大小，而要看领导者的纲领和所做的努力。共产党并不要谋求自己的私利，它所谋求的只是大多数人民的利益、全民族的利益、劳苦大众的利益。如果战争胜利了，日本被赶出去了，如果形势朝这个

〔1〕 张群与川樾的谈判，指1936年9月15日至12月5日国民党政府外交部部长张群同日本驻中国大使川樾，就日方强行在成都设立总领事馆引起中国方面抵制而开始的所谓“全面改善邦交”的谈判。这次谈判由于日方的步步进逼和全国舆论的反对而没有达成协议。张群亦于1937年3月3日被免去外交部部长职务。

方向发展，这就意味着革命运动是在共产党领导之下。会见后，毛泽东同他们一起到朱德住处共进晚餐，然后又出席文艺晚会。二十三日，再次在住处会见毕森、贾菲等，回答他们提出的抗日民族统一战线将怎样发展和中国革命的前途问题。毛泽东说：统一战线将呈现出一些不同的发展阶段，这些阶段的详细情况，我们是难以预料的。统一战线的构成，基本力量是工人阶级和农民阶级，小资产阶级在它的一翼，民族资产阶级在它的另一翼。他们有一些共同的东西，也有一些不同的东西，他们之间的分歧将导致曲折的斗争。统一战线的前途还会受到发生在国际舞台上的外部事件的影响。就中国国内来说，建立民主共和国是统一战线工作在目前阶段的主要目标。民主共和国建立之后，在中国进行社会主义革命的任务将提上下一步的议事日程。中国不可能成为帝国主义或资本主义国家，中国的前途，第一步是民主共和国，第二步是社会主义革命。为什么中国不能成为资本主义国家呢？首先，中国争取独立的斗争是在无产阶级领导下进行的，这同西方建立民主制国家的历史是根本不同的，那时是资产阶级取得了领导权。因此，中国的独立的民主共和国也就不同于历史上的资产阶级民主共和国，它是以共和国形式建立起来的无产阶级、农民阶级和一部分资产阶级的统一战线。在中国，没有无产阶级的领导，革命是不可能成功的。这个条件决定了中国有可能不经过资本主义阶段而直接走上社会主义的前途。此外，还有国际条件，其中苏联的存在有着决定性的影响。

6月24日 出席中共中央政治局常委会议，会议讨论各省工作和红军改编等问题。毛泽东在会上发言指出：关于各省工作问题，如果我们在各省的领导弱，讲统一，国民党不发钱，就要发生很大困难。所以还是较缓进行，我们派人弄通了再说。首先要各省变更政策，执行新政策，变更对地主的政策、土地政策。

如果军事上敌人进攻，就坚决地打，俟大局定了，不会妨碍我们的军队，我们即可与之协商改编办法。原则上苏区归我们办，红军归我们办，各地都要弄好关系。但对国民党采用经济上限制、硬要缴枪等事，须与之抵抗。基本原则是不能减弱我们的力量。

同日 和朱德、周恩来致电张云逸，指出：应坦白地向李宗仁、白崇禧说明，“只有以抗日民主与蒋比进步才能生存发展，如以军阀政策与蒋比前后，则只有失败”。为扩大蒋介石、汪精卫在庐山函请各方谈话的范围，应设法推动广东、广西、香港三方政治人物应邀前往。广西、香港方面应进行宪政促成运动。本日，还致电彭雪枫，要他推动山西方面政治人物参加蒋介石、汪精卫邀请的庐山谈话会，并向山西方面提议进行宪政促成运动。

同日 致信美国共产党总书记白劳德，指出：“从一些美国朋友和其他方面，我们听说美国共产党和美国人民大众是深切关心着中国的反日斗争而曾多方援助我们。这使我们感觉到，我们的斗争绝不是孤立的，我们从国外得到英勇的援助。”“世界现在正处在一个大爆裂的前夜，全世界工人阶级和一切企求解放的人民一定要联合起来进行共同斗争。”

6月25日 致信何香凝，信中说：“承赠笔，承赠画集，及《双清词草》，都收到了，十分感谢。没有什么奉答先生，惟有多做点工作，作为答谢厚意之物。先生的画，充满斗争之意，我虽不知画，也觉得好。今日之事，惟有斗争乃能胜利。先生一流人继承孙先生传统，苦斗不屈，为中华民族树立模范，景仰奋兴者有全国民众，不独泽东等少数人而已。承志〔1〕在此甚好，大家都觉得他好，望勿挂念。”“时事渐有转机，想先生亦为之慰，但

〔1〕 承志，即廖承志，廖仲恺、何香凝的儿子。当时任中共中央党报委员会秘书。

光明之域，尚须作甚大努力方能达到。”

6月26日　和周恩来致电潘汉年，通报延安与南京间电台已接通，南京来电催周恩来再去谈判，中共中央已复电，告以须待中共关于国共合作宣言拟好和得蒋介石复电（已电告蒋，总的指挥机关及主持人选仍须照定）后，周恩来即前往。

6月28日　和朱德致电叶剑英：“请商何柱国以电话告顾，我们将派人去鄂豫皖及闽西南两处联络。鄂豫皖为郑位三，同行约十五人，闽西南为方方，同行为十人，均带有小电台，请行营发护照并介绍附近最高长官接洽。”

同日　就兰州西路军收容人员送西安问题，同周恩来致电叶剑英，指出：对兰州新到被俘人员，应除慰问外并向他们解释一切，最好能派人同来西安，免使途中散失。请何柱国电贺耀祖〔1〕，兰州收容人员概送西安处置，切勿中途遣散。

6月29日　出席中共中央政治局常委会议。会议首先讨论闽西南和鄂豫皖的工作问题，毛泽东发言指出：过去遭到失败的苏区，有些地方还保存有游击队，如闽西南、鄂豫皖等。据报纸和新闻记者的报告，很多过去遭到失败的苏区的人民，对共产党很拥护，说明我们过去的斗争没有白费，这是一个很大的力量。这个消息要使红军里面的人都知道。现在应用相当长期的工作恢复我们的力量。对于这些游击队，应采取坚决方针，要保存；但要改变名称不叫红军，又不打仗，这是非常困难的工作。有些准备不改编的，就改为抗日义勇军。保存这些游击队，这些根据地，是有重大意义的。组织上可成立闽粤赣省委，以张鼎丞、邓子恢、谭政、方方为常委，张鼎丞为书记。对于江西的工作，要

---

〔1〕贺耀祖，当时任国民党政府军事委员会委员长西安行营副主任、甘肃省政府代理主席。

想各种方法搞进去。鄂豫皖工作，要特别注意重新讨论党与群众工作。那里保存了很大的力量是好的，然而有一缺点就是没有深入的群众工作。党的最中心的任务就是能够抓紧群众工作，要依靠群众开展鄂豫皖工作。接着，会议讨论国共谈判问题。在周恩来介绍国共谈判情况后，毛泽东说：关于谈判，我们确定的原则是保持独立性。但现在的情形，是要限制我们党，限制我们军队，一切行动要受同盟会〔1〕的决定，并且蒋介石有最后决定之权。这次去谈判就要签字。我们的态度，还是在他定的圈子里做事。当然他这个圈子在形式上是大大地损伤我们的独立性，在实质上也若干损伤我们的独立性。现在应从政治上来观察，是不是根本上损伤独立性，那还不是的。党的独立性主要是政策问题。大革命时期形式上是独立，实质上是做了尾巴。现在我们的政策是逐渐地冲破他的圈子。我们不能因为这种限制就与他决裂。在前途上，我们是可以战胜他的圈子的。他这个圈子可以限制我们一些工作，但有两条他不能限制，一是党的秘密活动，一是红军给饭吃。红军、苏区实际上归我们管。毛泽东还说，对国民党元老派应找他们谈谈，对各教授也应注意做工作。

6月30日 关于暑期各地学生来苏区参观的接待问题，和朱德、周恩来致电彭德怀、任弼时、杨尚昆、叶剑英，指出：“应由前总政治部办一临时招待处，由西安介绍这些坚决要进来的学生至云阳、淳化一带参观，指令专人与之谈话并讨论各项问题，发给刊物文件阅看，如愿留作短期训练者可给以一二星期训练。事毕如交通已通，可择其最好者来延安一游，余则直接出去。”

〔1〕 指蒋介石不久前提出企图成立的国民革命同盟会。

7月以前　读米丁[1]等著、沈志远译的《辩证唯物论与历史唯物论》（上册），写了约二千六百多字的批注。这些批注集中在关于实践是认识的标准、对立统一规律和质量互变规律方面。批注最多的是对立统一规律问题，约占本书批注文字的一半；其次是对认识论问题的批注。毛泽东对本书的批注，重点在矛盾论和认识论方面，这同他读《辩证法唯物论教程》第三版的批注一样，是写作《实践论》、《矛盾论》的直接准备。他在批读本书"社会的实践为认识底标度"一节时写道："实践是真理的标准。""实践高于认识。""正确的理论积极的指导着实践。""实践是发展的，理论也应是发展的。""马克思以前一切唯物论离开人的社会性，离开社会人的历史发展，去观察认识问题，因此不能了解认识对社会实践的依赖关系。""哲学的研究不是为着满足好奇心，而是为改造世界。""认识世界的规律性，找到正确的理论，为着有效的指导实践，改造世界。"他在读本书"唯物辩证法之诸法则"一节时批注说："外因通过内因并被曲折才能发展。""不废除外因，但内因是主导的。不明内因，即无从了解发展。""各种不同的过程有各种不同的矛盾。""互相排斥又互相贯通，互相敌对又互为存在条件。""相互排斥又相互依赖"，"相互依赖相互排斥相互转变"。"统一是相对的，斗争是绝对的。""矛盾不同于对抗或冲突。""相互依赖是对立斗争的表现，相对中存在绝对。""共同点与特殊点都是要紧的，而特点尤要。"他在批读本书"量变质和质变量底法则"一节时写道："与过程同一的直接的定性是质，量是过程的定性，但非与过程直接同一的、而是在某一一定时期内对过程无关重要的、外在的定性。量虽增减，质仍不变。但在一定的瞬间以后，事情就生变化，量的改变促成质

〔1〕 米丁，苏联哲学家。

的改变。”“量的变化是以质的定性为基础而受其限制的，但同时量的变化又反过来影响于质。这即是说，受一定的质规定的事物，只在某一瞬间以前是这样，等到量的变化达到一定的质的限度和一定的界限时，量就要求质的变化。同时这一变化，也是由质到量的变化。旧质一消灭，新量就向前发展了。”“量的变化，在一定限度内，带着同质事物不断增长的性质。即是说在一定限度内，量虽变化，该事物仍为该事物。只有在一定阶段内，在一定条件下，量的发展才能求质的变化，事物此时就失去旧质而变到新质事物。这种质的变化过程同量的变化过程相反，量是渐渐的变，质是跳跃的变。”